管理控制经典译丛

Controlling mit Kennzahlen

指标式管理控制

系统支持的控制理念

原书第 9 版

托马斯·艾希曼（Thomas Reichmann）
马丁·科斯勒（Martin Kißler）
乌尔里克·鲍莫尔（Ulrike Baumöl）
著
王煦逸　张丽渤

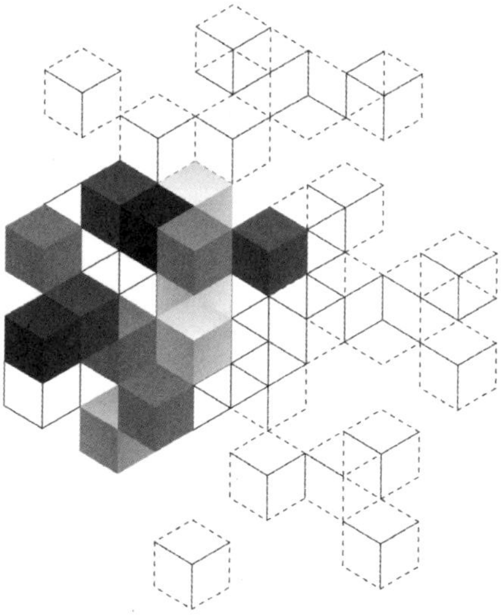

上海财经大学出版社

图书在版编目(CIP)数据

指标式管理控制:系统支持的控制理念/(德)托马斯·艾希曼,(德)马丁·科斯勒,(德)乌尔里克·鲍莫尔著;王煦逸,张丽渤译.—上海:上海财经大学出版社,2020.8
(管理控制经典译丛)
ISBN 978-7-5642-3510-9/F·3510

Ⅰ.①指… Ⅱ.①托…②马…③乌…④王…⑤张… Ⅲ.①企业管理-研究 Ⅳ.①F272

中国版本图书馆 CIP 数据核字(2020)第 059804 号

□ 责任编辑 李成军
□ 封面设计 张克瑶

指标式管理控制
——系统支持的控制理念

托马斯·艾希曼 马丁·科斯勒 乌尔里克·鲍莫尔
(Thomas Reichmann)(Martin Kißler)(Ulrike Baumöl) 著
王煦逸 张丽渤

上海财经大学出版社出版发行
(上海市中山北一路 369 号 邮编 200083)
网 址:http://www.sufep.com
电子邮箱:webmaster @ sufep.com
全国新华书店经销
上海华教印务有限公司印刷装订
2020 年 8 月第 1 版 2020 年 8 月第 1 次印刷

787mm×1092mm 1/16 23 印张(插页:2) 490 千字
定价:118.00 元

图字:09-2020-316 号

Controlling mit Kennzahlen

Die systemgestützte Controlling-Konzeption

Thomas Reichmann, Martin Kißler, Ulrike Baumöl

中文版前言

改革开放40多年以来,我国经济发生了翻天覆地的变化,人民生活从一穷二白走上了小康社会,我国也超过日本,成为世界第二大经济体,改革开放取得了空前的成功。但是,以前的经济发展模式是基于资源的大量投入,缺少可持续性,在世界面临全球化、知识化、数据化和智能化的今天,我国经济也遭遇了发展的瓶颈,如何突破限制,开发新的发展模式成为当务之急,"中国制造"要变成"中国创造"。为此,在技术方面,我们需要以智能制造为基础的工业4.0,同时我们也需要与之配套的企业管理4.0,从全面、深入和本质的角度对于企业管理进行更新改造,使得企业管理能够满足智能制造的需要,实现企业管理的智能化。

每个国家和文化都有自己的习惯和特点,德国经济的特点是产品的高质量,人们会对各个过程进行精确和执拗的改善。在管理领域,德国会计在世界享有很高的声誉,为了是保证经理们对于企业有一个清晰的认识,以避免不经济情况的出现,在德国发展出了管理控制这门学科,并取得了其学术地位,"管理控制"是一个德语的专业词汇,聚焦于管理领域收益导向的企业领导和决策导向的信息供给。

为了实现企业管理的智能化,必须引入全面和数量化的管理理念,德国的管理控制理念正好符合需要。管理控制理念要求管理控制师做好企业高层的参谋长,从信息收集评价、目标战略设定、计划制定落实、优化资源配置、监控企业的运营过程、结果评价等方面,提供决策支持建议,另外,通过IT系统和相关指标,使得上述过程能够和计算机系统全面结合,实现管理的智能化和数字化,方便整个企业甚至社会的信息交流,有利于实现企业管理4.0。德国全面的管理控制理念也支持了德国SAP软件的蓬勃发展。

本书中方作者特地选择了这本在德国系统支持管理控制领域具有代表性的教科书,针对中国读者的需要进行了改编,为中国读者提供关于德国管理控制的前沿知识,希望能够给出企业管理的一个新发展思路,在调整企业内部职能的基础上,使得企业高层管理者能从繁重的日常事务中解脱出来,集中精力于企业的领导和决策,从而提高中国企业的管理质量。此外，指标式管理控制也有益于我国企业管理的信息化进程，本书可以为我国企业的管理智能化在理念、指标和系统构建上提供新的思路和方法。

德国管理控制的发展和成功与本书介绍的内容密切相关，主编艾希曼教授是德国管理控制领域的开拓者和领军人物，从 1985 年本书第一版出版以来，它一直在学术和运用领域占有重要地位。

管理控制的总理念(在书中表述为管理控制金字塔)近年来发展成为"管理控制大厦"，在顶端是领导信息系统，该系统具有计划、操控支持、协调、监督和在相应 IT 系统内的指标构建功能，涉及战略和运营的各个方面。本书的前两章将管理控制的基础理念和指标体系作为工具进行了介绍。在本书的重点财务控制涉及流动性和流动性保障，另一个重点是成本一收益控制，例如根据就业形势调整生产。管理层通过战略控制得到的信息保证了企业的长期成功，并给出战略发展的信号。德国法律要求必须有风险管理的内容。

本书的内容覆盖德国管理控制经典教材的主要内容，我们希望读者能够通过本书了解管理控制的最新发展，并推进管理控制在中国的发展。

在 25 年的发展经历中，有许多作者为本书的成功做出了贡献，这里特别要感谢艾希曼教授的学生，目前他们已经是教授、企业高管，他们是 Dr. Wilfried Geiß、Prof. Dr. Laurenz Lachnit、Prof. Dr. Christoph Lange、Prof. Dr. Hermann Richter、Dr. Ulrich Kleinschnittger、Frau Dr. Monika Palloks-Kahlen、Dr. Axel Schwellnuß、Dr. Oliver Fröhling、Dr. Thomas Haiber、Dr. Dirk Nölken、Prof. Dr. Axel Wullenkord、Prof. Dr. Stephan Form、Prof. Dr. Ulrike Baumöl、Dr. Marc Diederichs、Prof. Dr. Volker Busch、Prof. Dr. Dietmar Schön、Prof. Dr. Frank Kusterer、Dr. Olaf Sonnenschein、Dr. Frank Renneke 和 Prof. Dr. Thomas Burgartz 以及 Herren Prof. Dr. Hoffjan、Prof. Dr. Schön、Prof. Dr. Richter 以及 Frau Dr. Palloks-Kahlen。

本书中文版的出版得到了同济大学经济管理学院会计系，中德学院安永会计、管理控制和审计学教席，上海财经大学出版社和德国 Vahlen 出版社的大力支持，特别是该教席主持教授王煦逸博士承担了本书的总纂工作，该教席的毕业生、蒂森电梯中国有限公司财务经理史雯婷，世茂集团风险管理部经理马兰，瑞士 VAT AG 董事张丽渤博士以及教席在读硕士生龚喆欣、吕一博、宋睿琦、孙欣和王超平等对于本书的出版做出了重要的贡献，同时也要感谢上海财经大学出版社的李成军编辑和德国 Vahlen 出版社的 Ammon 和 Brunotte 先生对于本书的出版付出的辛勤努力。同时德国 MAN 股份公司的前 CFO Hornung 博士教授也对本书的出版做出了贡献。

最后，希望本书能够为读者带了阅读的乐趣，如有意见和建议可以通过 reichmann @cic-do. de，martin. kissler @ fh-dortmund，wangxy@tongji. edu. cn 和作者直接联系。

托马斯·艾希曼　马丁·科斯勒　乌尔里克·鲍莫尔　王煦逸

2020 年 4 月于德国多特蒙德、中国上海

Vorwort zur chinesischen Auflage

Vierzig Jahre nach der Reform und Öffnung in der Volksrepublik China hat sich die chinesische Wirtschaft grundsätzlich verändert: Die Lebensbedingungen der Menschen hat sich wesentlich verbessert und China hat Japan als zweitgrößte Volkswirtschaft der Welt überholt. Das bisherige wirtschaftliche Entwicklungsmodell basierte jedoch auf einer großen Menge an Ressourcen und bedingt dadurch eine mangelnde Nachhaltigkeit: In der heutigen Welt, in der Globalisierung, Wissenschaften, Digitalisierung und Intelligenz von fundamentaler Bedeutung sind, stößt die Entwicklung der chinesischen Wirtschaft an ihre Grenzen. Das neue Entwicklungsmodell hat höchste Prioritöt, und eine Transformation der Marke "Made in China" hinzu "Design in China" ist notwendig. Aus diesem Grund wird aus technologischer Sicht Industrie 4.0 auf der Basis intelligenter Fertigung und das entsprechende Enterprise Management 4.0 benötigt. Wir müssen das Enterprise Management aus einer umfassenden, gründlichen und wesentlichen Perspektive aktualisieren und transformieren, damit das Bedürfnis nach intelligenter Fertigung durch die Intelligenz des Unternehmensmanagements verwirklichen werden kann.

Verschiedene Länder und Kulturen haben ihre eigenen Gepflogenheiten und auch Eigenarten. Den deutschsprachigen Wirtschaftsraum verbindet man insbesondere mit einer hohen Produktqualität. Prozesse werden genau analysiert und geradezu pedantisch verbessert. Im Bereich der Betriebswirtschaftslehre weist insbesondere das Rechnungswesen in Deutschland im internationalen Vergleich eine sehr hohe Qualität auf. Um den Managern einen "scharfen Blick" auf das Unternehmen zu garantieren und Unwirtschaftlichkeiten bzw. Verbesserungsmöglichkeiten zu erkennen, hat sich das Controlling als Disziplin in Deutschland entwickelt und etabliert. "Controlling" ist dabei eine deutsche Wortschöpfung, welche sich voll und ganz auf eine erfolgsorientierte Unternehmensführung und entscheidungsorientierte Informationsversorgung des Managements konzentriert.

Um die Intelligentisierung der Unternehmensführung zu realisieren, muss ein umfassendes und quantitatives Managementkonzept eingeführt werden, das genau auf die Informationsbedürfnisse abgestimmt ist. Das Controlling-Konzept sieht vor, dass der Controller eine Rolle als Stabschef der Geschöftsleitung des Unternehmens einnimmt. Entscheidungshilfen in Bezug auf die Erhebung und Bewertung von Informationen, die Festlegung von Ziele und Strategie, die Formulierung und Umsetzung von Plänen, die Optimierung der Ressourcenzuweisung, die Überwachung des Betriebsprozesses des Unternehmens und die Bewertung der Ergebnisse bereitstellt. Durch das IT-System und die zugehörigen KPIs kann der oben genannte Prozess vollständig in das IT-system integriert werden, um ein intelligentes und digitales Management zu realisieren, das den Informationsaustausch des gesamten Unternehmens und sogar der Gesellschaft erleichtert. Die Verwirklichung von Unternehmensmanagement 4.0 fördert die erfolgreiche Entwicklung der deutschen SAP.

Die Autorender chinesischen Version dieses Buches haben aus verschiedenen Gründen dieses Buch gewählt, da es zu einem im Bereich des deutschen Managements und der Kontrolle mit Systemunterstützung repräsentativ ist und zum anderen, auf die Bedürfnisse chinesischer Leser zugeschnitten ist und somit den chinesischen Lesern umfassende Kenntnisse über das deutsche Management und Kontrolle vermittelt und eine neue Entwicklungsidee für das Unternehmensmanagement bereitgestellt Auf Grundlage der Anpassung der internen Funktionen des Unternehmens kann alltägliche Belastungen der Geschäftsleitung des Unternehmens abgenommen werden und sich auf die Führung und Entscheidungsfindung des Unternehmens konzentrieren, wodurch die Managementqualität chinesischer Unternehmen verbessert wird. Management und Kontrolle auf der Basis von KPIs und Systemen wirken sich auch positiv auf den Informatisierungsprozess der chinesischen Unternehmensführung aus. Dieses Buch kann neue Ideen und Methoden für das Management chinesischer Unternehmen in Bezug auf Ideen, KPIs und Systemaufbau liefern.

In Deutschland sind die Entwicklung und der Erfolg des Controllings mit dem nun in den vorgestellten Teilen des vorliegenden Buchs verbunden. Der Autor Herr Prof. Dr. Thomas Reichmann gilt als einer der Pioniere des Controllings. Seit der ersten Auflage im

Jahr 1985 hat das Buch "Controlling mit Kennzahlen". Die systemgestützte Controlling-Konzeption" den Anspruch, ein wissenschaftlich fundiertes und zugleich anwendungsorientiertes Werk für Theorie und Unternehmenspraxis zu sein. Die Gesamtkonzeption des Controllings-in Anlehnung an die grafische Form der Darstellung auch als "Controlling-Pyramide" bezeichnet-hat sich daher innerhalb der letzten Jahre zu einem "House of Controlling" weiterentwickelt. An der Spitze steht dabei letztlich ein konsistentes Führungsinformationssystem, das die betrieblichen Funktionen der Planung, Unterstützung bei der Steuerung, Koordination, Kontrolle sowie der Bildung von Kennzahlen unter Beachtung der angemessenen IT-Unterstützung sowohl operativ als auch strategisch integriert hat. Daher befasst sich das Buch in den ersten beiden Kapiteln mit den Grundlagen der Controlling-Konzeption und den Kennzahlensystemen als Controlling-Instrument. Ein weiterer Schwerpunkt stellt das Kosten- und Erfolgs-Controlling dar, in denen z. B. die Anpassung der Produktion an Beschäftigungsschwankungen im Vordergrund stehen. Mit dem Finanz-Controlling nimmt sich das Buch den zentralen Fragestellungen rund um die Liquidität und die Liquiditätssicherung an. Der langfristige Erfolg des Unternehmens kann nur gesichert werden, wenn die Unternehmensführung mittels des strategischen Controllings die Informationen erhält, um die richtigen Weichen für die Zukunft zu stellen. Um gegen Risiken gewappnet zu sein, empfiehlt sich der Aufbau eines in Deutschland seit einigen Jahren auch rechtlich verbindlichen-Risiko-Controllings.

Wir sind der Meinung, dass durch die Auswahl dieser Kapitel des deutschen Standardwerks zum Controlling zentrale Themenfelder abgedeckt sind. Dem Leser wünschen wir eine erkenntnisreiche Lektüre und neue Impulse für den Aufbau und die Verbesserung eines Controllings in China.

Bei der Erstellung der deutschen Ausgabe waren in den letzten 25 Jahren neben den drei Herausgebern weitere Personen beteiligt. Unser besonderer Dank gilt den "Schülern von Professor Reichmann", den heutigen Professoren, Vorständen und Führungskräften, die an dem Standardwerk mitgewirkt haben: Dr. Wilfried Geiß, Prof. Dr. Laurenz Lachnit, Prof. Dr. Christoph Lange, Prof. Dr. Hermann Richter, Dr. Ulrich Kleinschnittger, Dr. Axel Schwellnuß, Dr. Oliver Fröhling, Dr. Thomas Haiber, Dr. Dirk Nölken, Prof. Dr. Axel Wullenkord, Prof. Dr. Stephan Form, Frau Prof. Dr. Ulrike Baumöl, Dr. Marc Diederichs, Prof. Dr. Volker

Busch, Prof. Dr. Dietmar Schön, Prof. Dr. Frank Kusterer, Dr. Olaf Sonnenschein, Dr. Frank Renneke und Prof. Dr. Thomas Burgartz sowie den Herren Prof. Dr. Hoffjan, Prof. Dr. Schön, Prof. Dr. Richter sowie Frau Dr. Palloks-Kahlen.

Die Veröffentlichung der chinesischen Version dieses Buches wurde von der Fakultät Rechnungswesn School of Management and Economy und Fakultät für Wirtschaft und Management CDHK der Tongji-Universität unterstützt, insbesondre der EY-Lehrstuhl für Rechnungswesen, Controlling und Wirtschaftsprüfung. Press of Shanghai Universiy of Finanle & Economics und Wirtschaft und Vahlen Press Deutschland, haben hierbei das Programm nachdrücklich unterstützt. Prof. Dr. WANG Xuyi ist verantwortlich für die chinesische Version von diesem Buch. Die Absolventinnen des Lehrstuhls, Frau SHI Wenting, Finanzmanager von Thyssen Elevator China Co. , Ltd. , MA Lan, Risikomanager von SHIMAO Konzern, Frau Dr. Libo Zhang, Member of the Supervisory Board VAT AG, Switzerland und die Masterstudentinnen Frau GONG Zhexing, Frau Lv Yibo, Frau SONG Ruiqi, Frau SUN Xin und Frau WANG Chaoping haben zur Veröffentlichung dieses Buches beigetragen. Herr LI Chengjun von der Press of Shanghai University of Finance & Economics und Herrn Ammon und Brunotte von der deutschen Vahlen Press haben die Arbeit der Veröffentlichung dieses Buches unterstützt. Prof. Dr. Hornung, ehemaliger Finanzvorstand der MAN AG, trug ebenfalls zur Veröffentlichung dieses Buches bei.

Schließlich hoffen wir, dass dieses Buch den Lesern viel Freude macht. Wenn Sie Kommentare und Vorschläge haben, können Sie sich direkt an den Autorn wenden: reichmann @ cic-do. de, martin. kissler @ fh-dortmund. de, wangxy@tongji. edu. cn.

Thomas Reichmann, Martin Kißler, Ulrike Baumöl, Xuyi Wang

Dortmund/Germany and Shanghai/China im April 2020

德语第九版前言

自1985年本书第一版面世以来，就一直以“一本以学术为基础、以实际应用为导向、面向理论和企业管理实践工作的书籍”来定位。这个在当时看来颇具雄心的目标，最初是为了将传统企业经济学中的核心领域(即生产、营销、物流、组织和领导、财务会计、成本会计、投资和融资)，与“管理控制”一起向职能领域扩展。为了更好地说明学术与管理实践方面的必要性，因此提出了一个基于指标的整体管理控制理念，它全面确保了所有职能领域的运作，提供了影响企业决策的信息，直至第九版，我们仍旧忠于这个目标。在成功建立“管理控制”学科之后，我们又将重点转移到扩大“管理控制”的具体构建元素及其系统的发展。

管理控制的整体理念，也称之为基于演示图形的“管理控制金字塔”，在过去几年内发展成为“管理控制大厦”。其中最重要的是一个统一的领导信息系统，包括企业的规划、操控支持、协调、监控和指标的形成，其在运营和战略上重视IT的支持。之前的版本已反映了这个发展进程，甚至可能参与了发展过程。而现今的挑战是，在决策导向信息供给的背景下，适当拟定和使用管理控制和指标。这里再次提出本书的重点和基础，即本书的副标题“系统支持的控制理念”。

指标的发展始于本书第一版的财务指标——从年度财务报表的资产负债表和损益表中得出。基于外部会计和审计师相关审计，这些数据的质量无可争议。在接下来的几年中，问题会变得更复杂，数据库会变得更参差不齐。在协调和操控准备的背景下，越来越多的新应用领域涉及企业管理控制，因此需要一个清晰的控制理念。指标信息的密集程度及其在绩效指标体系中的逻辑联系已成为判断成功的标准。因此，多年来建立一个“正确”控制理念的重要性显著提升；与此同时，与前系统的连接以及职能领域和业务单元的逻辑连接远远超出了对当初指标系统的要求。在类似管理控制工作中，这些并非来自企业年度财务报表的指标显然赢得了重要的地位。

自第八版开始到第九版，对IT支持及其对各自控制系统可能性的要求奠定了本书的学术基础。现代控制理念脱离了相应的IT理念基础将会变得不值一提。尽管如此，管理学家不必为更好地理解或在项目中讨论管理控制理念，而去成为一名计算机科学家。而本书的目的就是用与 IT 相关的内容来培养这种能力。

第九版特别强调了 IT 落实、有明确特点的风险控制、显著扩大的集团控制和相应的指标体系以及对企业治理的考量。鉴于这些明显增加的新任务，本书的作者们也年轻化了，同时通过进一步引领潮流的控制元素来丰富本书。从第九版开始，多特蒙德应用科学大学马丁·科斯勒教授(研究领域为风险管理、企业治理、集团管理)和哈根开放大学的乌尔里克·鲍莫尔教授(她拥有 IT 理念方面的专业知识以及可用于各个控制领域 IT 解决方案的知识)一起作为联合作者编撰此书。

除了对管理控制工具的全面描述、对经营应用领域的全面分析保持不变之外，在经营职能方面还有采购、营销、物流、会计、融资和投资以及国际选址控制和第九版新加入的项目控制。由于其以价值为导向的方法以及战略控制的进一步重大发展与经济政策的必要联系，管理控制近来变得越来越重要。在这里，这本书或暗或明地提供了许多建议(参见第 3 章)。

我们特别感谢艾希曼教授的学生们——如今已经成为教授、董事会成员和高管。他们是：Wilfried Geiß 博士、Laurenz Lachnit 教授、Christoph Lange 教授、Hermann Richter 教授、Ulrich Kleinschnittger 博士、Monika Palloks-Kahlen 博士、Axel Schwellnuß 博士、Oliver Fröhling 博士、Thomas Haiber 博士、Dirk Nölken 博士、Axel Wullenkord 教授、Stephan Form 教授、Ulrike Baumöl 教授、Marc Diederichs 博士、Volker Busch 教授、Dietmar Schön 教授、Frank Kusterer 教授、Olaf Sonnenschein 博士、Frank Renneke 博士以及 Thomas Burgartz 教授。

我们真诚地感谢为此书增添宝贵知识的同事：Hoffjan 教授、Schön 教授、Richter 教授以及 Palloks-Kahlen 博士。他们为本书实质性地贡献了各自的见解。同时感谢 Kusterer 教授、Dipl. Kfm. /Dipl. -Informatiker Miguel Liebe 以及 Denitsa Kirova 硕士、女士提供了他们宝贵的意见和进一步的贡献。同样，要感谢我们的同事 Nadine Stünkel 女士和 Daniel Speerschneider 先生。

我们诚挚地感谢 Ammon 先生、Brunotte 先生和 Schlösser 博士在此书编辑出版期间所付出的精力，同时也感谢他们在本书法律最新要求表述方面提供的帮助。

托马斯·艾希曼、马丁·科斯勒、乌尔里克·鲍莫尔

2017 年 1 月于德国多特蒙德

Vorwort zur 9. Auflage

Seit der ersten Auflage im Jahr 1985 hat das Buch "Controlling mit Kennzahlen. Die systemgestützte Controlling-Konzeption" den Anspruch, ein wissenschaftlich fundiertes und zugleich anwendungsorientiertes Werk für Theorie und Unternehmenspraxis zu sein. Die aus der damaligen Sicht durchaus ambitionierte Zielsetzung bestand zu Beginn darin, die traditionelle Betriebswirtschaftslehre mit den etablierten Kernbereichen Produktion, Marketing, Logistik, Organisation und Unternehmensführung, Finanzbuchhaltung, Kostenrechnung, Investition und Finanzierung mit dem „Controlling" um einen weiteren Funktionsbereich zu erweitern. Um Wissenschaft und Praxis von dieser Notwendigkeit zu überzeugen, wurde ein kennzahlgestütztes Gesamtkonzept des Controllings vorgelegt, das alle betrieblichen Funktionsbereiche umfassend eine entscheidungsorientierte Informationsversorgung im Unternehmen gewährleistet. Diesem Ziel sind wir bis zur heutigen 9. Auflage treu geblieben, wobei sich nach der erfolgreichen Etablierung der Disziplin "Controlling" in der Betriebswirtschaftslehre nun die Schwerpunkte auf die Ausgestaltung einzelner Elemente des Controllings und dessen systematischen Weiterentwicklung verschieben konnten.

Die Gesamtkonzeption zum Controlling-in Anlehnung an die grafische Form der Darstellung auch als „Controlling-Pyramide" bezeichnet-hat sich daher innerhalb der letzten Jahre zu einem „House of Controlling" weiterentwickelt. An der Spitze steht dabei letztlich ein konsistentes Führungsinformationssystem, das die betrieblichen Funktionen der Planung, Unterstützung bei der Steuerung, Koordination, Kontrolle sowie der Bildung von Kennzahlen unter Beachtung der angemessenen IT-Unterstützung sowohl operativ als auch strategisch in sich aufgenommen hat. Die Vorauflagen haben diese Entwicklung wiedergespiegelt, vielleicht sogar mitgestaltet.

Die Herausforderung besteht nunmehr darin, sowohl das Controlling als auch die verwendeten Kennzahlen im Rahmen der entscheidungsorientierten Informationsversorgung angemessen zu gestalten. Hierauf ist der Fokus zu legen und der Untertitel weist hierzu den Weg: „Die systemgestützte Controlling-Konzeption" ist die unabdingbare Grundlage hierfür.

Die Kennzahlenentwicklung begann in der 1. Auflage mit Finanzkennzahlen, die aus dem Jahresabschluss unter Rückgriff auf die Bilanz und die Gewinn-und Verlustrechnung ermittelt wurden. Die Qualität dieser Daten war durch den Rückgriff auf das externe Rechnungswesen und der damit verbundenen Prüfung durch den Wirtschaftsprüfer unstrittig. In den folgenden Jahren wurden die Fragestellungen komplexer und die Datengrundlage heterogener. Rasch kamen stärker neue Anwendungsgebiete im Unternehmen für das Controlling im Rahmen der Koordination und Steuerungsvorbereitung hinzu, die eine saubere Controlling-Konzeption erforderten. Die Verdichtung der Informationen zu Kennzahlen und deren sachlogische Verknüpfung in Kennzahlensystemen hatten sich dabei als Erfolgskriterium herausgestellt. Die Bedeutung des Aufbaus einer „richtigen" Controlling-Konzeption ist dadurch im Laufe der Jahre deutlich gestiegen; die Anbindung der Vorsysteme und die sachlogische Anbindung der Funktionsbereiche und Unternehmenseinheiten geht mittlerweile weit über die ehemaligen Anforderungen eines Kennzahlensystems hinaus. Die Kennzahlen, die nicht aus dem Jahresabschluss gewonnen werden, haben in diesem Controlling-Werk analog zur Unternehmenspraxis deutlich an Stellenwert gewonnen.

Bereits seit der 8. Auflage und deutlich verstärkt in dieser 9. Auflage werden die Anforderungen an die IT-Unterstützung und deren Möglichkeiten für die jeweiligen Controlling-Systeme wissenschaftlich fundiert. Ein modernes Controlling-Konzept ist ohne ein entsprechend fundiertes IT-Konzept nicht mehr denkbar. Dennoch muss ein Betriebswirt bzw. eine Betriebswirtin nicht zum Informatiker oder zur Informatikerin werden, um die Konzepte zu verstehen und vor allem in entsprechenden Projekten mitdiskutieren zu können. Diese Fähigkeiten zu schulen, ist unsere Absicht mit den IT-bezogenen Inhalten dieser Auflage.

Besondere Schwerpunkte in der 9. Auflage wurden auf die IT-Umsetzung, ein ausgeprägtes Risiko-Controlling, ein deutlich erweitertes Konzern-Controlling und entsprechendes Kennzahlensystem sowie einer angemessenen Berücksichtigung der Corporate Governance gelegt. In Hinblick auf diese deutlich zunehmenden neuen Aufgaben, hat es sich angeboten, den Herausgeberkreis des Buches zu verjüngen und zugleich mit weiteren, zukunftsweisenden Controlling-Elementen zu bereichern. Neu hinzugekommen ist ab der 9. Auflage als Mitverfasser Herr Prof. Dr. Martin Kißler, Fachhochschule Dortmund (Forschungsschwerpunkte Risiko-Management, Corporate Governance, Konzernsteuerung) und als Mitverfasserin Frau Prof. Dr. Ulrike Baumöl, FernUniversität in Hagen, mit ihrer Expertise zu IT-Konzeptionen und dem Wissen um die IT-Lösungen, die in den einzelnen Controlling-Bereichen einsetzbar sind.

Unverändert geblieben ist neben einer gründlichen Beschreibung der Controlling-Werkzeuge eine sorgfältige Analyse der betrieblichen Anwendungsbereiche, im Rahmen der betrieblichen Funktionen Beschaffung, Marketing, Logistik, Rechnungswesen, Finanzierung und Investition sowie dem internationalen Standort-Controlling und dem in der 9. Auflage neu hinzu gekommenen Projekt-Controlling. Eine zunehmend stärkere Bedeutung erfährt das Controlling in jüngster Zeit durch die wertorientierte Betrachtung und die deutliche Weiterentwicklung des strategischen Controllings mit seinen notwendigen Verknüpfungen zur Wirtschaftspolitik; auch hier bietet das Buch implizit und explizit zahlreiche Anregungen (siehe Kapitel 3 und 7).

Unser besonderer Dank gilt den „Schülern von Professor Reichmann", den heutigen Professoren, Vorständen und Führungskräften, die an dem Standardwerk mitgewirkt haben: Dr. Wilfried Geiß, Prof. Dr. Laurenz Lachnit, Prof. Dr. Christoph Lange, Prof. Dr. Hermann Richter, Dr. Ulrich Kleinschnittger, Frau Dr. Monika Palloks-Kahlen, Dr. Axel Schwellnuß, Dr. Oliver Fröhling, Dr. Thomas Haiber, Dr. Dirk Nölken, Prof. Dr. Axel Wullenkord, Prof. Dr. Stephan Form, Frau Prof. Dr. Ulrike Baumöl, Dr. Marc Diederichs, Prof. Dr. Volker Busch, Prof. Dr. Dietmar Schön, Prof. Dr. Frank Kusterer, Dr. Olaf Sonnenschein, Dr. Frank Renneke und Prof. Dr. Thomas Burgartz.

Unseren Kollegen, die dieses Werk um wertvolle Teilbereiche ergänzt haben, danken wir ganz herzlich: Die Herren Prof. Dr. Hoffjan, Prof. Dr. Schön, Prof. Dr.

Richter sowie Frau Dr. Palloks-Kahlen haben als weitere Mitverfasser wesentliche Beiträge zu einzelnen Aspekten beigetragen. Den Herren Prof. Dr. Kusterer, Dipl. Kfm. /Dipl. -Informatiker Miguel Liebe sowie Frau Denitsa Kirova, M. Sc. , ist für ihre wertvollen Anmerkungen und Weiterentwicklungen zu danken. Ebenso gebührt ein Dank auch unseren wissenschaftlichen Mitarbeitern Frau Nadine Stünkel und Herr Daniel Speerschneider.

Herrn Ammon, Herrn Brunotte und Frau Dr. Schlösser (Verlag Vahlen) danken wir für die vielfältigen Mühen bei der redaktionellen Umsetzung dieses Werkes, aber auch für die Hilfestellung bei juristischen Formulierungen, die das neue Verlagsrecht Autoren und Verlag abfordert.

Dortmund im Januar 2017 *Thomas Reichmann, Martin Kißler, Ulrike Baumöl*

目　录

中文版前言/001

德语第九版前言/001

第 1 章　管理控制理念基础/001

1.1　管理控制和管理控制理念/001

1.2　指标和指标体系/026

1.3　文献中有关系统支持的管理控制理念/046

1.4　信息技术理念基础/049

第 2 章　指标系统作为管理控制工具/062

2.1　指标系统的沿革/062

2.2　RL 年报指标系统/070

2.3　新一代以价值和风险为导向的 RL 指标系统/092

2.4　适合于中型企业的价值导向 RL 指标系统/094

2.5　RL 康采恩指标系统/098

2.6　RL 风险指标系统的风险管理/111

2.7　IT 支持借助指标的管理控制和报告/115

第 3 章　成本与收益控制/125

3.1　成本与收益控制的任务/125

3.2　成本与收益控制的工具/129

3.3　成本与收益控制的管理工具/151

3.4　不断变化的市场条件下的成本与收益控制/165

第 4 章 财务控制/191

4.1 财务控制的任务/191

4.2 财务控制工具/202

第 5 章 战略控制/224

5.1 企业战略管理的目标和任务/224

5.2 战略控制概述/228

5.3 战略成本和收益控制/240

5.4 基于平衡计分卡的战略落实/253

第 6 章 风险管理和风险控制/263

6.1 目标、任务和概念/263

6.2 风险管理流程/267

6.3 风险管理组织/274

6.4 平衡机会和风险管理/280

第 7 章 管理控制在中国的发展/287

7.1 内部控制的发展历程/287

7.2 我国企业内部控制研究/289

7.3 现代企业的现状/304

7.4 规范我国内部控制的对策和措施/304

7.5 改进建议/305

7.6 我国内部控制近期发展/306

参考文献/309

1

管理控制理念基础

1.1 管理控制和管理控制理念

1.1.1 管理控制的结构

由于信息技术不断扩展的可能性和业务需求的增加，基于系统支持的管理控制成为当前关注的焦点，它是由信息技术支持来提出规划、操控和报告解决方案。管理层每天必须处理多样化、不同种类的需求，需要一个内部逻辑完整自洽的管理控制理念。这种管理控制理念的发展有预先假定条件，即基于企业职能，并且明确考虑会计系统，划定管理控制相关职能和跨职能的决策区域。系统的各个部分将通过信息系统或指标系统连接，通过由系统支持的信息获取和处理方式，提高企业所有管理层的决策质量。①

管理控制由大量异质元素组成，必须首先对其进行分析、定义和系统化。这些元素包括控制目标、控制任务、管理控制理念、控制系统和应用程序以及控制机构，这些元素一起形成图 1.1 所示的管理控制结构。

从企业总体目标得出的管理控制目标是管理控制理念的起点。在这种情况下，必须确认多维目标体系，在营利性企业里表现为利润导向，此外还有通过规划、协调和监控努力实施战略目标；它从组织侧面反映了整个机构体系。管理控制目标的实现是通过管理控制任务来确保的。一方面，可以通过演绎法，从总体目标中推断出这些任务；另一方面，作为经验性科学的工商管理也提供了运用归纳法的可能性。只有同时使用两种方法，才能全面和实际地落实控制任务。作为管理层的"决定者"，管理控制必须在制度和功能上满足管理层的要求。管理控制任务的总和形成管理控制功能。

---

① 此外，基于系统的管理控制理念作为企业治理要素的重要性正在提升。

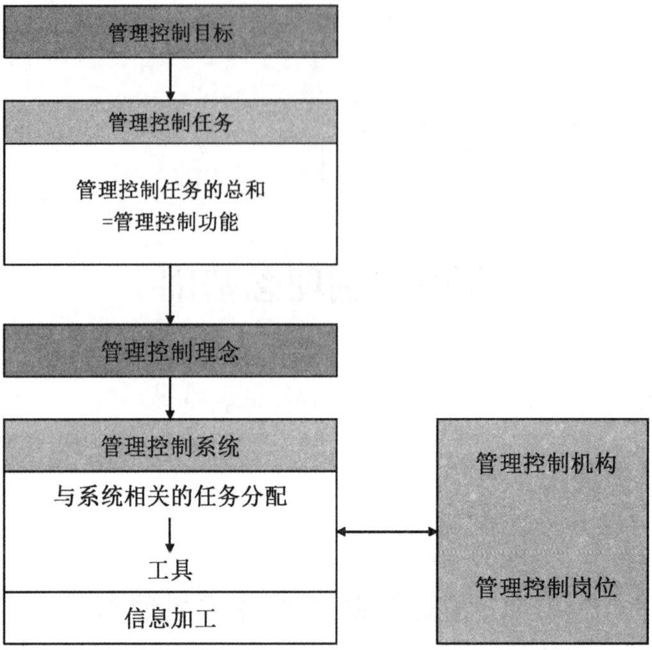

图 1.1 管理控制的结构

如果已经确定管理控制的目标和任务,则管理控制理念的任务是构建一个参照框架,在其中完成任务,在理论上是可能的,并且实际上是有保证的。这个理念也构成了管理控制系统和应用程序设计的基础,它是管理控制理念在管理实践中的体现。管理控制功能的实现由控制机构完成。

1.1.2 管理控制目标

管理控制目标是指,那些既是管理控制系统构建的基础,又是其构建原因的目标,它们源自企业的各总体目标。对于营利性企业,目标内容主要是经济效益和流动性,经济效益以收益、盈利能力或生产率的形式体现。基本上,就内容而言,管理控制目标不可能独立于作为根基的总体目标来确定,总体目标是管理控制目标的决定因素。

从形式上看,管理控制的主要目标是协助规划、部门协调和监督经营结果。虽然最初管理控制目标和与之相关的成本效益监控是重要考虑因素,但在发展过程中,考查方向很明显会向协助规划支持和部门协调转变。

为了使管理控制在未来也可以充分发挥作用,它需要考虑不断变化的需求,特别是由于不断变化的框架条件和由此产生的信息需求。管理控制质量将特别取决于,在变化的决策问题中,管理控制师支持管理的有效程度。在 20 世纪 80 年代,管理控制系统的“整合”是首要任务,特别是在企业特有的信息系统结构中构建,经过验证的业务规划、管理控制工具组合以及合适的报告系统。在深入讨论新的方式方法(如过程成本核算、目标成本管理或固定成本管理)后,在 20 世纪 90 年代,任务重心转移到了管理控制系统工具的进一步发展上。当前,在当今已经成熟理念的实施将得到新信息技术发展的支持,如大数据,数据仓库和云技术,组织数据处理、压缩和储存以及综合信息在报告和规划工具框架内的合并。进入 21 世纪后,信息技术的重要性已大大增加。随着企业环境的日趋复杂和不断变化,对信息聚合提出了新的要求,"快速决策"成为竞争优势,并可以通过管理控制得到保证。与此同时,管理层理所应当地——通常由立法者的监管干预推动——对管理控制所提供信息的有效性提出了更高的要求。管理控制面临着这样的要求:高效率工作,并通过精益结构和有效流程来帮助提高企业的价值。

2008 年的金融危机也提高了许多决策者对建设或扩大强有力管理控制体系的认识。此外,广泛的决策权力下放和(外部)利益相关者的要求,扩大了管理控制信息的范围。与迄今仍处于中心位置的成本记账会计(如企业核算)相比,更多考虑以商业和法律要求为特征的企业特殊信息需求以及向各种(外部)利益相关者提供充足的信息。在此过程中,与标准评估相比,灵活特殊分析的比例正在增加,应通过适当使用信息技术确保快速创建灵活的评估。因此,未来的管理控制将更加注重信息需求的个性化和信息供给的灵活性。

1.1.3　管理控制任务和职能

管理控制任务应理解为用于实现管理控制目标的设定性能。[①] 在管理控制的范围内,这种设定性能基本上限于涉及交流和信息处理过程的活动。因此,信息收集、处理、分析、评估和监控等活动是管理控制师必不可少的主要工作。[②]

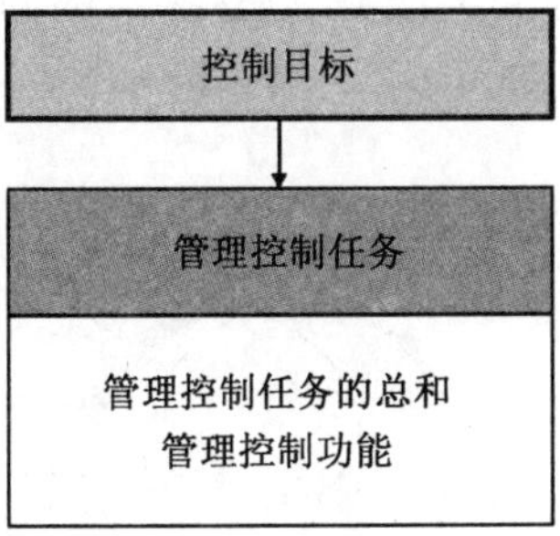

图 1.2　管理控制目标和任务

用于确定管理控制任务的推导基础——同样适用于管理控制功能——是管理控

① 参见 Hill, Fehlbaum & Ulrich: *Organisationslehre*, S. 122 f; Richter: *Controlling*, S. 126 f.。

② 管理控制任务的总和构成了管理控制功能,一方面作为工商管理的一个独立分支,另一方面作为企业管理现实状况的可界定部分。根据分类情况,管理控制机构(参见第 1.1.6 节)可能只在管理实践中执行这些任务的一部分。从单一经济学科意义上讲,这可能表明组织内部存在能力缺口。另外,如果科学所确定的控制任务和功能与管理实践中的行动需求大相径庭,这可能表明管理控制的需求轮廓发生了变化;反过来,科学必须通过考虑新任务来应对这一发展。

制的各个目标。将那些在影响目标(操控任务)方面可视为必不可少的任务区域归入管理控制范围。这给出了评估企业中各个任务对管理控制重要性的一个理论标准。因此,应根据各个领域所要实现的贡献目标进行演绎性推导,得出管理控制应具体实现哪些实质任务。此外,有必要对在业务经验领域中演绎得到的任务进行实证研究和归纳验证,并在必要时修改它们(参见图 1.3)。

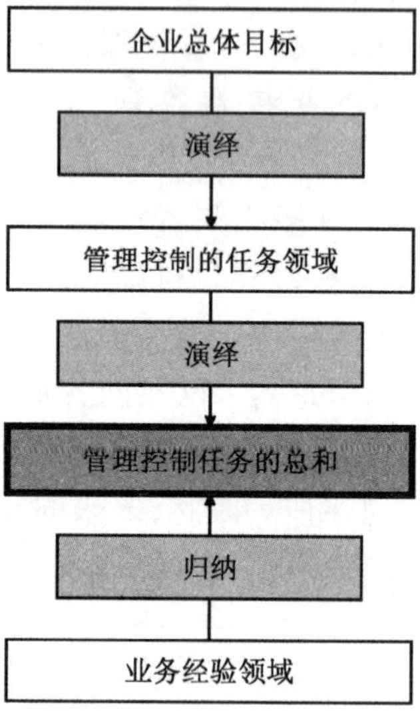

图 1.3 得出管理控制任务

尽管在很大程度上推导出的控制任务涵盖了实证归纳确定的任务区域,但仍然需要分别检查实证归纳确定的剩余任务,以达到目的的充分性,并消除与目的不相适应的任务。这种情况如图 1.4 所示。

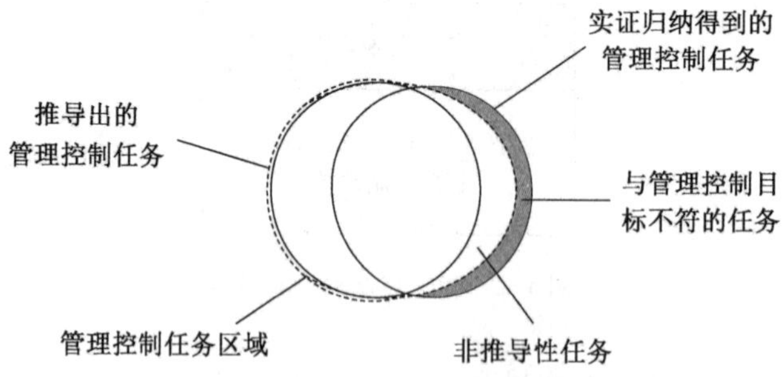

图 1.4 管理控制任务的总范围

关于管理控制的基本构架,领导支持必须是管理控制师特定任务设计的起点。为了证实"管理支持"的任务,我们将决策相关性作为操作标准,因为企业决策者的核心任务就是做出决策。"每项具体决定都要求负责决策的个人或机构具有特定的专业资格,这与决定主题的性质和含义相对应……专业资格还涉及为决策收集信息的专家判断。"[①]当经理在企业开始他们的职业生涯时,他们通常作为高素质的专家,在特定的责任范围内具有良好的一般管理(和/或技术)知识。然而,在更高的资格认证过程中,对整个决策相关具体问题的概述变得越来越重要。除此之外,还有协调问题,特别是决策序列的优先次序,因为决策的紧迫性通常决定了它们的重要性(协调任务)。[②] 管理层和管理控制之间的联系会产生以下结果:

虽然管理层通常拥有出色的整体信息("背景知识"),但对于特殊问题,他们依赖专家的专业知识。管理控制师(首先)是管理专家,他们就特殊管理问题向管理层提供建议。因此,技术诀窍或专业化的划分可以推导出管理控制的咨询任务。管理层侧重于协调和进行紧急决策,必须依靠仔细分析做出关键决策,并尽可能预知影响途径。因此,管理控制师预先为下一步决策制定替代性的问题解决策略,从而为管理层免除后顾之忧。在问题解决方案的构建中,因为决策是管理层的核心功能,因此行为导向一直占据次要地位。然而,关于措施的建议是必不可少的,因此在管理实践中,许多决策者越来越要求管理控制师具有企业家思维(规划任务)。在运营计划实施中的后续监控阶段,管理控制师还通过生成和汇总适当的信息支持管理层,并作为合作伙伴解释已确认的偏差和实施调整措施。此外,管理控制师——如果可能——甚至超出预定义的理念,检测企业的弱点,并评估潜在风险与实现目标的相关性(监控任务)。

可以看出,管理控制的首要任务是向管理层提供决策相关信息。有待决策的问题是控制任务"信息提供"的对象(信息提供任务)。尽管一些作者将管理控制的信息提供任务描述为"简化"[③]或"控制思想本身的退化"[④],但它是一般管理控制理念向行业或企业特定管理控制系统转变过程中的核心条件。特别是在传统工业部门,只有强调通过针对性的信息供应,才能释放领导者决策的压力,管理控制才对各个目标群体具有市场价值。[⑤]

因此,管理控制理念的构建总是需要综合考虑相应的信息理念,这种集成性能导致多维管理控制理念。同时,管理控制功能——理解为控制任务的总和——在以下方面有明确的细化:

管理控制首先必须关注管理问题。在有关责任分配方面,它减轻了相关职能部门或个人的压力,特别是在业务交叉领域的责任分配,如新产品开发、物流或质量保证。此外,管理控制支持所有相关业务管理和执行功能(例如,针对业务问题实施IT解决方案),但不对实现目标本身负责。因此,企业销售管理直接负责销售规划,但市场管理控制师通过提供相应的方案(例如,提供用于实施销售量规划的算法)和信息

① 参见 Gutenberg:*Unternehmung*,S. 162。
② 基于协调的控制系统详细介绍,参见 Horváth;Gleich;Seiter:*Controlling*,S. 33 ff。
③ 参见 Lehmann:*Controlling-Paradigma*,S. 49。
④ 参见 Weber:*Controlling*,S. 24。
⑤ 参见例如 Reichmann,Fröhling,Busch:*Controlling-Handbuch*。如果英文术语"Performance Measurement"等同于管理控制,则需要注意,管理控制的其他功能是否得到充分考虑。

(例如,在分类和销售区域优化方面对外勤人员培训),对销售管理提供支持。

在许多情况下,只有当全局任务"管理支持"或由此产生的管理控制任务"与业务相关的规划、协调、实施和监控过程的业务支持",通过差异化的任务描述具体化以后,才能建立长期可接受的管理控制。管理控制任务的范围是从信息需求分析的(随时)准备到提供特定问题的 IT 解决方案(参见图 1.5)。[①]

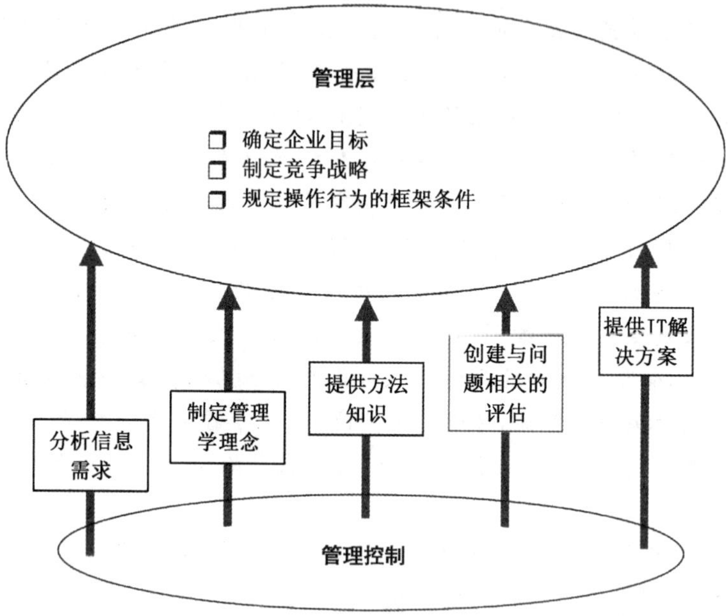

图 1.5 管理控制作为管理层的"决定性供应商"

这也清楚地表明,在综合业务咨询服务上,管理控制不仅承担决定性、理念导向性的任务,而且还负责理念的解释或实施(实施任务)。在这一系列广泛的控制任务中,可以定义四个主要任务(参见图 1.6):

方法交流:管理控制师必须确保参与项目实施的员工(首先)获得一般的方法知识,这包括本企业的目标和应用潜力。

拟定方法理念:这里是方法论的应用范围,例如具体的应用操作领域,必要的基础数据和决策对象(例如,相关成本岗位以及在流程分析框架内选出部分和主要过程),并确认和表述项目中没有设置的功能(例如,对流程成本核算的限制)。在这个阶段,管理控制主要提供理念支持。

方法实现:这应基于 IT 应用程序理念中指定的硬件和软件技术。如果它是可理解的应用程序(例如,基于电子表格程序),则管理控制师可以亲自付诸实施。对于需要大量编程知识的更复杂的解决方案,将由企业内部 IT 部门的员工或者在外部开发的情况下由外部供应商实施。这里,管理控制师必须主要确保在 IT 模型中充分考虑

① 摘自 Reichmann:*Erfolgs-Controlling*,S. 8。

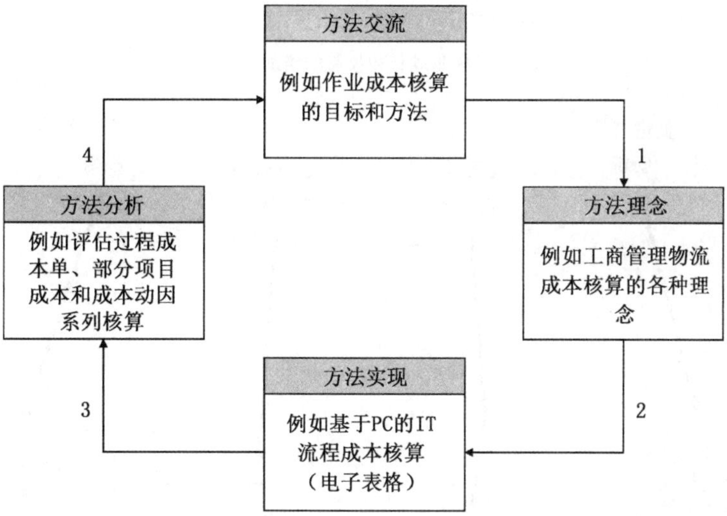

图 1.6　从单个管理目标中推导出管理控制的重点领域

企业各种业务理念对应的功能。根据所追求的目标,他还必须评估受信息技术所限的必要理念偏差是否可以接受,或是需要相应修改理念模型。完成实施工作后需要进行模型计算,这需要基于实际数据从功能和内容角度审查应用程序的严密性。这里,管理控制师必须确保提供相互之间不矛盾的数据。

方法分析:管理控制师必须检查由应用程序产生的评估(标准和特殊报表、指标)是否有助于满足项目要求,在所定义的应用范围内,可用的潜在信息(项目成果)是否有助于决策支持(项目目标)。只有事实令人满意时,管理控制师才会以最终报告的形式将项目结果呈现给管理层。

到目前为止,如果假定已经给出管理控制的研究区域,基本上可以认为,管理控制的工作与其目标相适,而从企业总体目标中可以推导得出管理控制的目标。

然而,图 1.3 中描述的目标推导不足以用于管理目标和控制任务之间的动态关系。由于众多管理控制师在财务和事务上的权限都大幅提升,在管理实践中,必须越来越重视“企业家思维”的要求标准。向控制任务“提供管理支持”的转移意味着,例如,管理控制不仅应满足指定的信息需求,而且还要提供临时信息,也就是能显著提高解决问题所需信息的质量(合理性保证任务)。简言之,这意味着,标准报告旨在满足持续且相对刚性的信息需求;相比之下,特殊报告和分析是针对具体和个案问题而设计的(归纳并提供确定的信息)。在决策过程中,每当管理控制考虑持续提供的其他信息时,应该将其集成到标准报告中。

无论如何,管理控制必须确保与目标相关的控制领域和控制工具来自企业的目标。因此,例如图 1.7 中发生的企业目标“企业成长和收益的增加”的转化过程,首先是企业总体目标的具体化,因为对于差异化控制和相应的特殊化控制工具来说,总体效益目标表达得太粗糙。

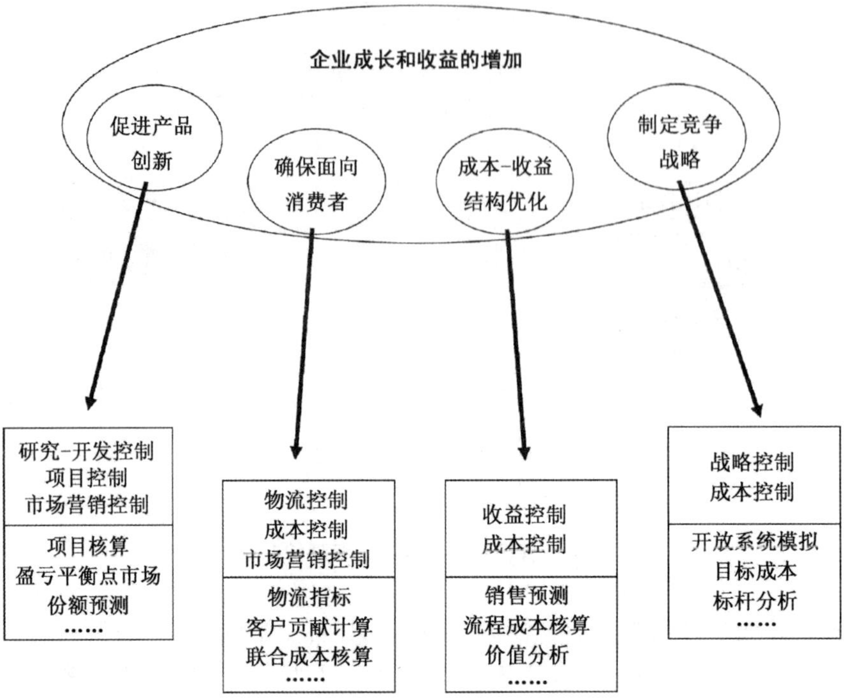

图 1.7 管理控制作为从交流到分析的服务功能

管理控制应该直接参与目标具体化的过程,因为要从不同具体目标中确认控制区域,从这些控制区域中检索信息,以衡量目标的实现程度。如果在“促进产品创新”中,存在源自企业目标的(子目标)规范——如图 1.7 所示,那么管理控制部门将必须处理项目控制和市场营销控制问题。因此,管理控制师必须根据管理层(预定的)操作区域(以导出)来确定自己的作用区域(服务任务)。转换标准不代表目标本身,而是代表与目标相对应的目标信息。

该理论目标信息主要是高度精简的管理信息,即使在最高浓缩级别也可用于评估。有一个具体例子可以说明,对整个企业或在集团报告范围内,子企业的盈利能力和流动资金比率指标,可以根据所载的具体信息相继拆解得出。然后,特别检查哪些控制区域记录了这些通常被称为基本数据的单项信息,对其进行总结,并且如在成本核算中那样,如有必要应预先浓缩和加工信息。最后,需要在业务和信息技术实际分析的框架内进行检查,以确定是否已经可以获得或存储确定单个信息所需的工具(如成本核算方法、规划函数)。如果答案是否定的,管理控制部门必须制定关于工具的适当理念。

从上面可以清楚地看出,管理控制任务与可用的潜在方法密切相关。因此,管理控制师必须不断检查,在总体管理控制理念框架中,可用的工具在多大程度上有助于提高企业决策的质量。同时,管理控制师必须自我拷问:管理控制实践应该处理哪些新的理念发展及其可能对一般管理控制信息工具的开发,特别是面向未来信息系统架构①的设计,会产生哪些可能的结果。

由于信息受众的变化,管理控制的沟通任务变得更加重要,以内部培训和咨询的形式传授管理控制技术起着越来越重要的作用,特别是如果组织重组产生的"新"信息用户(尚)未拥有令人满意的业务知识,以保证完成分配给他们的相关业务职责(例如在团队合作理念的背景下)。对管理控制而言,出现了大量的咨询和顾问投入。

1.1.4 管理控制理念

管理控制理念作为(总的)方法论,明确了那些需要实质性规范的领域,进而确定管理控制系统和管理控制应用程序中具体设计的框架条件。该管理控制理念包括决策与信息相关的元素。

本质上,可以在从三个维度描绘在管理控制理念范围内发生的信息流。第一个维度基于企业在采购、物流、生产、营销和研发方面的传统功能划分。此外,作为职能分工的一部分,领导由于其与整体业务相关的特殊决策问题而与其他功能区分开来。在这种功能导向的信息流程分类中,信息按照相关性进行系统化。第二个维度是指信息类别,如成本和绩效衡量指标、收入和支出以及付款数额,但也包括非货币信息(如数量和时间)。在分析和报告系统阶段,有年度财务报表控制、成本和效益控制、财务控制、投资控制、高层风险控制、采购控制、生产控制、物流控制、营销控制和项目控制。这一维度重点在数据供应系统,包括核算系统中的财务会计、成本核算、设备核算和人员核算,处置过程中的采购、生产控制、仓库管理和订单处理以及运营数据收集、时间数据收集、质量保证和分布式数控。

第三个维度基于时间成分;它可以划分为运营层面和战略层面,从而可以将整个管理控制理念分为三维参考框架(参见图1.8)。虽然运营层面主要侧重于功能性的管理控制任务,但战略层面反映了管理控制的任务所在,以便在战略管理过程中,以决策和信息相关的方式,为决策者提供最佳支持。在这里,管理层追求的战略是在企业内部进行层级沟通、不断监控履行程度,并协调组织成员(特别是决策者)的活动。

战略性企业规划的重点是,通过保持和发展新的成功潜力,实现企业的"可持续"生存。鉴于业务环境经常发生快速变化,基于业务规模,企业管理面临的问题是,变更后的情况往往不能及时对运营绩效标准产生影响。这就需要一种补充的战略管理,以便尽早识别、分析和评估任何新出现的战略问题,并以充分考虑环境动态作为战略规划的基础。

在管理控制理念的框架里,基于IT的管理控制不是一个独立的功能,这个理念指专业性的管理控制功能得到适当IT解决方案支持的事实。无论是在运营上还是在战略上,都投入IT解决方案并相互联网,以便根据不同决策者的需求实现信息处理和配置的自动化。运营层面的IT系统是基本的"数据生产者",这是战略层面IT

① 这里的术语"信息系统"包括技术实现和信息处理中涉及的组织元素。

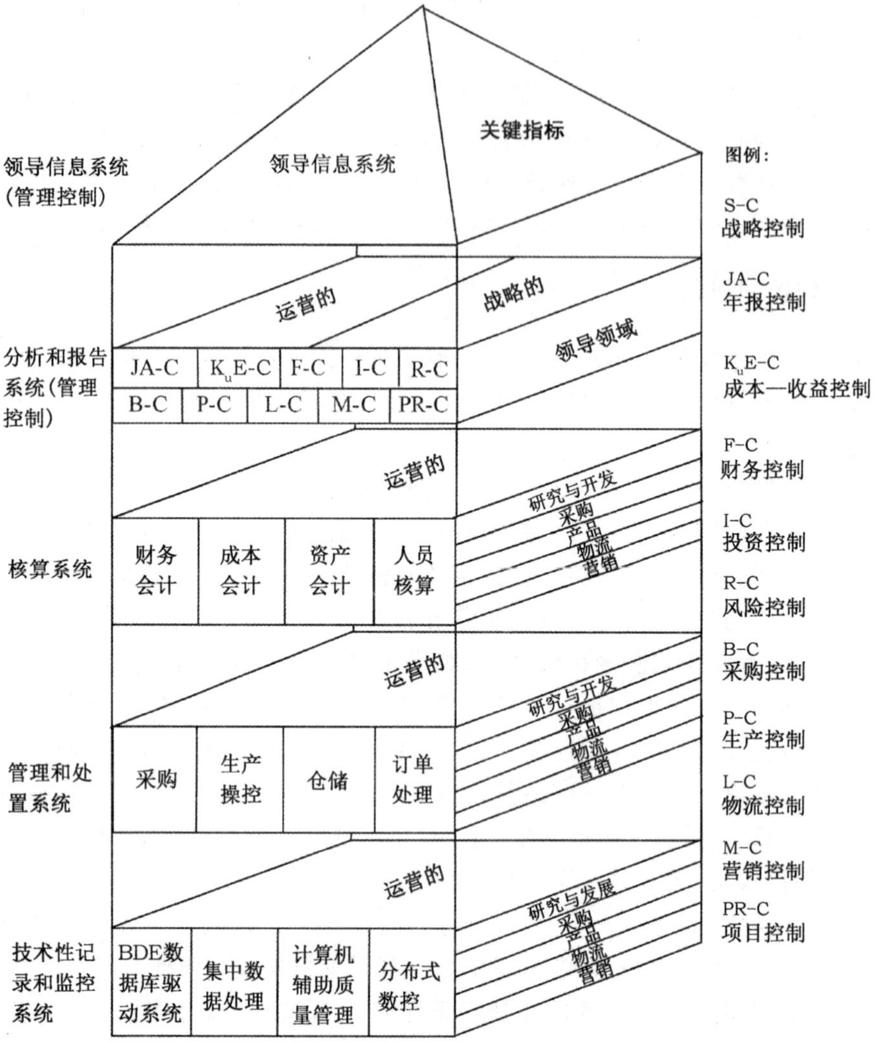

图 1.8 多维管理控制和信息理念

系统的内部数据源。借助如数据挖掘和商业智能工具等,这些数据可能与来自外部渠道的数据相结合,自动进行分析,分析结果可以按用户需求实际解决各种决策问题。根据要支持的管理控制功能,必须考虑不同的信息要求和相应的数据源。因此重要的是,要分析和记录管理控制功能的技术要求,以根据目标实施 IT。

在目标确定、实现和监控这个战略规划过程的框架内,战略控制(S-C)负责规划任务、协调任务、信息任务和监控任务。管理控制使用适当的工具提供战略规划,即评估规划和控制工具的优缺点,并确定其应用领域和附加要求。战略控制的信息供应任务是指,为规划机构提供与决策有关的信息。在此基础上,可以设计总体目标规划以及业务单元、功能区域和区域的具体战略计划。战略目标应根据其对相关关键数据的影响予以落实,并根据其对执行子计划的重要性加以细化。因此,战略性成本—收益控制是管理信息系统的一部分:它基于战略性的指标和报告系统,并使用适当的分析工具确定和评估与战略性决策有关的战略成功驱动因素,并展示其对企业的可能影响。

风险控制(R-C)从 (战略) 风险的角度补充这一观点,而且根据资本市场和德国立法者当前的要求,采取风险导向的方法考察企业的战略设定。在国际市场上经营的企业,在销售、采购和资本市场方面都有很高的要求,特别是在信息收集和处理、数据分析、风险评估和风险控制方面,跨国企业对风险导向管理的要求远远高于小型的、仅从事国内业务的企业。为了巩固和扩大企业的市场地位,有必要通过风险控制获得精确信息、持续监控和报告潜在风险。除风险识别外,在风险管理流程中,通过持续风险监控和流程监控完成风险评估和风险管理。

由此产生的控制任务具有功能性和货币导向的特征。根据选择时间维度、功能方向或信息类别作为切入点,可以区分为运营控制和战略控制、物流控制以及成本—收益控制。具有理念特点的控制系统与图示模型的不同之处仅在于,可以使不同的切割平面穿过三维空间。对于中层管理人员,数据可以汇总精简为销售、成本、收益和财务控制理念,以及报告(管理报告)形式中进一步精简的领导信息,并如在第 2 章详细介绍的那样,集成到最高管理层的指标系统中(参见图 1.8)。

图 1.8 描述了对信息库的访问过程,以及通过管理控制为各个决策区域供应信息的过程,这背后是决策级别相关信息供应的划分过程。管理控制师的任务是从企业的所有决策层检索必要的信息、集中处理,然后将其以所需的合并级别提交给管理层和企业层级中的其他决策层(参见图 1.9)。

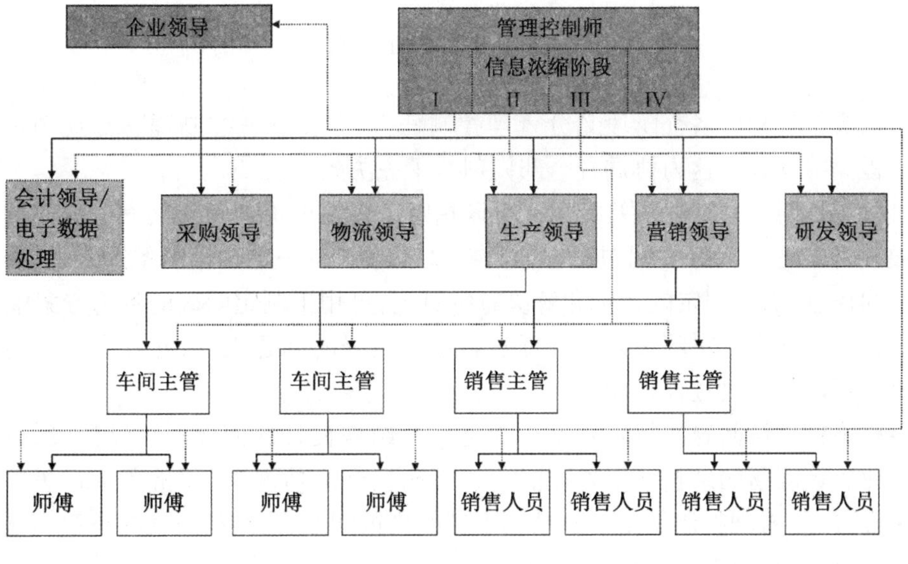

图 1.9 管理控制组织系统的信息结构

1.1.4.1 管理控制理念和决策相关性

为了确定与控制理念相关的意图，有必要考察决策过程的各个阶段（参见图1.10），以决策为导向的方式构造各自的分析区域。

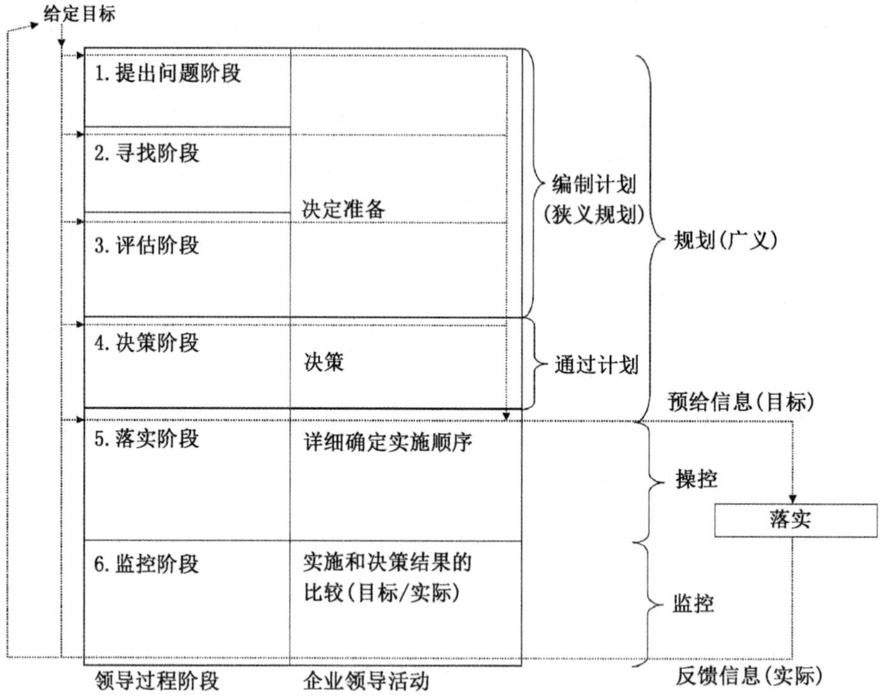

图 1.10 决策过程的阶段

根据决策过程的各个阶段划分管理控制任务，会使管理控制理念与规划过程和监控过程保持一致。这为协调各个部门创造了先决条件。

可以用不同方式处理决策问题。可以用财务决策理论理念工具充分描述的问题应该被视为结构化良好的问题。它们具有以下特征[1]：一定数量的备选方案；有关后果影响的信息；明确制定的目标和解决方案算法，可用于制定明确的备选方案排名[2]。

可以借助分析逻辑解决方法处理这种结构良好的问题组合，并且由于其财务决策结构而可以使解决过程自动化。[3]

结构不良决策问题的特点是至少缺乏一个结构良好的问题。可以假设，很大一部分商业决策问题的结构性很差；此外，在结构良好的情况下，通常有例行决策或部分解决方案。[4] 管理控制通常涉及结构不良的决策问题，为结构不良的决策问题准备

---

① Hahn: *Kontrollrechnung*, S. 30.
② Heinen: *Industriebetriebslehre*, S. 44.
③ 参见 Simon: *Management Decision*，可以分成结构良好和结构不良的问题。
④ Heinen: *Industriebetriebslehre*, S. 44.

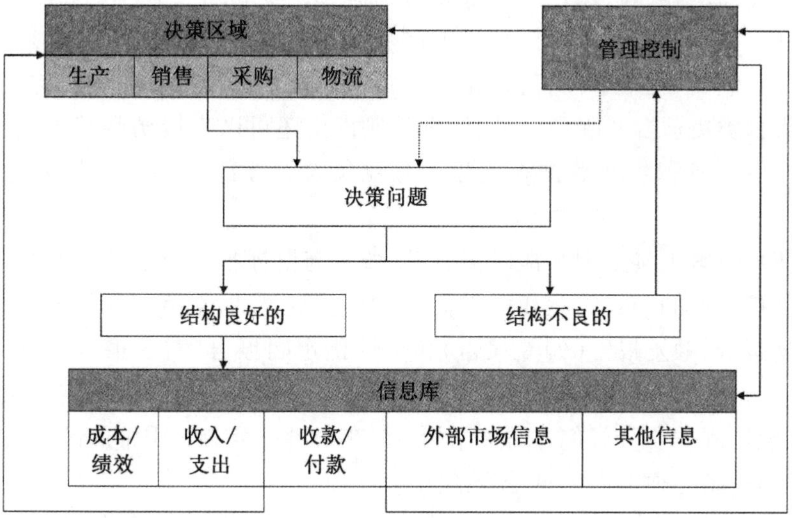

图 1.11 信息供应和管理控制

解决方案，首先需要精确地描述问题，该问题可以由管理控制师或相应的主管决策者进行本地化。与问题识别相关的不确定性产生了对信息的需要，这种信息需要随后可以在管理控制师的参与下成为具体信息需求。然后，他必须处理该问题，对其进行评估并从相应的信息库(例如会计)中获取必要的信息。

1.1.4.2 管理控制理念和信息供应

提供信息是管理控制理念的第二个重要组成部分。为了明确定义信息，需要解释另外两个概念(即数据和知识)及其与信息的界限。数据是一系列字符，通常可由决策者选取。[①] 在借由一定规则解释并针对特定接受者进行处理后，数据生成信息。[②] 数据的解释通常具有主观性，因为这是由选取数据的决策者进行的。当决策者根据他的理解和知识充分利用信息来行动或决定时，就从信息中产生基于一定目的的知识。[③]

信息提供的主要目标是有效性，企业中各种决策和行动需要生成和提供信息。次要目标是提高效率——提供充足的信息基础及其经济利用。信息技术支持这两个目标的实现，因此在管理控制理念层面上，必须考虑到信息技术数据处理的各个方面。最令人感兴趣的是，那些为各种管理控制评估、采集、准备和提供基本数据的信息系统。

管理控制理念所依据的信息基础可以分为内部和外部基础。最重要的内部信息库是企业会计系统。"会计可以……被理解为一种面向目标的信息系统，用于定量

① Voβ;Gutenschwager:*Informationsmanagement*,S. 9.
② Ferstl;Sinz:*Wirtschaftsinformatik*,S. 144.
③ Augustin:*Information als Wettbewerbsfaktor*,S. 15.

(数量和价值)描述、规划、操控企业货物和监控债务状况和变动。”[①]会计本身可以根据不同的视角划分,例如,基于传统功能区域的划分,如财务会计、成本会计、规划核算和统计等。然而,就本书而言,根据成本绩效核算、费用收益核算以及现金流量计算进行会计分类更适合。除了会计,管理控制部门还可以直接访问基于数量和时间,并且可以提供材料和生产数据等的生产数据集合。外部基础是外部机构提供的信息。

可以使用一些工具整理和提供信息,以得出与目标相适应的信息。可以报告、规划核算和监控核算的形式编制和提供信息,为决策者提供支持。报告分为三种形式:标准或计划报告、触发报告(偏差报告)和个性化定制报告(需求报告)。在标准化报告的框架下,报告针对固定期限内精确定义的受众,信息要求只需确定一次。对于偏差报告,管理控制主要负责偏差分析。然而,在个性化定制报告的情况下,出于专业性考虑,管理控制必须考虑信息受众的信息需求。

虽然在所谓的会计系统(如成本核算和人员核算)层面上,标准报告制度已经可以通过信息技术实现,问题导向的特殊报告通常需要使用从操作系统中选择和整理分析所需数据的特殊的分析和报告系统。特别是基于 IT 的数据浓缩反映了管理控制的核心思想。

在先前开发的管理控制理念的基础上,可以考虑各个管理控制元素来定义以下管理控制概念:

管理控制对领导任务提供目标导向的支持,为计划编制、协调和监控提供基于系统的信息获取和处理;它是一个基于会计和前置系统支持的系统,用于提高企业所有管理层的决策质量。

1.1.4.3 针对受众的信息供应

股东和利益相关者(如债务人和股东、供应商、客户、员工、合作伙伴、公众和媒体等)的承诺对企业具有重要意义,所以企业的一项中心任务是与利益相关方的沟通。虽然企业与环境之间的信息交换可以从根本上灵活处理,但在(法定的)可持续性报告的背景下,却无法获得这些自由度。《德国商法》第 315 条要求管理报告提及“非财务指标,例如有关环境和员工问题的信息,因为它们对于了解业务和情况非常重要”。《德国会计准则》第 20 号可用作解释该条款的基础,这也意味着必须以定量形式报告与管理控制相关的非财务指标。[②] 然而,由于其标准化程度较低,与财务关键数据相比,该信息的质量评估显著偏低。[③] 报告质量的标准可以在德国会计准则研究所(IDW)PS 821 中找到。这些规范基于正规的财务报告,中心要素是清晰、完整、可理解性、相关性、可比性和连续性。

---

① Schweitzer;Küpper:*Kostenrechnung*,S. 83.

② Barth;Rahe;Rabenhorst:*DRS* 20,S. 48 f.

③ Beckmann;Horst:*Nachhaltigkeitsberichterstattung*,S. 103 ff.

在针对受众的信息供应方面，可持续发展报告不仅应被视为会计的一部分，还应作为与利益相关者沟通的工具，因此可持续性管理是至关重要的。在这里重要的是，要使“软”因素可衡量和可比较，以便了解企业的业绩。如果外部信息流构建起了一个重要的管理控制领域，那么重点必须放在内部数据生成和处理上。由于需要内部协调作业以及与利益相关者进行外部沟通，为了支持可持续性管理，在信息收集和处理方面，对管理控制提出了更多的要求。

为了维护股东和其他利益相关者在企业持续成功和价值发展中的利益，自从《企业部门监控和透明度法》(KonTraG)生效以来，德国立法者在许多方面增加了企业机构尽职调查的职责和义务。已经重新定义监事会的角色；与此同时，来自银行和机构投资者的需求增加，这意味着近年来外部报告变得更加重要。一方面，管理控制必须为企业的每个层级提供适当的分析工具和信息，以便实现充分、合乎要求的评估，同时还要考虑其他利益相关者的(潜在)信息要求和需要。①②

在未来，管理控制不仅会为管理层和董事会提供运营和战略信息，还会为销售和生产经理以及部门和区域经理提供针对特定受众的信息，它将在更大程度上告知不做出直接运营决策、但具有(重大)影响的外部第三方(如监事会、投资者、供应商、客户等)。监事会法定担任特殊职务，根据企业章程，监事会有权按照监管协议从董事会索要信息，并关于有信息的约束力的规定中划定其期望范围。监事会监督职责的一个重要方面是，根据监事会和董事会之间商定的(部分)目标，永久性地对企业的发展实施审查监控。必须在企业中持续跟踪和监控战略和运营目标的实现状况，以便及时预测并调整变更参数(发展)。纯反馈控制(目标—实际比较)是不够的，而要在包含预测信息情况下补充额外的目标—预测比较。此外，必须确定需要董事会额外报告的事件和发展，必须在监事会报告中准备这些信息，即使因作为兼职工作、在时间预算受到限制的前提下，也要使监事会完全有能力履行其监督职责。

以监事会为例，根据董事会的权力关系和目标，管理控制还通过报告结构，以浓缩和目标为导向的方式，提供给更多集团利益相关者有关信息。基于多维管理控制理念的那些信息可以与其他参照组相关，如图 1. 12 所示。

1.1.4.4 管理控制理念的构成组件

保证基于决策的浓缩信息供应，已经提出了系统支持管理控制理念的基本决定因素。进一步陈述的结构基于这一理念的系统性，每个章节都关注系统支持管理控制理念的某个特征，并以科学合理和实践为导向的方式解释。管理被理解为通过科学合理的方法解决管理实践挑战的经验科学。根据这种理解，本章的第一部分讨论了管理控制理念的理论基础，包括指标应用的重要性。第 2 章详细介绍了指标和指标体系的理论基础。通过指标量化来实现与决策相关的处理业务和经济事项的多项

---

① Freidank; Hinze: *Integrated Reporting*, S. 55 ff.; Reichmann & Kißler: *Controlling-Konzeption*, S. 204.
② 触发器包括内部和外部阈值。

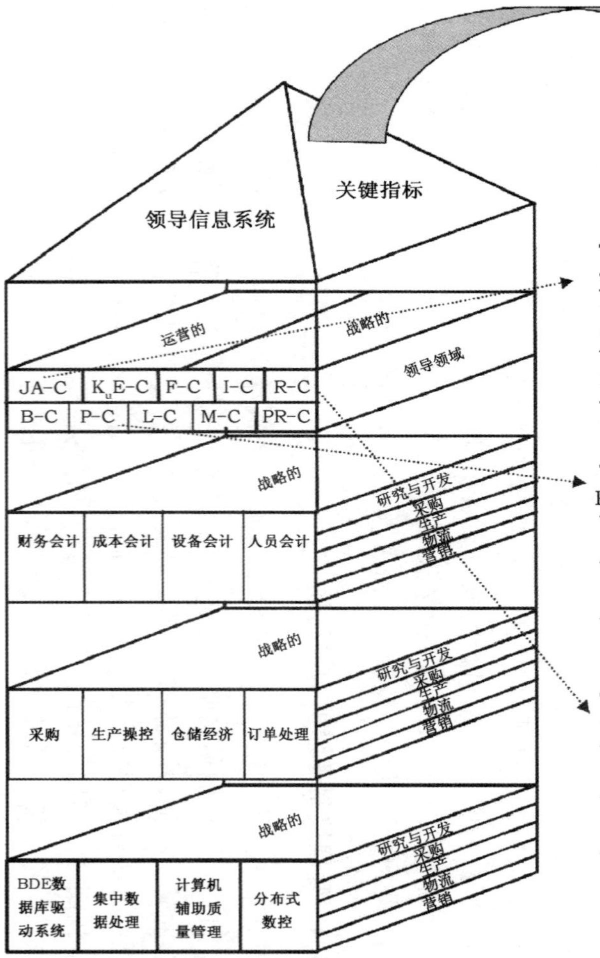

	董事会	监事会	银行	投资者
JA-C年报控制				
资产负债表 损益表	√	√	√	√
触发	√	√		
详细信息	√			投资额> 1 000万欧元
P-C生产控制				
分部报告	√	√	√	√
收到订单 订单状况	√	√	评级<BBB	
负载	√	(计划)利用率 <90%		
Risiko-C 生产控制				
状况报告	√	√	√	√
风险报告	√	√		投资额> 1 000万欧元
措施A 措施B 措施X	√			

图1.12 多维信息供应理念

可能性，是整个管理控制理念的特征。企业操控的特殊意义在于，根据预定计划，在规划阶段获得数据的基础上，逐步推导出所有数据指标，确定具体的标准值。通过使用适当的指标，企业收集和处理的信息在领导信息系统（简称FIS）中浓缩。引入的收益一流动性（RL）指标系统的功能是，在各个决策者层面和不同决策层面的摘要中，通过信息浓缩提供准确和更新的信息。这里的重点首先是管理层对最佳适应经济变化的兴趣，其次是通过关键业绩指标（Key Performance Indicators，KPI）[①]持续监控各业务部门的盈利能力。关键业绩指标包括盈利能力、销售回报率、资本、应收账款、材料和产品周转率，以及监控和操控它们的落实，还有销售、生产和仓库规划的质量以及有关融资和资产结构的信息，并且与竞争对手相比，保持自己企业的风险敏感性。

在奠定决策导向信息提供的理论和理念基础之后，成本—收益控制、财务控制和投资控制承担了管理控制重要的跨部门职能，成本—收益控制被设计为直接作用于绩效目标上的跨职能控制应用，并为其提供一套工具，用于适当构建或扩展某些会计功能的比重，同时也可以预测不断变化的市场条件。

从盈利流动性指标系统的流动性角度出发，财务控制的任务是确保流动性，在考虑盈利能力的同时，保持这种持续的支付意愿和财务平衡。财务控制为此目的提供必要的工具，通过对外部企业的债权和利益的内在考量（例如评级），支持企业管理层筹集股权和债务资本。

企业经营成功的基础是在中长期产生合理的回报，同时在短期内支付能力存在限制的基础上，形成成功的战略潜力和基于此目标导向的资本分配。投资控制的任务是刺激战略投资，并在规划、审批和投资核算程序的框架内，为企业管理提供信息和方法支持。此外，区域规划的协调、规划过程中的适当控制以及事后检查投资项目将确保经济可行性，并查明偏离项目结果的情况。

为了让领导信息系统达到一定的详细程度，使得该系统可以为所有（内部）决策者提供可靠的信息，管理控制理念采用采购控制、生产控制、物流控制和营销控制的主要运营控制子系统，特别确保对企业内部薄弱环节进行连续和有针对性的分析。

在采购控制领域，关于支付价格短期最大值（价格上限）的信息是重要的。在中长期控制考虑的背景下，必须提供有关市场依赖性的信息，特别是对价格剧烈变化的商品。在某些采购商品可能发生问题的情况下，还可以考虑替代物品，以及在价格上涨或上游供应商交付中断的情况下，自行生产部件的可能性。

生产控制的主要任务是与成本相关的生产成本监控，特别是在生产领域内资金的盈利能力方面。除了持续监控最重要的生产区域的成本效益外，还应在成本核算系统中，定期指出哪些未使用的产能作为固定成本核算（例如计划成本核算）。此外，适应不断变化就业情况的可能性也很重要，例如，必须明确固定成本存在哪些上升和下降潜力、闲置的生产能力、可用的劳动力储备等。鉴于生产领域技术复杂程度不断

① 在考察现有指标的结构时，近年来在公开出版物中以及国际咨询企业中，引入的新“概念”。由于在指标理念中缺乏数学和专业内容的联系，在本书给出的指标体系还需要解释，相对于指标体系，单个指标的作用不太显著。

提高,同时客户对产品效益的要求越来越高,生产控制越来越多地接管质量保证任务,质量成本和质量绩效之间的经济平衡成为关注的焦点。

物流控制侧重于企业内以及企业与环境之间物料的仓储、处理和运输的效率控制。基于物流成本和绩效核算,分析最重要的物流绩效和相应的(功能)可分配成本,使用相应的浓缩指标监控。

营销控制显示,在不断变化的市场条件下,哪些调整措施是可能的和必要的。战略营销控制旨在检测、分析和监控异质市场中的战略趋势和发展。特别是,确保产品计划和企业活动的长期平衡是该控制模块的重点(例如借助经典和扩展的投资组合方法)。从管理控制的角度来看,特别重要的是,应用相关组合可用的工具,以便在战略分析路径的框架内实现战略决策支持的最优效率和效果。销售控制作为推销政策的一个组成部分也变得越来越重要,例如通过多维利润计算提供销售操控的差异化信息。

IT 支持的管理控制为所有企业职能提供"支架框架",它确保了信息技术支持整个管理控制任务。基于 IT 的管理控制任务是应用合适的 IT 解决方案,这既包括收集和提供基本数据以及海量数据(例如在生产控制领域)的数量、价值以及技术信息,还有生成精简领导信息,作为战略性企业规划的基础。

在完成管理控制的一般参考框架后,关于战略控制以及风险管理和风险控制的论述,致力于管理控制理念和管理的交叉领域。这两个要素对于实施长期的企业规划和监控,以及确保管理控制具有充足的预警功能至关重要,按照层级构建这两个要素。与此相适应,除战略相关性方面外,还必须创建与任务和工具有关的所有职能和跨职能部门管理控制领域。

战略控制的初级目标是,为企业构建未来成功潜力和确保当前的成功潜力,这体现在与竞争对手相比的定性和定量竞争优势方面。这些以成本优势(和/或)差异化优势形式存在的成功因素,是战略成本和绩效控制的重点,因其确保了成本会计系统的设计充分考虑战略性要求并讨论了新会计技术,这确保了战略成本和收益管理。在运营控制和监控流程中,处理风险是不可或缺的一部分,并从不同的角度影响组织的许多部分。

风险管理和风险控制尽早识别、评估和操控未来的风险发展,使得企业长期适应不断变化的环境条件,以确保企业持续生存。风险控制提供了强大的工具包和必要的信息,以确保其对当前风险状况做出反应、调整和协调的能力。

适当的管理控制理念和应用对企业治理做出了重要贡献。特别是,资本市场导向的企业拥有有效的领导和监督结构,以满足利益相关者和股东不断增长的需求。在德国企业章程中,向监事会提供信息尤为重要,以使其能够履行监管的职责。其关于企业治理和管理控制章节在法律层面概述了对管理控制的要求,解释了监事会信息的要求。

在价值导向的集团控制这一章节,研究了系统支持的管理控制理念中,涉及全球企业操控要求的部分。该报告的核心是以价值为基础集团控制的特殊工具,以确定股东价值和企业集团的后续操控。日益全球化的价值创造使得选址成为决定性的成功标准,投资创建新地点将对企业的业绩和财务实力产生长期影响。国际选址控制为国际地点的评估、选择、建设和调试管理提供支持。

基于所描述的多维管理控制和信息理念,图 1.13 给出本书的结构概览。

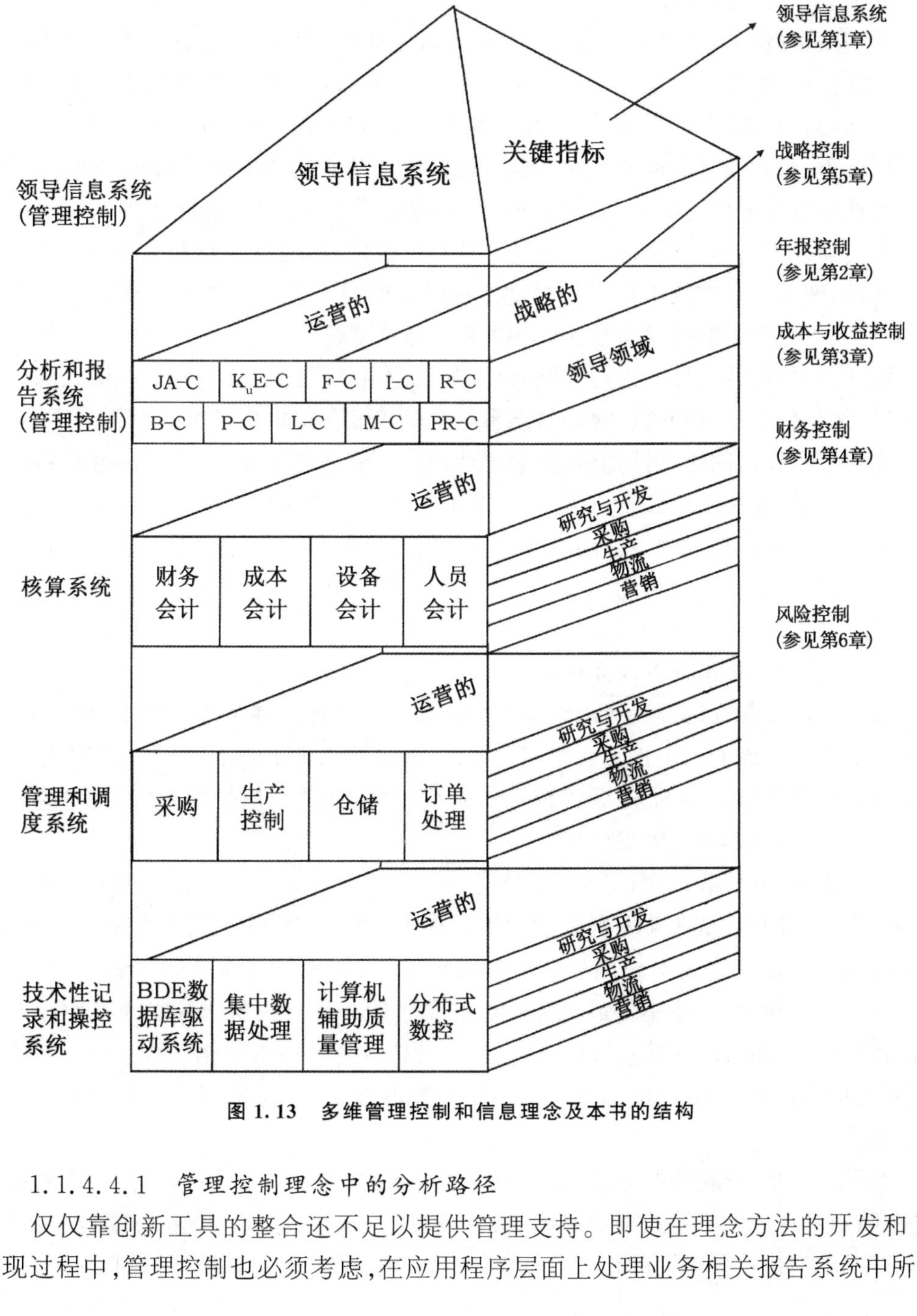

图 1.13 多维管理控制和信息理念及本书的结构

1.1.4.4.1 管理控制理念中的分析路径

仅仅靠创新工具的整合还不足以提供管理支持。即使在理念方法的开发和 IT 实现过程中,管理控制也必须考虑,在应用程序层面上处理业务相关报告系统中所产生的信息。在全面系统分析的范围内,管理控制必须确保这些工具能够充分分析问题,而且这些分析途径也可以信息技术方式实施。虽然运营数据供应是自下而上的,但是从未浓缩的基本数据到最高浓缩级别的信息,必须从上到下指定分析路径。

分析路径涉及具体信息搜索策略,其通过在下游层面上相关个体信息的定位(主观终止标准)或缺乏数据可用性(系统相关终止标准)来终止。分析的主观终止特别取决于决策者的技术诀窍和经验。

影响定量(例如,更深层的分析)和/或定性分析程序(例如,在分析中选择不同的信息分支)可以通过内容或方法导向的管理控制训练来实现。信息技术分析深度的影响要求与企业 IT 部门在实施上合作,并在必要时与其开展与理念相关的合作。在这种情况下,必须通过获取或识别其他数据(例如,激活先前未使用的计划变量管理)或甚至通过投资额外的信息系统(例如,时间数据采集系统)检查能达到深层次的分析。在管理控制方面,解决这一难题是一项艰巨的任务:通过其对管理者决策过程的潜在利益,额外信息的成本在多大程度上可以证明是合理的。随着与信息相关分析范围的扩大,管理控制的理念和实现相关任务依次对应。

因此,分析路径的处理既与问题有关("如果有特定信息,会询问哪些深入的管理问题"),又与信息系统相关("哪些信息系统提供了准备特定信息所需的数据")。

无论信息技术的可行性如何,如果评估信息的责任发生变化,则认为分析路径被终止。例如,管理层已经在第二级终止,便不要求生产管理控制师以及中型企业的生产经理详细分析。这表明,在开发分析路径时,管理控制不仅是检查问题和信息系统的参考,而且决策责任分析的相关转变也是如此。因此,总是涉及管理控制组织结构的问题

1.1.4.4.2 示例性深入分析

在分析路径相关问题和信息系统相关发展之间理念性联系的背景下,接下来,我们将借助生产领域的一个例子说明向下挖掘(参见图 1.14)。自上而下创建特定分析路径并通过箭头显示,它们记录了领导信息系统中指标"销售回报"恶化引发的具体(此处,是与生产相关的)因果分析。

举例来说,应该假设指标"销售回报"——定义为营业利润与销售额的比率——在 t_2 时比 t_1 恶化。成本和收益控制的指标构成了由此开始差异分析的第一个起点,这是内部结算系统的成本和指标的最高浓缩水平,特别是成本会计。例如,如果将"边际贡献/销售额"关系用作成本和收益控制中的指标——基于跨多个参照级别汇总的边际收益,则可以在第一次向下挖掘中,分析各个产品组的销售收益率。在该示例中,对报告日期 t_1 和 t_2 处每个产品组的比较表明,产品组 X 显然是销售收益率下降的原因。

对于进一步、更精细的分析,将离开管理控制的(主要是基于指标的)分析和报告水平,特别是在成本核算数据的基础上,寻找发展不利的原因。在特殊情况下,现在可以在成本岗位核算中进行相应的差异分析,如有必要,可以系统地识别与生产控制

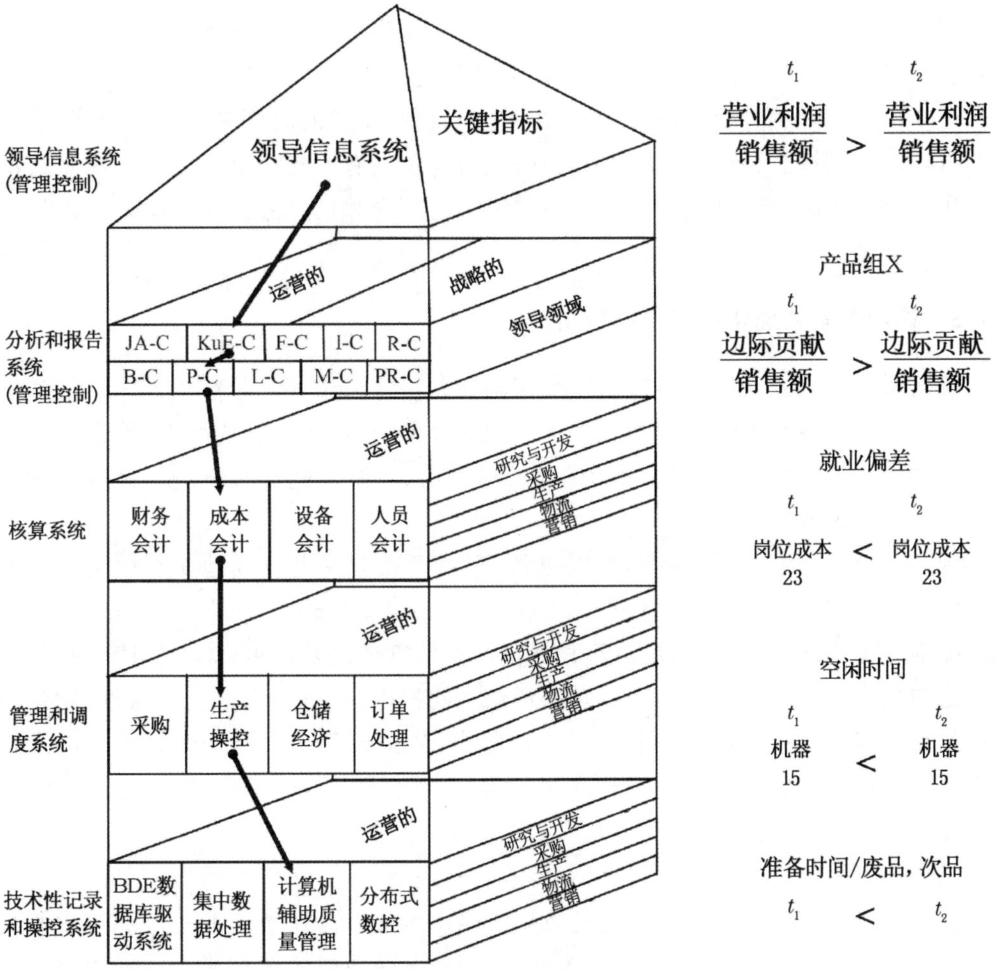

图 1.14　生产领域挖掘

密切配合的潜在成本偏差。如在示例中所假设的，如果显示成本岗位 23 发生就业偏差，则管理控制师必须在下一步骤中查找原因，例如在生产计划和控制系统(PPS)中。对错误源的“研究”可以在技术检测和管理控制系统级别上进一步深入 CAQ 系统。在该示例中，机器 15 闲置时间增加，这是由于整备时间增加或不合格品增多。根据自上而下分析中可用的越来越详细的信息，可以与成本岗位经理及相关生产经理一起规划必要的对策。

同时应该记住，与上述分析路径相关联的向下挖掘有时滞。在调度和会计系统中收集所有成本和收益相关信息之后，要在分析和报告级别上、管理控制的标准报告框架内提供浓缩信息，其间存在的时间差就是时滞。成本核算通常每月一次。由于 IT 支持的处理和数据准备，当前的成本和收益因素通常仅在下个月的 10 日后才可用。如果上述示例中的设置时间偏差已经在 1 月 1 日发生，则效果在 2 月的第 10 个工作日最明显。因此,只能在30～40天后对所有级别的错误做出反应。这导致现代管理控制要求,在管理层面设置指标,允许在错误发生时已经设置的"早期警告指示"信号启动,在检测和操控级别上启动相应的测试运行。

在与信息系统相关分析路径的发展方面,举例和相关的时间调整问题也表明,为了及时启动反制措施,有必要增加集成软件,可避免现有的接口问题并允许跨系统深入调用。管理控制师比以往任何时候更需要参与理念和信息系统相关集成标准软件的进一步开发。

1.1.5 管理控制系统和管理控制应用

如前所述,作为一般参考框架,管理控制理念包含决策和信息相关元素。这预示着——从运营功能开始——与功能相关并且在明确考察会计的情况下,确定管理控制的跨功能决策区域,并且所有系统组件通过信息系统彼此连接——通常以指标系统的形式实现该连接。

管理控制理念考虑了基本的管理原则,它负责在理论上合理地识别涉及全企业的重要因素,并在整体理念中统一考察这些因素。在此基础上,可以在系统和应用层面演绎推导出管理控制,它满足运营和战略性企业管理的基本要求。具体来说,从管理理论的角度识别对于企业操控具有决定意义的指标,并审查它们的有效性,它们不但涉及有关传统运营指标对企业绩效的说服力(如销售和一级流动性),而且涉及预警指标和弱信号(例如,订单状况和支付行为)。现代管理控制理念利用这一经验研究的前期工作,将其总结为指标体系中的企业操控工具。①

此外,必须考虑企业集团内各级业务领导和绩效的关系,作为管理控制理念以及由此开发的管理控制系统和管理控制应用的决定因素。而在子企业可以通过盈利流动性指标系统提供必要的信息,在母企业、管理控股企业或金融控股企业使用集团盈利流动性指标系统。基于盈利性和流动性的一般部分以及相应的特殊部分,两种比率系统具有一般相似性,但它们在特定指标和分析领域方面不同。由于其基于系统的逻辑链接,这些指标具有比单个关键性能指标更丰富的信息内涵。考虑到企业集团的业务构架,集团盈利流动性指标系统的修正允许考虑企业领导和监控的特定要求②

企业价值增值的构架主要取决于行业、功能性企业领导以及各自的文化领域。企业外部和内部都使用这些互补和不同的要求比较研究各自的业务绩效。管理控制也受这些不同要求的影响,因此从信息生成、处理和配置视角,按照行业或者国家分类,比较企业中管理控制在组内的共性和组间差异。确定的相似性使得开发跨国家

① 第1.2.5节和第2章介绍了收益流动性指标体系以及基于此的其他指标体系。

② 第2.5节中介绍的集团盈利流动性指标系统已经举例说明了管理控股企业的具体情况。因此,对于母企业和管理控股企业而言,该性能指标系统的调整与管理控制系统和管理控制应用中的具体化一样是必要的。必要的调整将在适当的地方进行。

和部门的管理控制系统成为可能[①],例如,这种针对特定行业的调整为指标的进一步解释和与关键指标系统的链接提供了起点。需要确定指标的意义应如何在各自的背景下解释,以及作为指标体系的一部分,它对解释有什么样的贡献。除了普遍接受的意义(例如,基于可预测性和可影响性)以外,企业的销售量对合同制造商与贸易企业的作用是不同的。系统层面采用这些区分标准,因此确定管理控制系统具有国家特性和部门特性,是控制理念的第一个具体化。

在具体管理层面,系统级别由管理和信息技术在管理控制应用范围内确定(参见图 1.15)。因此,企业特定的管理控制是指,其业务管理由相应企业的具体条件决定,并且涉及信息技术应用。此配置的目的是,为企业中的所有决策者提供意义已知的信息,其影响因素可使用现代数据处理后评估,并且其操控相关性已得到证实。

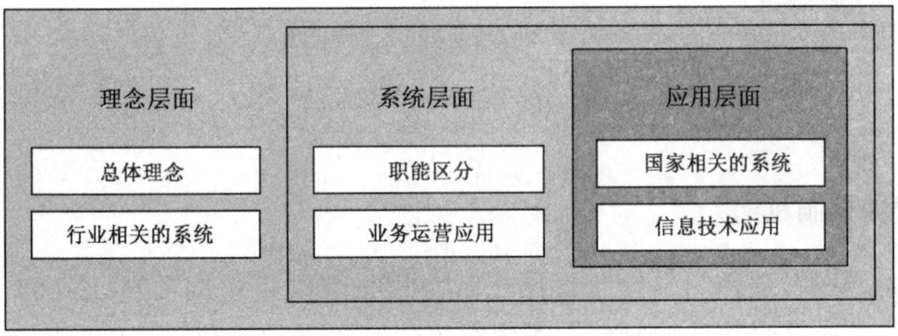

图 1.15 管理控制理念、系统和应用

然后,管理控制系统的具体实现在应用程序层面进行。在考虑企业特定的条件框架以及决策者个人信息要求的基础上,开发并使用管理控制应用程序。首先,确定功能要求,然后在技术上实施。

为了向最高领导层提供信息,可以设想通过管理控制驾驶舱,在考虑现有的相互依赖性的基础上以清晰、集中的方式向决策者提供所有与管理控制相关的内部和外部信息。为此,控制驾驶舱在理念上表述了与职能相关以及跨职能的控制子区域,并依靠指标提供信息。指标体系的使用也提供了这样的机会:一方面,用指标向决策者简明扼要地告知主要的发展;另一方面,通过规划和模拟,分析外部事件的影响。通过数据库的多维视图以及隐含的挖掘可能性,其允许通过"交通灯控制",离开基本关键成功因素的定义分析出现差异的根本原因,以最佳方式支持提供决策相关信息的目标。为此,有必要在综合 IT 理念中,协调业务内容和内部信息技术,以实现具有强大企业价值取向的综合规划和操控系统。[②]

后续落实将采用控制理念的功能特点和跨功能理念,借此描绘跨国和跨行业的参照框架,以便为企业特定的管理控制应用铺平道路。

---

① 对汽车工业而言,参见 Reichmann & Richter:S 185 ff。

② Hornung & Reichmann:*Controlling-Konzeption*,S. 43 f. u. 55 f.

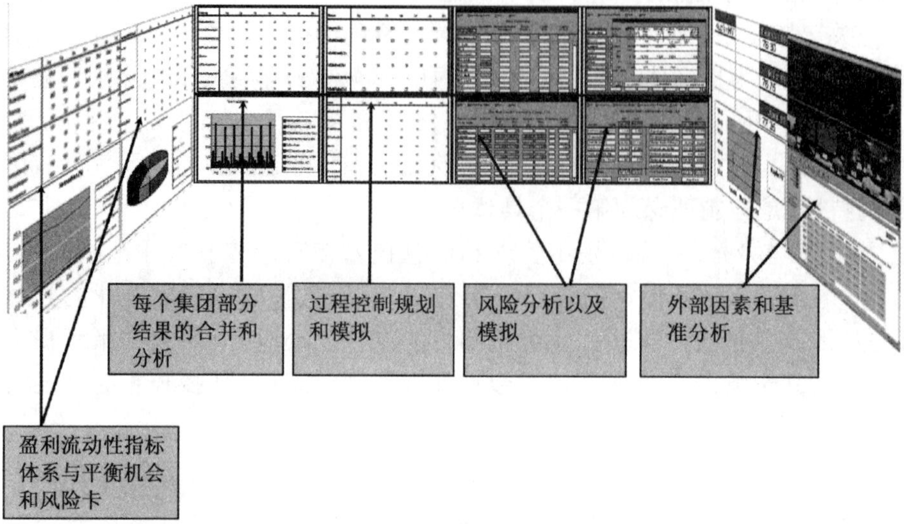

图 1.16 "管理控制驾驶舱"

1.1.6 管理控制机构

为了完成在管理控制系统和管理控制应用框架中定义的任务,有必要确定任务载体。那些完成整个管理控制任务的组织单位归入管理控制机构的范围。每个管理控制机构可以由几个管理控制部门组成。管理控制部门可以理解为由一个或多个任务载体执行整个管理控制任务。[①] 管理控制部门各任务的综合基本上由管理控制目标的重要性决定。在具体情况下,管理控制部门取决于行业、企业规模、法律形式[②]以及企业理念和一般组织原则等。如已经介绍过的那样,对于管理控制部门的要求主要涉及与交流处理任务和信息处理任务相关的活动,为了使管理控制部门的主管能够满足其面对的目标要求,他们必须与管理控制机构其他任务组以及企业其他部门保持联系。

在管理控制任务的实现过程中,预先假定管理控制师有充足权限执行/启动信息获取过程、以及规划和监控企业内的主要活动,这就假设管理控制师具有足够的处事能力。[③] 关于管理控制师的能力,可以区分单人和多人岗位。

这意味着必须区分控制机构内及管理控制师与企业其他职权之间的权限分配。对管理控制被授予企业内行动权这件事至关重要的是,管理控制部门在企业组织分层结构中的地位。对管理控制师能力的要求,取决于管理控制部门从属于其他上级部门或主管机关的程度,也就是管理控制部门与企业中其他部门之间的关系。关于在交流环境中交换信息的指令性质,可以区分三种类型的信息:命令、提议和通知。

---

① 参见 Krüger:*Unternehmen*,S. 76 f。
② 此处参见 Gaydoul:*Controlling*,S. 40 f。
③ 对于能力概念以及不同类型的能力参见 Hill,Fehlbaum & Ulrich:*Organisationslehre*,S. 124－130。

管理控制师的提议和通知权一般无可争议。特别是,就与企业其他部门的沟通范围而言,应该向其指出已经讨论过的决策相关浓缩信息。管理控制师的任务是支持企业领导;在管理控制框架中规划、协调和监控是典型的职能部门人员任务,不需要对其他部门的命令权限。有争议的是管理控制师的"专业指令权限"。①

交流,即管理控制师与企业中各任务载体之间的信息交换,取决于企业中任务的形式,特别是管理控制系统支持的管理任务结构。随着管理任务的分散化,可以确定管理控制任务的某种分散,这和企业的规模相联系,从而必然决定性地影响管理控制机构。②

在较小的企业中,管理任务通常与管理控制任务一起执行。在中型企业中,除管理层外,管理控制任务通常集中在附属于领导的职能部门(参见图1.17)。在大型企业中,管理控制通常由独立的管理控制机构落实。③ 管理控制机构一般由几个根据工厂、部门(和/或)功能构建的管理控制部门组成。在企业中,管理控制功能既在管理控股企业中集中执行,也在各个子部门、战略业务单位和各个企业中分散执行(参见图1.18)。④

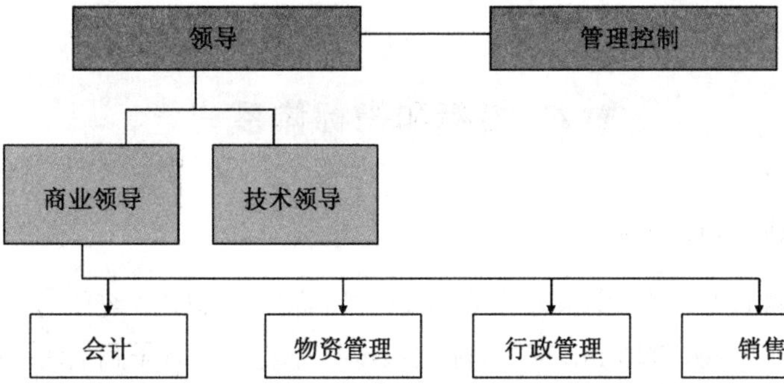

图1.17 中型企业的管理控制组织

---

① Horváth,Gleich & Seiter:*Controlling*,387 ff.

② Gaydoul:*Controlling*,S. 260－263.

③ 将任务、能力和责任分配给第三方,会在该管理控制机构与领导机构之间形成委托—代理关系。由于管理控制机构向领导和监督机构(以下简称监事会)提供信息及其功能的重要性,这涉及企业治理的领域。在此过程中,监事会原则上会以两种方式影响管理控制,并且监事会通过管理控制部门来执行其监督任务。另外,基于管理控制的作用和管理控制理念的重要性,两个机构都需要通过管理控制客观地处理信息,这需要通过相应的管理控制理念来确保。

④ 参见 Hornung & Reichmann:*Controlling-Konzeption*,S. 47。

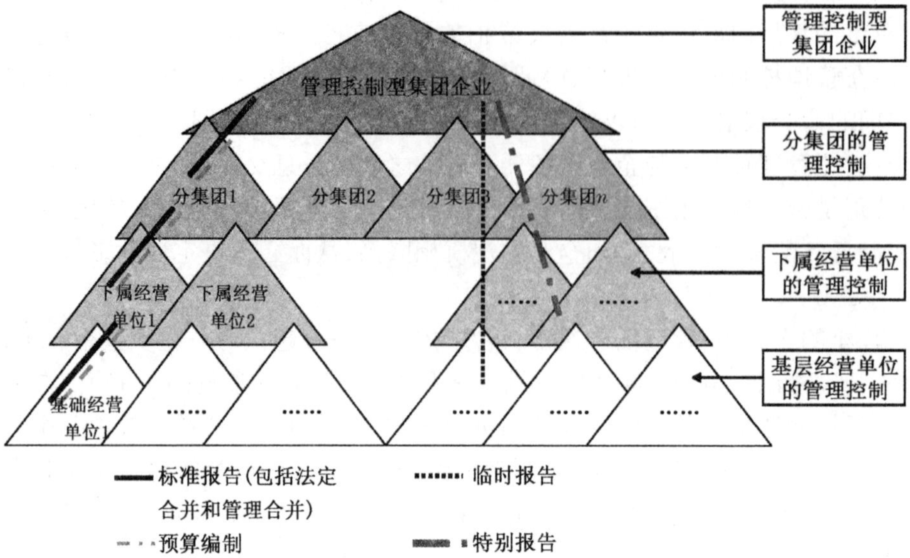

图 1.18 大型集团中的管理控制组织(例如 MAN 股份公司)

1.2 指标和指标体系

1.2.1 用指标反映目标系统

目标系统的特点是总体目标可以分解为子目标。① 目标系统的逐步构建通常被称为目标层级。施密特(Schmidt)对目标层级的理解是“根据子目标系统具体实现的特征来组织目标理念”。② 通过将量化的总体目标分成可操作的子目标,以实现这个总体目标。“在制定和定义业务目标时,需要考虑三个方面:目标的内容、范围和目的。”③传统的目标层级结构试图根据单个目标手段特征对其分类。④ 在目的—手段关系分析的基础上,目标(效应)与手段(原因)相关,后者又被视为不同领域的因果复合体。

如果成功完成这样的顺序,就形成一个目的—手段方案,其形式如图 1.19 所示。

以下描述表明,子目标同时被视为实现总体目标的方法;反过来,又代表下游阶段的总体目标,这实现了目标和方法的具体化。分解的过程会一直持续到目标达到可操作程度,从而能够通过手段直接实现。然而,在大多数情况下,单个目标并非仅

---

① 在文献中,可以考虑不同的总体目标,参见 Heinen:*Entscheidungen*,S. 94-113。

② Schmidt:*Wirtschaftslehre*,S. 148.

③ Heinen:*Industriebetriebslehre*,S. 28;S. 26-37,其中海能(Heinen)区分了企业在利润、销售、盈利能力、保障企业潜力、确保流动性、权力和声望以及其他方面的目标,其中销售努力、盈利能力、确保企业潜力的安全性并确保流动性通常在长期利润最大化的目标下组合。目标的范围取决于基准数值,通常是基数型的。除了确定程度之外,还必须披露这些目标适用的时间,以便能够制定操作目标。

④ 参见 Heinen:*Entscheidungen*,S. 103。

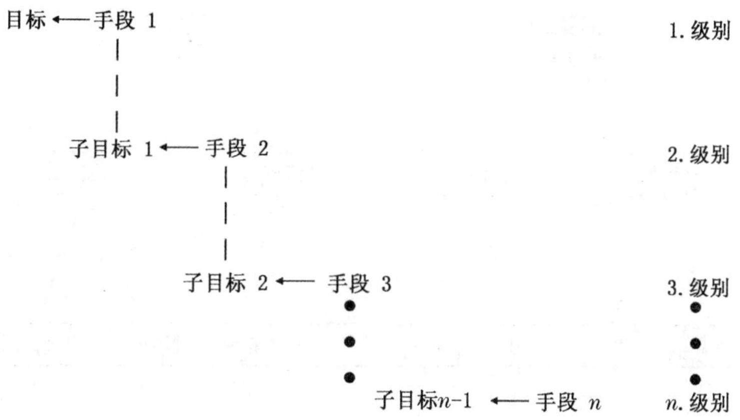

图 1.19 目标系统中的目的—手段关系

通过单个手段得以落实,而且经常进行目的—手段关系的多次分解,从而为目标分配多种工具。

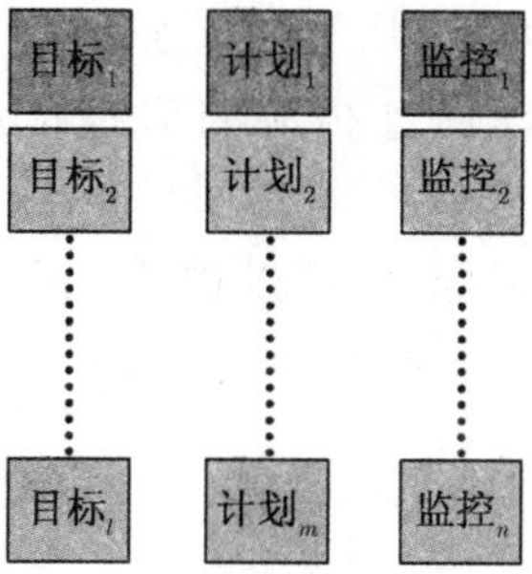

图 1.20 目标体系、计划体系和监控体系

就目的—手段假设的产生而言,基本上有两种不同的方法,即演绎法和归纳法。在演绎法中,子目标是从总体目标中推导出来的。在归纳法中,目的—手段关系是根据过去经验构建的。[①]

用 $Z_1, Z_2, ..., Z_n$ 定义目标和子目标,$P_1, P_2, ..., P_m$ 定义和各自实现目标所需的计划以及衍生出计划预定值,用 $K_1, K_2, ..., K_n$ 定义与计划相适应的监控过程。通过这种方式,可以在目标设置、计划和监控过程中识别以下财务关系。

如果完全由相应的目标、计划和监控系统表示实际操作系统,则与企业特定总体规划模型的理论(愿望)要求相符合。在下文中,区分总体规划模型和全局规划模型。在总体规划模型中,内容、范围和时间是根据目标、计划预定值和监控确定的,其中所有活动都计划到最低级别,没有任何终止标准。在全局总体规划中,系统会考虑所有(相关)规划区域,但要考虑不同的选择和终止标准。在总体规划模型中,根据长期、

① 参见 Heinen:*Entscheidungen*,S. 106。

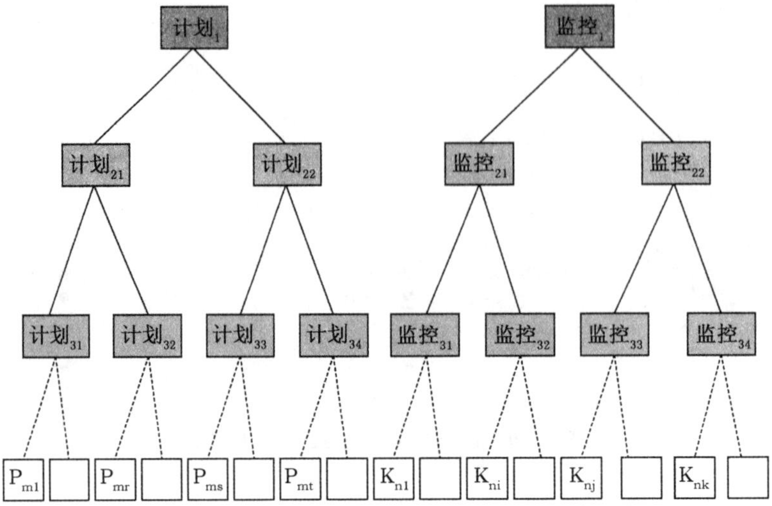

图 1.21 计划体系和监控体系 P:计划 K:监控

中期和短期目标制定时间和内容前后逻辑一致的子计划($P_1,P_{21},...,P_{mt}$),在目标—实际比较过程中,这些目标通过相应的监控措施,监测计划规范的监控内容($K_1,K_{21},...,K_{nk}$)。[①]

如果为每个监控内容设置指标,则可以创建一个与监控系统具有相同结构的指标结构,而无需使用其他选择标准(参见图 1.22)。

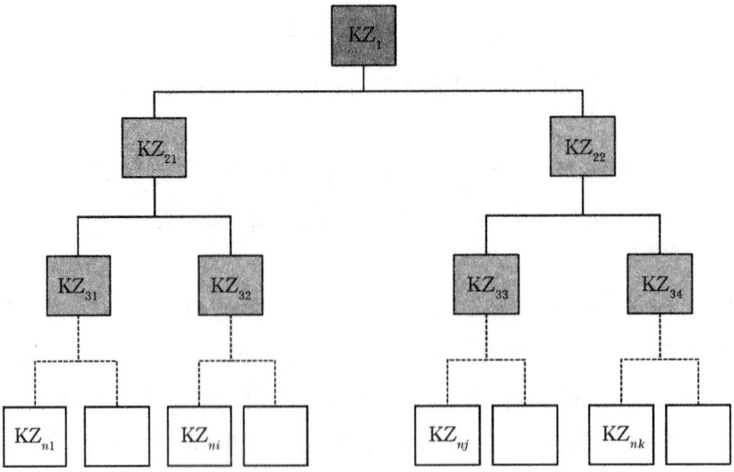

图 1.22 监控系统和指标体系之间理想形态的特征

① 假定监控内容都是可以量化的。

这种指标结构是理论上的边界情况。出于这个原因,必须尝试找到指标数量有限并使其易于管理的选择标准。[①] 除了在生产和销售结构相对简单的少数企业,在企业实践中,总体企业规划的理想情况是无法实现的。[②]

通常,在目标结构中,子目标终止于能保证其有足够行为操控空间的地方。这同样适用于相应的计划和监控过程,在车间生产中,这些过程通常在车间师傅级别终止。出于成本效益原因,必须停止规划的区分,这也适用于销售和生产领域。缺乏全面的企业业务规划通常会导致协调信息的缺乏。例如,在销售/订单签署数量下降的情况下,负责协调的决策者缺乏能够预计未来生产能力的利用率会降低的有关信息。但是,这种协调信息是绝对必要的,例如,企业经理可以决定是否以及如何降低员工人数以减少固定成本。[③] 因此,作为监控系统的指标系统以及用于准备未来决策的系统,其任务不仅是信息收集,而且要识别实际问题。企业不同层面的决策者应尽早了解企业与部门对于计划发展的偏差,以便能够识别对其所在领域的负面影响。[④] 实现这些任务的指标系统必须在演绎确定(理论上的)整体企业规划模型的基础上构建,以便以足够的准确度再现所有重要的决策相关事实,从而以经验和归纳的方式检查每个单独指标的重要性。

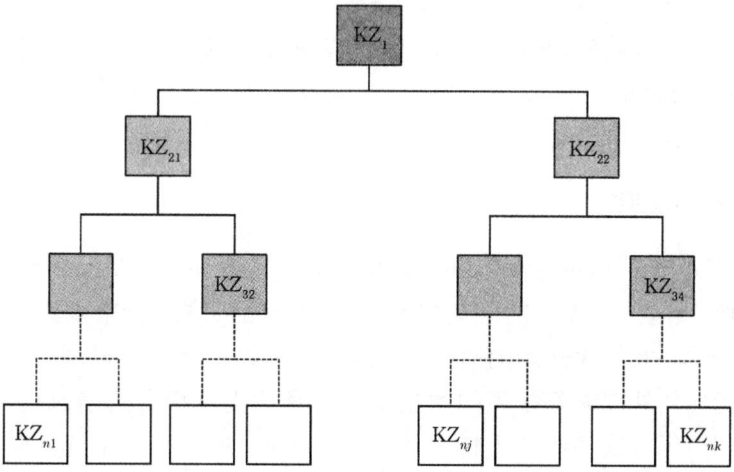

图 1.23 经验—归纳验证,演绎构建的指标体系

① 参见第1.2.4节。

② Schneider:*Investition*,S. 30.

③ 对于可变成本,该解释模型假定它们不需要特殊决策,因为根据定义,它们会随着员工数"自动"变化。

④ 参见 Reichmann & Lachnit:*Kennzahlensysteme*,S. 47。

1.2.2 指标

1.2.2.1 "指标"的概念

指标概念经历了多方面的发展。经过深入的概念讨论,现在可以假设存在一个普遍接受的、相对统一的指标概念。在德语世界的指标讨论开始时,指标最初被认为是对分析的辅助工具,它应该揭示企业的经济性和财务安全。[①] 布费尔(Bouffier)将此理解为对业务目标有说服力的数字和比率。[②] 随后将指标解释为与问题相关的相对数字,这使得发展更多地向信息任务转变。指标被定义为,在数字中表达事实和情况时相关且简洁的信息。最后,在 20 世纪 70 年代中期该概念盛行,其元素与现在的文献基本上是一致的[③]:

指标被认为是那些以浓缩形式获取的可量化事实行为。

英美企业实践和学术领域指标的建立使得关键绩效指标(KPI)这一术语进入德语世界。

指标中最重要的要素是:信息特征、可量化、具体的信息形式。

信息特征表达了这样一个事实,即指标应该能够对重要事实和背景做出判断。可量化是变量的一种属性,从测度论的角度,它可以基数测度衡量所述事实和关系,从而实现相对精确的陈述。最后,具体形式应该能够以相对简单的方式呈现复杂的结构和过程,以便能够提供快速和全面的概述,特别是向领导部门报告。

1.2.2.2 指标的功能

指标是多功能工具,可用于内部和外部目的。作为外部分析的一部分,它们具有财务报表分析[④]和运营比较[⑤]的悠久传统。美国应用年度财务报表进行运营比较的经验和从 20 世纪 20 年代开始的财务报表分析,导致对指标的早期关注。具有浓缩信息任务的指标从外部财务报表的数据获取与具体决策相关的信息,特别强调对证券投资决策和银行贷款决策的支持。对于上述决定,从总存量中选择具有最佳解释力的年度财务报表数据。选定的变量是决策的起点,如有必要,可以补充其他非定量信息。

运营分析试图从企业量化数据的历史发展或使用可比的企业,来判断企业的经济状况,指标在很大程度上作为衡量标准参与其中。企业自身构建的指标就是为了内部决策目的,既可以涉及整体企业数据,也可以涉及企业的部分职能。

指标的外部和内部应用清楚地表明它们具有信息功能,也就是说,为具体的决策

---

① 参见 Schenk:*Betriebskennzahlen*,S. 3。
② 参见 Bouffier:Rechnungswesen,S. 28。
③ 参见 Reichmann;Lachnit:*Steuerung*,S. 706。
④ 参见 Coenenberg:*Jahresabschlussanalyse*,S. 934－945。
⑤ 参见 Schnettler:*Betriebsvergleich*,S. 20－22。

提供有针对性的知识。除了对信息的描述性介绍之外,提供规范信息是指标的另一个任务,针对默认目的为下属的负责部门提供信息。这样的目标设立是成功监控活动的先决条件。在这个过程中,将实现的值与监控过程中的预定参数比较,因此,指标被证明是实施有意义和有效监控的定量基准和工具。[①] 预定值本身作为业务计划或目标数字中的标准变量出现,其由特定决策级别导出。在它的帮助下,可以分析偏差的原因,这反过来又是启动纠正措施的先决条件。

1.2.2.3 指标的分类选项

多年来一直讨论指标分类[②],并且有以下可能的标准设想:信息库、统计表格、目标取向、对象区域、行动相关。

信息库应理解为那些必须告知外部或内部利益相关方具体事实的信息库。信息的基础是成本会计、商业和财务会计,包括资产负债表、计划核算和企业特殊核算。[③] 统计表格将指标分为绝对指标和相对指标。绝对指标是单个指标、总数和差异。相对指标是比例数字、分类数字和指数数字。比例数据既可以进行同类比较,例如流动资产/总资产,也可以进行不同类的比较,如股权/设备资产。

如果指标所针对的目标方向很重要,则可以区分效益成分和流动性成分。相应的目标变量反映在不同的度量中,例如,盈利能力和静态或动态流动性衡量指标。除了效益目标和流动性目标外,还有其他量化的目标变量可被指标记录。指标所涉及的对象区域取决于各自的对象范围:整个企业的对象范围需要与整体企业背景相关的指标,部分调查基于获取功能性的、部门的或组织主题领域相关的指标,从而提供有关观察对象的信息。考察指标的行动基准,必须区分规范指标和描述指标。作为目标和内部标准的规范指标包含行动要求,描述指标仅描述需要进一步解释或至少进一步分析的情况。

1.2.2.4 指标使用的界限

单个指标的意义有限。在信息性质方面,指标的质量取决于底层信息系统的设计准确性和随机性。对于不太精确、含糊不清的陈述,指标不能纠正基本信息缺失的问题。斯塔勒(Staehle)所指的另一个问题是指未充分确定的指标缺乏思路背景。[④] 对单个指标的不充分解释是危险的,这可能是因为只有定量信息,并在此基础上评估事实。如果需要额外的定性信息来记录情况,建议综合应用定性和定量信息。

---

① 参见 Reichmann & Lachnit:*Kennzahlen*,S. 714。

② 概况参见 Meyer:*Kennzahlen*,S. 13。

③ 参见 Börner:*Kennzahlen* S. 267。博尔纳(Börner)断言:"指标与具体企业的活动有关,它必须以企业会计为重点,或者从结果中获得。"

④ 参见 Staehle:*Kennzahlensysteme*,S. 66。

1.2.3 指标体系建模

单个指标在上述属性的信息价值方面受到限制，特别是由于模糊解释的可能性。这种批评也适用于关键绩效指标，这些指标通常无法为与业务相关的问题提供充分的解释性贡献。在单个指标的陈述能力有限的背景下，有必要综合运用指标，以在综合系统理念的基础上消除解释中的含糊之处，并检测系统要素之间的依赖关系。①

1.2.3.1 建模基础

企业管理模型通常应作为获取和审查事实信息的工具。“涉及事实……是更复杂的思想内容，在语言上以句子表达。”②因此，企业管理模型通常被视为语言系统。

“模型总是某些事物的模板，如图示和表达自然和人工原件的模板，原件本身也可能再次成为模板。”③因此，模型是根据特定标准排列原件的图示。当模型和原件仅被解释为属性类别时，将原件映射到模型意味着将所选原件属性分配给模型属性，因为模型不包含所表示原件的属性。“属性应被理解为个体的特征和属性、个体之间的关系、属性的属性和关系的属性等。”④“作为分配给属性的语言符号称为谓词。”⑤如果可以将相应的谓词分配给所有属性，则通常通过省略许多原始属性，重新解释一些原始属性，并将它们放入新的概念组合，来形成模型中的原始属性。⑥ 这种方法表达了归因于模型的简化特征，因此，这里要处理的模型是原件的简化图像。

基本上，模型可以根据其功能分为描述、解释和决策模型。⑦ 当我们将指标系统集成到下面的模型中时，也使用这种分类，并且在不同模型类型的背景下，更详细地确定指标系统的功能。对指标系统相关模型的核心要求是定量结构化的能力。因此，可以从相应的模型中推导出指标结构或者从指标系统中导出模型。

指标系统基本上可以按照两种不同的理念分类，即具有规范意图的方法和具有纯信息性任务的方法(参见图 1.24)。指标的规范观点给出目标层次结构，而信息观点必须区分概念相关的层面和陈述相关的层面。概念层面在讨论中起着相对较小的作用，它引出了概念系统。然而，更重要的是基于模型陈述相关理念。一般来说，可以区分引出描述系统和解释系统的描述模型和解释模型。此外，可以形成混合类别，其中可以找到概念系统和描述系统的元素。⑧

---

① 参见 Lachnit：*Jahresabschlußanalyse*，S. 27。

② 参见 Berthel：*Modelle*，Sp. 1122。

③ 参见 Stachowiak：*Modelltheorie*，S. 131。同样，数学—经济状态模型的解释，参见 Zschocke：Betriebsökonometrie，S. 13 f。

④ Stachowiak：*Modelltheorie*，S. 134.

⑤ Stachowiak：*Modelltheorie*，S. 136.

⑥ Stachowiak：*Modelltheorie*，S. 139.

⑦ 因为根据所使用的术语来描述具体对象，所以通过分配定量数值使得概念系统具体化，自动推导出有关陈述。

⑧ 有关以概念、描述和解释系统的形式将指标系统模型区分为规范系统和信息系统的更多信息，请参阅 Geiß：*Kennzahlen*，S. 242－283。

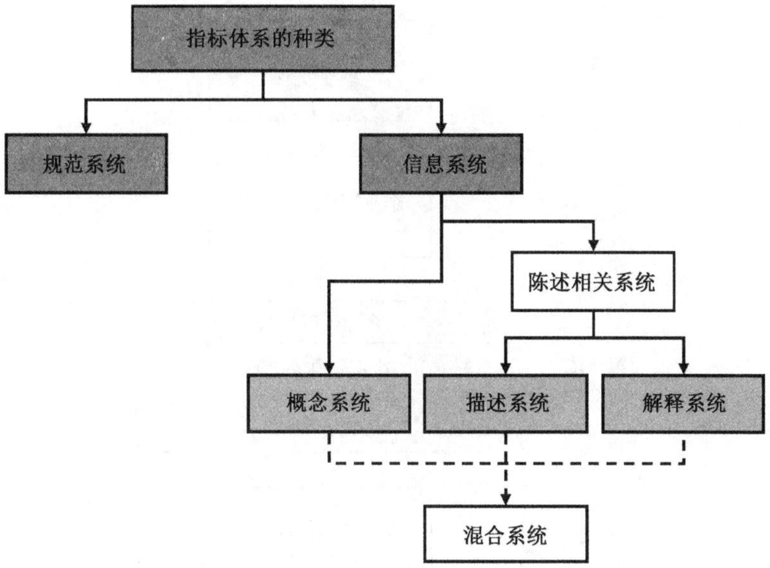

图 1.24 指标体系的分类

概念系统包含基于绝对指标的分析陈述，其特点是上层概念被分解为子组件。可以在数量、时间和价值的基础上，总结这些系统的层次。原则上，价值组成部分与企业会计有关。数量和时间组件作为价值大小的指标，具有统一维度的优势。概念系统仅部分适合作为规划理念；然而，监控变量和标准变量具有更大的作用。

第二类信息系统涉及陈述系统，借助于陈述系统描述性或解释性地记录事实。如果能够理解模型论的新语法认识论，正如斯塔奇威克(Stachowiak)所代表的那样[①]，他从模型中推导和定义所有人类知识，以隔离抽象化的形式，模型获得现实的简化表示[②]，那么指标系统通常可以用于企业实践。描述系统做出关于经济问题的陈述，目的是从描述模型中提取信息以供以后规划使用。相应属性或谓词的选择，是在定量调查模型的背景下进行的，因此多级映射函数是基础。

通常，下面概述可以表述现实与指标系统之间的关系(参见图 1.25)。该图示揭示了两件事：按定量特征捕捉主题领域。首先从给定的实际系统中，借助于模型(第一浓缩阶段)选择企业管理事实。其次从这些模型中选择与指标相关的测度(第二浓缩阶段)。通过双重浓缩的这种系统必然是不完整的；但是，基于实际和方法论上的考虑，也不必追求完整的表达。

① 参见 Stachowiak：*Modelltheorie*，S. 40－67。
② 参见 Kosiol：*Modellanalyse*，S. 319。

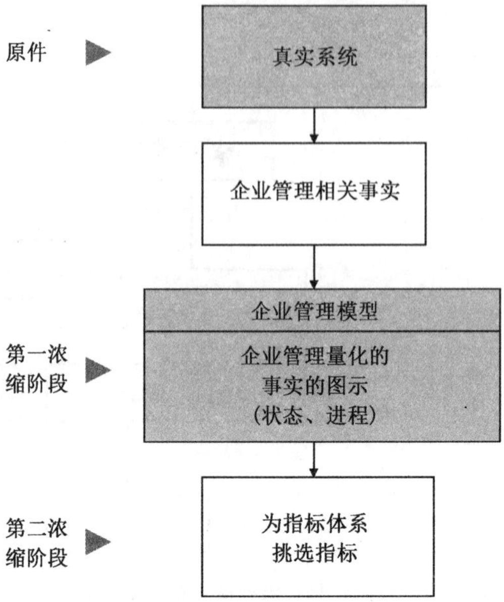

图 1.25 通过指标绘制真实系统的图示

1.2.3.2 描述性模型和指标体系理念

业务描述模型以描述性语言给出根据固定标准排序的主题区域。描述模型的一种特殊形式是调查模型,借助该模型,通过算术运算可以实现某些数量的变换。这种特殊形式的描述模型与指标系统相关,具有相当重要的意义。基于计算关系的大量指标系统将被解释为这样的调查模型。年度财务报表和基于此的指标体系是开发此类系统的基础。面向资产负债表的指标系统试图解释那些在很大程度上重点考虑效益或流动性的数量。

应借助指标系统了解财务状况。这种系统的要素通常是年度财务报表的浓缩指标;它们间的关系具有定义性质。财务分析的考虑因素基本上涉及整个企业,为了得出差异化的陈述,可以形成不同的重点领域——涉及投资、融资、流动性和收入。[①] 投资分析提供有关资产结构、销售比例、周转系数以及投资和折旧政策的信息。在融资方面,资本结构特别注重安全问题和融资期限问题。流动性考虑关于资产的预计可流动性、债务可偿性和短期偿债能力的信息。收入分析可能与当前或未来收入有关,采用不同的结构分析方法来构建收入。[②]

只有在将结果与其他变量比较时,描述模型才能提供关于经营事实的知识。可以使用不同的方法,比较描述模型的变量当前值与早期值(时间比较)、基于企业间数

---

① 参见 Perridon & Steiner:*Finanzwirtschaft*,S. 552。

② 一个重要的区别涉及绝对和相对收益变量的划分,其中绝对量可以借助相对变量(如盈利能力数据)分析费用和收益率结构,参见 Coenenberg & Schönbrod:*Ertragslage*,Sp. 483 f。

值的比较、计划变量和实际变量之间的比较以及基于标准的比较(例如,资产负债表结构规则)。

时间比较是指随时间变化,检测不同状态的比较。在企业间比较中,通常采用行业平均值,并将其与描述模型的值比较,例子包括行业平均资本周转率或企业指标。在指标比较的背景下,计划值和实现值之间的比较是最有意义的。描述系统中记录的指标来自计划,将其与实际值比较,潜在的偏差指出负责该计划人员的经济行为。标准应理解为,企业由经验和归纳确定的标准和企业要遵守的标准,偏离这些标准表明正面或负面的差异,例子包括银行在信用检查方面使用的融资规则。如何详细构建这样的指标系统取决于动机、所需范围以及分析方法。指标系统用于记录经济情况,其中所使用指标的结构和类型取决于相应的分析要求。

可以从以下事实看出这种理念的局限性:一方面,在历史数据分析的框架下,往往只给出了未来发展的粗略迹象和对当前经济状况的评估。另一方面,是历史数据不一定可以相互比较,并且只能在先验固定理念的基础上跟踪成因分析。因此,在描述模型中,行之有效的管理控制理念建立在指标基础上,以及尽可能地建立在计划变量上。如果描述系统以适合问题的方式构造计划值,则原则上可以保持该结构。

为单个指标理念提供数据的信息工具,主要是财务计划、预算资产负债表、计划损益表以及可能的其他单个财务报表。[①] 在目标—实际比较中,由指标系统构建的计划或实际数据彼此进行比较,以便深入了解企业或部门的经济状况。

1.2.3.3 解释模型和指标理念

"科学解释意味着从单一和普遍的陈述中推断出关于需要被解释事实的陈述。"[②] 根据内容而定义解释模型的问题需要厘清这些概念。解释模型是一个帮助解释事实的系统。在经典意义上的"解释"被理解为从单一和通用句子中推断出要澄清的事实。

通过一个例子来说明这种解释。[③] 如果要在依赖基本供货意愿水平的情况下解释仓储成本,将涉及存储成本和可能的短缺成本。这种简单形式的仓储模型考虑了安全库存、短缺成本以及存储成本。假设出于安全原因增加仓储的成本,可以用以下简化的描述表示:

如果短缺成本随着供货意愿程度的降低而增加,那么图 1.27 所示短缺成本曲线的分析结果如下。

这导致仓储总成本的以下变化过程[④]:

这决定了仓储的总成本函数,具体取决于供货意愿程度。因此,供货意愿程度是解释变量,总成本是因变量。在这些解释的帮助下,现在可以预测总成本。此外,基

---

① 特别参见第 4 章。
② 参见 Küpper:*Kostenrechnung*,S. 74。
③ 此处还可以参见 Geiß:*Kennzahlen*,S. 279—283。
④ 这个典型理想模型将会随行业变化产生不同的变体。

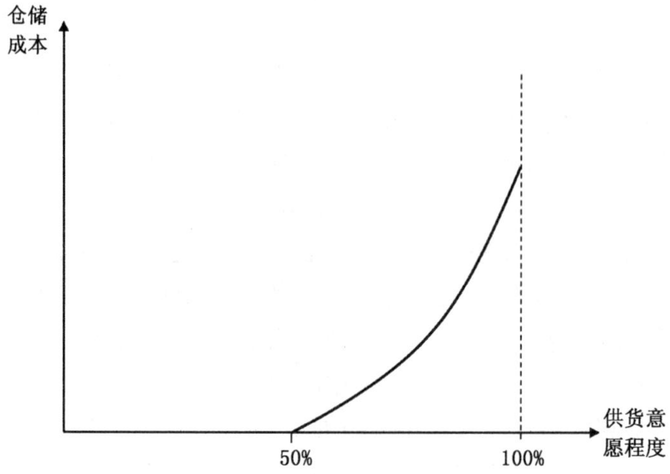

图 1.26 作为供货意愿程度函数的仓储成本

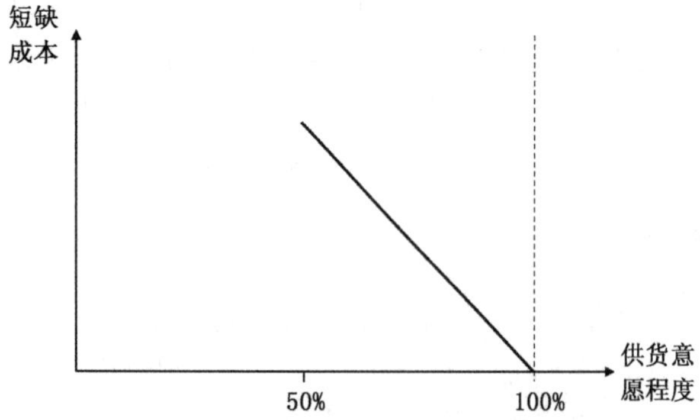

图 1.27 作为供货意愿程度函数的短缺成本

于这样的解释模型,可以通过引入目标函数来简单地构建决策模型。

指示系统本身并不是上述意义上的原始模型。作为双重浓缩过程的结果(参见图 1.25),它们只能在相应解释模型的背景下解释。这种基于模型解释的优势在于,可以实现对监控目的效率的改进。如果有足够精确的解释模型,可以在计划情况发生变化时进行原因分析。这可以用一个简单的例子来说明:假设 Ai 是一个先行条件,H 是一个假设,其中使用的变量具有定量表达式,此外,假设的精度不仅解释了变量的方向,还解释了变量的表达式[①],在数量基础上确定计划的规模。在计划变量和实际变量的比较中,现在可以研究计划尺度 P 与实现尺度 R 的偏差程度。偏差可能是由于计划错误(假设或边界条件错误)或执行错误造成的。假设没有计划错误,数据变化或效率低下会导致偏差。要搜索更改的背景条件,建议使用以下过程:查明

① 除了澄清一个变量的表达水平之外,这里经常涉及有关假设,它们仅仅解释了发展方向,必须将其归类为有较弱的说服力。

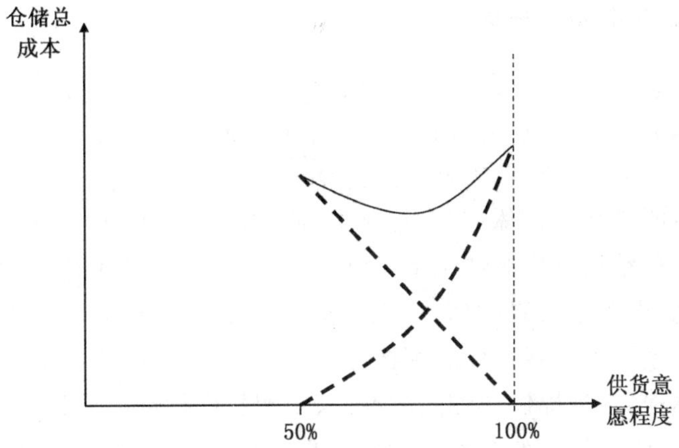

图 1.28 仓储的总成本与供货意愿程度的关系

偏差,偏差分析。

与解释模型结合使用的那些指标系统用于记录与期望或预期状态的偏差。只选择定量的数值作为分析的起点,其在模型理念的背景下具有解释性功能。比较内容上相同的变量的值可以查明偏差。对于偏差分析本身,它们将在下一层面明确。然而,起决定作用的不再是确定关系,而是检验关系。结果是一个不同聚合程度的影响变量网格,其影响导致最上层变量的变化,这被视为最高层度量。在这种解释网格的帮助下,将以非常快的方式尝试捕获问题的起因,然后,能够在早期阶段就做出可能的对策。这种确定原因应用方法的局限性在于并非所有事实都可以量化,因为借助于这个全局的起因网格,并非所有情况都可以被包括在分析中。对于那些主要与整个企业有关的问题,人们会选择差异化的方法。建议提出有关变量偏差的解释重点,并将影响变量构造成这类网格。因此,中心度量的变化可以用不同的因果关系类来解释。当选择这样的因果关系类时,必须确保可以忽略各个因果关系类之间的相互依赖性,即假设在各个因果关系之间没有太紧密的相互依赖性,只有这些指标才被包括在分析结构中。

例如,如果产品的营业额取决于广告支出和价格,则这两个组成部分解释了销售的变化。现在假设这一陈述适用于经济形势发生变化,而没有在相应的模型中考虑到这一点,那么就在经济形势恶化时,广告支出的增加和降价可能会导致营业额与前一时期相比减少。这个例子表明,指标的解释将非常谨慎地进行,如果模型假设被广泛知晓和定义,会得到明确的陈述。如果不满足假设条件,通常会导致歧义。在这种情况下,必须逐步检查语句的多意性,直到它通过进一步的合理性陈述变得明确(例如,在相关知识的框架中对系统业务指标的假设)。[①]

---

① 但是,主体应该能够理解由此获得的主观陈述。基于基础模型(指标体系)合理性假设给出了“扩展”模型。

1.2.3.4 决策模型和指标系统

对于分析决策模型和指标体系之间的关系，首先必须指出决策模型的不同形式及其与指标体系的关系。“作为‘决策模型’，我们通常指的是一个应用程序的结果，它用财务的语言，定义了所谓‘问题’行为情境的基本要素和关系，由逻辑推导得出作为问题解决方案的结构复合体。”[①]一般来说，必须区分决策模型中的封闭模型和开放模型。只有在问题结构良好的情况下，使用封闭式模型才是明智的，即已知行动可选方案的数量，可获得关于后果的信息，以及如何确定可选方案顺序的解决方案算法。正如我们在解释模型中已经看到的那样，这些提供了相当模糊的提示，用于解释重要数量的变化。然而，必须提供详细的解释，以预测替代行动的后果。这种方法的局限性是显而易见的，因为指标体系不包括行动的可选方案，这绝不能满足封闭式决策模型的要求。

这同样适用于开放决策模型，其特征在于它们至少缺少封闭系统的一个属性。开放决策模型试图系统地模拟人类有问题的行为。[②] 因此，很明显，即使面临公开决策问题，指标和指标系统也可能具有提供信息的任务，但指标系统绝不以任何方式代表决策模型或与其具有任何结构类比性。

1.2.3.5 在管理模式背景下解释指标系统

指标体系模型理论的考虑一方面涉及建构，另一方面涉及系统的应用。在建构方面，已经确定可以在企业管理模型的背景下看待指标体系。如果现在通过指标体系分析信息获取的过程，那么问题就出现了，即那里收集的定量信息作用如何。由于指标系统是浓缩的表达，因此必须再次从指标系统获得陈述。在这方面可以看出，只有在有可能回退到预先确定的陈述模型时，才能获得陈述。但是，必须区分纯粹描述模型和解释模型。因此，指标系统必须根据描述模型和解释模型进行不同的解释。对于描述模型本身，解释问题相对不重要，因为这里仅在单一陈述的帮助下描述对象。

另外，对于解释模型，必须在模型理论陈述的背景下，看待各个变量。这样解释模型可以划分两种类型的指标，即可以被解释的和拥有“解释力”的变量。此外，了解解释因变量的假设也很重要。该假设必须至少表明，在自变量发生正或负变化时，因变量的变化方向。此外，应该知道假设适用的条件，以避免误解。

1.2.4 指标体系

早在 20 世纪 30 年代，德语区已经需要基于财务数据的指标系统。然而，直到 20 世纪 70 年代，在美国关于杜邦指标系统的讨论中所发表的文献里，系统理念才在广

---

① 参见 Bretzke：*Entscheidungen*，S. 8。

② 参见 Heinen：*Industriebetriebslehre*，S. 59。

泛的讨论前沿阵地里占了上风。[①][②]

指标体系通常被理解为指标的组合,各个指标彼此之间存在有专业关系,彼此互补或解释,并且完全基于共同的总体目标。

所谓的关系可以是系统的、数学的或经验性的。系统的方法是建立在一个面向目标指标系统的基础上,该系统包含企业的关键决策领域及其相互影响。它是一个演绎构造的指标系统,当量化关系中显示所有连接时,它就成为一个数学结构的指标系统。[③] 对于经验系统,每个用户将他的经验考虑基于特定的真实系统,模型简化地表达例如背景框架,以便为以指标形式呈现重要决策相关信息图像提供基础。如果人们谈到经验归纳获得的指标系统内容,则假设、模型涉及系统创建者间可理解理念的表达。

1.2.4.1 指标体系的功能

企业越大,任务结构差异越大,企业越依赖于采购和销售市场的动态行为,收集有关运营和市场情况的适当信息就越重要。[④] 在这种情况下,指标系统长期以来用于信息供给。这种信息系统以简洁和集中的形式,展示了财务和商品业务交易过程。

由于企业产生了大量数据,因此指标应以概括的方式给出决策基础。为此必须给决策者提供相关的事实,以避免出现"数字墓地",这是不经济的信息获取过程。然后,基于指标系统描述事实和情况,借助指标系统,决策者可以通过有目的地行动减少决策者的不确定性。因此,指标系统的任务是,通过不同决策水平上信息浓缩和总结,为各个层面的决策者提供足够准确和及时的信息。指标系统通常假设一个可量化的总体目标,从中为企业各层级中的决策者推导出业务子目标。原则上,如果必须考虑几个目标,也可以设置指标系统。然后,必须尝试使用不同总体目标的多个单独目标层次结构,从而限制目标层次结构之间可能的目标冲突。

关于指标系统的时间相关性,可以分为回顾性应用和预期应用。基于基础时间结构,业绩指标数据是根据时间点或时间区域来记录的。除了目标的表达功能之外,指标系统还具有解释功能。指标系统尤其用于企业管理模式的开发和构建功能,它们应该对企业的模型构建进行事实描述。该模型简化到少数几个浓缩变量,而无需太多简化就能够说明主要关系。[⑤]

除了基于模型的观察方法和由此产生的事实测量之外,指标还可以解释为企业领导层规划和监控所面对事实的描述。指标的选择源于,识别出与各自企业目标具有特别密切关系的标准的过程,这种关系尝试涉及影响因素。然而,这些并不像经典模型那样被解释为原因,而只是"影响变量"变化的信号,即指标大小的变化预测会导

---

① 参见 Betriebswirtschaftlicher Ausschuß des Zentralverbandes Elektrotechnik-und Elektronikindustrie (ZVEI) e. V. :*ZVEI-Kennzahlensystem*,S. 8。

② 参见 Reichmann & Lachnit:*Kennzahlensysteme*,S. 45。

③ 参阅第 2.5.2 节。

④ 参见 Reichmann;Lachnit:*Kennzahlensysteme*,S. 45。

⑤ 参见 Bürkler:*Kennzahlensysteme*,S. 14。

致“要解释”变量的变化。因此,指标提供了影响因素的提示。指标系统具有与受众相关的外部和内部功能。

在此背景下,德语的指标概念通常比英语的关键绩效指标(KPI)更全面。而关键绩效指标有一个基本的信息功能和警告功能,而德语的指标具有以下特征:它们可作为指标系统的一部分与其他指标存在确定关系,并通过这个扩展的论述逻辑提供了超出单个指标的解释力。

1.2.4.2 用于财务数据外部分析的指标体系

外部分析通常使用指标系统。对指标的孤立考虑导致了对年度财务报表数据综合的、以目标为导向的总体考察。外部分析中的指标系统主要针对两个方面:效益和流动性,这两个目标来自信息需求。利益相关者可能是:银行、供应商、竞争对手、客户、股东和潜在投资者。[①] 这些受众对下列信息感兴趣:企业是否可以出于经济原因继续运营或陷入困境。由于过度负债和流动性缺失都是德国法律规定的破产理由,因此特别建议对效益和流动性这两个组成部分进行更精确的观察,以便任何负面变化都可以尽早作为早期指标被纳入决策者的核算。使用外部指标分析年度财务报表的基础理念是基于杜邦公司开发的内部分析系统。在调整德国法律规范后,将其纳入基于指标的外部年度财务报表分析的讨论。

1.2.4.3 用于内部分析的指标体系

与仅仅用于评估历史数据指标的传统尝试相反,如今,规划和监控过程是讨论的重点。最近,指标被要求成为管理控制理念的组成部分,并讨论其不同的功能。[②]

面向内部的指标系统试图为各个决策阶段提供信息。基于决策阶段方案可以细分为激励信息、规划信息、操控信息和监视信息,它们特别用于领导目的。为了消除不相关的数据,必须使用稀缺的信息,特别是在领导部门。这种领导系统必须满足以下要求[③]:

(1)指标系统必须包含企业的目标以及最重要的决定因素。

(2)作为总规划模型,系统必须尽可能完整。

(3)必须灵活设计指标体系,以便考虑新情况。

(4)领导体系可以分为具有行业独立的部分以及一个或多个与行业和决策相关的特殊部分。

1.2.4.3.1 规划和监控过程中的指标体系

文献中通常支持应用企业管理指标来呈现关于计划、操控和监控的适当信息。[④] 一个特别重要的信息类别是有关运营目标的信息。一般而言,目标反映了企业的未

---

① 参见 Coenenberg:*Jahresabschlussanalyse*,S. 920 f。

② 参见 Heigl:*Controlling*,S. 137—150;Horváth,Gleich & Seiter:*Controlling*,S. 285 ff。

③ 参见 Reichmann & Lachnit:*Kennzahlensysteme*,S. 47。

④ 参见 Reichmann & Lachnit:*Kennzahlen*,S. 708—713。

来状态。[①] 效益目标应处在关注中心的位置，必须最大化效益。目标也具有协调功能，这对于分散的组织形式尤为重要。使用指标作为协调工具主要限于大型企业，通常是有部门结构的大企业。通过这种划分，可以提高企业的整体绩效。然而，只有在有可能通过各种工具实现各部门整体协调的情况下，才能利用分权企业的优势，在指标的帮助下完成这种协调。

无论企业所在的行业和结构如何，尚未发展出总体有效且理论上令人满意的指标体系，原因是很难从企业的整体目标系统中推导出指标。出于这个原因，迄今为止的努力主要集中在建立企业特定或行业特定的指标系统。摆脱这种困境的一个尝试，可能是盈利能力和流动性指标体系的发展，包括适用于所有企业的持续规划、操控和监控的一般部分，以及一个特殊部分——专门设计用于补充当前信息。[②]。

在指标的帮助下，企业操控的特殊意义在于，根据给定的计划确定特定工作的默认值，通过在规划阶段获得的数据逐步推导出所有指标。由于具有清晰、简洁和低干扰敏感性的特点，它们适合于实现信息的无障碍流动，可作为运行内部通信系统的基本先决条件，也就是说，指标基本上具有双重功能；通过简洁目标的转换，指标系统一方面用于特定任务及其执行指令的传输[③]，另一方面用于企业范围内跨层级的流程协调，只要这些流程涉及相关指标。

为了理性的经济管理，需要不断审查计算出的计划值或给定值。信息的计划值和实现值之间的比较提供了关于运营活动结果的信息。指标监控过程包括三个阶段：确定所述实际指标值（处理执行结果）、比较实际指标值和目标指标值（计划结果比较和偏差分析）与适应措施的启动。

在这种监控过程的帮助下，可以对经济形势进行集中概述，并发现威胁性的不良发展以及未利用的机会。但是，偏差分析不能限于监控核心指标。只要有可能，偏差分析应该允许差异化的指标分解，这可以解释补偿效应及其影响，以便在此后得出合适的纠正措施。

1.2.4.3.2 作为预警工具的指标体系

业务运营预警系统应被视为信息系统，其关注的问题是，及时识别潜在危险，以便尽早与局部危险源做斗争。[④] 可以部分通过指标来说明有关潜在危机存在的要素。如果可以提前识别出具有问题结构的指标，则可以借助统计方法来描述所记录指标的有效时间影响结构。这些指标可以描述一个因果关系或者指出一个因果关系。[⑤]

总的来说，有许多指标分类，预警特征归属其中。另外，经验调查可提供更可靠的尺度，但仅适用于孤立的情况。然而，在系统和应用层面，在多维控制和信息供应的基础上，可以确定具体的效益驱动因素和早期预警指标。[⑥]

---

① 参见 Heinen:*Entscheidungen*,S. 1 ff。
② 参见 Reichmann & Lachnit:*Kennzahlen*,S. 711－723。
③ 参见 Lachnit:*Jahresabschlußanalyse*,S. 76。
④ 参见 Ansoff:*Weak Signals*,S. 129－152。
⑤ 摘自 Hornung & Reichmann:*Controlling-Konzeption*,S. 31。
⑥ 用于形成预警的指标参见 Hornung & Reichmann:*Controlling-Konzeption*,S. 30。

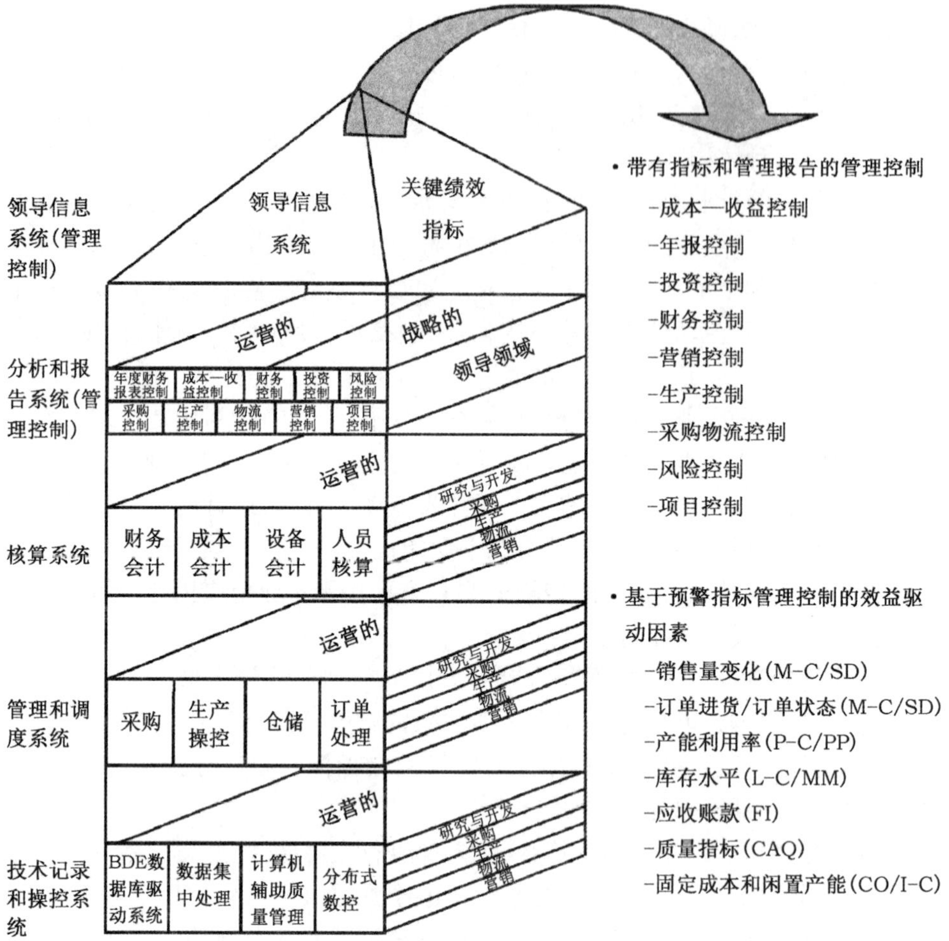

图 1.29 带有预警指示器的管理控制

1.2.5 盈利流动性指标系统

1.2.5.1 盈利流动性指标系统的基础

盈利流动性指标系统①是指标系统理念的进一步发展,既用于分析目的,也是企业管理的辅助工具,在规划和监控过程框架中,它提供与决策相关的信息。鉴于企业领导应做出的决策,假设这些信息不应取代会计信息,而应是对会计信息的补充,有必要对信息的内容、范围和结构做出适当的选择。考虑到会计由于其存档功能而包含各种信息,但仍然没有与决策相关的信息,这些数字应与具体的目的保持一致。与 ZVEI 系统不同,尽管系统保持目标相关性,但它在很大程度上放弃了与指标的正式

① 此处参见 Reichmann & Lachnit: *Kennzahlen*, S. 705－723; Reichmann & Lachnit: *Rechnungswesen*, S. 203－219; Reichmann: *Ratios*, Sp. 2092－2104。

联系。可以把指标限制在较小的范围内,因为在系统理论的帮助下,可以指出决策相关基本参数的相互关系,同时不需要通过辅助指标详细地描述它们的数学联系。嵌入在此陈述中的逻辑超出了所使用指标(收益流动性指标)中单个关键绩效指标的说服力。操控系统的关键指标是效益和流动性。

当前操控所需的效益包括来自销售和成本规划的一般经营业绩,当前利息收入、参股收入以及年度财务报表特殊部分产生的一般财务业绩。另外,流动性本身并不是原始目标。但这是企业存在不可或缺的先决条件。系统的变量最初是计划变量。在企业规划中,只包括那些作为单个变量足够重要且可以进行规划的事项,例如销售和营业利润。由于定期进行目标—实际值比较,该系统为业务决策提供信息。指标的确定取决于各自的目的,并且以年度以及较短的时间段进行。

1.2.5.2 盈利流动性指标系统的一般组成部分

盈利流动性指标系统由两部分组成,一般部分和特殊部分(见图 1.30)。因为它具有非行业特定和非企业特定的结构,一般部分不仅适用于计划和监控,还适用于企业间比较。它由盈利部分和流动性部分组成。特殊部分考虑了企业特定的功能,以进行深入的原因分析和监控。

1.2.5.2.1 盈利性部分

盈利流动性指标系统盈利性部分的核心因素是本年度的净利润/亏损。整体效益除了绩效和财务活动的持续成功之外,还有非常规部分,可以计划和按月给出确定常规利润的变量。效益的非常规组成部分可以通过机会和风险管理来确定,即使在这一年中也可以分析这些子功能。常规利润包括常规经营利润和一般财务利润。这两个利润部分必须是短期的(例如几个月),以进行规划和监控。但是,由于总利润没有提供关于业务效益的信息,因此必须通过相应的资本投资来确定。这种关系表明资本的利用程度,所用资本回报率也适用于季度规划和监控,通过计划资产负债表和损益表实现。销售回报率和部分资金周转率也要在短期内(每月)规划和监控。它们与正在发生的收益密切相关,可以相应地快速变化,因此也必须在较短的时间内确定和监控。

销售回报率反映了企业在市场上实现销售绩效的能力,及其能够以何种有效节约成本的方式产生这些绩效。这个数值越大,价格下降和成本增加的空间就越大。

资本周转率显示了业务相关资本在销售中的使用频率,并显示了资产的使用密集程度。假设销售收益为正,则资本周转率的增加可以增加投资回报。因此,此处还需要不断规划和监测。

在短期内,重要的是产品、原材料和营收账款的周转率。预期的供给意愿水平和企业规划的质量会影响产品周转时间。原材料周转时间表明企业原材料管理的质量。应收账款周转时间表示授予客户的平均付款期限,提高这一比率往往会增加信用风险和资本成本。

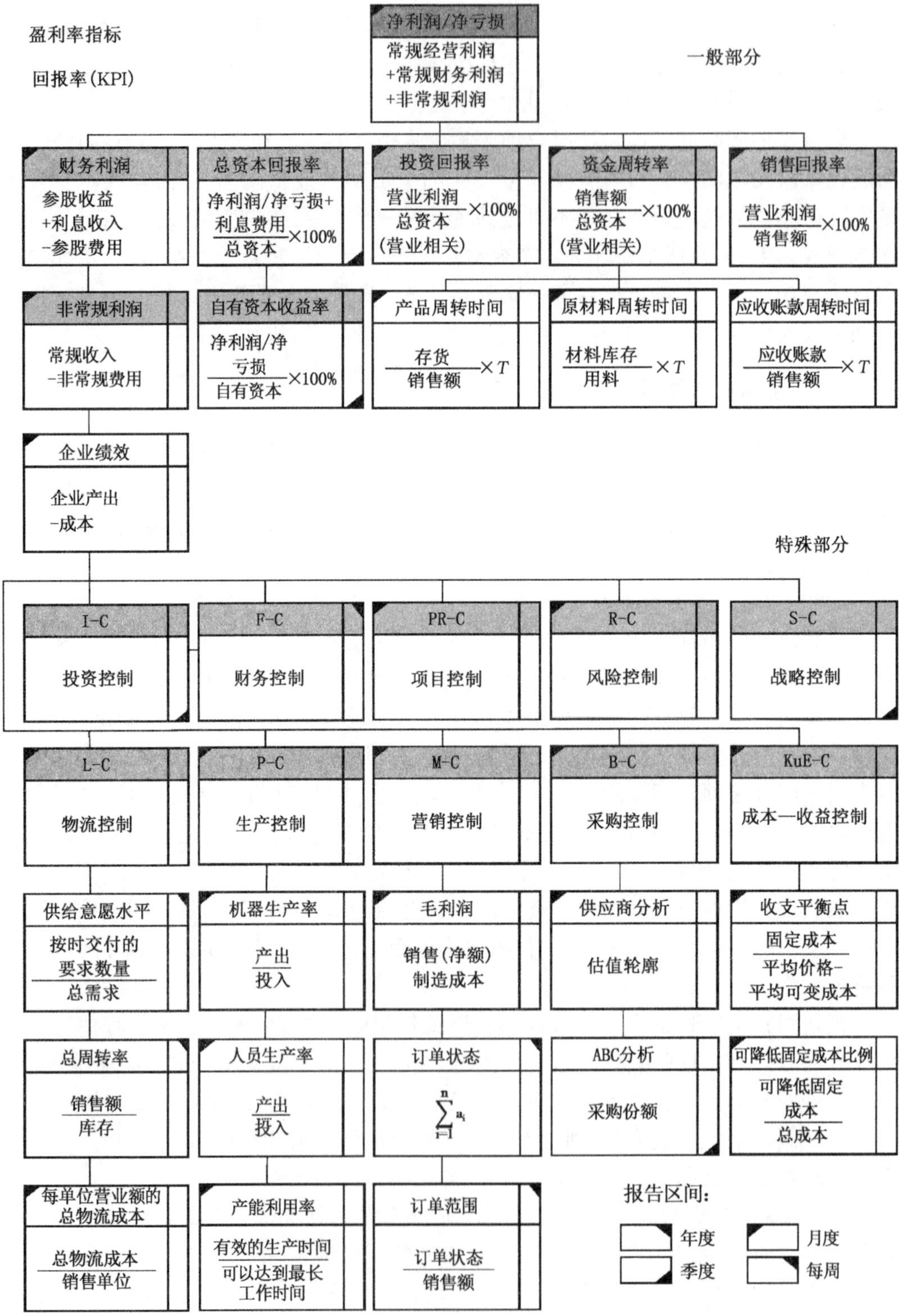

图 1.30 盈利流动性指标系统

投资回报率作为营业利润与总营运资本的比率,表明投入的总资产可以产生多少来自经营活动的收益,它是企业可持续盈利能力的指标。

季度盈利操控主要基于参数总资本回报率和股本回报率。总资本回报率清楚地说明了由企业的资本结构带来的盈利能力,该比率表示投资者的总资本回报率,它可以按时间或行业与同一企业或其他企业的业绩比较。股权回报率显示了所有者对其资本的经营成功程度。这个参数的最大化对应于利润最大化的目标,它提供了一个基准,借此评估与其他投资方案相比,投资这家企业的优势。

1.2.5.2.2　**流动性部分**

企业的存在取决于流动性是否得到保障。这是一个整体经营问题,只能规划和监控整个企业。企业的支付意愿取决于存款和支出的金额和时间。指标可以提供流动性发展的概述,这些指标来自企业的其他计划,它们以浓缩的形式表达了企业流动性的核心事实。只要这些指标与设定目标没有明显偏差,领导层就可以假设流动性按计划进行,企业的目标不会受到损害。

建议把流动资金的规模作为一个主要控制参数。流动资金状况具有信号功能,在其存在偏差时,应分析原因。流动性组成部分的另一个重要元素是现金流,它显示了当前经营活动在何种程度上导致审查期间的现金盈余。现金流是一种财务和收益指标,表明企业通过运营销售活动产生或能够从自己的资源中产生财务资源的程度以及将来的潜力。就负债而言,现金流量可以是以动态债务比率形式表示负债相对水平的指标。除现金流外,另外两个变量,即当前收款盈余和可支配盈余,也非常重要。首先,在它们的帮助下,应该认识到非可变付款是否存在不平衡。其次,应该认识到在多大程度上存在融资操作空间,例如以提前收款或延期付款的形式。规划的另一个重要参数是营运资本,它是流动资产和短期负债的差额,旨在确定短期流动性的趋势风险。营运资本可以辅以流动系数,这表明短期保障比率的变化。作为长期财务结构监测的一部分,资产覆盖率指标扮演着重要的角色,它以长期资产的时间一致融资原则为基础,并指出结构性失衡。

特别是,在流动性状况相当紧张的情况下,还必须全面监测财务平衡。为此目的,需要在每月甚至每周计划间隔内进行详细的财务规划,以便在企业管理流动性特殊部分的视角下,协调累计的收款流和付款流。①

1.2.5.3　特殊部分

利润流动性指标体系的特殊部分,可以分成部门内部和跨部门指标,它们补充了企业基于行业和企业结构特殊性的一般指标。由于效益的组成部分因企业而异,为了更深入地分析盈利能力和流动性的驱动因素,需要更多信息来说明效益恶化或改进的原因,并提出对策。这些将在系统支持管理控制理念具体信息模块的特殊部分中(参见图1.30)给出,该部分根据决策者的需要,每周、每月、每季度或每年,以不同

---

① 关于财务控制更详细的内容参见第4章。

的时间频率提供与决策相关的信息。

在物流控制领域,供货意愿水平、总周转率和总物流成本对于控制企业内部以及企业与环境之间物流的仓储、处理和运输效率至关重要。在生产控制领域,必须分析生产率。通过提高定量输出输入比,最佳地使用生产要素。出发点是,有针对性地避免空闲时间以及提出措施改进生产流程,例如精益制造。然而应该注意的是,由于生产要素的可替代性,单一的生产率提高并不一定能提高整体生产率。在对(资本)盈利能力明确、已得到描述的考察中,已经将这种情况考虑在内。这里的预控因素可以是机器生产率和人员生产率,可用能力的有效使用可以用能力利用率来表示。

营销控制的关键是毛利润扣除生产成本后的贡献率。订单范围确定了各自的未来营业额并阐明了现状的可持续性,因此,在处理小额订单时,应考虑降低固定成本负担的措施。

采购控制侧重于提供业务服务所需的人员和物质资源的成本最优化。供应商分析提供有关各个供应商质量的重要信息。为了支持这一点,ABC 分析提供了有关依赖关系和降低成本潜力的信息。

在成本和效益控制中,有一个跨职能研究,侧重于固定成本风险。一方面,投入资本代表成本因素;另一方面,在需求波动的情况下,从风险政策的角度来看,考查投入资本也是有意义的。通过模拟确定整个集团的盈亏平衡点,表明了企业应对需求下降的调整能力范围(例如,情景 A 的销售减少:10%;情景 B:20%;情景 C:30%)。为了确保针对需求波动的灵活性,必须考虑可以降低的成本份额。可以通过可分解的成本矩阵进行更详细的分析,该矩阵考虑了各个分解时间点。

所描述的指标系统包含与整体领导相关的最重要可量化信息。它提供了一个全面的概述,同时认识到各种成功和财务参数之间的相互关系,以便领导层能够快速、可靠地看到其业务决策和改变环境条件的后果。

1.3 文献中有关系统支持的管理控制理念

可以在许多地方找到关于管理控制“本质”的国内和国际实证研究以及相关文献的概要评论。[①] 随后注意到,基于系统的管理控制理念位于管理控制文献的规范中,可以看出,在进一步的学术讨论中,更加强调这一理念的某些方面,因此,在某些情况下,甚至它们自己的“学说”也已经成长起来。虽然对管理控制部分方面的强调在管理实践中不是很重要,但从学术角度来看,管理控制仍然处于“必要性”和“无所谓”之间的“自我发现过程”。[②] 科学并不总能带来清晰性,但是,伴随着相应的科学营销,通常也在讨论中提出一些细微差别,这也会阻碍管理者对“指标和整体”的看法。因此,深入进行科学讨论 (例如,关于管理控制的“本质”),对期盼(可信的)解决方案的企

① 参见 Horváth, Gleich & Seiter: *Controlling*, S. 15 ff., Weber, Schäffer: *Controlling*, S. 3 ff.; Vanini: *Controlling-Konzeptionen*, S. 337 ff.; Wall: *Controlling*, S. 465 ff。

② 参见 Wall: *Controlling*, S. 465。

业经营者而言，不一定是划分所讨论主题重要性的标准。

然而，良好科学的特点还在于，不只是将经济价值作为最高标准。在科学规范中接纳经济思想也必须体现在这里，允许横向思维并接纳不同的意见和思想流派。在新的法律和社会要求的基础上，希望涌现出致力于“我们”学科“实际”问题的交叉思想者。以下解释旨在给读者提供，在该背景下，文献中基于系统管理控制理念的定位。通过回顾管理控制理念的发展，读者应该能够成功地看明白各作者选择的“分支”，并且将其归类到系统支持的管理控制理念中。在一篇非常值得阅读的文章中，霍华德曾描述了管理控制的基本流派，他使用了一个比喻来区分管理控制的支柱，并补充了同样重要的元素。[①]

管理控制理念在其发展中经历了持续的变化。最初，它单单被理解为“监控”，包含了管理控制理念的发展经历。从这个控制观出发，可以追溯出整个管理控制理念的发展历程，它由最狭义的形式(甚至无法找到该词的英语翻译)到被理解为协调、规划和监控过程的最新阶段。虽然管理控制理念这种相当狭隘的划分逐步扩大，但特别是在与决策层相关信息浓缩的相互作用过程中，长期以来仍然缺乏决策和信息的相关性。最初对规划阶段进行了扩充，以便将如计划偏差之类列入决策过程。[②] 在管理控制的落实执行上，表现出对决策领域协调的持续忽视，它是(更经验主义地归纳)以具体任务目录为导向的，例如，在金融高级研究所(Financial Executive Institute)的早期定义尝试中，提到了这样的管理控制任务，其涉及“监控、报告和解释、评估和咨询、税务管理、政府报告、资产保护、经济评估”的规划。[③] 在德语文献中最初也没有接纳决策。豪斯席特(Hauschildt)主要关注财务规划、财务会计、控制核算、决策层咨询(包括建立和改进信息系统)，以及提出对计划的可容忍或不可容忍偏差的修订。[④] 直到斯米勒威茨(Chmielewicz)看到会计适应决策者信息需求的任务，同样，艾希曼和海格(Reichmann & Heigl)[⑤]考虑到了与决策和信息整合的必要性，将控制定义为收集、处理和协调信息。

最近，科学家们正在关注管理控制研究的众多方面。在分析管理控制要求概况的历史发展时，韦伯和巴特勒(Weber and Bültel)发现，在20世纪五六十年代，管理控制师仍然主要集中在会计和集团会计领域，80年代初期，对管理控制师在额定值与实际值比较、偏差分析和成本控制等活动中的自信和分析能力等专业能力方面的要求有所增强。[⑥] 此外，管理控制在其职能和制度方面已经得到了拓展，如根据流行的观点，在“战略控制”框架下，陪伴战略过程是管理控制的中心任务。另一个越发重要的组成部分是一体化，但还是有别于信息技术，当然没有信息技术的支持，与信息技术相关的信息获取和评估任务是无法完成的。霍华德也考虑了这种理解，主要关

---

① 参见 Horváth:*Safari*, S. 203 ff。
② 参见 Horngren:*Management Control*, S. 4 f. und S. 7。
③ 参见 Financial Executive Institute:*Controllership*, S. 289。
④ 参见 Hauschildt:*Finanzvorstand*, S. 6。
⑤ 参见 Reichmann:*Controlling-Konzeption*, S. 888 f; Heigl:*Controlling*, S. 3。
⑥ 参见 Weber & Bülte:*Controlling*, S. 539－544。

注管理控制的协调功能。[①] 在上述管理控制的发展过程中，这种考虑是控制理解发展的一个里程碑。霍华德将管理控制理解为与领导、规划、监控和信息提供相连接的一个支持子系统。在这种背景下，在思考管理控制理念时，韦伯呼吁改变视角的必要性，因为他发现协调导向方法有局限性，并建议用制度性的控制观取代功能性的控制观。[②] 与其他支持领导的控制任务相比，韦伯将保证理性视为控制的基础任务。

艾希曼已经在前面章节中描述的系统支持管理控制理念是德语地区的三个基本理念之一，其他两个为协调导向的理念（特别是由霍华德代表）和领导或理性导向的理念[尤其由韦伯和谢弗（Schäffer）代表]。[③] 同时，从文献中还发现了其他划分标准——也证明了对这一学科划分标准的不同看法，在很多管理控制教科书中也涉及这些其他的标准。[④] 鉴于这些关于管理控制本质的众多观点，揭示出一个仍然年轻科学学科的典型特征：正在建立新的教席、出版新的教科书并且它们通过以不同的路径接近管理控制现象，来定义它们存在的权利以及开发研究方法。

本书关于决策相关信息供应的定义，并不代表对其他控制观点的否定。作者不想推进一场科学 (虚假) 战役，得出哪个观点是正确的。相反，如果可以假设信息库是干净的，那么基于其上的科学就可以自由地用于探索其他领域。在此基础上，可以“很好地”讨论这些信息的使用。然而，在所有关于管理控制的文章中，信息供应的合适质量被认为是必不可少的或预设的，因此即使对管理控制理念的定义不同，提供信息作为管理控制核心任务也始终被视为管理控制的中心或基本任务。[⑤] 在这个意义上，系统支持的管理控制理念作为众多竞争者中的一员得到了成功的发展，必将有助于有关学术讨论，并基于其对管理控制理念的广泛、结构化和深入的表述对企业经营的成功提供支持。

本书的另一个重点是管理控制的协调功能，对应于生产要素“信息”的应用区域，基于系统的控制理念的特征也与浓缩为指标的信息相适应。这种观点强调，组织中要执行的各种任务以及处理员工之间的互动是对管理层的一个特殊要求，管理层需要协调各个员工，霍华德对于突出这项任务有重要贡献。本书的附录说明了两种理念的相似性：多维信息——管理控制金字塔——还包括企业的各个功能区域，其中重要的是整合信息，然后通过管理信息系统使其可供管理层使用。如果这个企业家的“信息紧身衣”用于通过规范来协调企业的规划、操控和监控，那么两个学说就形成了同一枚硬币的两面。根据基于系统的管理控制理念，这种协调应尽可能与指标一起进行，以便为每个功能区域提出指标，然后将其结合到指标体系中作为操控、规划和

---

① 参见 Horváth & Gleich；Seiter：*Controlling*，S. 33 ff；Küpper：*Controlling*，S. 13－32；Wall：*Controlling*，S. 295－304；Wall：*Kontrollsysteme*，S. 93－107。

② 参见 Weber：*Einführung in das Controlling*，10. Aufl.，S. 45－63。另外，谢尔（Scherm）和皮取（Pietsch）将反应导向控制的理念视为一种竞争方法，将管理控制定义为通过反思应对复杂性的领导功能。参见 Pietsch & Scherm：*Controlling*，S. 532－543。也可参见 Schneider：*Controlling*，S. 69－71。

③ 参见 Vanini：*Controlling-Konzeptionen*，S. 337 ff。

④ 参见 Wall：*Controlling*；Weber & Schäffer：*Controlling*，S. 20 ff；Horváth & Gleich；Seiter：*Controlling*，S. 24 ff。

⑤ 参见 Wall：*Controlling*，S. 468。

监控的工具。

对第 1.1.3 节中描述的单个控制任务进行更深入的讨论当然也总是有用的，例如，要归功于韦伯 & 谢弗将其重点放在理性保证上，这使得最初的英美研究分支“行为经济学”的基本思想已被纳入管理控制中。小心处理信息，即使是处理可靠信息时也是如此。信息系统不会让人“变得更好”，而只会做出更好的决策。[①] 这种解释本质并指出管理者的错误行为当然是可取和值得称道的。如果这时为管理控制师分配了支持管理层的任务，就不能免除管理控制师提出决策相关信息的职责。这里循环终止，我们再次将与决策相关的信息供应作为控制的原始任务，这将由系统支持的管理控制理念来实现。

在这方面，任何经理都会确认，即使这项任务可以被看作一项并不与外界隔绝的挑战，本身也需要付出最大的努力。相反，因为框架条件不断变化，新任务总是层出不穷，需要调整管理控制应用程序。除了信息技术及其新的可能性之外，管理学还需要提供新的理念解决方案，以满足信息系统质量的要求，以及市场和利益相关者更高透明度的要求。这是管理控制的任务，也是管理学的任务：满足这些要求并开发出新的方法理念，管理层（直接）和管理控制（间接）可以用它满足不断变化的信息需求。基于系统的管理控制理念为此提供了科学基础。

1.4 信息技术理念基础

管理控制与 IT（信息技术）密不可分。一方面，在没有 IT 支持的情况下，管理控制不再能够有效地执行其功能；另一方面，由于高投资要求，IT 本身就是一个重要的管理控制对象。有必要了解和理解一些理念基础，下面对它们进行阐述。

类似于管理控制理念[②]的 IT 理念是一种方法理念，它描述了如何能够或者应该通过合适的 IT 解决方案满足用户组的功能要求。用户组既可以是整个企业，也可以是各个部门或部门单位。

在 IT 理念的框架下，首先必须清楚涉及哪些对象。IT 理念的“对象”是在企业中使用的软件或硬件，该软件通常分为业务以及通用应用程序。业务应用程序包括那些用户组执行任务所需的功能，例如，会计核算职能。通用应用程序提供例如文档处理之类的功能，并非专门针对企业的任务。另一个经常提到的理念区别是个性化软件和标准软件。个性化软件是专门为特定企业任务而定制的应用程序，并适用于那里的组织结构。如果应用程序是为许多企业以相同方式执行一类任务编制的，那就是可以标准化的标准软件。提供标准软件企业的一个著名例子是 SAP AG，但 Oracle 和 Microsoft 也提供标准软件。关于定制特殊或购买标准软件的决策标准，始终取决于由应用程序所解决任务的竞争程度：对企业而言，任务越具体和存在差异化，

① 人类决策的多种不合理性参见 Kahneman：*Thinking*。

② 参见第 1.1.4 节。

选择定制软件的可能性越大。它的竞争程度和差异性小，特别是出于成本原因，更多地选择标准软件，标准软件在企业使用时不应进行广泛的调整。在这里，我们也清楚地知道，为什么技术要求在这种情况下至关重要：它们定义了应用程序(即 IT 解决方案)必须满足哪些具体任务要求，从而可以评估这些任务对企业而言的竞争程度或实际差异。这也基本上决定了解决方案的投资要求。

因此，IT 理念的一个重要出发点是确定具体技术要求，这里，概念"功能要求"被理解为应用程序必须提供的专业性功能。① 除功能要求外，还必须定义系统的质量要求，这些描述了整个系统或各个系统元素应具有的质量特性，如多语言、快速响应时间或可靠性。②。此外，技术和组织要求③也必须包括在内，这对应用程序在现有 IT 生态中的实施和集成发展是非常重要的。技术要求的一个例子是应用程序的物理环境，即搭载它的硬件或用于连接到其他应用程序的接口。这些可能对要开发的整个系统产生限制性影响或导致功能或质量要求的变化。④ 与 IT 理念相关的所有要求定义是一个非常复杂的任务领域，所谓的需求工程就是用于处理这个领域的事务。

在应用程序开发的框架中，需求工程是对要支持任务产生的所有需求开展结构化收集、评估、优先级排序、建立文档和管理的过程。⑤ 因此，在规划 IT 解决方案的过程中，需求工程发挥着重要作用，基本上阐明了它的成本以及能否以合理的质量支持这项任务。

表 1.1 描述了需求工程的主要作业。⑥

表 1.1　　需求工程的主要作业

主要作业	描　述
获得	获得包括利益相关者的现有要求和其他要求来源以及创新要求的发展。获得方法包括访谈、研讨会和分析现有系统
文档规范	基于特定法规和文档格式(例如模型)要求的文档或规范，还应记录其他重要信息，例如偏离法规、理由或利益相关者的决定
协议	检测并消除不同利益相关者要求中的冲突
验证	验证活动包括三个子活动：(1)要求验证——基于定义的标准检测错误；(2)验证前三个主要活动的合规性能；(3)验证所有相关的背景，考察是否已经涉及和考察了所有重要的方面
管理	管理活动包括三个子活动：(1)需求备案管理、优先排序、配置和变更管理；(2)活动规划、操控和监控；(3)系统环境考察——确定变更和启动其他附加活动

作为 IT 支持管理控制的一部分，需求工程用于满足管理控制任务产生的需求，以及对所产生的需求进行决策支持，并支持实施。

---

① 参见 Balzert：*Softwaretechnik*，S. 456。
② 参见 Pohl：*Requirements Engineering*，S. 15 ff。
③ 根据 Pohl：*Requirements Engineering*，S. 14 ff.，框架条件也是一种要求类型。
④ 参见 Pohl：*Requirements Engineering*，S. 18 f.；Balzert：*Softwaretechnik*，S. 459 f。
⑤ 参见 Rupp：*Requirements-Engineering*，S. 13 ff。
⑥ 参见 Rupp：*Requirements-Engineering*，S. 44 ff。

1.4.1 管理控制对 IT 支持的要求

管理控制一般具有供应功能,它为企业管理层提供决策所需的信息[1],这造成了结构化不良的决策问题[2],应首先阐述详细和精确的问题,它一方面是确定问题重要性的基础,另一方面是为可能解决方案的信息要求做准备。满足信息要求首先需要对来自不同的企业内部信息系统以及可能的外部信息系统的相关数据进行汇总、分析,然后处理,并以正确的形式和质量、在正确的时间和地点,提供相关信息,这种处理和提供信息的过程称为信息物流。[3] 管理控制对 IT 解决方案的基本要求是信息物流的广泛自动化。这意味着需要一种 IT 解决方案,尽可能地映射信息流程的步骤,并在技术上支持或实现它们。在图 1.31 中,通过示例展示了信息处理过程,它涵盖了信息物流的基本维度:受众、数量、质量、浓缩、时间和媒介。重要的是,它是一个所谓的"端到端"流程,从受众(也就是决策者)开始,在收集数据和处理信息后,最终会交到受众那里。信息需求分析是该过程开始时的重要一步。如果成功,如上所述,就能够获悉决策者的信息缺口。根据信息缺口,可以决定仍然需要收集哪些数据。收集过程的结果可能是数据中仍然存在需要堵住的缺口,以便尽可能好地满足信息需求。在处理了信息之后,它被提供给受众,受众可以将其用于决策。如果在解释或使用信息方面缺乏经验,则存在知识缺口,必须在最终使用信息之前将其消除。[4]

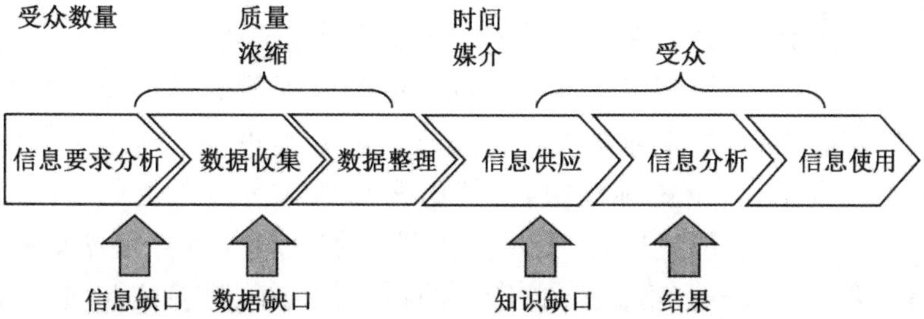

图 1.31 信息流程作为信息物流的基础

上述几乎任何步骤都可以得到一个或多个相应应用程序直接或间接的支持。为了提供适当的支持,必须了解这些步骤的功能性和非功能性要求。

1.4.1.1 功能性要求

描述管理控制功能要求的出发点是信息要求。信息要求描述了在解决特定决策问题时,决策者所需信息的种类、质量和数量(客观信息要求)或(如果需要的话)主观

---

① 参见第 1.1.3 节和第 1.1.4.2 节。
② 参见第 1.1.4.1 节。
③ 参见 Augustin:*Information als Wettbewerbsfaktor*,S. 21,23。
④ 摘自 Baumöl:*Informationsmanagement*,S. 29。

信息需求。[1] 可以使用表 1.2 中描述的八个维度来确定信息要求。

表 1.2 信息要求的维度

维度	内 容
受 众	单个决策者(如财务总监)或决策组(如产品经理)和层级(如管理层)
目的	要解决决策问题的定义和解释
方式	基本信息;汇总信息;"纯粹"、未解释的信息或已解释的信息
质量(状态)	当前或历史信息;高正确性或近似信息
数量	所提供信息是(几乎)完整的信息或摘录;对信息的不同看法(如会计和市场观点)
时间	部署的时间点或时间段和频率
地点	供给位置(如企业总部网络中心、受保护的移动设备)
媒介	传输介质(如内联网、邮件、内部收发室)

管理控制为不同的(越来越多外部的)利益集团提供目的导向的信息。因此,信息供应的受众不仅可以是领导层或董事会、部门和区域经理,还可以是投资者、供应商和客户。[2] 这导致需要滚动数据分析、准备和交付,这意味着,例如,营销总监会收到显示所有销售区域所有产品的销售情况的评估。相比之下,产品经理可能只想在所有地区看到他的产品的销售情况。因此,信息量和信息要求的目标与受众直接相关。从该示例中可以看出,数据的一维或二维视图不能满足这些要求,必须提供用于多维数据分析的工具。因此,在评估系统中必须能够定义不同的维度。[3]

关于时间维度,管理控制必须能够以固定的间隔评估数据以及根据事件自发地访问和分析特定数据,该要求对于履行其报告职能尤为重要。基本上有两种类型的报告可用于整理数据:一个是标准报告,其结构和基本内容在企业内部定义和标准化,受众可以定期要求获取或检索,因此,这些报告将在数据库中不断更新;另一个是满足特定信息要求的报告表格,在这些所谓的特殊报告中,数据必须被处理成非定期索要的信息,而且不能以标准化的形式呈现,如必须始终保持最新数据的临时报告。[4]

此外,管理控制的各类受众和报告形式对信息的质量和类型提出了很高的要求。虽然必须为采购、生产、分配等功能领域的历史和当前特征汇总信息,以便支持管理层做出战略管理决策;但采购经理需要最新的基本信息,例如原材料库存,以执行特定任务。因此,将在 IT 解决方案中实现不同的浓缩级别和组合的数据评估(来自当前和历史数据)。

关于位置和介质的维度,IT 解决方案必须为数据收集和提供给出不同的可能性。仅在企业网络的中心(如领导层或营销经理)访问通常是不够的,而且其他地区的员工必须能够在企业之外访问数据。智能手机和平板电脑等移动设备越来越多地

---

① 参见 Picot, Reichwald & Wigand: *Grenzenlose Unternehmung*, S. 81。
② 参见第 1.1.4.3 节。
③ 摘自 Baumöl: *Informationsmanagement*, S. 27。
④ 关于标准和特殊报告参见第 1.1.3 节。

用于这一目的。

对于管理控制而言,特别重要的还在于处理信息的呈现形式。必须通过 IT 支持确保用户友好的界面,甚至是对复杂的内容而言,给出用户友好的演示。对数据处理的图形支持意味着,数值行及其结果由易于理解的图表来表示,因此受众可以更容易,同时更快地理解有关信息。

管理控制的进一步功能要求包括时间序列分析以及达到边界值的可能性,如果超过或低于边界值,则通知系统用户,例如,这可以通过所谓的红绿灯功能来完成,该功能描述如下:红色表示欠载或超限,黄色表示接近临界值、绿色标记正常值。[①] 关于所需的规划和预测,必须模拟数据状态或其相关部分。此外重要的是,允许数据跨多个级别浓缩,并支持"分解"浓缩的反向路径,即所谓的"向下挖掘"以确定因果链。[②]

在表 1.3 中,以关键点以及示例的方式对所描述功能要求总结。

表 1.3　　管理控制功能要求的例子

IT 支持功能要求的可能性
— 支持数据集的各种多维视角
— 随时可用的当前数据
— 定制报告,还有标准报告的规范
— 在任何浓缩级别提供和浓缩数据
— 启用时间序列分析
— 输入边界值和在超出或低于边界值时的警告功能
— 在屏幕上启用在线向下挖掘
— 精致的演示选项
— 基于标准报告的快速灵活模拟
— 用户友好的设计和功能

1.4.1.2 非功能性要求

利用功能性要求的落实来制定业务经营框架条件,需要有适当的技术基础,它的起点是有待收集、处理、浓缩和评估的数据。必须首先定义和充分描述这些数据及其相互之间的关系(也称为数据库),通过数据库管理系统(DBMS)来管理这些数据。DBMS 意味着"所有访问数据库、检查一致性并修改数据库数据的程序……"[③]它基于一个规定了如何描述数据对象以及应用于对象的运算符的数据模型。[④] 数据建模分三个阶段进行:理念、逻辑和物理阶段(参见图 1.32)。一个重要的要求是,选择足够

① 实施该功能的一个例子是前 Metallgesellschaft Handel & Beteiligungen AG 的风险管理系统 MERCUR,如果超过关键限制,则标记相应的红色领域,这将触发董事会在管理控制方面的特殊报告义务。如果达到标准的 80%,则标黄色,未达到边界值,则以绿色标记。

② 参见第 1.1.4.4.2 节以及 Fritz & Kusterer:*Führungsinformationssystem*,S. 151－166。

③ 参见 Kemper & Eickler:*Datenbanksysteme*,S. 21。

④ 此处及以下参见 Kemper & Eickler:*Datenbanksysteme*,S. 23 ff.;Vossen:*Datenmodelle*,S. 25 ff。

灵活的合适数据模型，以便更改并具体到足以反映细节。

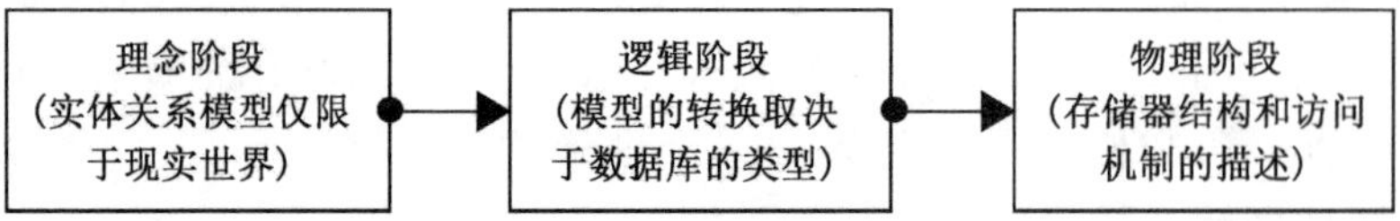

图 1.32　数据建模阶段

第一阶段对现实世界中某一部分的理念性全局视图进行建模，最常用的数据模型之一是实体—关系—模型(ERM)。实体是企业感兴趣的抽象(如价格)或真实对象(如客户)，其属性由特征描述。成本和效益管理控制框架内的实体可以是产品、客户、销售部门、销售额和成本等。成本的属性可以是成本类型编号、成本岗位编号和成本标签(参见图 1.33)。[①] 由此产生的所谓理念模式形成用户视图，并且不考虑使用数据库管理系统，因此它与技术实现分离，以便不在专业性要求之前设置技术限制。

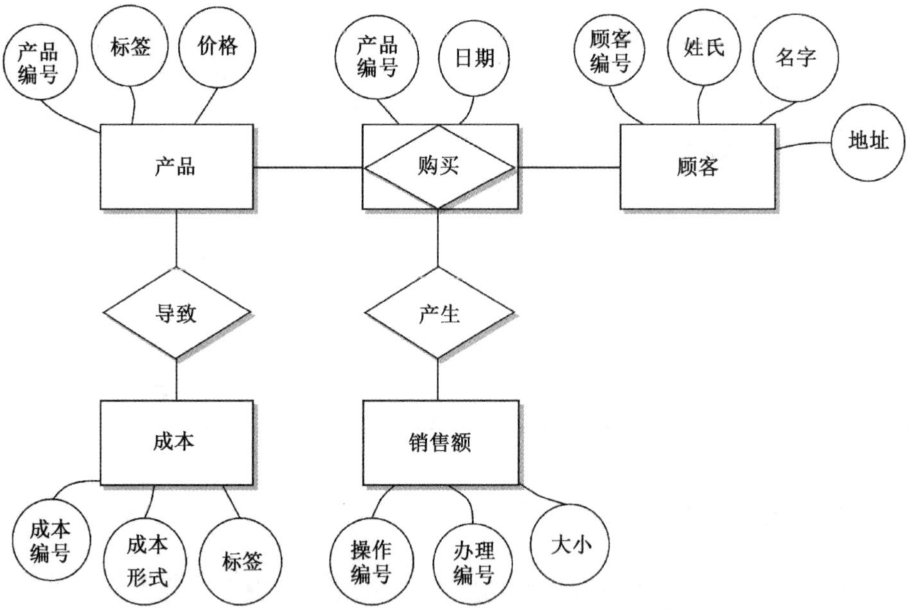

图 1.33　简单实体—关系—模型的例子

来自第一阶段、独立于系统的理念模型，在第二阶段被转换为逻辑数据模型。为此，必须首先确定哪个 DBMS 用于后续数据管理。目前在管理实践中，经常使用关系型 DBMS，基于面向对象的数据模型系统变得越来越重要。[②] 第三阶段是描述理念数据模型元素的存储结构及其访问机制。重要的是，要确保访问存储元素时，时间尽可能短。

① 参见 Reichmann & Krüger: *CIC*, S. 69。

② 参见 Kemper & Eickler: *Datenbanksysteme*, S. 29。

从技术角度来看，另一个重要的框架是 IT 架构。它是企业架构的一部分，代表了企业 IT 的所有元素及其相互间的关系。企业体系结构通常以“企业体系结构”(enterprise architecture)表示，包括技术元素，如业务模型或流程体系结构以及与 IT 级别相关的元素。IT 架构的元素如数据、应用程序、硬件、网络组件。IT 架构可以相应地划分为多个子架构，分为应用程序(或应用程序)、数据和系统架构(或技术基础架构)。① 系统架构总结了企业应用程序运行所需的所有技术组件及其相互之间的关系(例如，硬件、操作系统和中介系统)②：数据架构以子模型的形式，通过已经描述的数据模型，映射企业全部相关数据。③ 在应用程序体系结构中，描述了实现或支持企业业务流程及其之间接口的所有应用程序。应用程序体系结构在企业中扮演着特殊的角色，因为它充当业务流程和 IT 之间的链接。如上所述，应用程序基本上可以细分为通用和业务应用程序两类。管理控制相关数据的生产者是为运营部门提供服务的业务应用程序，收集、处理和提供数据的应用程序通常属于通用应用程序的范畴(参见表 1.4)。④

表 1.4　按功能区划分的业务和通用应用示例

	业务应用程序				通用程序		
应用程序类型 / 功能区域	ERP	SCM/APS	EC	CRM	DSS	DW	EIS/FIS
需求规划		■					
要求规划		■					
生产规划		■					
采购	■						
分销/运输	■						
服务				■			
销售			■	■			
人力资源(HR)	■						
工资会计	■						
贷款会计	■						
应收账款会计	■						
内部/外部财务会计	■						
领导信息							■
决策支持					■		
数据收集和整理						■	

ERP：企业资源规划
SCM：供应链管理
APS：高级规划和调度
EC：电子商务
CRM：客户关系管理
DSS：决策支持系统
DW：数据仓库
EIS：执行信息系统
FIS：领导信息系统

IT 支持的任务是确保存在管理控制所要求的 IT 架构，它建立在企业专业架构

① 参见 Krcmar：*Informationssystem-Architekturen*，395－402。划分和描述 IT 系统结构的其他方法，参见 Dern：*IT-Architekturen*，S. 18 ff.；Heinrich & Stelzer：*Informationsmanagement*，S. 46 f。

② 参见 Heinrich & Stelzer：*Informationsmanagement*，S. 47。

③ 参见 Krcmar：*Informationssystem-Architekturen*，395－402。

④ 经过修改摘自 Huber，Alt & Barak et al.：*Applikationsarchitektur*，S. 180。

的基础上,因此通常必须对提供专业支持的技术要素进行建模,以便形成充分的建构基础。这意味着必须确定和部署所需组件,并将其集成到现有 IT 环境中(如果它们已经存在)。近年来,已经建立的一个理念是商业智能(BI),它被理解为整理和提供与决策有关的信息,并提出一个全面且综合的解决办法。该定义已经显示了商业智能与管理控制任务相关的基本重要性。

BI 概念是指用于将数据转化为决策相关信息的“集成、企业特定、基于 IT 的整体方法”,其描述了信息生成过程,以及为此目的所需的工具和基础结构。[①] 从技术角度来看,BI 系统可以分为两个基本功能块,它们在逻辑上和技术上相互支撑(参见图 1.34)。[②③]

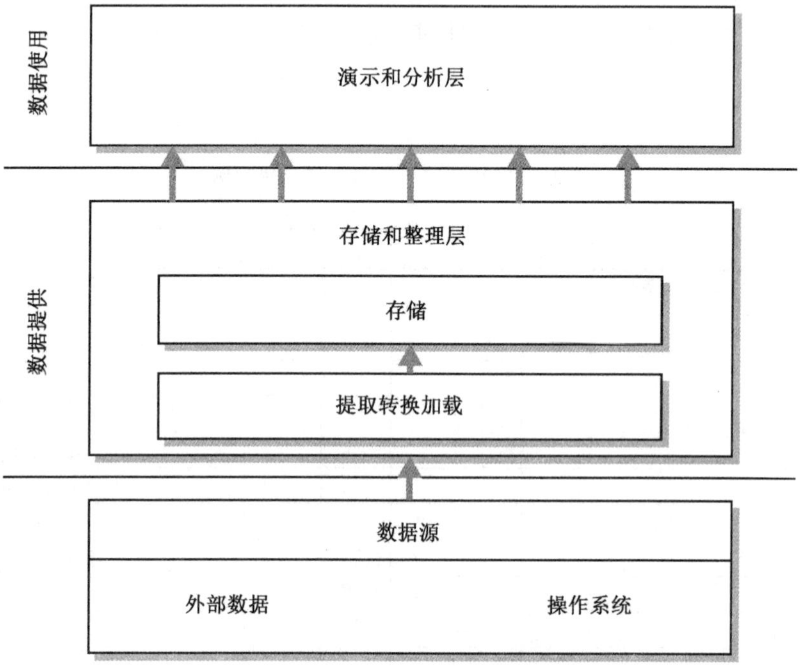

图 1.34 示例性 BI 架构

数据提供模块包含实现以下三个步骤的所有组件:

(1)从相应的源系统中提取相关数据。

(2)将这种基本异构数据转换为同质且一致的状态。如果有必要,也是对调整后数据进行首次操作,如总结、执行。

(3)将此数据加载到“面向决策的数据存储器”中。

这些组件也称为 ETL 工具 (提取、转换、加载)。

---

① 参见 Kemper,Baars & Mehanna:*Business Intelligence*,S. 9。有关不同 BI 术语的详细讨论,参见 Kemper, Baars & Mehanna:*Business Intelligence*,S. 2 ff。

② 此处及下文参见 Gluchowski & Kemper:*Business Intelligence*,S. 12—19。

③ 摘自 Gluchowski & Kemper:*Business Intelligence*,S. 12—19。

数据仓库(DW)是面向决策的数据存储器,其与操作数据库分离,具有四个基本特征。[①] 数据仓库中的数据管理是面向主题的,并且与运营价值创建过程分离,对象可以是客户、产品和人员等。数据仓库集成了来自各种数据源的数据,这意味着必须消除不一致、冗余和语义矛盾,因此,ETL 工具也可以是数据仓库的一部分。存储在数据仓库中的数据与时间有关,它们指日、月、年等。相比之下,操作系统的数据是实时的,并且始终是最新的,例如:有关客户交易的信息当前必须在客户关系管理(CRM)中可用,而数据仓库中的数据更有可能在该时间段内存储。然而,随着时间的推移,周期性的特征已经被事务性所取代,因此数据仓库中的数据也是以事务方式存储的。数据仓库的最后一个特征是非波动性,它指数据仓库中的数据是永久保留并且不是瞬态的。数据一旦被存储下来,就不会更新,除非再次上传,因此即使是过去的数据也仍然可以被检索到。然而,这使得数据仓库具有体积快速增长的缺点,可能导致数据分析中的运行时间问题。为了解决这个问题,数据仓库通常会扩展一个组件——包含数据仓库的一部分,以便高效率地评估。此代码段可以包含产品或时间段的所有数据,这些数据会根据特定部门的分析需求单独保存。这些组件称为数据集市,通过它的使用,可以复制企业结构,以便每个部门获得“自己的”数据集市。[②]

第二个功能块是数据使用,此处介绍了用于分析、整理数据以及呈现结果的所有软件工具。从功能的角度来看,这些工具非常不同,只能非常精确地分配给具体类别的软件系统。Gluchowski 和 Kemper 的壳模型提供了粗略的分类(参见图 1.35)。[③]

通用的基本系统提供强大的功能,可以在任何企业类型和领域中使用,其中包括报告系统、基于模型和方法的分析系统以及特殊分析系统。报告系统包括标准报告、早期预警系统以及经典管理信息系统。分析系统基于在线分析处理(Online Analytical Processing,OLAP)技术,创建个性化的报告和按需定制的报告。[④] OLAP 体现了在线分析处理的理念,代表了动态、多维数据分析的方法,应该允许“……管理人员以及来自专业部门的合格员工快速、交互和多样化地访问相关和一致的信息”。[⑤] 基于模型和方法的分析系统具有广泛的数学和管理学功能,因此,此类系统的用户必须具有非常好的方法知识。此类别包括专家和决策支持系统以及文本和数据挖掘工具等。数据挖掘是指,在大型数据库中,发现感兴趣模式和知识的分析过程。[⑥] 虽然术语数据挖掘主要与结构化数据的分析相关联,但文本挖掘是指对半结构化或非结构化数据的分析,如电子邮件、PDF 文件或 HTML 页面的内容。[⑦]

---

① 此处及下文参见 Inmon:*Data Warehouse*,S. 29 ff.;Kemper,Baars & Mehanna:*Business Intelligence*,S. 19—21。

② 参见 Bauer & Günzel:*Data Warehouse-Systeme*,S. 59;Humm & Wietek:*Data Warehouses*,S. 3—14。

③ 摘自 Gluchowski & Kemper:*Business Intelligence*,S. 12—19。

④ 参见 Kemper,Baars & Mehanna:*Business Intelligence*,S. 127。

⑤ 参见 Gluchowski,Gabriel & Dittmar:*Support Systeme*,S. 144. OLAP 也参见第 2.7 节。

⑥ 参见 Han,Kamber & Pei:*Data Mining*,S. 8。

⑦ 参见 Kemper,Baars & Mehanna:*Business Intelligence*,S. 117 f。

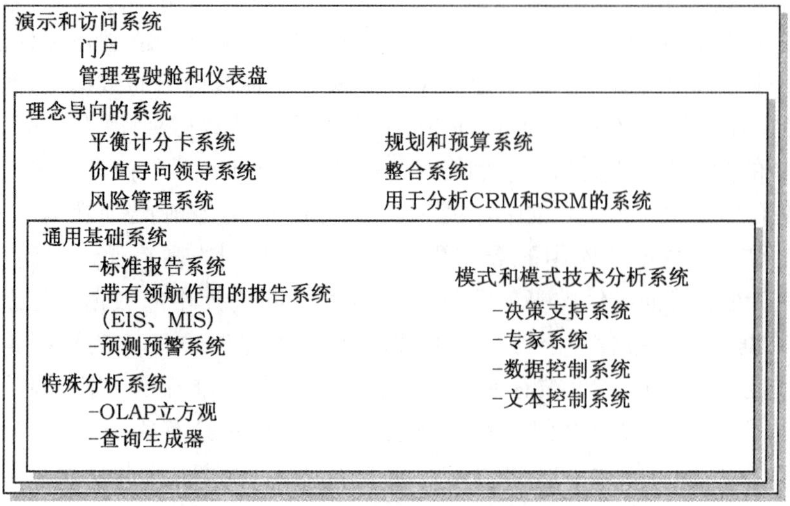

图 1.35 用于数据运用 BI 工具的壳模型

理念导向系统使用通用基础系统的功能并落实业务导向的理念,如技术上的平衡计分卡或价值导向管理理念。它们还为特定应用提供技术支持,如规划和预算或 CRM。[1]

演示和访问系统旨在让用户充分访问他们所需的信息和功能,具体取决于其在组织中的角色和位置,因此它们形成了模型的"外壳"。管理驾驶舱[2]使决策者能够了解整个组织并对其进行操控。为此,集成来自各个子系统的信息并以高度浓缩的形式呈现。

这里描述的 BI 架构是实现第 1.1 节中提出的管理控制理念的技术基础(参见图 1.36)。第 2.7 节介绍了实现最高报告层面的具体实例。

因为它管理高度敏感的企业数据,对于管理控制而言,特别重要的是 IT 系统的安全性,必须保护这些数据免遭丢失、操纵和未经授权的访问。应该注意的是,内部员工和外部第三方都可能进行未经授权的访问。为了确保安全性,需要一种安全体系结构,不仅包括要保护的系统,还包括其他系统组件,如与互联网有关的组件。[3] 该体系结构的一部分是已经提到的访问系统,其确保只有授权人员才能访问数据并根据权限对其进行处理,此类系统也称为身份和访问管理。[4] 入侵检测和防御系统还应包含检测和防止网络攻击的系统。其他软件组件防火墙、防病毒和加密程序等。在基础设施层面,必须采取预防措施以确保系统的平稳运行并防止系统故障。不要忘记员工的敏感性和培训,要使他们能够积极地为 IT 安全做出贡献,并且不会造成任

---

① 参见 Gluchowski & Kemper: *Business Intelligence*, S. 12—19; Kemper, Baars & Mehanna: *Business Intelligence*, S. 131。

② 此处参见第 1.1.5 节。

③ 参见 Vogel, Arnold & Chughtai et al.: *Software-Architektur*, S. 241。

④ 参见 Vogel, Arnold & Chughtai et al.: *Software-Architektur*, S. 244 f。

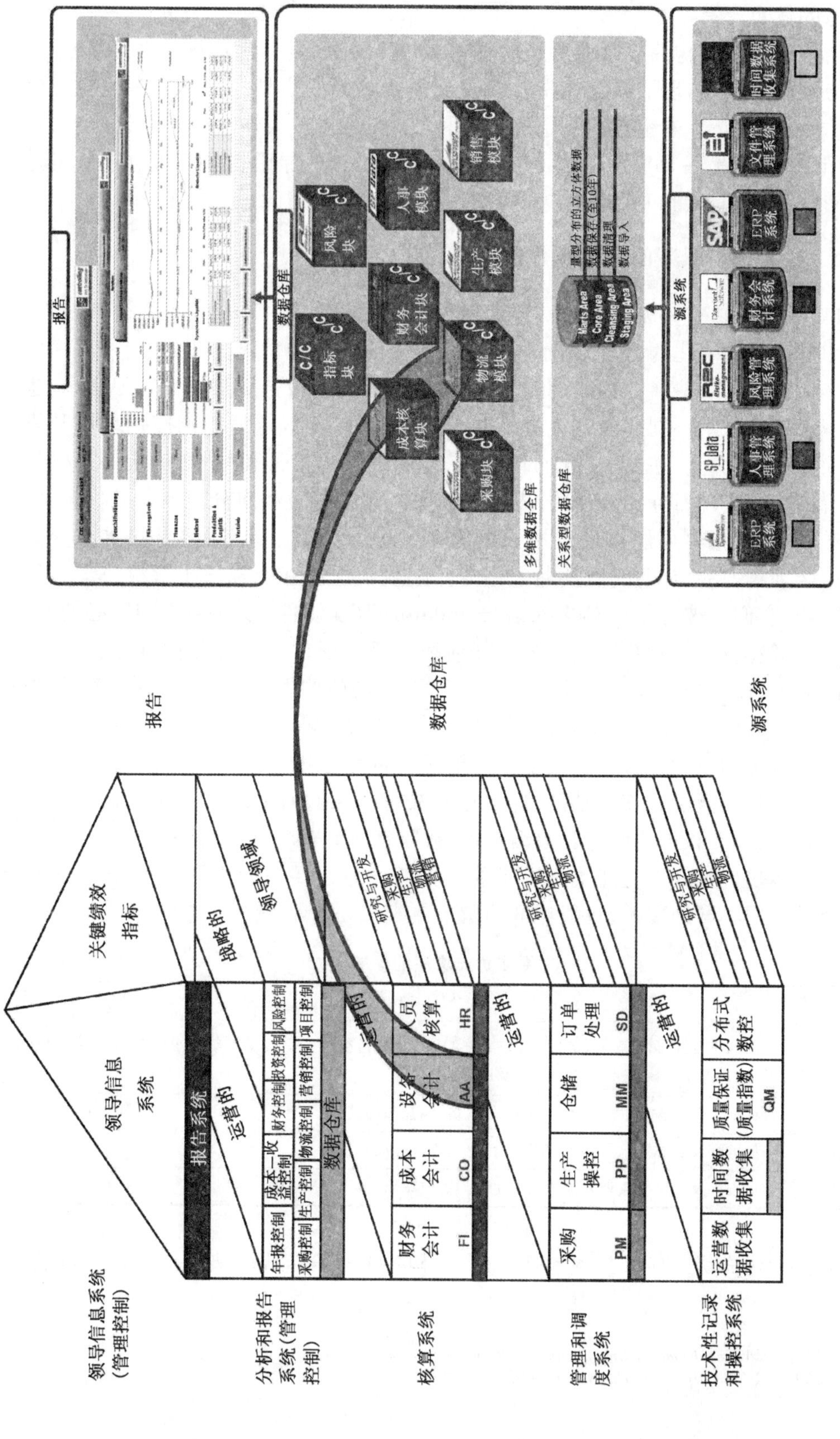

图1.36：用于实现管理控制理念的架构

何无意的危害。

所描述体系结构的复杂性清楚地表明,为管理控制设计的这种全面和集成的IT解决方案,在技术实现上可能非常复杂并且需要精确的规划。鉴于许多组成部分需要技术专业能力,许多企业不一定拥有这种能力,就必须从外部得到咨询,计划不周的IT设计可能是一个重要的成本驱动因素。出于这些原因,在IT理念的开发过程中,必须关注所追求的IT解决方案的盈利能力,并需要对此进行初步分析。

1.4.2 IT理念背景下的盈利能力分析

IT市场目前提供许多决策支持应用程序,如FIS、MIS等。在大多数情况下,这些应用程序是模块化的,允许企业选择他们需要的模块和功能。此外,应用程序中越来越多地实现了一些商业智能功能,这使得数据评估和报告更加全面。但是,它也使企业越来越难以对不同解决方案进行差异化评估,以便确定适当的应用程序和真正必要的模块和功能。在IT理念的背景下,借助不同的工具和技术,确定一个以最经济的价格基本实现目标的合适的IT解决方案。该分析过程应分几步完成。

在第一步中,尽可能早地对用户组的要求进行分类。为此,要求基本上分为三类——必须实现的、计划的以及期望标准。必须实现的标准描述了解决方案必须满足的功能,它们也被总结为英文术语"mandatory"(强制性)或"essential"(必要)。因此,对于决策支持系统而言,定义了在任何浓缩级别提供和浓缩数据,以及在超出或低于限制时,作为强制性标准输入限制值和警告功能的要求。计划标准[英语:"optional"(可选的)或"conditional"(有条件的)]是重要的要求,但不能实现它们并不会危及解决方案的成功和可接受程度。期望标准的类别总结了潜在用户可能希望有的但不是执行其任务所必需的功能,它们通常被称为"锦上添花"的功能。此类功能的例子有:基于标准报告的快速且灵活模拟,或特定、用户友好的设计和功能。[①]

第二步是确定属于上述类别要求的优先级。对于要求的优先次序,可以考虑各种标准并使用不同的技术,可能标准的例子如表1.5所示。[②]

表1.5　　要求优先次序的标准

标　准	说　明
重要性	要求的重要性可以有不同的方面,如实施的紧迫性、利益相关者接受系统的重要性或系统架构的设计。
成　本	该标准涉及实施要求所产生的费用,如人员、编程和测试成本。
持续时间	该标准涉及实施要求所需的时间长度,它与成本标准密切相关。
损　害	该标准涉及如果不实现要求可能产生的损害或缺点。

对需求优先级排序的技术包括:以利益相关者对给定优先级标准要求的排名;单

---

① 参见Pohl:*Requirements Engineering*,S. 531;Balzert:*Softwaretechnik*,S. 543。

② 根据Pohl:*Requirements Engineering*,S. 528 f改写。

标准和双标准分类，根据一个[①]或两个选定标准，把要求归属于不同的类别；成本—价值分析，用于确定和比较要求的相对价值和相对成本。[②]

在第三步中，为了满足要求，必须开发替代解决方案并相互权衡。在这种情况下，可以考虑内部开发、订单开发、软件购买和租赁以及可能的硬件等替代方案。也有可能对这些替代方案进行组合。一方面要确定这些替代方案的成本，另一方面要确定所有替代方案的预期效益。

IT—管理控制处理企业 IT 的盈利能力[③]，它的任务是确保高效率使用计算机科学并提供在战略和运营层面操控信息技术的各种工具。这些工具考虑了定量和定性因素，虽然量化 IT 成本相对容易，但很难确定 IT 效益或附加值的定量参数。

为了确定 IT 解决方案的成本，总体拥有成本(TCO)理念可用于计算解决方案在其使用周期内的成本。因此，这些成本不仅包括开发或采购和集成成本，还包括随后使用、维护、调整和最后处理解决方案的成本。[④]

因为效益可能有不同的方面，所以评估 IT 解决方案的效益似乎是性能分析中更困难的一步。基本上，可以区分为能够直接或间接衡量的货币利益和不能用货币计量的利益。[⑤] 通过使用 IT 解决方案可以节省成本，从而实现直接可用货币衡量的收益，如人员成本。因此，易于确定此类别的最终收益。间接可衡量的收益包括通过 IT 支持降低成本以及提高生产率。最后一个效益类别，即非货币可衡量的福利，包括人员和组织改进，例如改善沟通和信息交付，从而提高决策质量、提高员工满意度和灵活性。该利益无法直接计量，因此必须估算或间接运作。特别是这一类别的效用，可以而且应该通过 IT 系统支持管理控制来实现，但是，这使该系统的经济效益分析复杂化。为了评估该效用，应使用效用值分析，其基于主观加权和参数估计，因此，应该理解这种方法并将其用作补充决策支持。

就管理控制而言，实现有效和高效 IT 支持的第一步是开发 IT 理念，它是管理控制提供决策相关信息的基础。到目前为止，IT 理念不仅关注技术，而且关注 IT 解决方案中要体现的技术内容。因为只有在有针对性地收集、分析和记录专业要求时，才能"准确"选择正确的 IT 解决方案，所以一个好的 IT 理念需要专业部门之间的建设性合作。

---

① 把要求分类为必须、希望和界定标准是按照标准"重要性"进行的一种分类。
② 参见 Pohl:*Requirements Engineering*, S. 529 ff。
③ 参见 Reichmann:*Controlling mit Kennzahlen*, Kap. 10。
④ 参见 Heinrich & Stelzer:*Informationsmanagement*, S. 362。
⑤ 此处及以下参见 Heinrich & Stelzer:*Informationsmanagement*, S. 365 f。

2

指标系统作为管理控制工具

2.1 指标系统的沿革

2.1.1 投资回报率指标系统

指标系统大部分情况下是以一个单独的首要指标(也就是盈利性指标)为出发点,其他指标也是根据这个数值逻辑推理衍生而来。

投资回报率指标系统是最著名同时也是最方便使用的指标系统。由于这一系统在杜邦公司中首次投入使用,也可被称为杜邦指标系统。资本收益率的首要指标可以被分解为销售利润率和资本周转率两个指标(参见图 2.1)。在管理学中始终存在这样一个问题:通过对于一个首要指标进行单纯数学分解得出其组成部分,可以得出认知增值。通过投资回报率指标系统的例子,可以直接确定由此产生的认知增值:资本周转率以及销售利润率,使得人们将目光转向可能先前没有被关注的作用关系,这一关系揭示了大量其他增加资本回报率的可行方式。当新商业理念和这种数学模型同时投入使用时,模型的影响是巨大的。

对于投资回报率指标系统而言,可以通过提高资本周转率或增加销售利润率来实现对资本回报率的影响。专注于销售利润率这件事一直饱受关注,高利润率也是各大企业所追求的目标,此时的利润率被看作企业实现的收益扣除那些随之而来的费用的差额。提高销售收益的方法之一是通过扩大销售区域加速销售或改进定价政策或者通过"节省成本"来减少费用。这些是经典理念,它们对销售收益的直接正面影响及其对资本回报的间接影响是众所周知的。出于对资金周转率的另外考虑,可以将焦点转移到在此期间同样得到广泛传播的范例:在销售额相同的情况下,投入资本的减少会直接导致更高的资本周转率,间接提高投资回报率——指标系统中的资本回报率。如果企业管理的目标是提高资本回报率,也可以通过减少所用资本来实

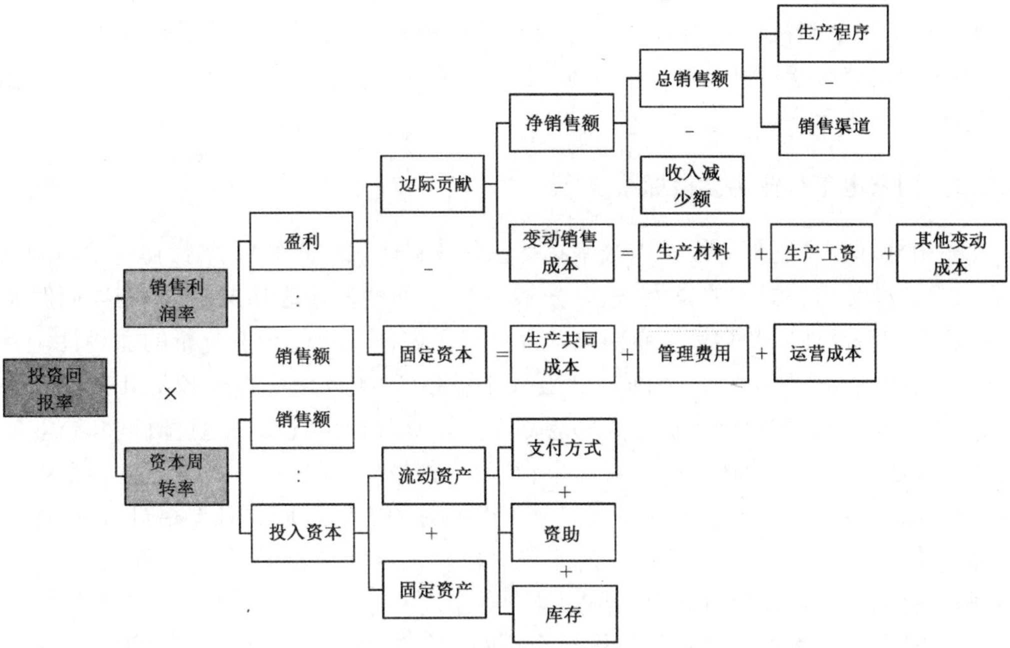

图 2.1　杜邦指标系统

现。如果旨在提高销售回报率的举措已经用尽，那么这里有很多新抓手——审查和减少设备和流动资产投入。管理控制采用了包括营运资本管理以及最新的现金转换周期在内的思考方法。[①]

所涉及变量的确切定义对于不同企业是不一样的，这一定义经常在文献中引起广泛讨论。在经典模型中使用外部年度财务报表数值，通常会被认为是为了强调某些关系，而对流量和存量进行调整(参见图 2.1)。[②]

其中一个修订后的架构是哈恩的投资回报率—现金流指标系统。[③] 该系统是为了审计师分析企业年度财务报表而开发的，其目的是以过去为导向和面向未来的分析，因为审计师的任务是通过检查管理报告来说明是否正确地陈述了企业的经济状况。在哈恩所创的架构中，为获得评估情况所需数据的工具是企业会计系统，哈恩使用会计部门的数据，并将其融入指标。

投资回报率—现金流指标系统主要包含财务指标。在内容方面，结果导向和流动性导向的指标是优先选用的指标。与收益相关的指标分为运营和资产负债表元素，从而提供收益组成部分的初步切入点。财务部分以现金流量核算的形式显示投资回报率计算对收入和支出的影响。作为一般规则，从历史财务报表中获得的这些数据，可以在运营或行业比较过程中，出于管理控制目的仅得出有关激励的信息。由

① 参见第 2.5.6.1.1 节。
② 节选自 Horváth, Gleich & Seiter: *Controlling*, S. 292。
③ 参见 Hahn: *Unternehmensanalyse*, S. 31－53。

于收益或流动资金结构的推迟,仅得出会较晚出现的切入点。总而言之,使用历史年报作为未来评估基础的所有程序至少是值得怀疑的,也就是说,对于企业管理层来说,关于流动资金状况和企业收益中期或者长期的信息不能从年度财务报表的数据中获得。

2.1.2 国家电工行业协会指标系统

在由杜邦公司创立的投资回报率指标系统基础上,20 世纪 70 年代初的德语国家有了更独立、更理论导向的发展,这一发展满足了多种多样的功能需求,例如同时考虑盈利性和流动性以及指标系统中某些部分对于内部和外部企业分析的适用性。首先开发出的指标系统之一是由国家电工行业协会(ZVEI)开发的。[①] ZVEI 指标系统的目标是为企业操控提供分析工具和规划工具。该分析工具旨在通过时间和企业间的比较来获得有关企业情况的客观结果;作为一种规划工具,指标旨在通过规划措施为企业目标提供计划数值,可以根据需要给出相对和绝对目标。对于相对目标,这些目标在结构上与美国"比率"相同。对于绝对目标,会给出确定全局的目标大小,例如期间销售额,并且从该数值导出系统的计划数字。

ZVEI 指标系统的最终目标是核算企业的经营效率,效率核算的内容为增长分析和结构分析。

增长分析应借助某些指数确定时间序列的变化;结构分析用于调查企业盈利能力的风险负担。增长分析试图在可被分为三组的九个指标帮助下分析业务量、人员和收益。在增长分析中,各个指标在很大程度上是彼此独立平行的。

相比之下,ZVEI 指标系统的结构分析看起来不同。指标系统的核心是试图构建和整合来自企业会计的信息。通过首先使用具有分层结构和首要指标的核算系统来执行该浓缩过程。在指标组中,指标可以通过分层和引入新的参考和观察变量来分解。不同的指标组表示盈利能力指标或风险指标。类似的指标,它们要么只是存量数值(风险指标),要么仅仅是流量数值(盈利能力指标),这种指标被称为类型 A,而上述两个指标的混合则被称为类型 B。在类型 B 的情况下,由流量和存量数值组成相对指标时,指标的解释取决于存量或流量是否在分子中。因此,存量位于分子的指标是类型 B 的风险指标,流量位于分子的指标被解释为类型 B 的盈利能力指标。因此,ZVEI 指标系统中使用的所有变量都可以解释为盈利能力或风险指标。[②]

在数量方面,ZVEI 指标系统有大约 200 个指标,其中经常使用的只有 87 个,其余指标具有确保整个系统数学链接的功能。由于只允许使用相对指标,这种结构原则上不会造成任何困难,但要指出的是,许多冗余信息是由这种设计产生的。

国家电工程行业协会指标系统代表了德语国家为企业管理目的开发信息系统的

---

① 参见 Betriebswirtschaftlicher Ausschuss des Zentralverbandes Elektrotechnik und Elektronikindustrie (ZVEI) e. V. (Hrsg.):*ZVEI-Kennzahlensystem*。

② 摘自 Betriebswirtschaftlicher Ausschuss des Zentralverbandes Elektrotechnik - und Elektronikindustrie (ZVEI) e. V. (Hrsg.):*ZVEI-Kennzahlensystem*,S. 43。

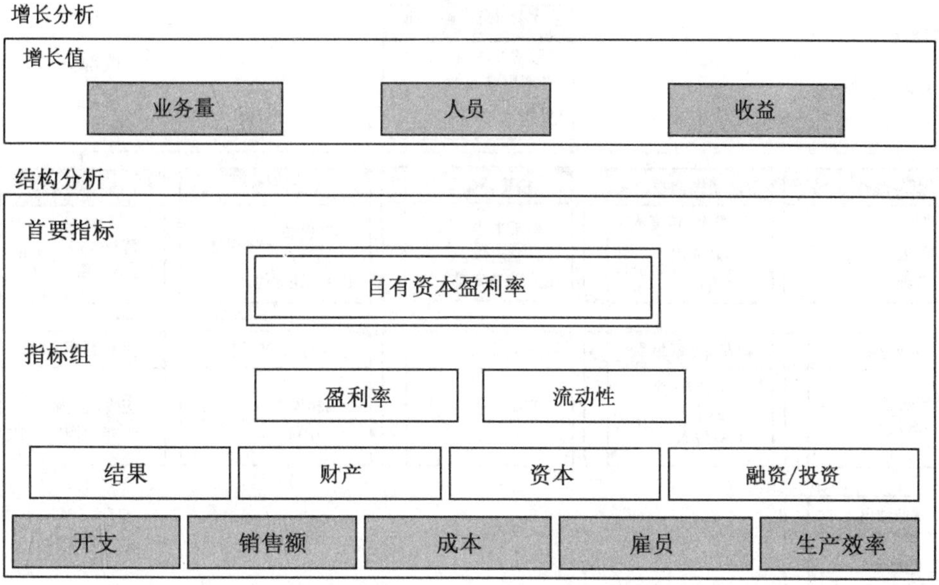

图 2.2　ZVEI 指标系统

第一步。然而,类型 B 盈利能力指标与类型 B 风险指标之间的界限似乎存在问题。类型 B 风险指标可以通过反转成为类型 B 盈利能力指标,而结果是资本周转率被当作盈利能力指标,资本与营业额之间的关系被解释为风险指标。

2.1.3　RL 指标系统

各种 RL 指标系统(盈利性—流动性指标系统)均基于图 2.3 所示的,并已在第 1 章中说明的原始类型。① 具有盈利能力和流动性部分的基本结构,以及具有行业和企业特征的特定部分构成了 RL 指标系统家族。RL 指标系统是典型的跨国和跨行业理念,旨在使得企业不受其规模、行业和业务模型复杂性的制约,发展出在其领域收益导向的企业行为操控和监控框架。除了这种原始类型之外,RL 指标系统家族中还有其他指标系统,将会在以下章节中解释其含义和应用。

与控制理念相关的 RL 指标系统是包含描述性、解释性和规范性元素的所有表现形式的组合类型。一方面,管理层有以最佳方式适应经济变化的兴趣;另一方面,需要通过企业规划所规定的业务领域来持续监控企业的盈利能力。

企业总体业务计划中的采购计划确定了交付的类型、质量、数量、时间和地点,生产计划规定了生产程序以及生产过程(工作安排、交付计划),销售计划规定了销售流程和销售政策工具,物流计划和浓缩的销售、成本和收益计划以及从中获得的收款、付款和财务计划都是以某一领域为导向的管理控制,并在此基础上发展出管理控制指标体系(参见图 2.4)。

---

① 有关 RL 指标系统请参阅 Reichmann & Lachnit: *Kennzahlen*, S. 711－723。

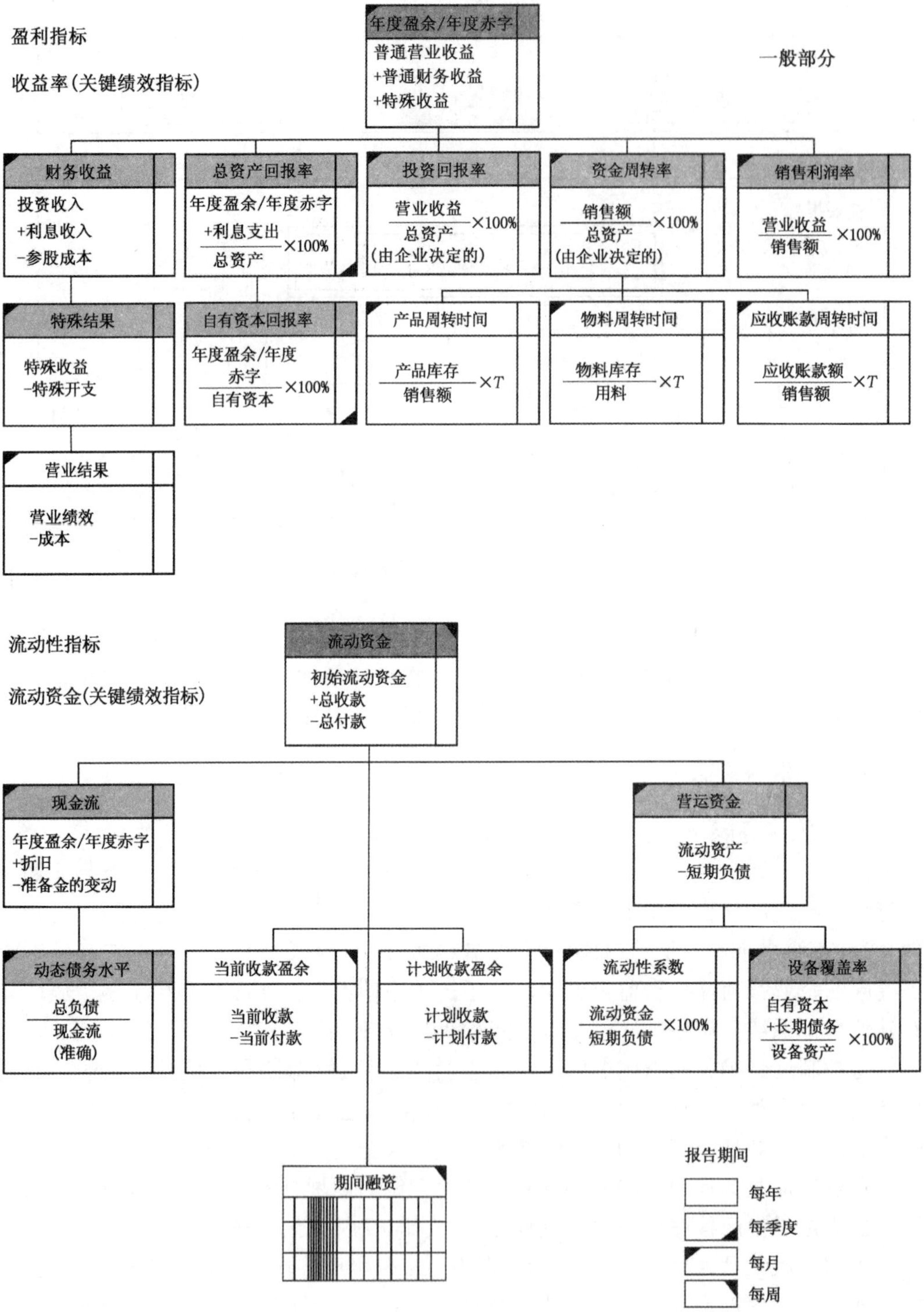
盈利指标
收益率(关键绩效指标)
一般部分
年度盈余/年度赤字
普通营业收益
+普通财务收益
+特殊收益
财务收益
投资收入
+利息收入
-参股成本
总资产回报率
年度盈余/年度赤字
+利息支出
总资产
×100%
投资回报率
营业收益
总资产
×100%
(由企业决定的)
资金周转率
销售额
总资产
×100%
(由企业决定的)
销售利润率
营业收益
销售额
×100%
特殊结果
特殊收益
-特殊开支
自有资本回报率
年度盈余/年度赤字
自有资本
×100%
产品周转时间
产品库存
销售额
×T
物料周转时间
物料库存
用料
×T
应收账款周转时间
应收账款额
销售额
×T
营业结果
营业绩效
-成本
流动性指标
流动资金(关键绩效指标)
流动资金
初始流动资金
+总收款
-总付款
现金流
年度盈余/年度赤字
+折旧
-准备金的变动
营运资金
流动资产
-短期负债
动态债务水平
总负债
现金流
(准确)
当前收款盈余
当前收款
-当前付款
计划收款盈余
计划收款
-计划付款
流动性系数
流动资金
短期负债
×100%
设备覆盖率
自有资本
+长期债务
设备资产
×100%
期间融资
报告期间
每年
每季度
每月
每周

图 2.3 RL 指标系统

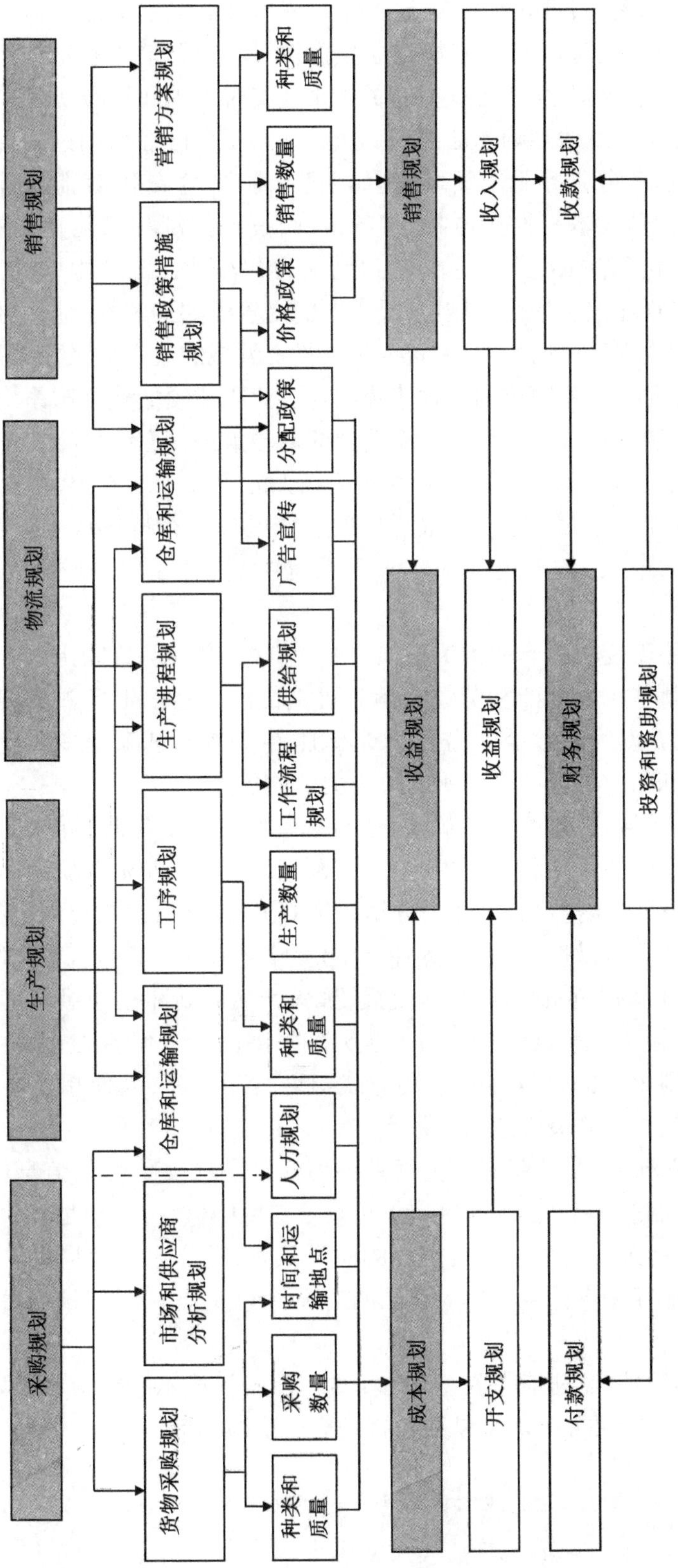

采购规划
生产规划
物流规划
销售规划
货物采购规划
市场和供应商分析规划
仓库和运输规划
工序规划
生产进程规划
仓库和运输规划
销售政策措施规划
营销方案规划
种类和质量
采购数量
时间和运输地点
人力规划
种类和质量
生产数量
工作流程规划
供给规划
广告宣传
分配政策
价格政策
销售数量
种类和质量
成本规划
收益规划
销售规划
开支规划
收益规划
收入规划
付款规划
财务规划
收款规划
投资和资助规划

图2.4　RL 指标系统

借助 RL 指标系统,可以得到财务指标系统的最高级别浓缩。构建指标系统的目的是获得有关销售、生产和仓库规划质量的陈述,以及有关融资和资产结构的信息。此外,与竞争企业相比,还可获得有关本企业支付能力和风险状况的信息。

对于建立在企业整体规划想法的基础上并在第 1 章已经介绍过的管理控制结构来说,有必要理解来自业务职能领域,例如采购、生产、营销和物流方面的浓缩性信息,这些信息通常以成本—收益控制、财务控制、投资控制和风险控制的形式出现。此处生成的信息包含在 RL 指标系统的盈利能力和流动性部分中,或者存在于特殊部分中。在这些管理控制指标领域中,最重要的是管理层的利益,他们可以在任何时候确认营业额和成本变化的影响、融资变更或投资领域的决策以及相关风险,以及借助采购控制、生产控制、营销控制和物流控制与企业职能领域建立联系。这些主要面向运营的管理控制子系统尤其用于对企业中的薄弱点进行连续和有针对性的分析。

生产控制领域的主要任务是与成本岗位相关的生产成本监控,特别是在生产区域内的资本盈利能力方面。除了对最重要的生产区域进行持续成本效益监控外,还应定期指出哪些未使用的产能在成本核算系统中被看作固定成本(如计划成本核算)。[①]

此外,适应不断变化的就业情况也很重要。例如,必须明确固定成本存在哪些上升和下降潜力、哪些闲置产能和劳动力储备可供使用。鉴于生产领域技术复杂程度不断提高以及客户对产品效益的需求不断增加,生产控制越来越多地接管质量保证任务,质量成本和绩效之间的经济平衡成为关注的焦点。

在营销控制领域,应始终能够确定,在市场条件发生变化时,哪些适应措施是可行和必要的。此外,在短期和中期内,应对产品或产品组(边际贡献管理)、利润中心和销售区域进行经济监控检查。作为分销政策的组成部分,营销控制也越来越重要,例如,多维收益核算可以提供用于营销控制的差异化信息。战略营销控制旨在检测、分析和监控异构市场中的战略趋势和发展,确保产品计划和企业经营活动的长期平衡是该管理控制模块的重点(例如,借助经典和扩展的投资组合理念)。从管理控制的角度来看,特别重要的是以特定应用方式组合可用工具,以便在战略分析的背景下,实现战略决策支持的最大效力和效率。

在采购控制领域,可以存储有关短期内商品最高成交价格的信息(价格上限)。在中长期管理控制视角下,必须提供有关市场依赖性的信息,特别是对价格波动大的商品。某些特定的采购商品可能有潜在的断供风险,在分包商价格上涨或交付中断的情况下,也可能存在自行生产初级产品的情况,有关在这两种情况下替代商品的信息非常有用。[②]

在物流控制领域,盈利能力监控非常重要。从物流成本绩效核算出发,分析物流服务和相应的(功能)可分配成本以及检查相应的浓缩指标。

---

① 由于在计划成本核算中,计划成本以预期就业作为计算基础,因此可能存在目标—实际永久一致性,尽管还有相当一部分产能未被使用。

② 参见 Reichmann:*Unternehmensführung*,S. 25。

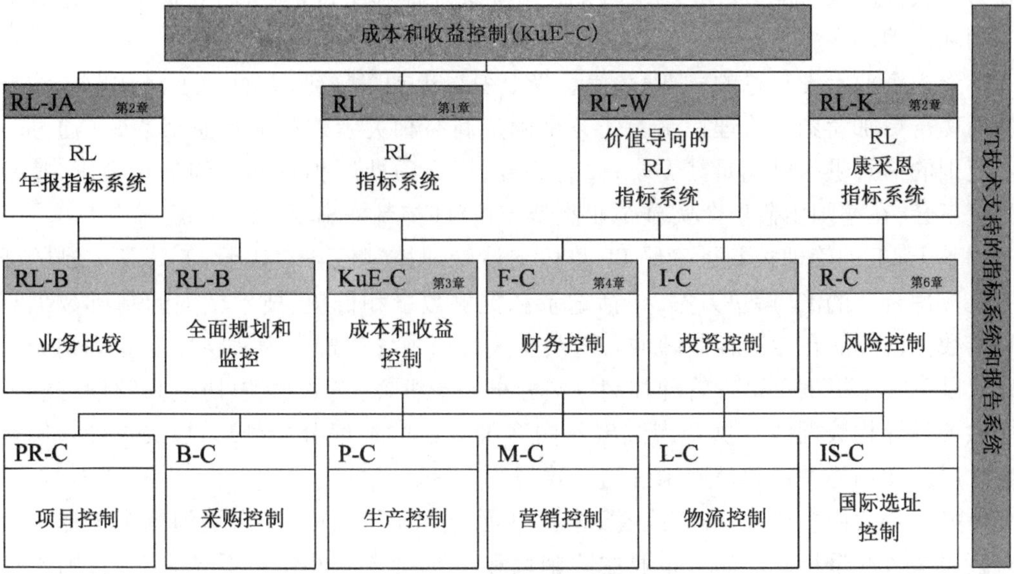

图 2.5 扩展 RL 指标系统和管理控制系统

平行分层结构的战略控制和风险控制是用来进行长期业务规划和监控，并保证与管理控制相对应的预警功能。也就是说，应根据战略相关性和潜在风险，在任务和工具方面，审查所有运营职能相关和跨职能管理控制领域。战略控制的主要目标是为企业构建和保障未来的价值创造潜力，这些潜力以其对竞争对手的定性和定量竞争优势来表达。这些以成本和/或差异优势表现的成功因素对于战略成本和成果控制来说十分重要，其确保成本核算系统和战略相适应，并开展关于新会计科技的讨论。在经济日益增长的国际全面相互依存关系以及信息时代的框架下，企业环境的活力和复杂性要求企业必须去面对新的、快速增长的潜在威胁。这也要求严格、风险导向的管理和控制。风险控制的任务是以风险为导向、为决策者提供有关运营和战略性企业活动的信息。

企业环境的变化越来越多由项目引起。如果企业寻求新的目标，就会组建内部的、通常是跨学科的项目组。很久以来，这部分项目工作更多上升到上层管理层面。此外，企业经常和一个或多个外部咨询伙伴合作。这种形式的合作还需要项目控制，该项目控制着眼于项目的成本效益，并提供决策相关信息，以及有关项目成功状态和符合项目相关限制和目标的信息。

跨职能管理控制应用由战略成本和成果控制组成，它从理念和工具方面开展关于战略成本和成果管理的当前和面向未来的讨论。由于竞争动态的增加和国际市场结构的复杂性，作为战略职能控制的组成部分，战略营销控制和国际选址控制正在成为学术和管理实践的主要探讨点。在全球化环境下，集团价值增值的国际化变得越来越重要。在激烈竞争和饱和市场的推动下，越来越多的集团企业和小企业决定开辟新的生产车间，甚至重新安置生产线。但从长远来看，必须考虑所需的选址优势，因为一次性决策可能会产生严重后果。国际选址控制支持企业评估、选择、确定和落实国际产地。

作为企业治理讨论的一部分，信息受众变得更加多样化，并且由于法律要求的增加而变得更加苛刻。管理控制的任务是确定利益相关者的相应信息诉求，并通过一定范围的信息供给以满足其要求；如有必要，还必须处理相互冲突的信息需求，特别是董事会，在德国由监事会实施企业监督，对管理控制提出了新的挑战。

基于 IT 的管理控制可确保 IT 整体支持管理控制任务。基于 IT 管理控制的任务是应用合适的 IT 解决方案，包括记录和提供数量和价值、技术相关的基础数据和海量数据(例如，在生产控制领域)，以及生成精简领导报告作为战略性企业规划的基础。以下技术提供了进行管理控制导向分析的新机会，例如：能够快速为管理控制师提供各种异构数据的数据仓库或者面向多维分析的在线分析处理(OLAP)，它们是现时广泛使用的关系数据库系统的有效替代方案。

如果企业由多个空间和/或会计核算上独立的工厂组成，则必须为每个工作组设立区域绩效测量指标。如果企业按照销售和生产职能可以分为不同的部门，则不仅财务和投资控制，而且成本和收益控制也要细分为若干管理控制和指标领域。

2.2 RL 年报指标系统

在控制理念中，RL 年报指标系统细分为用于企业内外部比较的年报指标系统和用于内部全面规划和监控的年报指标系统。[①]

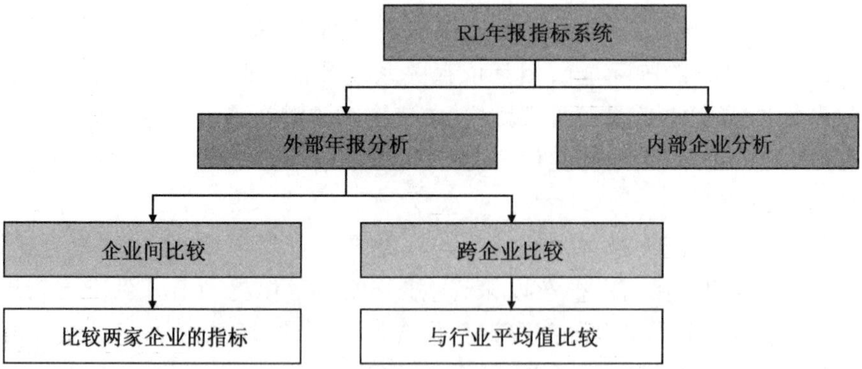

图 2.6 企业对比和企业分析的关系

以指标为基础的外部 RL 年报指标系统的任务是，将企业年度财务报表指标与修正后 RL 指标系统的一般部分比较，采用两家企业真实值之间比较的形式或者以企业间与行业平均值比较的形式。

① 对于界定外部资产负债表分析和内部经营或企业分析比较参见 Coenenberg：*Jahresabschluss*，S. 917 ff。

在时间序列的框架下,用于内部分析的年报指标系统应该首先是基于历史的发展,通过与实际值比较的形式来影响收益、流动性和财务结构。这种分析的目的是,简明扼要地总结整个企业业绩和流动性的影响,还需要考虑特殊、非企业的成功和财富效应。与外部 RL 年报指标系统不同,用于内部全面规划和监控的 RL 年报指标系统可以借助不在手中的信息过滤器(商法的确认和计量规定)来实现领导信息的差异化。此外,在内部企业分析的背景下,可能基于现有沉默储备(有意设置或者由规则强制产生),对于自有资产、净利润、某些资产(如地产)显示出其真实的数额。通过这种方式,基于未来不确定的销售收入和利润,有关资产及资本结构、销售回报率、利润、财务上的过度债务和可能的"准备金"都可以通过取值范围或敏感性分析得以显示出来。

2.2.1 企业内部和跨企业比较

企业比较作为管理体系系统分析方法,旨在获取有关具体比较目的的知识(如整体经济形势或几家企业的结构特征),指标系统可以从比较得出的差异中形成思路,以开发企业自己的替代行动方案。

最初根据给定的标准,年度财务报表的数据被筛选出来、做好准备并置于综合环境下考虑。如果想建立足够紧凑且适合快速浏览的指标系统,则必须汇总财务报表的数据,也就是说,要根据具体视角分组。这种聚合可以是综合年度财务报表的费用或收入项目,以便合理使用它们,也可以是在时间比较的框架内,用作受众评估的基础。

汇集信息的另一个方面是尝试通过收益要素划分损益表的各个项目,特别是对经常、非常以及经营和非经营收入的划分是重要的。经常收益被假定为具有可持续性的数额。在大多数情况下,不深入分析没有可持续性、不稳定的非常收益,只有在对于急速发展的风险讨论中,非常经营收益才会受到更多的关注。

在外部企业比较的背景下,通常认可指标及指标系统。① 有关测量数据源于所追求的目标,根据相互比较的对象,可以区分两个可能性:在企业间比较中,通过用自己企业数据和一个或多个其他企业数值的比较,有可能进行直接的竞争分析或者研究竞争对手的其他市场合作伙伴。例如,一方面,在启动长期供应合同时,供应商的信誉/可靠性对企业来说至关重要;另一方面,供应商希望得到长期销售和付款保证。在跨企业比较中,企业的指标会与各行业的总体值比较。②③

比较一方面受可用性限制,另一方面受数据质量的限制。出于可用性原因,建议在企业间比较时,参考年度财务报表中的数据,因为通常可获得年度财务报表数据。

---

① 基于指标系统的比较参见 Freitag:*Wohnungsbauunternehmen*。

② 安德雷斯谈到过企业比较,参见 Endres:*Betriebsgruppenvergleiche*,S. 724。

③ 在第八版之前,杠杆比率被用作权益比率的替代。由于权益比率与数学有密切联系,先将更常见的权益比率列在此处,作为债务权益比率的补充(权益比率=1-债务权益比率)。

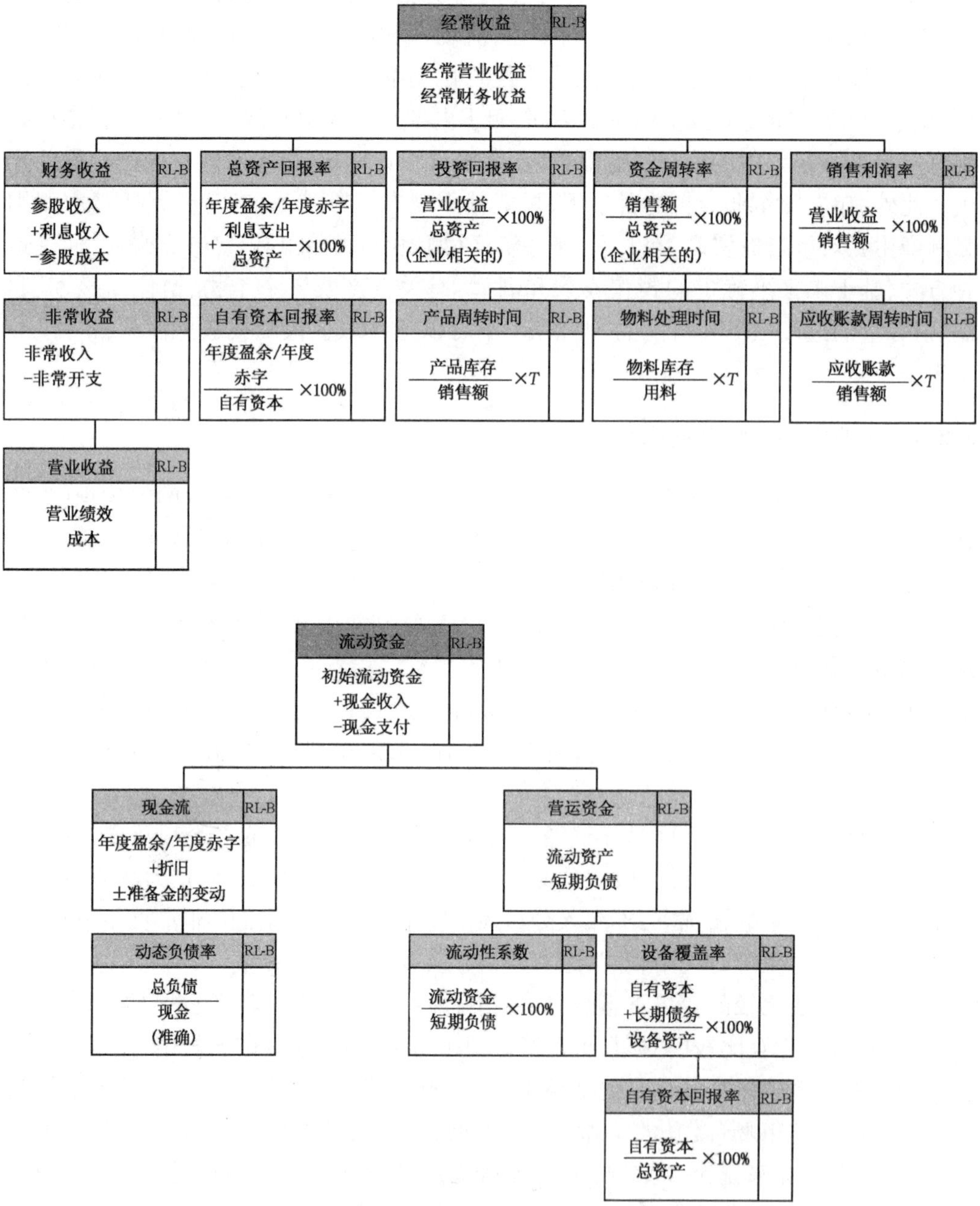

图 2.7　用于企业内和企业间比较的 RL 年报指标系统

此类比较必须始终考虑到年度财务报表数据存在缺陷这一事实。[①] 但是，通过系统地编制和“通过使用更有效的评估方法”[②]，可以弥补年度财务报表的信息不足。同时，

① 参见 Coenenberg：*Jahresabschluss*，S. 922f。
② 参见 Coenenberg：*Jahresabschluss*，S. 922 f。

数据的可用性也限制了比较的可能性。由于这些基于年度财务报表的信息每年仅确定一次[①]，这种比较只能按照年度周期进行。[②] 但是，出于可用性的原因，访问年度财务报表数据是唯一可行的方法，例如，为了在不同企业的时间序列比较中得出盈利能力和流动性的结构差异。

在此背景下，通过选定的年度财务报表数据，RL 年终报表指标体系（参见图 2.7）试图通过比较竞争对象或行业获取有关企业内部情况的信息，重点是财务和收益相关组成部分的结构评估。财务报表是所用信息的基础，在所有项目中，对于选定的、具有经济意义项目的适当调整是很重要的，否则会由于存在大量冗余指标而面临失去最主要信息的风险。这里的选择标准取决于企业领导的信息要求。这种比较也不能有太多；只能用于与资产和资本结构以及财务和收益状况相关的最重要指标，企业自身指标也需要所比较企业的相应指标或同时获取行业平均值。

对指标定义应该指出，尽管资产负债表和损益表的法定最低列报要求决定了财务报表的形式和结构，但是对于企业比较来说，需要注意的是，要区分总成本费用和销售成本费用以及资产负债表和损益表和附录。从报表分析的角度看，选择权[③]会导致更复杂的数据分析；在德国，附录——不像英美会计——被视为资合公司财务报表的组成部分，它包含了对于收益和财务分析必不可少的定性和定量信息。根据所提到的替代方案，年度财务报表的可比性要求对数据进行适当处理。[④] 在这里需要注意的是，在总成本和销售成本之间的可能选择（§ 275 Abs. 2 以及 Abs. 3 商法）会导致对企业收益的不同理解。因此，在确定了相关指标后，必须在比较之前检查其基本可比性。在此基础上，相比于直接竞争对手和行业内的其他企业，根据当时的经济状况，人们可以进行全面评估，并获得有关自己企业的信息，也可以获得制定自己企业行动方案的灵感。

2.2.2 用于全面规划和监控的 RL 年报指标系统

如果在管理控制理念的背景下，人们想使用指标作为业务决策的基础，则必须拥有可靠的信息库——使用指标的基础。如果全面规划和监控要以 RL 年报指标系统为基础，则必须考虑到这是一个关于时间导向的中短期理念，因此，主要工具的组成部分（年度计划资产负债表和计划损益表）必须每年或在一年内进行规划。

基于指标的全面规划和监控目标提供与目标相关的信息，以便及时、简明地陈述

---

① 大多数行业调查也使用年终报表数据，除资本市场导向企业外，它们有年内的数据（例如，季度或月度财务报表），通常仅为内部规划和监控目的而编制，因此在《德国商法》条款范围内的其他信息仅在非常有限的范围内可用，例如在《德国商法》§ 289 的规定下，在必须报告大中型资合公司的预期发展时，这些信息才可用。关于预测公告的问题，请特别参见 Lange：*Unternehmensbeurteilung*，S. 201 f。

② 自 1990 年以来，德国所有上市企业都有进行临时公告的义务［参见 Busse v，Colbe & Reinhard (Hrsg.)：*Zwischenberichterstattung*，S. 1－16］，这一义务在接下来的几年中得到进一步扩展。同时，大部分《德国商法》§ 264d 意义下的资本市场导向企业受到《德国证券交易法》规定和大量的年内以及与事件相关公告义务的约束。在年度中期报告中，按照《德国证券交易法》§ § 37w 到 37z 的规定，企业要公布半年度和季度财务报告。

③ 关于选择权的概述请参见 Federmann：*Steuerrecht*，S. 433－458，概述在第 452 页。

④ 这里直接在 IT 基础上访问年度财务报表的各个项目，并有针对性地合并它们。

企业的收益、财务和流动性状况。必须开发一个信息库,它不仅提供了年度报表上的全面信息,还提供了其他信息,这些信息覆盖了有关操控必要性及时、明确的信息,并为企业的领导决策提供了坚实的基础。浓缩信息的起点是 RL 年报指标系统,在以商法年度财务报表数据的基础上,其指标可以首先确定下来。在商法和税法的规定之下,信息过滤器无法对资产、负债、财务状况和收益有一个全面的了解,但这些信息在之后可以通过附加信息得以扩展,如出现在年度财务报表附录中的信息。

2.2.2.1 由指标支持的全面规划和监控的任务

2.2.2.1.1 收益的存档和分析

收益分析的基本任务是对企业未来产生利润能力做出陈述,也就是说,确定过去取得的收益、解释它的现状并得出关于未来收益发展的结论。基于此的指标分析还有一项任务,即从长期看,确保收益和流动性与目标相适应的领导方针,并为此目的提供具有经济意义的指标。

分析目的是了解收益的起源、可持续性和构成,这需要有针对性地评估盈利状况,以及构建相关收益重要类别所需的信息。为了揭示收益产生、条件和可控性之间的关系,全面规划和监控目的的收益划分基于企业相关性、规律性、阶段性、区域和绩效区域为基础的外部条件分析。这不仅可以确保收益数据的可比性,而且可以通过补充附录中的其他信息或者在进一步的区分步骤中,通过补充成本核算中的内部信息来找到弱点。

与收益分析相关的前提是以商法为基础的收益划分,这并不能满足业务评估的要求,取而代之的是收益划分的经营理念。①② 对于 RL 年报指标系统的结构来说,这意味着除了外部导向的资产负债表分析指标,例如"净收入"或"经常经营收入"这些被归为经常经营和经常财务收益的指标,其他指标(例如管理意义上的非常收益、估值收益或非期间收益)也可以被归入其中。

2.2.2.1.2 收益和流动性操控

基于指标的操控系统试图借助偏差进行操作,即监控收益和流动性资金的指标通过比较不同的实际值或者在必要时通过比较实际和计划值。实际和计划值来自损益表、资产负债表和财务计划。因此,指标系统必须分为收益目标导向的指标以及能够监测流动性的指标。对企业收益持续监控的前提是,将收益从与其相关的组成部分中独立出来,这特别涉及由经常营业收入、经常财务收入和经常收益部分组成的经常年度报表收益,加上那些"非常"和"罕见"的非常收益,以及"虽然在原则上反复出

---

① 参见 Coenenberg: *Jahresabschluss*, S. 1014 f。

② 在这方面,RL 指标体系一直要求"……截至目前,对收益结构分析部分(如年度经常收益),同时根据§275HGB 对损益表进行划分的信息部分,例如狭义非常收益也归入(外部)年报收益分析中,参见 Lachnit: *Success schaltung*, S. 776。《会计指令实施法案》(BilRUG)要求非常和经常收益合并。这项新法规的背景是与国际会计准则保持一致,因为《国际财务报告准则》(也)没有单独披露非常项目的要求。因此,从 2015 年 12 月 31 日起的财年开始,"非常开支""非常收入""非常收益""主营业务收益"将被取消,因此取消了有关披露项目的明确规定。但是,鉴于对企业的差异化评估,必须继续考虑收益的拆分。随着《会计指令实施法案》的生效,资合公司有义务在附录中给出有关描述,并在那里给出关于分成费用和收益的特殊数量和意义。

现但并不是以同种方式定期出现，而是间歇性地出现，有时是由于资产负债表政策，有时是计划外的收益”。[①]

虽然不是最初的目标，但始终保持偿付能力是企业存在的必要先决条件。流动性涉及整个业务，因此必须与有意义的运营决策相匹配。通过时间的比较获得当下情况的一手资料。然而，更进一步的分析需要将收益和流动性概念运用到更具体的计量单位中，因为“流动性”这个术语过于全面，无法直接为企业决策提供灵感。

2.2.2.1.3 一年之内的计划—实际对比

指标集中体现了一年或更短时间段的全面规划和监控情况。一方面，管理层可以及时认识到业务过程中即将发生的错误事态发展，以便采取对策；另一方面，可以及时发现未来的成功机会，并通过适当的决策加以利用。为此，年度规划细分为月度和季度规划。将每月或每季度确定的实际值与相应的计划值，或过去或其他企业相应期间的实际值比较，所使用的季度数字可以浓缩成指标，因此可以根据计划数据和实际数据之间的偏差确定是否需要采取行动。

计划—实际比较也可以与组织子区域的操控相关。然后，根据收益责任，把费用和收入分配到各子区域中负直接责任的那些部门(逐渐归于经营部门)。那些没有直接归属的数量可以在单独的核算中显示，该核算仅可用于企业范围的计划—实际差异分析。

2.2.2.2 全面规划和监控的工具

虽然由于对外部用户的定位，商法资产负债表和损益表在内部规划和监控方面的用途有限，但它们包含了在全面规划和控制方面的重要说服力。为了将外部会计信息有说服力地用于这些目的，必须设置内部导向的资产负债表与补充核算用于规划和监控的费用和收入表。然后，除了商法和税法的限制之外，如果它们允许针对未来收入和支出预期给出目标导向性陈述，那么全面规划和监控的重要工具也可以是计划资产负债表和计划损益表。

然而，除了为内部规划目的而编制的计划资产负债表和计划损益表外，这些也可以用于外部目的。例如，在信贷谈判的背景下，贷方不仅依赖前瞻性的具体计划，而且根据基于计划报表所确认的整体业务计划结果来决定信贷风险的大小。还应该指出的是，计划财务状况表和计划损益表的内容必须从企业子计划中获取，同时还要考虑到法律形式、会计和计量规则以及资产负债表战略等因素。但是，如果没有这种信息过滤器，计划资产负债表和计划损益表更有可能提供“……有关信息，以落实企业规则决策、制定决策，并通过目标—实际比较来监控实际过程”。[②] 计划资产负债表和计划损益表是全面管理工具，它考虑到每个企业的最终目标，使得企业可以规划未来成功的关键元素，因此，它们可以间接对长期企业战略的执行和监督产生影响。[③]

---

① 参见 Lachnit:*Erfolgsspaltung*,S. 776。
② 参见 Zwehl:*Planbilanz*,S. 69。
③ 参见 Zwehl:*Planbilanz*,S. 65。

由于计划资产负债表和计划损益表的信息输出主要由运营子计划中的“全面”信息组成,因此第一步仅是核算。仅仅在 RL 指标系统的指标逻辑中准备全局“计划”信息,然后将关于决策的指标传递到与目标相适应的决策核算中。

2.2.2.2.1 计划资产负债表

计划资产负债表通常意味着“……企业规划所预期未来行动的记录,这些行动符合合理性原则和企业的长期目标收益,并且它们能够预先管理企业”[①]。计划资产负债表是根据采购、生产、财务和销售计划等各种计划制定的,因此是相互依存的子计划的总结,这些计划收益被视为各个业务子领域的目标规范(参见图 2.8)。因此,建议把不同计划及其包含的不同维度归结到货币单位下。[②]

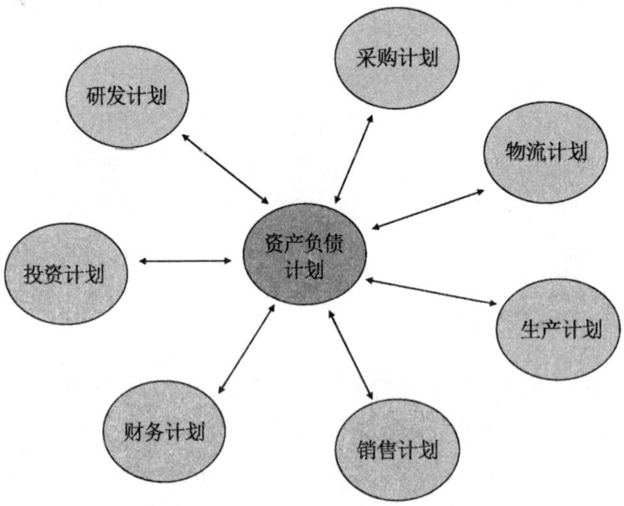

图 2.8 计划资产负债表中的相互关系

计划资产负债表始于事前资产负债表,包含标准和优化数值,这些数值基于对收益重要因素发展的评估,例如销售额(销售额计划)、原辅材料库存、成品和在制品(物料计划)或根据财务计划核算未来的支付款。然而,以简化的形式也足够了,仅基于预期的未来值估算资产和负债的数额,并将预测值用作默认值,例如,计划资产负债表可以如表 2.1 所示。

---

① 参见 Zwehl:*Planbilanz*,S. 69。

② 参见 Zwehl:*Planbilanz*,S. 95。

表 2.1 **待评估的 2014 年 12 月 31 日的资产负债表** 单位：百万欧元

资产	2010 年 12 月 31 日资产负债表		
Ⅰ. 固定资产	80.0	Ⅰ. 注册资本	30.0
Ⅱ. 金融投资	25.0	Ⅱ. 公积金	41.0
Ⅲ. 库存	200.0	Ⅲ. 未分配利润	3.0
Ⅳ. 应付款项和其他财产		Ⅳ. 准备金	69.0
Ⅴ. 流动资金	44.5	Ⅴ. 负债	275.0
Ⅵ. 借方递延项目	4.5	Ⅵ. 贷方递延项目	1.0
	419.0		419.0

鉴于在控制理念中所规定计划资产负债表的任务，通过对资产负债表达标的监测来保持资信水平，资产负债表可以不同的方式构建。根据要评估的资产负债表，无论是商法还是税法资产负债表，都必须执行财务计划，以便得出能否满足某些财务标准的结论。

2.2.2.2.2 计划损益表

计划损益表可以按年度规划或在更短期间内进行，特别是在某些特定季度内。在确定所考虑时段时，应注意这些时段的长度应该在目标—实际值比较结果的基础上，可以通过调整措施实现短期操控。损益表指标是为整个企业计划服务的。编制计划损益表的原因是——就像已经说明的那样——操控收益。由于利润作为企业收益数值的重要性，该计划损益表就显得格外重要，它被认为是“比计划资产负债表更重要的信息工具”[①]。此外，由于其紧凑的形式，计划损益表特别适合提供以指标为基础的领导信息。

在年度规划中应注意的是，要确保那些预计会对盈利状况产生可持续影响的因素与特殊情况分开考虑。基于管理收益分类理念的目标，这意味着必须要确定由“营业收入”和“财务收入”这两项要素构成的经常年度收入。当“主营营业收入”与其他业务支出和收入以及非常收益分开分析时，才能揭示收益来源、依赖与影响性之间的清晰关系。在分析资产负债表时，考虑到收益指标“非常收入”的特殊性以及信息缺乏说服力，应根据业务规划和监控任务的目标对其进行修订，例如考虑流动性和计量结果、跨时段的费用和收入以及建立和转回具有保证金性质的特殊项目，使得“在管理上不能算作经常收益要素同时也无法满足狭义会计准则非常性”[②]的事实以另外的形式呈现出来。

此外，必须考虑到计划损益表是根据总成本还是销售成本法编制的，这会导致

① 参见 Lücke：*Planbilanz*，Sp. 1283。
② 参见 Lachnit：*Erfolgsspaltung*，S. 776。

RL 资产负债指标系统组成部分的说服力不同。从原则上讲,年度规划是由以下部分组成的:(1)总业绩的规划;(2)成本/费用规划;(3)经常(可持续)财务和营业收入规划。

在规划总业绩时,销售额很重要。在收益的负要素领域是以成本计划为出发点,特别是,如果那些额外成本仅具有核算意义,但在确定企业阶段商法利润时不是必需的,它们会被消除,因为它只涉及与费用相关的成本。

在编制计划损益表时,要消除那些根据法律规定而过高或者过低的收入或费用项目。如果成功的话,则费用代表平均支出,收入是相应期间的平均收入,它们可以用于年内计划损益表的数额。然后,"经常收益"的大小则表示各个时期的预期平均获取可能性。此外,它可以作为中期业务规划的目标,以检查管理目标是否切合实际以及是否得到遵守。如果规划是以实际数据为基础的,则还可以为将来规划适当的收益选项。因此,与资产负债表分析理念相比,指标"经常收益"十分重要,因为它一方面是目标,另一方面也是目标遵守程度和收益可持续性的衡量标准。除了经常(可持续)收益之外,还可以计划其相关要求的分成收益。然而在大多数情况下,由于相关的核算和分期问题,这些收益要素每年仅计划一次。

表 2.2 展示了计划损益表的基本形式。

表 2.2 **计划损益表**

利润/支出	第一季度(欧元)	第二季度(欧元)	第三季度(欧元)	第四季度(欧元)	全年(欧元)
销售收入 库存变化 借记的自产绩效					
总业绩					
原辅料支出					
毛利润					
金融投资和其他参股收益 其他企业收益 工资、薪水 社会福利支出 养老保险和其他补贴支出 固定资产和金融投资的折旧 其他企业支出 税收					
经常收益					

续表

利润/支出	第一季度(欧元)	第二季度(欧元)	第三季度(欧元)	第四季度(欧元)	全年(欧元)
固定资产处置收益					
总值估计的变化					
转回准备金的收益					
其他非常支出					
其他非常收入					
非常收益(从管理角度考虑)					
盈余/亏损					

编制计划损益表的过程可以是多种多样的。因此,上面列出的损益表应被看作一个例子,并且在较短的计划期内可以粗略一些。在这里,正如已经普遍说过的那样,详细程度取决于企业管理的信息要求。在任何情况下,如果使用的季度数字被浓缩成指标,根据计划数据和实际数据之间的偏差使用合适的指标,则可以确定是否需要采取行动。基本上,在规划时必须注意区分运营收入和非运营(财务)收入。

2.2.2.3 基于总成本和销售成本法分析盈利能力

下文将展开 RL 年报指标系统至其各个组成部分。由于总成本法在德国是用于确定运营收益的传统方法,因此应首先对该方法的应用进行指标分析,随后也会介绍在运用销售成本法时的差异。

按照总成本法(《德国商法》第 275 条第 2 段)的理念,在一段时期内所有费用都是根据费用类型(材料、人员费用、折旧等)细分。为了销售收入(以销售量为基础)和期间支出(以产量为基础)的可比性所需数量结构的调整,在损益表中以对收益的虚拟调整来实现。考虑成本或市场最低原则,存货变动或"其他借记的自产绩效"按其成本价值计量,并在已经实现的阶段性收益中增加或减少相应值。确定企业收益的第一步可以通过损益表 1~8 项相加得出(依据《德国商法》第 275 条第 2 段)。但是,如下所示,不仅是阶段性收益的绝对数量,而且其组成成分对于评估企业的情况也很重要。

除总成本法外,销售成本法(《德国商法》第 275 条第 3 段)也是确定阶段性成果的等效替代方法。在运用销售成本法确定收益时,则将费用的数量结构按照收入的数量结构调整。存货变动或借记自产绩效无需在损益表中列示,它们在辅助核算表帮助下,被记录下来用于内部用途。但是,所示期间的收益数值(净收入/损失)与方法选择无关。

根据总成本法和销售成本法确定的阶段性收益差异主要体现在运营收益上。在使用总成本法时,涉及按费用类型划分的所有项目;而在使用销售成本法时,按照间接原则核算运营收益，也就是说，材料和人事费用以及折旧和管理费用尽可能分配到业务职能领域，并在第 2 项“对应于销售额绩效的生产成本”或第 4 项下的“销售成本”或第 5 项“行政管理成本”中列示。费用分配如图 2.9 所示。

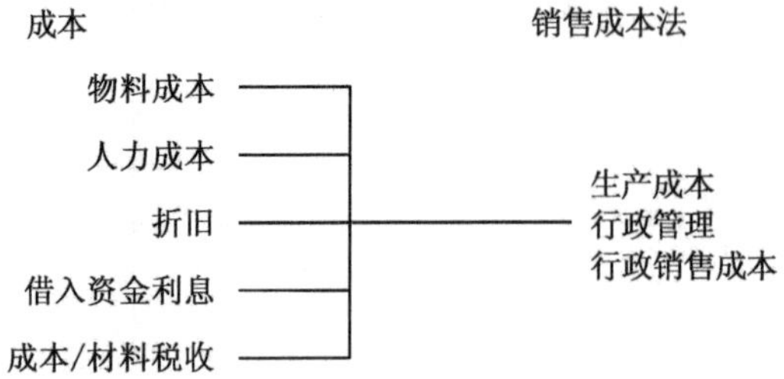

图 2.9　损益表项目的结构转化

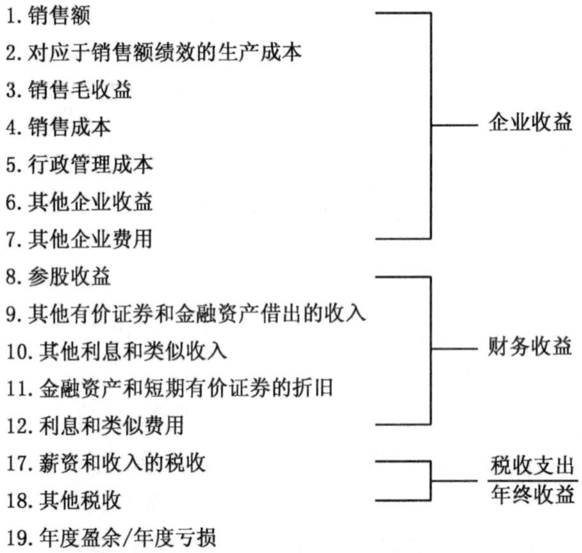

图 2.10　依据销售成本制定的损益表①

总的来说，销售成本法给出了管理学意义上对收益的分解。但是商法损益表结构没有充分考虑外部收益分解的关键指标：企业相关性、经常性和周期性，例如，在确定“经常活动收益”时，经常和(在商业意义上)非常组成部分是混合的，如同在其他运营费用和收入情况下一样。②

原则上，正如已经解释的那样，应将经常收益细分为营业和财务收益，以便构建

---

① 参见 Baetge & Fischer: *Umsatzkostenverfahren*, S. 3。关于《会计指令实施法案》对非常收入的影响，可在附件中找到进一步的解释。

② 其他运营费用是一个集合项目。与总成本法相比，该项目在销售成本法中相当小，因为它主要分配给业务性功能领域(生产、销售和行政管理)，这个项目的内容可以通过“生产成本非借记部分”“附加绩效费用”或“非计划但并非非常折旧”来确定。其他营业收入在很大程度上对应了总成本法的有关项目。在内容方面，它由本周期和跨周期的部分组成，包括“来自附带业务的收入”“资产处置收入”“应收账款冲销收入”或“不再需要准备金的转回”。

基于销售成本法评估盈利能力的指标。与总成本法不同,基于销售成本法的经常收益核算如下[①]:

经常营业收入(UKV)
销售额
销售产品的生产成本
销售毛收益
其他经常运营收入
销售成本
行政管理成本
其他经常运营成本
利息和类似费用
金融资产和短期有价证券的折旧
利息和类似支出
项目 2、4 和 5 没有列示的其他税收

图 2.9 中所示依据总成本法的分配,一方面会导致营业收益和财务收益之间的转换;另一方面,在将生产成本中的借入资本利息考虑进来时(依据《德国商法》第 255 条第 3 段),项目 12"利息和类似费用"会很低,基于高资信(无风险溢价)可以获得较低的利息费用。

总成本法和销售成本法的直接比较表明,将事实分配给单个的损益表项目会导致营业和财务收益之间以及营业收益内部的转换,例如,人员成本、按比例分配的行政管理成本或折旧可分配给生产、销售或管理部门;通过适当的划分,高额的管理成本也可以变得很低。从外部改善绩效能力的另一种可能性是在损益表中使用部分成本。生产成本保持较低,将与全部成本的差异记录在集合项目"其他运营支出"中。总而言之,这可以记录下一个有利的生产成本结构。

对术语内容的不同理解可能会导致进一步的偏差,例如其他运营开支。由于企业组织构建的自由,职能领域的划分为企业的资产负债表政策提供了相当大的操作空间。

由于方法的应用取决于国际化程度、组织结构、企业规模、行业和其他因素,因此这里不讨论哪种方法更好,必须根据具体情况来选择方法。应简要概述几个关键方面[②]:

通过补充关于材料和人员费用以及在附录中给出折旧和设备列表,总成本法具有信息优势;由于在附录中省略了有关存货变动的生产成本、其他借记资产绩效和流动资产折旧的信息导致了信息损失。销售成本法将流动资产折旧计入其他运营费用。关于销售成本法的传统指标(即"总业绩")必须给出与总成本法的"销售毛收益"相同的陈述。这两个指标没有太大的可比性,没有说服力。

---

① 详情可参见 Lachnit:*Erfolgsspaltung*,S. 778。
② 从外部资产负债表分析得出否定结论的观点来自 Rogler:*Umsatzkostenverfahren*,S. 292 f。

基于国际资本和服务相互依赖性的增强以及进入国际资本市场，销售成本法使企业更容易对外国子企业进行报表合并，不需要处理这些子企业与其完全不同的报表，随着《国际财务报告准则》越来越多地投入使用，这变得越来越重要。

提出总成本法的一个观点认为长周期制造业的存在，库存变化只能在完全售出(利润实现)后才能察觉到。然而，导致这一排斥销售成本法现象的原因，无法在销售成本法的方法论中找到，但能在参照盎格鲁—撒克逊“完工百分比方法”的期末部分利润记账法中找到。收益不会扭曲，因为尚未实现服务产生的费用也尚未在损益表中报告。

即使是简单的报表编制也经常仅针对总成本法，因为现在流行的财务会计系统(会计科目表)专注于这个方法；但是，通过财务会计中相应结构的费用类型，接受销售成本法也没有任何问题。

对销售成本法的一个主要批评是将开支分配给职能领域，(如同其他财务和运营领域的划分一样)是不可能不重叠的，并且这也增加了操纵的可能性。基于传统成本会计原则的成本岗位分类降低了操纵的可能性，这进一步受到时间稳定性的限制。尽管如此，销售成本法通常被认为是不太适用于企业间比较的。

从观察者角度出发的优缺点导致了文献中试图找出两种方式之间的过渡。对于企业比较而言，这样的过渡的可能性比希望的要大，但是评估企业盈利能力就不需要它。贝特格和费舍尔(Baetge & Fischer)认为，从外部角度来看，很难找到两种方式间的过渡。[①]

2.2.2.4 RL 年报指标系统结构

2.2.2.4.1 收益和盈利能力操控的指标

用于内部分析的 RL 年报指标系统包含实时规划、操控和监控所必需的变量。特别是在 RL 指标系统内核算收益和盈利率时，必须确定使用总成本法或销售成本法。由于在德国总成本法的应用目前仍然占主导地位，并且与销售成本的差异基本上仅局限于营业收益领域，在本节中仅仅会涉及与总成本法的基本区别。

评估盈利能力的一般起点是本年度的净收益/净亏损，这是一个绝对值，可以作为企业中和企业间比较盈利能力的首选指标。然而，由于存在异质性——如同经常经营活动的收益，净收益通常必须被进一步细化为其成功因素。

经常收益对于 RL 指标系统中的企业至关重要，它体现了财务和经营活动的可持续收益趋势，它可以按月来计划。收益的非常组成部分无法以同样的方式规划；相反，在此建议每季度记录一次要素指标。

---

① 参见 Baetge & Fischer:*Umsatzkostenverfahren*,S. 12。

经常收益	
经常经营收益 +经常财务收益	

经常收益包括经常经营收益和经常财务收益,必须在较短的时间段(例如,几个月)内规划和监控。经常经营收益体现了企业运营的可持续收益。折旧用于计算企业相关的月度经营收益,因为该项目的最终金额——取决于计量决策——直到年底才确定。

经常财务收益表明哪些收益要素可归因于财务活动。财务活动的收益按参股收入和参股支出以及利息收入的差额计算。

经常财务收益	
参股收入 +利息收入 -参股支出	

对于经常财务收益来说,如果参股收益是(从定义上)实现长期计划项目的主要组成部分,只需要进行年度规划就足够了。[①] 然而,按月细分价值也是有意义的。

利息收益是(根据主要的从属关系)分配的。最终产生的利息费用源于业务活动,利息收入被解释为来自已实现利润的后续投资。原则上,可以假设财务活动的收入是可持续的成功要素。但是,在年度计划中必须考虑到,在年内参股规划时需要额外的信息,这些信息必须基于决策来确定。通过对利息收入的规划,人们可以认识到企业对金融投资和资金的重视程度。

除了经常收益的组成部分外,非常收益的数额也非常重要。作为一个指标,非常收益包括企业中特殊、罕见但重要的交易所产生的非常成功因素,“非常”一词的经济定义不如商法那么狭窄。

非常收益	
非常收入 - 非常支出	

虽然非常收益不具有常规性,并且年内规划往往会自行去除这些指标,但是,对于时间上和企业间比较而言,这一点尤为重要。它给出“非常”收入和支出可能对年度收入产生哪种(扭曲的)影响,特别是对于其中所包含的估值和清算收益。由于在定期重复的替代投资决策中,资产出售所产生的收益或亏损可能是不规则但经常发生的,它们可能会间接影响企业的可持续收益,因此这个数据应至少每季度核算一次。

① 根据《德国商法》第271条第1段,参股被理解为对其他企业份额的占有,这些企业旨在通过与母公司建立永久联系来为母公司的业务运营服务。

汇总收益不提供有关企业收益来源的信息。由于收益不仅来自运营收益，也来自(如运营实践越来越多地显示)参股和联盟，建议单独分析和规划收益要素。经常营业收益包括所有不属于一般财务收益的常规费用和收入。由于这里涉及确定经营活动的可持续收益，因此将比较一段时间内的营业收入与(对应的)成本。

经常营业收益	
企业业绩 －成本	

在资本使用方面，对企业收益必须有不同的判断。收益与资本之间的关系(即资本回报率)说明资本使用成功程度。在可能的情况下，应尽量监测年内的资本回报率，当然必须假设资产组成部分可以从年内资产负债表中获取或者这些数据将由各个前述应用确定。因此，总资本回报率应按季度核算。

总资本回报率	
$\frac{\text{年度盈余/年度亏损}+\text{利息支出}}{\text{总资产}}\times 100\%$	

总资本收益是年度收益/损失和借款利息之和。在脱离了资本结构的基础上，总资本回报率说明了企业的收益情况，该指标表示为投资者赚得了多少收益，显示了企业整体资本的运作优势。

总利润(净收入/亏损)和投入资本的比率得出了指标净资产收益率。

净资产收益率	
$\frac{\text{年度盈余/亏损}}{\text{投入资本}}\times 100\%$	

这个数字表示，投资者取得的基于投入资本的利润百分比，有必要对此指标每季度核算一次。该指标的最大化对应于利润最大化的目标。但是，只有年内状态可知时，才能确定此指标大小。股本回报率是企业家的关键因素，它提供了相对于其他投资选择评估投资该企业的价值基准，它为投资和撤资决策提供信息。另一个盈利指标是投资回报率。

投资回报率	
$\frac{\text{营业收益}}{\text{总资产(企业相关)}}\times 100\%$	

它表明在税前和税后，投入资产可以实现(经常)股权资本增长多少，它表达了企业从可持续工作活动中获得的收益，作为一个关键的管理工具应该每月核算一次。

在资本回报方面，另一个有趣的数额是销售利润率，它与当前的成功过程密切相关，可以迅速被改变；它是经常经营收益和销售额的商。

销售利润率	
$\frac{\text{经常经营收益}}{\text{销售额}}\times 100\%$	

这个数字说明企业在市场上销售服务的能力，以及它能够以何种成本有利的方式生产。销售利润率表示每单位销售的营业利润，这是企业的利润空间。利润率越高，销售价格下降和成本增加的可能范围就越大。由于该指标的高波动性，建议每月计算一次。

资本回报率的第二个决定因素是资本周转率。

资本周转率	
$\frac{\text{营业额}}{\text{总营运资本}}$	

它是根据营业额与总营运资本的比率计算得出。该比率表明营运资本或资产由营业额实现的频率。资本周转率表示资产的使用密度。资本回报率在数学上是销售回报率和资本周转率的乘积。当销售回报率为正时，资本周转率为增加资本回报提供了很大机会；如销售收益率为负，也就是说，在亏损的情况下，不应低估资本周转率的作用，因为这会增加损失。如果内部数据可用于确定状态，则还可以在更短期内核算周转率。

由于资本周转率对整个企业的盈利能力的重要性，必须不断监测这一数据。但是，企业可以将持续监控限制在流动资产周转率固定的条件上。一般情况下，在生产和周转领域，会在周转率方面出现负面的变化，而管理层对其完全不了解。而固定资产的情况不同，这些资产的增加会告知企业的最高层，因为他们通常会自己决定设备投资和资产投资。对于流动资产的短期管理，企业管理层可以局限在重点区域和监控领域，这样只需要简单地追踪产品、材料和供应品的周转时间。可以容易地得到这三种类型流动资产的状况，对它们持续的监控能够给出关于企业营运资金效率的概述。

产品周转时间表示处理产品库存所需的天数。

产品周转时间	
$\frac{\text{库存}}{\text{营业额}}$	

它作为倒数值，表示在观察期间处理产品仓库的频率。从中可以看出，需要哪种产品库存来实现营业额。资产库存占用资本，从而导致利息成本。原则上，希望以尽可能低的产品库存来应对给定的营业额。当销售保持相对稳定时，产品周转时间增

加，也就是产品库存增加，仅在以前存在交付问题时才有利。如果情况并非如此，增加成品周转时间将意味着不必要的盈利负担。类似的成品库存的结果也适用于材料库存。

材料周转时间表明企业材料管理的质量。

材料周转时间	
$\frac{\text{材料库存}}{\text{材料投入}} \times T$	

原则上希望保持尽可能低的材料库存，因为库存导致利息和存储成本。根据物料库存范围，可以根据消耗条件确定仓库是否需要扩大。在基本恒定的生产条件下，材料周转时间的增加是不必要材料库存的信号。

应收账款周转时间给出客户的平均付款期限。

应收账款周转时间	
$\frac{\text{应收账款}}{\text{营业额}} \times T$	

应从成本、风险和销售视角考察它。应收账款额需要资本，也就是说，它们产生成本。付款期限越长，企业承担的信用风险就越大。通常应收账款应尽可能少，但由于付款期也是一项重要的销售政策工具，因此有必要审查基于所有上述视角的平均应收账款期限变化。[①] 流动资产的销售回报率和周转时间不仅按月计算和监控，而且要按年规划和监控。年度数据是企业盈利能力核算和分析的基础。对于年内盈利能力监控来说，可以使用自有资本回报率、总资产回报率、投资回报率、总资本周转率和销售回报率来计算。就年度盈利能力核算而言，要使用年度利润。对于年内进行的核算，要使用每月短期损益表中取得的收益。每月收益是企业经营、非企业经营和非常月度收益的总和。

2.2.2.4.2　用于流动性操控的指标

企业的存续取决于流动性是否得到保障。流动性是一个整体的运营问题，这个问题的规划和监控是针对企业这个整体的。由于其重要性，持续的短期流动性管理至关重要。企业支付意愿取决于收入和支付的金额和时间。但是，管理层无法定期监控大量的这些具体行为，更不用说每天监控了。这项任务由负责日常财务规划和财务监督的工作人员执行。但是，最高管理层可以借助某些指标了解流动性的发展。这些指标来自企业其他与计划一致的年度和月度财务规划，它们以简练的形式传递企业流动性的核心事实。只要这些指标与设定目标没有明显偏差，管理层就可以按之前的流动性计划管理，这样企业的目标就不会受到损害。

用于流动性管理的首要指标是流动资金。

---

① 有关缩短应收账款周转时间的可能性，请参阅 Reichmann & Kißler: *Autonomie*, S. 553 ff。

流动资金	
流动资金起始状态 ＋ 总收款 － 总付款	

这在当前的金融活动中尤为重要,这种“平衡池”涵盖了企业的主要现金流。绝对数字“流动资金”表示企业从之前的营业和非营业收入和支出计划中获得的现金和现金等价物。流动资金操控所需的每月流动资金状况来自年度或月度财务计划,这里使用的数据是最终与企业其他计划达成一致的财务计划值。如果业务活动的不平衡现象不是来自流动资金方面,可能还是要遵守每月的流动资金量增加的计划。流动资金量具有信号功能,如果有效月度金额偏离计划金额,企业管理层必须查明原因并纠正这种情况,以便重新平衡当年的其他业务。流动资金包括库存现金、邮政储蓄存款、在央行和商业银行的存款以及可供出售的短期证券,它们构成指标“流动资金”的初始余额,预计的总收款必须加到该指标中,并从中减去预期的总付款额。企业的现金流入和流出总额还包括企业的收付款以及运营投资和融资决策产生的投资和融资支出。企业管理层需要知道企业收付款的金额,由当前的运营生产和销售活动实现的支付交易反映在企业收付款中。这两个现金流量之间的差异就是净经营现金盈余,它显示了在特定的月份和财政年度中产生了多少盈余现金流,这种差异可以通过两种方式确定:对于年度或月度财务计划,可以直接计算运营收付款之间的差异,该数据确定的前提是第 4.2 节中开发的详细财务规划。

企业管理层不能假设计划和实际的每月收付款是相同的,总会发生不必要的偏差。在这种情况下,管理层必须了解此类收付款的总收款额和总支付额,它们由于合同义务和当前运营需求无法更改(当前收付款盈余),或者虽然这类收付款信息存在于年度和月份的财务计划中,但如果需要,可以由企业管理层提前或推迟(可控收付盈余)。后者的支付体现了随时间推移而变化的金融手段。为此,管理层需要计划和监控除年度和月份的流动资金之外的两个额外变量:当前收付款盈余和可控收付款盈余。[①] 在企业的计划—实际比较中,每月检查这两个指标。企业管理层认识到可控收付款领域不平衡的程度,看到在可控收付款方面的平衡可能性。此外,管理层还认识到,当这些平衡机会用尽时,需要多少额外借款。

如果根据第 4 章所述的原因,财务规划只是为企业的粗略财务规划而设计的,那么可以间接核算现金流。核算现金流的简化形式包括年度盈余、构建公积金、折旧和增加准备金,可以为核算现有/预计的现金流提供一个良好的出发点。现金流是财务和收益指标。

① 对于当前和可控收付款盈余之间的差异,请参阅 Reichmann & Lachnit:*Kennzahlen*,S. 718 f。

现金流(粗略的)	
年度盈余 (年度亏损) +折旧 ±准备金变化	

该数字表示企业从自身能力出发,也就是说,在不依赖第三方的情况下,它能够通过其业务销售活动产生资金或过去能否得到充足的资金。由于已经排除直接现金流出,这里主要涉及管理层可以在很大程度上安排业务的金额。现金流表示可用于投资、偿还债务、支付股息和流动性股票增持的资金;这体现了企业的债务偿还能力,它还是流动性规划和流动性评估的核心因素。需要对现金流指标进行月度计划—实际比较,以确保流动性不会受到持续运营的威胁。在内部分析的框架内,现金流应根据财务报表或财务计划确定。在"现金为王"的格言下,经营活动的成功越来越多地通过现金流来评估。这一方面是因为会计政策不会影响该指标的可信度;另一方面,考虑到企业产生现金流的能力,还能够改善偿还债务的能力或增加投资分红的可能性。

资本结构导致的企业风险指标是动态负债率。动态负债率可以解释为财务风险指标,它表示相应年份的现金流(确切地)必须用于支付所有债务的比率,也就是还债能力。比率越低,延期和贷款替代方面的财务风险就越低,该指标使人们在时间比较中对财务状况有一个初步的了解。

动态负债率	
$\frac{\text{总债务}}{\text{现金流(确切的)}}\times 100\%$	

债务资本是企业流动性的关键因素。财务规划包括与债务相关的收付款,只要它们按计划进行。但是,如果有疑问,债权人可能不按照计划执行,而要求偿还短期债务。因此,有必要通过类货币资产确保这些项目内的数额大于最低需求。在企业整体规划的背景下,企业管理层必须决策应该在多大程度上进行这种覆盖,该决策可以用"营运资金"指标来表达。

营运资金	
流动资产 −短期负债	

营运资金是流动资产与短期负债之间的差额。营运资金的数目由管理层每月计划和监控一次。营运资金应该是正的,只有当企业拥有大量没有使用的信贷额度时,才能免除该要求。正的营运资本意味着,短期负债被大约在同一时间内的货币资产所涵盖。营运资金的数额表示流动性资产涵盖短期负债的程度。为了进一步了解企

业的流动性，企业管理层需要额外的数据，建议将流动比用于短期操控、资产覆盖率用于规划和监控长期结构性的流动性。

流动比表示流动资金和短期负债的比率。

流动比	
$\frac{\text{流动资金}}{\text{短期负债}} \times 100\%$	

这种对营运资本陈述的补充是必要的，因为在营运资本保持不变时，可能会在覆盖比率方面发生大幅偏离规划。每月监测一次的流动性系数可以揭示出这种转变。

除了这些短期信息之外，管理层还需要可以让其财务结构在长期内保持良好和符合普遍适用财务规则的指标，为此需要使用固定资产覆盖率。

固定资产覆盖率	
$\frac{\text{自有资本} + \text{长期的外来投资}}{\text{固定资产}} \times 100\%$	

该指标将长期资本与固定资产挂钩，它显示固定资产在多大程度上由长期融资支持，它表明企业是否遵守了投融资期限匹配的原则，短缺意味着永久性的流动性威胁。资产范围涉及中期和长期，通常每年计算一次该指标就足够了。流动资金管理中的指标“固定资产覆盖率”的意义如下：如果比率＜1，则意味着部分固定资产由短期债务融资支持，这使管理层面临这样的风险：通过意外撤回或不再续约短期融资贷款，企业可能需要偿还短期贷款，正常运营过程无法满足这个要求。如果企业没有其他融资来源，它将被迫出售可以在短时间内清算的资产，以避免由于流动资金不足而破产。不定期清算固定资产有可能造成可观的损失，企业管理层必须确保生产和投资计划的中期履行不会受到流动资金“瓶颈”的影响。“固定资产覆盖率”指标提供了对规划和监控信息的基础概览。

企业稳定性和对应能力的指标是自有资产比率，即自有资产与总资本的比率，它是评估企业融资结构和自主权的指标。[①] 从银行资信评级的角度，自有资本比例会潜在地影响借款获得和有关条件。自有资本比率低或者下降都会使得通过银行贷款获得短期流动资金变得越来越困难。

自有资本比率	
$\frac{\text{自有资本}}{\text{总资本}} \times 100\%$	

---

① 在德文第八版之前，杠杆比率被用作衡量指标而不是权益比率。由于权益比率与债务比率在数学上的密切联系，将更常见的权益比率列在此处，也作为债务权益比率的补充（权益比率＝1－债务权益比率）。

2.2.2.4.3 依据流通价值来呈现资产状况

管理层应持续掌握可变现资产储备的信息。因此，不应低估在资产清算时为财务储备提供额外财务空间的信息，揭露这些回旋余地的尝试是对所选资产预期清算价值的核算。原则上，此类概述仅包括单项可出售资产，以用来确认财务状况，因此资产是可评估单个可出售资产的总和。资产估值可以基于市场价值，“在正常的商业交易，而不是在企业分拆的情况下”①，可以实现的每个变卖价格都可以看作市场价值。

然而，在管理控制理念框架内，确定所有可出售资产的价值有极大的困难，它会产生相当大的费用。就算能够成功确定，但还是无法确保能足够准确地反映客观的财务状况，因为市场价值仅当日有效并涉及很多估计问题。因此，在确定资产状况时，市场价值将基于商法和税法的价值，并进行简单的修正。首先，人们试图构建可以作为整体评估的资产组，在人们极有把握认为商法或税法估值很有可能过低时，将进行必要的更正。②

在评估资产组时，可以使用售后回租虚拟交易方法，即假设有这种可能性，先将一组资产出售然后再租回来。通过这个程序，可以近乎客观地确定整个资产组的市场价值。在个别情况下，隐藏着明显的沉默储备，通常是土地，也可以单独纠正。

流动资产在很大程度上可免于修正，并主要运用商法或税法估值。同样，价值调整仅针对明显的偏差。另一项更正涉及由税务相关特殊减计导致的费用增加，这些费用有时也可以减少③。

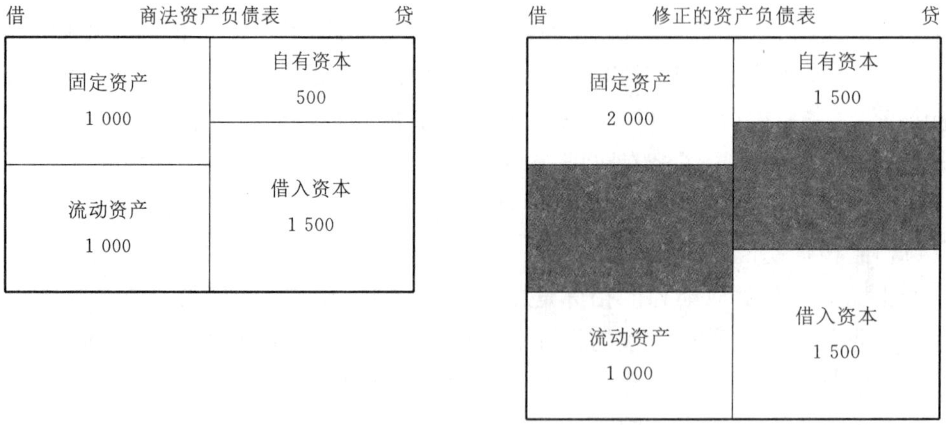

图 2.11 市场价值修正的资产负债表情况

---

① 参见 Moxter: *Bilanzlehre*, S. 96.

② 由于收购和生产成本的商法和税法上限，估值过高的情况不在考虑范围之内。联系到编制清算平衡表，有关类似估值问题也得到了讨论。但是，清算资产负债表与当前修正后公允价值资产负债表的目标不同，对于后者，假设企业将继续运营，即市场价值可以确定为具体变卖价格或者通过售后回租进行资产组的虚拟交易。关于清算资产负债表的估算参见 Förster; Döring: *Liquidationsbilanz*, S. 22－56; Veit: *Konkursrechnungslegung*, S. 61f., insbes. Fußnote 53 und 54。

③ 如果投资用于环境保护，则可以免除成本增加的转回。

如果将商法资产负债表与基于市场价值修正的资产负债表进行比较，一方面可以得出资产负债表的延伸，另一方面可以看出资产负债表结构的变化。

部分按市场价值计算的资产与根据商法或税法估价项目之间的差异可由管理层安排，即运营必须的部分资产属于财务操控空间范围，可以通过售后回租实现。从图 2.11 可以看出，修正后的资产负债表结构已经改变，特别是固定资产和自有资本增加了。阴影区域显示了可供支配的管理操作空间。[①]

2.2.2.4.4 物质保值监测

在通货膨胀造成贬值时，遵守名义价值原则可确保折旧和材料费用按历史成本记录。[②] 相关财务报表中的费用不足以满足重新采购和生产过程中所消耗的物品。遵守名义价值原则和列报的费用太低会导致虚假的利润分红。因此，虚假利润是“……通货膨胀与名义价值原则（收购价值原则）的相互作用对商法年度损益表成本评估的结果”。[③] 通货膨胀时名义价值原则的后果是：(1)对表面虚假利润征税；(2)分配虚假利润；(3)错误的决定。

按照德国联邦财政部 1980 年 1 月 17 日的判决，不允许构建导致利润减少的保值准备金。[④] 因此，防止物质分红尤为重要，特别是在建立自由公积金的背景下，将年度净收入的一部分用于自由公积金，以防止物质撤出很可能是有意义的。

第三种情况涉及与高通货膨胀率年报数据材料有关的决策，在评估绩效时，要意识到，过强的盈利能力往往存在偏差，这一点非常重要。

在高通货膨胀时，建议管理控制师在辅助核算中计算虚拟利润，以便在必要时增加公开储备金。辅助计算可以用来消除价格上涨的影响。

1975 年，德国审计师协会的主要专家委员会（HFA）发表了标题为《在编制年度财务报表时对于物质保值的考虑》的专家意见 HFA 2/75[⑤]，在那里开发的补充核算方式考虑了时间或重置值，希望计算虚拟利润以改善资产和盈利的表达。HFA 还指出，出于内部目的，应始终执行此类辅助核算。[⑥] 辅助核算用于在物质保值条件下设定公积金标准。[⑦] HFA 提出用于修正损益表的辅助核算可以通过以下表格说明：

---

① 在有贷款的情况下，应该注意，总资产不能作为担保品，否则上述形式的财务操作空间就不存在了。

② 在本版书出版的时代，以下的想法似乎已经过时，但特别考虑到欧洲央行目前的货币政策，这从来都不仅仅是纯粹的理论问题。

③ 参见 Seicht：*Kapitalerhaltung*，S. 501。

④ 参见 BFH-Urteil：*IV R* 156/77，S. 1522。

⑤ 参见 *Institut der Wirtschaftsprüfer in* Deutschland e. V.（Hauptfachausschuss）：*Stellungnahme* 2/75，S. 614－6。

⑥ 参见 *Institut der Wirtschaftsprüfer in* Deutschland e. V.（Hauptfachausschuss）：*Stellungnahme* 2/75，S. 614 ff。

⑦ 参见 Horváth，Gleich & Seiter：*Controlling*，S. 306。

表 2.3 **更正损益表的辅助核算**

磨损设备的额外折旧
+对于仓库物质保值的必要花费
=必须改正的收入(虚假利润)

在资产负债表指标系统的框架内,除了净收入之外,还可以将收入调整作为浓缩管理信息引入,以记录未来再投资所需金额(不是通过折旧获得)的进一步指标。然后,可以形成指标"物质维持修正后的年度盈余",并在必要时形成指标"维持措施修正净收入后的年度盈余"。

物质保值覆盖率	盈利流动性表	物质保值后的年度盈余	盈利流动性表
$\frac{\text{物质保值更正后的年度盈余}}{\text{年度盈余}}\times 100\%$		收入之和 -开支之和 -磨损机器的额外折旧 -物质保值费用	

在低通货膨胀率情况下,单独的物质保值核算似乎并不引人注目。由基于股票法得出企业估值规定导致的沉默储备覆盖这些通货膨胀差异是绰绰有余的。[①] 在较高的通货膨胀率(大于 10%)情况下,管理控制师需要确保引入物质保值核算。在通货膨胀率较低的情况下,即使为了利用这种管理控制工具为这种困难时期做好准备,也不应该计算虚拟利润,但这个想法还是有意义的。

2.3 新一代以价值和风险为导向的 RL 指标系统

该系统可以从 RL 指标系统的原始类型导出,满足针对特定类型企业定制的管理和法定要求(参见图 2.12)。

第 2.2 节已经提出了一个有关 RL 年报指标系统(RL-JA)理念,在外部会计的基础上,它可以计算出不同的具体指标,通过它们之间的逻辑联系可以进行差异化的企业分析。基于和资产负债表及损益表结构的密切关系,因此指标确定有统一标准。由于具体指标的信息价值被认为是无足轻重的,因此这些指标在 RL 年报指标系统中被合并为一个完整的理念。

基于国际上活跃的中型企业以及经常随之而来的资本导向投资视角,在经济投资的大背景下,所述 RL 指标系统的原型可以扩展为价值导向的 RL 指标系统。在这一过程中,企业和企业家视角所观察到的思路变化也被考虑在内,但是不会否定德国企业和企业家的传统操控逻辑。通过利用资本市场以及通过调整(还是)非资本市场导向企业中的主导理念和方法,所投入资本的充足回报率越来越多地被视为企业活

① 参见 Siemens AG:*Geschäftsbericht*,S. 55f。

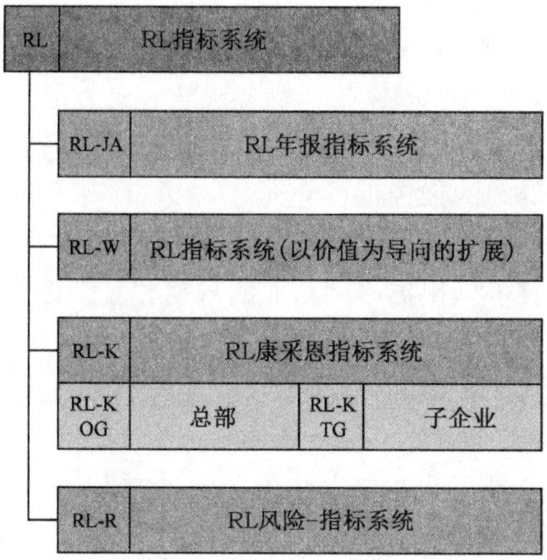

图 2.12　RL 指标系统家族

动的最高准则,因此,部分放弃代代相传的、固有的、未来导向型考察资本的方法基础。虽然价值导向企业管理的一些指标旨在尽可能地给出未来的企业价值,但这个理念并不是万无一失的,特别是如今交易对未来企业价值预期增加的影响并不严格明晰。基于该缺点,许多利益相关者更加关注"可持续性",即价值的可持续增长。然而,这些理念也只适用于长期追踪一个家族企业的经理和老板,这些人通过企业与周围环境以及企业收益的关系,不仅看到了可以提高企业价值的战略,也有除了对企业家自我实现的渴望之外,保持自己和祖先及后代声誉的愿望。教科书的任务不是减少企业家在正确的目标系统中做出的决定,因此,以价值为导向的 RL 指标系统,一方面既包含传统操控逻辑,又包含成熟的操控逻辑,另一方面是以资本市场为导向的企业价值考察方法。RL 指标系统的调整详见第 2.4 节。

通过 RL 康采恩指标系统,RL 指标系统家族明显接受了价值导向的理念。RL 康采恩指标系统还包括盈利性、流动性的操控和特殊部分,通过明确强调基于价值的管理,所有这三个部分都符合国际企业的要求。特别是上市或资本市场明确导向不再允许企业享受有限资本市场导向中型企业的自由。在(股权)资本的国际竞争中,企业必须服从现行公约。以价值企业管理为代表的股东价值取向能确定全面范式,其实施也必须反映在企业的操控逻辑中。根据以价值为导向的 RL 康采恩指标系统,企业康采恩化进入视野,其中包含母公司拥有诸多法律上独立但经济上依赖母公司的子公司;可能还有孙公司。例如,通过引入用于控制母公司的指标系统和用于控制子公司的另一个指标系统,RL 康采恩指标系统考虑到管理企业集团的任务。虽然母公司的 RL 康采恩指标系统将企业集团视为一个整体,但 RL 康采恩指标系统更侧重于各个子公司。由此产生的对盈利性、流动性和特殊部分的变更要求将在相应章节中阐述。

如果要根据风险政策操控企业集团,并且从风险导向的角度操控各个业务单位,并制定有关其盈利能力的具体规范，则必须在相应的绩效测量体系中把它们反映出来。RL 风险指标系统实现了对业务活动的风险导向分析，而这又可以作为计算借入和自有资本成本率的基础。此资本成本率代表单个业务单位的最低盈利率，这也是相应子公司的回报目标。因此，RL 风险指标系统在风险管理和风险控制之间建立了紧密的联系，并对价值导向的操控进行补充。

总的来说，RL 指标系统家族具有不同的理念，可以保持价值导向或收益导向的企业管理成功标准，并且可以根据不同企业的规模和复杂性调整。

2.4 适合于中型企业的价值导向 RL 指标系统

对于中型企业，特别是那些在自有和债务融资方面具有足够自由度并且丧失自主权可能性很小的企业，不建议实施对应 RL 康采恩指标系统的康采恩管理控制系统。当然，这个价值导向的、对于业务活动中(自有)资本有效投入的分析，对于中型企业所有者来说，是一个可以理解的要求。在核算利率的框架下，传统的成本会计总是考虑到这一事实。在这种情况下，会确定所用资本的机会成本、并分配给成本岗位和成本归集者。直到“获得”基本成本(即成本等价的费用)和另一个(在这种情况下)额外成本之后，企业收益才会出现。从本质上讲，现代价值导向理念考虑对投入资本的第二个最佳替代可能性。与传统成本会计相比，这种方法源于股东价值取向，已成为评估企业整体绩效的核算方法：在成本会计中，通过降低成本或增加收入将实现扭亏为盈，在价值导向操控的背景下，所投入(自有)资本的合适利息是一种示例。自有资本成本现在不再是许多其他类型成本中的一个概念，而是确定了企业“最低收益率”，作为以特殊方式计算的企业收益。只有结果(看似)明确表明，所使用自有资本赚得了足够的利息，才能谈及“价值增值”，这种价值增加显然归自有资本提供者。

以下部分将描述，如何根据当前指标实现价值导向的企业治理。为此，RL 指标系统的原始类型扩展出了面向价值的组件。在管理实践中，出现了各种价值增值方法，所有方法均基于经济增加值(EVA)。① 在管理实践中的可接受性，一部分可以从对于财务报表的会计价值核算得出。在下文中，RL 价值增加值将作为价值导向企业管理的首要数据呈现。RL 价值增加值是从 RL 指标系统中衍生而来的一个特殊指标，因此，该指标的影响是显而易见的。②

在计算 RL 价值增加值时，要比较资本生息率[已动用资本回报率(ROCE)]与风险导向的比较收益率[加权平均资本成本(WACC)]，并把得到的超额或减值收益率乘以已动用资本。如果结果是正的，则已经赚回自有成本并创造了额外的价值。如果结果是负的，则自有成本还没有赚回；将资本投到另一项目将更有利可图，具体的

① 参见 Stewart：*Value*。

② 我们运用最实用的解决方案。许多企业都持有这种观点，也有助于提高该方法在企业的认可度。理论上完美但高度复杂的理念意味着高昂的实施成本，员工可能会很难接受并导致实践中的实施不足。由于现实的复杂性，这些情况都是难以避免的，从而导致一种欺骗性的形式准确性。

绝对数额精确表示创造或损毁的价值。因此,RL 价值增加值可以在指标中体现(过去或计划的)期间的经营行为。通过与会计数额的紧密衔接,RL 价值增加值与 RL 指标系统也可以无缝衔接,根据相应计算基础的稳健务实定义,不需要任何在现有控制逻辑内的"革命性"变化。①

经济价值增加值	
(已动用资本回报率 一加权平均资本成本)× 已投入资本	

因此,RL 价值增加值显示了除平均总资本成本、加权平均资本成本(WACC)与投入资本之外所获得的绝对金额。与 RL 指标系统的其他盈利能力数据不同,RL 价值增加值的考虑因素与加权平均资本成本相比,由于其中包括相应业务模型的风险状况,因此更多考虑了风险因素。在蒂森克虏伯集团和其他 DAX 上市企业中,期间的价值创造也是以绝对数字来衡量的(参见图 2.13)。②

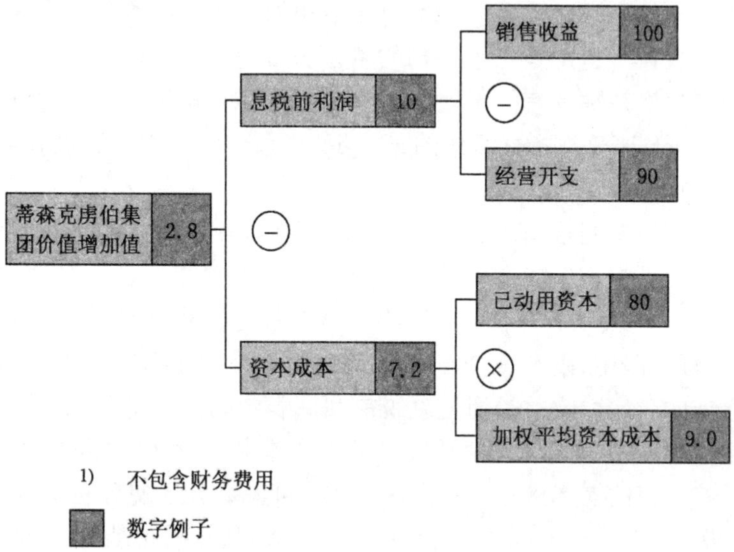

图 2.13 蒂森克虏伯集团价值增加值

加权平均资本成本以加权自有资本利息和借款成本的形式考虑企业的融资结构。③ 借贷成本来自企业借贷资金的成本和费用④,需要考虑的数值可以从企业的合同义务中推算出来,与计算适当的自有资本回报相比,其复杂程度相对较低。自有资

① 在贴现现金流时,情况就完全不同,这意味着具有约束力的预测,从而有条理地将今天行动的后果与下一个财政年度联系起来。

② 摘自 ThyssenKrupp AG:*Wertorientiertes Management*,S. 11。

③ 关于由此产生的问题参见 Streitferdt:*Risikoanpassung*,S. 294 ff。

④ 这里省略利息对借入资本的税收影响。

本利息的确定分几个步骤，在各个组成部分的基础上进行。这为中型企业提供了以企业各自情况为基础的务实模型，与第2.6节中对RL风险指标系统的描述一样，得到关于最低回报的表述。尤其对中型企业，投入资本不被认为是"纯粹"的投资，还是所追求的企业其他目标(自己)的延续，投资机会应与机构投资者的短期投资区别对待。然而，基于投资组合理论，中型企业所有者投资多元化的可能性较小，这可能导致其回报要求高于大型操控风险的投资者。因此，所列陈述是指核算所希望以及所要求自有资本回报率的差异，但并未就其相对金额做出陈述。

加权平均资本成本	
$自有资本\times\frac{自有资本}{总资本}+借入资本\times\frac{借入资本}{总资本}$	

如前所述，在RL价值增加值中，从已动用资本回报率中扣除加权平均资本成本，因此所获得的已动用资本回报率(ROCE)与RL价值增加值的正负直接相关，并反映了投入资本的利息。已动用资本回报率和加权平均资本成本之间的这种差异也称为价值边际收益。特别是在子公司的管理方面，已动用资本回报率作为母公司要求的(最低)回报率往往具有关键地位。在这方面，RL指标系统这种价值导向的扩展也可视为实施RL康采恩指标系统的第一步，该系统将在本章后面介绍，并明确涉及各个子公司的操控。

关于已动用资本回报率的计算方法，文献中有各种观点。此处使用的息税前利润是指从年度财务报表中略微调整可以直接得出的变量。还有其他理念，即税后净营业利润的调整。其中存在不同形式的实施并且这些也在文献中有热烈的讨论，事实表明，在管理实践中，没有一个理念得到一致认可。在本案例中，在核算借款费用和所得税之前的(经营)收益是通过息税前利润表示的。如果已动用资本被进一步解释为企业中运用的资本，那么，除了核算借入资本利息之外，还可以对财务收益进行净额结算。在任何的实际应用中，已动用资本回报率必须使分母的大小与分子的大小相匹配。因此，在已动用资本中存在这样一个问题，在价值导向的企业管理框架内，哪些资本被认为与企业运营密不可分。从外部会计角度，这里可以考虑许多调整的可能性，例如还必须考虑使用租赁等经营政策措施。

已动用资本回报率	
$\frac{息税前利润}{已动用资本}\times100\%$	

绝对指标数据还包含销售额和订单状态，出于我们企业咨询经验，这符合许多企业的愿望。[①] 在许多企业中，需要每周报告销售和订单状态(或接收的新订单)，有时

---

① 但是，指标订单状态应从源系统中获取，无法直接从外部会计中获取。

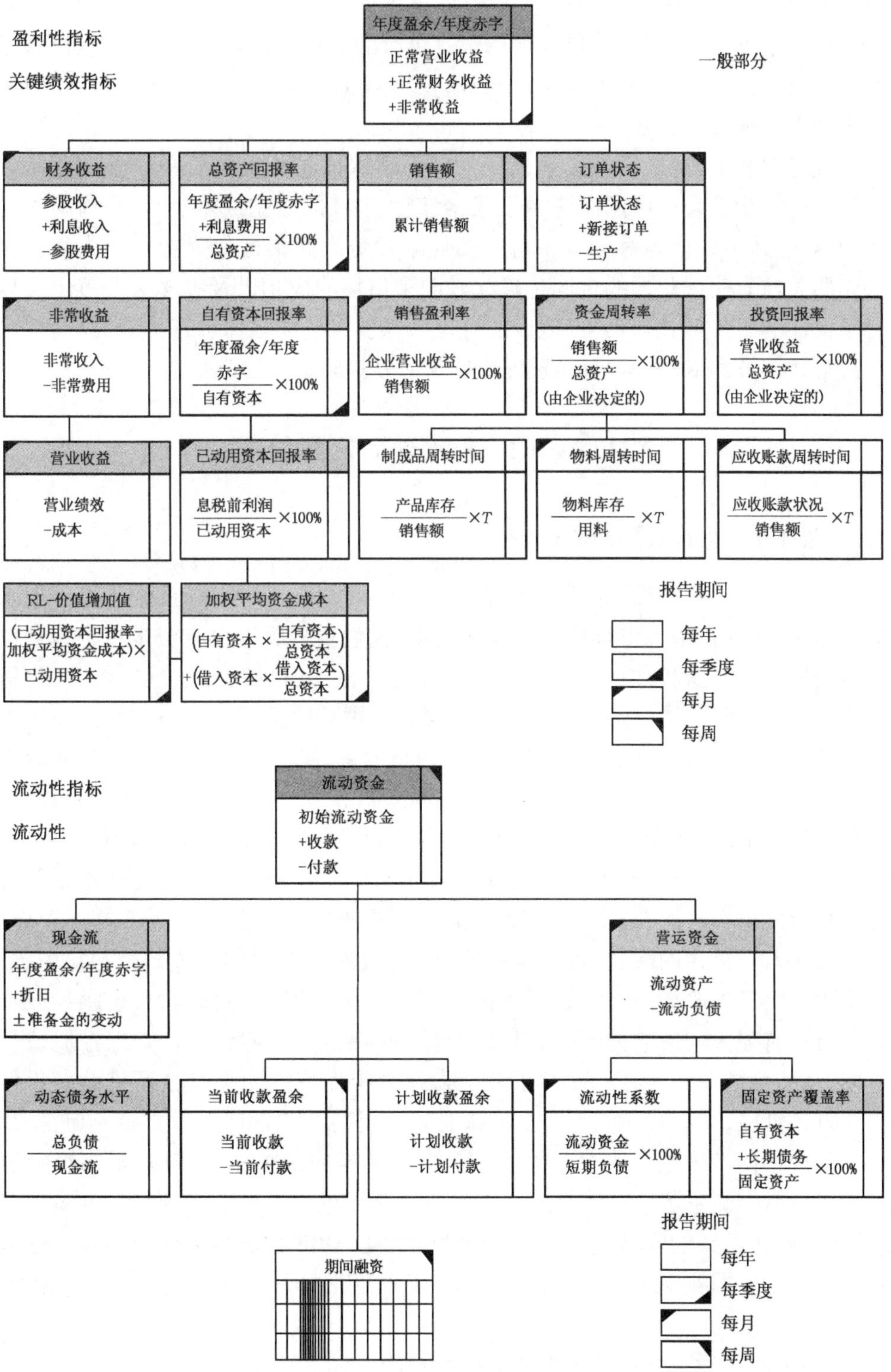

图 2.14 RL 指标系统的拓展形式

甚至每天报告。营业额是销售净值。根据报告间隔,可以运用不同的时间间隔,每周、每月、每季度、每半年以及年度评估都是可行的。对于评估和分析,可以比较过去的实际值与计划值。此外,根据辅助核算,获得根据目前的信息状况,可以推断出报告期末预期的未来销售额。

通过订单状况,可以了解企业未来的雇员情况以及相关的订单产能利用率。需要特别观察在生产企业中的高资本投入,会产生很高的固定成本负担,只有足够的产能利用率,它才会转化为对于竞争对手的成本优势。此指标作为销售的先行指标受到密切的关注。最近获得的合同也直接表明了市场的成功以及在多大程度上可以用新订单提供的服务形式补偿“已完成的订单”,以便可持续地保证订单状况。

流动性部分和 RL—W 指标系统的特殊部分对应于初始类型。

2.5 RL 康采恩指标系统

2.5.1 企业集团内价值导向的操控

与单个企业一样,对企业集团也提供分析和操控控制的指标系统。由于资本市场的国际化,最初在资本市场导向型企业之中,人们观察到了自有资本投资者利益更强有力的导向性。这种被称为“股东价值”的观点,同时也被企业接受,成为“价值导向的企业管理”,并且通过关注价值创造在文献中被普遍接受。

这其中的一个核心方面是对自有资产回报的考虑,这已经成为会计领域管理控制的固有原则。在国际上,这种关系通过国际术语和公约在过去几年中已被接受,随后又将其归入 RL 指标系统家族的逻辑体系中,以便提供一致的操控系统。

在不同的阶段,企业对价值导向管理的需求是不同的,此外,企业以不同的方式实施这种范式。在一个集团中,法律上独立但经济相关的企业从属于单一管理层。根据母公司对子公司的影响,可以从业务管理角度把企业集团分成母公司集团、管理控股集团和财务控股集团。母公司集团对经营业务有很大的影响力,金融控股集团对财务目标有强大的影响力,从而母公司可以影响子企业的经营。管理控股位于两者之间,从战略管理和领导方面对子公司发挥影响作用。如果母公司借助以价值为导向的方式管理,那么公司的每个部门都必须为提高企业价值做出贡献。但是,如果单个子公司根据具体风险情况产生(自有资产)适当的回报,则能够对提高企业价值做出积极贡献。衡量子公司对企业价值的贡献并提供操控该业务部门的基本信息是 RL 康采恩指标系统的任务之一。母公司也希望以其价值来衡量自身,因此,这里的重点主要是子公司业绩之和,母公司的 RL 康采恩指标系统将在这里作为替代方案投入使用。

RL 康采恩指标系统所依据价值导向操控的目标定义如下:

价值导向企业操控是指,可以从风险和收益角度有效利用自有资本的所有措施和工具,其还能被用于识别增值或减值的行动领域。

这种价值导向企业操控的定义，从投资理论和面向未来的角度看待企业集团内单个业务活动。然而，由于未来总是与不可估量的事物联系在一起，因此管理上先进的方法和工具不可能绝对正确地评估未来的发展，从而完全可靠地评估某些商业活动的投资价值。因此，企业管理学以及在这种情况下的管理控制总是和一个范围联系在一起。一方面，它可以收集相对准确的历史信息，但另一方面，它对企业的未来发展的价值又是有限的，关于企业未来发展的预测永远不会显示出如同历史数据般的准确性，并且这又与不确定性紧密相关。结合过去导向和未来导向指标的管理信息系统，一方面必须容忍两种方法的弱点，另一方面也可以利用两种方法的优点来获得相对有效的结果。

为了克服未来导向指标的弱点，信息受众还应该了解指标相应的前提。渐进式风险管理成功地与标准报告和规划建立起联系，并确定战略风险，然后将其反映在单个预算值或预算讨论中，但通常不能完全明确地表达出来。如果事前确定风险，则可以考虑个体风险对计划值的影响，并且可以在风险管理中提出计划值中尚未考虑的风险。逻辑上完美无缺的计划和报告对于规模越大、越复杂的企业以及离运营流程越远的管理层越重要。因此，在国际集团中，风险管理应该给出战略风险，然后在实施企业战略期间，管理层可以委托主管和管理控制部门对其进行永久监控。可以将其与规划前提的偏差视为早期信号，这种偏差（可能具有时滞）也会不可避免地导致（计划）指标的偏差。因此，必须记录规划所依据的前提，这只能在特定条件下通过指标完成，但必须定性描述各个规划前提，并且在规划过程中，应该对这些单个规划前提的有效性进行有争议的讨论。在此步骤中，如果可以成功将规划前提与其有效性方面的弱信号相结合，则可以通过战略性预警来补充企业的风险管理系统。从投资者导向的角度看，价值导向操控必须包括风险因素。这可以通过 RL 风险指标系统来实现，该指标系统从风险导向角度出发，为评估各个子公司的指标和目标回报率提供了一个出发点。[①] 在企业集团内，可以在此基础上为每个子公司确定其价值贡献。在价值导向的假设下，传统利润会计定义是不够的，而要从风险视角，寻求足够的资本回报。在管理实践中，目标值由母公司定义，然后各个子公司来达到目标值。如果子公司无法达到相应的目标值，则可以使用指标系统来找出原因，并根据不同的管理强度，在母公司与子公司之间，商定改善绩效的措施。如果长期达不到要求，则必须考虑出售相应的单位，以便首先从母公司角度证明对子公司投资价值导向的观点。[②]

2.5.2 价值驱动树作为解释模型

RL 康采恩指标系统的指标有可能评估基本运营流程的质量。作为这些操作过程与 RL 康采恩指标系统指标之间的连接，可以辅助使用价值驱动树。在因果关系

---

① 风险管理和风险控制的基础知识会在第 6 章中详细叙述。

② 各个业务部门可以在经济上彼此独立运营，这是被允许的。因此，如果企业操控是以目标变量（如已动用资本回报率）为基础的以及目标变量的永久偏差导致了部门的出售，那么在这种情况下，必须满足这样一个前提，即要考虑出售带来的负面后果。

的基础上，这些提供了各个可量化事实之间的逻辑关系。遵循 RL 指标系统的操控逻辑，可以中断指标向下的变化，并在下一步中识别和分析原因。除了监控和监督之外，这样的理念还提供了将企业范围的目标转变为单个运营流程目标的机会，从而落实战略。

创建这样的价值驱动树首先需要完整地记录企业的所有流程。基于波特的价值链分析[①]，这一过程可以通过定义初级和次级业务活动来完成。例如，单个活动也可以在事件驱动的流程链分析模型中以图形表示，在这种情况下，在风险管理和风险控制框架下，有可能进行风险导向的观察。[②]

通过各种从属的指标，还可以为第二或第三管理层的其他高管构建进一步的量化目标值。在这种情况下，重要的是收集和记录各个指标之间的因果关系，并确保每个领导都知道如何在其责任范围内开展这项工作，以便对其指标产生一定的积极影响。在指标系统的系统支持方面，价值驱动程序树内各个指标的联系还提供了清楚地跟踪各个指标的可能性。

在管理实践中，指标系统的有效性始终取决于信息收集和处理的质量。如果没有严格定义各个指标并且没有明确定义分解，则此处可能出现模棱两可的情况，这可能对整个系统的意义产生显著的负面影响。因此，在创建价值驱动树时，应始终考虑实施 IT 支持的报告和分析工具的专业理念。通过节点和算术符号能在价值驱动程序树中表示出系统联系，图 2.15 展示了具有相应算术运算的这种值驱动器树的例子。虽然本案例中基于 RL 指标系统的价值驱动树仅仅是出于降低复杂性而以财务数据为基础，但通过与企业运营流程的进一步联系，甚至可能加入非财务绩效指标。[③]

当然，这样的价值驱动树作为一个整体并不通俗易懂，但在日常与这些指标打交道时，有经验的员工应该将其作为工作的一部分并成为下意识的存在。在报告框架下，管理控制师将以此为基础，在“管理控制师观点”中简要描述造成指标变化的因素，并找出偏差的原因。而价值驱动树能尽可能地揭示单个指标之间从向下挖掘功能性到运行业务流程的数学联系，同样重要的是，管理报告中的指标也应当提供一个客观的逻辑联系，换句话说，可以从价值驱动树中找到的大量单个指标必须是那些可以完整地提供企业整体情况的数据，否则可能导致报告内容的信息过载，从而影响价值导向的操控。[④] 必须始终在系统或应用程序的层面上，构建价值驱动程序树的确切形式。[⑤] 理念只能提供创建价值驱动树的粗略指导。企业基于领域相关的特殊性来分析个别重要的业务流程，这些可以通过指标获得并将其联系在一起。

---

① 参见 Porter：*Competitive Advantage*。

② 参见第 6 章。

③ 必须在系统和应用程序级别、在行业和企业特定功能的背景下执行此步骤。

④ 因此，有价值驱动树的 RL 指标系统理念与诸如此类的指标系统（例如 ZVEI 指标系统）有着明显的不同。ZVEI 指标系统将所有指标置于数学关系中。虽然 RL 指标系统在下级层面也有数学关系，允许向下挖掘并且还实现了由 IT 支持指标系统的运用，但是在指标系统的层面上，它提供了各个关键指标之间的专业逻辑关系。因此也可以在它们的相互依赖性中检测到偏差，尽管只有几个指标，但企业情况也可以得到全面的呈现。

⑤ 参见第 1.1.5 节。

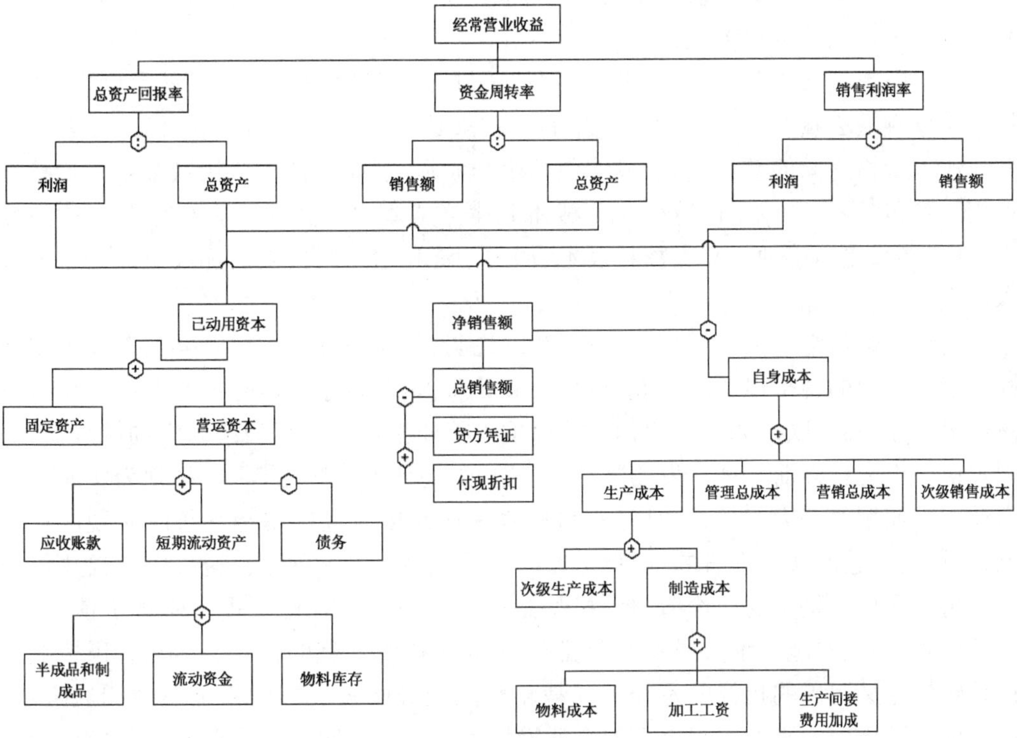

图 2.15　价值驱动树片段

在目前价值驱动程序树的第一级,把"经常营业收益"当作首要指标。此处还可以采用多焦点价值驱动程序树——允许使用多个首要指标。如果人们愿意基于完整的 RL 指标系统配置价值驱动程序树,那么在开始会看到不同的下钻出发点。在目前的模型中,已动用资本回报率、资本周转率和销售利润率在逻辑上影响着首要指标,然后根据其数学关系来描述。因此,总资本盈利能力的计算是企业利润与总资本的商,在这里也直接体现了(仅仅)数学计算之前进一步的经济要求:在文献中,对于各种潜在的收益变量有着不同定义,在管理实践中,这些变量以相同或修正形式存在。在各自定义的背景下,可以看到利润的适当性。由于在本示例中应该客观地影响经常营业收益,因此可以获得诸如税前利润或息税前利润之类的关键指标以及税后净营业利润或企业收益。所有这些都表明了(经营)活动的成果,但肯定会在不同程度上取决于所选定义的不同方式。第二级的其他指标是资本周转率、营业额和总资本的商以及销售利润率,也就是所选利润除以销售收入。在 RL 指标系统中,也可以找到该第二级别的所有三个指标(资产回报率、资本周转率、销售利润率),这也再次强调了上面给出的价值驱动树和指标系统关系的解释。

企业总资本项目由已动用资本替代,已动用资本由固定资产和营运资本之和决定。营运资本是应收账款总额和短期流动资产减去负债;短期流动资产由制成品和半产品、流动资金和物料库存决定。在这里,我们目前处于价值驱动树的运营层面,可以进一步界定非财务价值驱动因素。不应在此处考察任何固定资产，当然，通过这种方法或许可以找到更多的联系。

确定资本周转率和销售利润率所需的关键数额是净销售额。在该示例中，通过将总销售额减去贷方凭证和付现折扣的总和来计算净销售额；利润指标由该净销售额与成本价格之间的差异确定；成本包括生产成本、管理和销售费用以及销售的特殊费用之和，其中生产成本由特殊生产成本和生产成本之和确定。在确定利润的最后一步中，必须更精确地定义由物料成本、加工工资和生产间接费用加成组成的制造成本。

基于该价值驱动因素模型，可以清楚地说明，如何将经常营业收益的首要关键指标对应企业中的各个岗位。因此，价值驱动因素模型概述了如何将各个指标和核算岗位组合在一起，以及如何将它们系统地纳入首要指标。该模型所面临的挑战是，为识别操控相关指标而降低开发的复杂性。这种“思维的清晰性”可以被视为实施价值驱动因素模型的一大优势，而且这一目标也是在开发有效的指标系统时实现的。因此，从控制促进所涉及变量的准确性、唯一性和可确定性的观点来看，用于创建价值驱动树的项目总是正的。价值驱动模型是否可以在应用程序中提供附加价值，是否能够证明开发、实施和维护成本的合理性，都无法得到明确的肯定。客观有逻辑的指标系统与定义明确的指标以及企业的战略和风险导向发展出的平衡机会和风险卡，可以保证以极低的成本实现全面的企业操控。这两个要素与价值驱动因素模型的结合是一个包含全部且按理想呈现的理念。

2.5.3 用于母公司的RL康采恩指标系统

RL康采恩指标系统由一般部分和特殊部分组成，就像RL指标系统一样。一般部分提供有关盈利性和流动性的基本信息，特殊部分侧重于功能区域和资本市场。各指标的报告时间间隔取决于其经济前景、集团形式以及控股公司和报告单位的经济状况。

国际化大企业努力在整个集团中使用可比较的指标。来自英语区并通过国际财务报告准则和美国公认会计原则等会计标准强制执行的各种新兴指标概念也已被德语区采纳。在管理实践和文献中，这些主要因素也被称为关键绩效指标，通常描述已建立绩效评估系统中的常见事实。但是，只有当被确定下来的指标也满足各个决策者对于信息的要求，基于此的指标系统才能为管理提供额外的信息价值。这还需要一个以操控子公司为目标的指标理念，如图2.16所示。

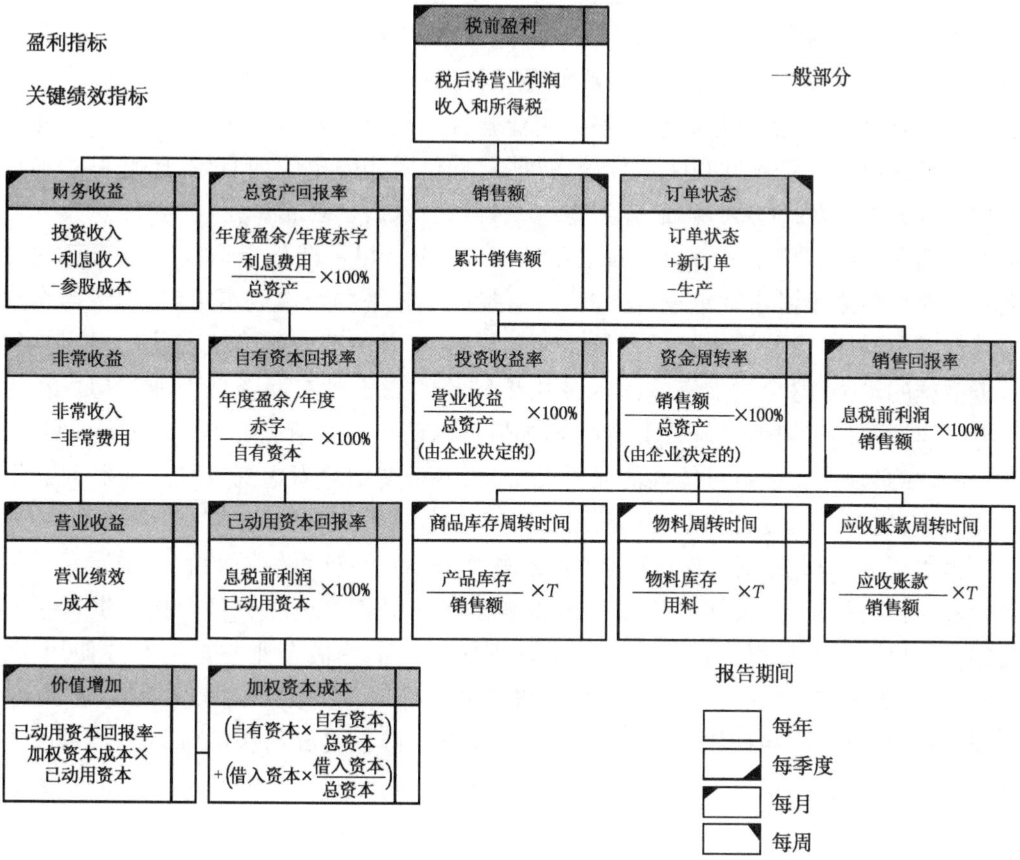

图 2.16 用于母公司的 RL 康采恩指标系统，盈利部分

2.5.4 一般部分

2.5.4.1 盈利性部分

根据企业章程，特定目标是以企业的基础核心，决定了业务活动并首先对结果做出贡献。通过税前利润（EBT）算得的收益作为盈利性指标。与息税前利润（EBIT）相反，影响结果的利息支出和财务及参股收益并没有被排除在外。[①] 从当前理念出发，应该假设，在其业务活动的设计中，母公司可以行使其拥有的自由决策权，而不考虑影响与收益相关的税收负担。[②]

应特别注意与企业业务运营无关，但是可能会影响年度盈余的因素。与 RL 指标系统类似，单独呈现财务收益和非常收益使得收益划分具有了特殊意义。因此，营业收益（净利润）和税前利润提供了有关企业可持续成功的信息，而关于利润划分的

① 关于 EBIT 的具体定义参见 Ruhwedel & Thale：*Pro-Forma-Ergebnisse*，S. 386 ff。
② 根据企业领导方针的不同，也可以引入其他首要指标。

指标系统揭示了来自融资以及非常收益影响年度盈余的因素。

资本的有效使用尤其反映在已动用资本回报率(ROCE)中,这对于分析企业业绩以及后面将要提及的子公司和战略业务部门的操控都至关重要。这考虑到这样一个事实,即价值导向的操控必须将整个企业整合到绩效指标体系中。因此,应为各个单位定义其已动用资本回报率目标值,这些目标值以集团范围内有效、已认可的加权平均资本成本(WACC)为基础,并考虑到了其风险状况。在组织上,应该注意投入的资本金额在多大程度上是各自决策者的责任,并应该尽可能地争取能力和责任的最大一致性。如果不考虑资本投入,并且没有按照加权平均资本成本定价,那么与企业的其他资源相比,这些资本的投入是非常划算的,这其中蕴含着为改善状况做出具体投资措施的动力,这会增加资本投入并由于较高的资本成本而降低企业价值。作为价值导向操控的绝对值措施,RL 价值增加值可以防止这种情况的发生。对于母公司而言,目标必须是实现尽可能高的股本回报率,并且要同时考虑到杠杆效应和对总资本的回报,这符合投资者的期望(参见图 2.17)。

销售利润率和资本周转率尤其关注那些作为 RL 指标系统原始的传统元素来影响投资回报率的指标,关注的焦点是通过销售利润率获得边际收益。指标提供了有关每个销售单元所取得收益的信息。资本周转率用于评估企业资本的有效使用率,因此,资本周转率包括材料、产品和应收账款的周转时间。由于周转时间的减少,从应收账款、材料或产品释放的资本可用于为本企业带来更高回报的地方。如果投入资本有所改善,首要指标税前利润也会在母公司层面上通过减轻利息负担而得到改善。

2.5.4.2 流动性部分

流动性部分由首要指标流动性决定,这也与现金池[①]重要性的增加相对应,现金池通常由企业财务部负责运作。根据企业集团的性质,流动资金流量有时甚至是每天计划和安排的,在这种情况下,对支付和资金流动以及(预期)现金流的考虑具有特别重要意义。现金流也是动态负债比率的关键因素,这也与银行信贷评估相关,并适用于特定行业的基准比较。通过现金转换周期来衡量企业内部购买材料的支出以及所生产产品销售利润所需的时间长度,企业将尽力缩短这段时间,并使用可用的工具来影响它们。因此,对子公司的最终要求也是子公司指标系统的一部分,并在第 2.5.6 节对此解释。现金流量边际收益可以确定销售额的哪个部分导致了流动性的提高(见图 2.17)。[②]

营运资本、资产覆盖率、自有资产比率和流动资金系数可用于分析资产投入和相应的融资。作为流动性存量指标,营运资本衡量与流动资产相关的资本。如果投入资本减少,一方面将获得额外资金,另一方面将导致融资成本下降。收益的驱动因素

① 参见第 2.5.6.1.2 节。

② 与以前的报告间隔不同,对于资金池,可以计算每日基于 IT 的财务计划和操控以及衍生出的流动资金比率。

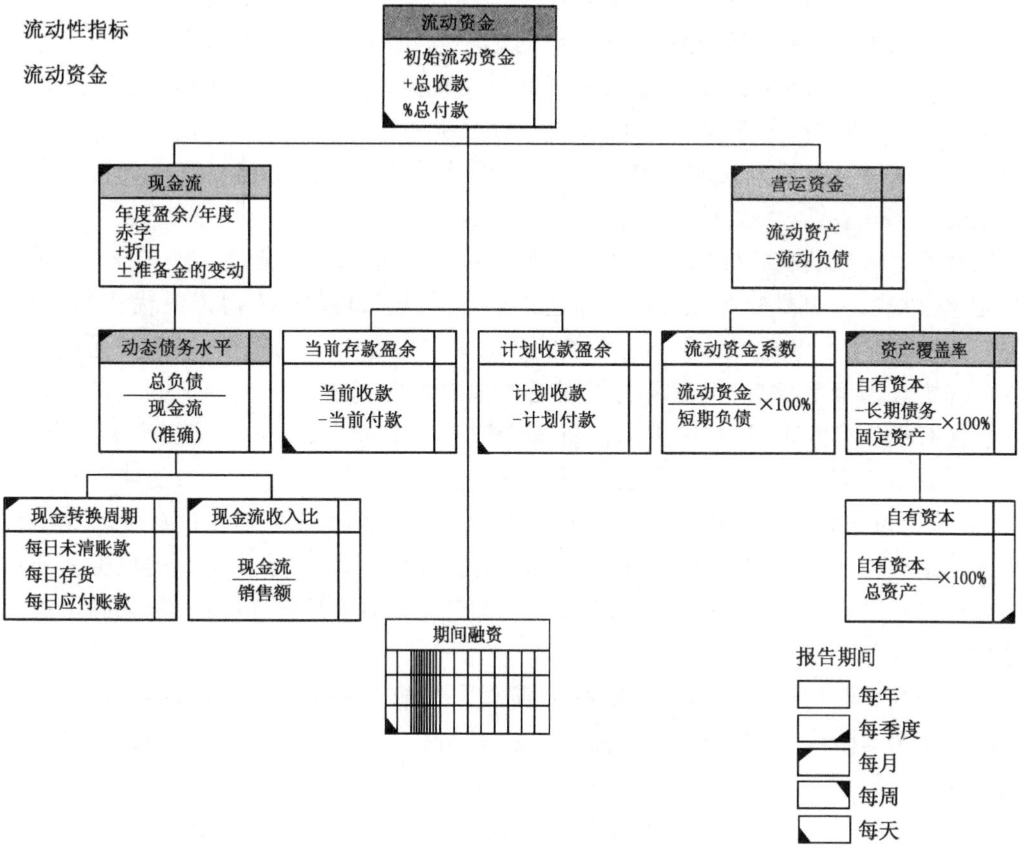

图 2.17 用于母公司的 RL 康采恩指标系统(流动性部分)

是盈利性指标,包括材料、产品和应收账款周转率。此外,营运资金表明可用于弥补计划外流动资金需求的剩余资金。这种风险导向的方法也与流动性系数相同,流动性系数将流动性与短期负债联系起来。企业的融资和相关的一般风险结构可以通过固定资产覆盖率和自有资产比率来说明。在信用评估的背景下,企业特别关注资产负债表流动性分析的两个长期指标:固定资产覆盖率侧重于期限相关融资,而自有资产率则提供有关企业责任的实质信息,从而给出关于企业稳定性的说明。通过杠杆效应,盈利性部分的自有资产和总资产回报率之间产生了紧密的关系,以及通过市场资本化和资信评级与特殊部分产生了密切关联。

2.5.5 特殊部分

特殊部分考虑可以通过指标测量各个功能区域的价值驱动因素。由于每个行业中这些功能区域的不同配置,系统层面上的调整在这里尤为重要。根据企业的核心竞争力,每个企业不同的指标具体选择应该在应用层面进行。对于功能子区域和企业战略或价值创造的组合,此处还应参考第 2.5.2 节中对价值驱动树的解释。

资本市场控制企业的外部经济影响,(平均)股价及其发展受到分析师和(潜在)股东对于未来收益和流动资金状况评价的影响,并且也适合进行基准测试。通过特殊机构或者信贷机构确定的级别展示了从外部角度对破产风险的评估,在对加权平均资本成本计算中,允许包含杠杆成本,并可推断外部融资的加权平均资本成本。企业价值可以通过贴现未来现金流量来计算,因此贴现现金流量也被确定为资本市场控制的一部分。

有关战略控制的特殊部分着眼于长远规划和企业活动的规划控制,在识别、运用及建立收益潜力的目标下,一方面,通过企业与其他竞争者对比得出的优势和劣势;另一方面,着眼于与改变经营环境相关的机会和风险。市场的吸引力(例如通过预测的市场增长来确定)对企业未来的盈利能力和流动性产生了很大的影响。在这里可以操控有吸引力的市场,并在主动投资组合管理的框架下,建立自己的产品组合,这反映了生命周期的不同阶段,并且使得短期内需要资金的大有前途的创造发明与收益、盈利能力强的产品保持平衡的关系。企业具体竞争战略必须根据其战略竞争优势来确定。为此,除了有必要了解自身核心竞争力外,还要争取将企业的优劣势与机遇和环境风险完美结合,使得与产品和与市场有关的因素及内部特征(例如固定成本结构)相匹配。

这再次表明与风险控制的直接关系,通过平衡机会和风险卡,风险控制提供了一种考虑相关风险后实施某种策略的工具。风险导向报告的一个重要组成部分是风险图,它根据风险程度和发生可能性,通过二维的方式表示已识别出的风险,从而简要概述了风险状况以及企业风险承受能力。在风险管理领域特别重要的是,选择和解释行业特定的专门预警指示,从而使计划订单情况和计划生产能力具有跨行业的意义。

在成本和收益控制中,存在一个侧重于固定成本风险的跨职能视角。投入资本首先是成本因素,另外,同样从风险政策的角度来看,在需求波动和考虑预警指示的情况下,调整销售计划是非常重要的。在集团范围内通过模拟(例如,降低销售额的场景 A:10%;场景 B:20%;场景 C:30%)确定盈亏平衡点,通过该集团拥有的回旋余地对需求下降做出反应。为了确保对需求波动的灵活性,必须考虑可降低成本的比例。对于复杂的企业集团,这种固定成本管理尤为重要,因此必须由管理层来确定相应的规定。可以通过分解成本矩阵来进行更详细的分析。

此外,为了进行价值导向的操控,必须将子集团和战略业务部门明确地整合到集团的指标系统,从而通过作为首要指标的已动用资本回报率来追踪投入资本。

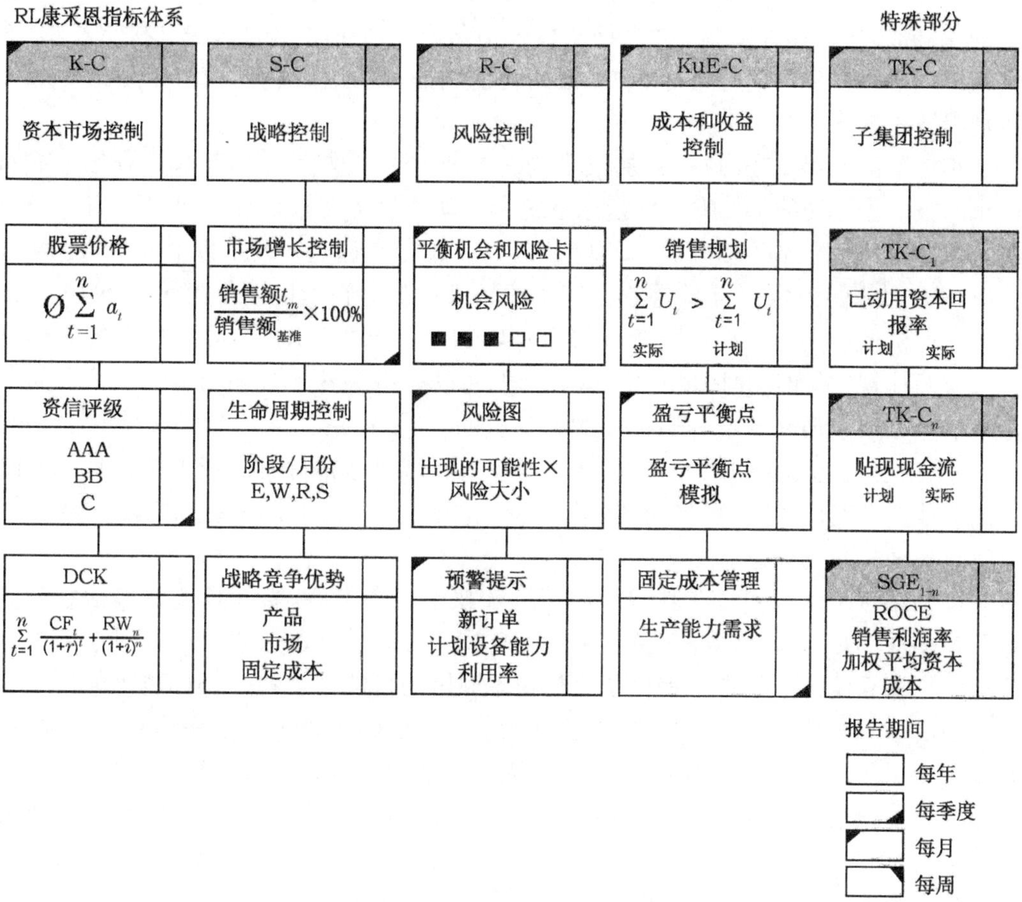

图 2.18　用于母公司的 RL 康采恩指标系统(特殊部分)

2.5.6　用于子公司的 RL 指标系统

2.5.6.1　一般部分

2.5.6.1.1　盈利性部分

由若干子公司组成的集团可以通过给予附属公司不同程度的自治权来管理,这反映在管理层为操控所使用的首要指标中。如果单个子公司主要被看作投资对象,则必须根据一般投资理论衡量其盈利能力。

已动用资本回报率的大小可以衡量运营所需资本的盈利能力,它仅用于观察以运营为目的投入的资本。此外,子公司的责任人不需要对归属子公司的所有资本负责,这一点还没有得到关注。因此,对于有说服力的已动用资本回报率来说,在确定分子时,建议要尽可能建立与业务相关企业收益的紧密联系,例如,这可以通过使用息税前利润(EBIT)来实现,通过不同的税率或者不同的财务结构消除扭曲,而这些是各个子公司或其管理人员不需要负责的。与此相反，运用税前利润，只忽视税收负担，但融资却包含在评估中。[①] 为了从母公司角度评估子公司的基本盈利能力，除了已动用资本回报率的相对指标之外，使用税前利润（或者息税前利润）作为指标很可能是明智的选择。

相对于已动用资本回报率，加权平均资本成本可以作为自有资本和债务资本的最小回报。子公司的 RL 康采恩指标系统为已动用资本回报率提供了这种风险导向的方法。虽然加权平均资本成本的债务部分比较容易通过对现有负债的分析得出，自有资本部分的确定一直是企业管理中的一大挑战。在 RL 风险指标系统中，将会继续采取价值导向操控和风险管理符合逻辑的组合方式。RL 风险指标系统的思路增加方面体现在，通过集团的适当风险管理，可获得有关各子公司当前风险情况的充分信息。如果遵循文献中普遍运用的方法，即自有资产的回报必须与投资风险相适应，那么借助与之相应的风险控制，通过与相同领域、相同复杂性、资本结构具有可比性的其他企业对比，能获得自有资本回报率的相对大小。指标系统面临的挑战是汇总操作层面风险的信息。

已动用资本回报率将在其规划中接近加权平均资本成本，并且还将包括利润溢价。在相应的报告中，可以将当前已动用资本回报率与计划已动用资本回报率进行比较。指标系统的其他指标提供了分析根本原因的可能性。首要指标也可能用于子公司激励型的管理。但应该指出，即使是低于商定已动用资本回报率的订单或项目，也一定会对集团的价值做出积极的贡献，因此可能会导致误导性激励。例如，如果一个项目当前已动用资本回报率为 12%，那么已动用资本回报率为 10%的项目可能会被拒绝，该项目会导致指标数额的恶化。但是，如果加权平均资本成本低于 10%，该项目肯定会产生绝对增长。因此，绝对指标值作为对这种纯粹与收益相关考虑的补充是恰当的。综上所述，这可以从母公司角度，例如通过息税前利润来实现。然后，税前利润或息税前利润也可以用作以激励为导向薪酬的额外指标，以避免之前描述的激励失误。在上面的例子中，收益率为 10%是有正值贡献的，因此这个项目从根本上是有利可图的。第 2.4 节已经介绍了 RL 价值增加值对增加价值的绝对贡献。[②]

其他首要指标包括总资本回报率和自有资产回报率、投资回报率、销售利润率和销售额以及作为领先指标的订单状态。

从价值导向的视角，必须加大对资本周转率的考虑程度。此主要指标使用库存周期来提供有关产品周转时间和企业材料周转时间的信息。在营运资本的框架下，除了这种生产导向的方法外，还有应收账款管理受到广泛关注。未清账款账期可用于记录授予客户的平均付款时间长度。应该注意的是，要计算的支付日期不仅要涉及合同约定的支付期限，还要考虑各个客户的支付延迟或逾期支付。可以给出库存周期和未清账款账期这两个指标在运营周期的总和，表明了从购买原材料到销售产

---

① 根据母公司的管理控制理念，可能需要在应用程序层面调整。

② “现金转换周期”可用作与流动资金相关资本有效投入的指标，在盈利部分和流动资金部分中使用（参见第 2.5.6.1.2 节）。

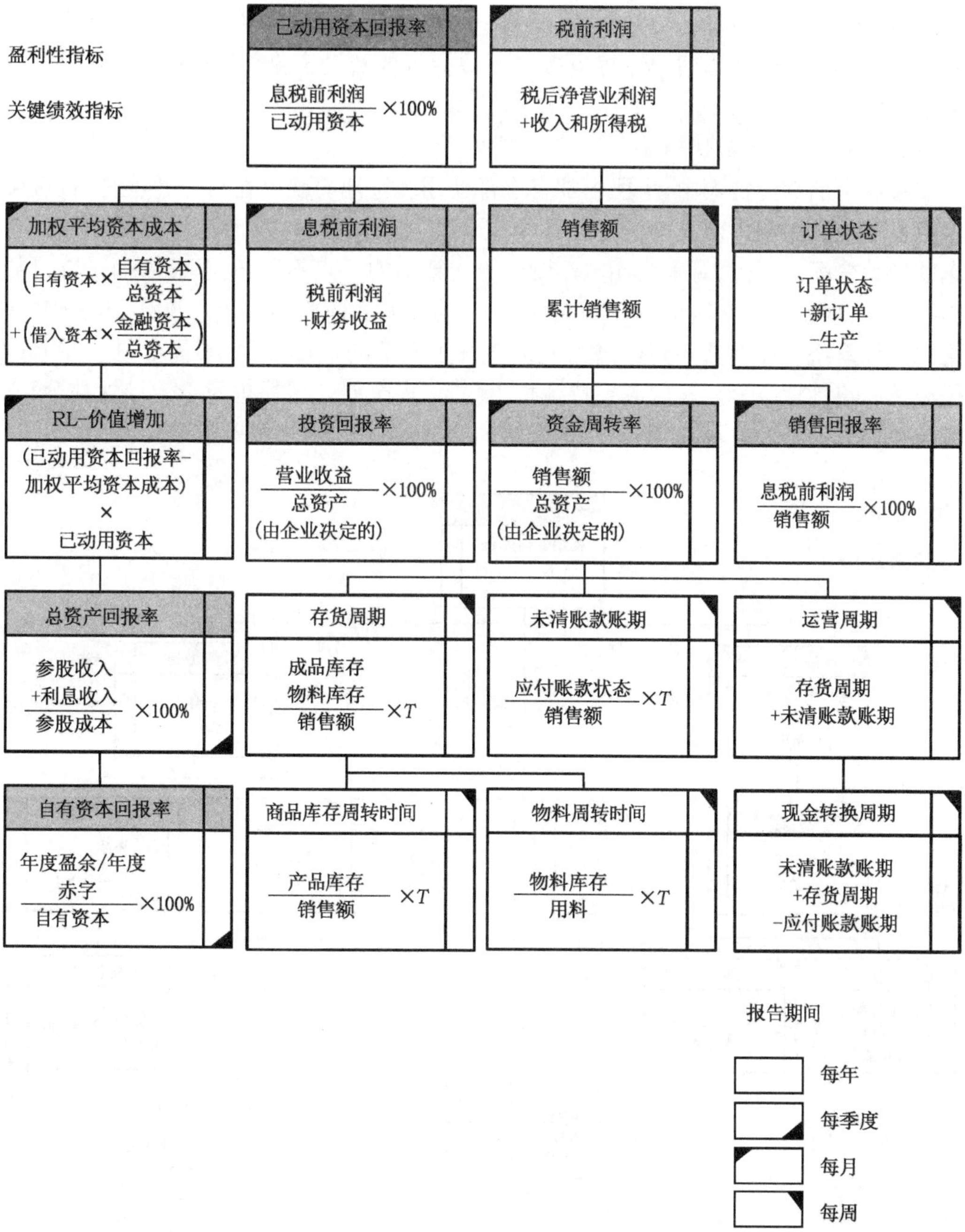

图 2.19 用于子公司的 RL 康采恩指标系统(盈利性部分)

品有多少天。这一数据可以反映子公司的收益,减少原材料和供应品的库存、缩短产品完成与市场销售之间的时间,并进行更有效的应收账款管理。

指标现金转换周期与流动性部分非常接近,作为出发点,它不再考虑相应货物的交付，而是考虑通过子公司完成的支付。在这里进行了明确的、现金流导向的分析，关注“现金”在集团中被使用多久，才能完全完成生产过程和销售过程（包括客户的付款）。因此，现金转换周期的缩短也减少了被捆绑的流动资金，从而直接降低了资本成本。

2.5.6.1.2 流动性部分

在各个活动的协调中，集团内部资金部使用现金池的现象在当今并不稀奇，现金池可以实现在集团内部流动资金在各个子企业之间的转移，从而达到可使用流动资金的理想分配。因此，对子公司流动资金导向评估的重点不再是流动性，而是支付导向的指标：现金流。在这里，集团产生流动性的强度问题成为焦点。母公司的 RL 康采恩指标系统的流动性部分已经为此准备好了必要的信息，因此不需要进一步修改子公司的流动性部分。最后应该特别指出的是，现金周转周期也属于流动性部分，它考虑到资本的有效使用，表明了资本周转的情况，并且也属于盈利性部分。

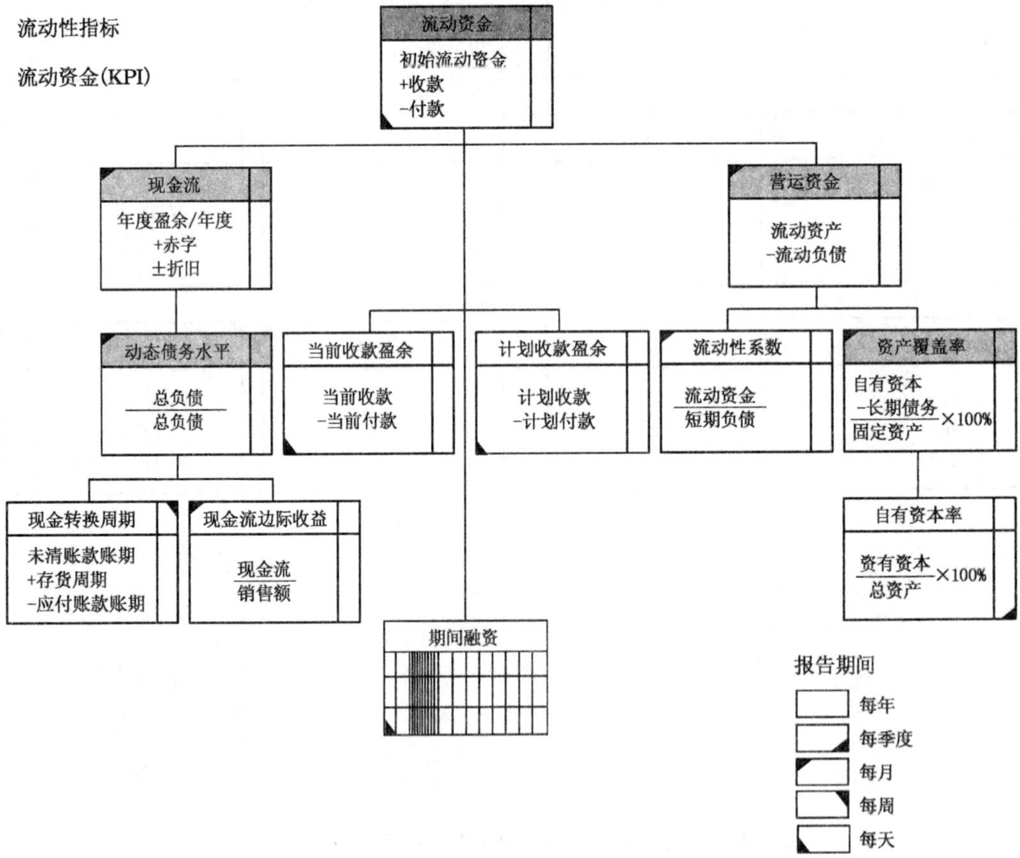

图 2.20 用于子公司的 RL 康采恩指标系统（流动性部分）[①]

① “现金周转周期”可用作与流动性相关资本有效投入的指标，在盈利性部分和流动性部分中使用。与以前的报告期间不同，在现金池的框架中，可以确定每日由 IT 支持财务计划和财务监控以及衍生出的流动资金比率。

2.5.6.2 特殊部分

子公司实现(理想情况下)运营流程。如果单个子公司达到了运营个体的级别,则会再次降低集团的复杂性。虽然母公司的重点是协调整个集团,但对单个子公司的操控着眼于实现集团目标方面的贡献。这个目标也会影响子公司的特殊部分;这里,再次降低集团结构的复杂性。在母公司使用独立的特殊部分,也是资本市场的要求,它可以在子企业中追溯到 RL 指标系统初始类型的特殊部分。通过这个特殊部分,功能领域和企业的附加值再次成为重点。

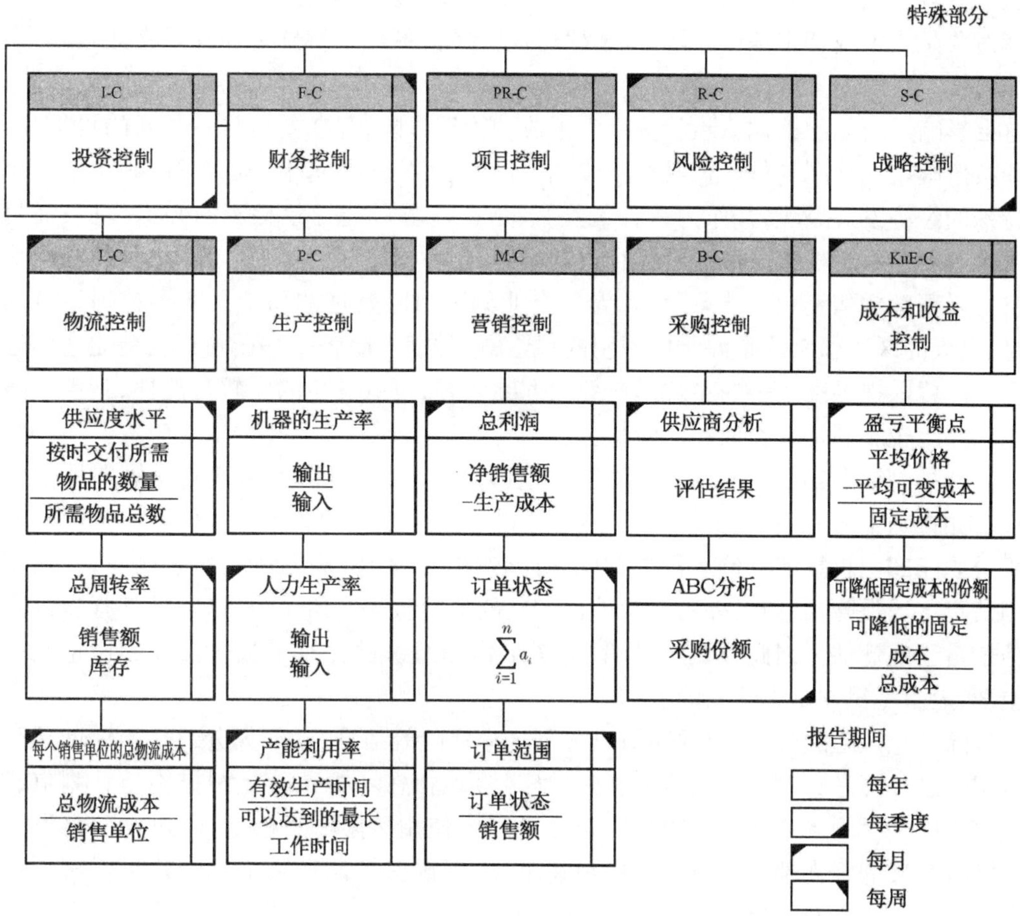

图 2.21 用于子公司的 RL 康采恩指标系统(特殊部分)

2.6 RL 风险指标系统的风险管理

风险管理的重要信息汇总在 RL 风险指标系统中。在这里,信息受众是企业的最高管理者,报告的信息基于操作风险管理的结果。风险期望值可以看作 RL 风险指标系统中的首要指标，其可以通过单个风险损失值与风险概率的乘积来计算。风险期望值会给出企业风险基本状况，并可以通过过去和计划值对风险状况及其发展分类。此外，通过与企业的风险承受能力或管理层目标的接受阈值比较，可以提供有关承担风险程度或所承担风险的信息。[①] 但是，总体风险期望值总是涉及字面上的精确性，并不适合处理风险，因此必须使用其他信息补充该指标。为了基于控制风险报告的操控，应在第二层级上呈现单个风险类别及其对企业的重要性。风险类别包括单独定义的风险范围和企业的风险领域，展示了商业模式的一种风险现象。同样，各个风险领域可以提供自己的风险预期，以阐释当前风险状况的重点，并跟踪其发展。除了内容方面的风险汇总外，还应保留与部门和国家相关的风险报告，这里，单个参考对象是国家或特定部门，是局部或战略性的经营单位。特别是在国际企业集团中，风险格局可以是多样化的，特定经济领域的活动可能会导致国家和地区特定的风险，这会影响子公司的整体风险状况。为了成功管理风险，存在着这样一种新的可能性，即按照国家和地区具体分析潜在相似性。例如，销售企业基于外部情况，确定了一个特殊的经济发展风险，并作为一种风险来报告，这很可能导致相应的知识增值；而另一个有着差不多框架条件的销售企业却没有看到并且评估这种风险。比较和交换信息可以帮助销售企业评估风险，并提高企业集团风险管理的质量。需要特别注意的是，最大的风险通常不是源于已识别的风险，这种横向比较——在同行业企业之间进行——可以提供高水平的见解。在部门间比较时，也有类似的比较可能性，其中应该识别并比较不同地区类似的风险状况。

此外，除了与部门或国家相关的质量保证之外，还可以实施横向或纵向质量保证。如特殊部分的图 2.21 所示，风险也可以分配给企业的各个功能区域。母公司的相关职能部门也能够评价运营单位的风险评估。在经济周期风险的事例中，销售部门负责市场风险的影响，并对运营单位相应的风险报告有所了解，以验证其报告以及他们自己的评估。因此，风险管理的组织结构和组织过程对于报告信息的质量至关重要，应参考第 6 章中给出的解释。

除了总风险之外，还需要获取有关剩余净风险的信息，以便充分评估当前的风险状况。总风险是针对所有风险的影响，净风险是指在考虑风险控制措施与计划值相比较的影响后的剩余风险。明确在企业范围内使用风险术语的定义，对于信息聚合以及有意义的报告都至关重要。在组织上，必须确保控制风险措施的效果得到了正确评价。在这方面，组织措施也可用于验证评估，否则人们在看待潜在风险时可能会过于乐观，从而导致无法预料的负担。

一个特别的挑战在于风险管理与企业规划的务实整合。由于风险通常根据发生概率和损害程度评估，因此通常与计划值有(负的)目标偏差。只有在规划过程中确定是否或在规划中已考虑风险程度时，才能对此进行相应量化。许多风险的特点是，

---

① 然而，这里必须考虑风险量化的根本弱点。此外，严重风险通常来自(尚未)未识别出的风险，两者都强调了组织结构和流程组织的必要性。

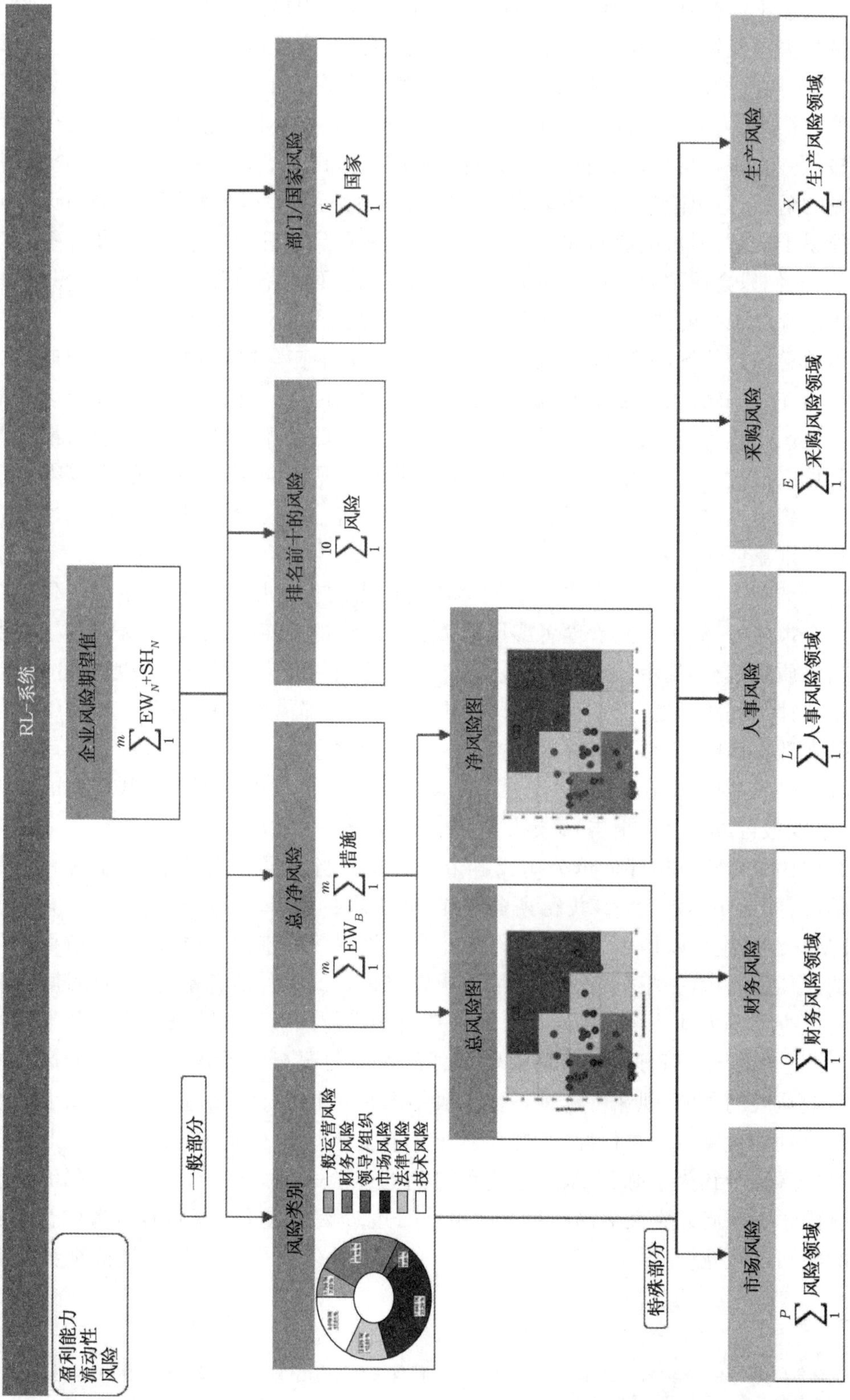

图2.22 RL风险指标系统(风险报告)

它们可以在不同程度上使企业遭受打击。新合作伙伴的加入可以导致或大或小的市场份额损失以及销售和利润下降。如果在规划中已经假设自己的市场地位将大幅削弱，那么净风险相对较低(但总风险还是相当高)。但是，如果假定竞争对手进入市场的可能性很小，人们就会进行没有效率的规划，也会在风险报告里写明风险出现的可能性较低。出乎预料和评估的是，竞争对手能够进入市场。这里相应的净风险更高。与规划的衔接、对风险控制措施影响的考虑以及对总风险和净风险的识别和计算应尽可能易于理解，尽可能透明和“简单”。特别是在风险管理领域，它还涉及许多员工的评估，他们只会偶尔处理风险的量化。他们不应该面对不可逾越的理念障碍，这些障碍可能存在很高的错误风险，从而使整个风险管理的意义受到质疑。

当前总风险状况和净风险状况都可以清楚地显示在风险图中。这里，预期的损失量显示在一条轴上，而发生的概率显示在另一条轴上。考虑到企业的风险承受能力或其他风险政策要求，可以基于其相关性将风险分配给不同的集群。然后，最严重的风险可以通过前十大风险进行单独的风险报告。现在，前十大风险的报告得益于详细的风险承担单，详细说明了有关单个风险的关键信息。除定量信息外，定性信息在此也特别重要。

与标准报告一样，风险报告应该能够通过适当的信息技术支持来生成。建议在确定单个风险时，给予风险管理者或风险负责人足够的支持。[①] 之前已经讨论了对所收集信息质量进行“简单”处理的相关优点，要关注调阅权力的分配以及数据的复审。在关于法律形式的话题(例如风险管理)中，企业实践都需要这些信息。源系统的信息存储在数据库中，该数据库可以转换成关系型数据仓库，在一个多维数据仓库中提供这样一种可能性，即在企业、各个风险领域单个组织单位内根据时间线(例如，年度报告、季度报告或者月度报告)确定目前的风险状况。

只要由企业管理层评估母公司或各个子公司的当前风险状况，通过了解相应的风险情况，可以在第二步中获得所需的自有资本回报率。与资本资产定价模型(CAPM)类似，也可以使用可比较值作为此类风险评估的基础，这样的比较值可以是投资的无风险回报，并根据行业风险情况予以修正。这两种信息都可以自由地访问，并且可以毫不费力地获得。特定母公司或子公司当前风险状况可以用来调整期望的利率。[②] 适当的风险管理对于评估这种单独的风险情况至关重要。通过对无风险投资和行业风险的了解，现在可以进一步单独调整所需回报，例如，企业在市场上通过两个战略性的运营单位进行经营，并显示出了有对比性的行业风险。A 部分比 B 部分更高的风险导致为了弥补 A 部分这种更高的风险——类似于资本资产定价模型中的 β 因子——必须定义更高的目标回报。因此，β 因子大于 1 意味着所考虑企业的风险大于可比企业，小于 1 则表示风险小于可比企业。目标回报的确定被视为企业

---

① 参见第 6 章。

② 该角色被分配给资本资产定价模型中的 β 因素，然而，仅在有限的范围内，该因素才适合作为过去导向的指标用于预测和规划适当的自有资本回报率。

决策,其中确切的目标值通常也受到政策因素的影响,甚至可能是叠加、协商的结果。[①]

2.7 IT支持借助指标的管理控制和报告

只有在可通过信息技术实现的情况下,管理控制和从中衍生出的指标的理念才有价值。因此,有效的控制理念总是需要——如果它想要成功——以综合考虑相应的信息技术理念为前提。信息技术实施的出发点是一个有逻辑的控制理念,其中,在企业高层决定问题的信息供应方面,管理控制的首要任务已经隐含了对信息技术的考虑。多维控制理念为此奠定了相应的基础,下面将根据IT当今的可能性对其进行扩展和深化。

使用指标和指标系统进行有效报告的先决条件是,设计可以使用数据库的多维视图数据块。为了实现这一目标,20世纪90年代初期,在OLAP(在线分析处理系统)的帮助下,开发出了一个用于构建数据库的多维理念。[②] 用户对于OLAP的基本要求是短暂的响应时间以及用户自己可以配置的分析选项。多维结构化数据库允许从多维结构化数据库切出"评估切片",这里"切片"是特殊术语。此外,必须隔离部分块,这称为"切割"。此外必须使向下挖掘和向上挖掘成为可能;在向下挖掘中,可以确定聚合数据的指标,向上挖掘使得指标的聚合成为可能。可以根据给定的问题或通过数据挖掘系统来执行多维数据库的评估,数据挖掘系统搜索数据集中的异常并从中生成特定的模式。图2.23展示了具有集成OLAP和数据流数据仓库的组成部分。

如第1章和第2章所述,由于管理信息系统基于指标系统,因此必须适应不同的管理目的和/或不同的经营组织,在此,信息的聚合程度起着关键作用。因此,"智能"评估所需的浓缩信息既要着眼于时间上的决策维度,也要在相应的企业层面上考虑与对象相关的决策问题。决策问题并不都能归于同一种(事前商定好的)标准。人们已经及时地认识到并创造出了逻辑上的先决条件。在20世纪90年代,在艾希曼博士、教授的带领下,基于多维度的管理控制和信息理念,首批领导信息系统(FIS)在德国多特蒙德被研究出来,这一系统在当今仍然保持着其基本结构,作为一个有效的评估工具,用于经营、集成、相互关联、多维度的数据基础(数据库)。

为了使得领导信息系统可以被应用于各种各样的评估,它必须能够通过各种数据和指标的简单组合,根据特定情况的组合而生成新的信息。因此,出于对灵活性的考虑,灵活、由指标系统支持的领导信息系统理念设计必须多维度描述所有相关信息总体。

通过考虑时间、报告树和评估三个信息方面,可以确保决策层面上供应与决策对

---

① 各种风险状况和目标回报之间有可能存在数学联系,但是由于已知的原因这里就不进一步深究了。

② 参见 Hoffmann & Kusterer: *Handels-Controlling* S. 232 ff。

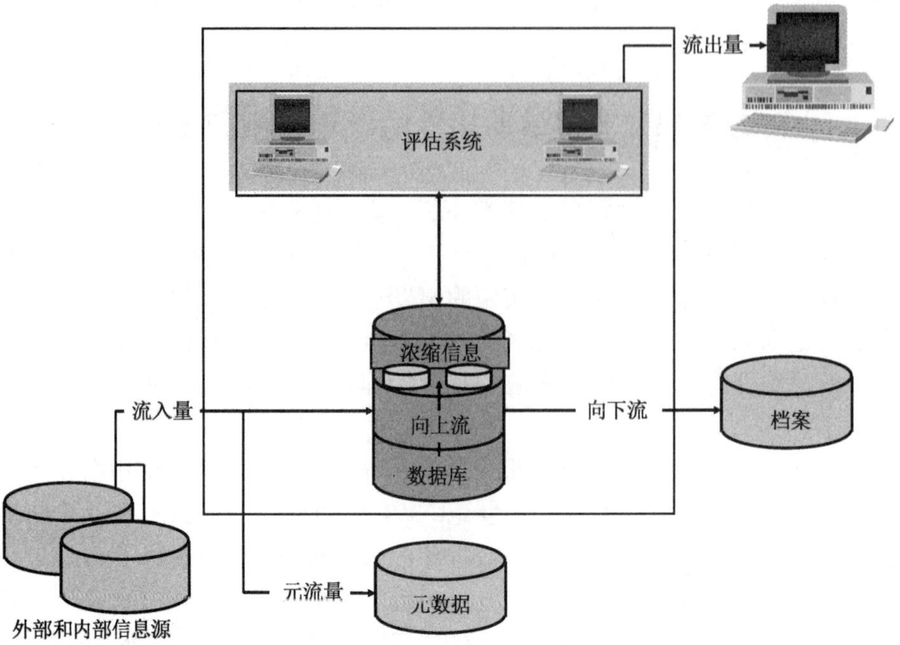

图 2.23 OLAP 系统的结构举例

象相关的信息[1]:时间表示提供信息的可能时间范围,可以从多年、一年和一年内进行分析。年度分析更加全面,且满足更高层次要素的比较需要(例如车间比较)。年内的分析可以在此基础上详细分析根本原因,季节性波动一目了然;否则,这些季节波动会被时间补偿效应遮盖。

信息标准报告树为结构化的企业分析提供了实际基础,并且能够创建对象层,该对象层着眼于企业的组织结构以及其他感兴趣的参考对象。通过管理并行层级的可能性(例如,根据战略性的运营单位或区域划分),报告树的结构可以完全根据企业的情况,但也要考虑市场的相关因素来创建(参见图 2.24)。

通过信息维度评估,在用户可定义的评估结构报告、指标和时间序列分析的基础上,可以通过灵活的定义和设计指标,处理和呈现单个信息(参见图 2.25)。

为了更好地展示表格内容,原始的管理信息系统中已经提供了一个图形选项,使受众可以通过简洁明了的图形,更容易挑选重要信息。

具有受众组管理和控制管理信息系统的重要理念和先决条件以及不可或缺的组成部分,不仅具有分析功能,还有具有全面的帮助功能。

管理信息系统集成的、上下文敏感的在线帮助功能,在激活时为用户提供有关当前程序的信息。此外,必须实施对企业管理的支持,其中包含程序中的企业结构基本信息(例如年度财务报表和标准报告、损益表和资产负债表)。

① 参见 Reichmann & Fritz;Fröhling:*Controlling*,S. 266 f。

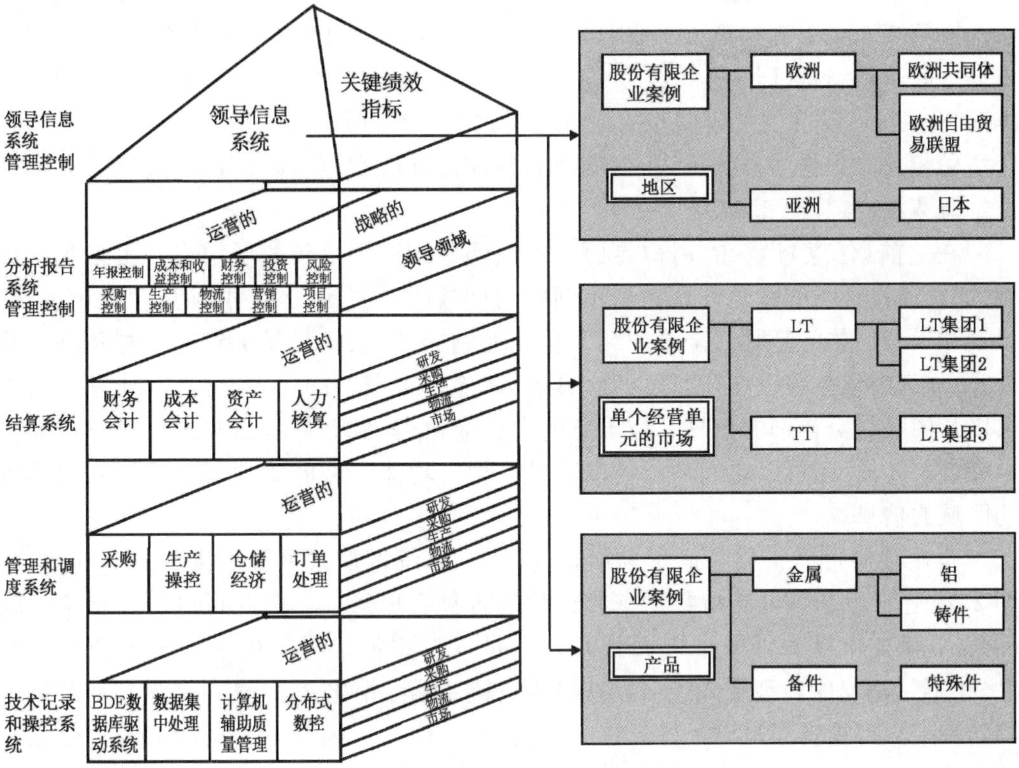

图 2.24　报告树层级示例

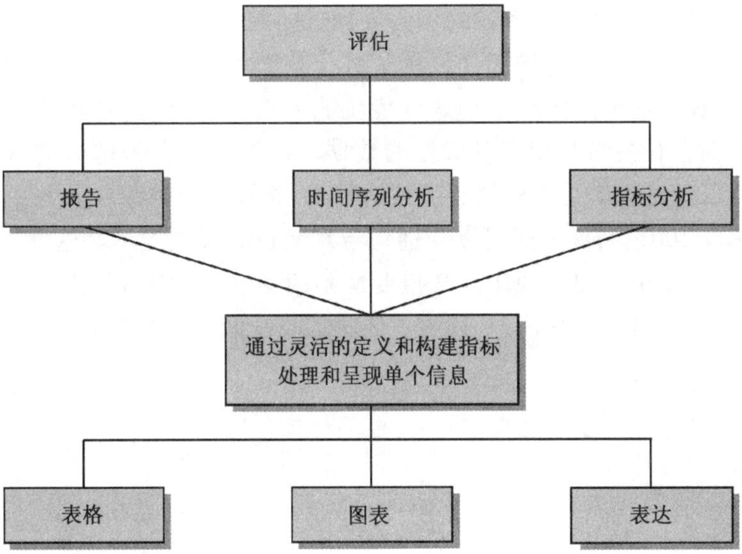

图 2.25　信息维度:评估

可以在管理控制理念的基础上创建IT理念(参见图2.26)。为了在IT系统成功实现在第2.3.2.4节和第2.5节中介绍的指标系统以及IT实施的隐含要求,应该设置以下的逻辑结构(Liebe,2017)。从源系统开始,必要的信息/数据被传送到相关数据库。[①] 接着,来自相关数据库的数据被传送到多维度数据库,该数据库可以由与各个主题相关的报告立方体组成,例如盈利性和流动性数据、风险数据、成本结算数据或物流数据(参见图2.27)。

在之前(任意)设计的用户界面上可以调用相应的决策相关信息。根据管理级别,必须通过适当的角色理念考虑不同的访问权限。在图2.28中,通过"企业领导"级别和下一级的"管理层"来形象化。在企业领导领域,汇总了关键的操控指标。此外,更详细的信息可以在"管理层"部分找到,除了管理层的员工之外,企业领导层也可以从中获得更详细的信息。在屏幕的右侧区域,各种评估根据其展示的报告而得以命名。此外,还可以访问功能控制区域。相应功能区域的管理者只能访问其负责的区域的信息。

企业领导可以直接访问之前所描述过的、以维度形式展现出来的盈利率数据。图2.29还显示了可以支持数据资料评估的各种表现形式。因此可以调用特定时间的数据(例如年度盈余或投资回报率),还可以调用特定时间内关于发展情况的信息。[②] 通过适当的表现形式还可以直接将逻辑关系可视化,就像通过销售利润和资本周转率来分析投资回报率一样。在应用层面上,现在可以通过使用相应的软件和在适当技术理念基础直接发展出可供使用的信息表现形式,这与"领导信息系统"的隐含要求和呈现的方式有关。

中型企业指标系统的首要指标数据,例如订单状态、销售、总产量、息税前利润或营运资本等,呈现在管理信息系统的用户界面,这对于特定时间或在变化的时间段中都是可能实现的。报告的左侧部分显示了各个首要指标,并提供了"时间"维度过去和计划值的比较。这里的比较最初是以传统的表格形式进行,并且除了比较相应的数据之外,还提供有关绝对和相对偏差的数据。在报告的右侧部分有各种支持分析的图形,例如目标达成率可以转速计的形式显示,指针的位置显示目标的负偏差或正偏差(目标达成100%);或者还可以交通信号灯颜色的形式表示。这里还将考虑相应受众的要求来确定相应的可视化。其重要性不应该被过分强调,因为各个信息受众了解可视化(有限制)的有效性,并且为了能够恰当地解释简练的内容,信息的坚实基础及其阈值是必要的。

---

① 参见 Liebe, Moewes: *Controlling-Systeme*, S. 275 ff.; Schön: *Reporting*, S. 104 ff.。

② 参见 Schön, Ständer & Liebe: *Unternehmens-und Projektsteuerung*, *hier* S. 255。

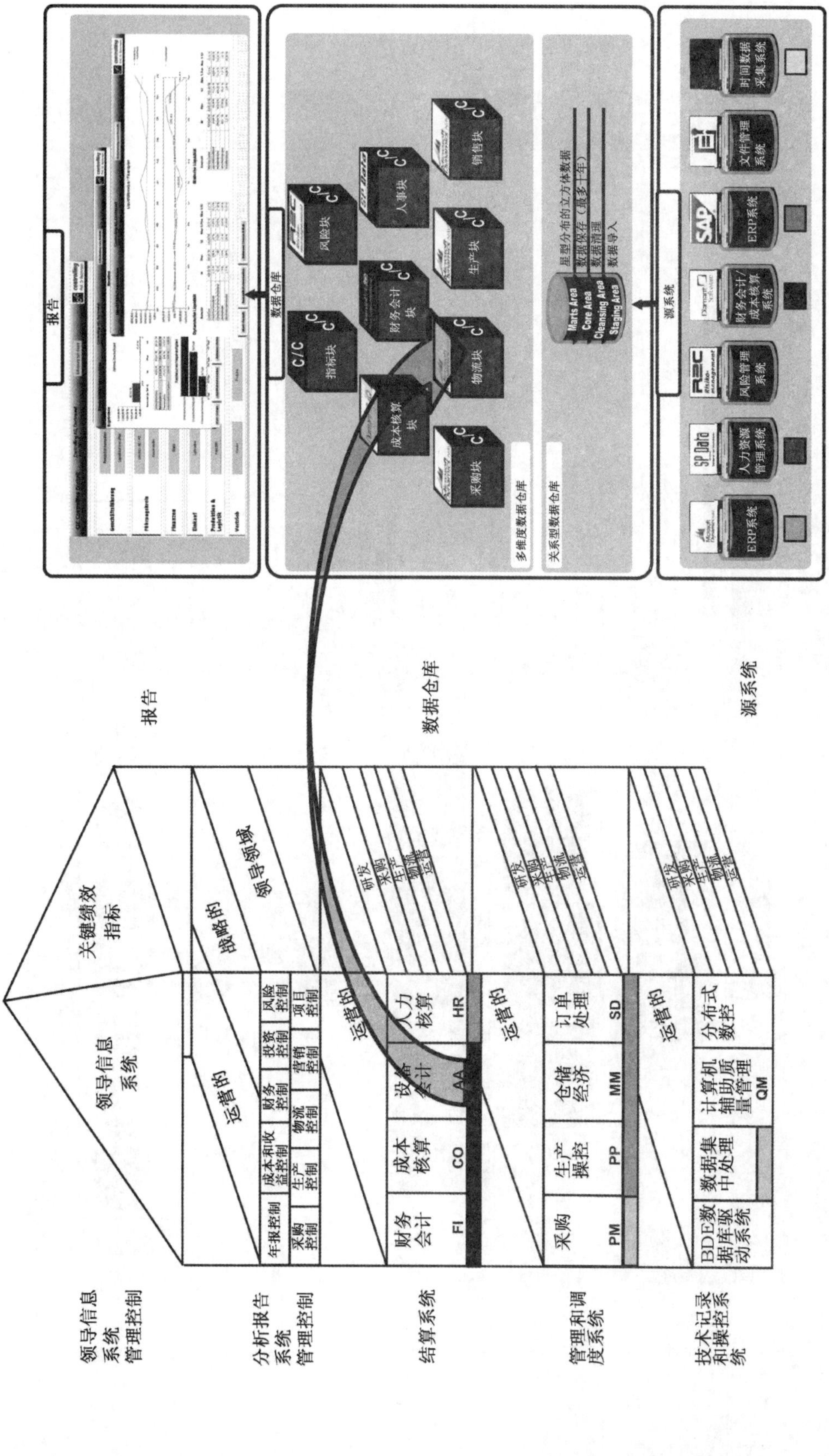

图2.26　同时引入控制理念和IT理念

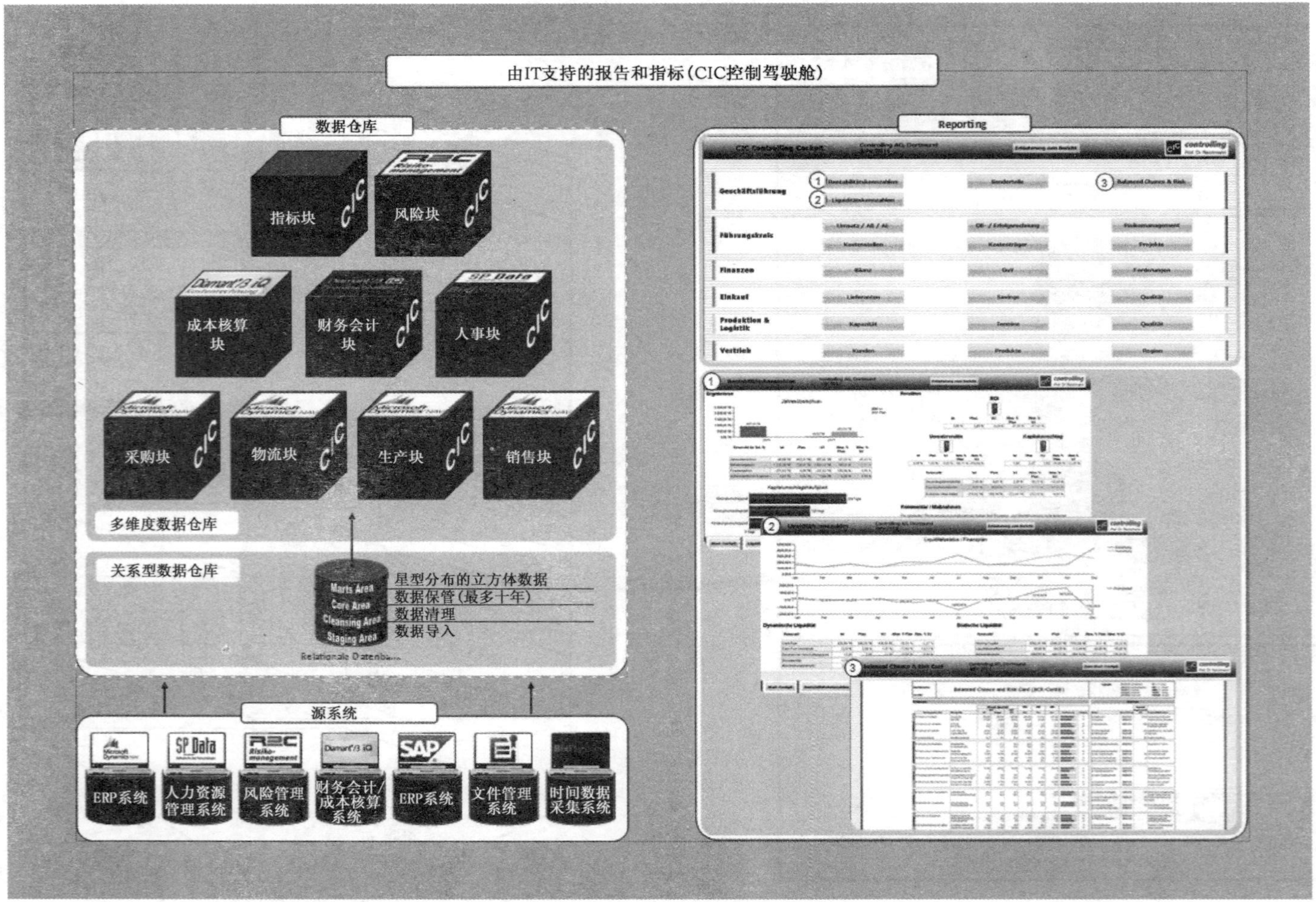

图2.27 领导信息系数中指标评价的例子

图 2.28 为信息提供者而设置的在线报告导引

较少引起争议的是时间轴上的发展展示，它依据评估右下方区域中的数据“订单状态”“销售额”和“销售总成本和第三方服务”展现。在这里，也可以使用各种不同的表达形式，其中包括柱状图、阈值和限制值。同时描述两个数据有助于展示评估的相互依赖性。

符合逻辑的分析和报告结构的实现可以借助 RL 风险指标系统中的风险管理示例在相应信息、分析和报告结构中来说明。图 2.30 中呈现的报告结构也基于多维度的数据库，其中，从关系型数据库的基本数据出发，可以在多维度报告块中定义相应的风险报告块。

然后，源数据仓库提供了可以快速概述风险随时间的演变及其在特定区域（风险类别）的分布情况的可能性；一般业务风险（黄色）、财务风险（绿色）、管理/组织（蓝色）、市场风险（红色）、法律风险（浅蓝色）、技术风险（紫色）。应当指出的是，落实图 2.31 左侧部分的要求，需要一致理念和信息技术的实施，可以得出右侧部分展示的对于风险适当的分析和说明。除了信息技术的实施之外，还要保证标准报告和风险管理之间的逻辑关系，只有在这种情况下，才能充分解释右侧图像中的不同评估选项。建立一致风险管理的基础可以在第 6 章中找到。

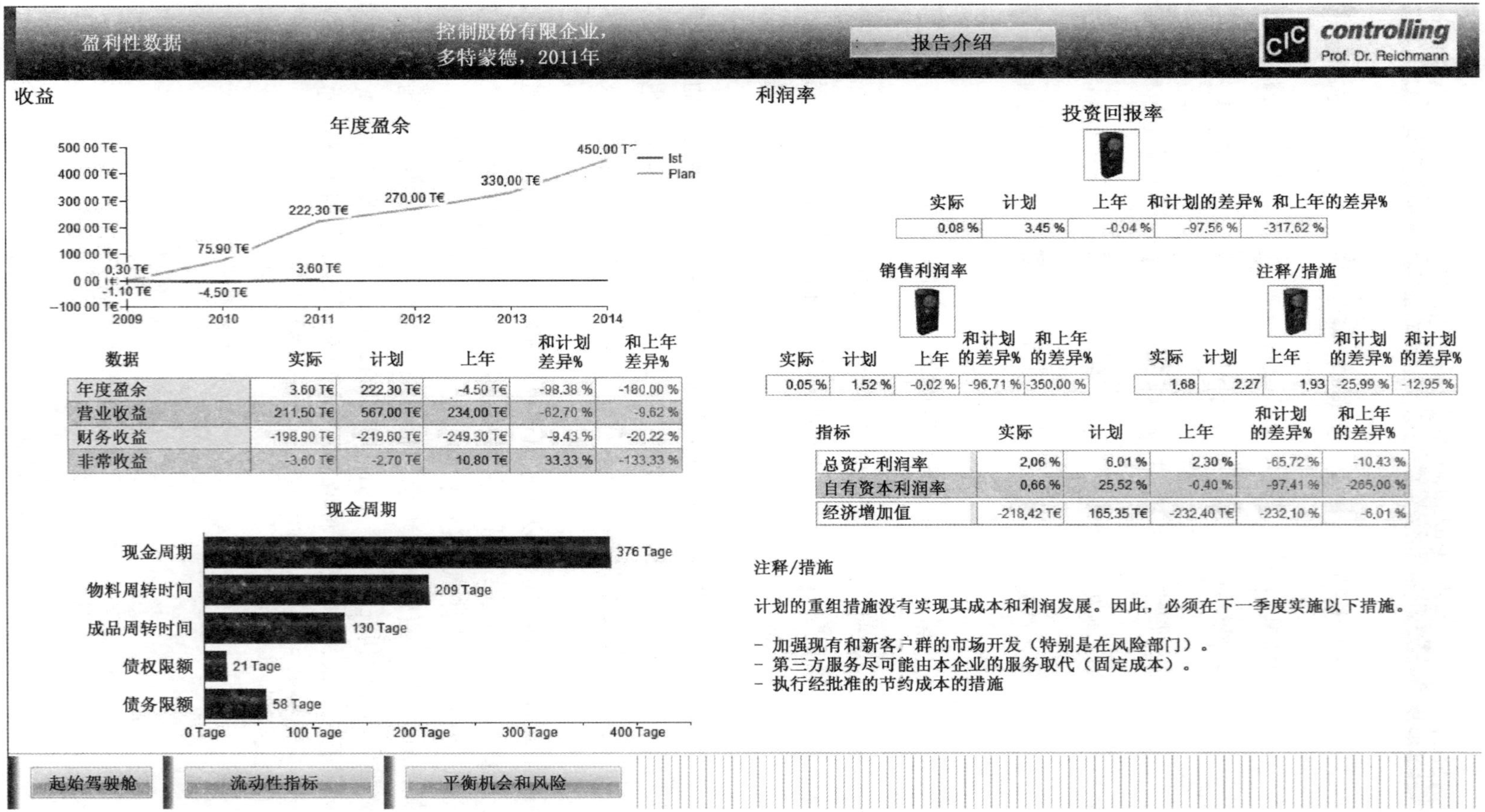

图 2.29 盈利率的首要数据（康采恩、子公司、母公司、部门）

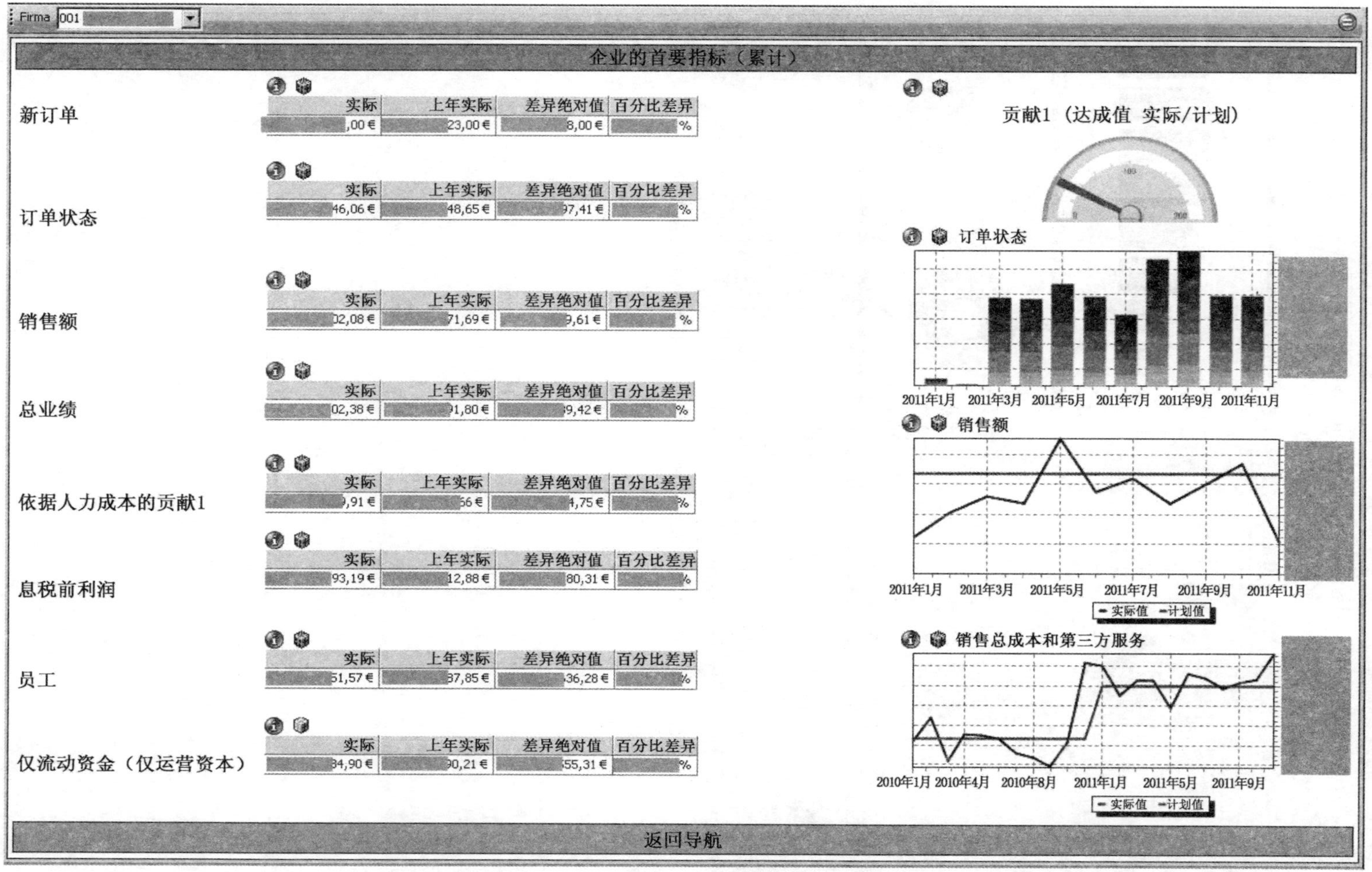

图 2.30 母公司首要指标（以顾客为例，中型企业）

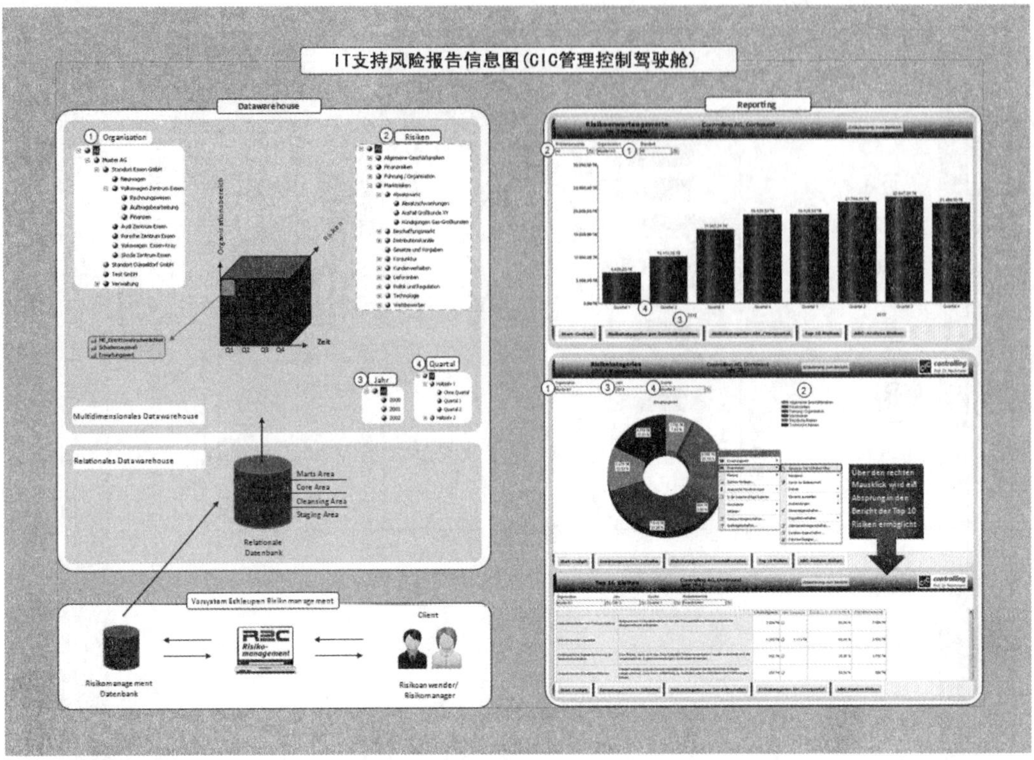

图 2.31 在 RL 指标系统中新理念与 IT 支持的风险报告举例

3 成本与收益控制

管理控制指通过一种以会计学为基础的系统来提高企业整个管理层决策质量的行为，因此一个决策导向的会计系统构架自然是必不可少的。由于人们对于目标相关性定义的解释十分宽泛，因此这种会计系统必须包含财务数值以及成本和收益数值，接下来，首先探讨成本与收益控制的问题。居于主导地位的控制任务的收益目标决定了与控制相适应的会计系统的配置以及成本和收益核算的运用。相应管理控制任务的解决方案要求运用目标导向的会计系统并延伸扩充部分会计学的知识。

3.1 成本与收益控制的任务

3.1.1 根据市场形势调整企业运营的必要性

在过去的 65 年里，德国经济发展的特征为经济衰退的规律性出现，在每一次经济衰退后往往都会伴随着又一次的经济复苏。在经济理论中，经济衰退指经济逐渐显现出不景气的苗头，特征为订单量下降、盈利预期降低、产能利用率下跌、国民收入降低以及部分物价下降等。去除趋势及季节变化这种经济发展形式(按照市场价格计算的国民生产总值作为一个国家生产总值)如图 3.1 所示，除了生产指数，图中还涉及接到的新订单数的变化。[①][②]

从图 3.1 中可以看出，每过三到五年，德国经济就会经历一次由大繁荣后的萧条阶段再到紧随其后的经济复苏就业充分的过程。经济衰退的年份为 1951～1952 年、

---

① 参见 Reichmann：*Produktpolitik*，S. 484。

② 参见 Institut für Wirtschaftsforschung e. V.：Wirtschaft，Kapitel G1；Statistische Beihefte zu den Monatsberichten der Deutschen Bundesbank，Reihe 4，Januar 1991，S. 18，Januar 1994，S. 30 und 36，Januar 1997，S. 30 und 38，Januar 2000，S. 30 und 38，Januar 2005，S. 30，Januar 2010，S. 30 und 40，August 2010；Bundesministerium für Wirtschaft und Energie：Produktion im Produzierenden Gewerbe，Auftragseingang im Verarbeitenden Gewerbe 2015，nachfolgende Jahre prognostiziert。

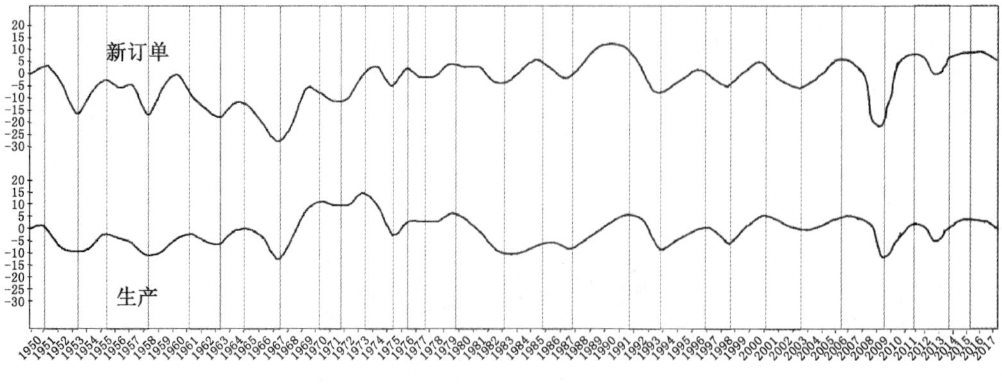

图 3.1 随时间发展而变化的经济波动

1956～1957 年、1961～1962 年、1970～1971 年、1973～1974 年、1977～1978 年、1980～1982 年、1984～1985 年、1987～1988 年、1992～1993 年、1997～1998 年、2001～2003 年、2007～2009 年以及 2012～2013 年。虽然这种经济发展形式如今仍无法从理论层面加以解释，但我们可以合理地猜测，这种在历史的长河中显而易见的"时间相关性发展模式"中蕴含着一系列影响因素（消费率、储蓄率、投资倾向、库存政策、定价政策、利率水平、政府支出政策）①，它们在相互影响、共同作用中逐渐使得经济发展具有了某种规律性的特征。这种经济发展形式和季节波动不断叠加，季节性的波动会在年复一年中以相同的形式出现，并由季节变化以及季节性需求共同决定。

纵观从 20 世纪 70 年代初到 90 年代初经济周期性的变化过程，值得我们注意的是，20 世纪 80 年代中期的经济波动远小于前十年；换而言之，在此期间整体经济发展速度相对稳定。在德国统一后，整体经济发展的增幅再度加大。首先产生的是"统一后的繁荣热潮"，直到 1991 年中期才渐渐散去。然而，这次繁荣过后却出现了更加严重的经济衰退，其背后的原因在于，由于汇率的畸形发展导致出口贸易持续疲软，再加上居高不下的工资费用压力严重限制了国内的投资需求。为了应对国内经济状况的这些结构性缺陷，企业开始大幅削减成本，并终于在 1994 年初显成效。从那时起，德国经济再一次驶入了稳定增长期；然而根据经济周期的规律，1997～1999 年德国还是经历了一次小幅度的经济倒退。在 1999～2000 年德国经济再度增长，而 2001 年则再次回到了下降的阶段，且"9·11"事件还使之恶化。根据预期，这种疲软的经济态势应持续到 2003 年的前两个季度为止。这一次经济状况迟迟没有好转，虽然增速缓慢，经济复苏还是在 2004 年的第二季度姗姗来迟。然而这种"增长"相比于以往要弱得多，因为有两个结构性的变化不可忽视：欧元的引入使得居民商品篮子里的购买力发生了显著的变化；自欧元流通以来，消费品（尤其是食品）的价格飞升，以至于现有的家庭购买力重点由耐用消费品转向了短期消费品。家庭对耐用消费品需求降低的后果是相应资本品工业生产能力缩水，从而造成了经济水平的低增长。欧盟的扩

① 这里参见 Teichmann：*Konjunkturzyklus*，S. 227－241。

大,再加上向欧盟新成员国转移支付导致了另一个结构性变化:这些资金为新加入的欧盟成员国创造了约500万个就业岗位,然而德国的失业人口总数却升至近500万。细观图3.1中曲线的走势可以发现,这些结构性变化虽然没有消除经济波动的规律,却着实使德国经济遭受重创。

由于"9·11"事件,新千年伊始时的这次经济萧条格外漫长,由此产生全球环境下发展的不确定性,导致市场参与者普遍持观望态度。此外,上一个千年结束时,人们对新经济意义下经济部门增长活力的过高预期如今也明显变得相对客观。尽管如此,这段长时间的压抑也造成了接下来几年经济的井喷式增长。消费者对耐用消费品的需求,以及企业方面必要的代替性投资和新投资都为持续增长奠定了基础。接下来的新一轮萧条再一次(就像6年前的"9·11"事件那样)深受国外事件的影响。2008年的金融危机以及被波及的动荡不安的国际市场使得产能骤降(参见图3.1)。市场参与者的明显不确定性从订单数急剧下降这一现象中便可见端倪,这种现象在20世纪60年代时就已经出现,只是当时还不明显。面对融资活动的高度不确定性,还有与此同时直线下降的销售额和订单量,企业开始尽量避免额外的付款义务,并大面积撤销了已经接受或正在处理的订单。在政府和中央银行承诺会采取一定的非常规干预后,逐渐导致对经济发展的消极预期而产生超额认购的现象,经济持乐观态度时期产生的订单和生产急剧增长成为问题。近年来,欧洲央行的扩张性货币政策导致历史性低利率,推动经济发展。强劲的出口需求也更加促进了这一趋势,这一特点在新兴工业国家体现得尤为明显。但是,持续利用这两个因素来弥补长年累月中产生的结构性经济动荡的想法,依然是不可取的。

"希腊危机"的爆发进一步证实了那些对欧元引入持怀疑论调的人们的观点:各个国家间财政政策差异过大,因此同一个货币框架着实难以维系。通过工资限制和削减社会福利(从而降低人员成本),德国相比于其他欧洲盟友获得了卓有成效的成本优势。虽然企业方面和联邦财政能够直接或间接地从中获益,却使得欧元区的进口商不再有机会通过本币贬值的方式来弥补损失。可以预期的是,由此产生的问题会在中期再次出现。问题的解决也只能在政治层面上诉诸强有力的欧洲共同体,然而其执行力却受到严重限制。目前对于难民接收问题的分歧严重拖累了共同体政治工作的进行。考虑到难民入境后随之而来的困难和挑战,许多欧洲国家似乎都限制了接收范围。可以看出,即使拥有悠久移民和民族融合历史的盟友也认为,他们在应对移民大量涌入时能力有限。德国在难民问题上的特殊地位,引发了大量的经济政策问题。从经济角度看,在接下来两到三年的时间里,每年数十万难民的涌入能够刺激经济并使得扩张性财政政策发挥作用。这样甚至能够弥补全球经济恶化带来的负面影响。不难预料,为了尽量避免分配冲突,欧盟大多数国家在政策上对于难民迁入持支持态度。从中期和长期来看,不确定性的风险因素主导了经济周期的走势。利率水平的提高是可以预见的:即使利率的小幅上升也会对公共部门的预算造成巨大的负担。接收难民和此举带来的影响仍然是未知的。大多数新移民无法满足当地劳动力市场的要求。想要这些人融入社会，仅提供生活必需品（如住房、食品、能源、医疗保健、教育、文化活动、交通工具等）是远远不够的。由此产生的费用是和政府花在一个“正常”失业者身上的费用所无法比拟的，为已到来和即将到来的移民所量身定制的教育以及融入服务也会造成更大的开支。这些资金凭空出现几乎是不可能的，因此在德国接收难民的这几年仍需要支付大量的补助资金。这笔钱在相当长的一段时间里，甚至对于难民在德国的逗留全程而言都至关重要。这样一方面会产生直接成本（住处、财政支出、医疗保险等），另一方面也会产生间接成本（如雇用新教师、语言班资助、雇用社会工作者等）。若在经济危机中广大人民的生活状况逐渐恶化，是否仍能保持高度的社会凝聚力便不得而知了。根据其他欧洲国家的经验来判断，依旧乐观的情况相对有限。在经济衰退中产生的高失业率导致的公共预算空间有限等问题不容忽视。

如果经济的消极态势能够通过政策方面的相关措施或积极的外部效应被遏制，那么以上所描述的经济周期则可以通过其相互作用、相互依赖的关系转向蓬勃发展的走势；企业则可以继续期待繁荣与萧条相互交替带来的影响。然而，这样的一个周期的实际过程远不如以往那样可预测。经济发展的宏观态势也不能简单地直接与部门及企业的发展联系起来。因此，一份有关行业特定的经济周期性和季节性影响、显示行业发展超前或落后于总体经济趋势，并能够展示行业发展趋势的详细分析报告便可以为企业规划者提供足够的参考，以便他们在不同层次的规划数据中考虑时间变化对于销售额发展的影响。大家都心知肚明，即使是金融危机也不会导致像 19 世纪 30 年代那样的经济萧条（即“大萧条”）。有猜测认为，是国家的经济政策措施与中央银行的信贷措施在共同发挥作用，从而减缓了各种经济活动的倒退速度。在企业战略的相关措施中，处于第一位的是面对需求变化所进行的运营调整，这些调整并非针对需求持续下降这一现象，而是会着重考虑受时间因素影响并限制的——如同在以往金融危机中表现出来的——销售机会也同样显著下降的问题。

企业所面临的问题则是，应该以何种形式来适应这些需求的变化。一些企业通过集中使用像打广告、找代理商这样的销售政策工具来加强销售工作，在经济状况走下坡路时，却不足以刺激销量增长。因此，企业管理层常常需要在通过降低供货价或给予商品适当折扣的方式来降低售价，以及减少销售量之间做出抉择。如果管理层决定减少销售量，则可以通过形成适当的库存维持当前产量或做好减产计划的方式实现。增加库存这种方法只有在确定日后某一时点能够将多余库存售出的情况下才有意义。减少产量则可以通过取消加班和轮班制或引入短时工作制，尤其是在不利的情况下通过裁员的方式来实现。其他调整方案包括采购，系统地进行项目调整和与之相关的库存与分类成本缩减，采用合时宜的生产政策，以及在考虑到替代性金融工具的情况下，进行系统的固定成本管理和积极的流动性管理。

企业或企业集团规模越大，任务分工就越广泛，受到季节性和周期性销售波动等外部因素的影响就越强，越有必要通过管理控制系统来协调这些企业决策。这个管理控制系统要负责为企业持续提供基于决策的信息、规划、规划协调和监控，以便能最佳地适应不断变化的经济形势，并最大限度考虑到经济政策的影响。因此，如今，若要在一个拥有灵活生产中心(工业 4.0)的生产控制环境中，应对客户复杂的产品需求，有一个可变通的、能够始终适应市场变化发展的战略，在管理控制中是尤为重要的，这也会促使一个控制系统和以基于 IT 的管理控制 4.0 的诞生。

3.1.2 持续的收益与经济性监控

在销售导向的管理控制方面，在面对不断变化发展的经济形势时，企业的成本和财务管理控制是我们的主要考察对象，这对于和特定产品、产品组、客户、销售区域、企业部门与企业整体密切相关的销售和成本控制也同样重要。因此，成本变化的持续控制不仅要顾及与单位成本相关的领域，也必须在成本产生的地方(即成本岗位)处加以落实。这么做的原因在于，过多的成本岗位以及特殊形式下的成本项目会导致信息浓缩等问题的出现。从生产控制的视角，要确保能持续审查每个成本岗位可能出现成本偏差(价格偏差、就业偏差、方法偏差)的地方。在成本和收益控制的框架下，这些成本岗位中的单个偏差会合并成一个“总偏差”，如一个特定表面处理部门的就业偏差。在成本和收益控制的框架下，除了某个成本类别或某部门的就业偏差是需要考虑到的因素之外，还有实际成本及计划成本中都没有记录的“计划中”不可用的产能。因此，企业必须要借助不断发展的生产利用率指标系统来囊括正常的生产利用率(单班/轮班制)以及生产利用率的最大值。在生产控制的框架下，这个指标系统不仅与机器和成本岗位有关，还应根据各部门的信息总结理念，在成本和收益控制的框架下把它们记录下来。

3.2 成本与收益控制的工具

控制能够成为一个以收益为目标、决策导向系统的前提条件是，成本和收益控制的工具能够提供与决策相关的充分数据。除了会计数据外，核算还基于企业规划系统。鉴于规划的完整性原则，这样的规划系统必须包含企业所有的决策领域。从企业职能角度出发，规划可涉及采购、生产、销售和物流等领域。这些规划的特点是，它由一系列详细的规划组成，但是这种详细规划系统并不能直接胜任企业整体成本和收益控制的任务。与以货币计量为基础的会计学不同，详细规划是以数量或时间变量为基础。如果成本和收益控制基于全部细节规划，会因为一个任务中的数据量过于庞大而无法实现收益目标导向型的信息浓缩。[①]

通过这种浓缩只会降低数据的复杂性，但不会影响决策和计划数据的目标导向。在成本和收益控制的框架下，借助和时间挂钩的累积销售、成本和收益计划实现对这些相互依存的详细规划进行有价值的信息浓缩。这里需要注意，由于在规划系统中，

① 这里可以参见第 1.1 节的管理控制基本思路。

各详细规划之间都有相互影响的关系，因此所有精简后的企业规划之间也都是相互依存的。然而，这种相互依存关系会导致，每个子规划的制订都能够决定接下来所有规划的内容。由于企业的市场导向性以及由此产生的销售规划在企业规划中所占据的主导地位，企业通常会选择销售计划作为所有子计划的规划基础。

3.2.1 销售规划

销售规划的特征是，它说明了未来的销售数量以及销售额，这些描述是根据过去涉及预计销量和销售额与决定它们的影响因素之间的关系的规律得出的。决定一个企业销售额的影响因素由整体经济和具体企业相关因素组成。整体经济对销售的影响可能来自其趋势和周期性的发展变化，以及相关行业的经济变化和行业的季节性变动；具体企业相关的影响因素则与营销工具的使用有关。

在销售导向管理控制的背景下，首先必须明确，某一行业的发展状况会在多大程度上顺应或偏离整体经济的发展趋势，而且在预测销量时，必须考虑到有哪些经常出现的季节性影响。接下来需要考虑，在利用市场工具后，企业相关的因素会对销售额产生怎样的影响。价格政策、广告和质量政策在市场工具中占主要地位，同样重要的还有企业的产品政策所带来的影响，即企业会以何种频率推出新产品。每一款产品通常都有生命周期，因此便要有针对性地寻找合适的产品组来根据每种产品独一无二的特性进行规划。[①] 至于影响营业额企业因素可以通过不同的统计方法来进行，例如利用较为简易的趋势外推法，但它仅能在预期趋势没有出现中断的情况下使用[②]，否则便只能使用虽更准确但更耗时的相关和回归分析法。借助这些方法，我们便可以构建指标模型或者解释模型。与解释模型相比，指标模型中并没有因果关系，只是假设了一种“时间函数”的关系，而解释模型则是以因果关系为基础多层次展开的。出于合理性考虑，在即将要讨论的内容中，我们要首先从多个有可能出现的关系中预选出一系列的影响因子，接着借助相关性计算对其进行检验。在进一步的研究中，我们会利用回归分析法使得高度相关的影响因素成为因果关系解释的基础，这些会在接下来的内容中更详细地讨论。

3.2.1.1 产品及产品组相关销售规划

3.2.1.1.1 利用相关性分析确定影响营业额的变量

针对具体情况，可对企业营业额产生影响的变量有很多。由于提供的服务类型，企业所在行业以及市场形态的不同，对于不同企业销售额的影响因素也不尽相同。每个企业都有影响其销售额的因素（如广告费用、价格水平、分类广度、性价比、产品生命周期等），同样还有一些外部因素变量（如失业人数、国民收入、工业新订单量、季节性波动等）。出于规划的目的，这些变量都被囊括在企业会计的考量范围，而且针

---

① 参见 Reichmann:*Unternehmensführung*，S. 28 f。

② 在使用外推法时，管理控制师必须针对具体情况审核前提假设（如价格发展和行业增长）是否成立或者发展趋势已经中断。

对这些和营业额相关的变量也有许多不同的数据资料可供参考。在这些参考数据的基础上,可以通过相关系数来检验,在重要的产品和产品组中,企业内外部的影响因素变量(x)是如何决定营业额(y)的,这里使用的相关系数如下所示①:

$$r=\frac{\sum_{i=1}^{n}(x_i-\overline{x})(y_i-\overline{y})}{\sqrt{\sum_{i=1}^{n}(x_i-\overline{x})^2\sum_{i=1}^{n}(y_i-\overline{y})^2}}$$

由于相关系数的计算非常复杂,因此在相当长的一段时间里,这种计算方式无法系统、大规模地运用在因果研究中。统计软件的出现和不断更新才为这种方法的使用带来了新的可能性。现如今,即使要对一长串可能的影响因素的重要性进行检验也并非难事,检验后将结果记入一个相关系数表中即可。通过观察相关系数便可知道哪些因素与因变量销售额的变化有关。相关变量的选择和将其记入企业特定销售预测指标系统的过程必须谨慎对待。研究表明,并非所有与销售额高度相关的变量都可记入预测系统。一方面,不能重复考虑存在自相关性的影响因素;另一方面,应排除在某些情况下,实际值与先前特征高度偏离的影响因素。此外,构建一个能够共同确定销售额的产品组也至关重要。

3.2.1.1.2 通过相关性计算阐释时间相关关系

在一般情况下,我们可以假设销售额和影响因素之间的关系不全在同一时间层面上,其中一些影响因素同时引起了销售额的实时变化,而另一些变量的影响则有时滞。为了阐明这些时间关系,必须计算出作为因变量的销售额与自变量带有时滞的相关性。② 任何一个影响因素都可以通过相关系数以时间层面的形式表现出来,例如在一个针对销售额的研究中,其中四个季度变量发生在之前,一个季度中与营业额处于同一时间段,还有一个季度中变量的影响发生在之后,自变量与营业额的关系如表3.1所示。

表3.1　　不同时间层面的相关系数

季　度	Q_{t-4}	Q_{t-3}	Q_{t-2}	Q_{t-1}	Q_t	Q_{t+1}
相关系数	0.60	0.70	0.85	0.92	0.80	0.75

从相关系数序列中可以看出,实验中的影响因素与销售额密切相关,相关系数达到了0.85和0.92,且得出这两个数据的变量所处的时间先于营业额变化。像这样相关度高且时间早于销售额的影响因素,可以用来进行销售预测,前提是研究人员能够事先知道在需规划时间段内参数的数值。

有关销售额与相关影响因素之间的时间性关系分析表明,一部分潜在影响因素相对于营业额在某种程度上的超前性关系并且能及时获知当前值,是进行预测规划

① 关于Bravais-Pearson相关系数参见Sachs:*Statistik*,S. 109 f。

② 参见Lachnit:*Jahresabschlussanalyse*,S. 346—350;S. 366—373。

的必要条件。这样的预警指示器十分适用于销售预测工作。这些“指示器”与总体经济指标相关,例如新订单、订单状态、库存变化、投资倾向、失业率、原料市场的守时、工会要求以及市场利率等;同时,与企业相关的因素也应考虑在内,例如产品及产品组的订单状况、客户的付款行为、产品类型、分类广度、产品的生命周期、产品性价比、广告支出、测试市场结果及市场地位等。变量相对于销售额的超前性越弱,它们作为预警指示器的适用性就越低,这是因为等到这些变量能够对预测系统产生显而易见的影响时,销售额很可能已经开始呈现出消极的发展趋势了。

3.2.1.1.3 确定营业额及营业额决定因素之间的函数关系

若想要进行定量预测,仅了解哪些因素会影响销售额是远远不够的。我们还需要进一步了解影响因素和销售额之间的函数关系,通过回归分析可以确定二者的关系。我们可以设因变量 y'①为一个或多个自变量 $x_1,x_2,...,x_n$ 的函数。对于线性关系和一个自变量的算式如下:

$$y'=a+bx$$

若有多个变量,则公式为:

$$y'=a+b_1x_1+b_2x_2+...+b_nx_n$$

营业额和营业额决定因素之间的规律性关系可以利用回归函数来表达。利用回归关系的相关知识,自变量 x 的每个值都可确定与之相对应的应变量 y'的理想值。因此,预期营业额 y'是由与每个变量和时间相对应预测时段的相关变量所推导出来的,我们可以假设,以往的规律也往往适用于预测时期。

3.2.1.1.4 预期营业额的计算

在确定相关预测时间点决定销售额的影响因素并确定其在时间关系上的对应值之后,便可以将这些值代入相应的回归函数,通过回归线来算出预期的销售额。举例说明该过程:假设有一个生产电子设备(如 HCD 录像机、车载音响、钟控收音机等)并通过产品目录销售的企业,要为它生产的 HCD 录像机产品组做 2015 年第三季度的销售预测。根据相关系数,这个企业目录中提供的 HCD 录像机的品种数量(目录中的产品件数)、目录中的广告数量(页数)、人均消费电子产品的支出(电子消费品支出)以及 HCD 录像机的市场平均价格(平均价格)等因素对于产品组的销售是至关重要的。对于平均价格这一影响因素来说,在接下来也会以例子形式更详细地讨论,销售额应与一个季度前的平均价格相关性最强,这是因为客户需要一定的时间延迟适应市场上有竞争力的价格变化。

要计算出相关系数和回归函数,需要一段时间序列的销售额和决定销售额的自变量。“平均价格”这一变量的数据组参见表 3.2。

---

① 在回归分析中,通常用 y'来表示回归线上的变量取值,以区别于真实值 y,参见 Edwards:Linear Regression, S. 20—27。

表 3.2　**HCD 录像机的价格和销售额**

HCD 录像机的平均市场价格		HCD 录像机的企业销售额	
季度	欧元	季度	千欧元
2013 年第四季度	325	2014 年第一季度	3 150
2014 年第一季度	125	2014 年第二季度	1 800
2014 年第二季度	175	2014 年第三季度	2 550
2014 年第三季度	300	2014 年第四季度	3 000
2014 年第四季度	200	2015 年第一季度	1 950
2015 年第一季度	250	2015 年第二季度	2 250

这些数据组的相关系数为 0.848 8,这说明该企业平均市场价格与下一个季度的 HCD 录像机的销售额存在显著关系。该组数据的偏差最小回归线 $y'=a+bx$ 中的参数为:$a=1\ 050\ 000$,$b=6\ 106.7$。

若要对 2015 年第三季度的销售做预测,则需要 2015 年第二季度 HCD 录像机的平均市场价格。由于进口竞争,当时的价格应相悖于原始期望、降低至 100 欧元。根据体现在 $t-1$ 季度的平均市场价格和在 t 季度 HCD 录像机的销售额关系的回归方程表达式,2015 年第三季度的预测销售额为 $y'=1\ 050\ 000+6\ 106.7\times 100=1\ 660\ 670$(欧元)。这说明,鉴于该企业总收入与市场价格的函数关系,2015 第三季度的预计销售额为大约 160 万欧元。若将预期销售额与基于成本和收益规划的销售额进行比较,可以看出,预期销售额是否会因为条件的变化而略微偏离规划。

对于所有与销售额有关的指标,都必须按照上述方法对每一个影响因素进行分析,以便将各种不同的影响因素纳入销售额预测。以上这种多维预测方法是至关重要的,因为每一个指标都可能会有不同的变化并导致不同的销售预测结果。也就是说,仅基于单一变量的销售预测有可能会造成重大的决策失误。基于不同相关影响因素的每一次预测值的算术平均数可以算作某个多维度的预测值。[①] 例如,以上例子的目录里提到了四个变量:目录中的产品件数、广告页数、电子产品的人均消费支出以及 HCD 录像机的平均市场价格,而 2015 年第四季度的预期销售额则可以通过以下四个变量的回归方程推导出来,这里的数字仅供展示。

① 依据回归分析的原理,多元预测可以用两种方式实现:(1)把所有的影响因素都放在一个回归方程中;(2)对每个影响因素进行回归分析,然后计算所有预测值的算术平均数。作者的研究表明,多元回归分析法对于自变量变化的反应过度,有时甚至和实际值的差异超出预期;而单元回归预测值算术平均法对于自变量的反应比较温和。

表 3.3　　回归方程的推导

变量类型	参数 a	参数 b	变量值 x	预期销售额（千欧元）
目录中的产品件数	750	810	3	3 180
广告页数	690	100	20	2 690
电子消费品支出	1 875	138	7.5	3 910
市场价格	1 050	6 106.7	300	2 882
$\frac{\sum_{u=1}^{w} y'_u}{w}=\frac{11\ 662}{4}=2\ 915.5$（千欧元）				

在研究过程中可以发现，只有当大部分和预测相关的变量明显在往同一方向变化时，才得出发生显著变化因变量（如销售额）的预测结果。

以上研究中仅确定了一个季度的预期销售额。不难看出，这种方法对于接下来几个季度的销售额预测工作也是行得通的，但是预测准确性会有一定的下降。

销售预测基于在预测时间段所处环境中所有影响因素的数值。随着时间的推移，一旦出现了和之前预期经济状况背离的信息，就必须及时更新销售额预测值。这是因为，经济前景、其他市场或竞争的数据或企业本身状况的改变都会使得销售预测发生很大的变化。不断更新和调整预测以适应最新的信息状况是一个有效预警系统十分关键的先决条件。

3.2.1.1.5　平均预测误差的确定

在上文中，预测值是由每一个重要影响因素的算术平均值所确定的。这一理念必须加以修正，因为预期销售额不能仅凭考虑到这部分定量影响因素来决定的数值，还需要考虑到取值范围。[①] 那么如何将未考虑到的定性影响因素（例如企业声誉或服务质量）纳入预测理念呢？在预测理念的逻辑中，回归函数体现了可被预测的销售规模与企业内外部的定量影响因素之间的关系。那些在一开始没有被明确考虑到的影响因素会导致“回归直线”上的数值与实际数值不完全吻合，而会有向上或向下的偏离。那些没有被明确考虑到的因素还可以表现为，实际销售额的数值会在回归直线上呈现分散分布。为了确定回归线的偏差范围，可以通过算出那些基于相关性或回归运算季度或月份的实际销售额和预期销售额的平均偏差，给出平均偏差在预期销售额中所占的百分比。这种方法可以用波动带对回归线的偏差范围加以补充说明，这对于企业的灵敏度分析有着决定性的作用，因为它能展示出所研究的过去一段时间内的实际销售额与预期销售额拟合的“理想线”之间平均相差了多少百分比。根据对定性元素的估计，在该范围内偏高或偏低的值都可被作为预测的销售额，这对于成本、收益和财务结构中不同的销售额水平所带来影响的敏感性分析至关重要。

---

① 参见 Lachnit：*Jahresabschlussanalyse*，S. 361－364。

在这个例子中使用数据(参见表3.4)的平均预测偏差为9%。由于该组数据的平均偏差为9%,现在我们可以为2015年第三季度的预计销售额1660 670欧元补充一个预期上限和下限。在该组数据例子中,销售预测被简化至仅基于市场价格计算。在基于软件预测的模型框架下,必然需要包含影响预测的所有相关因素。预测的销售额上限为1 810 130欧元[1 660 670×(1+0.09)],销售额下限则为1 512 209欧元[1 660 670×(1−0.09)]。

表3.4 **实际、预期销售额及销售额偏差** 单位:千欧元

实际销售额		预期销售额		销售额偏差绝对值	
季度	合计	季度	合计	季度	合计
2013年第四季度	3 178	2013年第四季度	2 915.50	2013年第四季度	262.50
2014年第一季度	3 150	2014年第一季度	3 034.67	2014年第一季度	115.33
2014年第二季度	1 800	2014年第二季度	1 813.33	2014年第二季度	13.33
2014年第三季度	2 550	2014年第三季度	2 118.72	2014年第三季度	431.28
2014年第四季度	3 000	2014年第四季度	2 882.01	2014年第四季度	117.99
2015年第一季度	1 950	2015年第一季度	2 271.34	2015年第一季度	321.34
2015年第二季度	2 250	2015年第二季度	2 576.67	2015年第二季度	326.67
合 计		17 612.24		1 588.44	
平均数		2 516.03		226.92	
平均偏差百分比		$\frac{226.92}{2\ 516.03}\times 100\%=9\%$			

3.2.1.2 时间相关的累计销售计划

在销售估计和预测的框架下,计算出每个时间单位中的产品及产品组销售额,必须计入一个与时间相关的销售规划中。作为浓缩的信息工具,这种累计销售计划可以建立在与产品及产品组相关的单次预测上。如果企业的销售预测不存在这种差异度或者准确度,销售计划则可以根据产品组或客户群利用“较粗略”的标准(如ABC分析法)来制订。如表3.5所示,销售值将以月为单位并在计划阶段(例如一年)中以累计值的形式进行表述。①

① 该累计销售额以及成本额规划的简化模型是基于企业的应用层面(参见第1.1.5节),它们仅仅拥有“非复杂”的销售和成本规划。当然,这里的数值反映了相关月份的相应事件(消费品行业特定商品在7~8月以及11~12月的消费行为)。

表 3.5　　时间相关累计销售计划

商品/客户	销售额规划(千欧元)																							
	1月	Σ	2月	Σ	3月	Σ	4月	Σ	5月	Σ	6月	Σ	7月	Σ	8月	Σ	9月	Σ	10月	Σ	11月	Σ	12月	Σ
A 商品/客户																								
商品 1	6	6	5	11	6	17	6	23	6	29	6	35	7	42	4	46	6	52	7	59	7	66	8	74
商品 2	4	4	4	8	5	13	5	18	6	24	6	30	5	35	2	37	6	43	5	48	5	53	7	60
商品 3	5	5	6	11	9	20	9	29	8	37	8	45	8	53	4	57	8	65	8	73	8	81	10	91
A 商品合计	15	15	15	30	20	50	20	70	20	90	20	110	20	130	10	140	20	160	20	180	20	200	25	225
B 商品/客户																								
商品 4	1	1	1	2	2	4	2	6	1	7	2	9	2	11	1	12	2	14	2	16	1	17	1	18
商品 5	2	2	2	4	1	5	1	6	2	8	3	11	3	14	1	15	3	18	3	21	2	23	2	25
商品 6	2	2	2	4	2	6	1	7	1	8	2	10	2	12	1	13	2	15	2	17	1	18	1	19
商品 7	3	3	3	6	3	9	4	13	4	17	4	21	4	25	1	26	4	30	4	34	4	38	4	42
商品 8	2	2	2	4	2	6	2	8	2	10	4	14	4	18	1	19	4	23	4	27	2	29	2	31
B 商品合计	10	10	10	20	10	30	10	40	10	50	15	65	15	80	5	85	15	100	15	115	10	125	10	135
C 商品/客户																								
商品 9	2	2	2	4	2	6	2	8	2	10	3	13	3	16	1	17	3	20	3	23	2	25	2	27
商品 10～20	3	3	3	6	3	9	3	12	3	15	4	19	4	23	1	24	4	28	4	32	3	35	3	38
商品 21～30	2	2	2	4	2	6	2	8	2	10	3	13	3	16	1	17	3	20	3	23	2	25	3	28
C 商品合计	7	7	7	14	7	21	7	28	7	35	10	45	10	55	3	58	10	68	10	78	7	85	8	93
ABC 商品合计	32	32	32	64	37	101	37	138	37	175	45	220	45	265	18	283	45	328	45	373	37	410	43	453

ABC 类商品及客户在总销售额中所占的份额可用实际和目标指标来表示。

客户 A、B、C 销售额比率	成本收益控制数额	商品 A、B、C 销售额比率	成本收益控制数额
$\frac{\text{客户 A 销售额比率}}{\text{销售额}}\times 100\%$		$\frac{\text{商品 A 销售额比率}}{\text{销售额}}\times 100\%$	

在时间相关累计销售计划中,给出了 1 月及全年的计划数值。

考虑到未来销售计划的可靠性,每个产品组及来自客户群的现有订单须以一段时间内的订单数占每年计划销售额(以工作日计)比例的方式记录下来。

商品 A 销售额比率 (2015 年 1 月)	成本收益控制数额	商品 A 销售额比率 (2015 年)	成本收益控制数额
$\frac{\text{15 000 欧元}}{\text{32 000 欧元}}\times 100\%$	46.88%	$\frac{\text{225 000 欧元}}{\text{153 000 欧元}}\times 100\%$	49.67%

在时间相关累计销售规划中,对于约 4 个月内的销售计划,A 组产品未交货订单可表示为:

合同范围,商品 A、B、C	成本收益控制数额
$\frac{\text{商品 A}}{\text{商品 A 销售额比率}}\times T$	

合同范围,客户 A、B、C	成本收益控制数额
$\frac{\text{客户 A}}{\text{客户 A 销售额比率}}\times T$	

合同范围商品 A	成本收益控制数额
$\frac{\text{70 000 欧元}}{\text{225 000 欧元}}\times 360\text{ 天}$	112 天

此外,应利用之前提到过的统计方法来计算或估计预测精度,并通过合适的指标形式表示出来。

平均销售额预测偏差	成本收益控制数额
$\frac{\text{销售额偏差}}{\text{销售额计划值}}\times 100\%$	

根据第 3 章表 3.4 中计算出的预期销售额 2 516.03 欧元及通过以往绝对销售偏

差确定的平均销售偏差 226.92 欧元,可以计算出销售预期偏差为 9%。

平均销售额预测偏差	成本收益控制数额
$\frac{226.92}{2\ 516.03}\times 100\%$	9%

3.2.2 成本核算系统作为成本规划信息处理的工具

3.2.2.1 决策相关成本核算的概念

成本核算是管理信息系统的一部分,它的作用是为决策准备信息。决策过程的每一个阶段都需要以该阶段相关的成本核算任务作为支撑。

决策过程可以分为提议阶段、寻找阶段、选择阶段以及监控阶段①,成本核算的任务领域可以做如下区分:在决策的提议阶段,成本核算的任务是通过差异化地总结企业运营资金损耗来为决策者提供信息(阐述或调查功能)。在寻找供选择方案的阶段,成本核算的任务是告知不同方案的成本效应,成本核算的这种预测功能通过提出假设来确定成本与成本影响因素之间的关系(成本函数)。在确定了某个决策备选方案后,成本核算需将成本预测的结果进行预算和目标预设,发挥与决策者相关的预设功能。只有实现了预设功能,决策者的经济行为以及随后的决策控制才能实现。此外,为了监控阶段的顺利进行,成本核算必须有分析实际值与目标值误差的能力(监控功能)。

在这些必须通过决策导向成本核算来完成任务的基础上,可以根据其在决策导向控制系统中的成本规划适用性来评估各个成本核算系统。若要区分每一个阶段中产生的成本以及应在接下来的核算中计入哪一个具体的单位岗位,则可以在完全成本或可变成本法的基础上做进一步的成本规划。

3.2.2.2 完全成本核算体系作为管理控制系统中成本规划的基础

完全成本核算系统的特征为,它涉及一段时期内产生的所有成本总和,为进一步计算直接成本与间接成本提供了基础。直接成本可以直接计入成本归集者,而间接成本则需要借助一定的分配方法才能间接计入有关成本归集者。通常,在最初需要将间接成本按照支出类型加以汇总,接着借助适当的数量或价值方法,将其计入间接或直接成本岗位,最终分配计入成本归集者的费用。这种间接成本分配分为几个不同的阶段。在成本要素核算中,一段时间内的总成本或支出(如折旧)被分配至相应清算期间。在从成本要素核算中的成本类型到成为成本归集者相关费用的进一步分配中,所产生的单位成本间接费用首先通过成本岗位结算。在这一步骤中,又会产生无法明确计入各个成本岗位的新单位成本间接支出。这些所谓的成本岗位间接支出

---

① 参见 Heinen:*Industriebetriebslehre*,S. 45—47。

被计入各个成本岗位。通过企业内部的绩效结算，间接成本岗位产生的成本随后会作为生产成本结算中“常见的”现收现付的一部分，被计入主要成本岗位。最后在进行分配时，各个主要成本岗位产生的成本，会被计入成本归集者的费用。

以上介绍的某产品销售成本核算仅仅在于说明方法，而没有结合管理实践背景。[①] 需要注意的是，有关间接成本的分配系数不能做到毫无瑕疵地加以证明，那么结果依然是不严谨的。这种较为随意的成本分配系数会不可避免地违反成本因果关系原则，最终会造导致企业整体成本结构的扭曲。因此，基于完全成本法的成本系统与需要阐释及存档功能的决策导向成本系统相比是不合理的。因此毫无疑问，这种错误的成本结构无法为决策部门提供有用的信息。

如果像接下来展示的那样，不再过分关注以成本分配为中心的成本核算，而是着重分析成本水平与成本核算对象的关系，那么在完全成本核算时，缺乏决策导向的问题就会变得清晰，尤其是在间接成本和固定直接成本分配中产生的固定成本比例化这点上。固定成本是准备成本，因此是产品生产的必要先决条件，无论产量如何，都会产生固定成本。在企业内部成本结算的背景下，通过将固定间接成本分解到成本归集者或者绩效单位，从而使时间相关性成本转化为单位成本。固定成本比例化隐含假设，所有的成本都取决于雇用人数。由图 3.2 可知，在完全成本核算的背景下，始终基于一个特定的雇用人数 x 核算。如果实际的雇用人数高于或者低于核算中的就业人数，就会导致计入每一个单位成本的固定成本过高或过低。根据企业销售额收入和总成本函数可能会导致难以准确地判断盈亏平衡点，从而做出错误的决定。因此，可靠的盈亏平衡规划不应以完全成本法为基础，基于这样一份规划制定企业的运营目标也是不可取的。完全成本核算不能实现决策导向成本核算所需要的计划和规范功能，因此其监控功能也不可避免地难以实现。在成本内容和成本金额方面，完全成本核算不能完成决策导向成本核算的任务，这样会导致在管理控制系统中采用全部成本法是不合理的。

为了避免传统完全成本核算导致产生错误决策的风险，变动成本核算体系应运而生，试图全面改善完全成本核算的缺点。原则上，变动成本核算系统可以细分为两种成本核算程序，第一种系统形成标准将成本分为直接成本和间接成本，第二种系统形成标准是将成本分为固定成本和可变成本两部分。分为固定成本和可变成本两部分的变动成本核算系统包括一级和多级直接成本核算，以及边际成本核算。以将成本分为直接成本和间接成本为标准的变动成本核算系统包括相对直接成本核算与边际贡献核算。

---

① 有关完全成本法的评价参见 Heinen：*Industriebetriebslehre*，S. 984－987；Schweitzer & Küpper：*Kostenrechnung*，S. 296－301。

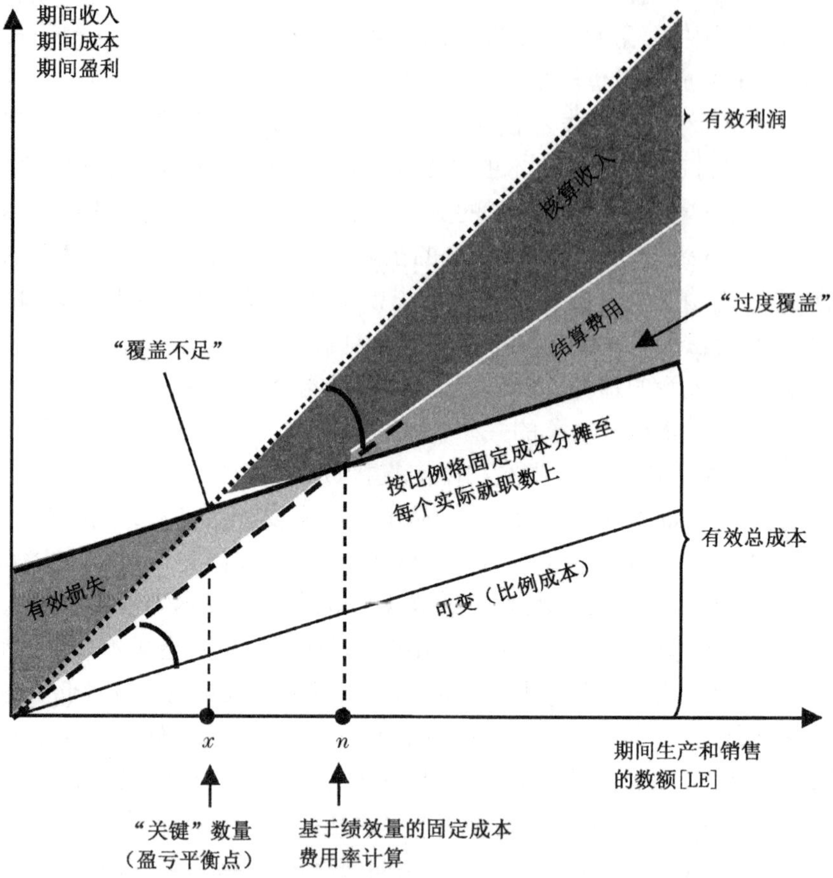

图 3.2　固定成本比例化的错误[①]

3.2.2.3　直接成本核算系统作为管理控制系统中成本规划的基础

直接成本核算是一套完整的成本核算体系，其主要特征是严格区分可变(人工)成本(直接成本)以及固定(人工)成本。可变成本通常定义为比例成本。一级直接成本核算中处理固定成本的出发点是，固定成本是期间成本而非单位成本这一指导思想。出于这个原因，在一级直接成本核算中，固定成本就基本被排除在单个成本归集者之外，这样做也与固定成本不和收益挂钩的特点相吻合。收益和收益单位只和可变成本相关这一事实导致：一方面，库存仅通过可变成本来衡量；另一方面，产品的(毛)收益通过产品收入和可变成本的比较来确定。因此，直接成本中的期间利润则可以通过从所有产品类型汇总的毛利润中减去无差别的固定成本部分来求得。通过严格按照职工雇用状况来确定成本以及在损益表中列出与产品相关的贡献边际成本，成本、产出量与利润的关系就显而易见了。

① 摘自 Männel: *Ergebnisrechnung*, S. 68.

在多级直接成本核算或固定成本补偿核算中，整个固定成本部分被分成了不同的固定成本科目，这其中包括仅生产一种产品的产品固定成本，用于某些产品组生产的产品组固定成本，用于企业某些特殊区域的区域固定成本，还有一切用于企业但不包含在产品、产品组和区域固定成本中的企业固定成本。这种固定成本的分类方式，在企业收益核算与成本归集者核算领域中构成了(一级)直接成本与边际贡献的本质区别。与(一级)直接成本的计算不同，在基于固定边际成本的收益核算体系中，从减去变动成本的单位边际贡献 I 中，再减去每个固定成本科目中的产品单元所承担的单位固定成本。在固定边际成本核算框架下成本归集者核算中，每个“固定成本科目”按照各自占边际贡献的百分比分配给各个产品单元。这是一种非基于因果关系的固定成本分配，且最终是一种从变动成本核算到完全成本核算的“倒退”。

通过区分和分别处理可变成本和固定成本，与完全成本核算相比，直接成本核算提供的成本信息降低了管理者做出错误决策的风险。可变成本和固定成本的分离是解构成本结构最重要的步骤。在这方面，直接成本核算在很大程度上满足了由决策导向成本核算来实现的阐释功能和存档功能。[①] 对于多级直接成本核算来说更是如此，因为分解固定成本是全面分析固定成本的第一步，尤其是对于随着时间推移的分解问题。然而应当指出的是，与完全成本核算相比，显著改进后的成本结构仍存在一些不足。这是由于，直接成本核算往往不是基于适当的成本分配，部分原因为这些成本常常被视作可变的，或至少短期内被视为与员工数无关。其中主要包括被视为可变成本的生产计时工资，但在现实中常被归入固定成本，因为劳动力自招聘起往往涉及长期的合同义务，在法定合同期内几乎不可能解雇之前雇用的劳动力。

此外值得注意的是，直接成本核算仅使用产量这一参数来衡量员工人数这个成本影响因素，其他参数(例如机器运行时间、机器安装调试时间)都没有考虑。这种核算系统更多建立在员工人数而非其他因素对成本的重要影响上，这一缺陷也导致在直接成本核算中，基本无法避免可变间接成本的分配问题。

但总体上可以确定，直接成本核算将可变成本与固定成本分开核算的方式，是为决策提供有关自产、外购以及价格区间确定等可靠建议信息的基础。因此，通过忽略作为固定成本补偿核算框架下的总成本核算，在实现基于决策成本核算的阐述和存档功能上，直接成本核算比完全成本核算要更胜一筹。

还需强调的是，通过将成本分为固定和可变两个组成部分这种方式，直接成本核算系统只能达到一个近乎合理的成本规划最低要求。然而，在实现决策导向成本核算系统的规划、规范以及监控功能等方面，还需严格指出，从直接成本核算系统的员工人数导向性可以看出，该系统主要面向成本归集者核算。由此可见，由于忽视其他成本影响因素，该系统不适用于实现规划功能以及规范和监控功能。因此，并不建议在管理控制系统中使用这种一级或多级的直接成本核算。

---

① 对于第一阶段直接成本核算以及固定成本补偿核算的深度评价，参见 Heinen：*Industriebetriebslehre*，S. 1007 f；Schweitzer & Küpper：*Kostenrechnung*，S. 409－419。

3.2.2.4 边际计划成本核算作为管理控制系统中成本规划的基础

边际计划成本核算是一种建立在变动成本基础上、十分灵活的计划成本核算方式。因此,分离固定成本和可变成本不仅是为了监控成本岗位的成本,而且可以用于企业内部绩效核算,原则上还可以用于收益核算。边际计划成本核算与直接成本相比有原则性的不同。因其成本归集者导向的特点,直接成本核算仅将产量作为与员工人数相关的变量,与之相比,边际计划成本核算中成本岗位的成本核算在变量选择上方法迥异。这说明了产量的变化通常伴随着进程条件的变化,例如产品系列尺寸、工作强度及机器配置等变化,会导致单位成本发生改变。因此,不能仅以产量作为衡量这些成本因素成本因果关系的唯一变量。除此之外,必须将准备时间、生产时间和机器运转时间也加入相关变量中加以考虑。与成本岗位相关的准备时间成本和生产时间成本也可以相应地加以区分。在选择此类变量时,注意变量应是成本岗位相关、能体现出成本来源的一个尺度,与此同时,应与成本岗位有直接关系,从而便于进行相关计算。此外,变量确定的过程应快速且便利。在这些变量的帮助下,就可以详细计划成本岗位的成本来源,以便算出最终的计划核算率。

边际计划成本核算系统对于展示和存档功能的完成情况,可以参考上一节对于直接成本计算的评价。由于边际计划成本核算参考了更多变量来提高对成本岗位里成本来源的认识,因此这种核算方法能够在更大程度上实现这些功能。[①] 与直接成本核算相比,边际计划成本核算能够以更加理想的方式实现决策导向成本核算系统所需的规划和规范功能。边际计划成本核算可以根据相关成本制定短期的规划决策。相关成本是一种对决策以及行为参数有作用的成本,在边际计划成本核算系统中,这种作用会通过对于参考变量的差异化考虑,以适当的方式呈现出来。因此,在这种结构化成本信息的基础上,可以在确定运营决策中成本方面的相关后果。只有通过这样的成本计划,才能满足决策导向成本核算的规范功能。在计划边际成本的框架下,将成本分为固定成本和可变成本,可能会受到成本岗位影响的成本归为预测的影响因素。监控功能通过与实际成本核算相关的边际计划成本核算来实现,通常是将每月的目标及实际成本按照成本岗位和成本岗位内的成本类型比较。

上述阐释表明,在计划成本基础上的边际成本核算能够满足决策导向成本核算的任务,且适用于管理控制系统。然而事实上,即使是在边际成本核算中,对间接成本的分配也是必不可少的。

3.2.2.5 相对直接成本和边际贡献核算作为管理控制系统成本规划的基础

变动成本核算系统的特征是区分直接成本和间接成本,包括累计间接成本补偿的直接成本核算和将间接成本进行分级补偿的直接成本核算。与其他的变动成本核

---

① 对于边际计划成本核算的深度评价,参见 Heinen: *Industriebetriebslehre*, S. 1009－1011; Schweitzer & Küpper: *Kostenrechnung*, S. 409－419。

算系统一样，相对直接成本核算和边际贡献成本核算是基于传统完全成本核算缺陷应运而生的，里贝尔(Riebel)将其称为成本转移会计。① 他指出了这种传统成本核算最突出的三个缺点：(1)如当它分配间接成本时，就会不再承认企业的生产关系；(2)将会有错误估计固定成本比例化的风险；(3)直接和间接成本的交替增加，即在一次性核算后，会导致间接成本结构混乱。由于这些缺点，成本岗位和成本归集者核算会错误地呈现完全成本核算的成本结构，在此基础上做出的决策很可能是不正确的。因此，里贝尔试图建立一个不具有上述缺点的成本核算体系。他的系统基于身份原则②，即成本和收益必须追溯到导致其产生的运营决策。运营流程被视为由一系列有关于不同事物与不同时间点做出决策的组合。该决策结构由决策对象的能够自主地处理对策、过程和事务的层次结构表示。这些决策或参考对象代表直接成本和边际贡献成本核算的成本核算对象。鉴于每个成本分配都或多或少存在缺陷，相对成本和边际贡献核算的目标是为所有运营决策提供决策支持。为此，已经开发出一种基本上能够避免任何成本分配的系统。③ 基础成本核算便应运而生，这是一种包含了全部直接成本并受到广泛承认的核算形式，它以一个将所有成本都囊括进直接成本要求的基础资产结构为特点。除成本归集者外，参照变量还包括成本岗位、成本岗位组、部门、生产基地、生产区域和整个企业。在层次结构中，任何一个单位的直接成本都是下一级单位的间接成本。除了不恰当的间接费用外，在通常情况下，成本位于参照变量层次结构的底部，并且只能被记录为直接成本。在固定成本比例化中，则可以完全忽略这一点，未被明确归到某一个核算期的成本(未结转成本)被单独算作补充率。

除基础成本核算外，在相对直接成本和边际贡献核算系统中，还有一个基础销售额核算。这是一个多维度的销售核算，在核算该销售额时，特别注意销售额及其减少的明确归属。此外，相关的销售额依赖性会通过销售额类别来加以分析。

基础成本和销售额核算用于尽可能客观地收集结算周期内的相关成本和销售额数据，以便为边际贡献核算提供基本信息以及针对特定问题进行特殊核算。

广泛地收集成本和收益的相关信息，是一种力图构建可以广泛利用或者说与目的无关、能够计算任何类型决策问题的成本和收入、以相对直接成本和边际贡献核算系统为基础思想的前提条件。在IT的帮助下，只能实现信息存储和信息传输技术，却不能在多维分类系统中实现具体员工的信息多重分类。鉴于运营决策结构的复杂性，这种成本核算系统似乎不符合有效管理控制理念的要求。④ 由于决策者认为，根据相对直接成本和边际贡献核算的思维理念重建实际操作过程是难以实现的，因此，对此类以检测规划失误为目标的决策进行监控几乎不可能。同时，相对直接成本和边际贡献核算对于实现决策导向成本会计规划和规范功能的适用性也受到质疑。

---

① 参见 Riebel: *Deckungsbeitragsrechnung*, S. 35－39。
② 参见 Riebel: *Deckungsbeitragsrechnung*, S. 75－78。
③ 参见 Riebel: *Deckungsbeitragsrechnung*, S. 36－78。
④ 对于相对直接成本核算以及边际贡献核算的深度评价，参见 Heinen: *Industriebetriebslehre*, S. 1022 f。

可以肯定的是，虽然在理论上，特别是在前文描述过的因果成本核算方面，相对直接成本和贡献边际核算是无与伦比的，但是由于其可操作性较弱而不适合在管理控制系统的框架内使用。因此，接下来的成本规划都是在边际计划成本核算的基础上进行。虽然计划和边际计划成本核算被视作管理控制系统的基础，但并不排除在个别情况下，需要针对某些问题对基础成本会计系统进行适当修正。

3.2.2.6 基于作业的成本核算系统

作业成本核算[①]被视为一种现代系统方法，它能够提高间接绩效领域的成本透明度，并确保有效利用资源。[②] 最主要的是，它旨在一目了然地反映出间接成本领域的产能利用率，以最大限度地确保有可能进行因果关系导向的核算，并避免战略性的决策错误。

在系统层面，作业成本核算并不被认为是一种新的独立成本核算系统。相反，它利用了传统成本要素核算与成本岗位核算方式。目前，这种作业成本核算系统的使用有三种不同的发展方向。

并行核算与实际投入使用的核算技术无关，它专门用于收集附加信息。新获得有关成本结构的信息可用于操控企业的选定部分或被用作定义新因果关系核算率的基础。

在成本核算系统起主导作用的全面作业成本核算导致成本核算的深刻变化，一定程度上会导致企业常规管理信息的丢失。例如，由于固定和可变成本中缺乏成本分配，使得常规的边际价格核算不再可行，边际贡献核算也不再能通过以往的方式计算。此外，由于固定成本信息不够明确，必须重新考虑制造或购买问题。

以传统方式进行的作业成本核算使得维护成本和系统的复杂性大幅增加。但这种综合方法提供了很大的效用潜力。利用这种基于作业的核算方法，在非成本透明的业务领域中，通过投入满足需求的成本核算系统，可以综合利用各种方法的优点。在利用传统方法只能提供少量操控信息的领域中，通过更多地考虑成本因果关系原则，可以实现更具有敏锐度的企业操控。

作业成本核算打破了传统的成本核算结构，且提出了以往不曾出现过的崭新的管理思路。开发新的、企业导向的资源核算的先决条件是，分析和分解各部门开展的所有作业，为此必须进行特殊调查。被调查的部分流程分为两个维度：一方面，它们将被分配到执行线的成本岗位；另一方面，被分配到跨部门的主要流程中。由于间接绩效部门中绩效种类差异，一些子流程通常归入同一个成本岗位。在确定所有重要的企业流程之后，接下来要确认是否所有与成本岗位产生成本量有关的重要业务流

---

① 关于作业成本法的理念可以参见众多文献，例如 Johnson & Kaplan: *Relevance Lost*; Cooper & Kaplan: *Cost Accounting*, S. 204 ff; dies.: *Measure Costs Right* S. 96—103; Kaplan: *Cost System*, S. 61—66; Horváth & Mayer: *Prozesskostenrechnung*, S. 214—219; Fröhling: *Prozesskostenrechnung*, S. 553—555; Franz: *Prozesskostenrechnung*, S. 109—136; Coenenberg & Fischer: *Prozesskostenrechnung*, S. 21—38; Fröhling: *Prozesskostenrechnung*, S. 95—122。

② 参见 Leidig: *Prozesskosten-Informationen*, S. 53。

程数量都可变，还是与数量无关的常量。第一种情况被人们称为“成本岗位工作量相关”流程，第二种情况是“成本岗位工作量无关”流程。在找到合适的变量后，所有成本岗位工作量相关流程可以借助这些变量来量化流程。此外，必须确定将用作成本规划基础的变量形式，此处的变量应与在边际计划成本核算中确定的变量相对应。

由于作业成本核算的实施阶段，通常离不开难以估量的高支出流程分析，因此在许多情况下，将规范化的成本岗位成本分配给流程是合理的。计算得出的流程成本在很大程度上也适用于成本核算或其他规划核算。然而，在成本规范或核算的框架下，往往需要通过并行核算来获得有价值的数据。

一个必须强调的基本特征是，作业成本核算本质上是完全成本核算。因此，批评者认为，流程数量和流程成本率的成本核算忽略了实际的成本可变性。如果不考虑实际和时间的剩余成本，它可以被看作一种按比例的成本变化。如果将其作为激励、阐释、预测和规范功能的信息库，将限制它们作为企业中唯一成本核算系统的广泛应用。若将目标流程成本视为额定工作量，在诸如工作准备、采购或物流等间接成本密集型工作领域中，可以简化有关生产能力有价值的信息。然而，忽视以分配或就业为导向的成本分摊标准，不包括对企业资源现金流支付效率的短期认识。

对于面向决策的成本核算任务，因为流程数量和流程成本都是可计划的，可以假设在作业成本核算中，要实现的规划和规范功能具有足够的适用性。各个业务部门的间接成本比例越高，流程驱动因素导向的成本分配优势就越大，对企业业务操控方面的见解就越多。

这同样适用于间接成本领域中作业成本核算系统所需的阐释和调查功能。在寻找其他解决方案时，必须使可能的企业备择方案成本效果透明化。如果对于子流程分化程度的设定足够详细，则通常可以从系统中检索所有需要的数据。

作业成本核算的监控功能通过实际成本和实际数量核算来实现。通常我们建议每月比较计划值或目标值；然而，这似乎是管理实践中的一个例外。实际流程数量和相关成本的核算通常在较长的时间间隔下进行。

总之，作业成本核算具有决策相关成本核算系统的所有必要功能。但值得注意的一点是，若在整个企业范围内全面使用该系统，许多重要的信息则不再可用。员工人数依赖性观点仍不能使所有人信服。在成本密集型部门中，作业成本核算的功效尤为明显，这种资源结算系统似乎优于上述其他系统。

根据传统标准，对作业成本核算难以清晰评估，但无论如何，都代表了有价值的规划和监控尺度。与间接成本领域相比，生产部门相关业务的管理信息需求不同，全面实施该方法可以带来显著的效益。由于在成本密集型业务领域，作业成本核算具有特殊的性能优势，使它得以成为边际计划成本核算的适当补充，因此该方法在这些领域中仅提供较少的操控相关数据。

3.2.3 成本规划

成本规划的一个特征是，成本根据销售备选方案的计划生产数量确定。计划成本由众多参照变量成本组成，与产出量、取决于每个成本岗位劳动力状况的劳动力成本、合同及资产潜力成本相关。但是，后者的成本仅在规划期内有可获得合同潜力才具有相关性。这些在短期规划决策领域内出现的成本[①]，通过额外费用补充，但这些费用不能在短期规划中编入预算，因为这些费用是在长期规划背景下确定的，如折旧、准备金、研究和开发项目的估算覆盖率、长期租赁、租金、许可和租赁合同的成本等。在短期利润规划的背景下，长期计划成本仅用于通过从边际贡献中减去非可支配成本的利润核算。这种核算利润是短期和长期规划之间的连接点，因为在时间维度各个子时期中，它可以用来检查是否以及如何满足其长期规划的框架条件。然而，后者的成本类型通常与短期收益规划无关，它无法做出适当的操控调整以适应不断变化的营业额。

3.2.3.1 决策相关成本规划的前提

成本和收入计划是企业计划系统中重要的子计划，所以在规划成本时，因其与企业其他业务的具体计划息息相关而尤为困难，这些困难的出现是由于业务详细计划决定了具体成本影响因素的数量，例如，相关的外部采购价格是由采购部门决定的；生产项目的数量和构成以及生产执行是由生产部门决定的。有关生产执行的决策主要体现在生产设施的选择，调整生产能力大小过程的选择，对于单个零件或初级产品要自主加工还是外部采购之间的选择，系列最佳尺寸和系列序列的确定，以及工艺条件、原材料混合物和操作关系的选择。这清楚地说明了成本规划必须作为那些决策领域的信息库。为了能够满足这些要求并且与许多作者所描述的成本规划主导功能相契合[②]，他们必须确保在整体运营计划中制订综合的成本计划，并且足够灵活运用，以便为多种决策问题提供信息基础。这样做的前提是，成本规划要基于一个易掌控、决策导向的成本核算系统。因此，有必要考虑其相关部分中最重要的成本核算体系，尤其要从管理控制的角度考虑。然而在此之前，提出一个适当的系统评估标准是很有必要的，特别是在决策导向管理控制系统中使用成本核算系方面，只有这样才能具体评估随后提出的成本核算系统，以确定其控制适用性。

3.2.3.2 执行成本规划的筹备工作

在做成本规划之前，必须开展一些准备工作。因此，首先必须确定成本规划的计划期间或期限，期限可以定义为“决策范围……在人力和其他潜在因素方面，预先确定相关成本岗位对人员波动调整的空间”[③]。通常，计划规划的期限最多为一年，因为长期决策是由投资核算而非成本核算决定的。

此外，在设定期限时，应尽量使成本规划和以此为基础细化规划的计划周期相协调。为了将成本规划中的固定成本份额保持在较低水平，应尽可能地延长成本规划

---

① 假定短期成本涉及的时间段小于一年。

② 参见 Heinen：*Kostenentscheidung*，S. 397。

③ 参见 Kilger，Pampel & Vikas：*Plankostenrechnung*，S. 96 f。

的期限。除了规划期间以外,还需要确定的是核算期,通常会选择日历月作为核算期,计划成本以月平均为基准。除成本岗位分类外,还应为成本规划确定合理的成本要素分配,因为成本规划通常在某种成本类型中进行,而非作为单个成本岗位的总体成本规划。其他准备措施包括空间分配、工资分配和折旧规划。

鉴于计划成本是计划生产数和计划价格的乘积,因此在价值量化之前,有必要利用计划价格确定货物消费量。这些预算价格的作用是消除成本监控中的市场价格波动,并确保充分评估即将做出的决策。虽然利用固定价格就足以监控成本,但由于只监控了数量偏差,因此决策导向成本核算的预测功能所体现的计划价格应与计划期(一年)内的价格发展相适应。但是,这不包括受到实际价格剧烈波动影响商品的计划价格,它们可能需要在年内调整。值得注意的是,转移定价系统只包含了固定数量或时间框架内的商品成本。对于那些没有固定数量框架,仅有计划成本金额的商品,其价格偏差在成本监控框架下计入消费偏差。另外,只有具有数量优势成本的商品才会被计入核算定价系统。最终每件商品的计划价格会根据实际价格统计确定,或者借助简单的平均或细化的统计方法计算。通过确定待计划成本的价值组成完成成本规划的基本准备措施,以便系统地考虑成本影响因素、计划成本元素(或时间)的组成部分。

3.2.3.3 直接成本规划

直接成本是与企业绩效(内部绩效、自产设备、半成品和成品)直接相关的成本。接下来要着重探讨的直接成本类型包括:直接原材料成本、直接工资成本、直接生产成本和直接销售成本,各个直接成本根据不同的成本归集者来计划。成本并不是一个真正的绝对金额,而是为每个成本归集者给出标准。直接原材料成本规划的基础是确定净计划消耗量,即成本归集者在一定计划产品设计、计划材料质量下,生产后计入成本的数额。在确定了垃圾、重量损失(投产因素)和废品(附加费)的比例后,用总计划消耗量乘以计划价格则可以得出计划的直接原材料成本。

直接工资成本通常只计算生产工资,辅助工资、薪水、社保和其他人力成本通常作为间接成本列入计划。直接工资成本规划的基础是确定计划的工作时间,这里指在计划生产设计、计划工作流程和计划工作人员假定绩效水平的条件下,每个成本归集者所需的工作时间。工作时间可以通过拆分或合成方法确定,例如REFA、MTM、工作因素等方法。通过将计划工时与计划工资率或计划价格相乘,则可以得到直接工资计划成本。

生产和销售的特殊直接成本包括那些针对每种不同的产品类型而单独设计、且在停止生产或销售该种产品就不再产生的成本。特殊直接生产成本主要指研发成本、专业工具成本和许可证成本。销售领域的特殊直接成本指的是包装成本、代理佣金成本和运费。许可证直接成本和运输直接成本以及代理佣金由各自的合同决定,而专业工具的直接成本和研发成本则基于企业会计统计账户的记录。

3.2.3.4 间接成本规划

间接成本是指不能直接结算进运营绩效，而会在初始阶段分配给每个运营子部门(＝成本岗位)的成本，因此通常被称为成本岗位成本。因此，间接成本也是根据成本岗位规划的，这需要每个企业都对成本岗位进行合理的分类，应尽可能地形成一个能够明确划分出责任区、相关空间单位的成本岗位。此外还应注意，可以为每个成本岗位建立明确的成本因果关系(影响因素)。最后，与成本规划有关的监控账户分配项目也应在成本岗位分摊所产生的实际费用方面发挥作用。① 创建成本岗位后，必须着手计划每个成本岗位的参照变量，参照变量指的是那些使得成本岗位成本完全或部分地处在功能关系中的成本因素度量，如机器工作时长、生产时间、安装小时数或千克数。为了能够利用影响变量来体现相关决策影响企业成本结构，影响变量必须与成本归集者有直接关系，并且具备衡量成本岗位绩效的能力。

确定计划影响变量后，必须还要确定计划成本的范围及大小。计划影响变量可以通过产能或"瓶颈"计划来确定。在生产能力计划中，计划影响变量是根据成本岗位的固定生产能力确定，这就产生了一个问题，即是以最大生产能力、正常生产能力、最佳生产能力还是以可实现生产能力为参照计算。在"瓶颈"计划中，计划参考的水平是由未来的预期就业来确定，这是在考虑到所有可能的"瓶颈"情况下实现的。若要将"瓶颈"计划整合到整个运营计划系统，理论上需要以其他所有部门的实时计划为前提，实际上它是基于分解(逐步)计划的，且能提供比产能计划更符合实际的计划值。

计划间接成本主要是指人力成本(特别是工资和社保成本)、消耗品和燃料成本、能源成本、工具成本、折旧、维护和维修成本、累计利息和其他管理费用，如成本税、费用和租金等。为了能够根据计划就业情况来规划这些成本类型，必须建立成本要素水平与具体成本决定因素之间的关系。这样的消费函数可以通过统计方法和分析方法来建立。统计方法是利用散点图，用数学成本分析和最小二乘法计算。这些方法的共同点是，从以往会计期间的实际成本中，可以确定那些与人员波动成比例且固定的成本。对于某种就业水平，可以设定一个间接费用，但是这样做需要以记录多个期间的实际成本和实际参照变量为前提。此外，这些方法要求调整实际成本并转换为计划价格。此外，这些方法以就业波动为前提，否则他们无法确定一个明确的函数关系。统计方法可以通过估计成本核算的发展来解释，在选择参照变量时，它们可以提供帮助，并通过回归分析加以补充。统计方法可用经验研究验证已经提到分析方法，这就可以理解，鉴于上述描述的缺陷这些方法也不再重要。可以肯定的是，一方面，由于这些方法是以历史数据为基础的，因此不可能推导出"真实"的计划值；另一方面，实际成本的必要调整是非常困难的，这可以通过分配错误、成本决定因素改变和随着时间推移而发生的结构变化来解释，而且这些方法无法消除永久性的低效率问

---

① 关于成本岗位构建的基本原则，参见 Haberstock：*Kostenrechnung*，S. 34 f。

题。就业波动的前提也存在问题,因为对于持续就业的假设会导致无意义的散点球状聚集。最后,对线性成本趋势简化的前提仍存有质疑。

间接成本规划的分析方法是利用科学方法、针对未来计划期间、根据给定就业水平的预期成本决定因素确定固定成本和可变成本。利用多级分析间接成本规划能够确定,计划参照因素若干离散值的相关目标成本。缺失的中间值可以通过线性插值法来获得。

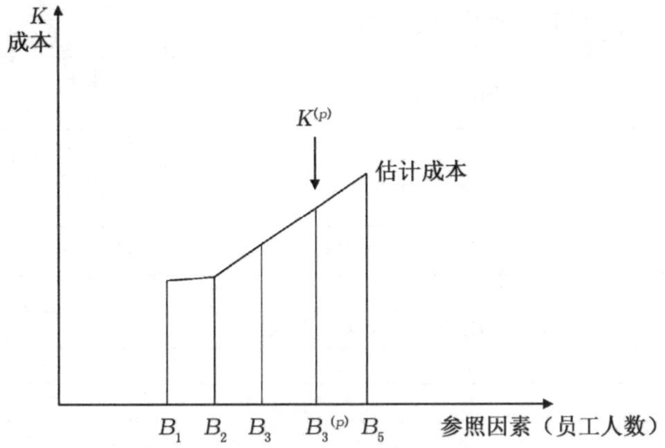

图 3.3　多级综合间接成本规划

单级间接成本计划分析比多级间接成本计划分析更加值得推荐,它确定了计划参照因素 $B^{(p)}$ 的计划成本 $K^{(p)}$。通过检查参照因素变化(就业变化)中的固定或可变行为导致的成本类型,从而得出计划的成本分解。然而,这里的基本前提也是成本曲线呈线性。

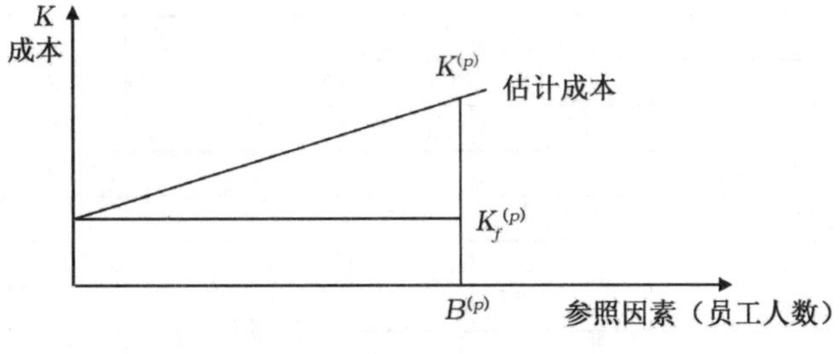

图 3.4　单级综合间接成本规划

此外,间接成本规划分析方法的应用并非没有问题,例如,存在于固定成本中的分配问题,还忽略了间隔或跳跃固定成本的存在,另外,人力成本按比例变化也存在一定问题。单级成本分析的结果可以用一个指数表示,即变速器。对于成本岗位和一个或多个成本种类,变速器可将可变计划成本与总计划成本(计划就业)的比率以“分数形式”表示出来:

$$v_i=\frac{V_i^{(p)}}{K_i^{(p)}}\cdot 10 \quad (i=1,\ldots,m)$$

如下例所示,根据计划成本参照因素和特定成本计划中的固定和可变部分,分别汇总出计划成本金额(参见表 3.5)。

表 3.5 **采购成本规划**①

Getriebebau AG 成本计划						成本岗位		300
成本岗位描述采购						核算基数		SMM
						成本岗位负责人		
核算基数:标准人小时						Emst		
						计划核算基数		210
						数量单位		小时
费用类型						欧元计划成本		
编号	名　称	来源	单位	数量	欧元/数量	可变	固定	总和
4200	薪水							
	第二组员工	GEH 03	小时	195	25	4 875	/	4 875
	加班工资							
	加班固定补助					420	/	420
18	薪水					5 295	/	5 295
4832	核算社保支出薪水							
	社保成本补充薪水	99 431	欧元	5 295	0.8	4 236	/	4 236
19	核算社保支出薪水					4 236	/	4 236
4693	直接结算 IT 服务,运营							
	计算机数量	876	个数	2	562.13	/	1 124	1 124
29	其他自产绩效					/	1 124	1 124
4733	课程费用							
	软件继续教育课程	93 421	欧元			40	/	40
32	费用					40	/	40
4735	电话/传真							
	电话数量	电话单位	单位	800	0.23	138	46	184
	传真费用		欧元			20	/	20
32	邮资/电话/传真					158	46	158
4741	租金、机器与设备							
	复印机租金		欧元			/	100	100
33	租金					/	100	100
4760	差旅费							
	一般出差费用		欧元			/	30	30
4765	培训差旅费							
	软件培训		欧元			40	/	40
34	旅游/生活补贴					40	30	70
4750	办公用品							
	打印设备		欧元			40	30	70

① 摘自 Kilger:*Plankostenrechnung*,S. 471。

续表

编号	名　称	来源	单位	数量	欧元/数量	可变	固定	总和
36	其他管理费用					40	30	70
4810	核算折旧							
	办公室设备费用 10.080		欧元				94	94
37	核算折旧					/	94	94
4815	固定资产核算利息							
	TW10.080×6/(100×2×12)		欧元			/	25	25
38	核算利息					/	25	25
4840	核算社会岗位费用							
	社会服务/职代会	121	人	1.5	16.27	24	/	24
	次级固定成本	121	人	1.5	47.3	/	71	71
	厨房/职工食堂	122	人	1.5	29.57	44	/	44
	次级固定成本	122	人	1.5	46.38	/	70	70
39	岗位核算社会成本					68	141	209
4850	核算房屋成本							
	办公场所	110	m^2	14	17.99	/	252	252
	暖气费	11	采暖面积 m^2	14	2.27	/	32	32
40	核算房屋成本					/	284	284
核算成本归集者的月基础成本					合计	9 877	1 874	11 751
负责人			成本规划者		计划成本	47.02	8.92	55.96
签字			签字					

在制订成本计划时，必须注意，首先建立内部绩效核算中包含成本岗位的成本计划，以便内部绩效核算的计划成本也包含在主要成本岗位当中。

3.3　成本与收益控制的管理工具

3.3.1　盈亏平衡点分析作为规划的工具

经济衰退通常会导致需求函数向坐标系的原点方向移动，也就是根据市场形势，它会导致每单位时间的需求量减少和/或一定的降价，直到需求量达到一定程度。需求变化的程度和可持续性取决于：在消费者需求满意度方面，一个商品预估价值所处的位置；以及在和收入有关的变动中，消费者还没有做好按照当前市场价格支付或以一定的市场价格购买更少商品的准备。

在就业下降时，企业管理层需要思考，是否能够在下一阶段实现所追求的利润目标，以及必须采取哪些调整措施确保在经济条件发生变化的情况下，还能达到目标。可以利用盈亏平衡点分析来估计目标实现的程度，也就是估计在接下来一年里的生产能否实现一定利润。① 因为在此工具的帮助下，可以显示出销售价格和数量、成本和计划构成的变化对目标利润的影响。盈亏平衡点分析能够说明或至少能够启动取

① 参见 Deyhle：*Controller-Praxis*，S. 37－41。

决于盈亏平衡点分析基本假设的决策调整程度和该工具的具体构架，下文将对此进行更详细的研究。

3.3.1.1 盈亏平衡点分析的基础模型

盈亏平衡点分析工具确定了能够完全覆盖总固定成本和销售量相关(可变)成本的那些收入或相应的销售量，该覆盖点称为盈亏平衡点，它确定了企业销售收入一数量组合。在形式上，这个临界值是通过将销售成本等于产生的费用来确定。盈亏平衡的销售数量(x_d)是由期间固定成本(K_f)以及单位销售额(p)和比例单位成本(k_p)来计算的。

$$x_d = \frac{K_f}{p - k_p}$$

通过评估单位销售额(p)盈亏平衡销售量，可获得盈亏平衡收入。[①] 盈亏平衡点可以图 3.5 所示的形式表示。

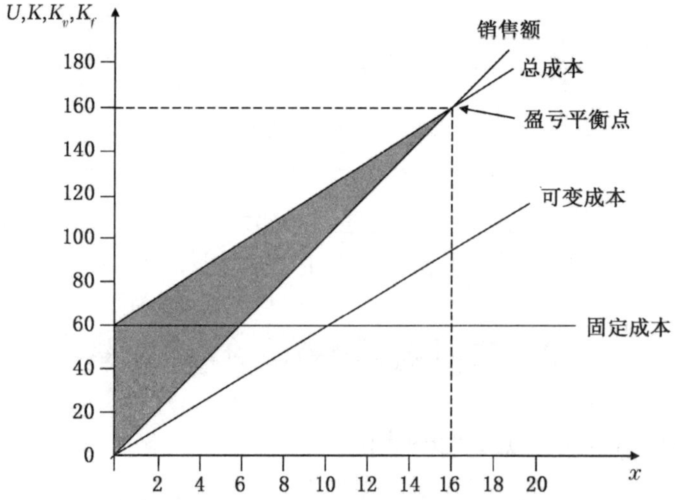

图 3.5 盈亏平衡点的图示

为了能够评估这里提出的盈亏平衡分析基础模式在多大程度上对运营决策有意义或这种基本形式应修正至何种程度，就必须说明这种分析工具的基本前提。[②]

盈亏平衡点分析的基础首先是只生产一种产品的假设，其次需要假设成本、价格和产能是固定且已知的，还要假设价格与数量无关。这同样适用于可变单位成本，如加班或夜班附加费对可变成本率没有影响。固定成本也被视为与数量无关，即没有像不同工作班次这样的区间固定成本。另外，假设原则上在所考虑的时段不发生参数变化，如工序变化。此外，假定由特定销售数量产生的成本与前一期的产量无关，

---

① 参见 Heigl:*Controlling*,S. 129。

② 下面参见 Heigl:*Controlling*,S. 128 f.

即没有成本剩余。此外,假设生产与销售的数量保持一致,因此不必考虑仓储问题。

通过基本模型的许多扩展选项,可以在很大程度上消除上述收支平衡点分析的严格前提。因此,在生产多种产品的企业中,使用盈亏平衡点分析也是可行的。在产品覆盖面相等的情况下,这点表现得尤为明显。然而,在产品覆盖率不同的情况下,存在通过不同的价格—数量组合实现盈亏平衡点的问题。在这种情况下,只能确定相应产品组的数量或销售额比率,如在联合生产的情况下,以便确定整个销售组合的盈亏平衡点,并且这也有可能是确定主要产品组或销售部门的特定盈亏平衡点更有意义的方法。[①]

此外,推测非线性销售收入和总成本发展趋势也是可行的。然而,如果创建收入和成本函数所需大幅提高的规划支出不仅只导致盈亏平衡点估计的边际改善,那么这种收支平衡分析的细化才有意义。通常,盈亏平衡点分析不一定要指出产品计量单位的确切盈亏平衡点;相反,它应该表明最小销售额必须达到的数额。在许多情况下,保持线性的前提是合理的,并且除了线性成本和收入函数之外还要定义波动区间,如图 3.6 中所示盈亏平衡点位于的区间。

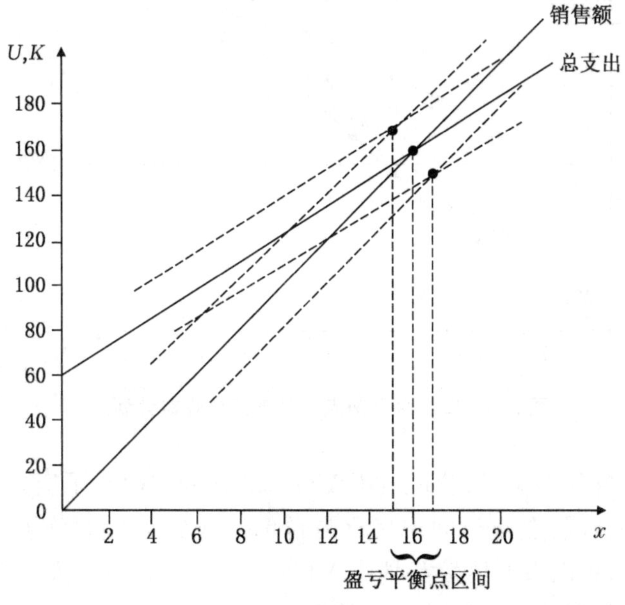

图 3.6　盈亏平衡点区间

在这种情况下,取消了成本和收入函数假设的参数恒定性,因为作为一个比较静态分析,由于基础参数的变化,成本和收入函数变化的影响必须成为调整决策的分析

① 参见 Kilger, Pampel & Vikas: *Plankostenrechnung*, S. 579—581; Schweitzer & Küpper: *Kostenrechnung*, S. 361—364。

对象。[①]

3.3.1.2 在管理控制背景下盈亏平衡点分析的应用可能性

基于盈亏平衡点分析，管理控制拥有了粗略但易于管理的规划和监控工具，可以为必要的业务调整决策找到足够准确的起点。作为一个规划辅助工具，盈亏平衡分析是合适的，因为它显示了比例可变、固定成本变化以及价格对盈亏平衡点的影响，例如，可以借助盈亏平衡点法分析由于可变和/或固定成本的节约而导致的价格上涨空间，会在多大程度上将企业降低到原始盈亏平衡点。同样，利用盈亏平衡分析，在周期销售下降的情况下，可以估计可变和固定成本必须降低到何种程度，才能保证企业无亏损。[②] 基于时间相关的累计收益计划，可以计算出不依赖于产品数量固定成本的盈亏平衡点(参见图 3.7)。

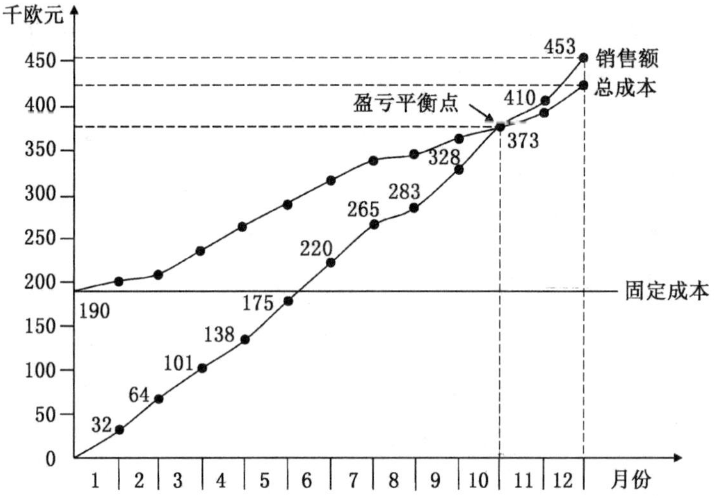

图 3.7 以盈亏平衡点为基础实施收益计划

在管理控制任务的框架下，管理层不仅可以随时确定盈亏平衡点的位置，还可以根据不同销售发展情况，在短时间内确定是否仍能达到计划部分（年）中的盈亏平衡。为达到此目的，可以按月比较计划成本和收入值与实际值，从而在计划和实际盈亏平衡点之间比较目标值和实际值。在管理控制中，可以利用这两种盈亏平衡点的分析方法。如果按月比较目标与实际值，并且若可以看出暂时未达到盈亏平衡点的原因为大量未售出货物造成的销售额停滞(或计划外成本增加)，那么只能滞后察觉到损失。但是，在通常情况下，管理者有足够的时间及时采取经营调整措施，以使损失(通常在利润减少方面)保持在很小的范围内。另外，在管理控制中，可以通过预警

---

① 抱怨盈亏平衡点仅仅把最终产品数量作为影响因素并不是最重要的，更大的问题在于，盈亏平衡点分析不能取代岗位相关的成本规划和监控，它仅仅是目标细化分析的出发点，例如作为岗位成本计划的基础。

② 参见 Schweitzer & Küpper: *Kostenrechnung*, S. 360 f。

指标来检测销售潜在的下降可能,计算其对盈亏平衡点转移的影响,并在必要时适当调整决策(在损失发生之前)。盈亏平衡点的计算方法如下:

盈亏平衡点	成本收益控制数额
$\frac{\text{固定成本}}{\text{平均价格}-\text{平均可变成本}}$	

将数字代入累计收益计划公式:

盈亏平衡点	成本收益控制数额
$\frac{190\,000}{0.23-0.12}$	1 727 273

因短期预测或确定值而改变的计划销售趋势,可以根据其对达到盈亏平衡点的程度确定。对于企业整体而言,企业相应可独立核算的部门也应包括在绩效指标体系的参照变量中。相应的指标应称为达到收支平衡点:

达到盈亏平衡点	成本收益控制数额
$\frac{\frac{\text{累计实际销量}}{\text{计划固定成本}}\times 100\%}{\text{计划单价}-\text{计划可变单价}}$	

3.3.2 目标成本法

一般而言,在学术和管理实践领域,成本核算和会计都被视作管理控制的核心内部信息工具。[①] 所有管理控制部门所做的大量评估都是基于会计部门直接提供的数据。由于这种强烈的依赖性背景,管理控制的一个中心任务是,在竞争环境的背景下,在一定的时间间隔内,对这些工具的非正式相关性进行深度分析,并在此基础上,进行会计导向的优势和劣势分析。

这种分析必须细致地考虑到最重要的内部和外部因素。在这种情况下,管理控制工作必须注意到这样的事实:基于变动成本核算和边际计划成本核算的灵活计划成本核算的出现已超过30年,简单的完全成本核算可以追溯到更久远的时期,如今我们企业中使用的成本核算系统理念正是产生于这样一个时点上。[②] 因此,对这些系统的评估必须考虑到当时和现今竞争环境的特征。如果在一些选定标准的基础上,比较不同竞争情况下成本核算理念的重点,就可以获得有关当前使用系统严重缺陷的有用信息,以及未来成本核算方法设计的起点。

学术和管理实践的发展趋势是,成本和收益控制的中心任务不仅体现在操作成

---

① 参见 Reichmann & Lachnit: *Rechnungswesen*, S. 203—219; Küpper, Winckler & Zhang: *Planungsverfahren*, S. 440 f。

② 这里一般性陈述没有涉及具体系统的细化分析,例如,固定成本覆盖分析框架下的具体固定成本层面、固定成本及其管理导向计划成本核算的时间约束,具体参见 Reichmann: *Kosten und Preisgrenzen*, S. 44—46; Scholl: *Plankostenrechnung*; Reichmann, Schwellnuß & Fröhling: *Plankostenrechnung*, S. 60—67。

本核算中，而且越来越多地体现在战略导向的成本结构管理[①]中，在企业里它们与固定和间接成本问题并行。这种特别从企业实践中产生的、对战略相关信息提供者进一步发展成本核算的需求基于以下两点：一方面是影响企业环境、市场和竞争结构的变化，另一方面是影响企业活动本身的变化。

在成功因素方面上，生产逐渐失去其战略意义的趋势越来越明显，它越来越多地被企业所拥有的下述能力替代：满足客户愿望、提供广泛产品线。同时还能确保高质量产品和服务以及出色的送货服务。与直接制造活动相比，特别是解决问题服务的强度导致企业的间接绩效领域（规划、分配、监督和监控活动）增长更加强劲。制造业结构也表现出该趋势：低自动化、大批量生产的均质产品（成本核算教科书中常见的隐含假设）越来越多地被基于技术的小批量、多品种生产所取代。另外，自动化和工序结构的重新定位意味着，固定成本和间接成本的份额超比例地增加。企业成本结构的这些变化会导致广泛的成本固化，这使得成本构建和成本政策成为管理控制的核心。五年前，许多企业的盈亏平衡点还只是 70%～75%，如今达到 85%～90% 也并不稀奇，这意味着即使是 10% 的就业率下降（虽然这在过去 20 年经济衰退的过程中并不罕见），就能使企业陷入亏损的边缘（参见图 3.8）。

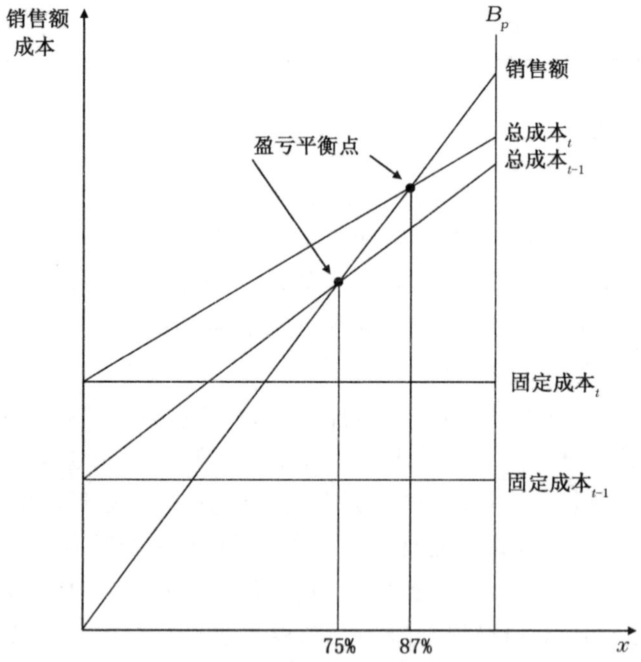

图 3.8 替代固定成本结构的盈亏平衡点

---

① 关于成本结构差异和管理参见 Reiß & Corsten：*Kostenmanagement*，S. 390－396。从管理实践的角度，波勒（Pohle）指出透明度以及运营和战略成本确定因素的缺失，参见 Pohle：*Management-Informationssystem*，S. 11 f。关于固定成本管理作为成本结构管理的组成部分，参见第 3.4.4 节。

许多行业产品生命周期的缩短更加剧了这种趋势,这导致生产服务的时间范围经常变得不稳定。例如,电脑行业的平均产品生命周期如今还不到一年。

在市场方面,成本和收益控制中的核算工作在当今面临着比以往更加严重的需求相关问题。这种"市场导向的首要地位"尤其需要反映在成本核算影响因素的灵活化和完善当中。日益激烈的竞争也意味着,在管理控制中,除了内部企业成本和绩效数据,还要将竞争导向的相对成本和收入信息整合到其计划和监控工具中。目标成本法尤其适用于这种情况,而且也已广泛应用于管理实践,在下文中将会具体探究。

3.3.2.1 目标成本管理的发展

1992 年和 1993 年,德国经济很大程度上显示出明显的衰退趋势,特别是汽车行业,其标志在于严重的销售量和盈利下滑。在不考虑企业管理和国民经济影响因素的情况下[①],单从战略角度可以发现,国际竞争者,特别是亚洲供应商于 20 世纪 80 年代在不损害其成本优势的情况下,成功地减少了其服务缺陷(如产品质量、零部件运输方面的服务)。因此,在成本优势与全球和/或拾遗补阙导向的混合战略形式结合方面,他们也做得比西方竞争者好。由此产生的定价压力,加上所提供的高质量产品和服务,导致成本构建和成本降低问题(再次)在企业政策中变得更加重要。这种成本调整战略以企业为中心:在年度标准成本核算的背景下,根据运营子计划简化生产成本,同时考虑适当的利润率。然后,在销售市场中,将自己的售价与市场价格比较,一方面比较自己和竞争者的报价,另一方面与需求者的心理预期价格相比较。接着再一次在市场上"检验"新价格的优势。

很明显,成本会计信息系统的主导业务导向容易产生有效且经过验证方法,例如灵活的标准成本核算或者最近出现的基于流程边际计划成本核算[②],也不可避免地仅能对销售市场特定的数据变化做出反应,并仅记录其经济影响。成本会计重要性(明显)丧失的原因并不在于理念缺陷[③],而在于这种以企业经营为核心的成本核算方法常常缺乏与企业内部负责市场与战略导向部门在组织上的联系。近年来,人们对进一步市场导向的成本规划和管理技能的兴趣不断增长,现在我们的讨论重点是所谓的目标成本管理。

目标成本核算(Target Costing,日语:genka-kikaku)起源于日本。自 1973 年石油危机以来,日本企业,尤其是汽车和电气行业,持续面临成本方面的压力,这是由于市场饱和引发了价格竞争,其中也包括质量与绩效相关的方面(例如开发经济高效、节油的发动机技术)。目标成本核算所带来的根本创新首先在于,企业关注的不再是"我们的产品有多贵",而是把"为了在市场上具有竞争力,我们的产品应该多贵"这样

---

① 管理影响因素的例子为,德国统一后对于需求过高的估计,导致生产能力过剩。

② 参见 Müller:*Grenzplankostenrechnung*。

③ 特别是作业成本法的拥护者认为:边际计划成本核算在理念上有缺陷,它们忽视了边际计划成本核算的有关框架,即"边际计划成本核算起源于从当今视角几乎静态的环境,采购和销售市场几乎是不变的,在很少自动化的前提下给出竞争决定因素,成本结构也不如今天灵活"(Fröhling:*Thesen zur Prozesskostenrechnung*,S. 736)。

的问题放在首位。解决这个问题需要市场可接受的成本,即主要竞争对手的供应成本,必须将其纳入自己的成本规划过程。在成本预警指标方面,产品创新的目标成本必须提前告知开发人员和设计人员。为了确定目标成本,企业还提出了若干替代或补充理念,它们的主要区别在于目标成本核算的主要定位:"市场进入企业"和"超过竞争对手"①。目标成本是根据市场确定的,而"脱离企业"和"脱离标准成本"的目标成本主要是根据企业及其衍生变量确定,即一种在考虑到可能的学习和经验效果同时,以生产成本预测形式降低自身生产成本(尤其是新产品)的方式。目标成本的确定和构建总是会在"市场"(接受价格和成本)和"企业"(实现可销售的供应成本和价格)两个领域发生冲突。以下从方法和内容角度讨论了目标成本管理的不同方面。

3.3.2.2 相关目标成本比较对象的分析

目标成本核算的大部分工作是基于新产品开发这一前提。这样做的后果是,企业无法关注与自身生产和销售同样或相似产品的竞争对手的产品单价,因此有条不紊地"淘汰竞争者"方法已然过时。虽然开发和设计过程是目标成本核算的一个重要应用领域,但在生产和销售阶段,永久性的市场导向成本控制同样重要,这通常被称为"改善成本"。此外,应该指出的是,在从产品定义到产品实现(例如原型生产)阶段,单独使用目标成本核算甚至可能会"与市场为敌",因为未来的潜在竞争是被"排除"在外的:实践表明,特别是在汽车行业和电气工程等型号频繁快速变化的批量生产行业中,成功的产品创新很快会招致模仿者,他们可以利用同类型产品开展价格和数量竞争。因此,若要将目标成本核算作为一种持续的成本控制工具,就必须处理好选择和确定比较相关目标对象的问题。

目标对象指竞争对手的产品(或服务),该产品必须根据其成本和性能特征确定目标成本(淘汰竞争者)。为了确定目标对象,弗罗林(Fröhling)开发了一种所谓的报价—价值图表,该图表在此处得到略微修正。② 被检查对象(例如汽车型号)根据变量"要价"和"价值"来定位,价值在这里指一个能表达相关产品性能的汇总序数变量,如图 3.9 所示。

在图 3.9 中,五种产品(A、B、C、D 和 E)由不同的供应商提供,这些产品在报价和价值方面有所不同。对于产品绝对定位的比较无法得出有意义的结论;最多在比较产品 A 和 B 时,可以看出当 A 比 B 价格(相对)略高时,价值更高。当在图 3.9 中做出一条所谓的平衡线后,可以看出更多有意义的内容,该平衡线是从左下角到右上角的一条对角线,它标志着具有均衡性价比的"公平"产品线,在这个例子中指产品 B 和 D。现在有趣的是"偏差":例如产品 A 和 C 位于平衡线的右下方,这意味着价值的收益或收益优势超额弥补了定价方面的"受害者",这些产品具有战略性的购买优势。反例则在 E 这里,它在相对较高的定价下,仅获得了平均水平的价值。

---

① 我们这里建议使用术语"竞争者进入企业",因为把竞争者的供给价格引入企业。

② 参见 Fröhling: *Produktkostenermittlung*, S. 131 f。这里涉及一个扩展和修正的理念,参见 Stolze: *Kostenmanagement*, S. 32—50。

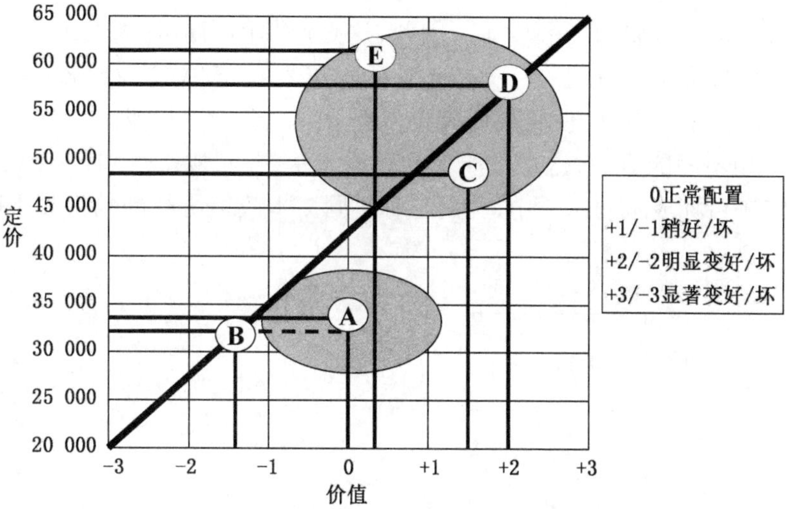

图 3.9　确定目标对象的定价—价值图

对于具体目标对象的选择需要有研究范围的限制，这是通过定义所谓的目标对象区域(target object zone)来完成的。类似于波特的“战略集团地图”模型[①]，即一个具有可比性价比的战略产品组[②]。在图 3.9 中，目标区域被标注了深灰色阴影。在低价部分，只有产品 A 在相应的目标对象区域中。可与之比较价格的产品 B 的特征在于过高的负性能偏差。在高价部分，产品 C、D 和 E 属于相同的目标区域，C 和 D 为直接竞争关系。我们认为，在选择(持续)确定目标成本的竞争产品时，这里提供的定价—价值图表是一种有用的工具。

3.3.2.3　确定产品相关的目标成本

如前所述，企业可以使用不同的方法确定全球性产品的目标成本。虽然“市场进入企业”方法肯定是最适合产品创新的方法，对于那些处于激烈价格竞争中的产品，“淘汰竞争对手”法显然是最合适的，因为在这种情况下应推出一个降低成本的反应性战略，以便与主要或直接竞争对手的当前供应成本特征保持一致。在这两种情况下，目标成本的确定都需要逆向的计算方法。根据本企业或竞争对手对于某个产品的定价，还要减去自己或行业标准的利润加成 (通常为绝对值的百分比[③])。很明显，随着目标利润率的变化，可以实现积极的成本政策，因为随着利润率的增加，会不可避免地导致更难实现的成本目标。现在结果显示所谓的允许成本，也就是被市场所

---

① 参见 Porter：*Wettbewerbsstrategie*，S. 208 ff。

② 在确定目标对象值时，必须考虑行业特征，它基于企业和市场政策。从企业的视角出发，具有扩大目标对象(竞争产品)考察范围的趋势；从市场的视角，涉及利用联合测度确定产品类型相关的价格/绩效操控范围，分析价格/绩效对需求的敏感性。在例子中，绩效的操控范围变大，也就是说，消费者决定了价格的变化。

③ 依据“市场进入企业”理念，百分比加成也可以通过“毛利润/销售额”计算，即销售额利润率，参见 Yoshikawa：*Cost Management*，S. 43。

"允许"的成本。将这些允许成本与所谓的实时成本比较,实时成本指的是通过利用企业现有技术即可达到的产品成本。因此,这是产品的当前计划成本。允许成本和实时成本的比较会推出所谓的目标成本差距。这表明,有关企业应该(至少)通过削减成本措施来平衡价值,以便长期保持成本竞争力。至于目标成本的具体计算方法,可以尝试使用不同的方法,这便是所谓的总成本法、差别成本法和目标成本法。[①] 在一个确定汽车目标成本的例子中,利用三种不同成本政策所得的结果如下图 3.10 所示。

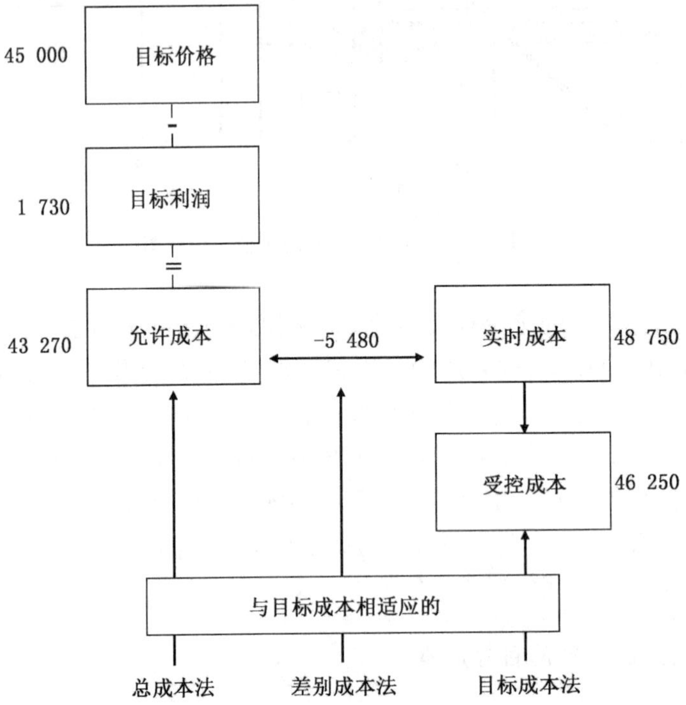

图 3.10 目标成本计算的替代方法理念(欧元)

所有三种形式允许成本的基本计算方法是相同的。在该例中所研究对象(例如汽车型号)的目标价格(竞争对手的实际定价或自己的目标定价)为 45 000 欧元。用定价减去目标利润(企业的平均行业利润率或目标利润)——绝对值为 1 730 欧元——得出的结果是允许成本,大约为 43 270 欧元。如果将允许成本与实时成本(此处为 48 750 欧元)比较,则会得到−5 480 欧元的成本差异。这个全面的成本差异代表了利用差别成本法得到的目标成本。两种方法都从允许成本中直接(总成本法)或间接(差别成本法)得到目标成本。特别是在把目标成本计算作为使现有产品成本降低的工具时,在短期至中期内,这些只会是一个很小的数字或根本不是现实的产品成本目标。相反,这样的成本目标似乎是可以预见的,它位于当前无法实现的计

① 参见 Hasegawa:*Management Accounting System*,S. 6。

划状态(允许成本)和实际状态(实际计划成本)之间。这个中间变量被称为所谓的受控成本(这里为46 250欧元)。这样算出的是预测成本,表示超出当前计划成本值的成本合理化影响。这些都是受控成本,因为在成本管理的框架下,需要开发和利用短期合理化效应,但目前还没有采用像价值工程或在之前详细介绍过的企业流程重组这样的连续和系统化的技术。[①] 这些预测成本代表了利用目标成本法基本模型所得到的目标成本。

关于对这三种方法的偏好,应将它们视为相互补充的。如果我们要为某一市场部分中的现有产品售价设定一个战略数据,那么根据定价和(如果可能的话)由竞争对手利润率确定的允许成本便代表了在中长期内要实现的定价。允许成本是以市场为导向的产品目标成本,因为它们设定了战略单位成本上限。应当指出的是,尤其是直接和/或主要竞争对手的定价将不断更新,因为如果竞争对手系统性地成功削减了成本,(部分)将以定价下降的形式传递给客户,允许成本和实时成本之间的差距甚至会随着时间的推移而扩大。就现实的"前馈计划"而言,预测成本是战略单位成本上限,它们被视为企业经营导向的产品目标成本,其中还包含市场导向的成本目标信息。预测成本的实现首先是目标成本核算的重点。衍生的和(更新的)原始产品目标成本的均衡需要使用差异成本法:在确定目标成本差距(此处为-2 980欧元),即与产品相关的整体成本削减目标后,便可为运营职能领域制定一定比例的成本削减目标。因此,这里还要提到职能目标成本。虽然与产品相关的目标成本规范主要具有综合记录和信息控制的功能,但与职能相关的目标成本法目标直接针对操控,从而决定以何种行为来应对。

让我们回到方法论,相关竞争者通常只知道供给价格及实际收益在减少,例如回扣和奖金根据销售渠道(如零售、经销商销售、机构销售)和客户状态(如大客户、小客户、新老客户)的不同也可能有很大差异。[②] 在务实方法的背景下,目标成本的推导通常基于相对容易确定的定价信息。当在相关的目标市场有几家制造商竞争时,迄今在学术文献中还未能解决价格确定方面的特殊困难便显现出来了。[③] 特别是对于消费品行业和电子行业而言,这是毫无疑问的规则。因为不是有一个,而是有若干个定价和相应的目标成本思路。可以认为,与"瓶颈原则"类比,只有低价导向才是解决问题的关键,因为规范成本最终应该反映市场压力。但是上文提到过,市场压力,特别是竞争压力,不仅取决于定价,还取决于产品的性能特征。尤其是在市场细分策略的情况下,各类竞争者之间可能存在与绩效相关的显著竞争差异。例如,虽然(区域或国家的)主要竞争对手都在努力实施成本领先的战略,但目标市场领域的直接竞争对

---

① 目前建议用"允许成本"和"实时成本"的平均值作为"受控成本",当然,这个简化具有随意性。

② 只有在从事批量和系列生产时,才能够容易得到竞争者的供给价格(如价格表、商品上的标价),例如微电子和汽车行业,特别是汽车行业,由于和供应商的紧密联系,企业价格可以直接从框架合同(型号证明周期合同)中的供货价格得出。比较困难的是从事重复(印刷业)和定制生产(大型设备制造),这里没有合同独立性、透明的市场价格,仅仅只有合同相关的供货价格,而竞争者的需求和供给价格仅仅部分公开。

③ 目标成本法主要针对"单个供货商—单个竞争者"的情况。

手仍在寻求差异化战略。[①] 该问题的简化解决方案是使用等价指标,它能够表示出每一个竞争产品相应的竞争强度和威胁程度(参见表 3.6)。

表 3.6　利用目标成本核算确定平均供货价格

竞争对手	供货价格	加权数
竞争对手 1	46 250 欧元	1.5
竞争对手 2	45 000 欧元	2
竞争对手 3	44 500 欧元	1
竞争对手 4	43 250 欧元	0.75

具体确定平均定价(AP)

AP=[(46 250×1.5)+(45 000×2)+(44 500×1)−(43 250×0.75)]/5.25

AP=45 012(欧元)

在该示例中,加权定价相对接近上述假定竞争对手之一的定价。然而,根据加权数字的大小以及可能的定价范围,也可能存在严重的偏差。修正必要性也涉及和竞争相关的利润空间。尽管通过年报分析似乎也可以直接预测,但在这里使用等价指标是有意义的。

3.3.2.4 目标成本管理

目标成本管理的目标并不只是记录目标成本,而是主动操控和构建自己的产品成本(即成本管理)并了解市场可接受的成本。比较目标成本(市场相关产品成本)和计划成本(企业相关产品成本)实际上相当于找"差距",企业应采取相应的组织及技术措施来填补差距。表 3.7 给出了基于三个基本结构理论"产品""流程"和"潜力"来实现目标成本的可能技术和方法示例。

表 3.7　目标成本管理的工具

参照变量	工　具
产品	— 全面质量管理 — 目标设计 — 产品价值工程 — 即时/看板生产
流程	— 同步工程 — 可制造性设计 — 周转时间优化 — 经营过程管理 — 流程价值工程 — 流程外包

---

① 这个可以在微电子行业看到,市场份额和销售额领先的竞争者往往是著名的生产和贸易商,下面有许多小供应商,他们采用市场细分策略,例如提供咨询服务等。

续表

参照变量	工　具
潜力	— 小组工作 — 奖励制度 — 企业内部建议系统 — 灵活的生产系统

可以看出,目标成本管理建立在广泛的不同成本影响工具之上。但是,如果通览关于目标成本的文献,"价值工程"(即价值分析)这个概念会反复出现(或处于主导地位)。这并不奇怪,因为目标成本计算的许多步骤,例如职能相关产品分析,根据其职能重要性对各个产品功能的加权等,都与价值分析的思维过程相符。因此,提出"价值工程成本计算"而非目标成本计算似乎并没有错。

然而,日本企业在目标成本核算上的成功并非仅仅基于单纯的应用,而更多在于对价值分析措施的组织确定。在这方面,长谷川强调了日本重要企业的"中心向外的控制组织"。主要包括以下要素:(1)为工作组和员工个人引入自我评估系统;(2)通过设立跨部门负责人来引入合适的监控系统;(3)引入工作创新激励机制。[①]

这种提高绩效和削减成本活动的决策能力形式转变,是一种决定性的重要能力[②],在单个工作岗位 (在改善的意义上) 迫切地需要一个组织理念来为这个目标提供 "支持"。在近期的美国文献中,这一要求与"自上而下赋权"理念相关联。[③] 对工作创新的控制格外重要,其中也提到了质量、生产和成本指标。

与目标成本核算相关的价值分析流程需要在内部和外部支持下进行。在内部,主要基于生产领域的员工建议,往往以生产利用率和节能应用方面的改进为重点;研发、设计和物流等职能部门通常也是工程的重点。外部项目主要旨在通过外包企业内部的活动来降低成本(外包)。配件部门的有关措施在这里占据主导地位并不罕见,这在一些工业部门中尤为重要,例如,日本汽车制造商的材料、配件和运输,即外部采购成本约占总成本的 70%。[④] 图 3.11 显示了在日本企业的 "开发和设计"以及"生产"阶段,价值分析措施在目标成本的员工操控方面具有重要意义。[⑤]

---

① 参见 Hasegawa:*Management Accounting System*,S. 6。

② 在日本企业,每个工作岗位没有细化的工作指引,而是由员工确定如何有效工作,这样形成了决定性的操作空间。

③ 特别参见 Johnson:*Relevance Regained*,S. 55 ff。

④ 参见 Sakurai & Keating:*Activity-Based Costing*,S. 88。

⑤ 改编自 Hasegawa:*Management Accounting System*,S. 7。

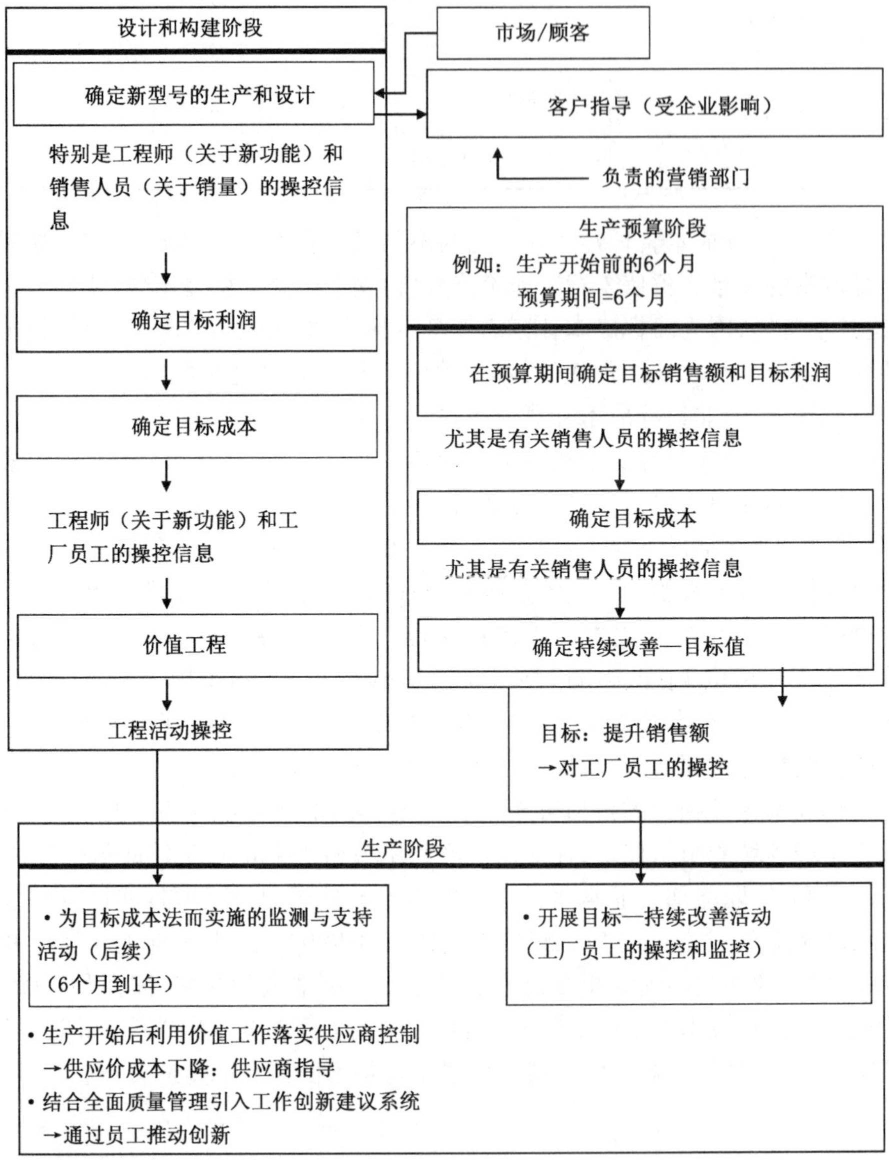

图 3.11 通过主动的员工操控实现阶段相关的目标成本管理

3.3.2.5 连续目标/实际偏差分析

虽然在日语的“改善措施”(持续改进措施)[①]中,目标成本核算意味着成本设计措施的高度分散化,但是由于竞争加剧,其结果和更具成本竞争力的目标应该在一个中心成本控制报告中总结出来,有选择地准备并转交给相应的决策者。与计划成本核

① 和下列的建议相反,该理念看重“小发明”,也就是说,注重(直接)具有较小改进优势的改进措施。

算中期间相关的成本偏差分析相比,目标成本核算中的成本估算分析主要是决策导向的,与时间结算要求无关:这两种方法都动态地显示了自身成本削减成功与竞争性成本削减挑战之间的紧张状态,即它们描绘出了价值方面的战略"成本差距"。

目标成本管理主要是一种预测和构建企业产品服务及其主要材料部件(即集成组件、组件和零件)成本和收益的方法。但是积极且有竞争力的成本控制通常必须成为企业效益支持活动的一部分,即流程本身,这便需要一种工具来构建和记录流程结构,并做出相应的其成本经济分析。

3.4 不断变化的市场条件下的成本与收益控制

在经济波动的背景下,企业管理层必须确定企业与趋势、行业和季节性相关的定位,并在此基础上考虑相应的适应战略。在就业率下降的背景下,需要考虑的问题是,保持销售计划中的产品是否"值得"。为了在预期的销售价格和数量下,确定仍然可以经济生产的程度,首先应该检查继续降价是否会导致销量增加,从而带来更大的边际贡献。

3.4.1 以降价作为适应不断变化的市场条件的手段

在为需求暂时下降,但长期来看会有好的销售机会的产品定价之前,企业通常会做好降价准备。这可以通过降低购买价格、限时折扣或更改付款条件来实现。

只有在可以阻止销量下降或增加销量时,降低售价才有意义。这一点在经济衰退时期难以实现,因为通常预计企业生产的产品整体需求会停滞或略有下降。在这种情况下,它还取决于市场形势和企业所处的市场及竞争环境。

如果企业在特定市场区域或对特定商品具有垄断地位,则可以通过降低价格来增加销量。

但是,只有企业之前生产并出售了非(最优)营利数量(P_1/t_1),才能实现其边际贡献,增加利润。

如果企业提供的产品总需求减少,则销售价格的降低(从 P_1 到 P_2)通常不会增加销量。如果通过大幅降价(至 P_3)增加了销量,那么与初始情况相比,边际利润通常会大幅减少。然而,在这种情况下,边际收益通常是负的(参见图 3.12)。

除了本企业之外,如果许多其他竞争对手提供相同或类似的产品,那么企业不是可以自由定价的。从消费者的角度来看,如果企业并没有因企业名称、形象或特定品质形式而具有比较市场优势,若企业不想失去市场份额,那么必须考虑到大多数时候,如果降低自身价格,竞争对手也会降低价格,如果提高价格(超过 P_1),竞争者不会自动提高价格,因此所有需求都将转向竞争者。对于这种需求,经济衰退中的降价会导致总需求流向低价方,而单个企业的业绩却没有任何明显的改善。但是,如第 3.4.5 节所示,清楚地了解各种类型的成本以及资产和资本结构随时间推移的变化

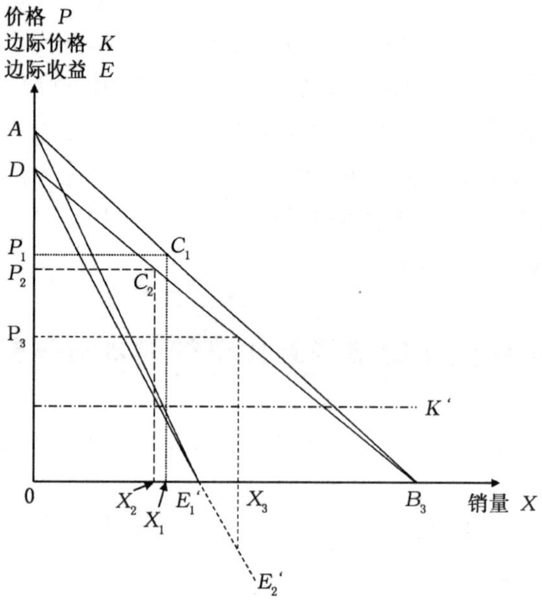

图 3.12 经济衰退阶段中,需求量下降时的价格政策

情况,则能暂时确定价格变动的程度。

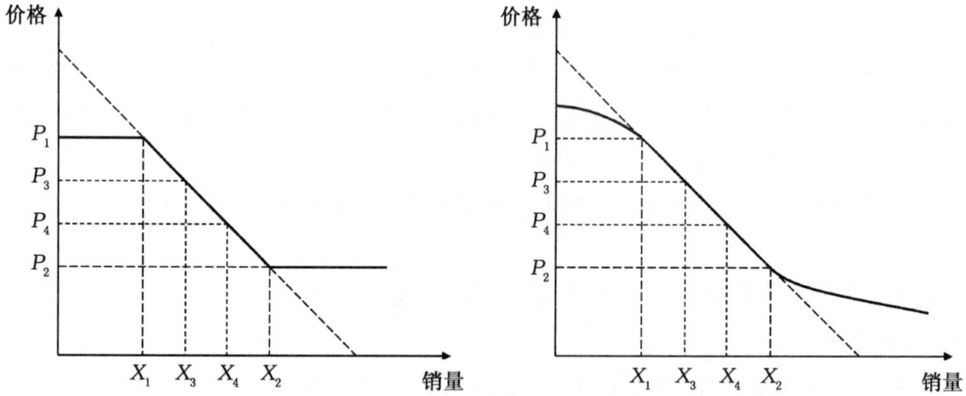

图 3.13 无反应区域的多元竞争价格销售曲线

3.4.2 生产与仓储对有规律销售过程波动的适应

3.4.2.1 通过仓储解决销售波动适应问题的基本思路

如果降价没有取得预期的成功,企业管理层首先会检查生产库存是否合理。如果所涉及的产品完全可以存储,那么只有在经济复苏后,额外出售在满负荷时能出售的产品数量的情况下,才能明智地制造库存。

产品未来的销售机会将主要取决于,在经济衰退中需求下降的产品,其生命周期已达到哪个阶段。[①] 如果产品处于增长或成熟阶段并且需求量较低,若消费者仅仅是因为自己的收入预算变化而不再能够以当前市场价格购买,那么后期的潜在购买者可能愿意以当前市场价格购买。如果产品处于衰退阶段,即在饱和或退化阶段,由于之后期间的销售预期较低,因此通常不建议构建临时库存。

如果在后续期间依然可以销售该产品,则必须检查提供的额外销量是否会对可售销售量的价格产生负面影响。这种市场需求非常适合于数量调整者的边界情况(参见图 3.14),其特点是它对市场发展的影响如此之低,以至于可以当前市场价格出售任何数量的产品。

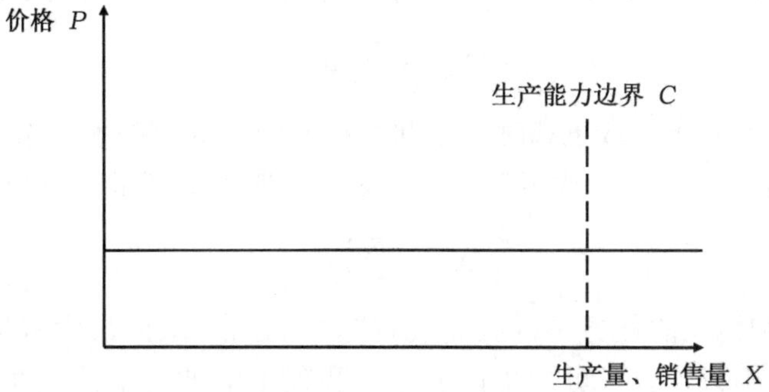

图 3.14 数量调整者的价格—销售函数

对于任何其他形式的市场,如果库存生产不是最有效的解决方案,则需要仔细分析替代的销售价格和数量组合。如果在后期提供的额外销量没有对市场价格的发展产生不利影响,还有必要检查其仓储能力和经济手段[②]是否足以在经济衰退期间实施和维持库存。原则上,只要仓储所产生的额外利息成本低于企业由于生产能力(机械和劳动力)没有充分利用所产生的损失,生产库存就是有意义的。之后出售库存货物的任何价格缩减都必须体现在(经济)核算中。

3.4.2.2 在一定生产能力的基础上,生产和仓储对有规律销售波动的调整

现在要探讨,企业如何利用其生产和仓储设备最佳地适应短期销售波动。此外,还需要假设销售价格和销售量已知。若将利润最大化作为目标,管理层将努力以最低的成本满足现有的需求。

只有在规划过程中同时确定企业生产能力规模、资源利用程度和每个时期库存产品数量和总量,才能实现生产能力、就业和库存之间的最佳平衡[③],至于应如何协调,下文将会针对大规模生产企业进行介绍。在此基本框架下,应避免包含像多种批

① 关于产品的“生命周期”参见 Kotler & Bliemel:*Marketing-Management*,S. 547—561。

② 有关库存所需的资金核算涉及考虑库存所需资本、所有相关收入和支出的积累总和,参见 Reichmann:*Bedeutung der Finanzplanung*,S. 463—472。

③ 参见 Reichmann:*Saisonaler Absatzverlauf*,Köln und Opladen 1968。

量生产以及涉及多种生产资源(品种和批量生产)这样的多级生产形式。①

为了解决季节性销售过程中的规划和协调问题,最初假设企业的生产资料状况至少足以满足每年的整体需求。在此背景下,必须计算怎样才是生产(就业程度)和库存随着时间变化的最佳分布。随后还需测试最有利的生产能力水平。如果已知与每个生产能力水平相关的固定成本,并且可给予每个生产能力水平最小的就业和仓储成本,那么便可以最小的总成本确定生产能力大小、生产利用率和仓储的组合。如果用 v 表示每个期间的销售量,用 t 表示期间,那么可以表示 n 个期间内第 t 计划时段的销售数量,作为根据经验得出时间的函数:

$$v=f(t),t=1,2,\ldots,n$$

每个计划时段 V_n 的总销售量包括期间销售数量的总和,也就是:

$$V_n=\sum_{t=1}^{n}v_t$$

在周期性生产的产品数量和时间之间存在相同的函数关系。如果我们用 x 代表期间生产的产品数量,用 X_n 代表每一个计划部分的累计产量,则得到以下表达式:

$$X_n=\sum_{t=1}^{n}x_t$$

现在,规划和协调的任务是寻找 x_t 值的时间分布,从而最大限度地降低生产和仓储成本。分析中只包含了可变生产成本。我们不需要考虑固定生产成本,因为它取决于最初已经假设恒定的生产能力大小。如果我们用 k_x 表示可变生产的单位成本,用 K_x 表示每个计划段的可变生产成本,用 k_l 表示每件商品每个期间的可变仓储成本,K_l 表示每个计划段的总可变仓储成本,则可变总成本 K_v 满足以下等式。

$$K_v=K_x+K_l$$

总可变生产成本的计算方法是将每件和每个期间的生产成本乘以要生产的总件数:

$$K_x=k_x\sum_{t=1}^{n}x_t$$

假设产品销售及其所有单位生产过程都在该期间结束时完成,每个期间结束时的库存状况 L 可以定义为,自计划阶段开始以来生产的产品与此后销售的产品数量之差。如果考察在 m 期间的一个时段,通过该时段总结期间生产数量和销售数量,便可以计算截至每个子计划部分结束时的累积库存,如下所示:

$$L_m=\sum_{t=1}^{m}x_t-\sum_{t=1}^{m}v_t$$

为了能够确定整个计划时段 n 的可变库存成本,需要在整个规划时段中累积子计划部分的存货:

$$\sum_{m=1}^{n}L_m=\sum_{m=1}^{n}\left(\sum_{t=1}^{m}x_t-\sum_{t=1}^{m}v_t\right)$$

---

① 有关问题的解答,参见 Reichmann:*Fertigungsprozesse*,S. 683—700;Baetge:*Systemtheorie*,S. 104—132。

如果我们将它乘以每单位和期间的库存成本 k_l，则可以得到以下总可变库存成本的表达式：

$$K_1 = k_1 \left[\sum_{m=1}^{n} \left(\sum_{t=1}^{m} x_t - \sum_{t=1}^{m} v_t \right) \right]$$

最后，总可变成本如下：

$$K_v = K_x + K_1 = k_x \sum_{t=1}^{n} x_t + k_1 \left[\sum_{m=1}^{n} \left(\sum_{t=1}^{m} x_t - \sum_{t=1}^{m} v_t \right) \right] \rightarrow \text{Min!}$$

借助上述等式，现在可以确定生产和库存成本的最低值，从而在季节性销售过程和生产能力确定的情况下，确定最佳生产分配方案。然而，这意味着确定最优方案的解决空间是有所限制的。因此，必须引入其他条件来加以约束。要注意的是，每个时间单位都没有负生产计划，也不考虑生产数量超过现有产能的情况。如果我们用 c 表示每个期间生产资料的最大产出能力，可以将这两个约束表示如下：

$$x_t \geqslant 0, t = 1, 2, \ldots, n;$$

$$x_t \leqslant c, t = 1, 2, \ldots, n$$

全面覆盖每个时期的需求意味着到目前为止生产的产品数量必须大于或等于当时可以销售的总量：

$$\sum_{t=1}^{m} x_t \geqslant \sum_{t=1}^{m} v_t$$

$$m = 1, 2, \ldots, n$$

此外，应该考虑到，在规划阶段结束时，库存已降至零，也就是说，到目前为止，生产的全部数量应已售出：

$$\sum_{t=1}^{n} x_t = \sum_{t=1}^{n} v_t$$

这样就完整给出了线性规划。如果我们假设每单位时间的销售量已知，在借助于松弛变量的情况下，将不等式的约束条件转换为等式，那么可以使用单纯性法[1]确定最小生产和库存成本。[2]

3.4.2.3 在生产能力变化的情况下，生产和仓储对有规律的销售波动的适应

当被问及给定季节性销售分布的最佳生产能力大小时，即意味着要找到一个合适的生产能力水平，使得产生的固定成本与可变生产以及库存成本之和达到最小。考虑到生产成本，则要求在协调分析中加入以下变量：生产资料在其使用寿命期间的总生产能力（$\overline{C}$＝总生产能力），每个计划部分 C 的产能和其期间的使用可能性（c ＝期间生产能力）。设备的固定成本是通过使用年金法将购置费用（AW）分摊到使用年数（$\overline{n}$）上得到的。如果我们现在将生产资料的购置费用乘以恢复系数，则每个计划

---

① 参见 Hax：*Simplex-Methode*，S. 578－605。

② 这里和下例参见 Reichmann：*Rhythmisch Schwankendem Absatzverlauf*，S. 199－205；6，S. 275－281。

部分的固定成本(K_f)为[①]:

$$K_f = AW \times \frac{q^{\bar{n}}(q-1)}{q^{\bar{n}}-1}$$

每个计划部分的固定成本是每个期间生产单位的成本乘以每个计划部分的可用生产能力单位数的结果。如果期间生产能力单位(c)的成本用 k_c 表示,则每个计划期间取决于期间数(n)的固定成本可以表示如下:

$$K_f = k_c \times n \times c$$

考虑到生产能力成本,最终可以求得下面目标函数去求最小值:

$$K = k_x \sum_{t=1}^{n} x_t + k_1 \left[\sum_{m=1}^{n} \left(\sum_{t=1}^{m} x_t - \sum_{t=1}^{m} v_t \right) \right] + k_c \times n \times c \rightarrow \text{Min!}$$

$$m = 1, \cdots, n.$$

现在,可以通过同时改变目标函数中的参数 c 和约束条件来确定总成本的最小值,从而确定生产和库存的最佳生产量大小和时间分摊,其中的变化范围由最小生产能力的大小决定,其最小生产能力必须足以满足每个规划部分的总需求,其最大生产能力必须能够直接覆盖当前每个时期内的季节性需求。

3.4.3 生产和销售项目对于不断变化市场条件的调整

3.4.3.1 产品政策措施对于销量的影响

如果降价和构建库存都没有取得预期的成功,那么应该考虑有关生产和销售计划构建的企业决策。

如果企业的销售计划中包含大量生命周期刚开始的产品项目(参见图 3.15),并且在同一行业中的竞争对手没有开发类似的产品,那么该企业的许多新产品(U_1)不会像其他企业(U_2)那样面临严重的销量下滑问题,因为其产品范围内没有相应的新产品。在这种情况下,该企业的销售量甚至会位于平均水平之下(参见图 3.16)。

在就业率下降的情况下,产品政策通常以产品转型的形式进行,例如,这可以通过引入所谓的"特殊型号"来实现,如可以观察汽车、冰箱和其他耐用消费品。如果营销组合提供了这种正确的特殊型号,通常会带来许多成本优势:它可以通过大量生产降低固定成本,通过相对较高的周转率降低库存成本。此外,通常也可以降低材料成本,因为大量购买外购零件通常可以享受折扣优惠。将这样的产品政策与相应的定价政策相结合有两个好处:一方面,当需求下降时,有机会将大部分剩余需求引入自己的企业;另一方面,"节约型号"中的临时报价不会导致在充分和过度就业的后期受到负面价格的影响。

此外,如果有人研究多少商品能够实现百分之几的销售额,那么几乎所有的企业

---

① 这里假定支出和成本是对应的。

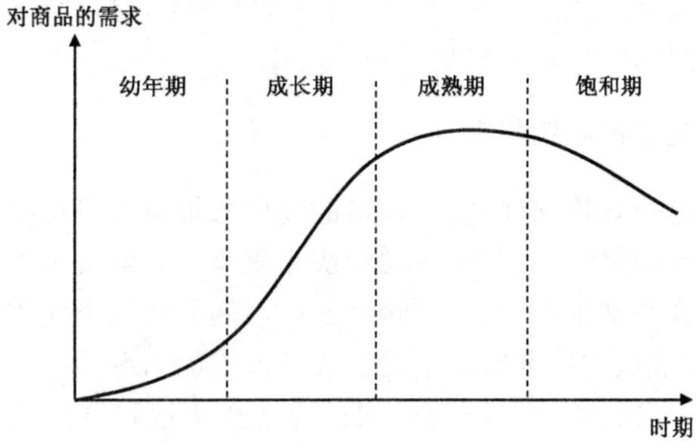

图 3.15 产品的生命周期

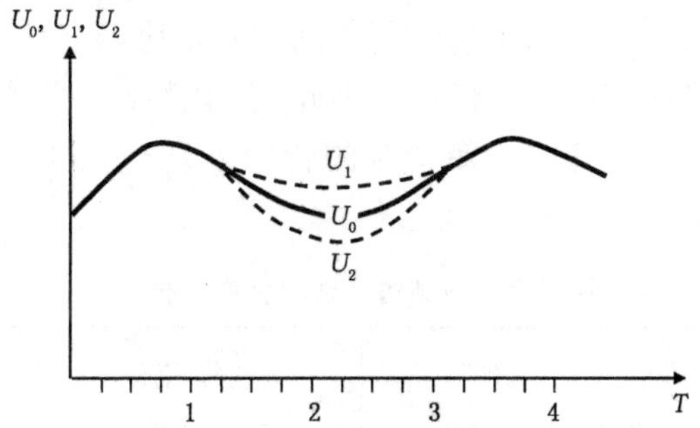

图 3.16 销售额发展的其他可能性

都会表示，用少数商品可以实现 50%～70%的销售额，而用另外大约 50%的商品只能实现 10%的销售额。

利用 ABC 分析(参见图 3.17)可以根据其销售额或边际贡献对企业的商品进行系统性整理。由于计划中清理出局的商品只实现了很小一部分营业额，因此不仅节

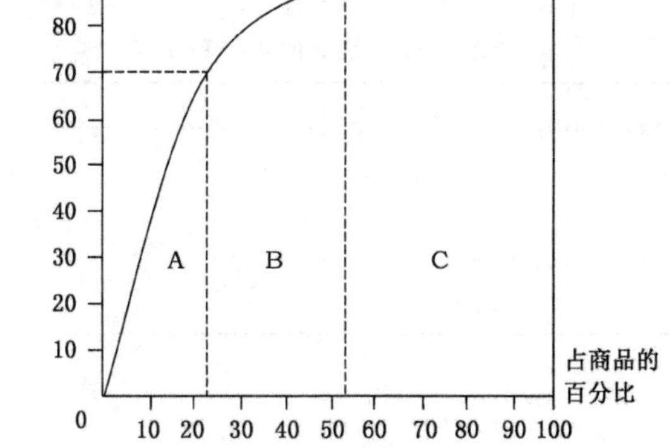

图 3.17 ABC 分析

约了库存成本,而且通常减少了生产和销售领域的成本,值得对它进行一个细致销售从属关系的分类分析,特别是在销售下滑的时期。

3.4.3.2 确定最佳生产和销售项目

通常,可以通过市场价格和/或需求量的变化来推测经济变化。市场价格和可能的销售量都是生产和销售方案规划的关键决定因素。方案规划的任务是确定生产和销售方案,目的是在考虑采购、生产和销售部门限制的情况下实现利润最大化。选择确定最佳方案结构决策的标准取决于潜在决策方案的情况。

关于销售,可以分为给定生产数量的过程选择决策和给定销售价格的销售决策(销售控制)。在给定生产数量的情况下,仅可以决定如何以最低成本生产确定数量的产品。相反,在给定销售价格的情况下,可以决定应该以何种数量生产和销售哪些产品。这样的程序意味着生产和销售计划之间的同步协调。

在生产部门有三种典型的决策情况。因此,在生产部门可能没有"瓶颈"、有一个"瓶颈"甚至多个"瓶颈"。在这些决策情况的背景下,表 3.8 中总结的决策标准与确定最佳项目结构是相关的。

表 3.8　　最优生产与销售计划的决策标准[①]

就业形势 / 规划	没有"瓶颈"	一个"瓶颈"	多个"瓶颈"
根据……做流程规划	绝对最小比例单位成本	相对最小比例单位成本	线性规划的成本最小化模型
根据……做流程规划	绝对边际贡献	相对边际贡献	线性规划的利润最大化模型

这里通过具体例子来解释有多个"瓶颈"情况下(但所有其他的情况也都包含在其中)的销售操控,只有借助数学优化计算,如线性规划[②]才能实现产品的最佳排序。[③] 例如,现在企业生产两种产品 A 和 B。A 的价格为 13 欧元,B 的价格为 11 欧元,A 的可变成本为 9 欧元,B 为 8 欧元。边际贡献(每件收入减去每件可变成本)则分别相当于 4 欧元和 3 欧元。设备 C_1、C_2 和 C_3 的生产能力用于生产表 3.9 中提到的两个产品。

表 3.9　　产品 A 和产品 B 的生产利用率

生产能力(机器小时)		产品	
		A	B
C_1	1 600	2	1
C_2	1 000	1	1
C_3	2 400	1	3

① 摘自 Kilger, Pampel & Vikas: *Plankostenrechnung*, S. 661。
② 有关单纯形法,参见 Kilger: *Optimale Produktions-und Absatzplanung*, S. 164－512。
③ 下例有关前提假设,参见 Kilger: *Plankostenrechnung*, S. 751 f。

固定成本应达到 2 000 欧元。然后,基于两个产品 A 和 B 的绝对边际贡献,最佳生产项目可以通过线性规划,根据容量限制最大化目标标准(DB)确定:

$DB = 4x_1 + 3x_2 - 2\ 000 \rightarrow \text{Max!}$

$2x_1 + 1x_2 \leqslant 1\ 600$

$1x_1 + 1x_2 \leqslant 1\ 000$

$1x_1 + 3x_2 \leqslant 2\ 400$

$x_1, x_2 \geqslant 0$

下面借助单纯形法解这种线性规划问题。[1] 通过引入松弛变量将模型方法的不等式转换为方程,可以得到简单法的输出表格(简单表格 Ⅰ)(参见表 3.10)。

表 3.10 **单纯形法迭代**

表格 Ⅰ(起始表格)							
Ⅰ	x_1	x_2	y_1	y_2	y_3	q	DB
y_1	2	1	1	0	0	1 600	
y_2	1	1	0	1	0	1 000	
y_3	1	3	0	0	1	2 400	
	−4	−3	0	0	0	0	−2 000
表格 Ⅱ							
Ⅱ	x_1	x_2	y_1	y_2	y_3	q	DB
x_1	1	1/2	1/2	0	0	800	
y_2	0	1/2	−1/2	1	0	200	
y_3	0	5/2	−1/2	0	1	1 600	
	0	−1	2	0	0	3 200	1 200
表格 Ⅲ(结论表格)							
Ⅲ	x_1	x_2	y_1	y_2	y_3	q	DB
x_1	1	0	1	−1	0	600	
x_2	0	1	−1	2	0	400	
y_3	0	0	2	—	1	600	
	0	0	1	5/2	0	3 600	1 600

从表格 Ⅲ 可以看出,因为目标函数线不包含具有负号的系数,因此满足了单纯形法的准则。

最佳生产计划包括 600 个单位的 x_1 和 400 个单位的 x_2。边际贡献为 1 600 欧元(4 欧元×600=2 400 欧元、3 欧元×400=1 200 欧元、减去 2 000 欧元的固定成

---

① 有关数字例子和计算细节参见 Reichmann:*Kosten und Preisgrenzen*,S. 90−92。

本)。设备 C_3 的净生产能力为 600 机器小时。

3.4.3.3 确定相对价格限制以维持最佳生产和销售项目

为了能够估计市场价格的变化是否会改变销售和采购市场上的最佳生产和销售计划,必须将上述线性模型参数化并进行灵敏度分析。从最优生产和销售计划开始,有必要检查产品在目标函数中的边际贡献可以减少多少,而不需要在最优程序中假设一个不再满足单纯形法标准值的补充基础变量。在不改变程序最优性的情况下,产品价格可以降低或增加的值称为相对价格边界,这里假设其他产品的价格恒定不变。但是,相对较低的价格边界仅能表明,从哪个价格起生产流程便不再是最优的了。新优化生产方案的形成必须通过重新计算最佳表格来确定。

在接受新的产品时就是产量给定的情况,价格必须至少覆盖边际成本以及增加一个单位附加合同的机会成本。[①] 当与新商品生产相关的部门面临就业不足时,只通过边际成本便可以决定新增加产品的价格底线,因为未利用的生产能力的机会成本价值为零。

如果只需要考虑一个"瓶颈",则可以简化优化计算。然后可以借助"瓶颈"相关的边际贡献计算产品的最佳生产计划、价格底线以及可能的附加订单。

3.4.3.3.1 确定销售商品的相对价格边界

在下文中,将通过灵敏度分析来确定销售材料 A 的相对价格边际。[②] 这意味着,在不改变生产和销售计划最优性的情况下,来寻求产品 A 的销售价格可以达到的临界值。

可以通过商品 A(4 欧元)值 d_1 的边际贡献目标方程来确定 x_1 的相对价格底线,然后将方程设置为等于零。如果 d_1 的值继续减少,则次要基准变量将变为正数,并且需要重新计算生产程序:

$$0-[d_1\times 1+3\times(-1)]=0 \tag{3.1}$$

$$0-[d_1\times(-1)+3\times 2]=0 \tag{3.2}$$

等式(3.1)中 d_1 的值为 3 欧元,等式(3.2)中为 6 欧元。

表 3.11　　产品 A 的参数单纯形法迭代

表格Ⅰ A 的目标方程(初始表格)							
ⅠA	x_1	x_2	y_1	y_2	y_3	q	DB
	$-d_1$	-3	0	0	0	0	−2 000
表格Ⅱ A 的目标方程							
ⅡA	x_1	x_2	y_1	y_2	y_3	q	DB
	0	$0.5d_1-3$	$0.5d_1$	0	0	$800d_1$	$800d_1-2\,000$

① 参见 Kilger, Pampel & Vikas: *Plankostenrechnung*, S. 678—680。

② 参见 Reichmann: *Kosten und Preisgrenzen*, S. 90—98。

续表

表格Ⅲ A 的目标方程(结论表格)							
ⅢA	x_1	x_2	y_1	y_2	y_3	q	DB
	0	0	d_1-3	$6-d_1$	0	$600d_1+1\ 200$	$600d_1-800$

生产计划保持最优 x_1 的边际范围从 3 欧元到 6 欧元不等,因此,x_1 的价格底线由最低可能的边际收益(3 欧元)加上产品的可变成本(9 欧元)决定。[①]

但是,如果价格继续下跌,那么到目前为止使用的方法还不够。通过将低于所确定的价格底线 x_1 和 x_2 的值代入原始目标函数,并将新目标函数与至今仍用于计算的原始目标函数交换,便可计算新的最佳生产流程,这样可以将系数矩阵的重新计算结果保存到最佳表格中。当原始目标函数已在所有表格中被新的目标函数替换后,不再符合单纯形法标准。对于新的目标函数,必须通过进一步的迭代来修改先前最优解的表格,直到其满足单纯形法准则并且得到新的最佳生产流程。如果在确定相对价格底线时发现边际收益率下降 0.2 欧元,则会产生以下新的目标函数:

$$DB_2=2.80x_1+3x_2 \tag{3.3}$$

如果转换该目标函数,在每种情况下,将旧目标函数的最大负值作为主元的选择标准,则得到表格Ⅱ A^* 和Ⅲ A^* 的目标函数。通过在表格Ⅲ中插入迭代后的目标函数,便得到了表格Ⅲ A^*。由于在表格Ⅲ A^* 不满足单纯形法标准,因此需要迭代。表格Ⅳ A 显示出新的最佳生产计划。

边际贡献为 940 欧元。得出:

$x_1=300$ 个;

$x_2=700$ 个。

表 3.12　　使商品在低于相对价格下限 3 欧元后恢复最佳流程的单纯形法迭代法

表格Ⅱ A^2 的目标函数							
ⅡA^*	x_1	x_2	y_1	y_2	y_3	q	边际贡献
	0	−1.60	1.40	0	0	2 240	240
表格Ⅲ A^2 的目标函数							
ⅢA^*	x_1	x_2	y_1	y_2	y_3	q	边际贡献
	0	0	−0.20	3.20	0	2 880	880

① 在假定产品 s 的边际贡献为常数时,可以用同样的形式,通过敏感性分析,基于初始表格ⅠB 可以计算出产品 B 的价格边界。在最优生产流程不变的情况下,可以计算出 x_2 的边际贡献在 2～4 欧元变化。x_2 的价格下限就是最小值 2 欧元加上可变成本 8 欧元,得出 10 欧元。

续表

表格Ⅱ A^2							
ⅢA^*	x_1	x_2	y_1	y_2	y_3	q	边际贡献
x_1	1	0	1	−1	0	600	
x_2	0	1	−1	2	0	400	
y_3	0	0	2	−5	1	600	
	0	0	−0.20	3.20	0	2 880	880
ⅣA	x_1	x_2	y_1	y_2	y_3	q	边际贡献
x_1	1	0	0	3/2	−1/2	300	
x_2	0	1	0	−1/2	1/2	700	
y_1	0	0	1	−5/2	1/2	300	
	0	0	0	2.70	0.10	2 940	940

通过不断使用灵敏度分析，可以在不改变生产流程最优性的情况下，确定产品 x_1 的价格可降低的空间，并且可以借助适当的目标函数转换，通过新的最佳生产流程确定低于灵敏度分析值的价格。如果预期 x_1 的价格会进一步下降，则必须以类似的形式重复上述计算。在此处讨论的示例中，在对 x_1 进行再一次的灵敏度分析后，得出了 1 欧元的边际贡献值。随后的最佳计算表明，在边际贡献为 0.80 欧元时，生产计划中只有 x_2 保留下来。基于 2.80 欧元的边际贡献值，新的价格下限可以通过灵敏度分析确定如下：

$$0-[2.80\times1.50+3\times(-0.50)]=-2.70<0 \tag{3.4}$$

$$0-[2.80\times(-0.50)+3\times0.50]=-0.10<0 \tag{3.5}$$

$$0-[d_1\times1.50+3\times(-0.50)]=0 \tag{3.6}$$

$$0-[d_1\times(-0.50)+3\times0.50]=0 \tag{3.7}$$

等式(3.6)得出的临界值为 1 欧元，等式(3.7)临界值为 3 欧元。

在生产计划Ⅳ失去其最优性之前，假定价格变化的幅度最多可以达到 0.20 欧元的 9 倍，因此边界贡献有可能从 2.80 欧元变为 1 欧元。当 x_1 低于 1 欧元时，边际贡献率 0.20 欧元的变化导致目标函数的改变：

$$DB_3=0.80x_1+3x_2$$

这将以前文描述的形式重复或重组(参见表 3.13)。

表 3.13　　使商品在低于相对价格下限 1 欧元后，恢复最佳程序的单纯形法迭代

表格ⅡA^*、ⅢA^*、ⅣA^*的目标函数							
	x_1	x_2	y_1	y_2	y_3	q	边际贡献
ⅡA^*	0	−2.60	0.40	0	0	640	−1 360
ⅢA^*	0	0	−2.20	5.20	0	1 680	−320
ⅣA^*	0	0	0	−0.30	1.10	2 340	340

续表

表格ⅣA*							
ⅣA*	x_1	x_2	y_1	y_2	y_3	q	边际贡献
x_1	1	0	0	3/2	−1/2	300	
x_2	0	1	0	−1/2	1/2	700	
y_1	0	0	1	−5/2	1/2	300	
	0	0	0	−0.30	1.10	2 340	340
表格ⅣA*(结果表格)							
ⅤA*	x_1	x_2	y_1	y_2	y_3	q	边际贡献
y_2	2/3	0	0	1	−1/3	200	
x_2	1/3	1	0	0	1/3	800	
y_1	5/3	0	1	0	−1/3	800	
	0.20	0	0	0	1	2 400	400

表格ⅣA 表明,如果 x_1 的边际贡献小于 1 欧元,仅会产生 800 个单位的产品 x_2。边际贡献为 400 欧元。

在 x_1 所示流程规则的相似应用中,可以计算 x_2 的新最佳生产流程。假设目标函数如下:

$DB_4=4x_1+1.80x_2$

单纯形法迭代的结论是,当 x_2 的边际贡献小于 2 欧元时,只能生产出 800 件 x_1,边际贡献为 1 200 欧元。因此,便完成了对先前价格变化未知时,x_2 价格底线的确定。如果产品 A 的边际贡献和产品 B 的边际贡献都是可变的,则无法用之前的表格给出相对价格边界。我们只能确定一个区域,在该区域内,$d_1 : d_2$ 的边际贡献关系可以波动,同时不会改变生产流程的最优性。

如果两个边际贡献在线性规划方法的目标函数行中显示为变量(参见表 3.14),则得到以下表格:

表 3.14　　产品 A 和 B 的单纯形法迭代

表格的目标函数ⅠC(初始表格)							
ⅠC	x_1	x_2	y_1	y_2	y_3	q	边际贡献
	$-d_1$	$-d_2$	0	0	0	0	−2 000
表格的目标函数ⅡC							
ⅡC	x_1	x_2	y_1	y_2	y_3	q	边际贡献
	0	$0.5d_1-d_2$	$0.5d_1$	0	0	$800d_1$	$800d_1-2\ 000$

续表

表格的目标函数ⅢC							
ⅢC	x_1	x_2	y_1	y_2	y_3	q	边际贡献
	0	0	d_1-d_2	$2d_2-d_1$	0	$600d_1+400d_2$	$600d_1+400d_2-2\,000$

这种情况如图3.18所示，它表明，只要表Ⅲ C是最佳流程，那么 d_1 和 d_2 的组合就会处于阴影区域内。

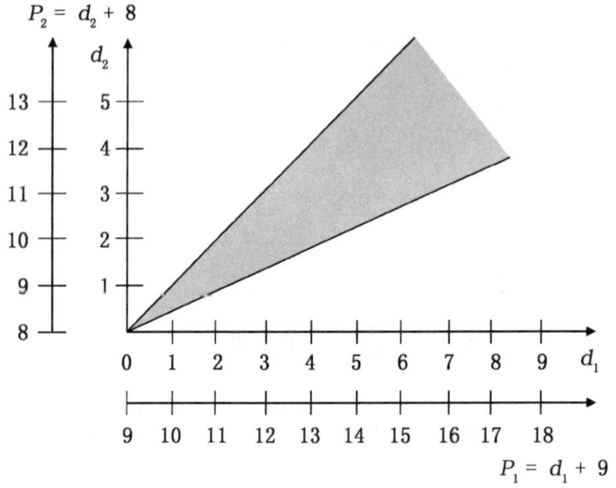

图3.18 d_1 和 d_2 的流程优化组合

3.4.3.3.2 *确定采购产品的相对价格边界*

假设用于生产产品A和B的可变成本仅为原材料 R_1 和 R_2 的材料成本，R_1 的价格 $q_1=2$ 欧元，R_2 的价格 $q_2=1$ 欧元。生产一个单位产品A需要4个单位 R_1 和一个单位 R_2，生产一个单位产品B需要2.5个单位 R_1 和3个单位 R_2。因此，用于每件产品A和B的可变成本为：

$$k_{v_1}=4\times q_1+1+q_2$$
$$=4\times 2+1\times 1=9(\text{欧元})$$
$$k_{v_2}=2.5\times q_1+3\times q_2$$
$$=2.5\times 2+3\times 1=8(\text{欧元})$$

A和B的边际贡献如下：

$$d_1=13-k_{v_1}$$
$$=13-4\times q_1-1\times q_2=4(\text{欧元})$$
$$d_2=11-k_{v_2}$$
$$=11-2.5\times q_1-3\times q_2=3(\text{欧元})$$

现在要确定采购产品的相对价格上限，即在不改变生产计划最优性的情况下，研究购买价格可以波动的价值范围。

首先,假设原料 R_1 的价格可能会波动,而 R_2 不会。因此,价格 q_1 必须被视为一个变量,价格 q_2 恒定为1欧元。产品a和b的贡献边际的等式为:

$d_1=12-4q_1$

$d_2=8-2.5q_1$

基于灵敏度分析,从表格Ⅲ C中得出以下不等式:

$d_1-d_2\geqslant 0$

$2d_2-d_1\geqslant 0$

只要边际贡献满足这些不等式,生产计划的最优性就不会发生改变。如果将变量价格 q_1 的边际贡献计算表达式代入这些不等式,则得出:

$$4-1.5q_1\geqslant 0 \Rightarrow q_1\leqslant \frac{4}{1.5}=2.67$$

$$4-q_1\geqslant 0 \Rightarrow q_1\leqslant 4$$

如果要维持最佳方案,那么原材料 R_1 的采购价格不得超过2.67欧元。限制 q_1 向下波动范围的相对上限价格得不到计算结果。但是,在经济上出现负价格是荒谬的,因此0欧元就是购买价格的下限。

相反,如果想要确定原材料 R_2 的相对价格上限,则该原材料的价格 q_2 必须是可变的,而原材料 R_1 的价格 q_1 保持不变为2欧元。对于边际贡献 d_1 和 d_2,可得出以下计算表达式:

$d_1=5-q_2$

$d_2=6-3q_2$

将这些边际贡献方程代入由表格Ⅲ C推出的 d_1 和 d_2 的不等式中,得到:

$$2q_2-1\geqslant 0 \Rightarrow q_2\geqslant \frac{1}{2}$$

$$7-5q_2\geqslant 0 \Rightarrow q_2\leqslant \frac{7}{5}=1.4$$

如果要保持最佳生产计划,原材料 R_2 的价格不得超过1.40欧元、且不低于0.50欧元。

如果把原材料价格 q_1 和 q_2 都看作可变的,就会像销售产品价格那样,无法确定相对价格边界。在不改变计划最优性的前提下,只能建立一个区域,使得产品的价格 q_1 和 q_2 在里面波动。

如果 q_1 和 q_2 是可变的,则适用于边际贡献 d_1 和 d_2 的一般性方程为:

$d_1=13-4q_1-q_2$

$d_2=11-2.5q_1-3q_2$

如果将这些方程式代入由表格Ⅲ C得出的不等式,则会得到两个确定 q_1 和 q_2 的波动范围条件:

$2-1.5q_1+2q_2\geqslant 0 \Rightarrow q_2\geqslant 0.75q_1-1$

$9-q_1-5q_2\geqslant 0 \Rightarrow q_2\leqslant 1.8-0.2q_1$

满足这些不等式的 q_1 和 q_2 的组合可以用图形表示如下(参见图 3.19)。

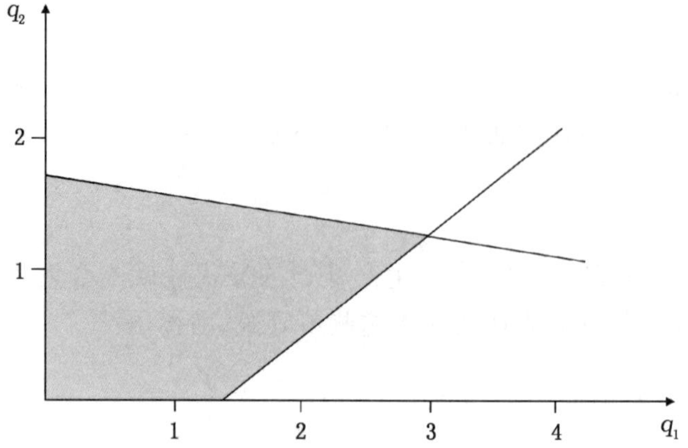

图 3.19　q_1 和 q_2 的流程优化组合

只要 q_1 和 q_2 的组合位于阴影区域内,最佳项目就保持不变。

3.4.4　固定成本管理作为适应市场条件变化的手段

3.4.4.1　固定成本管理的任务

如果通过价格和产品政策以及库存和项目重组都无法产生合适措施来应对需求减少的情况,企业通常只能在保持产品和计划结构的前提下,通过挖掘固定成本潜力来调整。这通常可以通过减少加班、引入短期工作以及在万不得已时减少劳动力来实现。这类企业政策决策通常很难确定,有时需要很长时间才能生效。它们只有在可概括为“固定成本管理”的更加全面的企业政策规划的指导下,才有可能走向成功。这意味着企业管理层必须根据预期的就业波动来计划固定成本的构建和运营能力。

这种固定成本政策意为,不能只选择“成本最优”的投资流程,而要考虑到企业成本的弹性,必须留下足够大的固定成本增加或削减的空间。如果利用盈亏平衡点解释,则意味着可以通过降低固定成本将其减少到更少的数量。然而,企业家经常面临这样的困境:他的竞争力通常只能通过高度自动化的、固定成本下降空间很小的生产流程来实现。因此,必须要仔细考虑弹性与成本最优的生产流程之间的“对立关系”。

3.4.4.2　固定成本的增减矩阵作为规划工具

在运营收益计划中,各个运营子计划中的决策是针对企业收益边际贡献来总结的,也就是说,可以看出企业通过某些计划活动产生的相应收入和成本。虽然因为产品或产品组相关成本能够影响收入变化,收入来自差异化的产品相关销售计划并带来许多备选计划,但可分配给各个备选方案的成本取决于销售备选方案相应的计划生产数量。

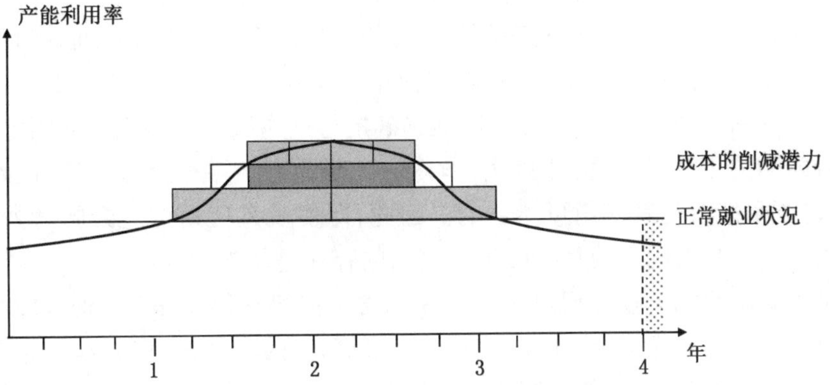

图 3.20 在就业情况波动下的固定成本架构

计划成本包括可变成本、各成本岗位的人力成本以及计划期间可支配的订单潜力成本。除了这些与短期计划决策领域相关的计划成本,长期计划中的折旧、研发项目的覆盖估算、长期租赁成本、租借、许可证以及租赁合同也需要加以规划。

为了能够在上述范围内进行与不同销售发展相关的成本规划,有必要拓展成本规划工具。计划的企业运营涉及销售和就业情况这两个成本影响因素。如果可以增减租借、批租、租赁或雇用合同等形式的短期固定成本潜力,则必须将这些潜力纳入管理控制师的成本规划。为此,必须设置基础核算工具来规划成本,并通过该工具筛选出相关的组成部分。新引入的与业务相关、主要是面向决策的会计系统部分需要将成本类型区分为可变和固定部分,可变部分随成本岗位参照变量自动变化,而固定部分不会自动变化,但可能会受到具体决策的影响,具体取决于运营准备水平和持续时间。在决策导向核算系统中,企业相关部分分为两种成本类型:一种是自动随着成本岗位影响因素变化;另一种是不会自动改变,但取决于企业运营程度和受独立决策部分效果持续时间的影响。

3.4.4.2.1 在客观框架下,固定成本的增减能力

关于增加和削减固定成本的考虑首先必须基于这些成本的形成和变化原因,即成本决定因素。固定成本的核算因素是用来确定企业准备工作的运营潜在因素。潜在因素是指那些不只能带来一次收益的生产要素。为此,可以对企业拥有所有固定资产的资本品进行预测,例如机器和机械系统。此外,在企业对合同协议具有处置权的情况下,不属于企业固定资产的生产要素也应被视为潜在因素。[1] 这些所谓的合同潜力包括如租借合同、批租合同、租赁合同、维修合同、维护合同、电力供应合同、保险和咨询合同等。此外,影响固定成本的生产要素还包括雇用合同产生的合同潜力。

前文提到的潜在因素取决于与效益相关和/或与时间相关的消费。若使用那些会产生效益相关损耗的潜在因素(如使用寿命短的工具),会产生可变成本,因此这里

① 参见 Reichmann:*Bedeutung der Finanzplanung*,hier S. 465。

不予考虑。具有时间相关损耗的潜在因素可分为单纯时间相关以及与时间和效益都相关的潜在因素。具有(单纯)时间相关损耗的潜在因素可以进一步细分为具有和不具有固定使用寿命的潜力因素:具有固定使用寿命的潜在因素包括上文提到的合同潜力。在会计期间开始之前,已经可以准确确定与这些潜力产生相关的固定成本,因为它们可能的使用时限已由合同期限和终止日期确定了,并且在未将其投入使用的情况下,是不可能改变其使用可能性的。因此,即使没有使用这些合同潜力,它们也要被计入损耗。具有固定使用年限资产潜力的存在是例外情况。

单纯具有时间相关损耗但没有固定使用寿命的潜在因素是资产潜力,例如主要受“静置损耗”影响的建筑物(如仓库、行政大楼等)。因此,它们在成本核算中会产生特殊问题,因为它们具体的使用寿命不能提前确定,无法确切地将固定成本分摊至每个会计期间内。里贝尔(Riebel)将这些成本描述为“开放期”的成本,这在企业会计核算中必须整体考虑。

同时受到使用和时间损耗影响的潜在因素还包括机器、机械设备和车辆等资产潜力。如果其未来技术的使用范围和技术及经济的进步空间都不确切,那么要确定这些生产要素在每个期间分摊固定成本的意义有限。[①]

已经表明的是,由合同关系产生的潜力比属于企业资产的潜力更容易处置,因为前者通常只会受到单纯时间相关损耗的影响,并且其使用寿命事先便已知。在进行短期削减时,前文探讨的潜在因素几乎都会出现残值的问题,必须将其纳入削减决策的考虑范围。如果潜在因素在短期内只能以低于其账面价值的价格出售,则考虑到账面价值与残值的差额还会导致额外的“资产减值成本”。因此下文的研究重点为,那些企业根据合同协议可获得但不属于企业财产的潜在因素。[②]

3.4.4.2.2 在时间框架下固定成本的增减能力

为了在经济周期性波动的背景下认知企业固定成本的操作空间,根据预期的就业波动,管理控制系统必须记录固定成本的增减能力。为了了解运营固定成本的弹性,需要准确了解其数额及削减时间。

以一个例子来解释这个理念。我们假设固定成本由一个长时间无法消除的区块和几个可以在较短时间内消除的区块组成,这里考虑到,可消除固定成本应该由仅受时间相关损耗影响的不同潜力所决定。可削减固定成本来自就业和咨询合同、建筑物租赁合同、企业使用的机器、机械设备和营业设施以及上述货物的保险合同,保险合同在被保资产(如汽车保险、消防、入室抢劫和盗窃保险等)被企业报废后终止。可削减的固定成本 K_{f_i} 分为可以每月削减、2 个月、3 个月或 6 个月可削减的成本。如果在计划阶段开始时的计算日期为 $k=0$,则可以通过以下区块图描述固定成本的持

① 关于由于区分各种潜力导致的混合成本,参见 Kilger, Pampel & Vikas: *Plankostenrechnung*, S. 117—121 & 138—140。

② 这个限制是允许的,因为考察潜在资产不会产生新的问题。这里需要分析剩余销售额和剩余账面价值的差异。

续时间。①

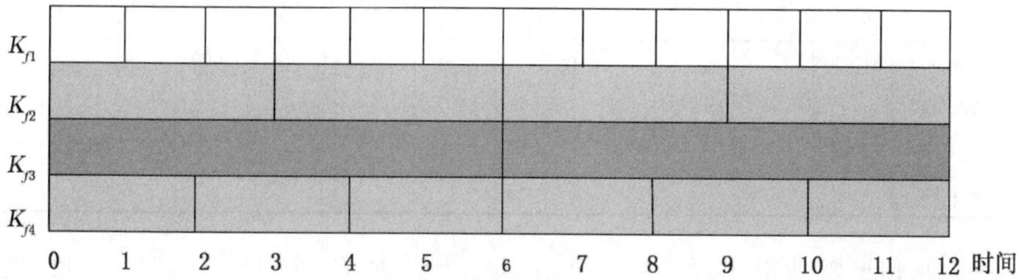

图 3.21　时间性固定成本结构

通过构建各个成本类型在成本岗位的时间结构，可以明确记录和规划每个成本岗位的特定成本状况。特别是，根据成本核算中工资标准和劳动合同规定，可以算出劳动力年龄结构所产生的不同条件下的工资成本，所以没有必要全面陈述有关工资成本的影响。

3.4.4.2.3　固定成本的增减能力对于企业运行的影响

在特定计划周期 n 中，各个成本类型($K_{f_{ik}}, i=1,\ldots,r; k=1,\ldots,m$)的可削减固定成本可以在以下矩阵中体现，其一般形式为②：

$$K = \begin{pmatrix} K_{f_{11}} & K_{f_{12}} & \ldots & K_{f_{1n}} \\ K_{f_{21}} & K_{f_{22}} & \ldots & K_{f_{2n}} \\ \vdots & \vdots & & \vdots \\ K_{f_{r1}} & K_{f_{r2}} & \ldots & K_{f_{rn}} \end{pmatrix}$$

在观察期内，处于每个备选考虑时点、与经营准备程度相关的可变可削减固定成本的计算如下：

$$K_m^{\tau} = \sum_{i=1}^{r} \sum_{k=1}^{m} K_{f_{ik}}^{\tau} \quad m = 1, \ldots, n.$$

根据预测的销售数据可以推导出，生产执行中区分各成本岗位的就业变化。应该注意，从生产计划中剔除产品类型并不会导致所有成本岗位的运营准备状态发生变化，而会由于受到成本岗位特定的结构和每个成本岗位与使用期限相关潜在因素的影响，而使运营准备状态发生变化。随后对每个成本岗位需要计划运营准备程度的分析能够表明，哪些是调整决策时可能且必要的。此类决策的成本效果可以表示为与可消除固定成本的成本岗位相关或与企业相关的矩阵。

① 摘自 Reichmann：*Kosten-und Preisgrenzen*，S. 46。
② 参见 Reichmann：*Kosten und Preisgrenzen*，S. 46；Reichmann & Scholl：*Erfolgscontrolling*，S. 436。

表 3.15 **间接成本计划**

成本类型	合计	每月			季度			半年			长期		
		70%	60%	0%	70%	60%	0%	70%	60%	0%	70%	60%	0%
工资	386 000	31 000								7 000			
仓库租金	292 000			66 000									28 000
机器租金	144 000	12 000											
机器租金	60 000		5 000										

如果企业预期营业额下降，生产利用率处于最大 70%和最小 60%之间，则在这种就业水平和运营准备情况下，可削减固定成本必须包含在相应间接成本计划中，并根据其可能的削减时间显示在相应的矩阵中。有关在哪种预期销售市场的情况下削减哪些固定成本的问题，已在第 3.3 节中讨论过，其中对由于销售额下降和相应可削减固定成本而导致的效益变化，与其他运营调整措施（如价格上涨、仓储、产品变化及其成本和效益影响）进行了比较。

3.4.5 暂时停止生产，以适应不断变化的市场条件

正如生产计划重组的实行过程中已经表明的那样，“固定成本管理”不一定必须在保持产品结构和计划结构的条件下进行。实际上，如果在确定最佳生产和销售计划时，出现了要停止生产或停产具体产品的这种难以界定的情况，则取消有关限制。暂时中止生产的决定可能在较低价格下限的基础上做出。价格下限代表临界值，低于这个水平时，市场价格使得暂时停止生产比进一步生产更有利。因此，较低价格下限表明了成本的节约，这种成本节约与暂时停产相关。在最一般的形式中，它由可变成本 k_v、可削减固定成本 $K_{f_{ik}}$ 和固定成本类型 I 组成；直到时点 m，才可以削减固定成本 I：

$$PUG_{II_m} = k_v + \frac{\sum_{i=1}^{r}\sum_{k=1}^{m-1} K_{f_{ik}}}{\sum_{k=1}^{m} x_k}$$

尽管价格下限由成本要素组成，但确定价格下限是基于利润目标，因为价格下限的确定最终意味着价格下限与销售价格的比较，从中可以推断出利润的变化。在具体情况下，哪些成本要素与价格下限相关，仅由相应事务性和时间性的决策范围界定。[①] 当产品的收益甚至不能覆盖其可变成本时，总是需要做出暂时停止生产的决定。因此，可变成本也称为绝对的价格下限。如果可变成本的一部分仅记录为间接成本，则确定绝对价格下限存在困难。在不与产品生产过程相关联的情况下，在管理部门、销售部门以及相关制造领域也会出现可变间接成本。对于企业而言出现的问题是，根据运营成本结构分配成本份额是否合理，或者这种分配是否必然会导致整体安排中的巨大错误。虽然分配固定间接成本这一想法被直接成本核算、相对单个成

---

① 参见 Reichmann：*Kosten und Preisgrenzen*，S. 31－36。

本与贡献利润率计算这两种方法所替代，但对分配可变间接成本的态度并不是那么一致。[①]

在以下情况下，假定实际可变间接成本占总可变成本的比重非常低，因此对整个可变间接成本进行部门分配在经济上是合理的。

绝对价格下限以及相对价格下限由目标函数的系数确定。然而，如果可削减固定成本被分摊到单个产品、产品组或整个生产计划，那么从经济意义上停止部分生产或整个生产的临界值取决于：产品或产品组覆盖额和该产品或产品组可削减固定成本的关系或整个生产计划边际贡献与可削减固定成本的关系。因此，这时虽然尚未达到单个产品的相对或绝对价格下限，则可能已经需要停止生产了。

为了能够区分固定成本对停产决策的影响，需要区分部分和总体的价格下限或收入下限。总体收入下限表示停止生产所有产品的临界值，它取决于所有产品的可变成本、产品固定成本以及企业固定成本。部分价格或收入下限表示临时停止生产特定产品类型的临界值，它们由可变成本和该产品相关的固定成本决定。

在下面的示例中，部分价格下限或部分收入下限以及总体收入下限作为渐进调整行为的基础，通过部分停止生产或者全部停止生产，以适应不断变化的市场条件。企业仅有可能在外部预定条件下生产和销售产品，或暂时停止生产和销售。此前提适用于企业生产的每种产品。

考虑 12 个时段的计划阶段。产品 α、β 和 γ 在同一条生产线上生产。产品 α、β 和 γ 的可变成本是：$k_v^\alpha = 1.50$ 欧元，$k_v^\beta = 2.00$ 欧元，$k_v^\gamma = 2.50$ 欧元。每个时期产品 α 可以销售 2 000 个单位，产品 β 可销售 2 500 个单位，产品 γ 可销售 1 000 个单位。

所有产品都会产生可削减的固定成本(企业直接成本)：

$K_{f_1}^{\alpha,\beta,\gamma}$(2 000 欧元)为每月可削减成本

$K_{f_2}^{\alpha,\beta,\gamma}$(5 000 欧元)为每季可削减成本

$K_{f_3}^{\alpha,\beta,\gamma}$(3 000 欧元)为每半年可削减成本

在这 12 个月的计划期内，可以总共削减 50 000 欧元的固定成本。

产品组固定成本由共同使用的潜在因素引起：

$\mathrm{K}_{\mathrm{f}_4}^{\alpha,\beta}$(1 000 欧元)为每季可削减成本

$\mathrm{K}_{\mathrm{f}_5}^{\alpha,\beta}$(2 000 欧元)为每半年可削减成本

每种产品类型的生产都会产生可削减的固定产品成本：

$K_{f_6}^{\alpha}$(1 000 欧元)为每月可削减成本

$K_{f_7}^{\beta}$(2 000 欧元)为每季可削减成本

$K_{f_8}^{\gamma}$(3 000 欧元)为每半年可削减成本

在考虑的规划部分中，无法削减的产品固定成本、产品组固定成本和总体固定成

---

① 在关于直接成本法的文献中，假定所有可变成本都是和产量符合线性关系，会带来关于可变间接成本分配权重的问题。与此相反，在关于相对可变成本边际贡献法的文献中，完全排斥权重分配的方法。只有当实际可变间接成本的权重分配具有可靠的线性特性，才可以运用权重分配的方法。在组合生产中，该可变间接成本占可变成本的比例具有重要意义，而对于相互独立的生产以及与原料有联系的生产，该比例很低，所以它对于决策没有影响。

本与以下对价格下限和收入下限的分析无关。

在表 3.16 中,在所考虑的计划阶段中,可以削减的成本和总固定成本的比例是基于产品、产品组和企业编制的。

表 3.16 **比例和可削减固定成本的编制**

产品	线性比例成本	产品相关的固定成本	产品组相关的固定成本	企业固定成本
α	36 000	12 000	8 000 (α、β)	50 000 (α、β、γ)
β	60 000	4 000		
γ	30 000	12 000		
Σ	126 000	28 000	8 000	50 000

如固定成本覆盖率计算中的惯例那样①,这种构架不能用于确定差异化的价格下限或收入下限,因为不可识别固定成本的时间结构。为实现这一点,表 3.16 中的每个固定成本类型必须根据削减日期进一步细分。但是,即使产品类型和削减日期相对较少,这种概述也会令人困惑。这个缺点避免了在矩阵形式中表示时间性固定成本结构。

让我们用 $i=1,2,\ldots,r$ 表示可削减的成本类型,用 $k=1,2,\ldots,n$ 表示可削减的时点,所以 $K_{f_{ik}}$ 值表示第 k 次第 i 个成本要素可以减少的成本。必须通过附加的参数来指定这些成本要素的单个成本特征或间接成本特征。产品 α 的成本要素为 $K_{f_{ik}}^{\alpha}$,产品 α 和 β 的成本要素为 $K_{f_{ik}}^{\alpha,\beta}$(产品组固定成本),所有产品的成本要素为 $K_{f_{ik}}^{\alpha,\beta,\gamma}$(固定企业成本)。相关固定成本的结构可由以下矩阵表示,用于所考虑的计划阶段:

$$K=\begin{pmatrix} K_{f_{11}}^{\alpha,\beta,\gamma} & K_{f_{12}}^{\alpha,\beta,\gamma} & \ldots & K_{f_{112}}^{\alpha,\beta,\gamma} \\ K_{f_{21}}^{\alpha,\beta,\gamma} & K_{f_{22}}^{\alpha,\beta,\gamma} & \ldots & K_{f_{212}}^{\alpha,\beta,\gamma} \\ K_{f_{31}}^{\alpha,\beta,\gamma} & K_{f_{32}}^{\alpha,\beta,\gamma} & \ldots & K_{f_{312}}^{\alpha,\beta,\gamma} \\ K_{f_{41}}^{\alpha,\beta} & K_{f_{42}}^{\alpha,\beta} & \ldots & K_{f_{412}}^{\alpha,\beta} \\ K_{f_{51}}^{\alpha,\beta} & K_{f_{52}}^{\alpha,\beta} & \ldots & K_{f_{512}}^{\alpha,\beta} \\ K_{f_{61}}^{\alpha} & K_{f_{62}}^{\alpha} & \ldots & K_{f_{612}}^{\alpha} \\ K_{f_{71}}^{\beta} & K_{f_{72}}^{\beta} & \ldots & K_{f_{712}}^{\beta} \\ K_{f_{81}}^{\gamma} & K_{f_{82}}^{\gamma} & \ldots & K_{f_{812}}^{\gamma} \end{pmatrix}$$

从可削减固定成本总额 K 矩阵出发,可以消除企业固定成本的子矩阵(块矩阵) $K_1^{(3,12)}$,产品组固定成本 $K_2^{(2,12)}$,以及产品 α、β 和 γ 的可削减固定成本 $K_3^{(1,12)}$、$K_4^{(1,12)}$、$K_5^{(1,12)}$。

① 参见 Mellerowicz: *Kalkulationsverfahren*, S. 157—217。

本节中使用数值示例的固定成本结构可以由以下子矩阵表示：

$$K_1^{(3,12)}=\begin{pmatrix}2\,000 & 2\,000 & 2\,000 & 2\,000 & 2\,000 & 2\,000 & 2\,000 & 2\,000 & 2\,000 & 2\,000 & 2\,000 & 2\,000\\ 0 & 0 & 5\,000 & 0 & 0 & 5\,000 & 0 & 0 & 5\,000 & 0 & 0 & 5\,000\\ 0 & 0 & 0 & 0 & 0 & 3\,000 & 0 & 0 & 0 & 0 & 0 & 3\,000\end{pmatrix}$$

$$K_2^{(2,12)}=\begin{pmatrix}0 & 0 & 1\,000 & 0 & 0 & 1\,000 & 0 & 0 & 1\,000 & 0 & 0 & 1\,000\\ 0 & 0 & 0 & 0 & 0 & 2\,000 & 0 & 0 & 0 & 0 & 0 & 2\,000\end{pmatrix}$$

$K_4^{(1,12)}=(1\,000 \quad 1\,000 \quad 1\,000 \quad 1\,000 \quad 10\,00 \quad 1\,000 \quad 1\,000 \quad 1\,000 \quad 1\,000 \quad 1\,000 \quad 1\,000 \quad 1\,000)$

$K_4^{(1,12)}=(0 \quad 0 \quad 0 \quad 0 \quad 0 \quad 2\,000 \quad 0 \quad 0 \quad 0 \quad 0 \quad 0 \quad 2\,000)$

$K_5^{(1,12)}=(0 \quad 0 \quad 3\,000 \quad 0 \quad 0 \quad 3\,000 \quad 0 \quad 0 \quad 30\,000 \quad 0 \quad 3\,000)$

现在可以通过从相应子矩阵元素形成两个矩阵来计算 12 个周期的计划阶段产品 α、β、γ 部分的收入下限，其中这些矩阵的列数（或元素）由固定成本的替代削减日期确定。如果考虑产品 α 的前四个时期，则可削减固定成本 $K_3{}^{(1,3)}$ 和 $K_3{}^{(1,9)}$ 的两个矩阵分别为前 3 个月和最后 9 个月：

$K_3^{(1,3)}=(1\,000 \quad 1\,000 \quad 1\,000)$

$K_3^{(1,9)}=(1\,000 \quad 1\,000 \quad 1\,000 \quad 1\,000 \quad 1\,000 \quad 1\,000 \quad 1\,000 \quad 1\,000 \quad 1\,000)$

为了确定单个产品的部分收入下限或价格下限，必须考虑可变成本。一个期间的可变成本是计划产品数量和可变单位成本的乘积。对于产品 α、β、γ，可以建立以下可变成本矩阵：

$$K_v=\begin{bmatrix}K_{v_1}^{\alpha} & K_{v_2}^{\alpha} & \dots & K_{v_{12}}^{\alpha}\\ K_{v_1}^{\beta} & K_{v_2}^{\beta} & \dots & K_{v_{12}}^{\beta}\\ K_{v_1}^{\gamma} & K_{v_2}^{\gamma} & \dots & K_{v_{12}}^{\gamma}\end{bmatrix}$$

K_v 现在可以分为三个子矩阵 K_{v_1}、K_{v_2} 和 K_{v_3}。根据我们的数字示例，以下内容适用：

$K_{v_1}=(3\,000 \quad 3\,000 \quad 3\,000 \quad 3\,000 \quad 3\,000 \quad 3\,000 \quad 3\,000 \quad 3\,000 \quad 3\,000 \quad 3\,000 \quad 3\,000 \quad 3\,000)$

$K_{v_2}=(5\,000 \quad 5\,000 \quad 5\,000 \quad 5\,000 \quad 5\,000 \quad 5\,000 \quad 5\,000 \quad 5\,000 \quad 5\,000 \quad 5\,000 \quad 5\,000 \quad 5\,000)$

$K_{v_3}=(2\,500 \quad 2\,500 \quad 2\,500 \quad 2\,500 \quad 2\,500 \quad 2\,500 \quad 2\,500 \quad 2\,500 \quad 2\,500 \quad 2\,500 \quad 2\,500 \quad 2\,500)$

然后，可以根据产品 α 确定可变和可削减的固定产品成本，例如前四个时期，借助于两个指定的子矩阵表示如下：

$K_3^{(1,3)}=(1\,000 \quad 1\,000 \quad 1\,000)$

$K_{v_1}^{(1,4)}=(3\,000 \quad 3\,000 \quad 3\,000 \quad 3\,000)$

成本总和确定了前四个周期的部分收入下限，可以通过以下方式获得成本总和：将子矩阵 $K_3{}^{(1,3)}$ 和 $K_{v_1}^{(1,4)}$ 和列向量 e 相乘，其中 e 的元素数量（每个为 1）应由行向量或矩阵的元素或列数确定,把它们和 e 相乘。

$$EUG^{\alpha}_{\text{II}_4}=K_4^{(1,3)}\times e+K_{v_1}^{(1,4)}\times e$$

这同样适用于产品 β 和 γ 的前四个时期:

$$EUG^{\beta}_{\text{II}_4}=K_4^{(1,3)}\times e+K_{v_2}^{(1,4)}\times e$$

$$EUG^{\gamma}_{\text{II}_4}=K_5^{(1,3)}\times e+K_{v_3}^{(1,4)}\times e$$

仅在两种产品的边际贡献一起涵盖相应产品组可削减固定成本的范围内,产品 α 和 β 的部分收入下限才有效。因此,α 和 β 的部分收入下限是:

$$EUG^{\alpha;\beta}_{II_m}=K_3^{(1,3)}\times e+K_{v_1}^{(1,4)}\times e+K_4^{(1,3)}\times e+K_{v_2}^{(1,4)}\times e+K_2^{(2,3)}\times e$$

产品 α 和 β 的部分收入下限,包括可变成本、产品固定成本和产品组固定成本,以及 γ 的部分收入下限(涵盖可变成本和产品固定成本),只有在考虑的任何替代期内,产品 α、β 和 γ 可获得收益均已足够涵盖本期内可削减的企业固定成本时才有效。如果不能覆盖,临时调整整个生产比进一步生产更有利。总收入下限为:

$$EUG^{\alpha;\beta,\gamma}_{II_4}=K_3^{(1,3)}\times e+K_{v_1}^{(1,4)}\times e+K_4^{(1,3)}\times e+K_{v_2}^{(1,4)}\times e+K_5^{(1,3)}\times e+K_{v_3}^{(1,4)}\times e$$
$$+K_2^{(2,3)}\times e+K_1^{(3,3)}\times e$$

产品 α、β 和 γ 部分和总收入下限如表 3.17 所示。

表 3.17　　部分收入下限和总收入下限的列示

k	1	2	3	4	5	6	7	8	9	10	11	12
收入下限 $_{\text{II}^{\alpha}_{m}}$	3 000	7 000	11 000	15 000	19 000	23 000	27 000	31 000	35 000	39 000	43 000	47 000
收入下限 $_{\text{II}^{\beta}_{m}}$	5 000	10 000	15 000	20 000	25 000	30 000	37 000	42 000	47 000	52 000	57 000	62 000
收入下限 $_{\text{II}^{\gamma}_{m}}$	2 500	5 000	7 500	13 000	15 500	18 000	23 500	26 000	28 500	34 000	36 500	39 000
收入下限 $_{\text{II}^{\alpha,\beta}_{m}}$	8 000	17 000	26 000	36 000	45 000	54 000	68 000	77 000	86 000	96 000	105 000	114 000
收入下限 $_{\text{II}^{\alpha,\beta,\gamma}_{m}}$	10 500	24 000	37 500	60 000	73 500	87 000	116 500	130 000	143 500	166 000	179 500	193 000

在做出调整决策的框架下,要显示可削减固定成本具有的影响,我们应该再次检查先前讨论的最优生产计划和销售计划的调整问题。假设可削减的固定成本为 2 000 欧元,最佳生产计划(见表 3.10)由 600 个单位 x_1($DB_{x_1}=4$ 欧元)和 400 单位 x_2($DB_{x_2}=3$ 欧元)组成,从而导致每个期间的边际贡献为 3 600 欧元。因此,生产计划可实现的边际贡献高于总价格下限或总收入下限。如果 x_1 的价格现在下降到 11.80 欧元($DB_{x_1}=2.80$ 欧元),那么最佳生产计划(表 3.12)只能带来 2 940 欧元的边际贡献。如果预计这个价格会在四个时期内降低,一旦累计可收回的固定成本一直到第二期期末超过 5 880 欧元、到第三期期末超过 8 820 欧元、到第四期期末超过 11 760 欧元,建议暂时停止生产。除了周期性地利用的固定成本 2 000 欧元,还有第二期期末不超过 1 880 欧元、第三周期结束不超过 2 820 欧元、第四周期结束不超过 3 760 欧元的可削减固定成本。如果可以有更高的可削减固定成本金额,则会低于总收入下限。在这种情况下,生产将停止,因为进一步生产将导致比临时停产更大的损

失。

在绩效指标体系的框架内，可以确定单个物品的价格下限和相应物品组的收入下限，这可以为管理层或销售经理服务，作为降低销售价格的决策辅助，PUG_m 和 $EUG_m : m = 1, 2$。

价格下限 Ⅰm	成本收益控制
可变单位成本	
价格下限 Ⅱm	成本收益控制
可变单位成本＋每单位可削减、 产品相关的固定成本	
收入下限Ⅱ$_m$	成本收益控制
可变成本＋每单位可削减产品 相关的固定成本＋可削减 产品组相关的固定成本	

不需要了解整个时段内的参数取值，但是对于较短的时段(如月度)，参数必须是给定的，在相应表格中，这些参数通常以产品相关和时间相关的形式汇总，然后以合适的方式列示在绩效指标系统中。例如，这可以通过整个计划阶段相应价格下限或收入下限的示例，以及这些绩效指标的相应表格来完成。对于成本一收益控制部分，可以设置图 3.22 中所示绩效指标系统的部分。

对于成本一收益控制，在管理控制理念特殊部分的框架内，可以确定以下绩效指标。特别是在成本一收益控制方面，根据成本核算的构架以及成本一收益报告，创建行业定制和企业定制的绩效指标特殊部分是绝对必要的。

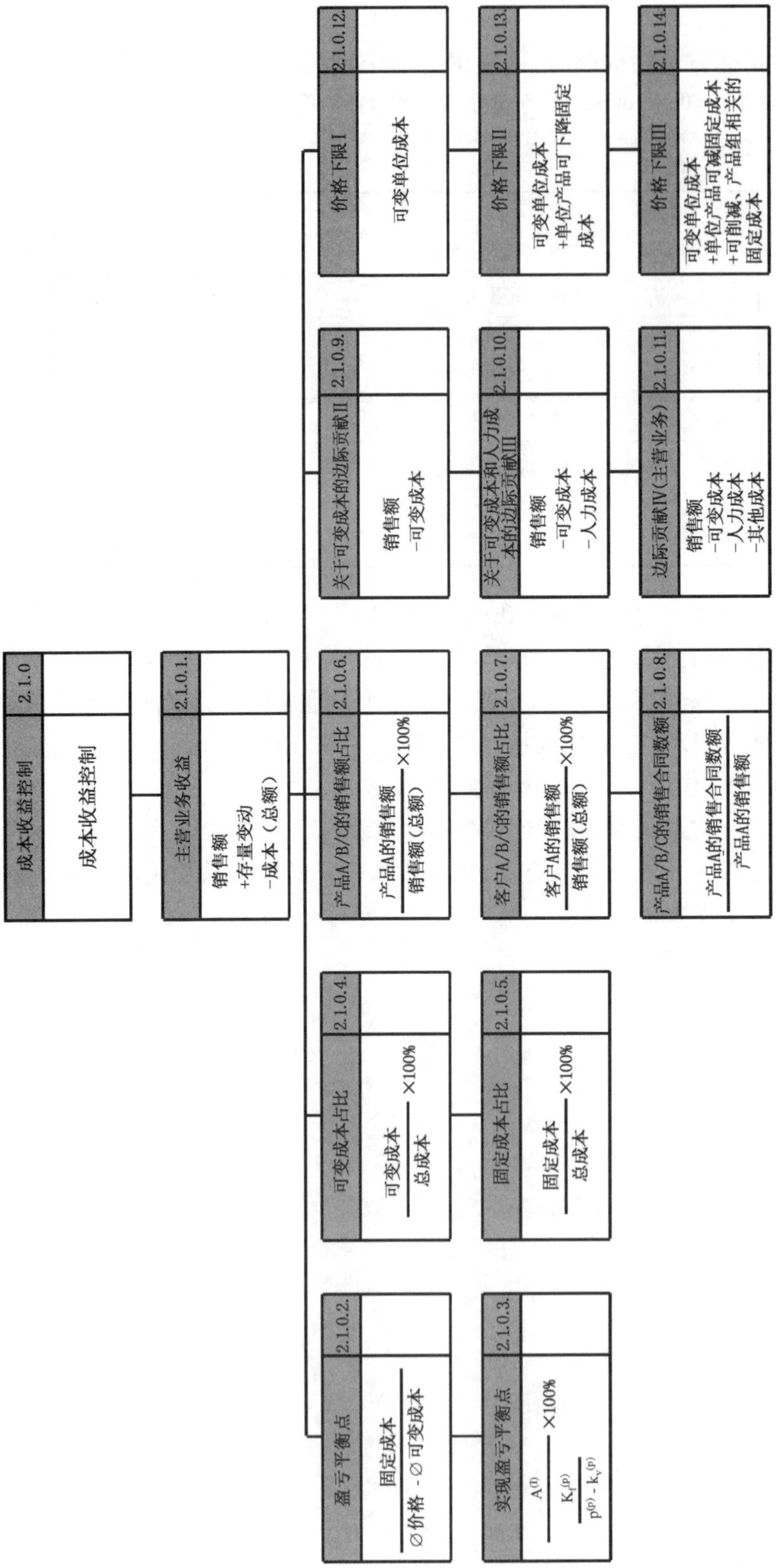

图 3.22 成本收益控制指标体系

4

财务控制

4.1 财务控制的任务

4.1.1 保障流动性作为首要任务

企业财务管理和财务控制(后者也是企业管理控制的一部分)的首要任务是保障流动性,流动性就是企业随时充分满足强制性支付义务的能力。维持稳定的支付能力和财务平衡的同时,也必须注意实现盈利目标。①

确保流动性是企业追求盈利时的一项严格约束,因为除了过度负债之外②,无力支付通常会导致企业破产。③ 因此,确保流动性是企业治理中的首要任务。

4.1.2 单项财务控制任务

4.1.2.1 单项任务和阶段标准

跨职能财务控制的首要任务是,在实现盈利目标的同时确保流动性,它就是领导和决策过程在财务部门的体现(即在财务规划阶段④),实施阶段以及财务控制阶段分别完成:(1)流动性的结构保障;(2)当前的流动性保障;(3)维持现金储备;(4)融资。

4.1.2.2 流动性的结构保障

流行性结构保障的目的旨在通过遵循"均衡"的融资和资本结构,确保企业在债

---

① 参见 Gutenberg:*Finanzen*,S. 1。

② 有关导致破产的无力支付和过度负债,参见 § § 17,18,19 InsO, § 92 Abs. 2 AktG, § 64 Abs. 1 GmbHG, § § 130 a,177 a HGB。

③ 参见 § § 92 Abs. 2,262 Abs. 1 Nr. 3 AktG, § § 60 Abs. 1 Nr. 4,64 Abs. 1 GmbHG,只有在破产保护和债务重组时例外。

④ 参见 Hahn:*Kontrollrechnung*,S. 29—31。

权人以及股东眼里信誉良好、具备发行债券的能力。如果能确保这点，那么对于可能出现的负现金流，可通过随时以市场价格借款等，尽可能地降低借款成本。

特别是在这项子任务下，财务控制必须通过适当的财务规划和财务监控系统，确保投融资期限结构的平衡，通常有限的长期融资方案可满足未来长期投资额。同时，需要通过提供新的长期债务和股权，维护一个平衡的外部融资结构，以及通过折旧和准备金或留存收益(自筹资金)[①]支持一部分适当的内部融资。

流动性结构保障是企业长期整体规划的重要组成部分，它主要以资产负债表为导向。内部融资额的规划也需要整体长期的绩效规划和财务规划。财务控制必须通过适当的规划和报告手段协调各个长期子计划，并在必要时鼓励采取调整措施平衡结构性失衡，例如减少投资额、租赁取代购买设备、延期偿还长期债务、筹集额外股权、筹集长期债务而不是短期债务。

4.1.2.3 当前的流动性保障

与流动性结构保障相反，当前或者实时流动性保障仅是以财务计划为导向，它直接涉及所有现金流的呈现以及经营和非经营性的收入和支出，尤其是投融资和股权领域的流入流出。此外，财务控制必须协调现有职能的子计划(采购、生产、销售、物流)和长期投资计划，根据现金流入流出归纳出结构性财务计划。

此外，考虑期初现金状况后，所有计划的现金流入会与流出相比较。对任意时点，考虑期初现金状况后，预计现金流入将小于流出，那么估计会对现金有额外需求。在这种情况下，须将外部融资纳入计划，特别是短期借款。如果企业还有计划外的现金储备，如短期可变现的存货或者债券等，这些额外储备可以在财务控制部门的建议下纳入计划。在风险允许的情况下，可以使用现金储备来弥补现金流出。

如果从连续的现有子计划中衍生出财务计划[②]，在考虑盈利目标的同时，产生了不允许的超额支出，财务控制师必须通过构建计划准备金来修订计划，使之可行。这一计划修订可以包含推迟可安排的、在观察期内非强制需要的当前支出[③]，例如延期开始项目、推迟支付广告和研究费用、推迟计划的物资采购及相应支出，积极的信用管理(即加速收款)、开具发票或者提醒支付。

如果流入多于流出，就预计出现现金盈余。多余的现金意味着损失利息收入，从而降低企业投入资本的盈利能力。从收入和支付计划可以看出，在什么时间、多长时间、什么范围内会有多余现金，然后考虑利用多余现金进行短期存款获得利息或者加速还债。

4.1.2.4 维持流动性准备

现金盈余可以作为额外现金增加现金准备。不确定性(可能的现金流入流出的

---

① 融资形式参见 Hax: *Investitionsentscheidungen*, S. 415 f.; Schneider: *Investition*, S. 169 f。

② 连续和同步财务规划区分参见 Hahn: *Kontrollrechnung*, S. 55 f。

③ 参见 Reichmann, Lachnit: *Kennzahlen*, S. 718 f。

范围或主观概率分布)越高,越需要提高现金准备的支付能力,包括未使用的信用额度。维持现金准备提高财务安全性,但是额外的准备金失去或至少减少了利息,降低盈利能力。财务控制部门必须通过采取合适的短期规划工具,达到最佳流动性,即确保支付能力且成本最低的流动资金数额。

财务控制的任务是运用各种不同的规划和监控工具,规划和监控资产负债表导向的长期流动性保障以及仅仅以现金流为导向的中短期实时流动性保障。

4.1.2.5 确保独立性

管理控制师工作的重点[①]在于规划和监控阶段的各项任务,在流动性结构保障范围内,从融资结构的规划和监控来看,所有的融资任务主要属于资金主管,甚至可能是财务总监的工作范畴[②],因此接下来不会涉及。

维护企业的独立性是除了盈利、流动性和安全性外的一个重要财务决策标准[③],否则只能通过留存利润、折旧和准备金实现融资。但是融资渠道的限制必然导致错过增长机会,因此这时应该排除该限制。

除了关于企业经营政策的单个目标之外,股东还有以下目标:(1)确保可持续生存;(2)成本最小化融资;(3)最佳利用可支配资本;(4)尽可能高的自主水平。

融资的自主性一方面尤其来自企业的良好信誉和盈利能力,另一方面产生于多样的融资方案。信誉的改善显然会同时提升潜在的融资基础水平。但是,即使给定一定的信誉和盈利能力,也可以开发额外的金融工具,并通过使用它们来提高处置自由度。因此,希望尽量减少外部影响和融资成本的企业必须争取适当的融资组合。有关《巴塞尔协议Ⅱ》的讨论将进一步呈现上述观点。

4.1.3 根据《巴塞尔协议Ⅱ》,信用操控是必须完成的任务

信贷机构针对贷款制定股本支持的新规则,它为企业提供了一个新的视角,即将信用操控作为确保流动性的一项工作,作为财务管理的主要任务。

4.1.3.1 新股权协议——《巴塞尔协议Ⅱ》和《巴塞尔协议Ⅲ》

信贷机构的资本支持基于基本实务限制,保护信贷机构和股东避免遭受计划外的贷款和应收账款损失,以免损害银行的偿还能力,继而影响整个国民经济。早在1962年,德国银行法(KWG)就规定了存放充足资本金的义务,以保护委托给它的资产。[④] 1988年,在"国际资本计算和资本要求趋同"(《巴塞尔协议Ⅱ》)框架下,巴塞尔银行监管委员会制定该协议并获得国际认可,从那以后被视为保障金融体系的基本

---

① CFO、财务部门(可能由资金主管代表)和财务控制之间的职责划分和分工参见 Hahn:*Konzept des Controllers*,S. 102,110;Horváth:*Controlling*,S. 37－86。

② 资金主管的典型任务包括规划正在进行的定期融资(特别是短期融资)、进行融资谈判、使用流动性准备、投资过剩流动性、规范当前支付义务、催款和每日财务规划。

③ 参见 Reichmann,Kißler & Pyszny:*Autonomie*,S. 553 ff。

④ 参见§ 10 KWG 1961。

措施。

该协议最初规定，信贷机构风险加权资产占资本总额8%的比例，其中风险加权基于借款者笼统地分为三组（公共借款人为0%、信贷机构为20%、其他借款人为100%[①]）。然而，这种粗略的划分和无视借款人个人违约风险的做法日益遭受抨击，尤其是银行为了更高的利息而倾向放贷给信用评级较差的企业，银行的做法证明了所谓资本充足率目的的荒谬性。

这一不匹配性导致了对国际协议的彻底修改，2004年6月颁布了《巴塞尔协议Ⅱ》。《巴塞尔协议Ⅱ》基于三大支柱，包括基于银行风险的差异化对最低资本要求做出不同规定、银行监管审核程序以及增强市场自律对银行的信息披露要求。

除了稳固、安全和改善国际金融业公平竞争之外，有关《巴塞尔协议Ⅱ》争论的重点在于，确定资本充足率时，全面、差异化考虑银行信用风险。[②] 修改后的趋同结构表现三种风险类别：信用风险、操作风险和市场风险的主要含义，其加权风险资产[③]不能低于责任股本的8%。巴塞尔银行监管委员会的建议归入《巴塞尔协议Ⅲ》下，致力于在金融市场危机的背景下，继续提高金融机构的股本基数。[④]

虽然市场风险的识别和新纳入的经营风险主要影响银行方面，但根据债务人信誉的差异化，信用风险权重不仅会影响银行持有的自有资本金额，而且会导致根据风险水平调整向企业贷款的利率。

未来的信誉度会对信贷价格产生重大影响，并且普遍对贷款的基本决定产生很大影响，这一事实使这些企业为了控制各自信誉和保障流动性而满足银行的要求。

4.1.3.2 根据《巴塞尔协议Ⅰ》《巴塞尔协议Ⅱ》衡量信用风险

根据对借款人的信用评估，评判其未来按期依据贷款协议履行所有支付义务的能力，这要求建立一个统一的系统。该系统必须在国内得到监管保证，以确保客观评估不同企业的情况。此外，对于信贷机构而言，修订后融合的外部信用评级和内部评级也是备选方案。

4.1.3.2.1 外部评级

银行确定贷款风险权重的一种方式是采用经国家监管机构认可的信用评级机构[⑤]的外部信用风险评估，信用评级机构基于对企业和行业深入研究，按照标准评价判断企业，并将这些评级汇总成一个整体的评价，在汇集到风险等级后，再次按照标准方法分配风险权重，与传统程序相反，它取决于债务人特定的违约概率。

---

① 巴塞尔银行监管委员会风险权重划分参见 Basel Committee on Banking Supervision: *Convergence*, Anhang 2。

② 引入经修订框架协议的既定目标参见 Baseler Ausschuss für Bankenaufsicht: *Konvergenz*, S. 1—6。

③ *Baseler Ausschuss für Bankenaufsicht*: Konvergenz, Abs. 44:"通过把风险资产所需的自有资本乘以12.5(8%的核心资本要求)，得出可以持有的风险加权资产。"

④ 参见 Basel Committee on Banking Supervision, *Consultative Document*。《巴塞尔协议Ⅲ》对于金融机构的直接作用参见 Zirkler, Hofmann & Schmolz: *Basel* Ⅲ；对于企业的间接影响参见 Zirkler & Hofmann: *Rating*, S. 61 ff。

⑤ 在德国，联邦金融监管局(BaFin)审查了国际资本计量和资本要求的六项要求，即客观性、独立性、国际准入、公告、资源和可信度的实现情况，参见 Baseler Ausschuss für Bankenaufsicht: *Konvergenz*, Abs. 91。

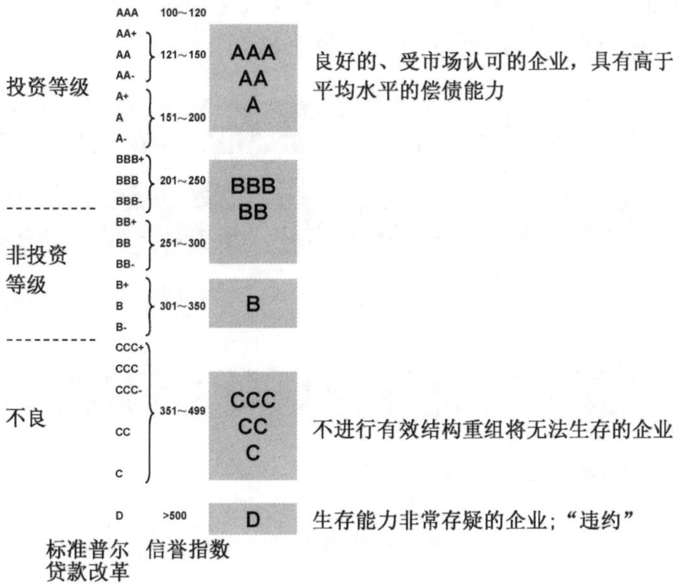

图 4.1 外部评级比较

4.1.3.2.2 银行内部评级方法

在当前公示咨询期间,欧洲谈判者的激烈反对和抗议导致银行承认,在内部评级程序中获得债权人违约概率是可能的,因为大多数银行在很长一段时间内一直使用适当的信用评级方法。[①]

与外部评级相反,在复杂的基本或高级内部评级法基础上,确定必要的资本充足率。在内部计算资本充足率时,银行全部或者部分评估四个风险要素:违约概率(PD)、违约损失率(LGD)、违约风险暴露(EAD)和到期期限(M)[②],然后将其纳入特定的风险加权函数。[③] 在内部评级法情况下,该评级“依据许多不同的评级标准得出违约概率”[④],将企业归类在至少八个等级中的一个。鉴于评级等级分类和各自得出的违约概率数量更大,内部评级允许基于基本信用风险的银行资金需求有更大的差异,这反过来又作为信用价格组成部分反映在银行的资金成本[⑤]里。

4.1.3.2.3 管理实践中信用评估的评级标准

基于这些认识,不可避免地会产生与评级或分类相关的评级标准,这些评级标准

---

① 参见 Übelhör & Warns:*Eigenkapitalvereinbarung*,S. 27。

② 在基本方法中,银行必须为每个评级类别估算违约概率,并对其他相关风险成分(违约损失率、违约风险暴露、到期期限)使用银行监管规定的估计方法。在更先进的方法中,银行需要确定有效时间(M),并提供他们自己对违约概率(PD)、违约损失率(LGD)、违约风险暴露(EAD 参数)的估计,参见 Baseler Ausschuss für Bankenaufsicht:*Konvergenz*,Abs. 246 f。

③ 这种调查方案的复杂性体现在企业贷款的风险权重,参见 Baseler Ausschuss für Bankenaufsicht:*Konvergenz*,Abs. 271 ff。

④ Baseler Ausschuss für Bankenaufsicht:*Konvergenz*,Abs. 405:为了能够给出贷款有意义的分类,而且在每一类中没有压缩,必须将没有违约的贷款分为 7 类,加上违约的一类,一共 8 类,这样才能够满足对企业、国家和银行贷款的分类要求(Abs. 403 f)。

⑤ 《巴塞尔协议Ⅱ》对于自有资本的影响以及贷款价格的构成参见 Bisani :*Kreditpreise*,S. 199 ff。

在《巴塞尔协议Ⅱ》中没有说明，但是已经在评级机构和银行那里建立起来了。[①] 这些标准的本质区别在于评估标准特征值的信息来源。

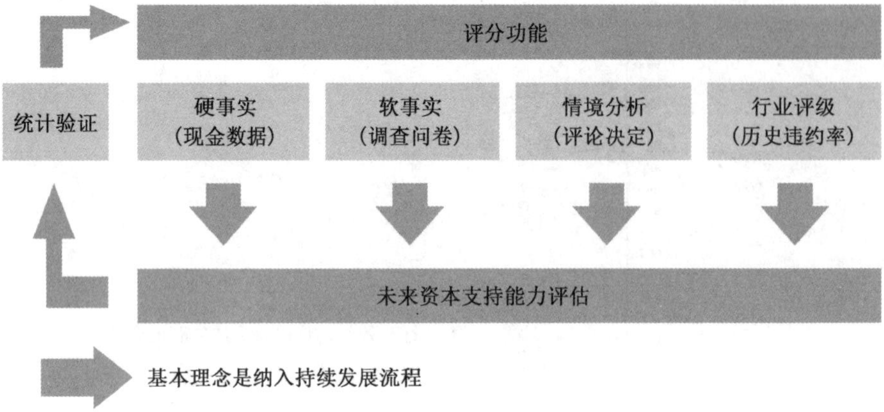

图 4.2 评级基本理念

对企业信用的定量评估主要基于年度财务报表中的信息，该报表以指标形式提供关于收入、资产和财务状况的信息。定量指标提供了一个重要信息，但它仅限于过去已实现的绩效、财产和财务状况[②]的信息，因此只能与过去的计划价值相一致，才能得出未来时期有关信息质量和可靠性的结论。出于这个原因，在管理实践中，还会检验定性标准，它可以提供企业未来前景的额外信息。除了计划质量外，行业发展和竞争状况、产品供给和市场地位、企业发展和战略、企业组织、管理质量和接班人安排与会计和控制构架属于相关质量评级标准[③]，因为这些因素是致使企业未来无力偿债的潜在原因。

通过客观地收集所介绍的影响因素，评级有利于结构良好的企业。从银行角度看，这些企业经得起核查，没有不可预计的风险。如果缺少相应的管理系统或者寻求贷款的企业没有留下良好的印象，它会对信贷决策造成负面影响。同时，评级较差的企业显然会支付更高的利息。同样的问题，对于创业企业家也是如此，虽然是基于另一个因果关系。年轻的企业通常除了不稳定的销售额和不确定的规划基础，还以较低的自有资本比率为特征。作为对较差的资产负债表结构的反应，初创企业受到《巴塞尔协议Ⅱ》的影响较大。这同样适用于寻求外部融资、有活力的快速增长型企业。

企业可以通过把重点放在受影响的评级标准上，部分中和融资条件的负面影响。整体框架条件，如经济形势和行业领域不受企业影响，但通过使用适当的融资工具，通常旨在缩减资产负债表，以减少(外部)筹资需求，同时提高股权比率。与此同时，企业应该首先优化领导和沟通结构，并随后在贷款谈判中进行解释。

---

① 只要比较评级机构和信贷机构所使用的标准，就会发现银行和评级机构之间在内容上没有原则性的差异。

② 参见 Wolf: *Kreditrating*, S. 28; Gleißner & Füser: *Mittelstand*, S. 101 f.，特别对于标准普尔、穆迪和德国城市商业银行总行的标准。

③ 参见 Gleißner & Füser: *Mittelstand*, S. 61 f。

4.1.3.3 评级对管理控制的影响

在《巴塞尔协议Ⅱ》之前，对于超过 25 万欧元的贷款申请人，银行需按照其披露的经济状况决定是否贷款。和《巴塞尔协议Ⅱ》一样，评判其经济条件的核心部分是信贷客户提供的年度财务报表。

《德国贷款法》第 18 条[①]规定了披露经济条件的要求。前联邦银行监管局[②]过去通过各种通告[③]进一步明确对银行提交文件的要求。在某些情况下，贷款人必须根据借款人的经济状况要求额外材料。除了形式上的缺陷外，尽管提交时间很近，年度财务报表被指缺少说服力。因此在某些情况下，《德国贷款法》第 18 条规定除了年度财务报表外，还需要提交补充文件。[④]

在透明度和沟通政策方面，《巴塞尔协议Ⅱ》一般对企业提出了更高的要求，即使用合适的管理控制工具进行管理控制以及满足和维护与银行以及评级机构交流的额外要求。[⑤] 寻求贷款的企业必须满足银行增加的信息需求，并促使其相应调整信息提供能力，因为规定的透明度水平将远远超出资产负债表的范围。银行对企业透明度的考虑越来越多，这为企业提供了一个对其评级结果有积极影响的重要出发点。[⑥]

在这方面，管理控制的主要任务是提供评级过程信息以及与银行信贷主管人员和评级分析师的协调。[⑦] 财务状况、市场定位、竞争状况、企业战略、产品组合和管理与评价结果息息相关。评级结果的基本意义在于，被评级企业与银行或评级机构建立关系。当然，一个尽可能积极的评级结果应产生合作且主动的信息行为。给出的信息应尽可能反映企业整体情况，没有任何与银行对数据的客观解释相违背的主观评价。

除了全面而客观的信息交流方式，管理控制产生信息流的频率也是决定评级成功的关键因素。为了得到评级相关的信息，强大的信息系统和有效的管理控制工具必不可少，相应地在建立与银行和评级机构的信息渠道以及为信用评级提供信息时，不可避免会出现缺陷和问题。分析师不仅需要年度财务报表，还需要中期和季度财务报表，关于企业业务和产品的描述，以及与信用评级相关的其他信息。[⑧] 成熟的内

---

① 《德国贷款法》第 18 条："信用机构只有在借款人披露财务状况时，特别是提交年度财务报表时，才可以发放总额超过 25 万欧元的贷款。"

② 联邦银行监管局(BAKred)于 2002 年 5 月 1 日在"联邦金融服务监管局法"的基础上，同联邦保险监管(BAV)和联邦证券监管(BAWe)一起合并组成联邦金融监管局(BaFin)。德国联邦局是联邦公法直接的、具有法律权能的机构，受联邦财政部监管。联邦金融监管局与德意志联邦银行一起监管银行。《德国贷款法》第 7 条规定了这两个机构之间的合作。

③ 参见 http://www.bakred.de. 上 9/1998、16/1999 和 5/2000 的公告。

④ 作为引入银行内部评级系统的一部分，联邦金融监管局于 2005 年 5 月 9 日及时取消了《德国贷款法》第 18 条的所有规定。其理由是，信贷机构从现在起必须承担与贷款有关的风险。鉴于《巴塞尔协议Ⅱ》，上述通告中规定的详细规则似乎不再符合实际要求，因为它们一直只是得到刻板地执行。将来，注册会计师必须确认信贷机构自己的评估系统是否合适。监督机构对自身规则的遵守情况将成为联邦金融监管局特殊审计的一部分。尽管《德国贷款法》第 18 条的规定已被废除，但未来仍然有必要继续对企业的经济状况进行深度评估。

⑤ 参见 Paetzmann: *Controlling*, S. 600。

⑥ 参见 Gleißner & Füser: *Rating*, S. 236 ff。

⑦ 正如资本市场需要编制文件，评级程序也需要编制一份文件，该文件主要包含安全性和流动性特征的信息。

⑧ 参见 Weber, Müller & Sorg: *Rating*, S. 26 f。

部信息传递系统优于不断手动处理信息以满足分析师需求。因此，优化企业自身信息系统极大地有利于评级程序。[①]

除了面向外部的信息功能，管理控制对企业内部的作用在于发现企业自身的不足并找到可能的改善方法。次优的指标阻碍评级改善，它可以通过管理控制确定、分析，然后根据目标进行改善。这一进程的质量主要取决于管理控制的质量和整合。

管理控制功能本身就体现了与评级相关的评判，因为首先由管理控制创建和进一步发展了《巴塞尔协议Ⅱ》的透明度要求。因此，管理控制职能是企业在评级程序中可以考虑的一个方面，既有关于指标的正面影响，也有关于独立可测量、与评级有关的管理控制方面，企业应该积极利用它来提高关键绩效指标。内部绩效的改善会导致企业关键绩效指标的改善，从而进一步改善评级等级。当然，管理控制任务的质量以及透明度取决于尽可能高的信息供给和需求的一致性，从而确保最佳的信息供应，并减少银行与企业之间的信息不对称。[②]

在此背景下，企业的风险控制[③]起着核心作用。对银行而言，一方面实施风险控制标志着寻求信贷的企业自身在内部进行风险评估，并通过已有的风险控制采取相应措施；另一方面由于不受控制的风险降低了，风险的识别和由此衍生的风险管理措施可以增强计划数据的可靠性。[④]

特别是，由于确定的评级结果有效性有限，管理控制的任务是，努力在企业管理层中持续考虑评级要求。事先考察经营决策的影响和其与企业评级的相关性，因为这将避免流动性和流动性保护下盈利的负面变化。对于企业的业务管理，企业管理层不仅需要关于经济成果、资产和资本的最新信息，还需要对评级结果可能产生影响的数据。因此，靠一次性或短期努力提高评级结果的效果往往适得其反，而应该以可持续治理为目标。同样，追求最佳的评级结果也是没有意义的。经营决策的管理学意义更为重要，实现评级目标则为次要条件。但是，考虑到评级相关数据的前提是它们也可供管理层使用，这些数据被整合到标准报告中，从而使得经营决策和评级指数在合理的权衡过程中相结合。[⑤]

4.1.3.4 通过其他金融工具确保自主性

由于银行融资条件的变化及相关后果，其他金融工具变得越来越有吸引力。[⑥] 接下来介绍典型的资产和负债方金融工具，并考察其在中型企业的适用性。一方面，评估的基准是资本提供方追求的效果，另一方面，是融资相关的财务负担。对于后者，由于投资者高昂的固定成本负担或高回报率要求限制了企业的处置自由，从而可能

---

① 参见 Winkeljohann & Hölscher: *Rating* S. 558—559; Weber, Müller & Sorg: *Rating*, S. 28。
② 参见 Weber, Müller & Sorg: *Rating*, S. 29 ff。
③ 风险控制的目标和任务见第 6 章。
④ 参见 Gleißner & Füser: *Rating*, S. 286 ff。
⑤ 参见 Weber, Müller & Sorg: *Rating*, S. 43 ff。
⑥ 参见 Walther: *Eigenkapitalersetzende Instrumente*, S. 347 ff。

违背高度自主性的期望。[1]

4.1.3.4.1 **负债方融资工具**

自有资金融资的替代工具受到中小企业喜爱,这些企业的股东权益比例较低,因而会提高投资者可能面临的风险。

企业通过受监管市场等上市,一方面,获得新的股权资本;另一方面,如此强化的股权资本基础在未来也将使得债务融资更加容易。计划中的进一步增长可以通过发行新股、发行可转换债券和期权等来融资。首次公开募股意味着丧失对企业现有的影响力和控制权,因为除了优先股这种特殊情况外,必须授予新股东投票权。

通常,一家处于关键发展阶段的企业接受控股企业的非上市股权投资被称为私募股权投资。与通过证券交易所融资相似,资产负债表股权比例也会增加。投资者在 3~8 年后出售其投资,目标是 20%~50%的年资本回报率。[2] 为了实现这一雄心勃勃的目标,控股企业在此期间将履行广泛的知情权、操控权和参股权,这超过了股东拥有的权利。[3] 通过提供额外的咨询服务以及通过合同确定参与权促进企业可持续发展,由于私募股权远远超出纯粹的股权融资,这种资本筹集方式导致极大的自主权丧失。

夹层资本或者混合型投资被看作与股权类似的金融工具或者股权替代,它介于纯股权资本和纯债务资本之间[4],夹层资本级别低于其他债务资本,这一特点使它被归类于股权资本。而股权投资者比纯债务投资者承担更高风险,所以要求 10%~30%的高回报率。这种回报通常通过两部分来提供:固定利息部分和可变利息部分,即所谓的股权酬金,投资者通常在 5~10 年后通过期权和转换权参与实现企业价值增长的分配。[5]

在这种情况下,加强股本基础并不会导致资本结构发生变化。贷款人应将其投资决策建立在强制性披露经济状况的事先审计之上。投资者对经营政策的影响主要取决于合同的设计,特别是通过商定的终止选择,投资者可以拥有坚实的权力基础(关键词:制裁权),限制股东的处置权。

工业债券(也称为企业债券或债券)是在资本市场上发行的可转换债券,属于传统的长期融资工具。由于高昂的成本,例如为了在资本市场上市所需的评级花费,其发行量至少为 1 亿欧元。此外,遵守商定的契约对企业的报告和透明度要求很高。[6] 由于资本市场的匿名性,这种融资方式不会直接限制自主权。在大多数情况下,这种形式的债务融资仅限于股份公司,并且由于上述成本负担,中小企业基本上对此不感兴趣。[7]

---

① 后续执行参见 Reichmann, Kißler & Pyszny: *Autonomie*, S. 553 ff。
② 参见 Hackl & Jandl: *Beteiligungsfinanzierung*, S. 195。
③ 参见 Pfeiffer & Möller: *Venture Capital*, S. 380。
④ 参见 Schäfer: *Unternehmensfinanzen*, S. 219—221。
⑤ 参见 Mittermaier, Thewanger & Schäffer: *Mezzanine-Kapital*, S. 826。
⑥ 参见 Hochgatterer, Sacher & Wallner: *Finanzierung*, S. 172。
⑦ 参见 Wöhe, Bilstein: *Unternehmensfinanzierung*, S. 233。

与企业债券不同的是，本票贷款是指其投资者为金融中介或者机构投资者(如保险企业、社会保险企业和信贷机构)的中长期贷款。[①] 近几十年来，这些私募债券已成为独立的融资工具。借款人的票据贷款可以直接发放给贷方，也可以通过中间人提供更大额的贷款。通过抵押部分金额可以类似于债券把债务分成均等份额，使得这种形式的融资在自主性上再次具有吸引力。但是，由于很少有中型企业具备所需的外部评级，潜在投资者进行深入尽职调查的成本很高。由于贷款人和投资者之间存在明显的信息不对称，因此只有具有可控风险和良好信誉的企业才能吸引潜在投资者。

期票贷款和企业债券基本上有两种可用的融资方式，这只会在一定程度上影响企业的自主权。但由于成本高昂，中小企业往往无法进入这些融资渠道。由于投资者相应的坚实权力基础，IPO 和私募股权的增加不可避免地会导致前面(唯一)所有者的影响力降低。夹层资本可以被认为是一个有吸引力的选择，然而高回报要求以及高固定成本负担和具体的合同设计会损害企业的自主性。

4.1.3.4.2 资产方融资工具

由于负债方融资工具的缺点，许多企业越来越多地通过租赁和保付代理来利用资产方的融资选择。

在这种情况下，要区分融资租赁(实际租赁)与经营租赁(虚拟租赁)。[②] 经营租赁基于德国民法意义上的租赁，租赁资产由出租人进行记账和折旧。对于承租人而言，支付的租赁费用是一笔费用，投资风险，如技术进步引起的意外损失和贬值风险，由出租人承担。

相反，在融资租赁时，承租人承担投资风险、修理和维护成本以及租赁资产的损失和减值风险，在特定期限内，不可终止融资租赁合同。[③] 承租人获得购置或生产成本金额的不动产信贷，并在整个期限内支付较高的租赁费率。在流动或非流动资产中，购置相关商品对资产负债表没有影响，这是有利的。因此，股权比率在购置时保持不变，或者如果已经计入相应的商品，甚至会增加股权比率。由于租赁对象仍然是出租人的财产，通常不提供额外的信用担保。出租人没有明确的权力基础，因此企业的自治水平不受影响。但是，租赁的固定成本负担相当高。由于租赁总额为实际购买价格的 120%～140%，并且定期支付的租赁费可持续增加运营成本，因此从这一角度来看，自主权是以高价购买的。

保付代理也与资本结构的积极影响和流动性的直接流入相关联，即在到期前，保理机构持续从企业购买短期贸易应收款，承担一定服务功能和违约风险。[④] 由于融资效应，保理客户的应收账款甚至在到期日之前就可支付。事实上，许多企业约有 30% 的资产是应收款，而这通常超过了权益比率，因此保理对许多企业而言格外具有吸引

① 参见 Kretzler：*Finanzierung*，S. 542 f。

② 参见 Schäfer：*Unternehmensfinanzen*，S. 353—355。

③ 参见 Perridon，Steiner：*Finanzwirtschaft*，S. 440。

④ 参见 Perridon，Steiner：*Finanzwirtschaft*，S. 434。

力。基于保理对客户的评价和业务范围,保理成本与客户的信誉度有关。

保理业务可以提高企业的信用评级,进而对后续融资的信贷条件产生积极影响。融资额纯粹限于企业的应收账款(销售额),因此不会为企业提供额外资金,但企业“仅”可以提前处理流动资金。因此,通过保理融资,虽然不是传统银行贷款的替代方案,但肯定可以作为其补充。在大多数情况下,合同起草涉及保理企业接管服务,意味着企业处置自由的损失。此外,将缴纳的最低费用或强制性最低销售额会增加企业的财务风险,使得保付代理对许多中小企业不那么有吸引力。

与保理相关的是资产支持型融资工具,其中多元化的金融资产池从企业(发起人)的资产负债表中被分离出来。在特别设立的特殊目的工具(SPV)中,资产在法律上独立,并由后者通过发行证券(资产支持型证券)再融资[①],应收账款作为投资者的负债基础。由于该工具的启动成本相对较高,并且还为销售企业留下了剩余风险,因此在管理实践中主要由信贷机构使用。资产支持型融资的基本关系如图 4.3 所示。[②]

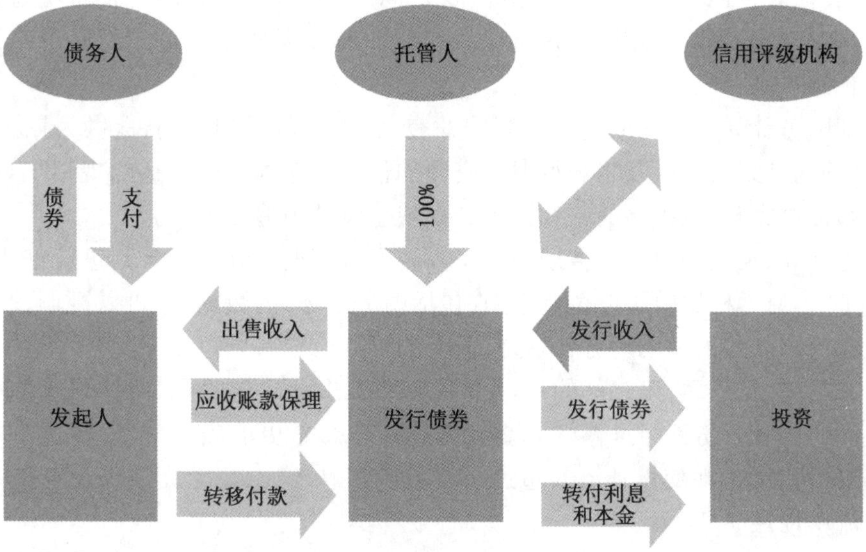

图 4.3 资产支持证券交易基本结构

与此同时,保理商为企业提供通过销售单个应收款满足其短期资本要求的机会。[③] 这种单个保理业务的经营基础通常是不具约束力且免费的合作协议。通过完全消除固定成本(如最低营业额或最低费用),可以灵活使用该融资工具,企业自行决定它想要出售的应收款。销售完成后,应付金额将在几个小时内支付并提供给企业。与经典保理业务类似,该企业通过缔结信贷保险和接管应收款合同而减轻负担。由于单个保理的特点,这并不影响企业的自主性。应收账款的减少缩减了资产负债表,

① 参见 Hultsch:*Asset-Backed-Securities*,S. 143。
② 改编自 Schneider & Droste:*Asset-Backed-Securisation*,S. 254。
③ 参见 Hartmann:*Mittelstand*,S. 4。

这对股权比率产生正面影响,并间接地影响评级结果以及借款时的条件。

4.2 财务控制工具

4.2.1 财务规划的时间结构

人们根据作为财务规划基础的计划周期长度,区别理论和实际中的短、中、长期财务计划。[①]

长期财务规划是一个相对粗略的规划,其规划阶段越长,数据就越不确定,它与企业投资计划关系更紧密。长期财务规划的重点在于资本结构或资本投入规划,以确保资产负债表导向、结构性的流动性。因此,长期财务规划工具,尤其是计划资产负债表旨在资产负债表结构规划,并考虑绩效规范和总计划动态资产负债表用于核对(资产负债表)资金来源和(资产负债表)资金使用情况。如果企业的规划状况良好,面向资产负债表的长期财务规划会由部分—整体财务规划形式的现金流导向长期财务计划得到补充。

中期财务计划是对长期财务规划的补充,它根据范围和时间,提供为期 1～3 年的、更精确的计划收支以及将获得财务资源的信息。作为一个合适的规划工具,财务控制必须提供完整的、粗略的整体财务计划现金流动表追溯工具。

作为补充,长期和中期财务规划总是需要通过短期详细预算计划进行细化,规划期限为 12 个月。根据中长期企业规划(包括财务规划)的数据,它可以微调预期的现金流入和流出。如果短期财务计划是(最大的)年度计划,则可以 12 个月滚动计划形式进行,即当月结束后,第二年的同一个月被纳入规划。与此同时,计划开始和计划结束之间的所有月份都经过修订和重新构建。理想是更准确,在极端情况下财务计划精确到日[②],因为即使累计流入超过一个月的累计流出,仍然无法保证在此期间不会发生流动性短缺。

然而,即使在中长期财务计划的背景下,规划的准确性也必须始终被视为经济性问题。更准确的财务规划通常允许保持较低的流动性储备。此外,还可以避免突然借入昂贵的短期贷款以弥补意外的资金短缺。由此产生的较低利息负担作为财务规划的可能收益,与更准确的财务规划的额外费用相比较[③],以便对财务规划经济合理性的准确程度做出判断。

---

① 参见 Reichmann & Lachnit:*Rechnungswesen*,S. 209－211;Hahn:*Kontrollrechnung*,S. 449－463。

② 每日的财务计划、财务处理计核算是财务主管的任务,下面不再进一步讨论,日常财务处理参见 Straub & Hubert:*Finanzdisposition*,*insbes*. S. 1－16;*Witte*,*Eberhard*:Finanzplanung als Führungsinstrument,S. 78－81。

③ 财务规划可能的各项收益和费用参见 Witte & Eberhard:*Finanzplanung als Führungsinstrument*,S. 63－65。

4.2.2 保障结构流动性的长期财务规划

4.2.2.1 长期财务规划作为资产负债表导向的整体规划

如前所述，长期财务规划是资产负债表结构或资本投入规划，适用资产负债表理念。它把计划资产负债表或计划动态资产负债表中的资本长期投入（如对于有形和金融资产、无形资产和长期债务的投资）与计划的长期资本来源［如通过内部融资（特别是通过折旧和增加准备金）］、增加储备金和外部融资（即通过筹集新股权和长期债务资本））相比较。资产负债表结构规划提供多年的财务预测，这表明该企业是否会长期在结构上处于（资产负债表的）财务平衡，以便未来即使在不平衡的情况下，也能够及时采取适当的措施。长期财务规划是总结性的整合规划，基于各个战略和运营子计划，特别是销售、整体绩效和投资规划之上。

4.2.2.2 指标考量下的资产负债表结构规划

4.2.2.2.1 计划资产负债表和计划动态资产负债表帮助下的资产负债表结构规划

长期资本负债表财务规划基于长期（资产负债表）投资规划（见表 4.1），该规划根据规划时已批准的投资项目和现有投资提案，确定计划期间的总投资额、资金的长期使用以及资本要求。

表 4.1 资产负债表投资规划

（2017 年 1 月 1 日～2021 年 12 月 31 日） 单位：百万欧元

		资产负债表投资规划（长期资金使用）					
		2017	2018	2019	2020	2021	Σ17－21
1	购买固定资产	80	60	40	28	0	208
2	＋参股增加、发放贷款	8	4	0	0	0	12
3	＝已批准的投资	88	64	40	28	0	220
4	＋还未批准的投资	10	40	50	60	60	220
5	＝投资总额	98	104	90	88	60	440
6	融资总额	91	117	92	82	58	440
7	过度覆盖/覆盖不足(6－5)	－7	＋13	＋2	－6	－2	0

接下来的讨论从案例分析出发，它的规划期为 2017～2021 年。[①]

长期融资规划的覆面（见表 4.2）展现了融资可能性，即资金来源，特别是厂房和

① 融资总额见表 4.2。

设备、无形资产和金融资产的折旧,以及长期负债计划的变化,即股权(通过留存收益和增加普通资本储备,通过普通资本增加股本),构建和使用长期准备金(尤其是养老金)以及通过还款和新借款获得的长期贷款。

表 4.2 **资产负债表融资规划**

(2017 年 1 月 1 日～2021 年 12 月 31 日) 单位:百万欧元

		资产负债表投资规划(长期资金来源)					
		2017	2018	2019	2020	2021	Σ17－21
1	固定资产折旧	46	48	54	57	55	260
2	金融资产折旧	10	4	2	2	2	20
3	＋出售固定资产	2	2	2	2	2	10
4	＝固定资产减少	58	54	58	61	59	290
5	增资	6	35	7	12	14	74
6	＋储备金净增加	8	9	9	12	12	50
7	＋长期借款净变化额	19	19	18	－3	－27	26
8	＝增加/减少长期资本之和	33	63	34	21	－1	150
9	长期融资总额(4＋8)	91	117	92	82	58	440

两个计划的比较体现为财务控制,无论单个计划期间是覆盖过度还是不足(见表 4.1 第 7 行),都需要短期投资或融资。不必要的赤字或长期盈余,例如不能以合理成本进行额外短期债务融资时,需要修改计划。如果要使投资和融资结构长期平衡,长期计划的内部和外部融资量决定长期投资额。

根据最新的实际资产负债表(见表 4.3)加上实际损益表(见表 4.4),长期投资和融资计划的价值以及相关和其他流动资产的变化(特别是存货、应收款项、现金及现金等价物的增减)和与现有销售、生产和采购计划相关的中短期资本需求(贸易应付款、银行贷款等的增减),形成计划期末或各自规划年末的计划资产负债表。①

① 计划资产负债表参见第 2.2.2 节。

表 4.3 **2016 年 12 月 31 日实际资产负债表**

2016 年 12 月 31 日总资产负债表 单位:百万欧元

资产		负债及所有者权益	
财产、厂房和设备	300	股本、公积金	261
股权、发放贷款	170	长期准备金(退休准备金)	118
固定资产之和	470	长期借款	206
		长期资本之和	588
存货	180	预收账款	160
应收账款	130	银行贷款	130
流动资金	40	其他负债	7
其他流动资产	80		
流动资产之和	430	中短期资本之和	297
		留存收益	15
资产总计	900	负债及所有者权益总计	900

表 4.4 **2016 年 12 月 31 日合并损益表** 单位:百万欧元

费用		收入	
材料费用	804	销售收入	1 300
人工费用	325	库存增加	40
折旧	54	股权收入	10
利息费用	35	其他收入	10
其他费用	98		
所得税	25		
费用之和	1 341		
留存收益	15		
储备金增加	4		
年度盈余之和	19	收入之和	1 360

根据长期整体绩效计划[①]或基于汇总融资结构概述,编制计划损益表(见表 4.5)。基于对计划资产负债表和相应计划损益表(见表 4.6)的总结,必要时与贷方协商,在任何情况下,财务控制部门或财务管理层都要能规划和监控保持资产负债表结构关系。

① 收益规划参见第 3.2.1.1.3 节。

表 4.5　　**2021 年 12 月 31 日计划资产负债表**　　单位:百万欧元

资产		负债及所有者权益	
财产、厂房和设备	420	股本、公积金	338
股权、发放贷款	200	长期准备金(退休准备金)	168
固定资产之和	620	长期借款	232
		长期资本之和	738
存货	230	预收账款	191
应收账款	190	银行贷款	209
流动资金	50	其他负债	14
其他流动资产	80		
流动资产之和	550	中短期资本之和	414
		留存收益	18
资产总计	1 170	负债及所有者权益总计	1 170

表 4.6　　**2021 年 12 月 31 日合并计划损益表**　　单位:百万欧元

费用		收入	
材料费用	1 120	销售收入	1 860
人工费用	456	库存增加	5
折旧	57	股权收入	10
利息费用	44	其他收入	15
其他费用	134		
所得税	48		
费用之和	1 859		
留存收益	18		
储备金增加	13		
年度盈余	31	收入	1 890

监控是对规划的必要补充,在计划实施后或者必要时发生,"它需要确定实际数量——记录并且基本上包含设定值(决策结果)和实际变量(实施结果)的比较,以确定行动的结果"①。

① 参见 Hahn:*Kontrollrechnung*,S. 31。

表 4.7　**2021 年 12 月 31 日融资结构概览**[①]　单位：百万欧元

资产		负债及所有者权益			
固定资产	620	股本	338	长期资本	738
		负债	832		
		其中长期负债	400		
流动资产	550	其中短期负债	414	短期资产	432
其中短期可变现	240	未分配收益	18		
资产总计	1 170	负债及所有者权益总计			1 170

有效债务＝负债	832
－ 股利	18
－ 养老准备金	138
－ 短期可变现流动资产	240
(＝应收账款＋流动资金)	436

现金流＝年度盈余	31
＋养老储备金净增加	12
＋固定资产折旧	55
＋金融资产折旧	2
	100

作为财务控制任务的财务监控有三个基本功能：(1)判断计划的现实性；(2)计划更正；(3)提高计划质量。[②]

作为长期、中期和短期财务计划控制的一部分，财务控制必须将每个计划期末的实际流入流出金额与计划数字(目标与实际的比较)进行比较。因此，从财务控制中汲取的经验教训可以纠正长期、中期和短期财务计划或引出调整建议。最后，目标与实际的比较还通过确定和分析各个计划单位产生偏差的原因来提高计划的质量。在监控活动的基础上，如果总是观察到较大的偏差，财务控制部门还可以激活整个规划系统或者修订单个项目的计划和预测方法。

通过将相应计划的所有设定值与所有实际值进行全面比较，以完整地实现目标与实际的比较。多年、每年、每季度或每月将某些(关键)主要数据作为绩效指标保存，也应该是有用的。遵循这些绩效指标，如静态和动态的负债权益比率、资产覆盖率、流动性水平可以保持流动性控制，并根据已公布的资产负债表、税务资产负债表和年度损益表维护信用等级。类似地，对于长期现金流导向的财务控制，可以连续监测所谓的绩效指标，如净负债和有效的债务/经营性现金利润(息税后)。在建议的规

① 有效负债定义参见 Albach：*Finanzierungsregeln*，S. 605；Coenenberg：*Jahresabschluss*，S. 1084 f。在年报分析中，现金流是从资产负债表中间接简化算得，对"现金流"指标说服力的评价参见 Hahn：*Kontrollrechnung*，S. 433－435；Chmielewicz：*Finanzplanung*，S. 93 f。

② 参见 Betriebswirtschaftlicher Ausschuss und Finanzausschuss des Verbandes der Chemischen Industrie e. V.：*Finanzplanung*，S. 1892 f.；Hauschildt：*Finanzkontrolle*，S. 129－162。

划和报告工具基础上，财务控制可确定中短期监控指标，每个指标都可以针对企业具体业务“瓶颈”。

就我们例子(见表 4.8)中的数值，对于资产覆盖率和流动性系数而言较好、对于股权部分和动态杠杆系数而言较差，但是在企业管理层(尤其是投资人)看来，尚可接受。如果数值不可接受，则必须修订计划，而财务控制又可以激活规划过程。在这个例子中，绩效指标规范设定的含义是预定在下一个五年计划期间，即在 2022 年将再次实现适当的增资。作为滚动计划的一部分，与资本市场发展有关的资本流入也可以在本计划期结束时进行。在这个例子中，非常慷慨的股息政策将为此提供基础，它基于自 2020 年起大幅改善的收益状况(见表 4.9)。

表 4.8 **2016～2021 年财务指标**

2017～2021 年计划期间

	2016 年 实际	2021 年 预计
1. 负债率		
$\frac{\text{负债}}{\text{总资产}}$	$\frac{636}{900}=70.7\%$	$\frac{832}{1\ 170}=71.7\%$
$\frac{\text{股本}}{\text{固定资产}}$	$\frac{264}{470}=56.2\%$	$\frac{338}{620}=54.5\%$
2. 固定资产覆盖率		
$\frac{\text{长期资本}}{\text{长期固定资产}}$	$\frac{588}{470}=125.1\%$	$\frac{738}{620}=119.0\%$
3. 流动性 Ⅰ		
$\frac{\text{长期可实现流动资产}}{\text{流动负债}}$	$\frac{170}{297}=57.2\%$	$\frac{240}{414}-57.9\%$
4. 流动性 Ⅱ		
$\frac{\text{流动资产}}{\text{流动负债}}$	$\frac{430}{297}=144.8\%$	$\frac{550}{414}=132.9\%$
5. 动态负债指标		
$\frac{\text{有效负债}}{\text{现金流}}$	$\frac{357}{78}=4.6$ 年	$\frac{436}{100}=4.4$ 年

要检查期限和协调由于长短期资本增加和负债减少造成的(资产负债表的)资金使用，以及由于长短期资产减少和负债增多造成的(资产负债表的)的资金收入，计划期开始的实际资产负债表和计划期末的计划资产负债表或者在规划期间的决算日汇总成一个相应计划期的计划动态资产负债表(见表 4.9)。它显示在示例里，由于子计划而产生的计划平衡期限结构：1.5 亿欧元的净固定资产增长计划意味着长期资本

也相应增加,它几乎均匀分摊到由于2018年留存收益与普通资本增加带来的股本,以及由于长期准备金净增长和相对较少长期贷款净增长带来的长期借款上。

表4.9 2017～2021年总计划动态资产负债表

2017～2021年总计划资产负债表变化

单位:百万欧元

资金使用		资金来源	
+固定资产	440	一固定资产	290
购买实物固定资产	390	实物固定资产折旧	260
购买金融资产	50	金融资产折旧	20
		出售实物固定资产	10
+流动资产	120	+长期资本	150
存货	50	股本	74
应收账款	60	长期准备金	50
流动资金	10	长期贷款	26
		中短期资本	120
		预付款	31
		银行贷款	79
		其他负债	7
		留存收益(分红)	3
资金使用	560	资金来源	560

4.2.2.2.2 资产负债表结构规划在长期财务规划中的重要性

只要资产负债结构的标准有(所述)含义,对评估企业的融资空间、替代战略和针对环境发展的资产负债表(财务结构的)承受力,计划资产负债表和计划动态资产负债表中的资本投入计划就必不可少。然后,可以在早期阶段认识到,贷方潜在融资的意愿有多大。对于未使用的长期融资方案,财务控制部门可以为额外的长期投资提供建议。当融资方案已经用尽时,首先必须通过额外的内部融资,例如可以通过增加(包括对税收有效的)折旧、引入长期储备或通过普通增资,改善经营业绩,进而增加资产负债表权益和/或沉默储备。此外,可以通过短期融资的长期使用,及时确定即将出现的不平衡,并通过适当的规划予以避免。

因此,计划资产负债表及计划动态资产负债表能显示企业资产负债表融资结构是否保持平衡,使财务控制部门能够在必要时及时启动调整措施。但资产负债表结构规划无法显示计划期间的长期流入和流出(如销售、投资和长期融资)是否平衡。为此,有必要以面向现金流量的全面子财务规划补充长期资本负债表导向的财务规划。

4.2.2.3 基于财务子计划的长期整体现金流规划

4.2.2.3.1 基于长期整体绩效计划中的长期整体收益子规划

长期整体现金流规划补充和扩展资产负债表结构规划,其先决条件是相对较高的业务规划发展水平。除了所述(资产负债表的)长期投资和融资规划之外,还必须存在长期的整体收益计划(见表 4.10)。[①] 该收益计划基于运营和战略规划[②]各个计划期间的计划销售量和销售额的发展,以及基于预期生产、销售量或销售额与成本[③]的数量和价值结构,特别是材料、人员和其他(运营)费用。

表 4.10　　2017～2021 年长期整体收益规划

	实际 2016	预测 2017	预测 2018	预测 2019	预测 2020	预测 2021	Σ 2017～2021
净销售收入	1 300	1 360	1 440	1 560	1 710	1 860	7 930
±存货变化	+40	+30	+15	+5	+5	+5	+60
－ 材料费用	804	830	870	940	1 030	1 120	4 790
－ 人工费用	325	346	359	381	415	456	1 957
－ 其他费用	98	101	104	117	124	134	580
－ 财产、厂房和设备折旧	46	46	48	54	57	55	260
－ 金融资产折旧	8	10	4	2	2	2	20
－ 利息费用	35	38	41	42	43	44	208
＋ 参股收入	10	12	10	10	10	10	52
＋ 其他收入	10	12	10	10	10	15	57
＝ 年税前利润	44	43	49	49	64	79	284
－ 所得税	25	24	27	27	36	48	162
＝ 税后利润	19	19	22	22	28	31	122
±储备金变化	－4	－4	－6	－6	－11	－13	－40
＝留存收益	15	15	16	16	17	18	82
股息率	12%	12%	12%	12%	13%	14%	

折旧可以直接从长期融资规划(见表 4.2)中获得:根据长期财务规划(见表 4.11)确定利息费用,并在剩余的计划年度更新。此外,每种计划值都是有意义的,如当前的非营业收入,即投资、利息收入、租金等;对于当前的非经营性支出,如确定承担损失。考虑到税收规划的税收调整,所得税应从税前净利润中算得,这些税收将由资本利得税来补充。税后净利润的规划考虑到增加储备,可以通过资产维护思路来说明[④],构成了计划期间红利政策的基础,且又与未来自筹资金的能力相关。

---

① 收益规划参见 Buchinger:*Unternehmensplanungsmodelle*,S. 33－35;Koch:*Unternehmensplanung*,S. 114 f。
② 销售额规划参见第 3.2.1. 节
③ 实时成本规划参见第 3.2.3. 节。
④ 参见第 2.2.2.4.4 节

表 4.11　**2017～2021 年长期部分—整体财务计划**　单位:百万欧元

序号	预测长期现金流量表	2017 年预测	2018 年预测	2019 年预测	2020 年预测	2021 年预测	2017～2021 年预测
	Ⅰ、Ⅱ部分:销售领域和非经营领域						
1	净销售现金流(无销售扣除额和营业税)	1 360	1 440	1 560	1 710	1 860	7 930
2	其中确认合同/选择权						
	+其他经营性现金流入	—	—	—	—	—	—
3	—原材料购买净现金流出(包括与生产相关的服务)	830	870	940	1 030	1 120	4 790
4	—当前人工费用支付	320	330	350	380	420	1800
5	—当期退休金支付	20	21	23	24	25	113
6	—其他经营性现金流出	101	104	117	124	134	580
7	=经营性现金流(息税前):销售现金流	+89	+115	+130	+152	+161	+647
8	+“非经营性”现金流入:租金、利息、参股收入等	24	20	20	20	25	109
9	—“非经营性”现金流出	—	—	—	—	—	—
10	=当前现金流(息税前)	+113	+135	+150	+172	+186	+756
	Ⅲ、Ⅳ部分:投资领域和长期融资领域						
11	+出售固定资产、金融资产和无形资产的收入	2	2	2	2	2	10
12	—固定资产和无形资产的投资费用	90	92	80	78	50	390
13	—金融资产投资费用	8	12	10	10	10	50
14	=投资后现金流(息税前)	+17	+33	+62	+86	+128	+326
15	+长期负债现金收入	25	25	25	25	25	125
16	—偿还长期负债现金支出	6	6	7	28	52	99
17	+股本增加现金收入	0	28	0	0	0	28
18	=长期现金流(投资和长期融资后)	+36	+80	+80	+83	+101	+380
19	—负债利息支出	38	41	42	43	44	208
20	—所得税和资产税支付(+直接资助)	24	27	27	36	48	162
21	—分红	15	15	16	16	17	79
22	=长期现金流	—41	—3	—5	—12	—8	—69
23	±计划流动性储备变化	0	0	0	—10	0	—10
24	=(—)不足或(+)盈余覆盖:额外中短期资金需求/投资可能	—41	—3	—5	—22	—8	—79

长期整体收益计划为长期整体子财务计划(见表 4.11)[①]提供基础,后者展示了中期整体财务计划的一部分。

在财务计划第一和第二部分(包括经营领域和非经营领域)中,必须始终通过支付有效性修正收益数据。然而,在简化的长期年度财务规划内可能面临下列情况:对于很多企业来说,需要足够准确地同等看待年预期销售所得款项净额,与该时期计划净销售收入(除去降价和增值税),年原材料采购净支出和计划的原材料消耗,以及当前其他经营性现金流入和流出,特别是可能的合同签订[②],如各种租赁、保险、维护、专利、第三方研究和咨询合同,此法对于大部分非经营性的现金流入和流出也适用。在可预见的较长期收入/支出和现金流入/流出之间的延迟也要进行相应的更正,如在销售领域中的多年支付期限或者在不规则采购导致高库存水平的情况下,必须进行相应的更正。在任何情况下,只有相应计划期间的人事费用可以用于整体绩效计划的相关财务计划。计划养老金支付会给先前制定的储备金造成压力,必须单独确定。

第三部分的计划数据包括长期投资(固定资产),可以直接从长期投资计划中获取(见表 4.11);计划的新长期借款和普通股权增加带来的现金流入和流出源于长期融资规划(见表 4.2)。基于上一年度各自的资产负债表利润,借入资本的利息、净税收以及计划支付的股利可以从整体收益计划中获得。

4.2.2.3.2 整体现金流规划对长期财务规划的说服力

正如所展示的那样,长期部分—整体财务规划把计划经营性和非经营现金流量(包括利息和税金)与从长期投筹资活动以及股息分配中产生的现金流做比较。它是最重要的中间测度指标,显示当前经营性现金流,在文献中又称为营业利润[③],由当前营业外流入和流出和总收支顺差补充。这一收支盈余数额是理想的,可直接从财务计划中推出,因此是唯一有意义衡量内部融资能力的("现金流")指标,从销售商品和服务判断企业的未来流动性潜力,甚至在以财务计划为导向的信用等级判断时来衡量企业的负债能力,因为最终只有盈利产生的资金(包括企业破产时清算值)可以偿还债务。目前的现金流可以用于计划的长期投资(固定资产),如果有必要还可增加流动性储备(如以可供出售的证券形式),以及偿还长期负债和支付股息。对于销售不断增加的企业,长期的净负债与企业的扩张同时增加,使得从长期借款(包括资本金增加)获得长期资金流入的潜力增加。计划长期资金潜力与长期投资支出以及计划的股利分配之间的缺口必须通过短期和中期融资弥补。如果财务储备无法弥补资金赤字,则需要修订计划,而财务控制部门对该修订进行指导。此例中的总现金流量表[④]反映 2017～2021 年(见表 4.12)相当平衡的流入和流出结构:对于五年规划期间,总的息税后现金流达到 3.86 亿欧元,再加上出售投资和资本筹集获得 6 400 万欧

---

① 参见 Lange:*Unternehmensbeurteilung*,S. 264－268。

② 使用合约潜力的支付效应(与使用财产潜力和使用重复因素相反)参见 Lange:*Unternehmensplanung*,S. 116－123。

③ 参见 Coenenberg:*Jahresabschluss*,S. 1086－1099;Lachnit:*Jahresabschlussanalyse*,S. 224－226。

④ 有关该概念参见 Lange:*Unternehmensbeurteilung*,S. 261 f. u. S. 264;关于资金存量和流量核算参见 Chmielewicz:*Rechnungswesen*,S. 70。

元,长期固定资产投资总额(包含计划的流动性储备增加)达到4.5亿欧元。

表 4.12　　2017～2021 年总预测现金流量表　　单位:百万欧元

长期现金流出(资金使用)		长期现金流入(资金来源)	
投资支出	440	当前现金流	386
提高流动储备(股票)	10	出售投资收入	10
发放股利	79	净新债务收入	26
		股本增加收入	28
		余额:中短期资金需求	79
计划现金流出之和	529	计划现金流入之和	529

内部融资空间	财务控制
$\dfrac{\text{当前净现金流(利息、所得税、股利发放后)}}{\text{净固定资产投资}}$	

例如,2017～2021年计划值。

2015～2019年内部融资空间(单位:百万欧元)	财务控制
$\dfrac{756-208-162-79}{390+50-10+10}\times 100\%$	70%

通过减少现有净经营现金流的股利分配,即"免费"内部融资,2017～2021年计划期间的净固定资产投资增加达到70%。

但是,计划股利分配必须在短期和中期额外通过贷款支持。这里财务控制部门应鼓励在与贷款人协商后,提高长期贷款的比例,同时应该伴随资产负债表结构规划增加股本。

只要收支盈余指标被用作衡量负债能力的标准,解释或替代资产负债表所定义的现金流指标可用于企业领导和财务控制,它们可以通过以下形式表示。[①]

动态负债率 I	财务控制
$\dfrac{\text{净负债}}{\text{当前现金流(息税后)}}$	

例如,2021年计划值。

① 参见 Coenenberg.:*Jahresabschluss*,S. 1092 f。

动态负债率	财务控制
$\frac{400+414+138-50}{186-44-48}$	9.6

净负债等于总的借入资本(不包括储备金)减去流动资金[①]

动态负债率Ⅱ	财务控制
$\frac{\text{有效负债}}{\text{当前现金流(息税后)}}$	

例如:2021年计划值。

动态负债率Ⅱ	财务控制
$\frac{832-18-138-240}{94}$	4.6

计划值的不确定性使得以这种方式构建的长期部分—整体财务规划的说服力有限,并且这个不确定性随着计划期的扩展而增加。每个计划仅基于单一变量,它由于给定或预期的环境条件和规划的企业策略而具有最大(主观)概率。[②] 从(简单)风险分析的意义上讲,在任何情况下,财务控制都应该鼓励,在备选财务计划中,至少基于现有的经营现金流,在悲观预期基础上计算,如销售发展、采购价格上涨等情况。通过这种方式,可以(大致)估计计划的收支盈余数字对可能的环境变化的敏感度,并且如果有必要,可以通过及时商定额外信用额度,得到资金供应。

4.2.3 保障当前流动性的中短期财务规划

4.2.3.1 财务规划在形式上的要求

我们已经强调,以资产负债表结构为导向的长期财务规划(必要时包括现金流量分析),保障情况相关的流动性,它通过仅以现金流为导向的中期年度财务规划以及短期年内财务规划得到补充。财务控制反过来在其协调职能内,确定提供合适、符合财务规划形式和内容要求的规划(监控)工具。

短期和中期财务规划有四个主要的相关数值:初始现金状况,计划期间的现金流入和流出总额,以及在相应计划期末考虑到规定流动性储备的现金结余或不足。期初余额和现金增减都将持续(通常是每月)比较。预期缺口的数量和时点决定了额外的资金需求(如来自短期信贷)、盈余金额和时间点,以及额外投资或还款的可能性。

---

① 计算参见表4.5、表4.11。

② 在不确定性方面,其特点是对规划中规划数据的多元期望,参见Hahn:*Kontrollrechnung*,S. 38—42。

每个财务计划都对概观有一个基本要求[①],它可以通过适当的结构来实现。建议财务规划的整体结构(见图4.4)的特点是,它们被细分为反映各个运营计划领域的部门,以便在每种情况下形成有意义的小计值。

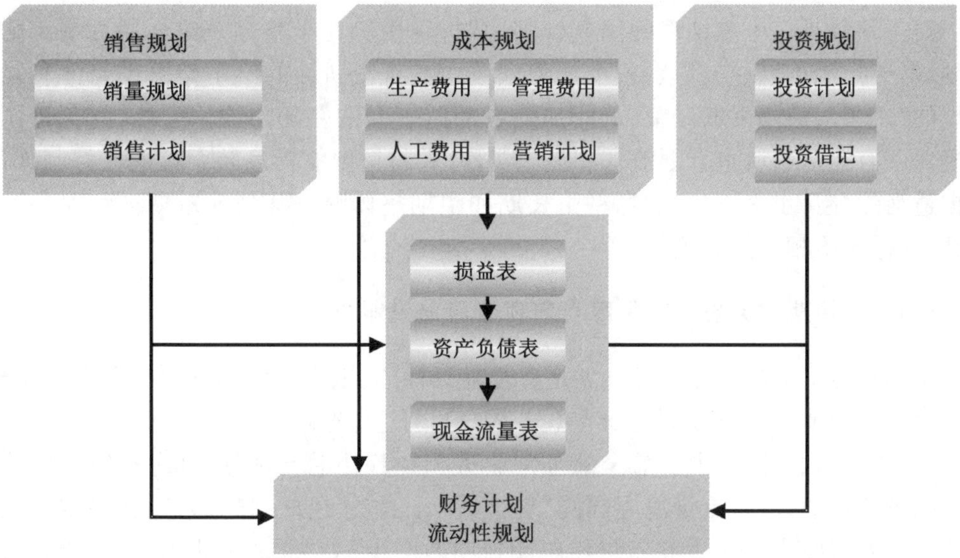

图4.4 作为流动性规划基础的整合子规划

财务规划的另一个要求是粗略原则。它指出,鉴于应收账款和负债的质量不同,可能无法在预期收入和支出之间进行净额结算。这尤其适用于与计划期内不同付款日期的付款。财务规划最重要的形式要求是记录数据的完整性;所有未来的计划流入和计划流出都必须记录下来。

4.2.3.2 财务规划内容上的要求

财务规划内容上的要求比形式上的更难。只有直接属于企业财务领域的流入和流出能相对容易确认,例如这适用于筹集和偿还股权和债务,以及购买和出售金融资产或流动金融资产。然而,如果流入和流出来源于收购、生产和销售过程或企业其他活动,财务规划只能建立在协调其他所有计划的基础上。销售和成本规划,收益规划,产能、生产和采购计划,投融资计划,税收和分配计划的结果与财务部门不同的流出和流入效应一致。[②] 另外,财务计划反过来会影响所有计划,包括销售、生产和采购领域的决策规划如何影响企业的流动性。在实现盈利目标的同时保持流动性是实现

---

① 参见 Schmalenbach:*Finanzpläne*,S. 1—28;Krümmel:*Finanzplanung*,S. 225—240。

② 中短期财务规划和其他子业务的关联性参见 Hahn:*Kontrollrechnung*,S. 419—485;Chmielewicz:*Erfolgsplanung*,S. 42—104;ders.:*Finanzierung*,S. 83—97;Bühler,Gehring & Glaser:*Finanzplanung*,S. 19—48;Betriebswirtschaftlicher Ausschuss und Finanzausschuss des Verbandes der Chemischen Industrie e. V.:*Finanzplanung*,S. 1889—1894。

每个计划的先决条件。对于不可接受的情况,如高利率融资弥补短期或中期资金缺口,则需要修订计划。

4.2.3.3 财务规划带来的整合

财务计划是一个总结性的集权计划,其特别优势在于整合效果。通过制定财务计划,财务控制可以尽早识别各个计划领域间具有威胁性的不平衡以及当前和未来出现的"瓶颈",鼓励采取对策,从而加强各部门之间的密切协调。为此,财务控制必须确保所有业务领域也计划流入和流出类别,并将重要的信息转发给财务控制部门。根据适当的整合水平,这些信息将由长期和中期整体财务计划或短期详细财务计划处理,并提供给相应的决策者。

4.2.3.4 中短期财务规划对保障当前现金流的说服力

中期年度滚动的整体财务计划是一项前瞻性的、以支付流为导向的现金流量表,是对保障当前流动性长期财务计划(见表 4.11)的重要补充。整体财务规划作为小计,列示了第一、二部分中当前全部主营业务和经营外毛支付盈余(息税前),它是更正后的销售额盈余,是支付流导向的"现金流",正如已经提到的那样,它确定企业计划的内部融资空间。这些资金在各自计划期内产生(如 2017 年的 1.13 亿欧元),来自第四部分的计划长期和(已经存在的)短中期净融资流入(包括利息支付)(如 2017 年 100 万欧元用于支付预期的净投资、2017 年为 9 600 万欧元),以及计划纳税和分配(如 2017 年花费 3 900 万欧元)。在这个例子中,2017 年的流动资金储备保持不变而产生了资金缺口,额外的资金需求为 2 100 万欧元。

从中期财务规划来看,财务控制及时发现这些资金缺口。每次都应检查是否可以在不直接干预基础经营计划的情况下使用财务储备弥补赤字。在年度计划的特别储备计划下,此类财务储备是:(1)现金和现金等价物,只要它们超过(规定的)流动性储备;(2)动用可支配资产,如短期出售金融资产和其他对经营不必要的资产,贴现符合央行条件的票据,收取或出售"好的"应收账款;(3)对于中短期借入资本利用承诺但未使用的信贷额度;(4)为了始终保证结构的流动性,通过及时的信贷谈判增加信贷额度;(5)如果有必要,引入短期的额外股本。[①]

只有当预期所有财务储备的总和小于所需的额外资金时,财务控制才需要建议修改经营子计划。相反,在流入盈余和财务储备充足的情况下,财务控制必须说服运营决策者寻求额外的、可创造更多利润的资金使用方案。

由于必须随时(或者说每一天)保障流动性,中期年度财务计划要求通过短期月度详细财务计划补充。[②] 因此还必须每月规划资金赤字,并通过财务储备或短期推迟计划付款来核对补偿方案。这又可以通过及时与贷方联络或在经营领域(如购买、销

① 参见 Witte & Eberhard: *Finanzplanung als Führungsinstrument*, S. 87—89。

② 然而,由于规划的不确定性和多重性,只能提前 3 个月进行详细月度规划,例如在计划日期 2011 年 1 月、2 月和 3 月,以及该年剩余时间仅按季度计算。整个计划推迟到整个季度结束时进行,这大大减少了计划开销。

售、供应政策)采取必要的调整措施满足流动性需求;相反,年度内的财务计划也通过有息短期投资或减少流动性储备等避免流动性过剩。根据决策者相应的信息需求,借鉴整体财务报告的框架、与第 3.2 节累计成本和收益计划类似,浓缩以适当深度划分的细化财务计划,作为我们建议的报告工具。

因此,至少在可能存在财务“瓶颈”的情况下,短期月度财务计划是实时流动性的保障,以及为绩效相关短期资金处置提供充足流动资金不可或缺的先决条件。

4.2.4　评级检测

4.2.4.1　自我评级判断的控制

如上详述,外部评级决定了企业的再融资选择。为了确保企业根据上述财务计划以尽可能低的成本时刻保证结构性和中短期供应的流动性,这里建议了解外部评级标准,并使用此标准列表独立审查企业、识别并消除潜在的弱点。以下描述了此类内部企业评级可能基于的标准。

为了确保对企业的整体了解,除了对外部传递信息的分析之外,还考虑了来自内部会计和企业政策的信息。因此,评级标准不仅包括有关企业财务状况,还包括市场定位、风险管理和人事管理质量以及运营流程和系统等定性因素。这一点非常重要,因为银行对实际的管理组织、管理沟通结构的评估,也对其所得出的评级结果有直接影响。为了展示企业及其信誉、中长期生存能力和发展机会,也需要额外分析企业当前情况、最近发展及其未来绩效潜力。在这种情况下,引入图 4.5 中所示的模块、相应指标以及用于分析目的软因子,以下将进行详细说明。

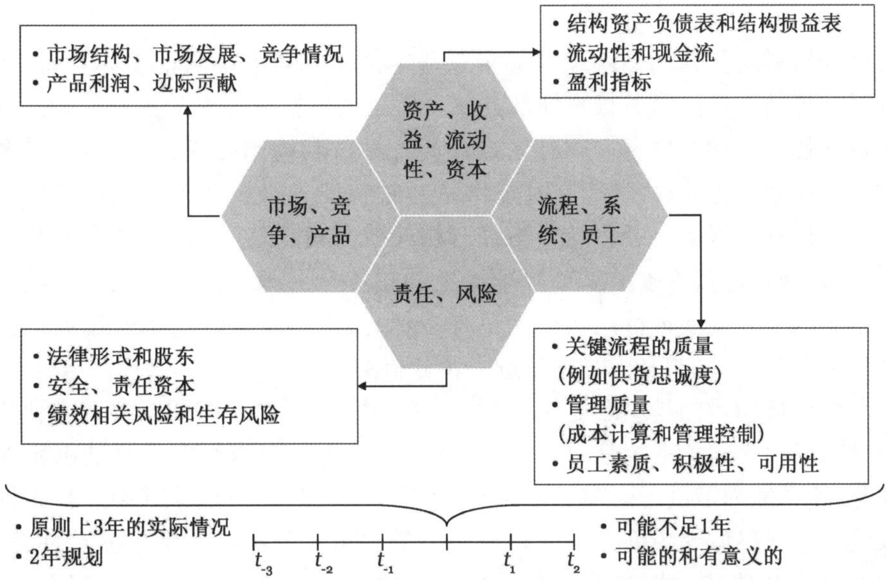

图 4.5　企业管理理念

4.2.4.2 模块Ⅰ:资产、收益、流动性、资本

“资产、收益、流动性、资本”模块主要基于企业资产负债表和损益表的信息,这些涉及传统企业分析的核心问题。因此,大多数情况下使用所谓的“硬性事实”,由于它们的数量特征具有高度的客观性,因此也适用于企业间的比较。这里将要计算的财务比率能详细评估企业的资产、收益和流动性状况,并与盈利能力—流动性—比率系统和盈利能力—流动性—集团比率系统密切相关(见图 4.6)。

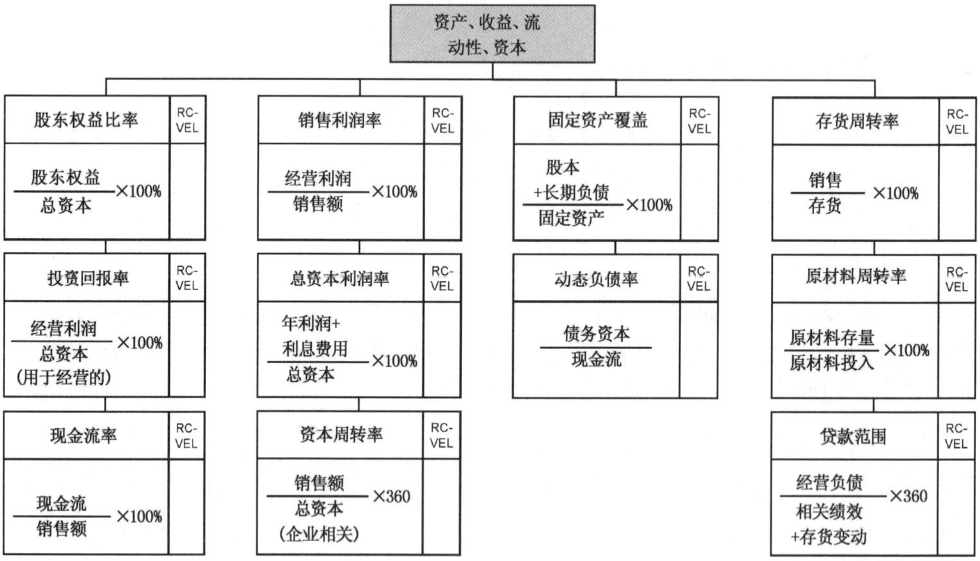

图 4.6 模块Ⅰ:资产、收益、流动性、资本;定量信息

资产分析的主要目标是获取有关企业资本使用和盈利能力的信息。传统上,股权比率对于评估企业的财务稳定性及其独立性至关重要。补充的盈利能力比率提供了有关资本使用效率的信息。同时建议计算各种盈利能力比率,以便能够以多种方式评估经营业绩。为此,模块Ⅰ同时提供了对销售能力以及资产回报率和投资回报率的考量。投资回报率将经营结果与经营相关的总资产进行比较,从而专注于企业的经营业绩,通过总资本收益率计算理论上的总资产回报率。与行业内的其他企业或者本企业以前的发展进行比较提供了许多信息,例如企业的资本使用或运营绩效生产过程是否为次优的,必要时这是进一步分析的起点。

流动性分析的目的是获取有关资本注入(融资分析)以及时间相关资本使用与形成(流动性分析)之间关系的信息。在这种情况下,主要审查企业是否能够定期及时偿付债务,这种能力取决于对债务偿付潜力的协调程度。因此,企业财务稳定性信息的获取建立了在整体评级框架下分析未来信誉的重要基础。在考虑流动性背景下,必须看企业在释放流动性方面取得了多大成功,从而(理论上)减少了现有的负债。资产保留期限的缩短增加了流动性潜力,流动性风险降低,对员工和结构变化的适应

性增加。短的资产保留期限通常还会降低固定成本,这也将对企业盈利能力产生积极影响。流动资产对固定资产的比例越大,企业的灵活性就越高。这增加了其财务和绩效稳定性,并且可以降低绩效相关的风险。关于资本需求——并因此对于给定保持财务稳定的资本结构,资产货币化的速度是一个重要因素,它可以通过资本、产品和原材料周转率得到。

为了充分理解评级中所涉及问题的复杂性和相互依赖性,定性问题补充定量指标。在管理实践中,通过各种相应选项收集到的额外信息,对企业的财务状况、流动性和盈利能力产生重大影响,这里尤其对年度财务报表没有提供的信息进行更详细的研究。例如,信用贷款使用和信贷额度利用的信息,提供了有关短期融资方案以及流动性短缺可能带来风险的信息(见图4.7)。

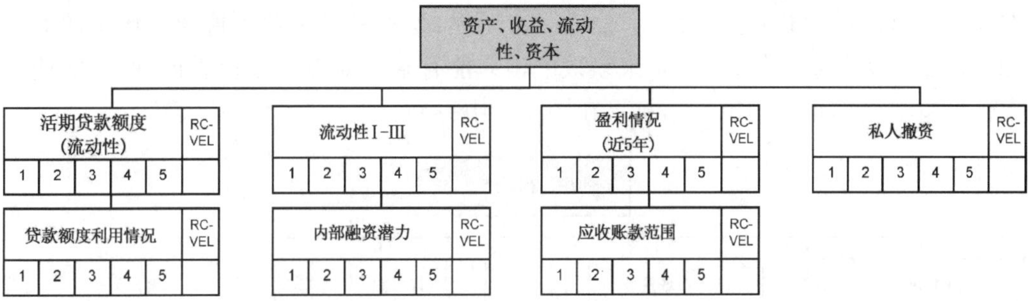

图4.7 模块Ⅰ:资产、收益、流动性、资本;定性信息

4.2.4.3 模块Ⅱ:市场、竞争、产品

对于"市场、竞争、产品"模块,除定量信息外,还使用定性分析,其原因在于,由于在非竞争性市场中,对当下竞争对手的深刻认识和早期识别竞争结构的变化(如新竞争对手进入市场或在价值链中的供应商和客户前向和后向一体化),这些是企业未来战略成功和可持续发展的前提。因此,模块"市场、竞争、产品"与分析部分"资产、收益、流动性、资本"相反,目的是判断绩效驱动因素和未来的流动性产生情况。这些更多偏向战略导向的分析领域超越了硬的、以财务为导向的指标分析,追溯企业商业环境,并应用到未来成功的根本驱动因素。这除了存在于外部环境,还存在于经营活动中,例如该企业的创新实力和绩效计划;典型的机会/风险、优势/劣势分析,以及全球环境、行业、竞争地位和产品实力等方面。除了企业环境,企业的战略起点也很重要。一方面,过去的发展可以提供已采取的措施和管理质量的成果依据;另一方面,必须确定当前的绩效潜力,并能够做出判断。前提是除了(潜在的)边际收益,在订单或订单量的范围内,已通过领先指标预测企业的短期可产生绩效,这些指标也包括在分析中。

由于其领先的性质,用于分析的这些指标主要基于内部会计数据。图4.8中所示的情况还包括关于产品、客户和供应商组合的信息,其使得能够集中识别和探究可能涉及的相互依赖性,可以根据特定行业收集其他指标,例如,对零售企业,可额外查询贸易利润大小和每平方米的销售额,并且与行业相比,可以提供有关市场地位和竞争地位的信息。

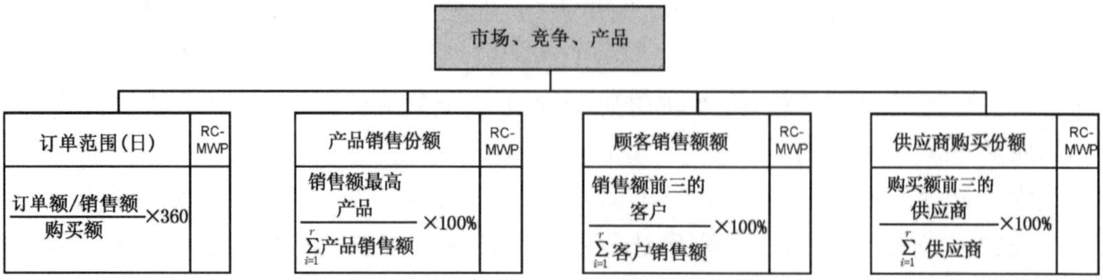

图 4.8 模块Ⅱ:市场、产品、战略:定量信息

之前所述的评级标准是基于此模块,尽管部分是可量化的,但是整体可由定性问题表示,因而直接归到特定类别。然而如上所述,为了使对企业可持续市场份额的认知可用于评级背景下的评估,未来绩效潜力只能有条件地通过指标表述,而且要使用定性信息。这里相关的定性信息可在图 4.9 中得到。

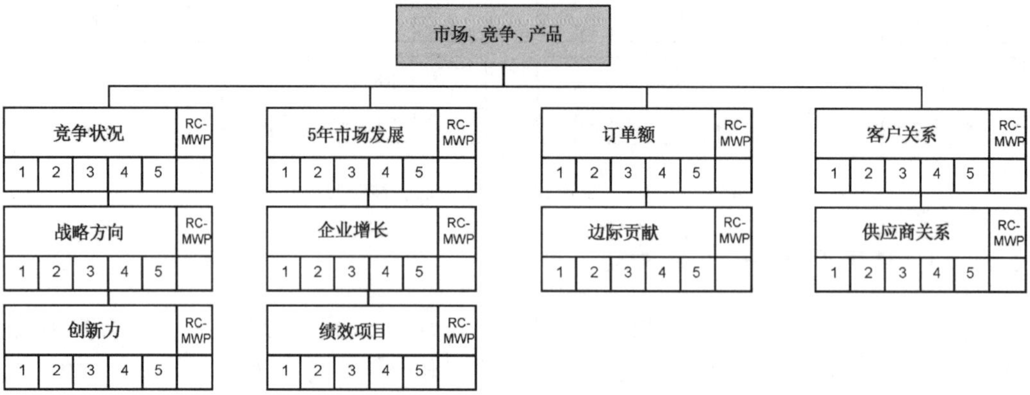

图 4.9 模块Ⅱ:市场、竞争、产品;定性信息

4.2.4.4 模块Ⅲ:流程、系统、人员

"流程、系统、人员"模块侧重于企业的内部流程和潜力。评级中包含的这些信息将对企业资源概况进行测试,并能够评估内部能力是否足以和在多大程度上能确保第二个模块的市场绩效,从而可持续地实现第一个模块的财务目标。

随着工作流程工序设计导向构建的不断增加以及现代数据处理技术的更多应用,这些参数的质量对于企业的成功至关重要。而有缺陷的运营系统会增加错过企业目标的风险;次优的流程会导致更高的成本。要研究流程和系统,不仅要在现代技术支持下检验,而且要考虑其经济性。由于绩效相关因素在财务参数之前具有领先性质,因此可以提前给出对企业未来绩效的印象。[①] 在流程和系统领域,管理控制质

① 参见 Wildemann:*Risikoposition*,S. 233 ff。

量至关重要,必须通过各个指标记录。重要的是实施高性能的成本和收益核算系统,当下许多中型企业都还没有这种规范,但它对于经济性检查和有意义的目标一现实比较非常重要,因此对于能否获得贷款,它是一个隐含的重要标准(见图 4.10)。同时,管理控制质量也决定了内部决策者和外部人员(以及信贷机构)可获得的信息的质量。如果事后证明这些信息是有误的,那么这尤其会对企业与贷方的关系,从而对企业的再融资条件产生持久的负面影响。在评级范围内,管理控制评估只能是抽样的,并且仅考虑一些主要方面。决策者获得决策导向信息对企业绩效至关重要,企业还应该使用评级来大致审查传达给企业信息的质量。

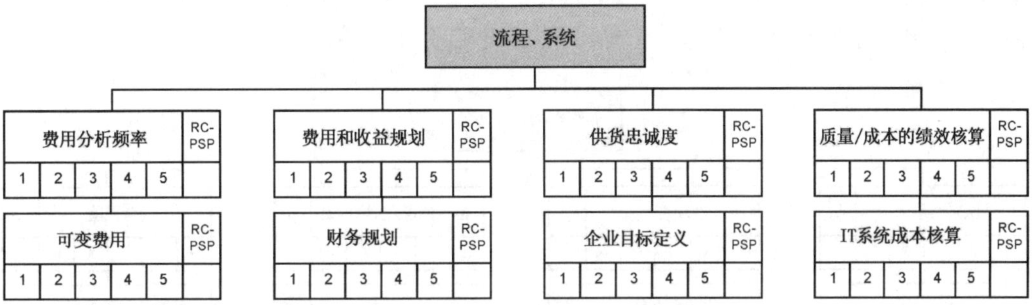

图 4.10　模块Ⅲ:流程、系统;定性信息

此外,员工的知识和技能对于长久的业务绩效,甚至对于度过企业关键期也至关重要。[①] 因此在评级范围内,员工质量的保证措施非常重要,例如通过严格的教育和培训理念来实现。[②] 员工档案是否符合企业战略定位的要求也是至关重要的,这里指标可以是员工的专业知识和员工的工作效率。在许多部门(特别是服务部门),员工的积极性和对企业目标的认同至关重要。基于绩效的薪酬可以帮助员工参与企业的绩效生产。根据行业平均水平,低缺勤率意味着良好的工作氛围和令人满意的员工保护措施。在评级中,这些领域可以通过指定的差异化答案选项获得并分类(参见图 4.11)。

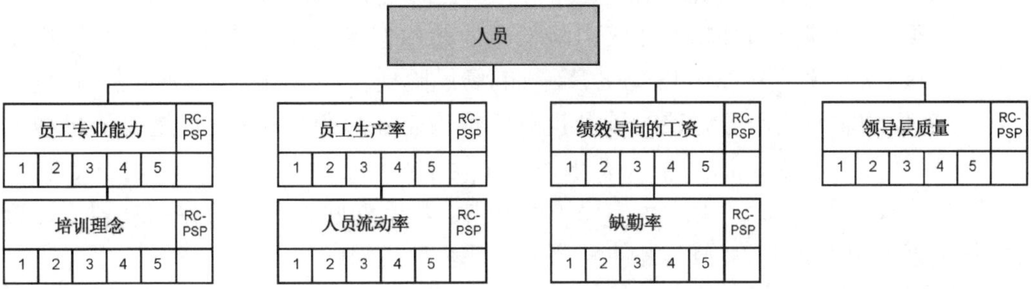

图 4.11　模块Ⅲ:人员;定性信息

---

① 参见 Braun & Gstach:*Kreditwürdigkeitsprüfung*,S. 147;Munsch & Weiß:*Finanzdienstleistung*,S. 96。

② 参见 Munsch & Weiß:*Finanzdienstleistung*,S. 96。

4.2.4.5 模块Ⅳ:法律、责任、风险

“法律、责任、风险”模块的目标是评估法律框架以及潜在责任和风险管理的质量。

企业的风险状况取决于与预测发展的偏差,其中各种内部因素(如战略、目标期望和生产方法)与外部事件的相互作用可能导致高度复杂的决策情况[①],这时需要借助充足的信息基础,提供全面的、流程导向的视角。特别在生产流程或企业环境中的风险(取决于经济形势和行业)可能危及企业的存在时。高效、严格的(风险管理)组织以及对生产流程的持续控制是国际企业行为中企业实力和防御能力的一个特征。[②]图 4.12 中所示的评级标准包含企业风险管理的重要领域。

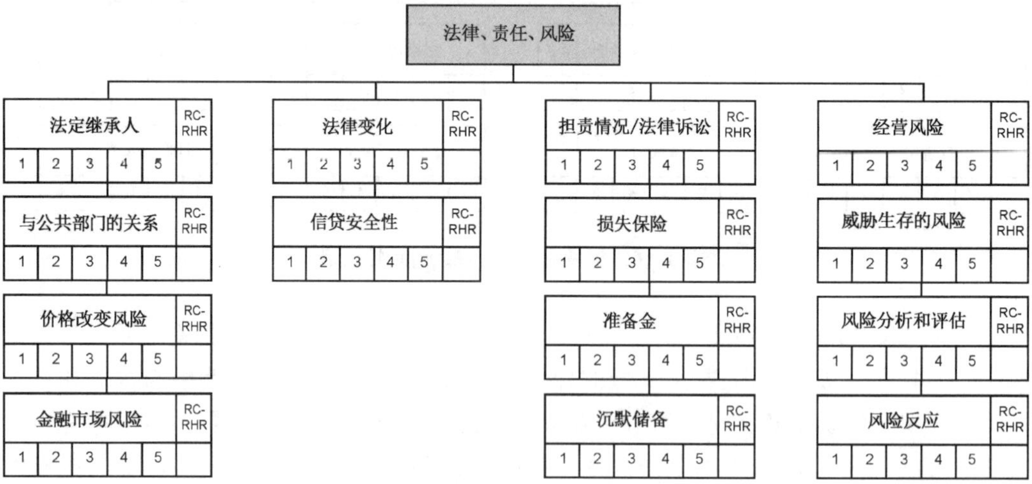

图 4.12 法律、债务、风险:定性信息

除了风险管理的质量,企业的风险承受能力也很重要。储备和沉默储备(单个资产的账面金额与其实际公允价值之间的差额)为产生的风险提供潜在的负责基础。此外,必须评估风险控制措施,评级中降低企业违约概率的重点在于流动性,还应了解商业环境以及评估外部价格变化、金融市场风险或法律变化对企业的影响程度。与公共部门的联系或职务调整的质量也可以提供企业风险情况;特别是信贷机构通常对未经解释的职务调整敏感,并要求提供后续企业治理的详细信息。“法律、责任、风险”模块被列入图 4.12 中所示的评级标准中。均衡的回答选项使得在处理所述方面时,能够看出各种细微差别,并能够评估对评级产生的影响。

除了四个模块中提出的评级标准外,贷款还受借款人与银行之间关系质量(债权人关系)的影响。如果评级是基于减少双方之间信息不对称并能够客观评估信用风

---

① 参见 Pritze:*Risikomanagement*,S. 150。
② 参见 Braun & Gstach:*Kreditwürdigkeitsprüfung*,S. 36。

险，那么合作伙伴之间建立信任基础也是至关重要的。可靠性和可信度等建立信任的措施，有助于实现降低再融资成本、扩大潜在再融资基数的财务目标。①

① 参见Grote：*Creditor Relations*，S. 398 f。

5

战略控制

5.1 企业战略管理的目标和任务

近年来,企业的经济、技术和社会框架条件发生了变化,日益加剧的动态变化和广大中产阶级相关的经济领域都带来了一个特别的挑战。国际市场不仅扩大了不连续性并对战略性企业规划提出了新的要求。这一发展的主要驱动力是:

1. 近年来,商业活动的国际化方向和经济领域之间的相互依赖关系大大增加。德国企业正在加速其海外经营活动,并抓住新的、有利可图的销售市场的机会或有利的地理条件。然而,与此同时,不仅有来自当地市场和社会秩序的风险,而且越来越多的风险来自相应的贸易伙伴国家。在传统意义上,保护主义措施尤其被列入这些风险之中,另外也不能忽视逐渐增加的经济、道德和法律上的风险(合规风险)。

2. 近年来,原料国与工业化国家之间的贸易关系也大大加强。新兴市场对原材料的需求增加,再加上原材料市场的投机性超额认购,导致汇率变化达到前所未有的程度。从国家角度出发的资本外流削弱了国内需求。与此同时,新兴国家的需求正在增加。但是,从国家的角度来看,与国内需求相比,预测国际市场可持续性要难得多。因为尤其是在资本品领域,各工业化国家通常可以满足外国企业的新需求。

3. 工业化国家以及一些商品出口国的实际收入远远高于满足(可预测的)基础需求所需的基本收入。因此,可自由支配收入随着国家经济增长率稳步增长,它的使用却更难以预测。

4. 原材料市场的波动迫使许多企业在每次重大销售时,在供给市场上进行相应的原料贸易,这是因为原材料价格的波动规模不能再根据企业的盈利能力和资本基础在内部得到补偿。与欧元区以外国家贸易关系的加强,导致国际市场竞争优势的不断变化,从而增加了国内外销售机会和汇率变化带来的投资风险。货币对冲无法在中长期阻止这种影响。

5. 欧盟或国家立法的产业政策举措改变了竞争结构，影响了企业决策的范围。根据术语"可持续性"，将经济、生态和社会问题交给企业，如国家能源政策作为生态必需品的后果，随着政治多数派的变化，对能源载体、能源生产和能源成本的长期预测和规划变得更加困难。

6. 在过去的传统上，德国的高工资成本和劳动力成本虽然有利于合理化投资，但也导致相对较高的失业率。然而，近年来的经验表明，大规模失业并不是必由之路。社会伙伴的努力和立法干预导致失业率下降。然而与此同时，由于对劳动力的更高要求，企业越来越多地抱怨职位申请人资格不够，不能胜任。因此，空闲的岗位仍然空缺，劳动力市场限制了个人和整体经济的增长。虽然国家的任务是确保为宏观经济提供适当的教育水平，但企业必须通过谨慎的人事政策和培训政策，将自己定位为对现有服务提供者以及对潜在申请者有吸引力的雇主。尽管由此限制了裁员，但确保灵活的成本结构(例如工作时间账户)将是一项特殊挑战。

7. 高度专业化和自动化与高固定成本相关联，妨碍了灵活的成本结构，但对于具有国际竞争力的产品而言，往往是必不可少的，特别是在德国。由于假定在产能利用率几乎达到临界时，对产能利用率计算得出具有优势的合理化投资，许多企业已经面临只要销售额下降10%～20%就会亏损的局面。基于合理化投资，预期较低的单位成本通常不会导致较高的边际贡献，因为可生产商品的销售价格将降低到收支平衡点，以再次达到产能的临界值。因此，即使企业能够"合理化"投资，与销售相关的风险仍然会因为计划的高产能利用率而存在。

8. 能源供应是经济的基础。在经济上，有限可用的化石燃料在中长期将被替代。此外，自福岛反应堆事故以来，核能被政客拒绝已成定局。在相互矛盾的政治举措之后，必须就如何在时间序列中的风险、资源和成本方面最佳地构建经济、生态和社会责任能源组合做出长期决策。发电和能源运输方面的新技术为确保欧洲的长期能源供应提供了可能性。太阳能热电厂和风力发电保证了有效的电力供应。在最近直流高压网络技术的帮助下，运输过程中的能量损失可以大幅减少，因此可以想象从北海到西班牙南部甚至北非的发电可以用于欧洲地区。

9. 因《巴塞尔协议Ⅱ》和《巴塞尔协议Ⅲ》引发的贷款发放变化对寻求信贷的企业提出了新的要求(参见第4.2.4节)，因此企业的股权基础在近年得到了加强。[①] 尽管数十年来股权资本化率已经下降，但近年来这种趋势已经得到逆转：企业急于将自己视为有偿还能力的债务人，以积极影响贷款。金融危机也使企业意识到宏观经济风险以及深刻认识到经济体系在全球危机前的脆弱性。

10. 吸纳新的欧盟成员和统一货币区两项举措导致了结构性变化。由于有利的工资和劳动力成本影响的比重在逐渐降低、物流运输的影响比重越来越大，因此可以发现，产品生产地和劳动者依旧大多来自东欧国家，但这个比重已明显下降。欧元的引入导致生活指数的重大转变。家庭现有的购买力已经转为不利于耐用消费品，削

① 参见 Creditreform：*Eigenkapitalposter*。

弱了宏观经济的增长。欧元推出十几年后,单一货币的稳定性受到严格审查。受金融危机的影响,成员国未受控制的净债务加上高额债务存量,导致对欧洲央行的政治压力逐渐加大。在此过程中,货币政策的基本原则被认为毫无指望。这些原则的拥护者指出,短期内只是掩盖了现有的结构性问题,但日后它们会以更强的力量回归。

11. 受金融危机影响的欧盟因难民危机而面临又一项重大挑战。不仅是欧盟成员国内部,成员国之间的关系也在日益变得紧张;关于移民后果的观点也出现了很大的分歧,所表达的政治信号截然不同。这种趋势的进一步发展将变得难以预测:军事冲突国家人们对(日益增加)暴力的恐慌、由于政治迫害而感到害怕、在阿拉伯和非洲国家生活困难的人们似乎越来越愿意冒险离开家乡,在完全不同的文化的地区重新开始。特别是,受到广大国内人口支持的各自政府有关进程,将决定欧洲的政治稳定性以及经济对国民经济的信心。

12. 企业部门的不可估量性正在稳步上升。此外,政客们似乎就政策决策对企业的影响存在疑问。在未来,管理控制研究的任务还包括填补现有的空缺,以便对经济发展进行务实的评估,并从经营角度对经济问题表态。

这些企业已经不同程度地接受了整体社会发展的要求以及由此产生的不同程度的机会和风险。目前公众和学术界正在"可持续"这个概念下深入讨论此要求。可持续性辩论的起源解释了这一讨论的广泛性,这与可持续的经济复苏以及西方工业化国家繁荣增长密切相关。经过第二次世界大战后数量激增阶段,不断增长的富裕着眼于"增长极限"①。1987 年,环境与发展世界委员会(即布伦特兰委员会)将可持续发展定义为"既满足当代人的需求,又不损害后代人满足其需要能力的发展"②。基于所谓的三支柱模型,包括经济、生态和社会问题,企业可以获得对它们的社会要求。因此,工商管理中讨论的可持续性管理不能被视为新企业治理的革命理念,它将经济、生态和社会方面置于平等地位。从经济导向和国际资本竞争方面看,经济观点仍然处于主导地位。在这方面,德国企业治理准则规定了经营董事会的管理职责如下:"经营董事会以可持续价值创造为目标管理企业……。"③必须遵循这种将环境和社会因素作为价值创造次要条件的观点。因此,企业价值要长期增加,从而为企业积极的经济发展提供了"尽自己所能"的可持续企业价值。

在企业管理中,"联盟理论"这一概念将企业行为理解为各利益相关群体与个人利益的相互作用,多年来它一直具有重要意义,其决定了企业成功与股东和利益相关者之间的联系。然而与此同时,企业管理和监控相关要求的复杂性显著提升,而这正是一项新的挑战。特别是处在严峻经济危机、有限生态资源和社会紧张局势这些大环境之下,企业必须为自己的经济可持续发展做好定位;一方面,这需要在长期战略方向上考虑机遇和风险;另一方面,企业需向相关群体或个人提供必要的信息。④

---

① 参见 Meadows, Donella; Meadows, Dennis L.; & Randers, Jørgen: *Grenzen des Wachstums*。

② 参见 Hauff, Volker: *Brundtland-Bericht*。

③ 参见 Deutsche Corporate Governance Kodex (2015), *Ziffer* 4.1.1。

④ 受众相关的信息参考第 1.1.4.3. 节。

鉴于上述因素,仅基于经营因素的企业管理层是目标不明确的。如今已经广泛认识到互补战略性企业管理的优越性。这种优势使得能够尽早识别、分析和评估战略机会与风险。因此,战略性企业管理的目标并不是短期成就,而是企业面对变化环境条件的长期适应性,以确保企业可持续的生存能力。在法律、政治、技术、社会和环境条件中,支持企业领导是战略管理的一项基本任务,以便利用由此产生的机会并且降低相关风险。为此,系统支持的管理控制理念提供了理论依据,可以根据可持续概念对企业部门的需求做出充分反应。战略控制是这一管理控制理念的系统固有部分,战略性企业管理层可以建立并保持成功的战略潜力,即持久和深远的成功机会。[①] 但是,只有将经济、环境和社会方面同等地纳入规划、实施到监控的战略过程中,才能实现这一目标。因此,战略性企业管理预先假定了对收益和流动性操作管理决定因素的"预操控",因此总是领先一步。[②]

财务、经营和战略规划与监控作为管理任务最重要划界标准的摘要如图 5.1 所示。

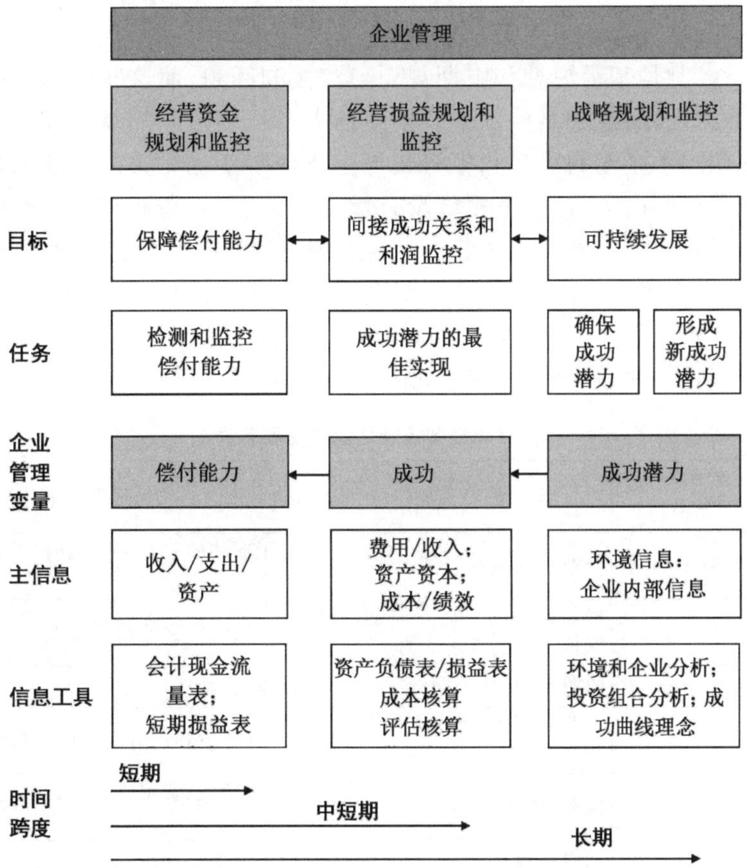

图 5.1 经营财务、营业收益相关和战略企业领导

① 参见 Gälweiler:*Unternehmensführung*,S. 23 f。

② 参见 Gälweiler:*Unternehmensführung*,S. 24。

5.2 战略控制概述

5.2.1 战略控制和经营控制的界定

战略规划在企业管理实践中日益普及，越来越引发了关于战略任务可以转移给传统经营管理控制师程度的讨论。反对者认为由于不同的要求和目标，一个人不能同时执行两个任务，因此应将经营控制和战略规划相分离。然而，这一论点未能证明战略和经营部分不是紧密相连的，因为战略决策为经营措施设定了框架。越是战略性地确保经营的可行性，就越能成功①；战略规划中的错误和失败不能或者只有通过经营措施才能得以纠正或改善。同样，战略和经营计划的紧密结合，使经营决策的结果在战略上显而易见。② 经营规划和战略规划的这种紧密结合，导致需要整合两个任务并用适当的战略理念作为补充。

虽然经营控制是基于短期和中期规划与监控的问题，而这些问题已经可以通过成本和收入数据量化，但战略控制主要集中在支持长期战略的规划和监控上。相比竞争，企业更倾向于企业的优势和劣势或与企业环境变化相关的机遇和风险。其结果是，相比经营控制而言，在这个领域没有货币目标值，如利润和流动性作为先决条件，而主要是现有的或未来的成功潜力③，其系统目标导向的创造或保存，应通过适当的管理控制手段来确保。因此，战略控制主要是外部的，即以环境为导向的；而经营控制更偏向于内部、面向企业，其必须确保经营流程的盈利能力。

表 5.1 总结了战略和经营控制之间的主要差异。

表 5.1　战略和经营控制之间的主要差异

划分标准 \ 控制形式	战略控制	经营控制
企业领导目标导向	企业长期生存	关于成功的教育、努力盈利、保障流动性、生产率
管理控制目标	确保系统的目标导向创造和保持未来的成功潜力	确保运营流程的盈利能力
集团领导指标	收益潜力（如市场份额）	收益、流动性
专注于	企业与环境（新环境关系的建立）	企业（考虑到现有的环境关系）
维度	优势/弱势、机会/风险	成本/绩效、费用/效益、支出/收入、资产/资本
信息源	初级环境	初级内部会计

① 参见 Baum, Coenenberg & Günther: *Strategisches Controlling*, S. 14 f。
② 参见 Horváth: *Controlling*, S. 221 ff。
③ 这里同样适用第 5.1 节的论述。

5.2.2 战略控制任务

在战略性企业管理中,战略控制支持战略规划和战略监控。因此,从目标设定到实现和监控应归于战略规划过程的一部分,即计划、协调、信息供应和监控任务。在战略规划中,管理控制提供了评估规划和监控工具的优缺点并确定其应用领域和补充必要性的适当工具。战略控制的信息供给任务涉及为规划者确保基于决策的信息供给,包括通过管理控制师来确保,使用适当的工具来分析和预测战略机遇及风险。

5.2.2.1 战略控制和战略规划

战略性企业规划很大程度上取决于企业的情况和环境的演变。[1] 因此,战略规划过程的基本任务是对市场的谨慎战略分析以及企业在市场中的地位。[2] 战略规划应被理解为一个迭代的过程,即在各个阶段确认(参见图 5.2)仅用于表示有意义序列中的必要步骤。

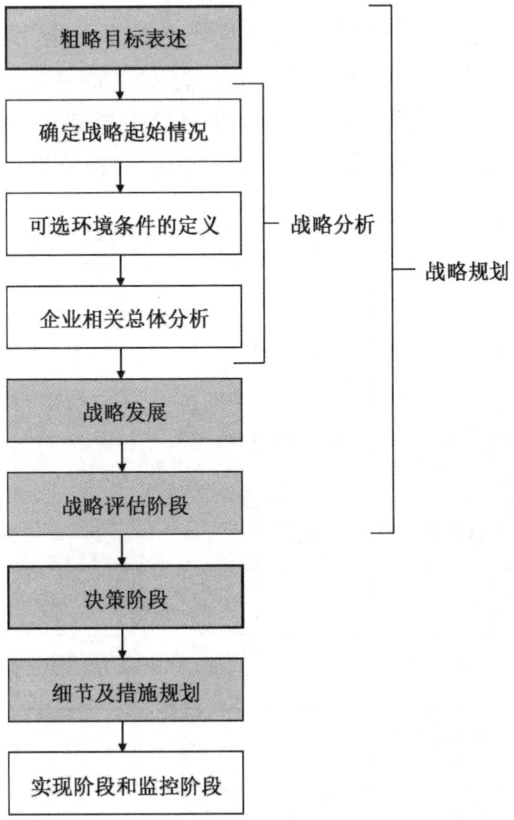

图 5.2 战略控制的步骤

---

① 参见 Hahn:*strategische Planung*,S. 3。

② 这里详细介绍环境分析和企业分析,参见 Hinterhuber:*Strategisches Denken*,S. 125—155;Kreikebaum:*Unternehmensplanung*,S. 32—45。

在粗略制定了指示总体方向的目标之后，战略规划的出发点就是仔细分析外部影响因素，即预期的机会和风险。这种环境分析不应局限于宏观经济增长预测，必要时还应包括行业和企业发展机会的分析，同时也必须包括对政治和社会发展的分析。环境分析可用于确定全球或关键成功因素，以及限制盈利能力的关键因素。对外部因素的分析同样需要分析内部因素，即将企业当前和未来的优势和劣势与市场中竞争对手联系起来，从而评估内部资源的相对潜力。由于相对的优势和劣势很少能准确地用数字表示，因此轮廓表述适用于该类企业的分析。

如果考虑以下七个标准(参见图 5.3)，则可以针对企业的优势和劣势得出以下轮廓[①]：

在该示例中，除原材料供应之外，企业 A 都具有明显的优势，而企业 B 则正好在原材料供应相关领域具有明显的优势。这点分析的第一个含义是，未来无论是通过签订合同还是使用其他要素投入都需要努力经营，以更好地确保原材料供应。在销售和融资机会方面，相比于竞争对手，企业更应确保和扩大自己的强大地位。

一旦完成外部影响分析的第一阶段和企业与竞争对手之间相对利弊的分析，接下来就是进一步分析企业面对外部和内部负面影响的抵抗能力。基于内部影响因素的分析，已有广泛针对风险管理的研究。企业具有发生概率可以确定的风险，它们可能涵盖了如火灾和业务中断风险。一般的企业风险更难以识别和提前降低，由于它们通常不受数学定理的约束，因此必须着重关注弱信号和早期预警指标。

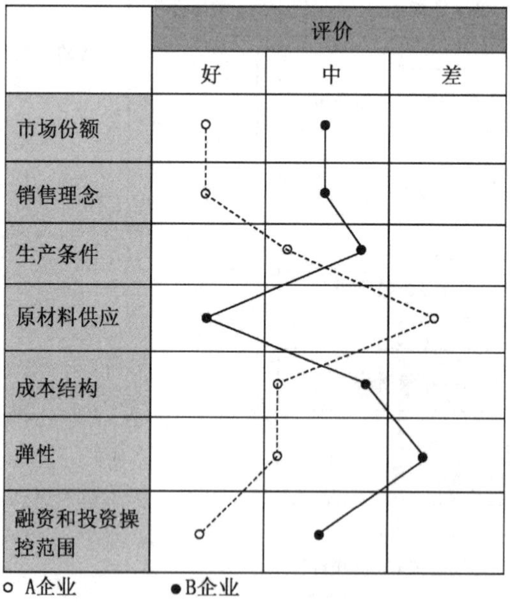

图 5.3 优势和劣势得出轮廓举例

① 摘引自 Reichmann:*Unternehmensführung*,S. 25。

刚才讨论了确定战略起始情况，之后第二部分是对替代环境条件的定义的讨论。在本书中，将会尝试借助定量和定性预测方法以及战略预警系统预测市场和企业的未来发展趋势。

战略分析的第三部分将涉及整体企业分析，其中包含和整个企业相关的集成项目组合管理，可以根据经营整体背景评估业务的各个领域及其盈利前景、机会和风险。

作为战略分析阶段的一部分，管理控制师负责制订全面规划、监控以及信息系统。在战略的导入、发展和评估及其在经营计划中实施的后续阶段，重点更多地被放在咨询(分析)、协调和调节任务上，它借鉴了已经被集成到子阶段的计划和监控系统的规划和监控工具。信息供应的任务是，在这个阶段系统结构规划和监控系统的基础上，通过提供规划信息和信息系统确保不断改善给定信息。

5.2.2.2　战略监控

在理论和管理实践中，虽然经营和战略规划之间的区别很常见，但战略和经营监控之间却很难划分边界。[①] 然而，除了战略规划之外，环境日益复杂化和不确定性以及战略领导决策重要性日益增加。另外，还需要考虑战略监控过程中的具体细节，这些过程必须涵盖完成战略规划任务和实现战略目标所需的所有外部和内部因素。因此，战略监控是使战略规划适应不断变化环境条件的工具。[②]

狭义的监控概念仅限于运营计划监控中典型的目标或实际比较。广义的监控概念还包括对目标量所有有意义的比较。这些目标量被设定为领导参考变量的计划值、预测值和实际值，并且包括了偏差分析。根据这个概念的扩展定义，战略监控包括将比较目标值与计划值和目标值与实际值[③]，所以战略监控主要面向未来。因此，它必须与规划和实现过程并行，而不仅仅是在结束之后。总体而言，可以将战略监控分为三个领域(参见图 5.4)。

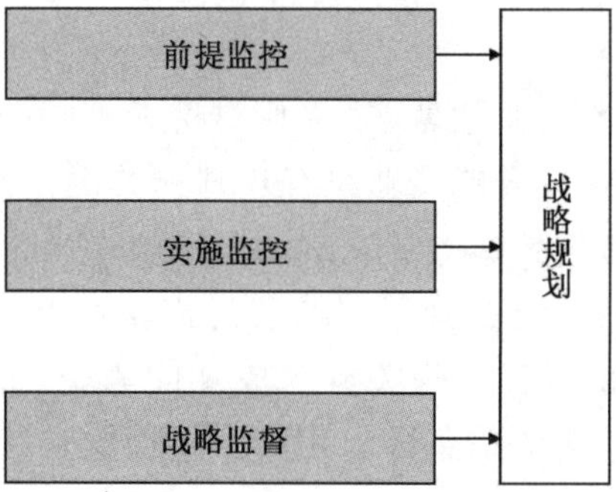

图 5.4　战略规划的监控

① 参见 Goold & Quinn: *Strategic Control*。

② 参见 Weber: *Controlling*, S. 376 f。

③ 参见 Hahn: *Strategische Kontrolle*, S. 451－454。

在计划制订和实施过程中,前提监控考察监控战略计划的初步假设是否符合最新的情况。这些都与环境发展和企业资源潜力的评估有关。如果随着时间推移而出现偏差,那么相应计划也需要去适应变化。迄今为止,在实施监控中,对战略措施结果的调查尤为重要。这是有关一项计划进度的审核,借助中期目标(即所谓的里程碑)分析了逐步实现的战略计划,该分析可以预测战略目标的实现程度。里程碑的准确时间限定和差异分析是两个疑难问题,因为这不如对未来发展的预计。这时,初步指标用于将其与计划的战略结果比较。前提和实施监控的基本问题在于它有针对性和选择性的方式,前提监控和实施监控的基本问题在于它直接的和有选择性的做法,从而可能导致缺少总体监控,进而出现风险。因此,它们由战略监控这个非定向观测活动得到补充,其任务是对数据指标就问题发展做出早期识别,以预防风险。在这种情况下,尤其是应该指定哪些指标相关的问题又成为难题。此外,事前很难识别因素对战略发展的影响,并将其归类为与发展相关的因素。

除了监控目标实现外,也会审核目标完成情况。通过评估战略规划中针对目标实现和实施制定的战略,战略监控产生信息,用于持续审核所有基础业务部门定义和预测的环境发展,目的是为了确保从目标形成到实施监控闭环控制系统中的滚动规划。

5.2.3 战略控制工具

5.2.3.1 战略信息需求分析

除了决策之外,提供信息是管理控制理念的重要组成部分。[①] 为此,人们已经开发了各种方法[②]为各级决策者提供相关信息。但是,这些工具并未以令人满意的方式满足战略相关信息的需求。[③] 虽然会计数据为财务和运营规划与监控提供了可靠的信息,但这些数据对战略规划的用途有限。必须使用对具体环境问题发展的预测来确定长期成功的可能性。[④] 因此,战略问题通常是不确定的、未知的和结构化不良的决策。

为了确定高管的战略相关信息需求,人们讨论了不同的方法,其中对于关键成功因素法,下面将阐释由 IBM 开发的企业系统规划和关键指标法。

5.2.3.1.1 关键成功因素法

罗卡特(Rockart)为确定最高管理层的信息需求而开发出的关键成功因素法基于一个基本思想:每个企业都有一些关键的成功因素。[⑤] 企业的成败取决于这些因素,因而不可避免地与决策者的信息需求相关。根据罗卡特的说法,共有四个关键成

---

① 在第 1.1.1 节中有详细论述。

② 确定信息需求本质的方法包括任务分析、文档分析、镜像方法、类比结论方法、实际任务履行过程的观察、访谈、问卷调查方法和报告方法。

③ 参见 Horváth:*Controlling*,S. 312 ff;Palloks:*Marketing-Controlling*,S. 189。

④ Vgl. Horváth:*Controlling*,S. 345 ff。

⑤ 下面详见 Rockart:*Data Needs*,S. 81—92。

功因素的来源，即行业结构、企业的竞争战略、环境因素和临时因素。因此，尤其需要分析国民经济、环境和行业，并根据其对企业利润潜力的影响评估所得数据。

每个管理者都有属于自己的一套成功因素，从中可以推断出各自的个人信息需求。与决策者们的访谈，补充了企业特定的成功标准，然后为关键成功因素确定了衡量标准。最后，确定了成功因素及其测量标准的基本信息需求。

作为战略控制工具，关键成功因素法的主要优点在于，直接基于决策者的战略信息需求进行以目的为导向的信息搜索和选择。[①]

5.2.3.1.2 业务系统规划

这种方法是一种对领导层和信息关系的全面分析，用于识别信息需求、寻求根据对决策者的调查来识别信息不足。作为广泛访谈结果的用户信息请求是改进收集必要但当前不可用信息的初步程序。应该注意，由于收集的数据丰富，它不允许根据其对领导决策的重要性对信息需求进行加权。另外，它与高时间消耗和高成本相挂钩。

5.2.3.1.3 关键指标法(Key Indicator System)

关键指标法要求确定一套统一指标和相关的基准，使领导层能够确定企业每个领域的特征。在所谓的异常报告中，将通过图表形式阐释各个关键因素算出的数据。然而，问题在于关键指标的选择，它缺乏详细目标或任务分析基础以及对决策者信息要求的考虑。[②]

5.2.3.2 差距分析

安索夫(Ansoff)[③]提出的差距分析是企业长期规划领域的经典方法之一，其目的是检测期望和预期发展之间的差异。因此，在差距分析的框架内，假设继续执行先前的企业政策，将目标项目与外推或改进的现在或过去值比较。如果这两个值在图表中代表的两条曲线彼此偏离，则出现所谓的战略差距[④](参见图5.5)。

上限和下限之间的距离可以用不同测量方法来表示，例如可以测量利润、销售或绩效的差距。差距越小，现有的战略潜力运用就越好。[⑤]

如果战略差距无法及时缩小，那么企业将无法确保其长期存在。因此，人们尝试开发基于差距分析且能够实现期望目标预测的战略。

正如梅弗特(Meffert)所指出的那样，差距分析的局限性在于，它仅从一维角度并且不完整地反映了战略的驱动因素，且将现状推导到未来，其在如今这个快速变化的

---

① 参见 Horváth: *Controlling*, S. 320 ff;帕洛克斯(Palloks)提供了对该方法的全面评估，参见 Palloks: *Marketing-Controlling*, S. 191—194。从对程序缺乏问题的批评来看，它呼吁加强因果关系导向的成功因素，导致了使用战略成功因素。关键成功因素分析主要基于对原因因素之间的因果关系和成功有效性的分析，战略成功因素分析则与之不同，它侧重于决策者的具体战略责任领域。

② 参见 Palloks: *Marketing-Controlling*, S. 190。

③ 参见 Ansoff: *Corporate Strategy*, S. 122—131。

④ 参见 Kreikebaum: *Unternehmensplanung*, S. 43 f。在这种背景下，他区分了战略差距分析和经营差距分析。虽然通过计划改进，可以在保持现有产品和市场的同时，避免经营差距；但是，为了填补战略空白，必须寻找新产品和市场。

⑤ 摘引自 Roventa: *Portfolio-Analyse*, S. 78。

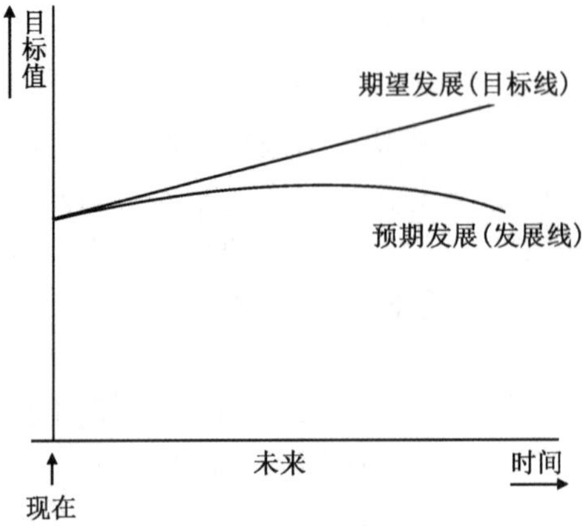

图 5.5 差距分析[①]

时代毫无意义。[②] 如果市场条件相当稳定,那么差距分析不仅可以作为效率监控工具,还可以推动有针对性的战略调整过程。但是,差距分析只是一种粗略的推动工具,因此,建议通过进一步分析和预测对其进行补充,特别是通过投资组合方法。[③]

5.2.3.3 经验曲线的理念

经验曲线的理念是由波士顿咨询集团在 20 世纪 60 年代末发展起来的。其初衷是为了向其客户企业提供建议,分析其长期总成本,以此来证明成本和累计产量之间的相关性。[④] 一旦产品经验增加一倍(以产品的累计数量表示),成本以及它们的价格(通货膨胀调整后的)就以恒定的速率 20%~30%下降。然而应该指出的是,研究中使用的成本概念与成本核算的概念不一致,而是与增值成本相关。但是,体验曲线效果不会自动调整。相反,这增加了成本潜力,其必须通过战略控制来识别,并通过适当的(经营)措施来实施。

经验曲线可以在坐标系中表示,其中累计产量绘制在横坐标上,单位成本绘制在纵坐标上。轴的线性缩放形成了图 5.6 中所示的连续曲线。[⑤]

成本下降的原因是,在生产中,规模经济、技术进步、合理化措施导致学习效应。技术进步导致生产和成本结构发生变化,而合理化措施(尤其是价值分析)以及产品和工艺标准化也起到同样的作用。

对于战略控制来说,对经验曲线理念的认识很重要。因为它们允许对成本、价格和利润发展进行长期预测,从而支持市场战略的制定。尤其是通过利用经验曲线效

① 参见 Kreikebaum:*Unternehmensplanung*,S. 42。
② 参见 Meffert:*Planungskonzepte*,S. 193—209。
③ 详见第 5.2.3.4. 节。
④ 对该理念的批判性理解参见 Baum,Coenenberg & Günther:*Strategisches Controlling*,S. 95—104。
⑤ 参见 Henderson:*Erfahrungskurve*,S. 20—21。

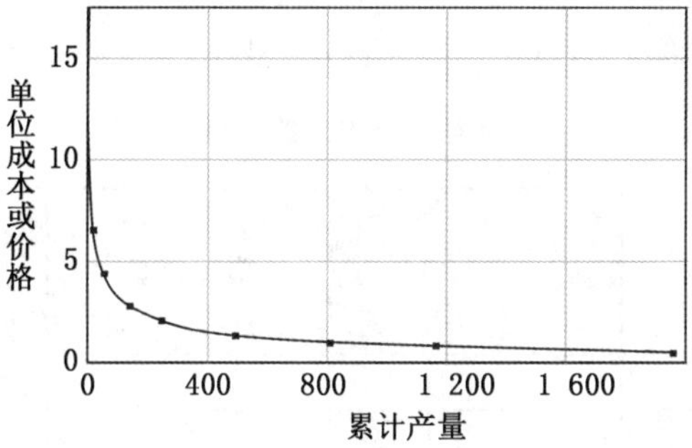

图 5.6 经验曲线示例[①]

应,企业可以因优于竞争对手的成本而产生竞争优势[②],这是因为企业通过增加市场份额而具有更大的成本削减潜力。因此,通过尽可能在具有长期高增长率的市场中确保较高相对市场份额,可以实现强盈利能力。对于那些无法加入市场领导者群体、并因此无法达到其成本水平的企业,进入新的细分市场更有意义。

然而,将经验曲线理念转化为战略决策并非没有问题,其中一个可能原因就是:价格是唯一的销售政策工具,其结果是市场领导者只能通过"成本领先"战略选择来确保其地位。[③] 也不能假设同样的经验曲线就适用于所有竞争性供应商,因为这个假设是建立在所有第三方产品、生产设备、相同生产工艺、增加值相等的份额并承担平等成本的基础上。因此,经验曲线理念的战略重要性不在于是否精确描述成本发展,而在于说明市场份额、市场增长、定价和经验曲线效应之间的关系,从而支持战略分析。[④]

5.2.3.4 投资组合管理

5.2.3.4.1 战略业务单位的构建

投资组合分析的先决条件是将企业活动划分到战略业务单位(SGE)。[⑤] 这些是明显可区分的独立产品或市场组合,具有各自的机会和风险。它们构成整个企业组合的一部分,是战略决策的对象。

为了将企业活动划分到战略业务单位,不同文献已经制定了不同的标准。可以根据企业与环境的关系和企业与内部因素的关系,将其总结为以下标准:(1)相对竞争优势的可实现性;(2)战略业务单位的相互独立性;(3)市场任务的自主性和社会相

---

① 插图修改自 Henderson:*Erfahrungskurve*,S. 114。

② 可能的竞争战略参见第 5.4.2 节。

③ 参见 Baum,Coenenberg & Günther:*Strategisches Controlling*,S. 107 f。

④ 对于该理念的评价,参见 Kilger:*Industriebetriebslehre*,S. 150 f。

⑤ 在文献中,"战略业务单位"和"战略业务领域"这两个概念通常可互换使用。例如 Welge:*Planung*,S. 489;Kreikebaum:*Unternehmensplanung*,S. 111。这两个概念的界定可以在 Link:*Unternehmensplanung*,p. 809 f 中找到。对于不同的概念理解可在 SGE Gälweiler:*Unternehmensführung*,S. 276 f 中查看。

关性;(4)存在可识别的独特竞争者;(5)相应领导者的独立管理。①

表 5.2 展示了产品组合及市场组合与战略业务单位的组合示例。②

表 5.2　　战略业务单位的构建

市场标准 / 产品	客户群体			销售渠道			地理区域		
A			X	X	X	X	X		
B		X			X			X	
C			X			X	X		
D	X			X	X	X	X	X	X
E	X	X	X		X	X	X	X	X
F			X		X		X		
G	X				X		X		
H		X		X			X		
I		X		X			X	X	X
J	X			X					X

5.2.3.4.2 投资组合分析

投资组合分析的基本思想源于金融领域。③ 投资组合使风险和收益达到最佳平衡。如果将这个想法转移到战略控制,那么企业的整个活动领域可以表示为战略业务单位的组合,目的就是在企业整体投资组合中建立平衡。

要进行投资组合分析,投资组合矩阵是一个重要的先决条件。投资组合矩阵的坐标包含评估投资组合内容的标准,在大多数以二维形式列出的矩阵中,用圆圈在图上表示各业务单位或产品类型。

原则上讲,评判投资组合要素的标准各不同,其中最著名的投资组合类型是:(1)市场增长—市场份额组合;(2)市场吸引力—竞争优势组合;(3)行业吸引力—业务部门实力组合;(4)市场产品—生命周期组合;(5)业务单位—资源组合。④

在市场增长—市场份额组合中,纵坐标反映了产品线或业务部门的市场增长率,横坐标反映了企业的市场份额。假设使用二分法测量,将数据分为高和低,由此产生四个象限。

四个象限分别由"明星""金牛""问题"和"瘦狗"来表示,分别代表了产品或业务领域的市场状况。"明星"的特点是其高市场份额和增长率,它们带来越来越多的收益。"金牛"则是有较高的市场占有率,特点是低增长率,可以预期高于平均水平的财务收益。而在具有较低的市场份额和较高增长率的"问题"中,为了实现更好的定位

① 参见 Palloks:*Marketing-Controlling*,S. 296。
② 摘引自 Hinterhuber:*Strategisches Handeln*,S. 150。
③ 参见 Kreikebaum:*Unternehmensplanung*,S. 85。
④ 有关分类投资组合的进一步介绍参见 Roventa:*Portfolio-Analyse*,S. 175。

需要投入大量资金。"瘦狗"的特点是市场份额低、增长率低。投资组合分析将分析期望余额,其目标是避免不平衡。将实际投资组合与目标投资组合比较,其中定义了战略方向,即所谓的标准战略。[①] 标准战略是:(1)投资和增长战略;(2)选择性战略;(3)退出、撤资/收获策略。[②]

投资和增长战略涉及具有高或中等市场增长率和市场份额的战略业务部门。这是为了构建未来导向的成功潜力,但需要投入大量资金。对于那些处于高市场增长和低市场份额之间的对角战略业务部门,需要采取差异化方法选择战略,这意味着必须使用其他评估标准进行更具体的评价。低收入或中等市场增长率和低市场份额的战略业务单位则应采取退出和撤资策略。可以在欣特胡贝尔(Hinterhuber)的书中找到关于各象限可能运用的战略的描述(参见图5.7)。

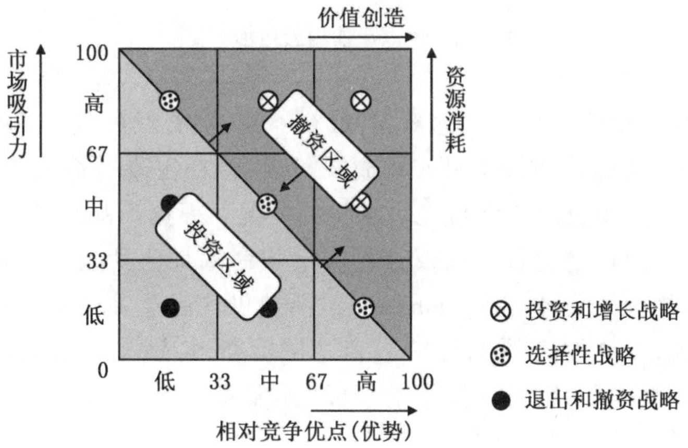

图5.7 投资组合矩阵的基本方案

5.2.3.5 产品生命周期分析

生命周期概念的出发点是假设产品和市场如同生物受到"进化论"[③]的约束。假设产品仅具有有限寿命并经历一些发展阶段,其可在所谓的生命周期模型中表示出来。特定行业和产品生命周期的存在已在经验上得到证实,S形生命周期曲线被认为是最理想的模型。[④]

如果为这样一个生命周期找原因,那么就是需求潜力的耗尽,例如由于偏好结构的变化、人口结构或价值观的改变会带来技术上进步、宏观经济条件的变化也会影响生命周期。

生命周期模型举例说明了从进入到退出市场理想的产品阶段,该循环可以表示

① 参见 Meffert:*Planungskonzepte*,S. 193—209。
② 摘自 Hinterhuber:*Strategisches Denken*,S. 171。
③ 参见 Meffert:*Marketing*,S. 430。
④ 有关经验数据的案例,参见 Pfeiffer & Bischof:*Produktlebenszyklus*,S. 152。

为以下四个阶段:引入阶段、成长阶段、成熟阶段、饱和阶段。[①]

图 5.8 给出了生命周期理念的图示。

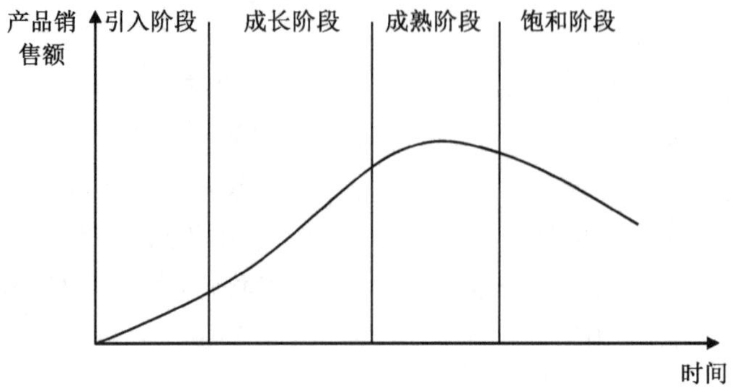

图 5.8 产品生命周期模型[②]

用于表达产品开发的指标是销售额,其最初不断增加,然后进入饱和阶段。资本需求的发展则相反。事实证明,在引入和成长阶段,最初出现了高资本要求;而在成熟阶段,正现金流以及正贡献边际可能是常见的情况。根据产品生命周期的结论,可以制定策略,从而提出行动建议。仅仅这种简单生命周期表达是不够的。出于这个原因,法伊弗和毕晓普(Pfeiffer & Bishop)[③]试图提供产品生命周期的扩展理念和修正后的解释。首先,术语生命周期将扩展到进化周期,特别是考虑到引入产品的成本。在接下来的步骤中,考察科学技术前端或"外部发明"[④],将观察周期作为信息基础。整个理念可以表示为图 5.9。[⑤][⑥]

观察周期的集成具有分析和处理来自企业环境适当信息的功能,这些可以被理解为安索夫意义上的弱信号。[⑦] 弱信号是模糊的信息,导致感知机会或在很早的阶段避免风险。

系统地寻找产品规划的替代方案与其市场实现之间的阶段包括引入周期。在这种情况下,考虑将预投入成本记录在这个范围。如果遵循图 5.9,必须知道这些成本,以便能够计算产品生命周期内的累计贡献利润。在管理实践中,这或许不可能,并且仅通过关于与产品相关联成本行为的假设,可以进行粗略的多期成本估计。

在具体应用中,生命周期理念可用于检查和分类整个生产项目和相应的产品,从而产生关于创建新产品或从市场中撤回旧产品需求的任何战略。但是, 这种生命周

---

① 四个阶段在 Kotler & Bliemel:*Marketing*,S. 1004 f 中给出划分,梅弗特给出了这样五个阶段,参见 Meffert:*Marketing*,S. 431—433。

② 摘引自 Reichmann:*Unternehmensführung*,S. 29。

③ 参见 Pfeiffer & Bischof:*Produktlebenszyklus*,S. 150。

④ 参见 Pfeiffer & Bischof:*Produktlebenszyklus*,S. 137。

⑤ 摘引自 Pfeiffer & Bischof:*Produktlebenszyklus*,S. 136。

⑥ 在原文中,带有"销售额或利润"的纵坐标具有误导性。

⑦ 参见 Ansoff:*Weak Signals*,S. 129—152。

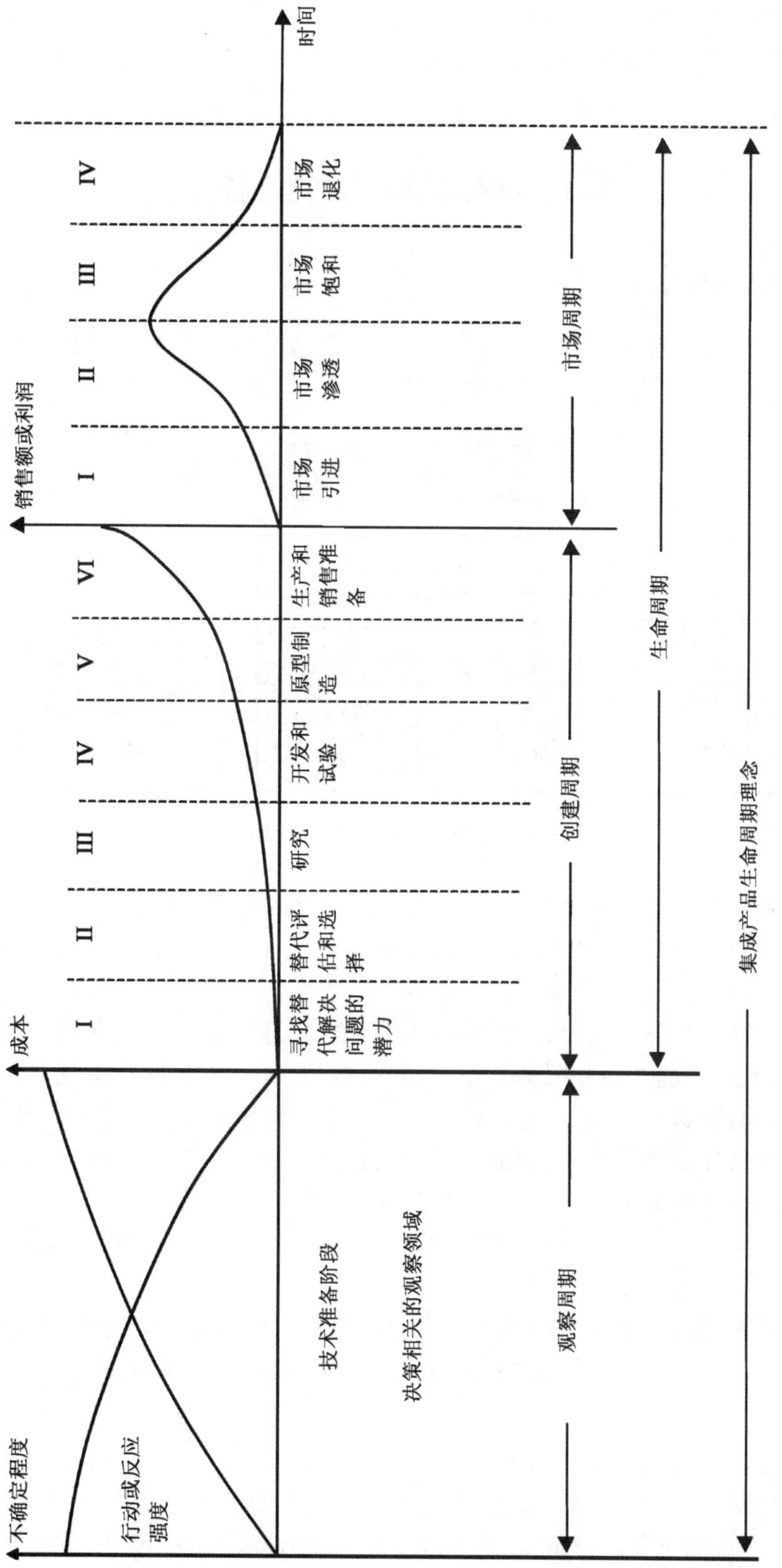

图 5.9 扩展的产品生命周期模型

期理念的应用存在一些缺点。由于无法明确定义循环阶段，因此难以将具体产品定位到生命周期曲线上。尽管存在明显的理念缺陷，但扩展产品生命周期模型可被视为制定销售计划以在产品年龄结构方面实现平衡的有用工具。

5.3 战略成本和收益控制

5.3.1 战略成本和收益控制框架

作为综合控制系统的组成部分，战略成本和收益控制的系统构建必须以具体的参照框架为基础，同时考虑到决策和信息相关要素。[①] 该参照框架如图 5.10 所示。

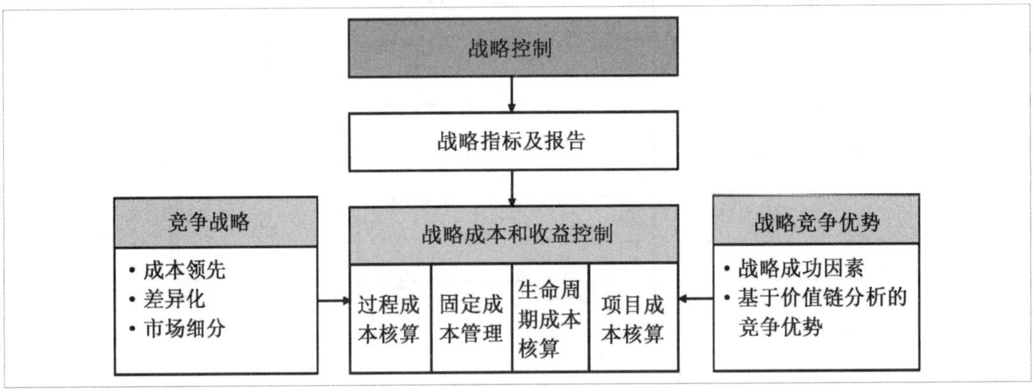

图 5.10 战略成本和收益控制框架

首先需制定一个创造和维护战略竞争优势的目标。[②] 与市场竞争相比，战略竞争优势就意味着卓越的绩效：其涉及客户的重要特征(特征的意义)、客户实际感受到的好处(特征的可传播性)、其优势不会被竞争者迅速赶上(特征的持久性)。[③]

任何一家企业的竞争优势，如在整体或局部的市场上，处于比竞争对手性价比优越的位置，导致较高的产品和服务质量；在极少数情况下，一个独特卓越的产品类型或快速实现差异化，以高度灵活满足客户需求。这种竞争优势本身并不天然存在，但与企业特定的战略成功因素密切相关。同时，这些构成了企业竞争战略制定和定位的起点。战略成功因素可以是：对市场有关变化较高的人力和技术灵活性、较短的运作时间(从产品开发到投放市场)、优良的产品品质(由于严格的质量保证措施)以及对新产品和新工艺的创新潜力。

再下一个层面就是制定竞争战略。竞争战略可以分为成本领先战略、差异化战略和市场细分战略。[④] 全球成本领先战略旨在实现卓越的成本地位，从而实现高于平

① 参见第 1.1.1 节。

② 具体参见 Porter：*Wettbewerbsvorteile*，S. 63—67。

③ 有关具体准则，参见 Simon：*Wettbewerbsvorteile*，S. 464 f。这些绩效不仅包括物质产品，还包括企业的服务。

④ 各种不同的战略类型，特别参见 Porter：*Wettbewerbsstrategien*；Porter：*Wettbewerbsvorteile*，S. 37—56。

均水平的收入。成本领先的领导者必须努力优化其整个成本结构，以实现尽可能低的单位成本。但是，全球差异化战略试图在其一个或多个高附加值的消费者中实现优于同行的卓越绩效。[①] 这种性能优势使得能够在市场上实施更高的价格，从而改善收益状况。市场细分战略，顾名思义，不是全球化的，而是侧重于具体的优先市场。通过这种战略，企业可以选择特定的市场或销售部门，并专门针对其服务范围内的相应客户群。市场细分战略可以关注成本和绩效方面，即自身的差异化。

在对可能的竞争战略的简短分析中，需要注意以下两个方面：首先，并非每家企业都可以在不同类型战略之间做出选择。根据企业规模、资源、行业和竞争环境的不同，企业的战略选择会受到或多或少的限制。因此，中型企业通常只能追求有针对性的市场细分战略。其次，重要的是，在管理实践中，几乎没有纯粹的战略仅专注于成本领先或差异化。常见的是混合战略，其中成本或差异方面中的某一项占主导地位。

管理控制的任务在于，针对企业所追求竞争战略的成本和收益基础，提供战略信息。战略选择和表述是由战略规划支持高层领导的任务。然而，相应的战略不仅确定各方面的相关信息，其必须由管理控制师生成，而且在很大程度上它决定了管理控制工作的信息系统结构和设计，尤其是需要更详细地研究战略类型与基础成本会计系统之间的关系。

由于制定战略通常是粗略的，为了完成管理控制的战略信息任务，需要适当修订战略草案和使用"战略网格"。起点是波特[②]价值链模型，它是一种识别竞争优势并在此基础上产生竞争战略的工具。价值链方法将整个企业构建在物理上和技术上可区分的差异化活动或作业(价值作业)上。

除了借助有竞争力的企业结构外，价值链分析还为战略成本和绩效控制(即工具级别)创造了必要的基础。在很大程度上，作业发展方向与最近会计发展相对应，其在关键词"成本核算"下得到总结(参见第3.2.2.6节)。该方法将企业的经典成本会计部门细化为主要基于组织结构的成本岗位，主要面向执行部门并在所有企业部门中进行具体作业。此外，战略成本和绩效控制必须系统地记录适应不断变化就业情况的可能，以此作为固定成本管理的一部分(参见第3.4节)，并为经营业务做好准备。大型项目和产品开发通常涉及几个计费周期(年)；对于成本和服务(收入)的分配，应在战略成本和绩效控制中提供"多期成本核算"。作为管理控制的中心任务，在协调和内部和谐报告中也可以看出[③]，战略成本信息的相应结构必须通过额外财务和/或非财务战略目标补充，与战略绩效指标和报告综合相联系。同时，这是向领导层提供信息的媒介，也是在战略控制领域信息供需之间保持一致的有效监控手段。

---

① 在这里，战略层面与竞争优势之间的紧密联系变得清晰起来。作为战略重点的优越成本和绩效旨在直接获得相应的竞争优势。

② 关于价值链及其分析，参见 Porter：*Wettbewerbsvorteile*，S. 67－96。

③ 参见 Horváth：*Controlling*，S. 534－548；Horváth：*Controllingkonzept*，S. 266－273。

5.3.2 以竞争战略为目标的成本核算

随着对成本管理[①]并行战略定位的需求不断增加，成本会计在企业政策方面失去了中立性。除了评估成本会计系统控制重要性的纯方法和功能标准外，有关其与竞争战略兼容性的问题尤其凸显。对这一要求的必要性源于高层管理决策，其主要是战略性的。[②] 这些问题的非正式基础有一个前提，就是成本会计产生的信息足以反映企业的战略决策环境。[③] 在企业当前和潜在的竞争战略以及各个业务领域或领域内的直接战略选择中，把该环境具体化。从管理控制的角度来看，对于成本核算系统来说，这意味着不仅符合决策相关性的(运营)判断标准[④]，同时必须考虑到战略相关核算。如果采用"成本领先"和"差异化"两种整体战略，可以概述为表 5.3。

表 5.3　　成本核算信息生成战略选择的后果[⑤]

	有目标的企业战略	
信息功能	差异化	成本领先
绩效评估标准成本的相关性	不是很重要	非常重要
灵活预算在生产中的重要性	中到低	高到非常高
遵守预算的重要性	中到低	高到非常高
分析成本差异的重要性(例如营销成本、质量成本、研发成本、物流成本)	非常高到成功关键	中到低
产品成本作为价格政策的基础	低(除了有品种特征差异)	高到非常高(以单位成本最小化为战略目标)
成本岗位导向偏差分析的重要性	中到低	高到非常高
竞争成本分析的重要性	低	高到非常高(在总体水平上)

从表 5.3 可以看出一种趋势，即企业不同的竞争战略导致对成本核算的不同信息要求且有时截然相反。例如，一家中型企业在销售组织和物流服务方面的主要竞争优势超过其细分市场的竞争对手，它有兴趣准确了解其企业内部和跨企业[⑥]销售和物流成本结构，就是说，生成来自跨部门"物流"的信息。像基于 IT 边际成本系统的典型形式一样，生产成本岗位层面的详细偏差分析应该是次要的。

为了详细评估各自使用或实施成本核算系统战略的充分性，在第一步中就有必

---

① 参见 Horváth：*Kostenmanagement*，S. 71－90。

② 参见 Reid：*Strategic Planning*，S. 558。

③ 在这种背景下，西蒙德斯(Simmonds)指出，当前成本会计系统主要是面向数据的，而不是面向信息的。虽然数据导向专注于使用预定义的成本会计数据，但信息导向旨在满足客户的具体信息需求。参见 Simmonds：*Management Accounting*，S. 265。

④ 详见第 3.2.3 节。

⑤ 插图参考 Shank：*Cost Management*，S. 55。

⑥ 企业与其供应商和客户建立密切的合同关系，这一点尤为必要，就像汽车行业的即时生产一样。

要确定企业的实际成功因素。之后，应考察该因素如何影响企业的组织和业务结构，涉及整个企业（如竞争因素“产品和服务质量”和“物流服务”），或只涉及个别部门（如竞争因素方面的“销售服务”）；涉及绩效规划生产过程，或只是涉及某个阶段（如研究和开发、构思）；基于初级定性方面（如广告的影响）或量化标准（如低成本的产品类型）。通过这种多维的粗略分析，管理控制试图过滤出研究重点，这也是成本核算体系评估的起点。

例如，如果分析结果清楚地表明：与竞争对手相比的具体成功因素是销售物流背景下的物流服务；战略评估不仅需要确切的成本信息，还需要多周期绩效数据，如“周转率”“准备交付”“数量导向的产能使用率”等因素。第一组数据已经可用于预计现有成本会计系统的战略适用性。

此时，必须进行成本核算的功能性、经济性分析，举个简单例子：应该考察成本核算在多大程度上能够将物流成本精确分解到凭证水平。另外，还有必要检查，成本会计能否保证对物流服务范围的精确分析，从物流角度保障具有差异化的参照值规划和监控。最后，应该要求系统方面可用的成本和性能数据也能够确保用于管理控制物流指标的核算。如果管理控制师基于所有或大多数标准的可用成本核算给出否定的评估结论，则至少目前必须否定系统提供战略相关会计数据的适用性。①

从这些讨论的竞争和企业结构的变化中，最近已经得出了相应的成本会计变更需求。在文献中，强调了从“成本会计”到“经营管理会计”和“战略管理会计”的发展路径。② 对这种需求的一个本质上的批评是：目前实施战略会计的理念性提案几乎完全侧重于评估层面，即信息处理和战略问题。与此同时，被忽视的是细化程度，特别是问题：“在建立可用于运营和战略的会计系统时，应该考虑哪些决定因素和影响因素？”

目前尚未对会计结构基础进行基本讨论。在分析中，阿尔巴赫（Albach）将目前管理实践中基于全部和部分成本基础所使用的成本会计系统描述为“生产成本核算”，其主要侧重于生产的合理化潜力，并始终避免对采购和销售市场施加外部影响（如采购价格差异）。③ 作为成本核算的一部分，不同生产过程（连续、分级和根据合同的生产）的分类也集中在企业的生产领域，因此仅限于“结构对象”的生产过程。④

在下文中我们将尝试从战略角度研究成本会计中最重要的影响因素，并阐释其影响。成本核算目的充分性评估的质量，在很大程度上取决于所选择的检验标准及其特征。作为控制对象的成本核算，只能以与问题相关的方式从战略角度分析，当首先从评估和使用方抽象或将所需的评估轮廓视为目标，则关注来源点，即结构基础。换句话说，不是使用现有系统来获得战略相关的成本会计信息，而是设计战略和结构

① 与企业内外的电子数据加工管理人员合作，当然有必要检查是否应该在经济上纠正所发现的缺陷以及在多大程度上纠正这些缺陷，即应该修改现有的成本核算系统以适应问题。

② 此发展可参考如 Simmonds：*Management Accounting*，S. 264 f；Horváth：*Kostenmanagement*，S. 74，85 f。霍华德（Horváth）认为这是会计的“范式转变”，并更详细地讨论了战略管理会计内容的相关方面。

③ 参见 Albach：*Kosten*，*Transaktionen und externe Effekte*，S. 1156。

④ 参见 Kilger，Pampel & Vikas：*Plankostenrechnung*，S. 10－15；Kilger：*Industriebetriebslehre*，S. 32 f。

上相当的会计系统,这应该成为考虑的焦点。例如,如果管理或控制作为成本会计信息的用户,已经认识到在具体业务环境中结构核算成本的实质重要性,并将其优先安排,就可能落实 IT 的运用。为了这个目的,首先要审核重要的决定因素,如 IT 状况(是否拥有 CAD/CAM 系统、实施有效成本会计系统的可用性)以及该企业在其“兼容性”与目标方面的生产结构。实际评估目的由内部和外部前提(成本会计的“结构充分性”)决定。图 5.11 列示了成本核算和控制信息系统开发的逻辑流程结构。外部和内部影响因素决定了下游信息系统使用的基本数据,特别是成本和性能核算以及其他控制信息系统。“系统设计”中未考虑的信息源和信息结构将会导致下游信息处理的不足。

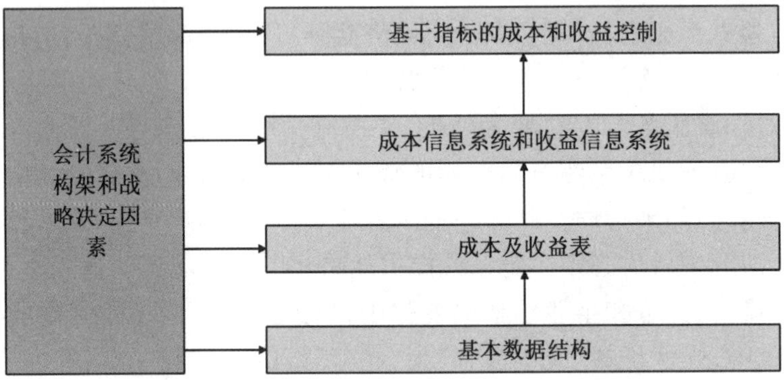

图 5.11 成本会计和收益会计与管理控制

在决定会计系统的构架、战略充分性的实证调查和理念考虑因素的基础上,提出的影响因素如图 5.12 所示。

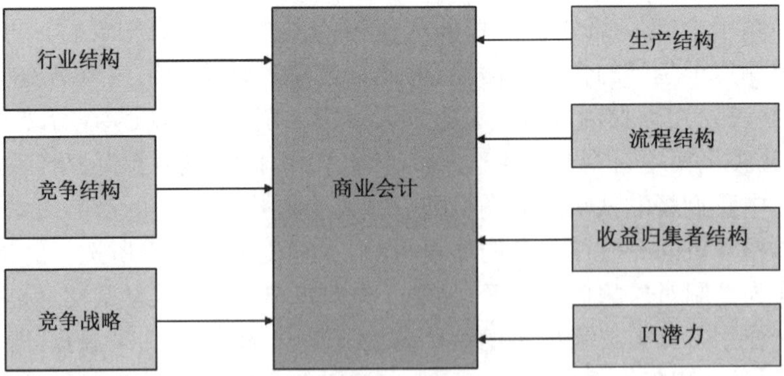

图 5.12 会计构架的结构和战略决定因素

行业结构是确定会计系统战略充分性的重要总体标准。根据分支机构的不同,不同的要求适用于基本成本会计系统(如边际成本核算)和单个成本核算模块(如成本归集者核算的构架)。由于当今的成本会计系统几乎专门针对工业企业的需求而设计，其他产业的企业面临着转移和必要时根据其特定需求修改这些理念的问题（如在服务企业中使用边界计划和直接成本会计）[①]或使用较新成本会计系统的可能性（如银行业务中的作业成本核算）。[②]

基于行业结构分析[③]得出的相对企业定位，会影响可能竞争战略的范围。如前所述，成本领先战略、差异化战略、混合战略和市场细分或聚焦策略都可以在全球范围内划分。由于市场细分战略可能同时具有成本和差异化偏差，并且它们与相关“初始战略”的界定往往是企业规模驱动的，因此，它们在会计理念细分方面不构成独立的类别。如果企业追求成本领先，那么战略成本和收益监控就要求非常精确地了解单位成本、成功因素和服务创建过程本身的盈利能力。因此，具备一个可进行详细偏差分析和有意义的产品或订单核算、完善的成本岗位，这一点非常重要。与差异化战略所不同的是，战略控制必须首先考察，如何表现出相对竞争对手的差异优势。假设优秀的物流服务是成功因素，则建议倾向于建立嵌入式物流成本和收益核算，并且在创新产品政策的情况下，补充现有会计系统的变量核算模块，并在必要时补充项目成本核算。[④] 这些关于特定成本核算（子）系统决策的初步粗略陈述，是管理控制下一步分析相关业务领域战略的基础，例如获取有关不同物流和销售战略特定要求的信息。[⑤]

在高竞争压力和狭窄的竞争环境下，如今很少有企业能够自由选择所需的战略类型并毫无困难地实施。这导致了竞争结构的标准化，其可以粗略地分为完全市场化（完全竞争）、寡头垄断（不完全竞争）和垄断（无竞争）。在垄断竞争的情况下，管理控制必须首先检查垄断地位是否与成本和（或）服务有关，是否永久存在（如上市企业）或仅仅是暂时存在。在永久性垄断中，即使现今仍然存在高度不接受会计信息系统的情况，例如对有关国有企业管理控制的讨论。在临时垄断的情况下，根据垄断的形态（成本或差异化垄断），有必要考察需要什么类型的会计系统。这同样适用于完全和非完全竞争市场的企业。然而与垄断形成鲜明对比的是，这里的重点是创造竞争优势，而不是保护竞争优势，即通过专注于特殊成本和差异化元素的成本核算来区分竞争优势。

考虑竞争结构标准的另一个论点是：“组织冗余”（organizational slack）[⑥]方面的竞争形式是影响成本的变量。谢菲尔德（Shepherd）表明，在一项实证研究中，在5%～10%的垄断情况下，在竞争不太激烈的市场中（只有）总成本的3%是由于成本因素“缺乏竞争”决定的。[⑦] 可想而知，管理控制建议投资会计系统，在垄断情况减少的情况下，该系统有助于及时追踪上述额外费用的来源，从而有助于追踪战略合理化

① 参见 Krumnow：*Deckungsbeitragsrechnung*，S. 366－378；Witt：*Deckungsbeitragsmanagement*，S. 298－305。
② 参见 Schuster：*Produktivitätssteuerung*。
③ 对行业结构的详细分析，参考 Porter：*Wettbewerbsstrategien*，S. 35－70。
④ 对成本会计的战略，参见 Horváth：*Kostenmanagement*，S. 76 f。
⑤ 在交易成本方面的管理文献中，讨论了确定采购和销售渠道的问题，例如关于直接获取和销售、中间商介入交易和垂直整合的问题。
⑥ 对“组织冗余”的缘由，参见：Welge：*Organisation*，S. 64。
⑦ 参见 Shepherd：*Industrial Organization*，S. 180 f.；Picot：*Kostenpolitik*，S. 156 f。

潜力。[①]

会计系统战略设计的下一个重要影响因素是企业的收益结构,即提供的产品、服务和其他服务的范围。它们构成了与客户的直接接口,同时也是经营与战略成本降低和差异化努力的参照对象。根据产品和服务范围的广度和深度,对成本核算有完全不同的要求,例如需要考虑到关于系列和某种产品成本核算的准确度和实际要求,以及合同制造商的初步成本核算、持续成本核算和事后成本核算。随着变量的增加和产品范围的扩大,基于贡献边际的间接成本透明度和产品盈利能力核算的说服力同时增强。与收益结构和产品复杂性密切相关的是制造结构作为进一步决定因素,尤其影响成本归集者核算的差异化程度。图 5.13 阐释了不同因素的区别,如流程相关性、成本归集者结构、制造流程和深度、成本归集者单位核算的差异化和类型。

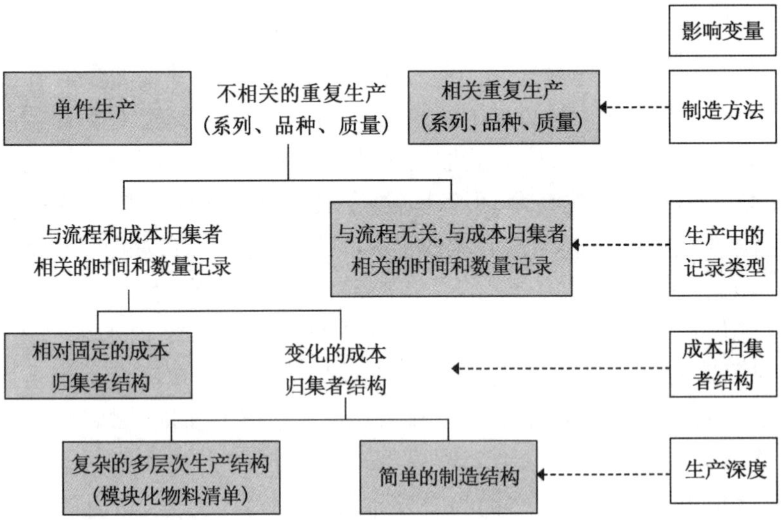

图 5.13 成本归集者核算可能的差异化要求

另一个重要影响因素是企业的流程结构,其远远超出了直接制造活动,还包括上游采购和下游销售和服务活动。[②] 流程结构是作业成本法中成本核算和其他核算的核心关联因素,这已在第 3 章中详细讨论过。

最后一个因素,即信息技术(IT)是处理数据的广泛互联技术解决方案。除计算机技术(小型和大型计算机)外,还包括所有类型的数据采集设备(如操作数据采集系统)、通信技术(如办公通信)、生产技术(如 CAX 组件、机器人、生产系统和 CNC 机器)、物流技术(如输送机和存储设施)以及企业的其他硬件和软件。IT 通过可用的数据量以及数据处理的质量和及时性,直接影响会计和管理控制的评估可能性。因

① 假设由于行政组织规模过大而导致出现与竞争相关的额外成本,则必须从管理控制角度核算管理成本。在当前的讨论中,这些想法由作业成本法处理。

② 跨企业考虑流程必要性的一个例子:选择垂直整合作为战略制造或购买问题的解决方案,参见 Dichtl: *Wertschöpfung*, S. 87－102。

此,在具有异构成本归集者结构的高度自动化企业中,只有当实际数据从生产数据条目自动报告回成本会计系统时,才能实现具有集成偏差分析的同步、绩效过程伴随的成本会计。[①] 只有在企业拥有与成本岗位会计和成本核算相关联的 CAD 系统时,才能实现高效的结构相关核算。

此外,IT 对决定结构的其他影响因素也有影响。在多元化的背景下,它可以帮助企业开发超出其现有产品和服务范围的新业务领域(如物流服务)。某些活动(如订单处理、发票和客户服务)的自动化有助于加强竞争优势。最后,通过实现成本(如内部存储和运输的自动化)和差异化优势(如改进生产和质量保证活动),IT 使企业的竞争战略成为可能。图 5.14 显示了使用粗略、理想典型企业和环境模型,在会计系统设计中,讨论因素的联系和相互作用。

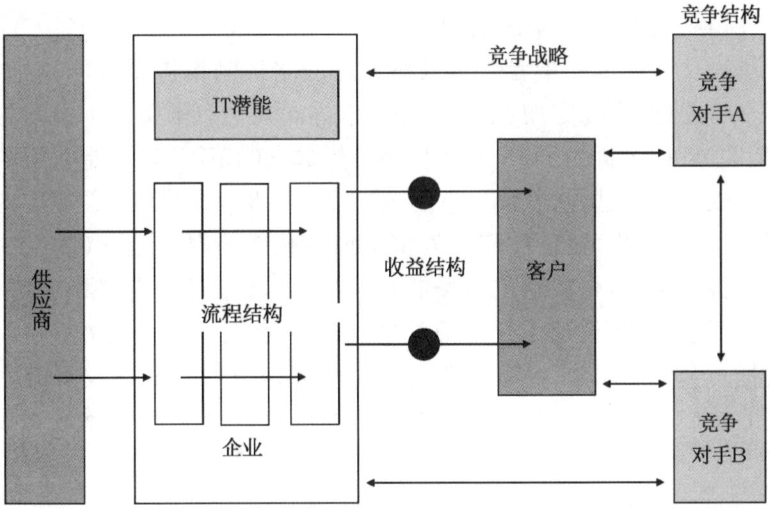

图 5.14 特定部门和环境中,企业背景下的会计决定因素

5.3.3 战略控制报告系统的设计

正是在战略成本和收益控制的背景下,对"弱信号"的永久观察和对定量、战略指标关键数据的系统分析起着决定性的作用。在工具层面,这要求尽可能使得运营和战略分析以及规划工具相互耦合和兼容。[②] 通过纯粹的工具性、与应用程序相关的耦合,管理控制必须确保通过相应设计的战略控制报告充分考虑信息压缩和面向接收者的信息供给。在介绍固定成本管理导向的计划成本时,第 3 章已经阐明了战略决策问题信息选择的特殊意义:短期、定期的成本和收益分析与监控由详细的成本岗位和成本归集者报告主导,其中包含有关内部成本结构和关系以及绩效过程非常不同的信息。关于战略成本和收益管理,由于高度精细和通常缺少外部定向,这一系列信

① 设计面向 CIM 的会计系统,参见 Schnieder:*Controlling*,S. 12—17。
② 这尤其需要有效控制过程组织,参见 Welge:*Organisation des Controlling*,S. 146 f。

息不适合该问题。相反，以所谓成本中心和成本归集者信息表的形式，管理控制面临准备可用内外部信息潜力的任务，向其信息用户提供用于创建绩效和销售过程的相关数据，这包括数量信息（如商品和缺陷产品的数量）、关于特定成本类型和结构的时间序列演变信息以及关于特定商业过程的差异化成本信息。除了这些定量数据外，口头信息还应包括“控制措施”，例如，替代材料的可用性和来源以及外包制造、物流和行政作业的选择。[①]

此类战略成本报告不仅应包括实际数据、计划数据和预测数据，还应包括（至少部分包括）历史监控信息。就时间视角而言，这些特别涉及某些产品或项目的前期成本，这些大部分是与就业无关的成本，例如测试和测量设备的投资和原型开发成本，通常被称为“沉没成本”，其中“沉没”成本不再影响当前（经营）成本的决策。然而，从战略角度来看，这种情况应该以不同的方式评估，因为过去已经建立的固定成本潜力通常是潜在竞争者进入市场的重大障碍。[②]

这种成本岗位和成本归集者信息表格只是战略控制报告系统的一个组成部分，其结构应同等考虑标准化、定期、个性化和需求导向的信息准备。标准报告的生成要求，在信息相关 ABC 分析的形式、战略控制分析数据的范围，以确定是否和怎样的信息会定期参与战略决策过程，以及信息的浓缩度。[③] 超出成本和损益表中的纯数量和价值信息，例如销售价格、销售量和平均单位成本也应将财务指标（如相关领域的现金流和投资回报率指标）和在特定市场的相关指标（如市场占有率和市场增长）列入该标准报告。[④] 这些报告数值不仅是绝对数字，而且相对于最强大的竞争对手进行核算。基于这样一个竞争比较，会对企业目前的战略地位以及战略收益潜力的开发质量进行适当的评估。[⑤] 表 5.4 展示了标准报告的可能结构，作为战略成本收益控制的一部分。

---

① 一般而言，必须考虑战略成本和收益控制应该提供这样的信息，这在决策逻辑中是正确的，因为它确保了对实际决策行为目标的适当操控。

② 参见 Fritz：*Wettbewerbstheorie*，S. 499。

③ 要求在会计制度的设计中，考虑战略决策过程的各个阶段，参见 Gordon，Larcker & Tuggle：*Accounting Information Systems*，S. 209－211。

④ 参见 Goold：*Accounting*，S. 182。

⑤ 中心任务之一是收集和处理定量和定性的外部信息，这需要战略控制部门和市场研究部门以及外部信息源（如市场数据库）之间的密切合作。重要信息也可以从公布的年度财务报表和企业提供的任何其他信息中获取，例如作为自愿预测报告的一部分，参见 Lange：*Unternehmensbeurteilung*，S. 199－201。外部企业战略评估问题日益成为企业收购的焦点，参见 Coenenberg & Sautter：*Unternehmensakquisitionen*，S. 691－710。

表 5.4　　　　战略成本和收益控制标准报告的结构

领域： 产品： 地区：	战略成本会计指标				战略财务/投资指标			战略市场指标	
负责人： 日期：	销售量	单价	单件产品完全成本	单件产品过程成本	现金流	投资回报	现金价值	市场份额	
企业 当下位置 时间段 变化									
主要竞争对手 当下位置 变化 时间段 相对于我们的位置									
直接竞争对手 当下位置 变化 时间段 相对于我们的位置									
……									

此类战略标准报告的信息以及来自运营市场研究的进一步定性信息也可用于设计与行业和竞争相关的轮廓比较，该工具集提供了优势和劣势的压缩比较，例如考虑到最强的竞争者和行业平均值(参见图 5.15)。

根据具体情况和特定需求，特别报告将对标准报告进行补充，通常侧重于具体的战略问题(例如考虑到竞争对手，某些销售部门中选定归集者的成本和收益贡献多期分析[①])。

示例中提供的有关竞争成本结构信息的准确性可能不是常态；但是，更为粗略的成本信息，尤其是关于竞争前期和后续成本仍然是一个有价值的决策辅助。

基于这些报告结构，在有针对性的信息提供背景下，战略成本和收益控制应产生指标，以有效支持领导机构规划和监控企业战略。虽然战略问题具有明显的情境性和企业特定性，但经验见解和理念性考虑，可用于确定企业特别感兴趣的指标，并使建立战略控制指标体系具有重要意义(见图 5.16)。

由于收益战略衡量标准的异质性和战略决策中的强相互依赖性，这种战略指标体系不应单方面关注成本和收益指标，还应包括允许对市场、盈利能力和流动性相对结构进行战略评估的指标。

例如，从中长期来看，所提到的变量主要取决于企业的研究和制造潜力，也取决于其具体的地理位置优势以及高管的质量。因此，系统具有战略资产负债表和营销控制的接口功能，这些指标的计量准确性只是由效用分析、评级和轮廓分析比较来实

① 对于产品的竞争性生命周期成本分析比较，参见 Forbis & Mehta：*Value-based strategy*，S. 35－52。

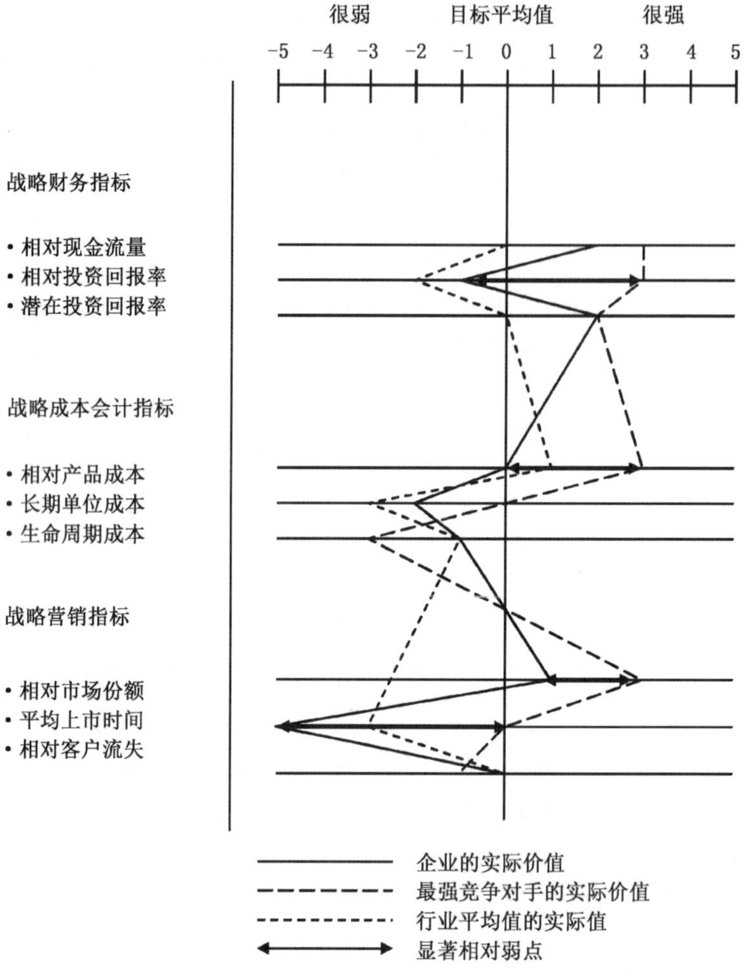

图 5.15 使用选定的财务、成本会计和市场指标的例子进行战略轮廓比较

现,每个只给出趋势声明,通常没有立即可行的决策支持,如运营控制中的指标"库存周转率"。

在指标体系的市场导向部分应与主要竞争对手相比较,确定相对和绝对市场份额、预测市场增长(必要时按业务领域区分)与产品相关价格和数量指数。市场份额是战略规划和战略控制的主要基准,也是成功的关键因素。[①] 从绝对意义上讲,特别是与竞争对手相比,基于经验曲线效应,它证明了竞争中的潜在成本地位,并且对现金流潜力具有显著影响。市场增长不仅是一个重要的预测指标,也是衡量市场份额的指标。未来市场的高增长表明市场吸引力很大或正在变得越来越大。这两个标准的组合导致可能的投资建议、持有资产建议和撤资建议,已经在市场增长—市场份额组合中得到解决。然而,纯粹以价值收益为导向的市场分析不足以有效支持战略性

① 参见 Baum,Coenenberg & Günther:*Strategisches Controlling*,S. 133 ff。

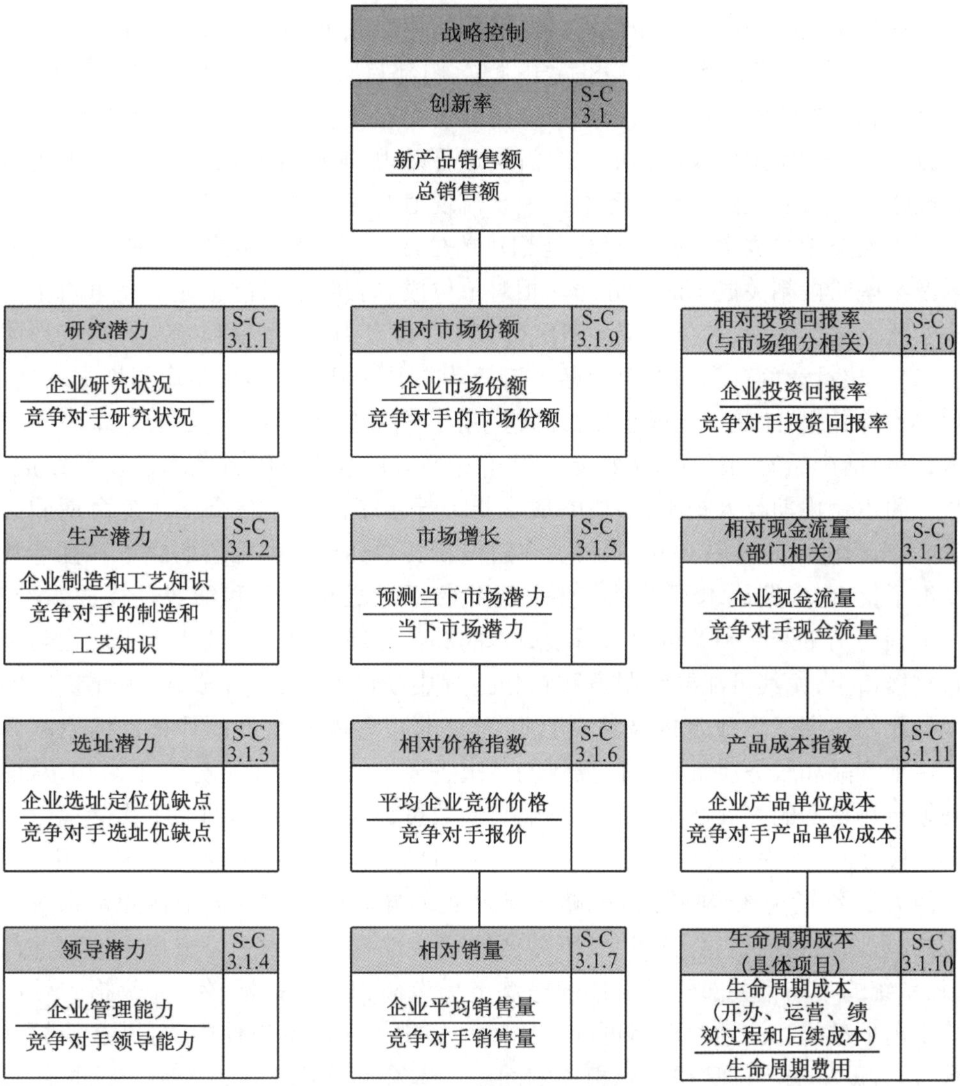

图 5.16 战略控制指标系统

企业操控。此外,基于连续时间序列分析,管理控制部门将确定最重要的成功因素价格和数量指数。这些参数不仅形成与(相对)单位成本发展相比的控制基准,而且显示部门相关的操作空间,例如关于通过价格元素增加市场份额和(或)通过数量元素实现规模经济。在计算单位价格时,与国际经营的竞争对手相比,必须考虑与通货膨胀相关的价格上涨份额,以使"真实的"、纯粹与企业相关的价格结构发展变得透明。

在战略绩效评估系统中,以盈利能力及流动性为导向的部分包含某些财务指标:"投资相对回报""相对现金流""产品成本指数"和"生命周期成本"。投资回报率是战略性业务相关盈利能力分析的重要指标。① 然而,在绝对和相对百分比方面,投资回报率没有说明实际的潜力使用程度。这需要使用潜在 ROI——可利用 PIMS 数据库来确定,它受到外部的市场环境和竞争地位、内部自有资金和生产结构的影响。② 流动性规划和监控战略管理的另一个重要指标是相对现金流。③ 如果在方法上有可能,那么推荐对一些特定代表部门的现金流量进行贴现,即确定它们的现值,是因为该企业的战略能力可以通过各个业务部门现金流现值的变化进行理想测量。④

基于收益相关成本结构的指标是相对单位成本、每个产品或项目的生命周期成本以及某些阶段相关成本的百分比。相对单位成本表明了自己企业对竞争对手可能的成本效益操作范围,如可用于战略定价政策。此外,在小批量和复杂产品变形的情况下,它是核算竞争行为的近似指标。与产品或项目相关的指标生命周期成本(特定于项目的差异化)涉及产品或者项目的超期限(可能是多年)成本,必要时基于多年损益表,它包括产品的初始成本(如设计和开发成本)、运营或服务成本以及后续成本。与相应的生命周期收入相比,该战略成本指标显示了产品在整个使用寿命期间的优势(如汽车行业的特殊系列和型号)。在阶段相关划分与提供相应的成本和性能数据的情况下,生命周期成本可以进一步分为指标后续成本比例和绩效过程成本份额。前一项指标衡量产品相关负担与后续成本的高低程度。由于后续成本出现在与客户的直接接口上,尤其可能导致服务和销售过程中断(如产品处理成本、因质量缺陷投诉而导致的后期工作成本以及违反合同的成本),它对成本效益具有直接战略重要性。由于产品和服务质量不足而导致的高跟进成本,会对数量成分产生影响,从而对中长期市场份额的发展产生相应的影响。绩效过程成本的比例阐明了实际运营成本与其阶段、绩效过程无关成本之间的关系,并有助于作为选择标准,检测合理化潜力。

因为市场/企业结构和不同战略决策问题的异质性,图 5.17 指标测量系统提出的方法,可以只包括企业实践特点所需要的代表性样本,例如:与市场—控制部门合作,该系统的市场相关部分可以精确提炼市场份额和增长指标,例如,价格弹性和用于确定需求结构和波动的指标可以集成到系统中。在成本组件中,可以过滤掉其他参数,这有助于揭示产品和作业相关的固定成本和间接成本。对于所有的扩展战略成本和收益控制必须始终遵循经济效率原则,尤其是在所需数据和信息可获得性方面,其设计工作的中心是关于信息选择的具体决定。

---

① 参见 Engelhardt & Günter:*Absatzpolitik*,S. 152。

② 参见 Kellinghusen:*Strategisches Management*,S. 39—50;Kellinghusen & Wübbenhorst:*Strategic Control*,S. 30—40。

③ 在战略业务估值的背景下,使用现金流作为财务指标,参见 Schneider:*Akquisitionsplanung*,S. 213—234。

④ 参见 Simmonds:*Management Accounting*,S. 267 f。

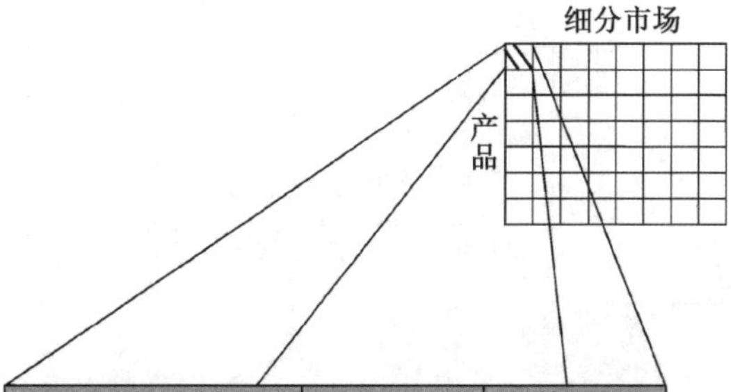

		本企业		竞争对手A	竞争对手B
		绝对的	相对的	绝对的（预测）	绝对的（预测）
开办费	P_1	115 000	75.2%	153 000	-
	…	35 000	-%	-	41 500
	…	87 250	-%	-	-
	Σ	237 250	89.5%	265 000	286 250
加工成本	…	225 400	129.4%	174 250	217 200
	…	113 100	-%	-	93 050
	…	76 000	90.7%	83 800	-
	…	623 000	-%	-	-
	…	410 750	82.9%	495 550	362 000
	Σ	1 448 250	89.0%	1 626 500	1 357 550
后续费用	…	75 510	733.2%	10 250	117 250
	…	386 550	-%	-	-
	P_n	172 800	181.8%	95 050	-
	Σ	634 500	387.9%	163 550	846 500

图 5.17　具有集成生命周期和流程成本的产品和细分市场特定报告

5.4　基于平衡计分卡的战略落实

5.4.1　目标和任务

管理控制和信息理念的第三个区分方面为核算系统、分析系统、报告系统与运营和战略控制间的领导信息系统。① 除了不同时间范围和投入信息的不同可量化性作为一般特征之外，理念要素尤其包含不同类型的工具，尽管存在无可争议的现有关系，但其整合迄今尚未得到理念上的支持。战略性、长期、定性，短期、大多数可量化问题之间的影响关系，无疑是可识别和合理的，但由于经营和战略理念上的差异，系统识别在经营措施中落实战略尚未完成。②

由于起源于会计，运营和战略控制的工具主要使用可量化的主要与过去和财务

① 参见图 1.8。
② 参见 Kaplan & Norton：*Balanced Scorecard*，S. 9。

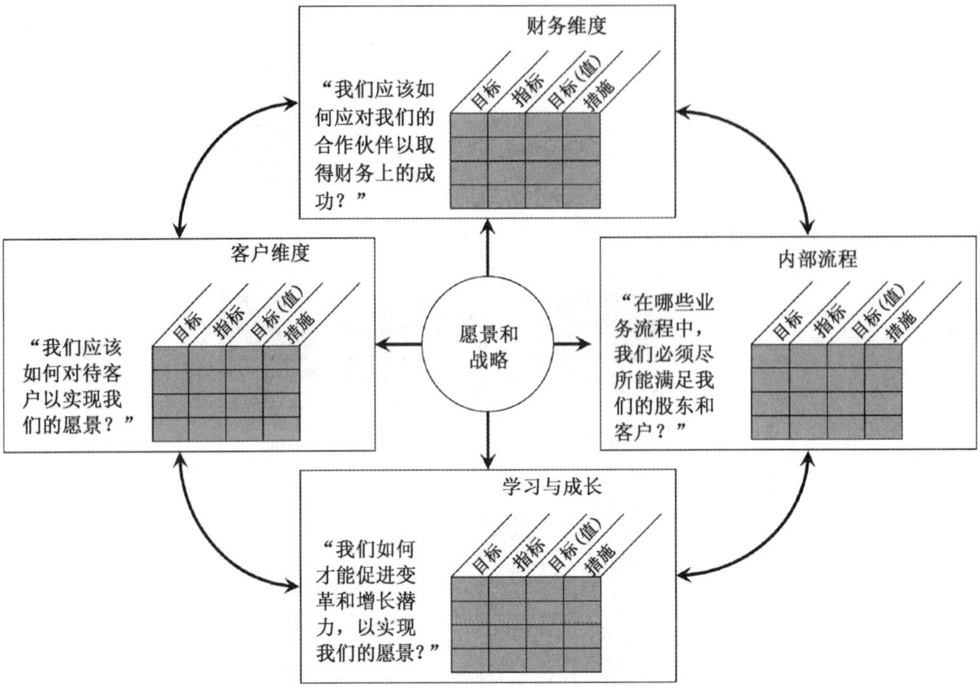

图 5.18 平衡计分卡作为在经营中实施战略的框架

方面有关的操控变量。由于其较低的客观性和可操作性,定性方面和领先指标经常不作为操作控制参数。此外,可量化非财务控制变量主要仅用于改善运营流程,例如制造或区域层面(如推销),使用它们无法明确评估其对企业管理层级战略绩效指标的汇总财务比率的影响。①

绩效衡量的概念总结了那些通过整合非财务定量和定性信息来消除将传统操控工具限制为财务数值的方法。② 平衡计分卡也追寻这一目标,并力求满足战略实施的战略、运营、过去和面向未来方面的要求。由于不同程度的语义解释,平衡计分卡被解释为"平衡的"或"多标准报告表""结果的平衡表示""利益平衡的绩效改进"或"战略记分板的理念"。③ "平衡"一词表示运营和战略管理相对的平衡(见图 5.19)。④

在理念修正之后,传统管理控制工具方法的目标和范围大幅扩展。因此,平衡计分卡不仅是战术或经营管理系统,而且是长期追随战略的战略管理系统。同时,它还可作为支持关键管理流程的工具,包括识别和刻画愿景、战略沟通和连接、战略目标和行动,规划、设定目标和协调战略倡议,以及最终改进反馈和学习过程。⑤ 通过广泛的任务结构综合,平衡计分卡填补了传统企业管理和灵活绩效衡量之间的空白,在一

① 参见 Kaplan & Norton: *Balanced Scorecard*, S. 10。
② 参见 Horváth: *Controlling*, 12. Aufl., S. 554 ff。
③ 参见 Weber & Schäffer: *Balanced Scorecard*, S. 5; Kaplan & Norton: *Excellence*, S. 38; Kaplan & Norton: *Strategieumsetzung Balanced Scorecard*, S. 318。
④ 参见 Kaplan & Norton: *Balanced Scorecard*, S. 8－10。
⑤ 参见 Form: *Balanced Scorecard*, S. 495; Weber & Schäffer: *Balanced Scorecard*, S. 15 f。

××××的平衡		
• 可量化的结果指标	⇔	• 主观的、依赖于判断的绩效驱动因素
• 过去活动结果的衡量标准	⇔	• 推动未来业绩的指标
• 关键业务流程；学习和增长的内部指标	⇔	• 合作伙伴和客户的外部参数
• 针对中低层企业短期运营战术反馈的总体财务指标	⇔	• 最高企业层面战略管理的总体财务指标
• 运营层面的非财务指标	⇔	• 战略层面的非财务指标

图 5.19 平衡计分卡的理念特征平衡

个封闭系统中,为管理层提供了在竞争中取得成功所需的工具。[1]

5.4.2 理念和方法

为了满足综合管理理念的艰巨任务,平衡记分卡使用三个近似假设的组件对管理过程进行建模。从四个不同的维度,作为第一个组成部分考虑管理过程及其运作和战略参数,能够考虑所有利益相关者的利益。此外,还采纳了战略运营的阶梯结构,它将企业的愿景和战略与运营措施及其衡量结合起来。作为因果关系,第三个组成部分将各个操作层面的观点联系起来,并使平衡计分卡能够通过其部门、企业和特定战略定义对各自企业的要求进行单独调整,从而在这些要素之间建立联系。

5.4.2.1 平衡计分卡的四个维度

平衡计分卡含有四种不同的维度,从中考虑实施具有不同意图的企业战略。其中一个维度可以理解为与愿景相关的目标、指标、规范和措施的选择,其同样作为系统化的类别起作用,以及用于制定战略相关的测量和操控变量。[2]

这种差异化的主要目标是,尽可能描述所采取决策或措施对战略实施程度和质量的全面影响。这些决策通常会影响企业内外大量人员的行为,导致后续决策,从而以不同的方式行事,遵循或者对抗战略。基于较少、可能只有财务指标,对该作用网络的评估仅涉及间接影响的部分,从而不能充分体验该战略。另外,从四个不同的维度来考虑,能够针对战略的正确描述和执行,选择合适的战略指标。

此外,在多个维度的帮助下,不仅可以描述单一目标,如企业价值的最大化,而且可以对其加以实施。反过来,这使得利益相关者能够全面考虑他们感兴趣的战略实施的各个方面。这些观点并不直接代表利益集团本身,而是直接代表利益相关者对企业积极发展产生重大影响的事实。

5.4.2.1.1 财务维度

即使将非财务指标和定性信息纳入平衡计分卡,财务指标的作用和含义也绝不

① 参见 Kaplan & Norton:*Balanced Scorecard*,S. 2;Seidenschwarz:*Unternehmenssteuerung*,S. 59。

② 有关平衡机会和风险卡是平衡计分卡在风险方面的扩展,请参阅第 6.4 节。

居于次要地位。它们一方面作为独立、长期的目标,另一方面作为企业战略实施和执行成功的指标,使其在平衡计分卡中有了自己的维度。①

5.4.2.1.2 客户维度

从客户维度来看,考量该战略对目标市场和客户的影响。客户维度角将代表战略成功的一般绩效指标,通常与客户满意度等因素具有高度相关性的特定绩效驱动因素相结合。示例性的滞后收益测量值包括客户忠诚度、客户获取、利润及市场份额,其由领先的性能驱动因素确定,例如交货时间短和交付可靠性高、创新产品和服务、低周转时间或准时交货(参见图 5.20)。

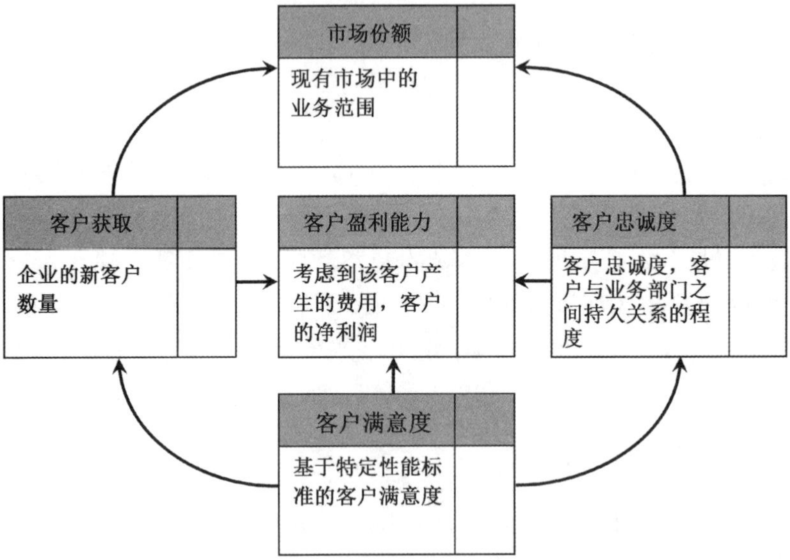

图 5.20 客户维度的关键指标

5.4.2.1.3 内部流程维度

内部流程维度的主要任务是确定和开发成功关键流程,以满足所选客户和目标细分市场的价值规范。为此,它考虑直接影响客户维度的绩效驱动因素或者直接影响财务维度的测量变量的流程,如通过降低成本。

平衡计分卡与客户维度的相互作用,不仅可以帮助识别和分析现有流程,还可以定义那些需要开发以最大限度满足客户需求的流程。因此从客户维度对市场情况进行精确分析可以得出结论:识别客户意愿或开发新颖补充服务的流程有利于提高客户满意度,因此必须实施。②

随着所描述的影响背景从客户维度扩展到财务维度,平衡计分卡还可以为将长期创新流程整合到内部流程维度提供动力。基于在某些情况下未达到的长期增长目标,将检查客户的潜在发展机会,从而启动内部研发过程,并通过分析客户要求进行

① 参见 Weber:*Zahlen*,S. 187;Kaplan & Norton:*Balanced Scorecard*,S. 24 und 46。
② 参见 Kaplan & Norton:*Strategieumsetzung Balanced Scorecard*,S. 323。

差异化。通过这种方式，平衡计分卡能够基于内部流程维度并结合其他维度，触发战略和运营措施，其实现和成功可以通过指标来操控。[①]

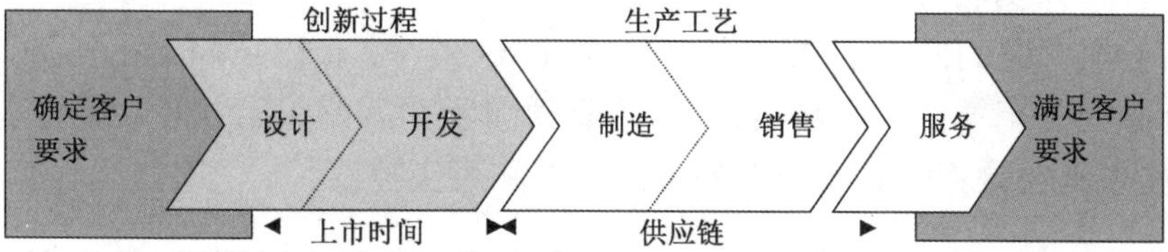

图5.21 内部流程维度的流程价值链

5.4.2.1.4 学习与成长维度

从平衡计分卡的第四个维度来看，企业和战略被认为是实现创新和增长的潜力。这种观点也被称为创新和知识观[②]，是发展业务的基础设施，其任务是减少或完全弥合战略要求与现有潜力之间的差距。[③] 为此，它使用内部流程和客户维度，包括本质的盈利指标和领先的服务驱动因素，它们可能是具有特定能力的员工和业务特定指标，其提供关于信息和激励系统的质量和功能的内容。它们的表现会对结果衡量标准产生影响，例如员工满意度、对企业忠诚度和员工生产率(参见图5.22)。[④]

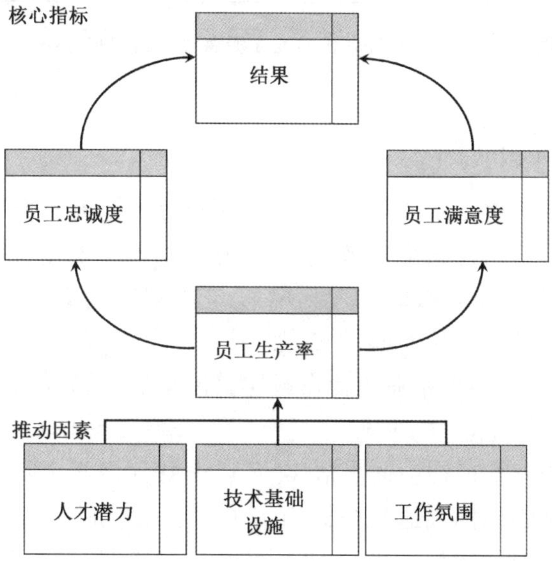

图5.22 学习与成长维度的核心指标和推动因素

作为学习和成长型组织基础设施的人员、系统和流程必须具有以上定义的品质

---

① 摘引自 Kaplan & Norton: *Balanced Scorecard*, S. 26。
② 参见 Kaplan & Norton: *Balanced Scorecard*, S. 27。
③ 参见 Kaplan & Norton: *Strategieumsetzung Balanced Scorecard*, S. 324。
④ 参见 Friedag, Schmidt & Walter: *Balanced Scorecard*, S. 166。

和能力,以确保长期的增长和改进。在财务、内部流程和客户维度的帮助下,可以提出对这些属性的要求,但通常不能通过现有潜力来满足这些要求。通过根据衍生要求建立和(或)开发能力和(或)企业基础设施,"学习与成长"维度不断追求弥合战略要求与实际潜力之间的差距,以支持实现企业战略。图 5.23 已例示了措施与先行和滞后指标之间的相关性。战略倡议、绩效驱动因素和战略收益指标由四个运作步骤确定,这些步骤也是为了其余维度的可衡量性和可操控性。

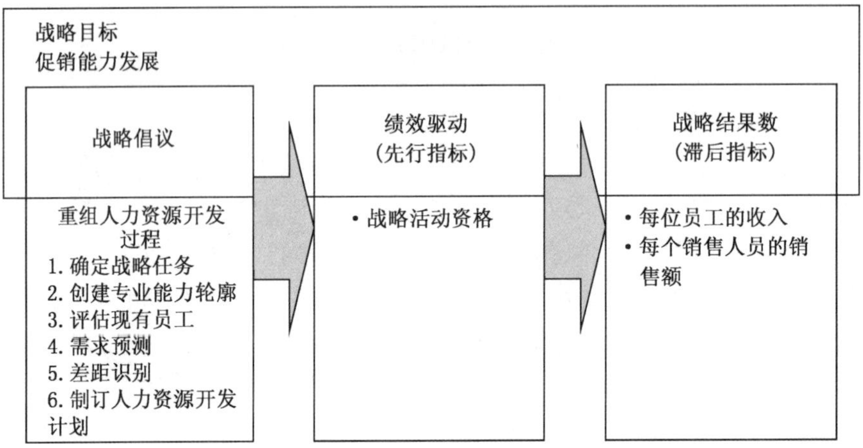

图 5.23 从学习与成长的维度提高员工的工作效率[①②]

5.4.2.2 战略实施的运作步骤

除了作为指标结构化系统的功能之外,平衡计分卡也被看作一种管理系统,其任务是将战略和操作措施结合起来实施。[③] 借助其创造的透明度,平衡计分卡将支持战略制定以实现战略目标;结合战略和运营规划;支持战略的实施以及推导运营措施的切入点;最终实现战略监控,从而确定实现程度。为了完成这些任务,平衡计分卡使用逐步操作来落实战略,根据企业的使命或愿景制定战略,并将其具体化为建议措施以及监控战略实施的措施。

在平衡计分卡的基本模型中逐步落实战略,一共分为四个阶段,为确定的战略目标提供衡量实现程度的指标。这些指标制定了代表战略目标实现的规范,从而提供了目标实现程度的依据。当前值和默认值之间的差异以及关键绩效指标及考察对象的差异,表明了为减少这种差异而采取的措施。[④] 表 5.5 给出了四个维度的示例性战略目标、它们的测量参数以及可能的措施。

① 摘引自 Ebenda,S. 124。
② 摘引自 Kaplan & Norton:*Balanced Scorecard*,S. 149。
③ 参见 Weber & Schäffer:*Balanced Scorecard*,S. 14 f。
④ 参见 Horstmann & Walter:*Balanced Scorecard-Ansatz*,S. 199。

表 5.5 **战略的逐步落实**

维度	战略目标	测量变量	战略措施
财务	· 盈利能力 · 增加现金流 · 超出股东预期	· 投入资本回报率 · 现金流 · 销售额增长	· 流动收入来源 · 企业收购
客户	· 超越客户期望 · 增加市场份额	· 销售 · 客户市场份额/增长分析	· 市场渗透计划 · 客户满意度计划
内部流程	· 开发时间短 · 错误率低	· 吞吐次数 · 错误率	· 复杂性降低 · 团队建设
学习与成长	· 员工资质 · 员工满意度	· 培训计划的数量 · 信息技术	· 培训计划 · IT 项目

5.4.2.2.1 **战略**

战略运作的起点是使命和愿景,它描述了企业的预期发展方向,从而能够制定有关平衡计分卡前景的战略。虽然愿景是一个简短、措辞简洁、引人入胜且令人难忘的关于企业的公开声明,但愿景描述了品质或特征的具体发展方向,企业都应该在未来把这些表现出来。为了实现这种特性的特征或质量,人们制定了明确规定企业打算如何实现愿景的战略,它已成为企业愿景在落实方面的第一次具体化。

平衡计分卡支持战略的确定和制定,但尚未包含实现。为了确定和制定满足市场需求、市场环境以及企业特定优势和劣势的战略,战略管理拥有广泛的工具,平衡计分卡之前使用那些工具是战略规划过程的一部分。

5.4.2.2.2 **目标**

虽然该战略描述了在内容方面实现愿景的一般方法,但平衡计分卡理念中的目标详细说明了企业所追求的质量,从而为四个维度中的每一个都指明了发展方向。通过回答针对各个维度提出的问题,从中导出落实战略的措施,代表落实战略的下一步。

5.4.2.2.3 **指标**

在接下来的步骤中,将会对每个制定的目标编制单个或几个指标,其将最初口头陈述的实现与定量管理指标相结合,或者描述其实现程度。平衡计分卡区分了本质核心结果指标和绩效驱动因素,本质核心结果指标描述了所选策略作为尾随测量变量的结果,而绩效驱动因素指出了以核心结果指标未来发展作为前沿指标。[①] 因此应综合考虑绩效驱动因素和核心绩效指标。单独分析核心成果措施,会忽略可能出现偏差的根源;纯粹调查绩效驱动因素仅指向短期的运营变化,这些变化在企业的整体背景下无法理解。

① 参见 Kaplan & Norton:*Strategieumsetzung Balanced Scorecard*,S. 327 f。

指标的选择不仅针对各自维度,还根据其领先或尾随指标功能并取决于所选择的战略。可以从生命周期分析[①]中结合波士顿咨询公司的市场份额/市场增长组合[②]得出战略建议,该组合为生命周期的不同阶段提出了不同的战略选择。每个战略都根据其目标配备了自己的指标,例如,如果产品处于增长阶段,那么巨大的投资就可以出现负现金流,这些业务部门必须在目标市场中实现特定的收入增长率。产品成熟阶段业务单位业绩的评估标准通常是投资回报。其他业务部门越来越多地考虑股东价值方法并使用相关指标,如投入资本回报率或经济增加值。最后,在收获阶段,业务部门主要使用现金流或净营运资本最小化等指标,因为此阶段的重点目标是预期现金流量。[③]

5.4.2.2.4 目标值

目标值通过指定数值和可以实现的时间段来制定用于测量战略的指标,它们构成了规划过程的结果,其考虑到战略、宣传、历史发展和可能的基准,确定所选指标的实际计划值。

5.4.2.2.5 措施

在战略、维度、具体衡量标准和偏离违约价值程度的背景下,考虑到企业在市场中的地位、相对于竞争对手以及员工和系统能力,可以采取适当的措施减少当前指标值和目标值的差异。所描述的环境参数用作支持确定措施的定向点。在成功采取措施后,指标和目标值之间的差异不断减少,记录战略随时间的实施情况,并表明其在进展或实施程度方面的可衡量性。

5.4.2.3 因果关系

如果将战略视为"关于因果关系的假设"[④],那么维度和操作化步骤的相互依赖性可以被描述为平衡计分卡的第三个系统元素。在这样做时,假设在维度以及操作化步骤之间存在因果关系(见图 5.24)。

根据战略及其参数,这些关系是企业特定的,因此在每个案例中都是不同的。单个目标和测量变量之间的关系可以作为示例说明:根据经济增加值或市场份额衡量的增长目标,从客户维度的驱动因素,明确相关市场的潜在扩张力的定位和特征。为了实现这一目标,需要在"学习与成长"维度上有另一种推动力,如果它们尚不存在,那么必须在其帮助下发展必要的人力和系统潜力。基于内部流程的维度,最终根据竞争的要求确定和构建成功关键流程。观点之间的其他示例性关系如图 5.24 所示。

正如平衡计分卡的观点之间存在因果关系一样,这也是在操作步骤背景下假设的。现象、战略、目标、指标、目标值和措施之间存在正相关关系,使得经营步骤的积

① 参见 Meffert:*Marketing*,S. 433。
② 参见 Welge & Al-Laham:*Strategisches Management*,S. 477—481。
③ 参见 Kaplan & Norton:*Balanced Scorecard*,S. 48。
④ 参见 Ebenda,S. 28。

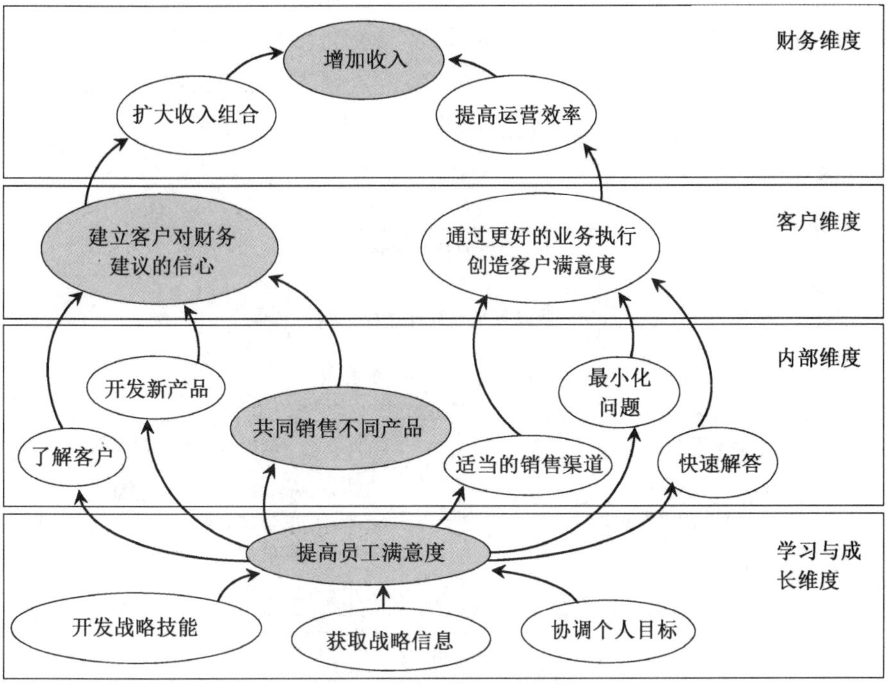

图 5.24　维度之间的因果关系[①]

极刻画或设计对愿景方向的下一个步骤产生同样积极的影响。因此,有效措施的选择和实施将对其规范方向的指标产生积极影响;同样,实现目标描述了战略目标值的落实程度,这反过来又有利于实现愿景。

所描述的因果关系具有较少数学性质的指标系统,只可以进行经验验证。然而,它们能够描述和使复杂的经营环境系统化,使其在企业的各个层面都透明和易于理解。这样,可以使所有企业活动和战略保持一致,并成为平衡计分卡管理任务的重要组成部分。

5.4.3　平衡计分卡的实施

前面各节中介绍的系统要素仅与其各自的组织相结合,作为实施平衡计分卡功能的一部分。[②] 制定愿景和战略需要选择具体指标进行衡量,指导方针必须根据战略制定,反过来,根据企业在其环境中的具体情况,必须产生适合实现战略的措施。

平衡计分卡的实施分两个阶段。首先,作为首次开发的一部分,它将作为战略控制工具被引入。为此,该战略必须在企业愿景的基础上实施,并在四个维度的帮助下

① 摘引自 Kaplan & Norton:*Strategieumsetzung Balanced Scorecard*,S. 333。

② 该方法的介绍有助于其在战略控制工具中被有条理地引入和定位。因此,全面介绍示例性平衡记分卡的设计,已经远远超出本书范围,因此可以参考 Weber & Schäffer:*Balanced Scorecard*,S. 73－86;Friedag;Schmidt:*Balanced Scorecard*,S. 249－254。

实现可衡量和可操控。在纯粹方法开发之后,在已开发工具的基础上进行初步规划,同时建立企业范围的战略沟通及其与使用过控制工具效果的联系。沟通之后是第二个不断重复的阶段,称为战略学习和反馈。其重点是监控、确认和修改业务部门战略的假定和假设,并使其能够使用定义的因果关系管理。与引入学习和反馈过程相关的实现步骤在图 5.25 中列示。

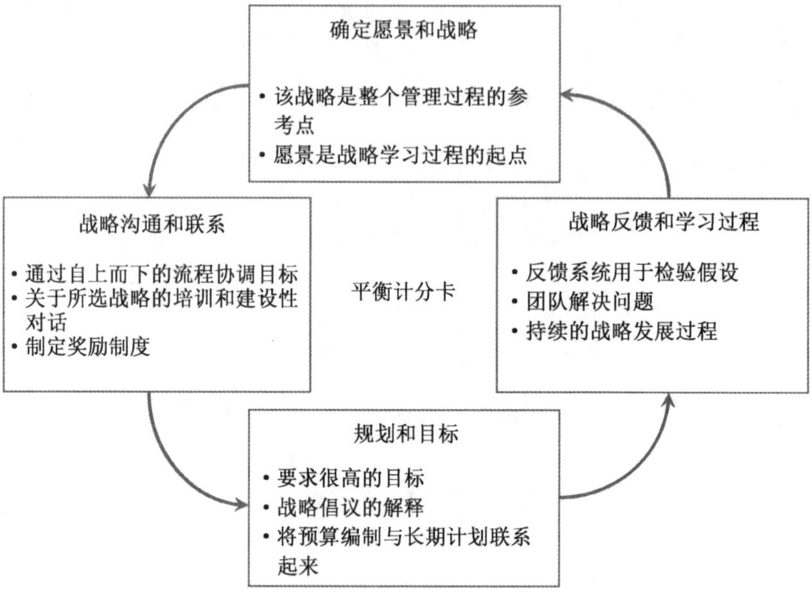

图 5.25 通过战略学习实施①

凭借其作为管理系统的扩展功能,平衡计分卡不仅结合了企业管理的战略和运营层面,还实现了企业各级基于收益流动性指数的信息供给,以实现愿景和战略。在战略措施的帮助下,它们的发展已经在追求原因的过程中实现复杂因果关系的透明度。因此,它支持通常被解释为"企业直觉"的系统化和规划,并将全面的管理工具集成到战略管理的理念中。

---

① 摘引自 Kaplan & Norton: *Balanced Scorecard*, S. 191。关于平衡记分卡和风险卡的理念,参见第 6.4 节。

6

风险管理和风险控制

6.1 目标、任务和概念

6.1.1 目标和任务

近年来，企业经营的框架条件发生了根本性的变化。21世纪初，经济、政治、技术、社会和环境的发展给企业带来越来越多的挑战。考虑到全球经济中日益增强的国际相互依存关系，以及进入信息化时代企业环境的动态和复杂性，企业面临新型快速增长的潜在威胁。这要求严格、更加注重风险导向的管理和控制。

在销售、采购和资本市场上，在国际市场上越来越活跃的企业面临着很大的挑战。在获取和准备信息、分析评估数据和监控潜在危险方面，跨国企业比小型非国际化企业面临更高的风险导向型管理挑战。为了巩固和扩大企业的市场地位，有必要准确地认识和持续观察与业务活动相关的潜在风险。

此外，资本市场日益国际化以及大型上市企业的首次公开募股，广大公众有机会获得企业股份。国家资本市场不再是孤立的，风险资本的发行商直接面临全球竞争。这一情况使得上市企业越来越有义务更多关注企业股东的风险。为了满足日益增长的资本市场对高回报的要求，明确的市场定位以及股价低波动性的需求，确立明确结构和责任的股东要求必须转化为企业的内部目标。

国际上剧烈变化的环境条件，特别是私人投资者对资本市场缺乏认识，导致在三个主要方面的集中，涉及利益情况以及相应的交流：取得合理收益的决定因素和相关利润率，没有价格损失的风险的期望价值实现，完全没有价格损失的持续增长。[①] 为了公正地对待这些要求，以提高企业对资本市场的吸引力，管理和控制有责任保护企

---

① 参见 Hornung, Reichmann & Diederichs: *Realisierung gesetzlicher Anforderungen*, S. 317。

业免受可能的损失。虽然上述风险管理在管理实践中已出现很多次[①],但在大多数情况下,需要进一步具体化和制度化,以确保其完整性、透明度、系统安全性和存档。[②]特别是,为了实现既定目标,建立连贯、面向当前和未来的风险管理变得越来越重要。

6.1.2 构架参数、术语和参照框架

由于每个企业的具体风险情况和操控所需的方法不同,立法要求是笼统的,对于维持企业绩效和生存只有一个粗略的目标。[③] 因此,在具体情况下,风险管理系统的构架适合各自企业管理框架条件,即各自的市场活动以及相关财务和组织结构。在各自企业管理环境中,为了确保企业绩效和生存,需要识别经营业务的风险和机会、了解风险承担的后果及收益、限制潜在的风险,在机会和风险中寻求平衡。[④] 由此产生的任务包括制定风险限制战略的同时优化收入。

企业的风险状况取决于预测发展或破坏性行为带来的偏差,其中战略、目标期望、生产过程等各种因素相互作用,从而导致了高度复杂的情况。[⑤] 通常来说,风险影响不仅限于有限的领域,而且是直接作用于产生经营关系的初级和次级绩效领域(参见图 6.1)。

这些风险的相互依赖性迫使企业采用涵盖所有业务活动、全面、以流程为导向的方法。[⑥] 失去市场份额的风险影响销售、生产、仓储、产能利用率、收入情况、利润情况、流动性等方面,因此几乎不能被限定。[⑦]

必须从风险的角度来看待战略制定、运营流程以及各项职能(采购、生产、销售、融资、人事和组织),并将其视为风险内在的决策过程。[⑧] 因此,风险操控是运营操控和监督流程的一个组成部分,并以不同的重点影响组织的许多部分。[⑨] 风险的后果通常事先确定,因此要在企业所有领域全面实施风险管理。这样可以避免在识别之前发生风险,如果那样的话,需要付出极大努力才能控制。

最后,风险管理也遵循经济效率原则,因此既不能采取过度限制性的风险政策,也不能通过相当大的行政开支,对企业收益和盈利能力产生负面影响。[⑩] 因此,前后一致的主动风险管理有助于实现以下目标:确保生存、确保未来的绩效、避免或降低风险成本和增加企业的市场价值。[⑪]

尽管需要考虑系统的个性化,但风险管理的过程和结构可以放在概念框架中。

---

① 参见 Diederichs & Reichmann:*Risiko-Controlling*,S. 229—234。
② 参见 Pollanz:*Risikomanagementsystem*,S. 395。
③ 参见 Hornung,Reichmann & Diederichs:*Risikomanagement*,S. 318。
④ 参见 Hornung:*Risk-Reward-Ratios*,S. 280。
⑤ 参见 Pritzer:*Risikomanagement*,S. 150。
⑥ 参见 Diederichs:*Prozessorientiertes Risikocontrolling*,S. 85—90;Diederichs:*Risikomanagement und Risikocontrolling*,S. 58 f。
⑦ 参见 Hornung,Reichmann & Diederichs:*Risikomanagement*,S. 318。
⑧ 参见 Pritzer:*Risikomanagement*,S. 150。
⑨ 参见 Saitz:*Risikomanagement*,S. 72。
⑩ 参见 Hornung,Reichmann & Diederichs:*Risikomanagement*,S. 319。
⑪ 参见 Pollanz:*Konzeptionelle Überlegungen*,S. 394。

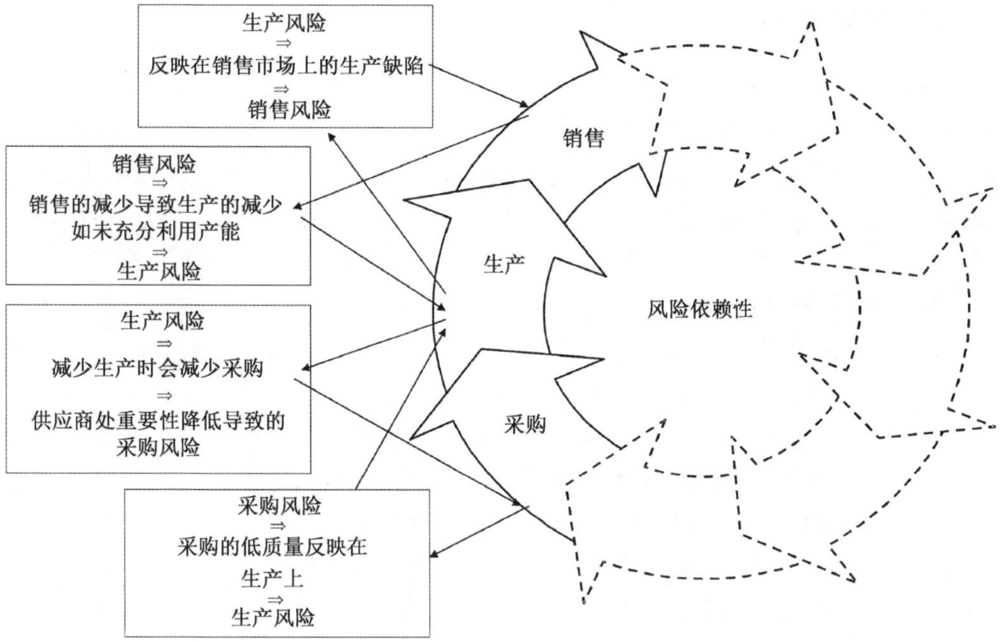

图 6.1　初级绩效领域中风险的相互依赖性举例

出发点是风险概念的定义，在此基础上，风险政策原则可以作为处理企业风险的指导方针。

6.1.2.1　风险概念

企业每项活动或决策都涉及各种风险。风险源于企业决策带来影响的部分不可预测性和无法影响的外部因素。其原因在于，企业决策及其影响取决于各种参数，这些参数可能会随着时间的推移而发生变化，直到影响发生或在决策过程中未被考虑到。因此，风险概念的定义给出了风险管理的出发点和形成核心系统的要素。

虽然已经过了数十年的发展，“风险”一词在学术文献和管理实践中仍没有统一的定义[①]，其原因在于风险概念中存在大量可能性。但是，为了给进一步发展全面风险管理理念提供基础，必须明确风险的定义。作为企业管理系统设计的基础，在整体方法的背景下，出现了正式且逻辑上完美无缺的术语定义，它必须基于对风险管理的实用设计。因此，必须简洁制定风险的定义，目的是树立风险意识，以及最后形成正确的风险文化。鉴于风险管理系统的具体设计，风险的定义提供了对所考察对象的第一次界定。“风险”一词应理解为事件（外部因素）或决策和行动（内部因素）阻止关于企业（与原因相关的部分）成功实现既定目标或实施战略（绩效相关部分）的危险。[②]

---

① 参见 Pritzer: *Risikomanagement*, S. 148。

② 参见 Diederichs & Richter: *Risikocontrolling*, S. 135－142; KPMG: *Risikomanagement*, S. 145－167; Diederichs: *Risikomanagement und Risikocontrolling*, S. 9。

6.1.2.2 风险政策原则

根据风险概念的定义及其在内容方面的界定，以文本化的企业指导方针形式，风险政策原则描述了风险的理解和处理方式。[①] 风险政策原则的目的是建立和加强风险意识，并鼓励企业所有员工以风险为导向的方式行事。有必要制定适用于所有组织成员的风险管理理念或文化，以便在企业各个层面增强风险意识。因此，风险政策原则是面向安全目标的行为准则和指令。同时必须持续长久地重视这些原则，以确保风险管理的连续性。[②]

风险政策原则的设计不应该导致风险恐惧或抑制创新，它旨在确保所有决策者都意识到他们承担何种风险及其程度，以便将自己定位于中心目标。

无论风险偏好如何，风险政策原则可以如下举例[③]：

(1)在实现经济效益的意义上，经济行为必然会有风险；

(2)任何行动或决定都不会带来威胁企业生存的风险；

(3)必须立即向董事会(管理层)报告威胁企业生存的风险；

(4)风险不得通过机会抵消；

(5)收益风险越高，回报要求越高；

(6)每个员工积极参与其职责范围内的风险管理；

(7)尽可能用风险管理工具控制风险；

(8)所有风险均永久受风险管理组织监控；

(9)积极的信息和讨论得到董事会(管理层)的支持。

通过制定风险政策原则，管理层强调其对该主题的重视，同时在处理风险相关问题时，为全企业范围的沟通奠定了基础。此外，这些原则的定义还可以推导出具体的风险政策目标。因此，除了风险定义之外，风险政策原则还可以作为具体制定风险管理系统的起点。[④]

6.1.2.3 风险管理概念

风险管理的目标是尽早识别、分析、评估、操控和持续监测未来可能的风险，以确保企业长期适应不断变化的环境条件而维护企业的生存。风险管理概念是指组织方法的实施和所有识别、分析、评价、操控和监测威胁企业的目标和预期风险的方法、系统和系统措施，即决策的制定和执行，从而最大限度地减少可能影响企业的意外事件的不利后果。此外，风险管理工具的不断发展以及跨流程监测也是风险管理任务的一部分。因此，风险管理一方面包括流程阶段(风险管理流程)，另一方面包括补充监

---

① 参见 Hornung, Reichmann & Diederichs: *Risikomanagement*, S. 319; Diederichs: *Risikomanagement und Risikocontrolling*, S. 14 f.；一般原则也可参见 KPMG: *Integriertes Risikomanagement*, S. 10 ff。

② 参见 Hornung, Reichmann & Diederichs: *Risikomanagement*, S. 319。

③ 参见 Diederichs, Form & Reichmann: *Risikomanagement*, S. 191；基本内容参见 Hornung, Reichmann & Diederichs: *Risikomanagement*, S. 319。

④ 参见 Diederichs: *Risikomanagement und Risikocontrolling*, S. 15。

控。

6.1.2.4　风险控制概念

风险控制是主动风险管理的基本功能区块,风险控制是管理控制的一个组成部分。与管理任务范围不同,风险管理是整合风险政策原则、建立风险意识、推动风险管理流程以及最终根据当前风险状况进行风险操控。与管理的任务相反,风险控制提供一个强大的工具包以及必要的信息以实现在流程中落实控制方法。风险控制的目的是确保风险状况下的反应、适应和调节能力,除了支持单阶段的管理外还包括评估、收集和报告任务。运营的任务主要包括为各自的风险制定测量方法,创建并定义业务和技术结构,确定战略和决策相关的信息,实现风险管理的有效目标。风险管理和控制的任务如图 6.2 所示。[①]

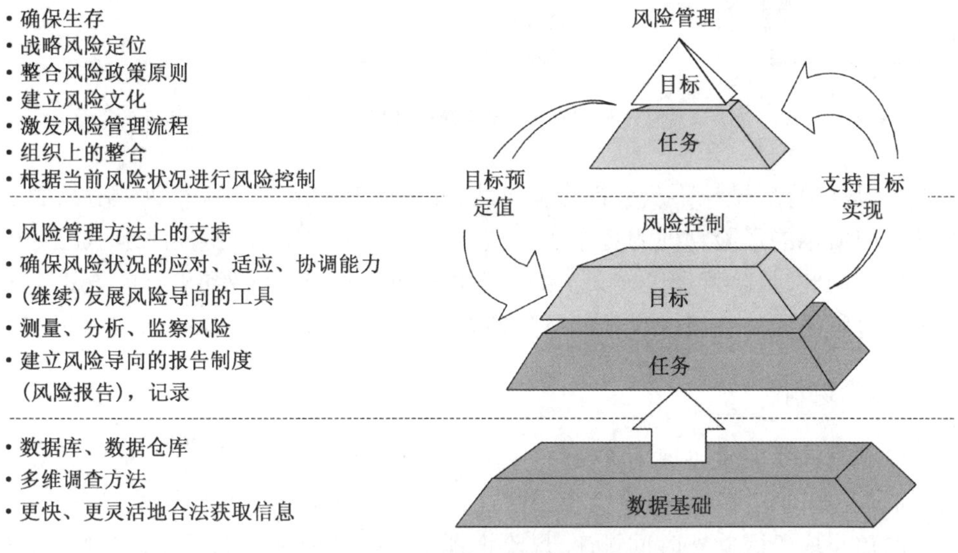

图 6.2　风险管理和风险控制的任务

6.2　风险管理流程

为了圆满完成风险管理的预计任务,不仅需要企业创建和传播风险管理的哲学理念和文化,而且需要根据企业风险战略,系统地、结构化地、持续识别企业的潜在风险。风险管理流程是风险管理的核心部分,涵盖了所有系统性处理企业潜在风险的行为。风险管理过程基本可以细分为识别、分析、操控、风险监督和过程监督五个阶段(见图 6.3)。识别、分析和控制阶段为管理实践过程提供了基础,而风险和过程监督被视为伴随过程,需要在风险管理组织的框架内单独考虑。

---

① 参见 Diederichs:*Risikomanagement und Risikocontrolling*,S. 27。

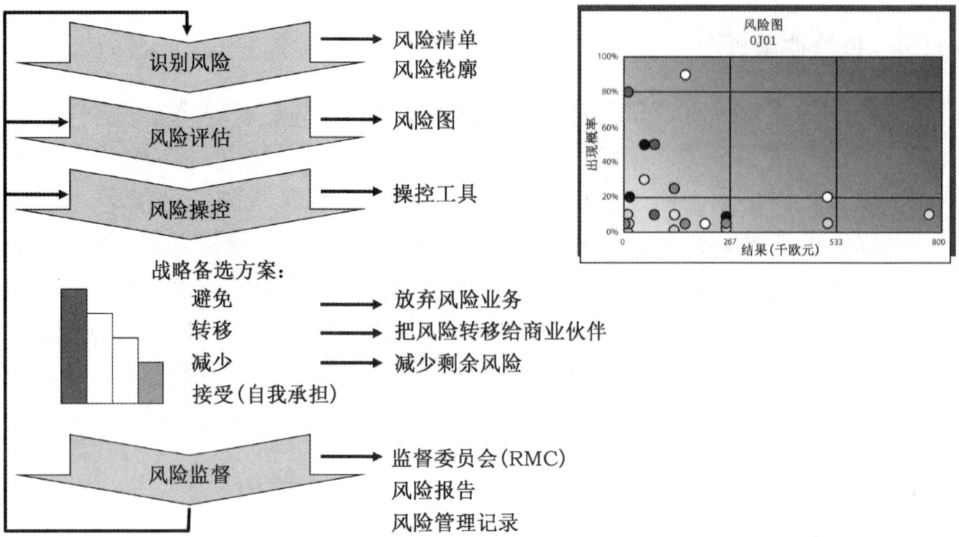

图 6.3 风险管理流程

但是,风险管理过程不应被视为一次性、截止日期相关的实施行为;相反,有必要将图 6.3 中所示的风险管理的各个步骤整合到连续过程中,以便灵活地适应变化的框架条件。因此,风险管理工作人员的任务是根据需要,以协调和修订的方式干预或处理各个过程阶段。在第一次开始风险管理过程时,需要彻底和系统地识别风险。[①]

6.2.1 风险识别

风险识别涉及对企业活动的所有重大风险或损害风险以及相互作用的最有条理、详细和完整的记录。[②] 必须检查经营过程在多大程度上受风险影响,它是下游流程步骤的信息库。因此按时间排序,风险识别是风险管理过程的开始,同时也是该阶段理念中最重要的组成部分。其质量对于后续有效风险管理措施具有决定性和引领作用。

为了支持风险识别可以使用以下工具:(1)风险目录,(2)PEST 分析,(3)SWOT 分析,(4)波特的“五力”模型(竞争对手分析),(5)产品生命周期和经验曲线分析,(6)安索夫矩阵和市场份额/市场增长矩阵(投资组合分析),(7)风险指标和早期预警指标,(8)清单,(9)价值链、流程链、生产流程计划等。[③]

可以自由选择风险识别中使用的工具,但特别是为了防止任意选择和简化风险

① 参见 Reichmann:*Risiko-Controlling*,S. 64。

② 参见 Hornung,Reichmann & Diederichs:*Risikomanagement*,S. 320。关于风险识别的具体步骤参见 Diederichs:*Risikomanagement und Risikocontrolling*,S. 50−87。

③ 参见 Diederichs,Form & Reichmann:*Arbeitskreis Risikomanagement*,S. 191。

后带来的风险的叠加和合并的风险识别，应该基于统一的风险轮廓(见图6.4)。① 这可能只对风险轮廓中未提及风险方面进行扩展，并且必须定期修订。

由于这些工具提供的手段不足以实现有关解释和情景的交流，因此风险识别应根据风险类别和范围、结合单个风险，对具体情况有关的风险描述加以补充。同时有效的风险描述促进了对已识别风险的后续评估、分析和操控。

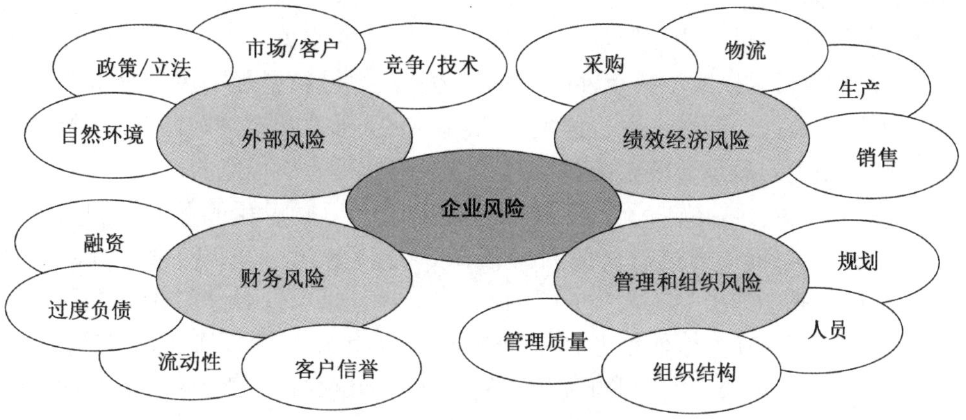

图6.4 风险识别：一般风险轮廓

由于交流方面的重要性，仅基于工具的风险识别是不够的。② 将职能和专业领域相关知识与结构化方法相结合，以完整识别风险，这需要风险管理负责人员和部门在风险识别方面的合作。风险沟通应基于确定的规范，它规定了信息的最简内容、信息类型和范围以及风险报告的形式。

在风险识别的背景下，不能保证所有的风险都能被识别出来，并且还受到盈利原则的限制。如果存在未发现的风险，则不能采取适当的对策。因此风险管理要求：(1)需要持续、系统的风险评估；(2)确保尽可能全面地涵盖所有重大风险；(3)不能有低估风险的意向；(4)开放对待新风险(风险意识发展)；(5)数据的及时性；(6)及早发现新出现的风险。③

缺乏风险意识的责任人往往也不能及早发现风险，这再次表明建立和传递影响深远风险管理理念的重要性，以使员工对风险更敏感。

6.2.2 风险分析

风险分析建立在风险识别的基础上，风险分析被理解为对企业战略和目标产生

① 参见Diederichs, Form & Reichmann: *Arbeitskreis Risikomanagement*, S. 192，基于风险的起因、出现范围、在企业内部的影响范围，可以对风险分类，例如可以分为外部、财务、绩效经济风险和来自管理和组织的风险，参见Daube: *Risikomanagement*, S. 92 ff.; Guser: *Risiko-Management*, S. 527 f.; Scharpf: *Sorgfaltspflichten*, S. 740。大型设备制造的预警指标，参见Schön, Diederichs & Busch: *Risikomanagement*, S. 382 ff。

② 参见第6.3节。

③ 参见Diederichs: *Risikomanagement und Risikocontrolling*, S. 86 ff。

影响的内外部风险可能性的有针对性分析、评估和分类。风险分析应是永久性任务，即必须定期分析、评估和分类现有和可能的新风险。其重要性主要源于风险结构的复杂性(见图 6.1)，因为风险受到大量具有不同起因部分因素的影响，可以产生不同的影响并受到某种动态因素的影响。不准确、过低地估计，甚至完全忽视风险状况，可能在风险发生时给企业带来不利后果，因为风险分析构成了最佳的风险操控和管理的基础。例如，如果由于过低估计风险而没有充分采用风险操控工具或措施，则可能导致更高的成本负担，从而给企业的收益造成本可以避免的损害。因此，良好的企业风险知识和分析可以成为决定性的竞争优势。这里已经展示了风险分析的主要问题，尽管市场风险可以通过在险价值模型[①]准确量化，通过确定的风险强度(即纯粹的现金影响)和相应的概率准确预测多数已识别风险几乎是不可能的。

可以通过研讨会或访谈用以下工具进行风险分析：(1)发生的可能性和损害程度[即对收益的影响，例如通过息税前利润(EBIT)或税前利润(EBT)来衡量以及对权益、现金流量或股价的影响等]；(2)预期损失；(3)评分模型；(4)绩效指标/系统(例如人工神经网络)；(5)在险价值模型和在险现金流量(CFaR)；(6)风险图和其他。[②]

为了更好地了解企业的风险状况，即使在极不确定的情况下，尽可能量化风险也是有帮助的。将风险划分为各个损害类别，同时必须进行总评估和净评估，即应分别在不考虑和考虑现有风险管理措施的情况下评估风险。在无法精确评估风险的情况下(例如在评估形象损失时)，考虑使用区间确定或最佳和最差情况法是有意义的。

另外，通常只能(主观地)估计发生的概率，所以评估结果通常划分到文字表述的类别里(非常高、高、中、低、非常低)。

风险分析通常依赖于责任人的主观评估。为了确保风险的可比性，有必要使用标准化量表分析风险。如之前所述，在定性或定量特征的基础上，风险可以通过风险图(见图 6.5)表示。

风险的具体意义和对策的紧迫性由企业特定的风险阈值确定。风险阈值基于管理层"风险偏好"确定，并且被管理层认为是可接受的。[④] 例如，风险阈值可以表明企业承受风险能力的极限。因此要特别关注高于风险阈值的风险，因为它们可能威胁企业生存或造成严重的损失。在这种情况下，必须定期检查风险阈值，以确定其量级是否仍然合适。

但是，使用这种方法必须考虑到，逐一检测风险并不能提供完整的结果，因为各种风险之间存在相关性，可能对整体结果产生累加效应。因此，在风险分析中必须采用综合方法，并且确定所有可能的风险。[⑤]

---

① 关于在险价值的更多内容，参见 Schierenbeck：*Bankmanagement*，S. 15 ff。

② 摘自 Diederichs，Form & Reichmann：*Arbeitskreis Risikomanagement*，S. 192。关于风险评价的方法支持，参见 Diederichs：*Risikomanagement und Risikocontrolling*，S. 87－123。

③ 参见 Reichmann：*Risiko-Controlling*，S. 66。

④ 参见 Saitz：*Risikomanagement*，S. 82 ff。

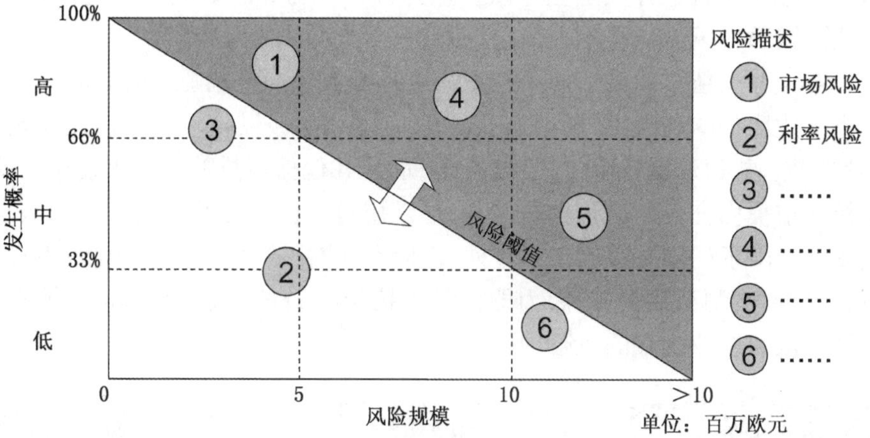

图 6.5　各类风险的示意图[①]

6.2.3　风险操控

识别和分析风险时，考虑到企业具体业务政策和风险战略的情况，风险操控是积极且有针对性地影响所识别和评估的风险。[②] 目标是根据具体设计，通过有针对性的操控措施监控企业活动的所有重大风险和潜在损失。

不同的风险操控方案可以通过有针对性的措施或使用选定的工具来操控风险。原则上，企业可以使用"避免、减少、限制、转移和自我承担"的风险策略方案（见图6.3）[③]，对已识别风险的分析提供了第一个所需操控备选方案的依据。

通常应该避免可能包含威胁企业生存的风险交易（避免风险），但是基于对特定的外部企业环境无法影响的原因，并不能完全排除这种风险交易。这项措施限制了企业活动，因此仅展现了与企业家个人风险偏好有关的个案管理措施。

降低风险意味着处理基础业务并通过适当的操控措施来抵消已识别的风险，这些措施并未完全消除风险（风险降低）。此方案适用于仅影响企业业绩的交易。

另一种处理选择是风险限制及其子区域风险分散和风险限制。

风险分散基于投资组合理论[④]，该理论为优化资产配置提供了量化方法。[⑤] 投资组合中不完全相关投资选择的组合产生多样化效应，（部分）中和了总的个体风险。[⑥]

风险限制通常基于管理层或主管部门的要求，这些要求限制了承担的风险。例如，在交易领域中，规定个体交易者的订单量限额。这设定了损失上限，可通过其他业务得到弥补。

---

① 具体参见 Schierenbeck: *Bankmanagement*, S. 35 ff。
② 参见 Hornung, Reichmann & Diederichs: *Risikomanagement*, S. 320 f。
③ 参见 Baetge: *Risikomanagement*, S. 92 ff。
④ 具体参见 Markowitz: *Portfolio Selection*, S. 77 ff。
⑤ 参见 Garz, Günther & Morabadi: *Portfolio-Management*, S. 17。
⑥ 参见 Schlienkamp: *Asset Allokation*, S. 687－693。

风险转移意味着进行风险业务以及额外(反)业务,将风险完全或大幅度转移给他人(风险转移)。风险转移不会消除风险,只会改变风险承担者。[①]

接受对企业业绩影响最小的风险意味着暂时放弃操控措施(风险接受)。如果反措施带来不成比例的高支出,就会有意识地"自我承担"风险。风险接受表现为暂时取消操控措施,并构建储备金(风险准备[②]),而无其他保障措施。如果发生风险,被动风险操控提前提供充分的风险保障潜力,可以用自身资源弥补损失,而不会对预期产生重大影响。除了(强制性)的准备金外,还应有或有一次性的储备金。[③] 然而在这种情况下,永久性监测至关重要,因为即使是可接受的最低收益风险,也可能在中长期积累下隐含威胁企业生存的风险。[④]

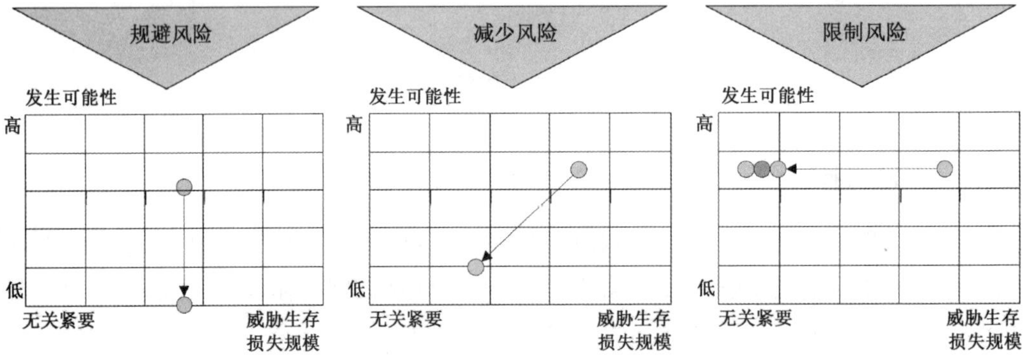

图 6.6 积极的风险控制战略[⑤]

在基本战略选择的基础上,应使用风险控制工具(参见图 6.7)。企业提供各种风险操控手段(如保险、指南/手册、特定安全系统、审批程序、限制系统、清单、个人责任等)。风险管理的任务是系统化、更新、适应需求,并在必要时扩展和补充其他手段。

由于企业操控手段的多样性,不能将其完整地列举出来或明确地划分,它们的作用方式和适用性方面存在许多重叠。因此,可能操控措施的表述只能是描述性的,因为其适用性的确定不能脱离情境变量。因此,图 6.3 仅给出了部分操控手段,它们可以根据各自目标单独或组合使用。[⑦]

引入、实施和改进风险操控措施面临的挑战是,在损害规模和发生可能性、适当的治理措施和相关成本之间取得平衡。因此,应根据风险战略、风险评估结果和盈利能力,评估风险控制措施。

---

① 参见 Diederichs, Form & Reichmann: *Arbeitskreis Risikomanagement*, S. 193。

② 具体参见 Schierenbeck & Lister: *Value Controlling*, S. 356 f.; Helten, Bittl & Liebwein: *Risiken*, S. 171。

③ 参见 Freidank: *Logistik*, S. 364。

④ 参见 Hornung, Reichmann & Diederichs: *Risikomanagement*, S. 321

⑤ 参见 Diederichs: *Risikomanagement und Risikocontrolling*, S. 192。

⑥ 参见 Diederichs: *Risikomanagement und Risikocontrolling*, S. 200;改编自 Saitz: *Risikomanagement*, S. 90;也可参见 Hornung, Reichmann, Form: *Wertorientierung*, S. 153 ff.; Hornung, Reichmann & Diederichs: *Realisierung gesetzlicher Anforderungen*, S. 322; Pritzer: *Risikomanagement*, S. 161。

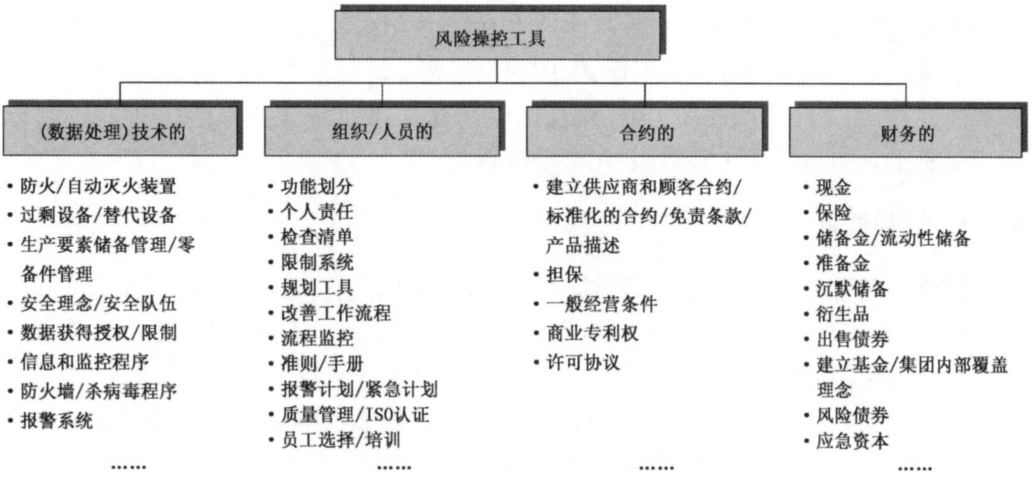

图 6.7 风险控制工具分类示例①

通过对风险分配操控措施,可以确定现有操控措施是否合适,是否存在改进建议或是否必须改进(监管缺陷),这使得有必要引入新风险管理工具或改进现有工具(计划与实际比较)。② 企业层面跨部门工具标杆也可以最终为企业开发统一的工具箱提供重要的推动力。最后,有必要定义企业特定阈值(例如,发生概率>30%,损失程度>1 亿欧元,或>50%股权等),这些阈值促使某些行为与各种后果相连。

除了直接用于实施单个战略备选方案的工具外,还使用了大量其他的工具,它们间接支持风险管理其他流程阶段的目标和任务。其中包括支持识别或评估风险的工具,以及用于风险报告过程中与各个决策者沟通的工具。因此,它们具有间接控制特征,因为只能识别、评估和传达风险。③ 总之,在大多数情况下,可以说已经存在一套用于管理企业风险的综合工具。因此,风险管理和风险控制的任务主要是确保工具的完整性、持续更新以及修改和改进。

6.2.4 风险监督

风险监督是监控风险管理措施的实施④,它以风险管理组织为基础,并与负责实施控制措施的业务经理相对应。通过审查措施的实施确保实现目标,风险监督应间接根据风险政策原则确定实际风险状况。⑤ 因此,在持续计划—实际比较的基础上,必须确定企业的实际风险状况是否始终符合规定的风险限额或是否有必要采取纠正措施。

---

① 参见 Baetge:*Risikomanagement*,S. 69;Baetge & Jerschensky:*Frühwarnsysteme*,S. 173。

② 进一步参见 Diederichs,Form & Reichmann:*Arbeitskreis Risikomanagement*,S. 194。

③ 示例工具有:风险管理手册、风险清单、风险报告、风险图、风险报告,动态风险矩阵、工具数据库等。应参考各个工具所在的章节。

④ 参见 Hornung,Reichmann & Diederichs:*Risikomanagement*,S. 321 f。

⑤ 参见 KPMG:*Integriertes Risikomanagement*,S. 25。

大量造成潜在风险的事件及其监管工具使信息技术对风险监测具有重要意义。在动态风险监督和风险控制方面,应使用矩阵将操控措施分配给已识别和分析的风险。对于已识别风险的每种表现形式,应列出对影响区域的粗略估计、发生的可能性和风险程度、用于操控管理的工具、责任区域和修订周期等信息,根据这些信息可以审查每种工具的适用性和影响,并在必要时调整。

6.2.5 过程监督

风险管理过程监督(过程监督)涉及所有层面并因此伴随所有过程阶段。在评估过程监督的目标、过程阶段组织结构和运行组织的质量和适用性时,需特别注意识别、判断、操控措施的选择。[①] 该任务作为风险监督的重要区分特征,由第三方(即非引发风险或受风险影响的人或机构)执行。年度财务报表审计员、外部顾问、监事会或内部审计师[②]可以作为股东利益的代表,他们必须与过程无关联才能履行职责。

6.3 风险管理组织

随着企业规模不断扩大,工作流程日益复杂以及市场全球化,管理层被迫越来越多地通过适当的分散决策机构监督和操控企业风险。[③] 由于各个企业都有自己特定的风险状况和组织结构,立法者的要求必然只能是笼统的,并且只能给风险管理和适当内部审计的实施制定粗略的目标。因此,风险管理不仅包括针对性的系统风险管理流程的设计和实施,还应该嵌入组织规则系统中:风险管理组织。风险管理融入企业组织结构中,决定了有针对性地应对风险情景的成败。在这里应采用整合的方法,而不是调整企业组织结构,因为风险管理具有伴随引导功能,不能凭借它的风险导向性目标完全改造企业。此外,风险管理组织的塑造不应导致产生一个与现有组织平行的独立组织。相反,现有的组织结构规定了基准,鉴于其连续性,通常已将自身确立为企业安全的一个重要因素。因此,风险管理的组织整合取决于所观察企业的情况,必须与之密切相关。

因此,风险管理组织提供组织框架并确定风险管理过程的结构背景。将风险监督机构作为有效风险管理机构纳入现有组织结构时,需考虑这一问题。[④]

6.3.1 任务和责任

风险管理委员会(RMC)[⑤]是企业风险的监控、监督和操控机构。[⑥] 风险管理委员

---

① 参见 Hornung,Reichmann & Diederichs:*Risikomanagement*,S. 322。

② 风险管理内部审计任务细节参见 Lück:*Managementsystem*,S. 10。

③ 具体参见 Diederichs: *Risikomanagement und Risikocontrolling*, S. 135 − 162; Hornung, Reichmann & Diederichs:*Risikomanagement*,S. 322;Vogler & Gundert:*Risikomanagementsystem*,S. 2378。

④ 参见 Hornung,Reichmann & Diederichs:*Risikomanagement*,S. 322。

⑤ 参见 Kendall:*Risk Management*,S. 51 ff. Diederichs,Form & Reichmann:*Arbeitskreis Risikomanagement*,S. 212 ff。

⑥ 参见 Hornung,Reichmann & Diederichs:*Risikomanagement*,S. 322。

会的职权范围包括:发展和调整风险管理系统,以适应不断变化的市场和风险情况;修改现有的和整合新的风险控制措施和法规,其主要任务是对风险管理委员会采取的决策和措施进行有效监控。委员会作为职能部门,向企业管理层提出行动建议,并为行动约束的等级提供决策建议。[①] 决策者了解具体的风险领域,并可在早期阶段采取应对措施。风险管理委员会成员基于其对特定职能产生的权力授权提供相应的行动建议。

此外,风险管理委员会应作为企业与外部审计师之间的纽带。风险管理委员会凭借风险报告(如在管理报告中)成为审计师的主要联系对象,从而保证了关于当前和未来发展的有效、及时和顺畅的沟通。此外,审计标准的交流变更和由此产生的修改后要求可以直接纳入风险管理委员会系统。

6.3.2　组织结构和成员确定

必须根据企业的组织结构,设计风险管理组织的具体结构、复杂程度和规模。现有的组织和管理结构因而构成了起点,必须予以考虑。风险管理组织必须与业务组织和业务流程直接相联,以确保在风险的发生地有效管理。因此,要实施的风险管理委员会系统应与企业的层级平行设置(见图 6.8)。[②]

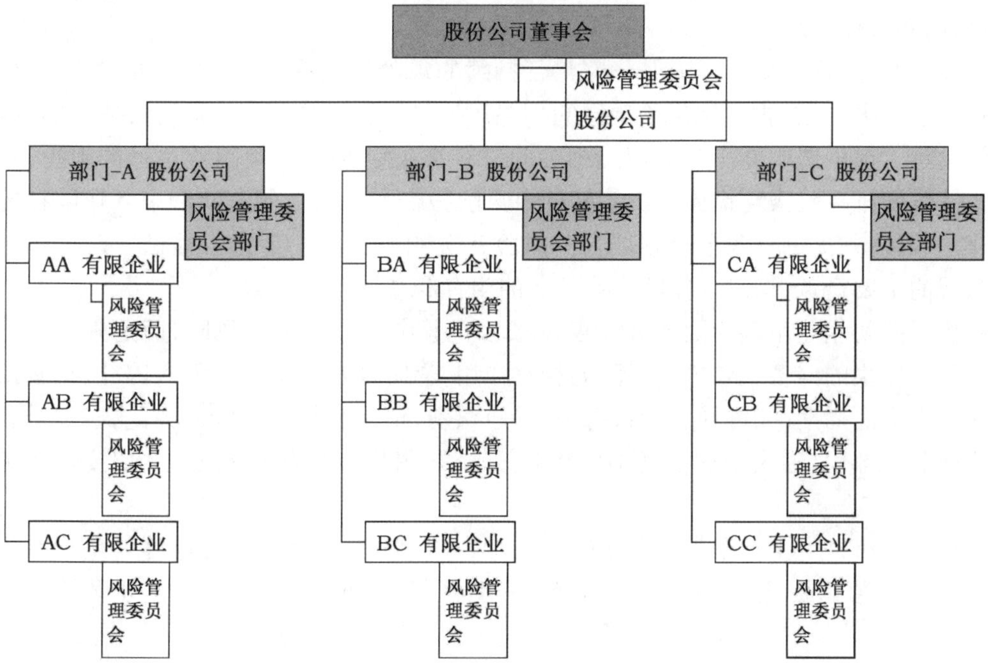

图 6.8　风险管理组织结构示例

---

① 参见 Cleemann & Kreutzer: *Risiko-Management*, S. 67。
② 参见 Hornung, Reichmann & Diederichs: *Risikomanagement*, S. 323。

风险管理委员会作为职能部门建立在相应的业务子单元上，以确保尽快地根据风险情况提供决策相关的信息。所有委员会都相应地从属于更高级子单元风险管理委员会系统，并承担责任。

风险管理委员会的人员雇用基于企业层级内的职位和相应子单元的复杂性。为了公正地对待各自执行单位的各方面风险问题，必须保证成员在各层面具有足够的能力多样性[①]，例如，委员会可以由管理层的代表和初级（采购、生产、销售）和次级（控制、IT、人事、研发、控制、财务、法律等）子职能的负责人组成。在能力不足的情况下，将根据各自议程邀请其他人员（内部审计师、外部审计师、执行线运营经理等）参加相应的风险管理委员会会议，作为专业技术人员就现有风险状况提供额外信息以供讨论。

6.3.3 控制作为风险协调员

作为风险控制的载体，控制在风险管理委员会中处于中心地位。在有效风险管理的背景下，开发及进一步发展风险导向的规划、监控和信息工具是风险控制的责任领域。[②] 风险管理委员会中管理控制的直接存在可确保直接识别信息需求、提出工具建议、与相应委员会协商讨论并最终制定或进一步开发有关工具。由于其在风险管理委员会中的中心地位，管理控制也应作为行政、组织和协调机构伴随风险管理和沟通过程，并确保其顺利运行。

如上所述，管理控制可确保将完整且持续的风险导向报告（风险报告）整合到现有报告系统中。[③] 根据选定风险领域的相关风险状况和风险管理的运营实施，风险报告给决策层提供透明度。与决策层相关的资料准备是组织架构高效运行的前提，也是进一步安排风险操控措施的决策基础。风险报告为目前企业风险和引入风险操控措施的载体，并提供对各个子领域当前风险状况的概览。综合报告提供了对整体风险状况的主要概览，这对于保障企业长久的生存和绩效不可或缺。

由于威胁企业生存的因素并非仅仅来自企业中的单一重大风险，而是来自企业子部门中发生的许多次要单个风险的相互作用，透明度是必不可少的。因此，运营部门应以固定的周期（如每周、每月、每季度等）识别、记录和报告风险。为此，应促进负责人或负责部门（通过研讨会等）的沟通意愿，并明确界定和记录发送人/接收人关系。[④]

根据层级确定报告限制（见图 6.9）。报告限制可以是绝对的，也可以是相对的（如销售额、营运资金、营业利润、股本、流动性等）。小风险不应在层级里转述报

① 参见 Diederichs: *Risikomanagement und Risikocontrolling*, S. 144－146; Kendall & Robin: *Risk Management*, S. 62 ff。

② 参见 Krystek: *Controlling-Aufgaben*, S. 146 f。

③ 关于风险报告的实例，参见 Diederichs: *Risikomanagement und Risikocontrolling*, S. 31－34; Vogler & Gundert: *Risikomanagementsysteme*, S. 2382。

④ 一般来说，应该能够匿名报告风险。

告。①②

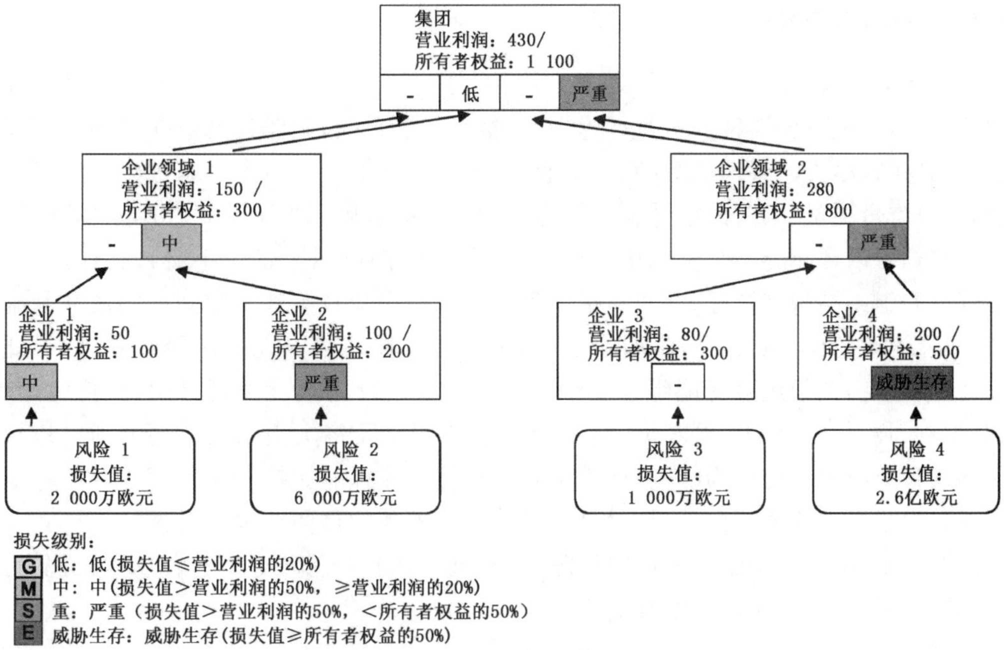

图 6.9 示例:基于阈值的报告

除报告限制外,还应确定“高优先级风险”。鉴于其风险类型,无论其发生规模和可能性如何,都直接向董事会或管理层报告。

业务领域、子单元、战略业务单元 / 业务部中的书面(可证实的)记录可以在风险评估表上完成。这些至少应包含以下信息③:(1)风险和风险描述;(2)风险领域和风险组的划分;(3)采取措施之前(总风险)和之后(净风险)的损害程度和发生概率(估计未来发展、趋势声明等);(4)总体评估(无关紧要、有损害、重大、危险、威胁生存);(5)影响和受影响的业务部门;(6)含阈值的预警指标;(7)(采取)风险控制措施,通过开始、结束、里程碑、状态描述;(8)剩余风险(净风险);(9)参考基本信息(文档/报告路径/状态/日程安排);(10)应急措施,尤其是应急计划;(11)责任、报告单位的联系人/具有约束力的确认;(12)注释框。

此外,风险识别应明确指出所报告的风险是否为新风险。对于已知风险发生概率和损失程度评估的变化应该清晰明了。此外,还应该在规划或年度财务报表中表明,是否以及在何种程度上已经考虑了哪些风险。

在风险管理组织内,除标准报告外,还应发布特别公告。这可能是由于超过阈值

---

① 在较大的企业,分散化的风险管理任务应该具有过滤功能。

② 参见 Diederichs, Form & Reichmann: *Arbeitskreis Risikomanagement*, S. 194 f。

③ 参见 Diederichs, Form & Reichmann: *Arbeitskreis Risikomanagement*, S. 196.; Diederichs & Danowski: *Risikomanagement und Risikocontrolling*, S. 573 f。

而产生的,该值应明显高于定期报告的阈值。

6.3.4 风险管理文件

除持续报告外,还需要根据以下方面,充分记录风险管理的所有组成部分(风险文件):(1)通过指导性特征执行行为规范(执行功能);(2)确保长期遵守措施(安全功能);(3)尽职尽责的管理证明(问责制职能);(4)内外部风险报告的基础(信息协调功能);(5)监督委员会、内部审计和审计师进行审计的基础和先决条件(审计职能)。①

文档可以理解为一个全面的风险导向型企业方针(风险管理手册),它描述了风险管理的组织结构和流程,并应包括以下几点:(1)风险政策基本原则;(2)法律基础;(3)风险管理流程;(4)目前的风险状况;(5)当前风险图;(6)动态风险矩阵;(7)风险管理组织;(8)关于风险管理组织结构和流程的说明;(9)风险报告;(10)支持流程步骤(识别、评估、操控、IT 系统)工具的文件和说明以及每次使用的行为准则;(11)风险沟通和风险报告的行为准则;(12)风险管理修订流程的文档。②

必须基于企业的规模和复杂程度,设计基本框架的具体结构和内容。

图 6.10 中所示的结构有助于风险管理手册的制定。第 A 章至第 D 章应视为指南的固定部分,E 章附录可以改变。③

A. 引言
- 目标(企业要求)
- 法律要求
- 对象和作用领域

B. 风险管理基础
- 概念(经营/战略风险)
- 风险战略和风险政策原则

C. 风险管理组织
- 结构
- 经营/战略责任
- 职能支持
- 监督(内部/外部审查)

D. 风险管理流程
- 风险清单(通过风险领域/组)
- 风险控制(识别/评估/管理)
- 风险报告(特别/标准)
- 继续发展

E. 附录
- 程序说明
- 风险表/风险登记表

图 6.10 风险管理手册结构示例

---

① 参见 Diederichs: *Risikomanagement und Risikocontrolling*, S. 149 ff.; Scharpf: *Überwachungssystem*, S. 401f.; Brebeck & Herrmann: *KonTraG-Entwurf*, S. 391。

② 参见 Diederichs, Form & Reichmann: *Arbeitskreis Risikomanagement*, S. 197; Scharpf: *Sorgfaltspflichten*, S. 742; Brebeck & Herrmann: *KonTraG-Entwurf*, S. 389。

③ 参见 Diederichs, Form & Reichmann: *Arbeitskreis Risikomanagement*, S. 197。

6.3.5 内部审计作为流程监督主管部门

对于尽职尽责的企业管理层,除了风险管理,内部审计在企业组织中越来越重要。

从整个企业的角度来看,风险管理和内部审计都是以风险为导向的。内部审计主要通过整体的、以风险为导向的审计方法来实施。但在风险管理监督领域,流程内监督(控制)、流程独立监督(内部审计)和外部监督(审计师)的任务有重合之处。因此,为确保有效和有针对性的企业监督,这些职能人员之间全面的信息交流是必不可少的。此外,内部审计本身就是审计的对象,根据《德国商法》第 317 条第 4 款,在检查的过程中,审计人员也要检查和评估作为企业监督系统一部分的内部审计的职责。[①]

风险管理	内部审计
• 实施风险管理流程 （识别、评估、操控、监控） • 对于战略和运营限制积极研究风险 • 在通过风险政策开辟的自由度范围内，优化收益和风险 • 承担风险责任，即问责制	• 对风险管理的独立审查，包括对相关组织、流程、基础设施的检查 • 检查风险管理活动所依据数据的相关性和质量

图 6.11　风险管理和内部审查任务划分

内部审计受企业管理层的委托,按照合规性、安全性、盈利性和适当性等规则检查,以确保以合理的成本促进有效监督。内部审计已经确定:(1)是否存在由企业管理层支持和记录的、扎实的风险管理系统;(2)实际流程是否与所定义的系统相符合,即是否全面且持续地执行风险管理流程以及是否以适当的方式记录和传达结果;(3)是否真实执行了指定的措施。

此外,必须评估措施的风险识别能力、评估能力、适当性和有效性。

在内部审计方面,风险管理监督的重点在于检查所引入措施的实施和适用性,然而所识别风险的完整性和风险评估只能在全面流程检查、定期检查或特殊审计的背景下进行。

在审计结果的基础上,内部审计部门提出建议,并指出监控标准和最佳实践程序。此外,内部审计可以建议管理控制和风险管理系统的引入和进一步开发。[②]

总之,动态发展市场中的风险系统化处理,为管理和控制带来了新的任务和挑战。在这方面特别重要的是,企业未来与外部审计师之间更密切的合作。此外,它除了符合上面所描述的内容以外,还需要以持续的司法咨询、具有专业风险管理知识咨

① 参见 Diederichs:*Risikomanagement und Risikocontrolling*,S. 232。

② 同上,S. 233。

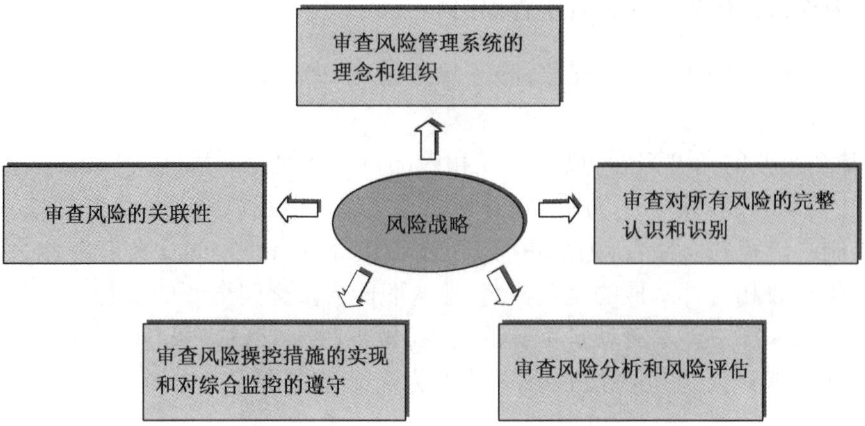

图 6.12 通过内部审计审查风险管理

询企业的检验清单和手册、目前的文献和风险管理知识为基础。[①] 从企业的角度来看，这不仅是一种责任，更多是机会和灵感，以建立一个学习型、不断发展的智能系统，它可以持续并直接对现有和潜在的风险状况做出反应，以确保长期的绩效潜力，同时及早地避免重大以至于威胁企业生存的风险。

6.4 平衡机会和风险管理

企业行为包括利用机会及其相关风险的管理。因此，如果不考虑造成风险的机会，仅从风险角度观察危及企业绩效甚至生存的发展是不完整的。因此，企业行为的商业模式必须反映机会与风险之间的联系，而不忽视其复杂性和风险现象结构性的不足。

6.4.1 平衡机会和风险卡

满足《企业监督与透明化法》要求的风险管理系统侧重于风险，即负目标偏差(损失风险)，机会管理不在义务职责中。除了风险管理，企业行为的特点还包括通过利用机会确定和实现绩效潜力。因此，在考虑企业整体时，有必要补上绩效相关的角度，即同时考虑机会和风险。

平衡机会和风险卡(BCR-Card©)[②]是平衡计分卡和风险管理的综合体，考虑其相互关系，综合看待机会和风险。平衡计分卡和风险管理的结合旨在将权衡机会和风险的战略整合为一种方法，并通过适当的报告体系，对目标导向的管理任务进行补充。与平衡计分卡相反，平衡机会和风险卡同时检测机遇和风险，用战略的成功因素

---

① 参见 http://www.cic-online.de。
② 平衡机会和风险卡是托马斯·艾希曼(Thomas Reichmann)博士、教授的注册商标。

(如财务、客户/市场、产品、流程和人员)替代平衡计分卡的四个传统维度以及通过战略目标具体化。

在战略和业务层面,与战略目标相关的机遇和风险通过定性和定量以及领先和滞后的指标或指数来实施。平衡机会和风险卡作为可记录的概述,包含如图6.13所示的绩效和指标的系统性总结,并提供鉴于企业价值和业务发展(战略业务单位、战略业务部等)的决策相关信息。根据组织结构,战略或法律单元要区别开来,除了纯粹价值指标[例如经济附加值(EVA)、贴现现金流(DCF)],还包含更多的变量[如销售、现金流、息税前利润(EBIT)等]。

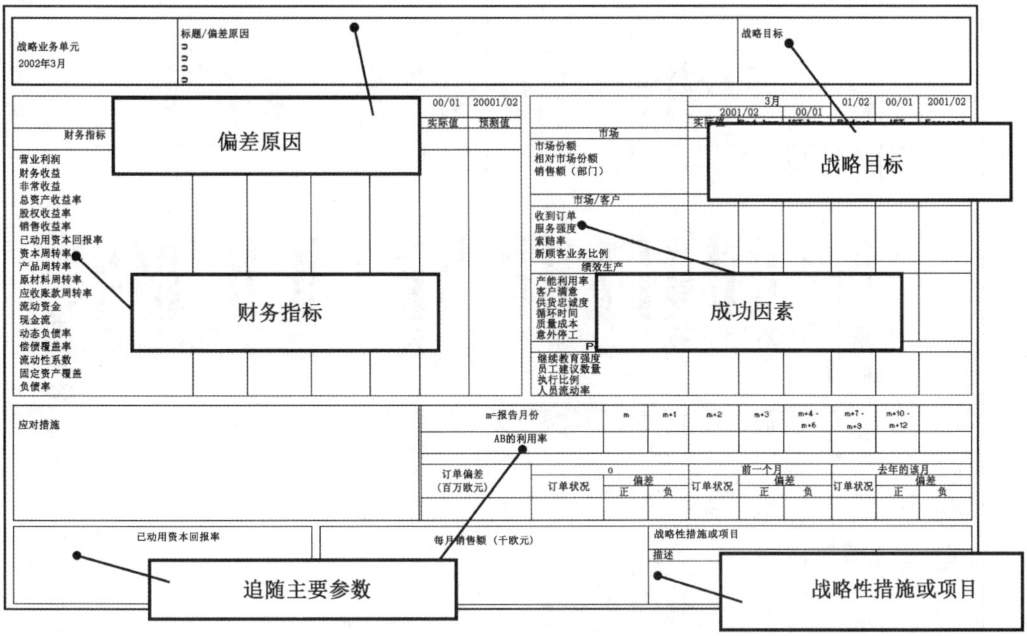

图6.13 平衡机会和风险卡理念

虽然选定的战略成功因素展现了平衡机会和风险卡行结构中的决定结构因素,列结构的划分在这些战略成功因素相关的机会和风险(见图6.14)之后。在描述机会的区域中,为每个战略目标分配一个或多个绩效指标,除了比较当前观察期的实际和预算之外,还要比较当前值和上一年的值,基于这一考虑补充三年规划期的价值。条状图描述了与上一个计划期价值相比较的当前观察期可视化目标实现的状态,此外,还评估由不同斜率箭头表示值的未来发展。对于与战略目标相关的风险,一方面通过从"不重要"到"威胁"的定性评估来评估相应的风险;另一方面则通过其评价对结果的影响。此外,还记录了与此风险相关的措施。

平衡机会和风险卡给战略清单提供当前战略目标、目标实现、相关风险、已实施或计划的措施、项目、倡议以及现有行动要求的概述。机会和风险管理的一体化实现了对企业全面、针对目标和协调的管理。

业务单元 2003年6月	CIC scorecard Prof. Dr. Reichmann	图例	●○○○○ 无关紧要的 ●●○○○ 有损害的 ●●●○○ 重大的 ●●●●○ 危险的 ●●●●● 威胁生存的	0-20% >20-40% >40-60% >60-80% >80-100%

机会

	战略目标	测量值	月份（季度） 2003 实际	2003 预算	2002 实际	2004 计划	2005 计划	2006 计划	实现	趋势
财务	有利润的增长	销售额(千欧元)	250.000	255.000	240.000	265.000	270.000	275.000		⇗
		息税前利润	27.500	26.000	24.000	30.475	35.000	41.250		⇗
	增加收益	销售利润率	11,0	10,2	10,0	11,5	13,0	15,0		⇗
		已动用资本回报率	20,5	21,0	20,0	22,0	23,0	25,0		⇨
	确保流动性	现金流(千欧元)	30.000	32.000	29.500	33.500	34.000	40.000		⇨
		流动资金(千欧元)	118.000	120.000	115.000	117.500	122.500	125.000		⇗
	资产保护	投资比率	92,5	90,0	85,0	90,0	95,0	100,0		⇨
客户/市场	市场份额提高	市场份额	37,0	37,0	35,0	38,0	39,0	40,0		⇗
		相对市场份额	80,0	85,0	80,0	85,0	110,0	110,0		⇗
	改善市场发展	热度	23,0	30,0	25,0	30,0	40,0	50,0		⇨
		失去的订单	75.000	50.000	65.000	50.000	50.000	50.000		⇨
	优化企业文化	销售/推销员	1.000	1.000	950	1.100	1.200	1.250		⇗
		旅游/工作时间	40,0	40,0	50,0	35,0	30,0	25,0		⇨
产品	确保技术领先地位	AE生产革新<2年	95.000	100.000	80.000	110.000	115.000	120.000		⇨
			3	5	3	5	5	5		⇨
	优化生产的产品组合	其他选择/基础产品	12,0	10,0	15,0	9,0	7,0	5,0		⇗
		瘦狗产品相对销售额(%)	100,0	75,0	150,0	100,0	75,0	50,0		⇗
	加强售后服务	销售收入	25.000	27.500	22.500	30.000	40.000	50.000		⇨
		首次固定汇率	67,0	75,0	65,0	80,0	90,0	95,0		⇗
流程	客户为导向的流程进展	供货忠诚度	85,0	85,0	82,5	90,0	95,0	99,5		⇗
		生产循环时间(天)	175,0	160,0	180,0	150,0	135,0	125,0		⇨
	成本文化的灵活性	固定成本比重	62,5	65,0	67,5	60,0	57,5	55,0		⇗
		间接费用	28,0	29,0	30,0	27,0	26,0	25,0		⇗
人员	动机和投入	人员流动率	3,5	4,0	4,3	3,0	2,8	2,5		⇗
		内部人事安排	45,0	50,0	55,0	52,5	55,0	60,0		⇨
		病假率	6,5	7,0	6,5	6,5	6,0	6,0		⇨
	能力确保和建立	适合的继续培训的方针	64,0	70,0	65,0	80,0	90,0	100,0		⇗
		获得知识途径	23.500	25.000	30.000	40.000	45.000	50.000		⇗

风险

风险	评估	规模利润 千欧元	项目/措施
竞争	●○○○○	5.000	增强竞争
经济波动	●●●○○		东南欧市场开辟
增加利息	●●○○○	500	开辟方案 融资形式
应收账款坏账	●●○○○	800	保留所有权变更票据融资
货币风险	●○○○○	25	应收账款保理
投资积压	●○○○○	250	投资规划
竞争强度	●●○○○		收购 XY有限公司
市场透明度缺失	●●●○○		协调和构建推销渠道
无效的企业结构	●●○○○	100	优化企业文化
区域性客户文化	●●○○○	25	路线规划理念
资源可获得性	●○○○○		
市场的不透明度	●●○○○		替代产品市场研究
替代产品	●●○○○		
个客户选择	●●●○○		调整后的产品组合 产品模块化
质量缺乏	●●○○○		改造服务文化
第三方供应商	●○○○○		使用模板
供应商依赖性	●●○○○	500	修改合约条件 “全球采购”项目
接口协调缺乏	●●●○○	250	标准化流程
疏忽		150	持续改善
成本偏差	●●○○○	750	固定成本比重
经济波动发展	●●●○○		间接费用
超负荷	●○○○○		工作时间调查
缺乏观点	●●○○○		继任规则 建立奖励机制
控制学	●●●○○		知识经验系统
接受管理知识	●○○○○		监督系统

图 6.14 平衡机会和风险卡结构

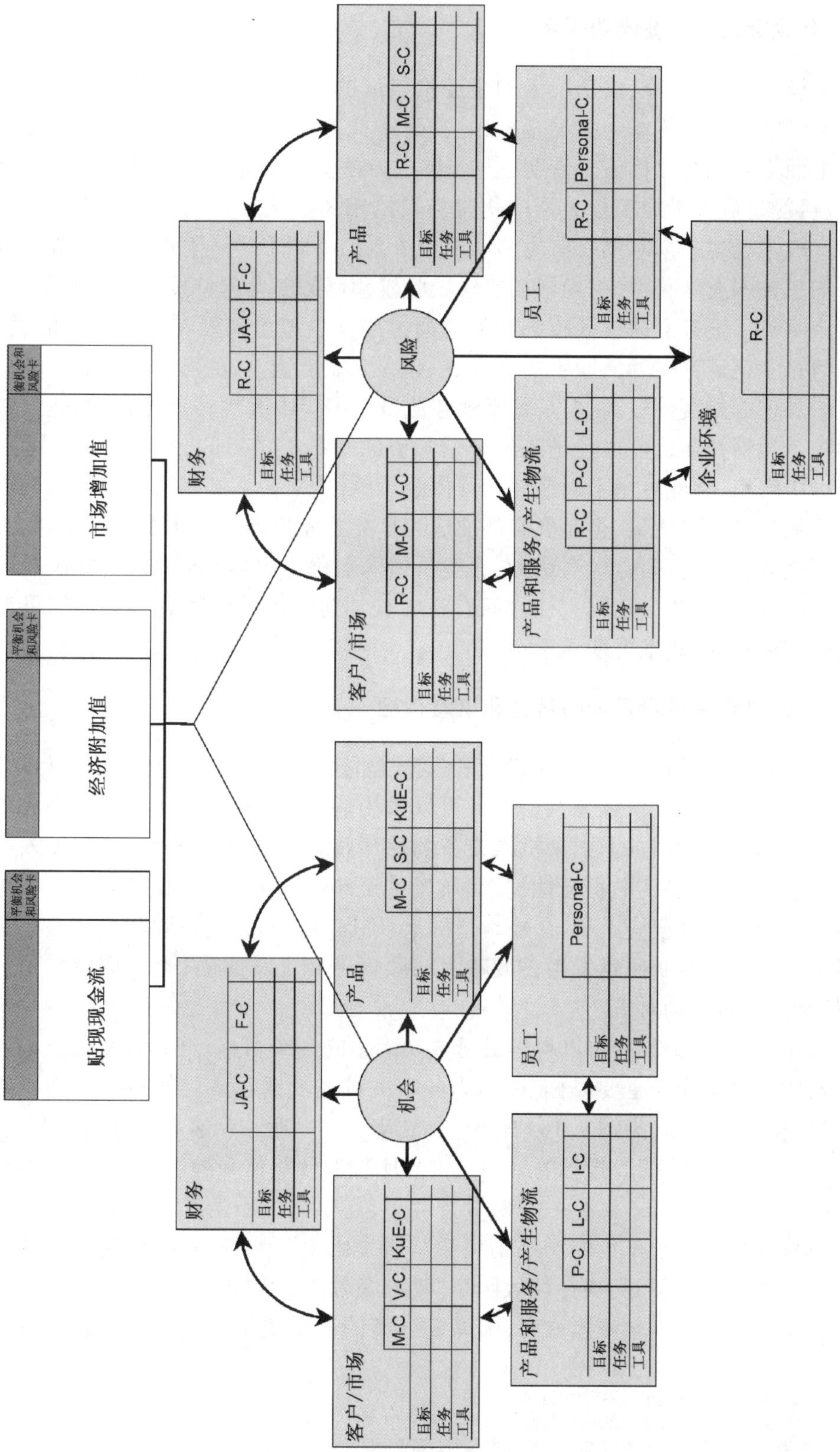

图 6.15 平衡机会和风险管理

6.4.2 企业价值和关键成功因素

为了模拟机会、风险、成功因素和企业价值间的相互作用，平衡机会和风险管理把三个不同的股东价值作为关键指标，它构建了此方法分析应用的结果值以及支持规划自上而下方法的目标值。借助三种不同的方法衡量企业价值是基于各种信息需求，并且目的是从数量的相互关系中获得与操控相关的认识。贴现现金流通过加权平均资本成本展现未来时期所有的贴现现金流入。不同于经济附加值由投资资本超过年平均总资本成本获得，市场增加值代表股权和债务资本超过投资资本的价值，它是在某个时点由证券交易所获得的利润。通过观察这些价值及其相互之间的关系，可以判断企业在证券交易所股价的合理性，以及由此产生的收购风险。贴现现金流与市场增加值的相关性较高，但是基于现金流量在一年中大幅波动，因此不适合做中短期操控。短期企业价值操控是在经济增加值的基础上进行的，它可以从年度财务报表数据中得出，因此可用于周期性和具体会计单位。[①]

无论用何种方式衡量，企业价值都被认为是关键成功因素影响的结果，这些因素是成功型企业管理的切入点。[②] 因此，企业价值的积极变化必须来自对这些成功因素有针对性的操控，这些成功因素往往只有在中长期能做出反应和具有有限的可量化性，具备战略目标的典型特征。

6.4.3 平衡风险和风险管理的机会和风险指标

与平衡计分卡模型一样，平衡机会和风险卡的成功因素与制定的策略、目标、任务和工具之间存在相互依赖关系。因此可以做出假设，竞争性设计的产品将成功满足客户和销售市场的需求。如果机械设备的使用符合现有技术水平，并且投入高效流程中，就可以提高员工的积极性、产品质量甚至相关服务质量，最终反映在积极财务结果上。通过控制模块工具，在战略基础上，确保目标的预定说明和对这些关系的描述或测量。管理控制回路发生在战略、目标、任务和工具之间，当工具检测到偏差时，该控制回路将启动对策。[③]

从拟定的企业愿景中，可以得出关键成功因素的各个目标。例如，将在核心领域达到市场领导地位作为主要目标，可以为各个关键成功因素确定子目标。为了实现上述目标，在客户层面(见图 6.16)有必要留住老客户并吸引新客户。通过对“新客户销售”和“老客户销售”绩效指标的计划一实际比较的预算值来检查是否、以何种程度达到目标。对于第一个子目标——吸引新客户，需要在产品生产层面上发挥大的创新潜力，这反映在“小于 1 年的产品销售额”“研发比率”上。研发活动的发展再一次会对财务产生影响，它们反映在绩效比率“动态负债率”和“权益比率”上。然而为了追求第二个子目标——客户忠诚度，则需要很高的产品质量，这反映在绩效指标“质

① 参见 Günther：*Controlling*，S. 235，251。

② 参见 Rockart：*Data Needs*，S. 81－92。

③ 除非另有说明，年度净利润作为计算绩效指标的基础数据，一般为税前金额。

量成本"中。产品的质量又与员工流动率有因果关系。

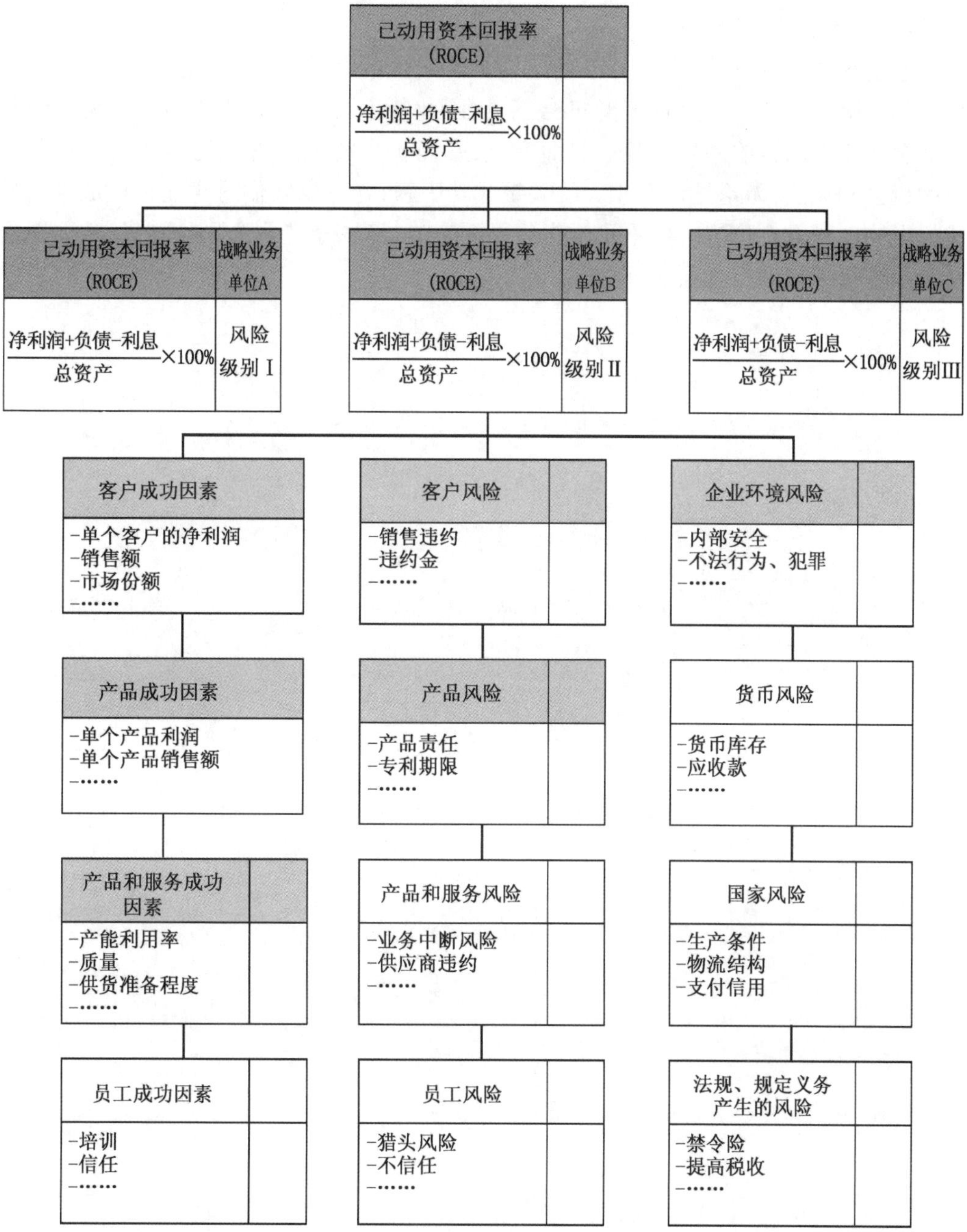

图 6.16　平衡机会和风险管理的机会和风险指标

从该示例可以看出成功因素之间的相互作用,其可以通过绩效指标测量,并因此操控其实现情况。这是通过在规划过程中,分析已分配默认值且源自各总体目标的偏离绩效指标来完成的。此外,可以设计措施目录,它在绩效指标偏离但不超过阈值的情况下生效。在上面的例子中,高员工流动率会危及产品质量,因而需要采取有助于增加员工忠诚度的措施。质量奖金或其他自愿性社会福利形式是否能有相似作用,取决于各自的情况。

通过这些工具,可以将具有不确定机会和风险的企业活动整合到规划中。平衡机会和风险卡补充了风险管理的机会工具,因此特别可以考虑绩效指标中无法量化的情况和成功因素的外生风险。总而言之,平衡机会和风险管理力求尽可能量化企业的机会和风险,无论是否有相关的关键成功因素,并考虑它们对企业价值成功目标值的影响。对企业价值产生不可量化后果的影响,将被分进一个风险等级,从而对企业风险进行不精确但全面的评估。

7

管理控制在中国的发展

7.1 内部控制的发展历程

自中华人民共和国成立以来，中国在企业管理方面积累了不少经验，例如“三老四严”“两参一改、三结合”“指标分解”“班组核算”和“经济责任制”[①]等。所有这些管理经验往往离不开会计学。中国财政部依法管理全国会计工作，同时也是宏观经济综合管理部门之一，从计划经济[②]到市场经济[③]，始终高度重视各单位的会计管理和内部控制制度建设。尤其是改革开放40多年以来，财政部先后制定并在全国范围内实施了加强各单位内部会计管理方面的一系列规章制度，对中国经济社会的健康发展发挥了十分重要的作用。企业内部控制规范就是这一系列规章制度的主要组成部分，它是适应中国经济社会不同发展进程而逐渐形成的，大体经历了内部牵制、内部会计控制和全面风险控制三个阶段。[④] 本章主要讲述内部会计控制和全面风险控制。

案例：内部控制的公司制改革

深圳市委原来管一百多家国有企业的领导班子，千余名国有企业领导干部都要经市委常委讨论任命。进行公司制改革后，从1996年起，深圳市对原有的国有企业领导人员管理体制进行了重大调整。按照党管干部原则和公司法的要求，市委管住、管好大企业领导班子，只管3家资产经营公司、地方金融机构及驻中国香港深业集团等9家企业的领导班子。其余市属企业领导人员和管理权限下放到资产经营公司，按照下管一级的原则逐级管理，将总经理的任免权真正交给企业的董事会。另一种

① 经济责任制：指企业内部经济责任制，是一种责、权、利相结合，以提高企业经济效益为目的的企业经营管理制度。

② 计划经济：国家在生产、资源分配以及产品消费各方面，都是由政府或财团事先进行计划的经济体系。

③ 市场经济：产品和服务的生产及销售完全由自由市场的自由价格机制所引导的经济体系。

④ 刘玉廷：《中国内部控制改革与发展》，经济科学出版社2010年版：第6页。

相似的做法是，凡涉及公司董事会成员和经理人员任免选拔事项，由公司所在地党委和政府人事部门提出建议，最后按公司法程序决策，公司党组织主要起保证监督作用。

内部控制按其控制的目的不同，可分为会计控制和管理控制。会计控制是指与保护财产物资的安全性、会计信息的真实性和完整性以及财务活动的合法性有关的控制；管理控制是指与保证经营方针、决策的贯彻执行，保证经营活动的经济性、效率、效果以及经营目标的实现有关的控制。

7.1.1 内部会计控制

在中国内部控制发展历程中，会计控制处于承上启下的重要地位，既是对内部牵制的传承和拓展，又为推进更为全面、系统的企业内部控制建设进行了探索、积累了经验。①

按控制类型分为：内部管理控制制度和内部财务控制制度。内部财务控制制度又分为：会计核算控制制度和财务管理控制制度。

内部控制按控制内容分为：管理条线控制制度、财务条线控制制度和政工条线控制制度。

案例：内部会计控制中的战略成本控制

为了推进战略成本控制，上海汽车股份有限公司采用了“五步控制法”：

1. 分析成本——对企业的成本行为进行细化分析，包括成本性态分析、成本动因分析、成本价值链分析，从而对企业的主要成本行为、企业每个产品的成本均有清晰的剖析，进而显示出企业应控制的各个关键点。如通过结构性成本分析，公司上下充分意识到企业基础建设、项目投资控制的重要性，因为这类成本一旦形成就固化了，从而认识到必须防止不精益投入，一定不能在历史遗留不良资产尚未完全消化的遗憾中，又增添新的历史包袱。

2. 比较成本——战略成本控制重视信息的多样化，企业通过国内外同行业比较、竞争对手比较、历史比较等分析，充分确认企业的控制症结。

3. 净化成本——根据企业价值链分析，揭示出不创造价值的成本行为。然后，公司采用设立虚拟“资产管理公司”形式，帮助所属企业将历史上形成的呆滞设备折旧成本和离岗退养人员工资成本分离出来。这一控制举措避免了企业产品成本信息的扭曲，使之轻装上阵，大大提升了市场竞争力；同时，“烂苹果”的拣出，无效成本的凸现，又提高了企业消化不良资产的紧迫感。

4. 真实成本——根据价值链分析和成本净化，研究关键链接，重构价值链，优化企业资源要素的整合，使成本真实精益，有竞争力。

5. 目标成本——制订五年规划，以成本规划为导向。选定国际上先进对标标

---

① 刘玉廷：《中国内部控制改革与发展》，经济科学出版社 2010 年版：第 15 页。

杆，提出企业生存性目标和进取性目标，以求企业领先优势。

该公司的实践证明，战略成本控制是内控的前瞻和后延，是内控深度和力度的提升，其创立的对核心竞争力的多维控制和全方位制衡，使公司的内控体系实化、深化、细化，操作性强，效果明显。

7.1.2 全面风险控制

我国实行全面风险控制[①]的主要背景如下：

进入21世纪以来，随着我国加入世界贸易组织五年过渡期结束，改革开放更加深入，完善社会主义市场经济体制、经济全球化、贯彻实施中央“走出去”战略成为时代的主流。[②] 客观上要求我国企业要做强做大，实施全面风险控制，苦练内功，提升核心竞争力，以应对全球范围内的强劲竞争对手。

众所周知，我国三大石油公司、三大电信公司、电力能源公司、保险公司等国民经济骨干企业在美国上市。针对美国“安然事件”之后公共会计监管的一系列制度安排，财政部和证监会分别向国务院报告，建议我国应当未雨绸缪，在汲取美国安然等一系列内部控制失败案例教训、总结会计控制经验的基础上，针对国内国际两个市场，抓紧应对日益复杂的各种风险，推动会计控制向全面风险控制发展。

2008年国际金融危机后，建立健全企业内部控制更加引起世界范围内包括政府监管部门、企业界和学术界等有关方面的极大关注。财政部等五部委联合发布企业内部控制规范体系，在全社会掀起了一股深入贯彻实施企业内部控制规范的新浪潮。

我国风险控制的主体思路来自COSO的管理控制理念，从五因素发展到八因素，体现了对于风险控制的重视和细化，但其需要把控制环境、目标设定、时间识别、风险评估、风险反应、控制活动、信息与沟通和监督八项细化和落实到中国企业管理的事件中，要完成的任务还有很多。

7.2 我国企业内部控制研究

7.2.1 四种内部控制研究角度

严格、严密的内部控制制度是现代企业(尤其是上市公司)实现其基本目标的必要前提。单从国内来讲，各著名学者对内部控制研究的角度广泛而新颖，可谓百花齐放、百家争鸣。主要是从工程学、信息生态学、知识经济学、价值创造、契约论、经济学以及企业文化等角度来研究的。

1. 从工程学[③]的理论和方法对如何将内控理论应用于内部控制实践，在实践中

---

① 全面风险控制：是指企业围绕总体经营目标，通过在企业管理的各个环节和经营过程中执行风险管理的基本流程，培育良好的风险管理文化，建立健全全面风险管理体系。

② 刘玉廷：《中国内部控制改革与发展》，经济科学出版社2010年版：第29页。

③ 工程学：一门应用学科，用数学和其他自然科学的原理来设计有用物体的进程。

遵循理论的要求,如何将实践反馈并上升为理论进行探讨,是这一新视野主要想解决的问题。研究内部控制工程学有利于克服内部控制的危机,控制内控系统的建设进度,节约内控系统的成本,提高内控系统的质量。例如,生命周期模型、系统的可行性研究、系统功能测试这些工程学技术运用于内部控制制度的设计,进一步确保了内部控制的科学有效性。

2. 价值创造链导向的内部控制。作为审计方法的内部控制与作为管理方法的内部控制在功能与结构上存在差异。作为审计方法的内部控制,其首要功能是维护财务报告的可靠性。与财务报告导向的内部控制有所不同,作为管理方法的内部控制在功能上是服从价值创造的。如今,谋求价值最大化的目标定位已成为理论界和实务界的普遍认识。而作为管理方法的内部控制,正是通过有效获取和利用资源来实现这一目标的。

3. 知识经济[①]导向的内控。将知识资本纳入原有企业内部控制系统,构建知识经济导向的内部控制系统的基本框架是另一个新视角,知识导向内部控制系统的主要目标是促进企业知识的生成、共享与有效使用,以实现企业知识管理战略,提升企业的核心竞争力。

4. 信息化生态环境导向的内控。企业内部控制生态环境属于企业生态环境的范畴,主要是基于企业生产技术、经营特征、管理模式、业务流程等与信息化的关联程度强弱来加以区分的。可分为:传统型内部控制生态环境和信息化、商务智能型内部控制生态环境。信息化生态环境中企业内部控制的有效性很大程度上取决于信息系统的可靠性和有效性。

7.2.2 中国企业内部控制五目标

7.2.2.1 “五目标”的内涵及其层次性[②]

中国企业内部控制涉及五个目标,它们分别是:

(1)发展战略目标,是促进企业实现发展战略的目标,是内部控制的最高目标,也是终极目标。该目标的确定需要与企业的使命(愿景、存在的目的)相一致。

(2)经营效率和效果目标与企业资源利用的有效性和效率有关,通过一系列的控制手段和方法有助于提高企业内部控制经营效率和效果,是战略目标以下较为重要的内部控制目标。

(3)资产安全目标是防止资产流失,维护资产的安全。

(4)财务报告及相关信息真实完整目标,既与企业内部报告有关,也与外部报告有关;既涉及财务数据,也涉及非财务数据。

(5)经营管理合法合规目标与企业适用的法律法规有关,意在合理保证企业经营

---

① 知识经济:知识在生产中占主导地位。
② 刘玉廷:《中国内部控制改革与发展》,经济科学出版社 2010 年版:第 95—97 页。

活动符合国家法律、法规的要求。

7.2.2.2　“五目标”的相互关联性

企业内部控制的五个目标中,发展战略目标是首要和终极目标,它统领其他目标,其他四个目标是服从服务于发展战略目标的,并且相互关联。从上至下,目标逐步具体化,下层目标是实现上层目标的基础,上层目标是下层目标的深化。在企业管理实践中,从下至上逐步实现有关目标,是企业管理的任务。

7.2.3　企业内部控制之发展战略

7.2.3.1　制定和实施发展战略的意义

企业制定和实施发展战略,具有十分重要的意义[①],主要体现在下列三个方面:

(1)发展战略是企业执行层的行动指南。发展战略指明了企业的发展方向、目标与实施路径,描绘了企业未来经营方向和目标纲领,是企业发展的蓝图,关系着企业的长远生存与发展。只有制定科学合理的发展战略,企业执行层才有行动的指南,在日常经营管理和决策时才不会迷失方向,才能知晓哪些是应着力做的“正确的事”。

(2)发展战略为内部控制设定了最高目标。企业内部控制最终所追求的是,如何通过强化风险管控促进企业实现发展战略;实现发展战略必须通过建立和健全内部控制体系提供保障。

(3)发展战略可以为企业找准市场定位。市场定位就是要在激烈的市场竞争环境中找准位置。定位准了,才能赢得市场,不断发展壮大。

7.2.3.2　战略管理建设与实施过程

战略管理包含四个关键要素。战略分析:了解组织所处的环境和相对竞争地位;战略选择:战略制定、评价和选择;战略实施:采取措施发挥战略作用;战略评价和调整:检验战略的有效性。

7.2.3.2.1　战略分析

战略分析包括以下几个主要方面的内容:

首先,战略分析的基本层面分为两大类,第一类是企业所处的外部环境分析,第二类是企业所处的内部环境分析,两者缺一不可,缺少任何一个方面都不能称之为完整的战略分析,是有缺陷的战略分析。因此,完整有效的战略分析需要同时兼顾这两个方面。

其次,就战略分析的第一个层面而言,具体包括宏观环境分析、产业环境分析、竞争环境分析和市场需求环境分析。通过这几个方面的分析,知晓企业所处的环境将会或者正在发生什么样的变化,这样的变化会给企业带来更多的机会,还是更多的挑

---

① 王德敏:《企业内控精细化管理全案》,人民邮电出版社 2012 年版:第 73—76 页。

战抑或更多的危机。

再次，外部环境分析是一个综合的、全面的、动态的分析过程，不能顾此失彼，同时通过分析既要面对企业面临的机遇与挑战，又要真实面对企业可能面临的危机和威胁，不能掩盖危机与威胁，仅仅展示机遇与挑战。

内部环境分析主要包括企业资源与能力分析、价值链分析、业务组合分析、核心竞争力等。这几个方面依旧彼此联系，密不可分，且其中任何一个方面都不可或缺。主要是通过分析了解企业自身在整个行业中所处的位置，本身具有哪些可以利用的资源及其竞争力如何等。

另外，通过上述两个大的方面的分析，就会对企业有一个整体的、宏观上的、完整的认识，才能在此基础上进行战略管理。

7.2.3.2.2 战略选择

第一步是需要制订战略选择方案。企业可以从对企业整体目标的保障，对中下层管理人员积极性的发挥，以及企业各部门战略方案的协调等多个角度考虑，选择自上而下的方法、自下而上的方法或上下结合的方法来制订战略方案。

第二步是评估战略备选方案。通常有两个标准：一是考虑选择的战略是否发挥了企业的优势、克服劣势，是否利用了机会，将威胁削弱到最低限度；二是考虑选择能否被企业利益相关者所接受。

第三步是选择战略。可使用以下方法：

(1)根据企业目标选择战略：企业自身根据目标和有关优化标准，选择对于实现目标最有利的方案作为企业战略。该战略将十分符合企业实际，对于下一步的战略落实有很大的帮助。缺点是会选择对于企业自身比较容易的战略，会失去一些挑战的机会。

(2)聘请外部机构：把外部机构作为独立的第三方，请它来选择战略。这样做的好处是，战略的选择有足够的客观性，能够发现和利用一切可能的机会，实现企业的目标。问题在于，外部机构一般不是很了解情况，会出现理论脱离实际，导致战略在落实上有困难。

(3)提交上级管理部门审批：该方法虽然保证了上级机构在全局处理上的优势，但是可能会对企业造成一定的不利影响，导致企业独立性的丧失，从而影响企业的独立经营。这样会导致和企业目标的偏离，从而无法实现最优方案。

第四步是战略政策和计划：战略决策要通过战略政策和计划落到实处，战略政策和计划能够具体给出落实战略的方向和步骤，使得战略有一条明确的落实途径，从而保障了战略的实施。另外，在外部机构和上级部门决定战略时，战略政策和计划也是把战略和企业实际进行有机结合的重要方法和手段，所以该步骤是战略选择的一个重要组成部分。

7.2.3.2.3 战略实施

战略实施是企业战略在企业管理中发挥作用的关键一步，战略实施主要涉及以下方面:如何在企业内部各部门和各层次间分配及使用现有的资源;为了实现企业目标,还需要获得哪些外部资源以及如何使用;为了实现既定的战略目标,需要对组织结构做哪些调整等。

战略实施具体涉及以下方面:(1)根据战略规划和实施计划,设定各个短期目标的关键绩效考核指标;(2)根据设定的 KPI,评估重点,包括计划完成的及时率,执行结果与预期的差异等情况;(3)根据评估的差异状况,分析产生差异的原因,确定影响差异的因素是否可控;(4)针对影响战略计划实施的可控因素,采取改善措施,保障战略行动计划的落实。

7.2.3.2.4 战略评价和调整

战略评价是检测战略实施进展,评价战略执行业绩,不断修正战略决策,以期达到预期目标。战略评价包括三项基本活动:考察企业战略的内在基础,将预期结果与实际结果比较,采取纠正措施以保证行动与计划的一致。

战略评价的内容涉及以下五个方面:(1)战略是否与企业的内外部环境相一致;(2)从利用资源的角度分析战略是否恰当;(3)战略涉及的风险程度是否可以接受;(4)战略实施的时间和进度是否恰当;(5)战略是否可行。

战略评价的标准如下:

(1)一致性:战略的一个关键作用是与企业的活动相一致,然而在实际工作中,不一致性是司空见惯的。

(2)和谐与适合性:企业与环境之间的关系需解决好两个问题:企业必须配合和适应环境的变化,并同时与其他试图适应环境的企业相竞争。

(3)可行性:在企业设备、人力和财务资源制约因素的情况下能否推行所制定的战略是个很关键的问题。

(4)可接受性:指战略是否与主要利益相关者的期望相一致。

(5)优势性:竞争优势一般与较多的资源、较强的技能或者较有利的地位有关。前两个因素代表了企业强于或优于其竞争对手的能力。

根本的问题是:哪些技能和资源占竞争优势?战略评价就是通过评价企业的经营业绩,审视战略的科学性和有效性。战略调整就是根据企业情况的发展变化,参照实际经营事实、变化的经营环境、新的思维和新的机会,及时调整所制定的战略,以保证战略指导企业经营管理的有效性。

7.2.3.2.5 战略控制职能

对企业经营战略的实施进行控制的主要内容有:

(1)设定绩效标准。根据企业战略目标,结合企业内部人力、物力、财力及信息等具体条件,确定企业绩效标准,作为战略控制的参照系。

(2)绩效监控与偏差评估。通过一定的测量方式、手段、方法,监测企业的实际绩效,并将企业的实际绩效与标准绩效对比,进行偏差分析与评估。

(3)设计并采取纠正偏差的措施,以顺应变化的条件,保证企业战略的圆满实施。

(4)监控外部环境的关键因素。外部环境的关键因素是企业战略赖以存在的基础,这些外部环境的关键因素的变化意味着战略前提条件的变动,必须给予充分的注意。

(5)激励战略控制的执行主体,以调动其自控制与自评价的积极性,保证企业战略实施的切实有效。

战略控制的一个重要目标就是使企业实际的效益尽量符合战略计划。为了达到这一点,战略控制过程可以分为四个步骤:

(1)制定效益标准

战略控制过程的第一个步骤就是评价计划,制定出效益的标准。企业可以根据预期的目标或计划制定出应当实现的战略效益。在这之前,企业需要评价已制订的计划,找出企业需要努力的方向,明确实现目标所需要完成的工作任务。

(2)衡量实际效益

主要是判断和衡量实现企业效益的实际条件。管理人员需要收集和处理数据,进行具体的职能控制,并且监测环境变化时所产生的信号。此外,为了更好地衡量实际效益,企业还要制定出具体的衡量方法以及衡量的范围,保证衡量的有效性。

(3)评价实际效益

用实际的效益与计划的效益相比较,确定两者之间的差距,并尽量分析出形成差距的原因。

(4)纠正措施和权变计划

考虑采取纠正措施或实施权变计划。在生产经营活动中,一旦企业判断出外部环境的机会或威胁可能造成的结果,则必须采取相应的纠正或补救措施。当然,企业的实际效益与标准效益出现了很大的差距时,也应及时采取纠正措施。

总之,战略落地是一个系统的过程。战略目标分解使企业战略从抽象走向具体,从宏观走向微观,从公司层面走向部门层面及个人层面;战略实施计划的制订,使企业战略目标具有可执行性和可操作性;对战略实施计划执行的评估与改进,最终确保企业战略的实现。

7.2.4 相关案例

7.2.4.1 案例:A市发展战略(2014~2020年)实施计划①

到2020年,A市规模以上工业增加值达到8 000亿元,主营业务收入实现40 000亿元。其中,电子信息产业达到万亿元,汽车、石化、节能环保、食品、轻工成为千亿元级产业。

1. 发展战略

1个体系——构建“层次分明、优势突出、生态高效”的现代工业产业体系。

① 王德敏:《企业内控精细化管理全案》,人民邮电出版社2012年版:第80页。

3个层级——形成“突出发展、加快发展、优化发展”3个层级。

13个产业——重点推进13个产业发展

突出发展:轨道交通、石化产业、电子信息、汽车。

加快发展:生物医药、航空航天、新材料、新能源、节能环保产业。

优化发展:轻工产业、食品、冶金、建材。

2. 优化工业空间布局

A市将以产业为纽带,突破地域限制,推动区域联动发展,通过构建市、县、镇三级工业布局体系,形成“大园区承载大产业”“小园区发展特色产业”的新格局。

3. 重点产业

电子信息产业。将以构建新一代电子信息产业体系为核心,按照现代电子制造业、高端软件、服务业和互联网产业三个方向,重点发展集成电路和电子器件、智能终端、网络通信、信息安全、智能家居等11个产业集群。

航天航空产业。飞机整机制造成重点发展方向。

汽车产业。在促进现有整车企业充分释放产能的同时,将大力引进市场前景好、附加值高的整车企业及新车型,不断壮大产业规模,提升产品档次。

7.2.4.2 内部控制之销售管理案例

麦考林公司成立于1996年1月8日,由美国著名风险基金Warburg Pincus投资,实际投入资金超过3 000万美元。它是中国首批获得政府批准的从事邮购业务的三资企业,年营业额超过6 000万元人民币,是目前中国投资规模最大的邮购公司。公司业务覆盖全国31个省市、自治区和直辖市,以其优秀的产品质量、富有竞争力的价格树立了行业的领先地位。

因其邮购业务的快速发展,它也成为中国邮政最大的客户之一。麦考林与全国各地6万个邮政分局和400个城市的特快专递紧密合作,为从上海到乌鲁木齐、北京到拉萨的数以百万计的消费者及时递送了时尚和质量的保证,风雨无阻。

1. 麦网——邮购业务的自然延伸

互联网给了麦考林一个难得的机遇,可以利用自己的业务优势,完成又一次飞跃,它是商业模式的一次成功的转型。

“麦网”是由上海麦考林国际邮购有限公司在1999年12月开始试运行的在线零售网站的基础上于2000年4月开通的一家电子商务门户网站。

互联网使麦考林可以一天24小时随时更新产品目录,用户也可以将个人信息的改变随时通知麦考林。重要的是,用户可以比以前更快地收到订购的货品。互联网还可以让麦考林开拓比邮购业务更多的潜在用户。

2. 麦网的优势

(1)麦网运作于功能全面、性能优异的电子商务平台上。

(2)麦网提供了更丰富的商品选择。

(3)邮购业务和 B2C 电子商务都属于直复式营销。

(4)麦网拥有完善的结算体系,各种付款方式适应于国内的现状。

(5)麦网拥有完备的物流体系。

3. 未来发展战略

多方面合作与多渠道发展是麦网未来主要的发展战略。

7.2.4.3 企业内部控制之财务报告案例

C 公司财务报告内部控制业务流程如下。

1. 业务目标

(1)战略目标:树立遵纪守法和维护公司股东、债权人及其他利益相关者合法权益的公众公司的良好形象。

(2)经营目标:保证及时满足公司会计信息使用者的需要。

(3)财务目标:保证财务报告的真实、完整、准确与适当披露。

(4)合规目标:保证财务报告的编制符合国家规定以及上级部门的要求;保证财务报告的编制符合公司内部会计政策、会计制度的要求。

2. 风险评估

(1)战略风险。未按要求编制财务报告损害了遵纪守法和维护公司股东、债权人以及其他利益相关者合法权益的公众公司的良好形象。

(2)经营风险。财务报告编制不及时,导致信息披露的延误和未能满足各方信息使用者的需要。

(3)财务风险。报表内容不完整、不真实,数字计算不准确,报送不及时;操作失误,导致财务报告存在错误以及信息失真。

(4)合规风险。不符合规定编制财务报告,导致相关部门处罚。

3. 业务流程步骤与控制点

(1)布置、落实编制工作。财务总监每年 12 月中旬根据上级会议精神组织召开公司年度财务决算会议,具体布置和落实年度决算工作;月度、季度财务报告按照有关要求进行。

(2)重大事项上报核准。

(3)重要的控制点:全面进行财产清查,核实账目并进行相关财务处理;编制财务报表;财务报告的审计;财务报告的审定和上报;监督与检查。

7.2.5 中国企业内部控制的要素

7.2.5.1 内部控制的八要素

内部控制"八要素",即内部环境、目标制定、事件识别、风险评估、风险反应、控制活动、信息与沟通、内部监督。概言之,企业内部控制包括八个相互关联的构成要素;

它们来自管理层经营企业的方式,贯穿管理过程的始终。

各要素的基本环境与作用如下。

1. 内部环境

企业的内部环境是其他所有风险管理要素的基础,为其他要素提供规则和结构。内部环境影响企业战略和目标的制定、业务活动的组织和风险的识别、评估和执行等。它还影响企业控制活动的设计和执行、信息和沟通系统以及监控活动。内部环境包含很多内容,包括企业员工的道德观和胜任能力、人员的培训、管理者的经营模式、分配权限和职责的方式等。董事会是内部环境的一个重要组成部分,对其他内部环境的组成内容有重要的影响。而企业的管理者也是内部环境的一部分,其职责是建立企业的风险管理理念、确定企业的风险偏好,营造企业的风险文化,并将企业的风险管理和相关的行动计划结合起来。

2. 目标制定

根据企业确定的任务或预期,管理者确定企业的战略目标,选择战略方案,确定相关的子目标并在企业内层层分解和落实,各子目标都应遵循企业的战略方案并与其相联系。

3. 事件识别

管理者意识到了不确定性的存在,即管理者不能确切地知道某一事件是否会发生、何时发生或者如果发生其结果如何。作为事件识别的一部分,管理者应考虑会影响事件发生的各种企业内外部的因素。外部因素包括经济、商业、自然环境、政治、社会和技术因素等,内部因素反映出管理者所做的选择,包括企业的基础设施、人员、生产过程和技术等事项。

4. 风险评估

每个企业都面临诸多来自内部和外部的有待评估的风险,贯穿企业所有的经营活动。得出风险发生的概率以及风险发生时企业可能受到的损失数额。

5. 风险反应

管理者可以制订不同风险反应方案,并在风险容忍度和成本效益原则的前提下,考虑每个方案如何影响事件发生的可能性及其对企业的影响,并设计和执行风险反应方案。考虑各风险反应方案并选择和执行一个风险反应方案是企业风险管理不可分割的一部分。有效的风险管理要求管理者选择一个可以使企业风险发生的可能性和影响都落在风险容忍度范围之内的风险反应方案。

6. 控制活动

控制活动是帮助保证风险反应方案得到正确执行的相关政策和程序。控制活动存在于企业的各部分、各个层面和各个部门。控制活动是企业努力实现其商业目标的过程的一部分。通常包括两个要素:确定应该做什么的政策和影响该政策的一系列过程。

7. 信息与沟通

来自企业内部和外部的相关信息必须以一定的格式和时间间隔进行确认、捕捉和传递，以保证企业的员工能够履行各自的职责。有效的沟通也是广义上的沟通，包括企业内自上而下、自下而上以及横向的沟通。有效的沟通还包括将相关的信息与企业外部相关方(如客户、供应商、行政管理部门和股东等)的有效沟通和交换。

8. 内部监督

对企业风险管理的监控是指评估风险管理要素的内容和运行以及一段时期的执行质量的一个过程。企业可以通过两种方式——持续监控和个别评估——对风险管理进行监控。持续监控和个别评估都是用来保证企业的风险管理在企业内各管理层面和各部门持续得到执行。

企业内部控制八要素的确立，不仅为建立健全企业内部控制提供了指引，同时给企业内部控制自我评价指明了方向。判断企业内部控制是否有效，必须从内部控制八要素分别评价，综合得出结论。

7.2.5.2 中国企业的特点

7.2.5.2.1 内部环境

从我国企业实践和资本市场发展看，伴随着经济社会的发展，绝大多数企业在发展经营的同时，注重和加强了内部控制，在激烈的市场竞争中持续发展和壮大。但是，也不乏部分公司频频出事，虽然存在这样或那样的原因，但究其主要原因之一在于其内部环境出了问题。这些公司不是内部控制制度不健全，而是设计完好的内部控制制度和其他相关管理制度执行不到位，内部环境基础缺失。要使内部环境效用真正得以发挥，应当重视和优化内部环境建设。

7.2.5.2.2 目标制定

中国企业的整体目标从根本上来说，还是盈利目标，然后把该目标按照阶段和企业的层面分解，以落实目标。但是，我国是社会主义国家，所以企业除了经济盈利目标以外，还要更多考虑社会、生态和相关利益者的诉求，所以目标的确定应该具有中国特色，这样才能保证企业长期经营和发展，这是我们在确定经营目标时必须考虑的重要特色因素。

7.2.5.2.3 确认风险事件案例①

1. 某上市公司针对战略目标确认风险事件

一家大型能源公司，为实现在同行中处于“一流”位置的战略目标，首要的一项关键业务油气资源，该项业务影响目标实现的因素有：油气资源储备充足且勘探能力完善；针对两个关键事项，从企业油气资源面临的内外部环境考虑，内部风险可能包括勘探项目论证不充分，勘探技术、装备和人员不足等原因存在缺陷，外部风险是油气储备不足、油气所在国政治、经济等剧烈变化，无法持续经营；通过以上分析，油气资源业务风险事件总结确认为：项目论证不足，导致后期开采困难或失败，油气储量缺

① 刘玉廷：《中国内部控制改革与发展》，经济科学出版社 2010 年版：第 107－109 页。

乏或不落实,海外开发失败等。

风险识别法有将定性和定量结合起来的层次分析法、目标风险识别法、现场调查识别法及自我评估控制等方法。这些方法需要企业根据具体的事项确定或综合使用。

运用那种方法并不重要。最重要的是企业管理层应综合考虑可能会引发或增加风险的因素,选取适合本企业的技术或方法,并保证企业已经具备确认潜在风险事件的能力以及相应的技术支持。

2. 组织机构的案例

财政部等五部委联合颁布的《企业内部控制配套指引》运用上述方法,结合具体业务或事项,创造性地确认或识别出若干业务或事项相关的主要风险事件择其部分列示如下:

“组织架构”应用指引确认的主要风险事件:

(1)治理结构形同虚设,缺乏科学决策、良性运行机制和执行力,可能导致企业经营失败,难以实现发展战略。

(2)内部机构设计不科学,权责分配不合理,可能导致机构重叠、职能交叉或缺失、推诿扯皮,运行效率低下。

7.2.5.2.4 风险评估

由于我国自改革开放以来,经济一直处于高速发展状态,经济增长长期高于10%,根据新兴经济体的发展特点,我国经济社会的波动要远远大于发达国家,导致我国企业面临更大的国内社会变化风险。同时,中国作为世界制造大国,和世界经济的联系紧密,许多企业的客户直接或者间接在国外,所以国际政治经济的变化、汇率的波动、原材料市场的变化等,都会增大企业面临的经营风险。因此在考察我国企业的风险时,要涉及更多的方面,使得风险评估能够反映我国的具体情况。

7.2.5.2.5 风险响应

作为世界工厂,我国绝大多数企业从事加工生产,产品的毛利润很低,一有风吹草动都会导致企业从微利到亏损,企业对于经营风险的反应空间很小,所以在做风险防范方案时,要充分考虑实际情况,使得企业尽量不亏损或者少亏损,以使得企业能够长期经营下去。由于我国采取外汇管制措施,在涉及外汇业务时,企业的操作空间比较小,对抗外汇风险的能力较弱,这点需要在风险反应里面特别考虑。

7.2.5.2.6 控制活动

控制活动不等于内部控制全部。在实践中,控制活动可以看作内部控制最直接的体现。控制活动通常包括政策和程序两个要素,即确定应做什么的政策,以及实现政策的程序。例如,某公司要求预算在3 000万元以上的工程项目必须上报公司董事会审核批准,此为政策本身;至于申报工程项目的基层单位如何申报,就属于程序方面的事宜。两者融合在一起,构成该公司工程项目申报的控制活动。

我国由于文化和长期习惯的影响,人治还拥有很强的势力,法律法规还比较原则和抽象,因此企业在制定规章制度和规划时,要尽可能结合实际,制定详细和切实可行的规章和计划;在落实的过程中,企业领导要以身作则带头遵守规章和计划,并全力支持管理控制师的工作,这样才能把控制活动落到实处,保障战略的实施。

7.2.5.2.7 信息与沟通[①]

信息与沟通是指企业及时、准确、完整收集整理与企业经营管理相关的各种内外部信息,并借助信息技术,促使这些信息以恰当的方式在企业各个层级之间及时传递、有效沟通和正确使用的过程。缺少了信息与沟通,就缺少了"眼睛"和"耳朵",内部控制就无从谈起。

XBRL(即可拓展的商业报告语言)是近年来兴起的一种开放的、基于网络的信息标准。其与网络服务一起使用,有助于不同平台和不同应用软件之间自动交换信息,并使业务报告过程自动化。

我国目前在技术上是一个信息化高度发展的社会,IT 使得海量信息处理成为可能,这对企业信息工具具有决定性的意义。同时,我们也面临新的问题,必须从海量信息中筛选出需要的信息,这项工作任务十分艰巨,信息过载已经成为管理领域的一个很大的问题,必须开发出必要的信息技术,从海量数据中得出我们需要的信息。同时,中国社会对有关定义的严密性和完整性重视不够,导致对于很多概念的理解千人千意,这对企业内部信息的交流也会产生不利的影响,因此需要企业在一开始就下大力气给出明确、完整和系统的概念,作为信息交流的基础。

7.2.5.2.8 内部监督

内部监督是对内部控制建立、执行的持续监督和独立评价,并认定内部控制存在的缺陷,出具评价报告的过程。对内部控制体系有效性的理解,可从内部监督开始。

内部控制体系失效的原因有:一是始终缺乏适当的设计或执行。二是虽然经过适当的设计和执行,但在此过程中,内外部环境发生了变化,而内部控制体系并没有随之改变。三是虽然经过适当的设计与执行,但执行中发生了一些变化,导致内部控制体系在管理或降低风险时无效。

内部控制评价是内部监督的组成部分。在内部监督中,企业应该更多地使用日常监督和专项监督。但是,定期的独立评价也是非常必要的。这是因为:一方面,评价由那些不直接参与接受监督的相对独立的人员执行,可以为控制运行情况提供更客观的分析;另一方面,可为持续监督程序的有效性提供有价值的定期反馈,防止持续监督在长期的、不变的活动中放松警惕,从而引发新的风险。内部控制评价程序一般包括:制订评价工作方案、组成评价工作组、实施现场测试、汇总评价结果、编报评价报告等。

与西方国家不同,人情在我国的作用贯穿公私生活,所以在内部监督方面,首先要去除人情的干扰,给出具体详细的规则,把人为的操控空间尽可能减小。另外,要充分保障内部监督人员工作的独立性,领导、同事和亲戚、朋友都不能对监督产生影

---

① 刘颖民:《管理学》,西安电子科技大学出版社 2010 年版:第 278 页。

响,从而使得内部监督真正能够做到铁面无私和有所成效。

7.2.6　内部控制外部监督

内部控制外部监督主要包括两方面的监督,即内部控制审计监督和其他外部监督。内部控制审计监督,即实施企业内部控制注册会计审计制度;内部控制其他外部监督主要是指国务院有关部门根据法律法规、《企业内部控制基本规范》及其配套指引,对企业建立与实施内部控制的情况进行监督检查。

7.2.6.1　内部控制审计监督

7.2.6.1.1　内部控制审计制度的发展历程

在开展财务报表审计过程中,注册会计师必定要涉及对客户内部控制现状的总体评价。但是长期以来,这种外部评价是以服从、服务于注册会计师实施财务报表审计为目的的,并没有独立成为“内部控制审计”。[1]

内部控制审计作为一项促进企业建立健全内部控制的重要制度安排,是资本市场和审计实践发展的必然选择。

(1)在我国实施企业内部控制注册会计师审计的必要性

在我国,执行《企业内部控制基本规范》及配套指引的企业,不仅应在年末财务报告中披露内部控制自我评价报告,同时还要求企业聘请具有证券期货业务资格的会计师事务所对其财务报告内部控制的有效性进行审计,出具审计报告。此外,注册会计师在内部控制审计过程中注意到的企业非财务报告内部控制的重大缺陷,应当提示投资者、债权人和其他利益相关者关注。对于执行内部控制审计的会计师事务所来讲,对公司上市前要进行内部控制审计,上市后也要进行内部控制审计。实施企业内部控制注册会计师审计,既是立足我国国情、借鉴国际惯例推出的一项创新之策,同时又是确保企业内部控制有效实施的重要标志和制度安排。

注册会计师是基于基准日(如年末 12 月 31 日)内部控制的有效性发表意见,而不是对财务报表涵盖的整个期间(如一年)的内部控制的有效性发表意见。但这并不意味着注册会计师只关注企业基准日当天的内部控制,而是要考察企业一个时期内(足够长的一段时间)内部控制的设计和运行情况。例如,注册会计师可能在 5 月对企业的内部控制进行测试,发现问题后提请企业整改,如 6 月整改,企业的内部控制在整改后要运行一段时间(如至少一个月),8 月注册会计师再对整改后的内部控制进行测试。因此,虽然是对企业 12 月 31 日(基准日)内部控制的设计和运行发表意见,但这里的基准日不是一个简单的时点概念,而是体现内部控制这个过程向前的延续性。注册会计师所采用的内部控制审计的程序和方法,也体现了这种延续性。

(2)首次执行内部控制审计与连续实施内部控制审计的策略问题

---

① 内部控制审计:确认、评价企业内部控制有效性的过程,包括确认和评价企业控制设计和控制运行缺陷和缺陷等级,分析缺陷形成原因,提出改进内部控制的建议。

根据财政部、证监会等的统一部署，包括《企业内部控制审计指引》在内的《企业内部控制配套指引》自 2011 年 1 月 1 日起首先在境内外同时上市的公司施行，自 2012 年 1 月 1 日起在上海证券交易所、深圳证券交易所主板上市公司施行；在此基础上，择机在中小板和创业板上市公司施行；鼓励非上市大中型企业提前执行。因此，除按 SOX404 条款①要求为在美国上市公司提供财务报告内部控制审计的会计师事务所外，其他多数会计师事务所及其注册会计师属于首次执行内部控制审计的范畴。

(3)内部控制审计报告的披露形式问题

从我国部分上市公司近年来先行先试内部控制审计的做法看，既有在年度报告中单作一部分予以披露的，也有自成体系形成一个专门报告单独披露的。两种做法各有利弊，我们尊重企业的自主选择权。

7.2.6.1.2 内部控制审计的内容

内部控制审计主要包括以下五个方面的内容：

(1)审计内部控制环境，即分析内部控制环境对企业经营的影响。

(2)审计企业风险评估执行情况，即评价开展风险评估范畴是否全面、风险评估结果是否有效、风险应对策略是否科学。

(3)审计控制活动，即评价企业内部控制措施是否科学、控制效果是否有效。

(4)审计企业内部控制信息和沟通状况，即评价内部控制有关信息的收集、处理及传递程序是否科学，分析信息技术在内控发挥作用的情况。

(5)审计企业内部监督制度，即分析内部监督程序、方法与目的要求是否科学，评价企业内部控制监督制度是否有效。

7.2.6.1.3 我国企业内部控制审计存在的问题

(1)企业高层内部控制意识不强

我国企业多年来一直实行总量增长的战略。企业高层大多认为，企业发展的核心和根本源泉在于增长，所有问题都可以在增长的框架下得到自然解决，所以他们普遍不重视内部控制，认为它会减慢企业的发展速度。这种意识在企业管理界还是很普遍的，因此管理层重视增值排斥内部控制，形成了在我国企业推广内部控制的阻力。

2008 年金融危机后，我国在财政和货币政策的大力推动下，经济增长还保持了高速度，但是随着政策的退出，经济增长速度已经降低，各项风险逐步显露出来，对于企业管理提出了很大的挑战，在经济寒冬时期，没有出事的企业就是生存下来的企业，所以管理层对于内部控制的态度有所改变。随着我国经济改革的深入和"由中国制造到中国设计"的转变，企业粗放式的增长将发生根本改变，内部控制必将成为企业制胜的关键因素。

(2)企业相关规章制度不健全、审计监督机制不完善

我们的规章制度是在短期内建立的，整个体系还不健全，规则也过于简单和粗

① SOX404 条款，《萨班斯—奥克斯利法案》404 条款：内部控制的管理评估。

放,不适合与企业的精细化管理。审计监督一直被认为是对于管理者的不信任,所以审计监督很难受到管理者的支持。统计权力结构的一元化,也是审计监督机制完善的阻力。

随着党中央从严治党和依法治国战略的提出,我国企业内部审计监督机制的构建迎来了大好的外部环境,法治和监督成为社会的主旋律,也正在成为企业管理的主旋律,当前是完善法规和建立审计监督机制的大好时机。

(3)会计师事务所出具不真实报告

会计师事务所出具审计报告的初衷是基于对于整个第三方审计体系的信任。但是该体系也有致命的缺陷,就是由被审计企业给会计师事务所支付审计报酬,导致会计师事务所不敢得罪客户,从而避重就轻,这种情况在我国更加严重。由于我国法律法规方面不够精细,审计工作本身就比较有难度,加上人情世故的影响,审计单位在客户面前更加弱化,甚至出现满足客户不合理的要求,出具不真实审计报告的情况,使得社会公众对于审计报告的信任度也不高。这需要整个社会就此问题进行全面有深度的思考,并找出具有中国特色的解决方案。

7.2.6.2 内部控制其他外部监督

内部控制外部监督,应以内部控制审计监督为主,其他外部监督为辅。本着这一原则,内部控制其他外部监督,即国务院有关部门根据法律法规、《企业内部控制基本规范》及其配套指引,对企业建立与实施内部控制的情况进行监督检查,应以内部控制审计结果为重要依据,尽量减少不必要的重复检查,最大限度地提高内部控制外部监督的效能。

(1)国有企业的内部控制

我国国有企业直接隶属于政府,所以政府有关部门作为外部监督单位具有得天独厚的优势。政府可以通过法律法规和内部规章制度,规范政府对于国有企业的监督,并能够得到国有企业的全力配合,因此该监督机制在我国能够起到很好的作用。

(2)上市公司的内部控制

在我国,上市公司不是完全国有企业,但是国家通过持股或者证监会,对于上市公司有很大的影响力,所以政府还是可以通过法律法规和内部规章制度,规范政府对于上市公司的监督,并且上市公司也会全力满足政府的要求,因此该监督机制在我国能够起到显著的作用。

(3)小企业的内部控制

小企业是我国经济增长、吸纳就业人口、丰富社会产品供给和稳定社会的重要力量。近年来,以民营经济为主体的小企业在我国国民经济中的地位日益突出,发展迅速。但小企业在成长过程中,组织结构简单、权力集中、企业治理结构失衡,规章制度缺失、风险意识不强、信息沟通不畅、决策随意、人才储备不足、企业信息失真等现象也已经严重阻碍了企业的正常发展。[①] 因此，加强小企业内部控制，提升小企业经营管理水平和风险防范能力，对于我国经济持续健康快速发展具有十分重要的意义。在这方面，政府的监督还有提升的空间。

7.3 现代企业的现状

我国进行经济改革已经40多年了，建立现代企业制度也近30年了，但是我国企业的现状还是不能令人满意，具有下列不够完善的地方：

(1)会计的权责控制不完善。目前有很多企业出现如会计处理不严谨、财务信息不公开，会计信息不真实等问题，由于国家没有出台统一的规范和要求，从而影响了上市公司对有利信息的有效披露，增加了信息使用者的投入成本。

(2)员工和管理者内部控制意识淡薄，未全面认识内部控制。一些企业管理者及员工对内部控制的意义认识不足，综合素质不高，也可能对这方面配合不够，导致在经营理念、思想和决策方面不能充分考虑合理性和可行性，从而可能失去机遇，导致企业陷入困境。

(3)监督机制不强，监管体系不健全。[②] 由于我国监管机制的不完善，监察力度不强，引发的巨额资产损失、财务舞弊、会计信息造假、经营失败、甚至破产等事件时有发生。同时我国证券监管和市场发展不同步，证券监管出现滞后性，国家未出台相关法律法规，导致市场秩序混乱。

(4)风险内控没有形成制度化，导致风险的产生。企业在经营活动中会面临很多风险，如法律风险。因此，企业必须对风险的变化情况及时识别、分析、控制和评估，以保证企业的经营效果和效率。而我国大多数企业的管理者对法律风险识别的意识淡薄，导致采取了不合适的控制程序和方法，可能会引起法律纠纷和承担法律责任。

(5)企业内部控制管理工作较差，文化建设不完善，制度创新性不足。企业文化对企业起到重大作用，美国学者在研究日本企业成功的原因时，发现日本企业的文化建设十分完善，从而推动了日本经济的崛起。而我国的很多企业缺乏积极向上的企业文化，管理者奉行经验主义，缺乏开拓创新，忽视企业间的文化差异和理念冲突，从而导致企业内部控制环节薄弱和出现大量问题。

7.4 规范我国内部控制的对策和措施

针对当前我国企业存在的一系列问题，加强内部控制建设很有必要。企业应结

---

① 刘玉廷：《中国内部控制改革与发展》，经济科学出版社2010年版：第159页。

② 唐广熙：《从风险管理角度看企业内部控制发展——以光大证券“乌龙指”事件为例》，《经营管理者》2015年3月中期：第154页。

合自身的实际情况，严格按照企业管理的标准，建立一个健全完善的内部控制体系。①

(1)提高管理人员的综合素质。企业可以通过薪资奖惩和竞争上岗制度，调动员工工作积极性，将人才安排到企业的重要岗位，同时遵循“不相容岗位相分离”原则，做到真正的相互牵制。也要加强对员工的培训，使其掌握更多关于内部控制方面的各项技能，使内部控制管理真正落到实处。

(2)企业各部门要形成统一的监督机制。为了避免各部门由于内部控制环境的不同而导致政出多门的内部控制，实现对于企业的全面内部控制，需要建立整个企业统一的监督机制，这样也有利于企业内部的信息交流和信息共享，从而能够更好地利用信息社会给企业带来的发展机会。

(3)全面评估风险，加强风险防范控制。随着经济社会的深入发展和经济增速的下降，企业将面临更多的风险，粗放型增长已经不能满足当前企业发展的要求了，所以风险管理必将成为企业管理的决定性方面，全面评估风险和加强风险防范，也将成为管理层的共同诉求，是当前管理控制的发展方向。

(4)改善内部控制环境，推动企业内部文化建设。我国社会对于控制的不重视，一直是我国企业长期稳定发展面临的问题。必须改变对内部控制不重视和人情世故的企业文化，从根本上确立法治观念和长期发展战略，这将从企业发展环境的视角，从根本上改变管理控制的环境，促进管理控制在我国的全面健康发展。

7.5 改进建议

基于上述的分析，针对我国管理控制面临的实际情况，建议从下列几个方面改进管理控制。

(1)加强内部控制环境建设。目前中国国有企业的内部环境还不够健全，要大力加强企业的内部环境建设。只有建立起良好的内部环境，内部控制才能得以有效实施，企业才能健康发展。

(2)完善内部控制风险机制。企业及时识别、系统分析经营活动中与实现内部控制目标相关的风险，合理确定风险应对策略，主要包括目标设定、风险识别、风险分析和风险应对策略。②

(3)完善企业控制活动。企业应当结合风险评估结果，通过手工控制与自动控制、预防性控制与检查性控制相结合的方法，运用相应控制措施，将风险控制在可承受范围内。③

(4)加强企业信息沟通，建立和健全内部审计机制。加强中国国有企业信息沟

① 林晓华，刘辰翔：《中国国有企业内部控制问题及对策研究——以中邮集团为例》，《经营管理者》2015 年 12 月上期：第 159 页。

② 郑雅卓：《企业内部控制与风险管理的现状及完善》，《人民论坛》2013 年 8 月：第 80～81 页。

③ 李小燕，杨济华，郭颖：《美国萨班斯法案与中国企业内部控制制度自强化机制的构想》，《会计研究》2015 年第 2 期：第 68 页。

通,建立和健全内部审计机制,应注重信息质量、建立沟通制度、建设信息系统、建立反舞弊机制。

(5)建立科学、有效的内部监督体系。企业应当制定内部控制监督制度,明确内部审计机构(或经授权的其他监督机构)和其他内部机构在内部监督中的职责权限,规范内部监督的程序、方法和要求。内部监督包括日常监督和专项监督。日常监督和专项监督情况应当形成书面报告,并在报告中揭示存在的内部控制缺陷。企业应当制定内部控制缺陷认定标准,对监督过程中发现的内部控制缺陷,应当分析缺陷的性质和产生的原因,提出整改方案,采取适当形式及时向董事会、监事会或者经理层报告。

7.6 我国内部控制近期发展

我国企业内部控制规范体系的形成是一个渐进式长期积累和发展的过程,从内部牵制、内部会计控制到全面风险控制,先后经历了改革开放 40 多年的漫长之路。20 世纪 80 年代,以计划经济为主导,财政部总结形成了《会计人员工作规则》,标志着立足会计工作岗位、全国统一的部分牵制制度的形成;20 世纪 90 年代至 21 世纪初,建立和发展社会主义市场经济体制,资本市场的快速发展催生了我国会计控制的形成。随着我国加入世界贸易组织过渡期结束、经济全球化的到来,引发了全面风险控制的客观需求,建成了中国的企业内部控制规范体系。制定内部控制规范固然重要,关键在于执行,只有执行到位才能发挥应有的作用。企业内部控制规范体系建成只是走完万里长城的第一步,以后的路程更长,工作更艰苦。

7.6.1 上市公司率先实施

1. 大力推进企业内部控制规范体系在我国上市公司分步实施到位

上市公司直接涉及公众利益和资本市场,而且全面实施内部控制规范体系已有较好的基础,尤其是境内外同时上市的公司,在 2006 年前后就开始根据《萨班斯—奥克斯利法案》的要求实施内部控制,编制并披露自我评价报告;聘请注册会计师进行审计并出具审计报告;在 A 股市场主板上市公司也已按照证监会和交易所的要求,在年度财务报告中披露内部控制信息。因此,上市公司应当按照《基本规范》和《配套指引》,全面梳理现有的内控制度和信息系统,将自身的内部控制制度提升到一个新的水平。

2. 证监会高度重视对内部控制规范体系的贯彻实施

在《配套指引》发布会上,中国证监会有关领导指出:上市公司应以内部控制制度建立和完善为契机,加强内部管理。[①] (1)上市公司主要负责人要亲自领导和组织内控规范实施工作,以身作则,带动公司上下全员参与此项工作。公司治理层要继续完善公司治理结构,强化审计委员会作用,建立健全内控责任机构。(2)要认真学习《基

① 郑雅卓:《企业内部控制与风险管理的现状及完善》,《人民论坛》2013 年 8 月:第 80－81 页。

本规范》和《配套指引》,深入领会内部控制的精神实质。企业内部控制规范体系在借鉴国外经验的基础上,考虑到我国的法律环境、企业的风险意识和管理理念等做了适应性调整。公司应认真学习内部控制的有关规定,全面掌握其核心内容,切忌僵化、教条化理解。(3)要杜绝形式主义,不做表面文章,踏踏实实做好内部控制的建立和完善工作。

7.6.2 非上市大中型企业分步实施

1. 中央企业应当做出表率

《基本规范》和《配套指引》出台后,中央企业要将现行管理体制与二者有机结合起来,进一步修改完善相关制度,梳理和优化流程,提高管理水平,增强国际竞争力。经过这些年的努力,很多中央企业的内部控制规范体系建设不再仅仅停留于原则性的规定,而是与企业的日常经营管理紧密结合起来,探索出了一套行之有效的规章制度、工作流程和操作方法,将企业管理、风险管理与内部控制有机结合起来。风险点就是企业日常经营的控制点,重大风险就是企业运行过程中需要解决的重要问题,从而将风险管理落实到具体岗位。

2. 地方企业要同步跟上

在《配套指引》发布会之后,各地区纷纷采取行动,召开本地区贯彻实施《基本规范》和《配套指引》宣传动员大会,大多根据本地区的实际情况,确定了 3～5 家上市和非上市大中型企业试点单位。非上市大中型企业进行内部控制规范体系试点,相对于境内外上市公司和中央企业而言,地方企业由于基础不同可能存在一定的困难,这就需要各地财政部门会同有关部门加大工作力度,做好业务指导,建立沟通和协调机制。

7.6.3 金融企业的加快实施

1. 金融企业的范围

金融企业主要包括商业银行、政策性银行、保险公司、金融资产管理公司、证券公司、基金公司和信托投资公司等。金融企业不仅有上市公司,而且有境内外同时上市公司;不仅有国有金融企业,还有民营金融企业;不仅有从事商业保险的保险公司,还有从事金融性资产管理的管理公司。无论何种类型的金融企业,其最大的特点都是具有全局性和社会性,金融企业发生的金融风险往往属于系统性风险,控制金融风险具有重中之重的特殊地位。

2. 银保监会高度重视金融企业风险控制

银保监会非常重视银行的内部控制管理,提出了“管法人、管风险、管内控和提高透明度”的监管理念,着力于通过加强银行的内部控制来实现金融风险的自我管控,取得了良好的效果。当然,也要清醒地看到,我国银行业在内部控制管理方面还存在一些薄弱环节,如在公司治理和内控体系完善方面,在内控文化建设方面,在内控制度执行方面等,距离规范的标准还有不小的差距。

银保监会按照科学发展观的要求，把内部控制监管作为保险公司监管的重要组成部分，着力推进科学监管、依法监管和有效监管，保险行业的内部控制建设取得了较大进展。部分公司通过改制上市等方式，深化公司内部改革，行业的内部控制水平得到明显提高。下一步，将根据保险业发展实际，进一步推动落实关于加强内控的规定。第一，组织《配套指引》的宣传培训。第二，完善对保险公司内部控制建设的政策指导。第三，加强对保险公司内部控制的监管。

3. 金融企业加快实施

金融企业应当切实贯彻实施企业内部控制规范体系。对金融企业而言，从《基本规范》到《配套指引》，包括内部控制的目标、原则、要素等基本要求，以及《配套指引》中绝大部分应用指引是适用的，只是金融企业的部分特殊业务内部控制指引没有包括在其中。金融创新和虚拟经济的发展是现代经济和经济全球化发展的必然。我国发展虚拟经济是必然趋势，否则就会在未来激烈的国际竞争中处于劣势。[①]

7.6.4 非企业领域的内部控制

这一领域的内部控制首当其冲的是各级财政部门以及其他相关部门，医院、高校、科研等事业单位，涉及数万亿元财政资金的拨付和使用，迫切需要强化内部控制制度，切实贯彻财政部关于科学化、精细化管理的要求。根据《财政部关于全面推进行政事业单位内部控制建设的指导意见》(财会〔2015〕24 号)和《行政事业单位内部控制规范(试行)》(财会〔2012〕21 号)的有关要求，财政部与 2017 年颁布了《行政事业单位内部控制报告管理制度(试行)》。这三个文件从理念、规范和报告等方面，规范了行政事业单位的内部控制行为，拓展了内部控制的运用范围。

7.6.5 审计机关的重要作用

企业内部控制规范体系对审计工作具有重要意义，无论是早期的制度导向审计，还是现代风险导向审计，对被审计单位的内部控制进行检查都成为审计的一个必要和基本程序。实践证明，有效的内部控制能够预防、发现和纠正被审计单位存在的问题，从而成为审计所依赖的基础和确定审计范围、方法的一个依据。可以说，内部控制不仅加速了现代审计方法的变革、节约了审计时间和费用，而且有利于降低审计风险、提高审计质量。[②] 审计机关多年的工作实践也证明，通过检查企业内部控制制度建立和执行情况，能够发现企业内部控制设计中的重大缺陷和现有内部控制是否得到执行的问题，并据此提出改进意见，有利于促进企业建立健全内部控制和自我约束机制。

我们应当采取切实有效措施，充分发挥企业在内部控制规范体系贯彻实施中的监督指导作用，促进国有或国有资产占主导地位的企业以及行政事业单位实施到位。

---

① 唐广熙：《从风险管理角度看企业内部控制发展——以光大证券“乌龙指”事件为例》，《经营管理者》2015 年 3 月中期：第 154 页。

② 刘玉廷：《中国内部控制改革与发展》，经济科学出版社 2010 年版：第 269 页。

参考文献

德文文献

Albach, Horst: **Finanzierungsregeln** und Kapitalstruktur der Unternehmung, in: Finanzierungshandbuch, 2. Aufl., hrsg. von *Friedrich Wilhelm Christians*, Wiesbaden 1988, S. 1–10.

Albach, Horst: **Kosten, Transaktionen und externe Effekte** im Rechnungswesen, in: ZfB, 58. Jg. (1988), S. 1143–1170.

Albach, Horst: Strategische Planung und **Strategische Führung**, in: Unternehmenserfolg: Planung – Ermittlung – Kontrolle, hrsg. von *Michel Domsch*, Wiesbaden, 1988, S. 1–10.

Albrecht, Thomas: Was wissen wir über die Höhe der **Marktrisikoprämie** bei Aktien?, in: BFuP, 49. Jg. (1997), S. 567–579.

Ammann, Helmut: PC-gestützte Systeme der **Erfolgslenkung**. Anwendungsmöglichkeiten und Ausgestaltung für eine qualifizierte Unternehmensführung in Klein- und Mittelbetrieben, Frankfurt a. M. u. a. 1989.

Andreas, Dieter.; Rademacher, Günter; Sauter, Bernhard: **Projekt-Controlling** und Projekt-Management im Anlagen- und Systemgeschäft, 5. Aufl., Frankfurt/Main 1992.

Ansoff, Igor H.: **Corporate Strategy**, New York 1965.

Ansoff, Igor H.: Managing Surprise and Discontinuity-Strategic Response to **Weak Signals**, in: ZfbF, 28. Jg. (1976), S. 129–152.

Arbeitskreis „Finanzierung“ der Schmalenbach-Gesellschaft – Deutsche Gesellschaft für Betriebswirtschaft e.V.: Wertorientierte **Unternehmenssteuerung** mit differenzierten Kapitalkosten, in: ZfbF, 48. Jg. (1996), S. 543–578.

Augustin, Siegfried: **Information als Wettbewerbsfaktor**: Informationslogistik – Herausforderung an das Management, Köln 1990.

Baan, Willem: Die Rolle des Shareholder-Value-Konzeptes in der **strategischen Planung** des RWE-Konzerns, in: Der Shareholder Value Report, hrsg. von *Rolf Bühner*, Landsberg/Lech 1994, S. 127–143.

Bach, Volker; Oesterle, Hubert (Hrsg.): **Customer Relationship Management** in der Praxis, Berlin 2000.

Back-Hock, Andrea: Executive-Information-Systems-Software für die Gestaltung von **Controlling-Informationssystemen**, in: Tagungsband 11. Saarbrücker Arbeitstagung Rechnungswesen und EDV, hrsg. von *August-Wilhelm Scheer*, Heidelberg 1990, S. 186–210.

Back-Hock, Andrea: Lebenszyklusorientiertes **Produktcontrolling**. Ansätze zur computergestützten Realisierung mit einer Rechnungswesen-Daten- und Methodenbank, Berlin, Heidelberg, New York 1988.

Back-Hock, Andrea: Perspektiven der **DV-Unterstützung** des Controlling, in: ZfC, 3. Jg. (1991), S. 94–99.

Baetge, Jörg: Betriebswirtschaftliche **Systemtheorie**, Opladen 1974.

Risikomanagement und -Controlling, in: ZfC, 11. Jg. (1999), S. 171–176.

Baetge, Jörg: **Früherkennung** von Unternehmenskrisen anhand von Abschlusskennzahlen, in: Corporate Governance, Internationale Rechnungslegung und Unternehmensanalyse im Zentrum aktueller Entwicklungen, hrsg. von *Carl-Christian Freidank, Ottkar R. Schreiber*, Hamburg 2003, S. 205–232.

Baetge, Jörg: Instrumente eines effizienten **Risikomanagement** und Controlling, in: Tagungsband 13. Deutscher Controlling Congress, hrsg. von *Thomas Reichmann*, München 1998, S. 63–87.

Baetge, Jörg: **Konzernbilanzen**, 10. Aufl., Düsseldorf 2013.

Baetge, Jörg; Fischer, Thomas R.: Externe Erfolgsanalyse auf der Grundlage des **Umsatzkostenverfahrens**, in: BFuP, 40. Jg. (1988), S. 1–21.

Baetge, Jörg; Jerschensky, Andreas: **Frühwarnsysteme** als Instrumente eines effizienten Risikomanagement und –Controlling, in: ZfC, 11. Jg. (1999), S. 171–176.

Bagad, Vilas: **Management Information Systems**, 3. Aufl., Pune 2008, S. 1–21.

Baier, Peter: Führen mit **Controlling**, Regensburg 1994.

Balderjahn, Ingo: Der Einsatz der Conjoint-Analyse zur Bestimmung von **Preisresponsefunktionen**, in: Marketing- ZFP, 1994, Heft 1, S. 12–20.
Balzert, Helmut: Lehrbuch der **Softwaretechnik**: Basiskonzepte und Requirements Engineering, 3. Aufl., Heidelberg 2009.
Ballwieser, Wolfgang: **Unternehmensbewertung** und Komplexitätsreduktion, 3. Aufl., Wiesbaden 2011.
Banker, Rajiv D.; Chang, Hsihui; Pizzini, Mina J: The **Balanced Scorecard**: Judgmental Effects of Performance Measures Linked to Strategy, in: The Accounting review, 79. Jg. Heft 1 (2004), S. 1–24.
Bankhofer, Udo: Industrielles **Standortmanagement**: Ergebnisse einer empirischen Untersuchung, in: Zeitschrift für Planung und Unternehmenssteuerung, 11. Jg. Heft 3 (2000), S. 329–352.
Bankhofer, Udo: **Standortprobleme** im Industrieunternehmen: Entwicklung und Ableitung geeigneter Planungsmodelle und -methoden auf der Basis eines Kategorisierungsansatzes, in: Zeitschrift für Planung und Unternehmenssteuerung, 14. Jg. Heft 1 (2003), S. 25–50.
Barksdale, Hiram C.; Harris, Clyde E.: **Portfolio Analysis** and the Product Life Cycle, in: LRP, Vol. 15 (1982), 6, S. 74–83.
Barnitzke, Benno: **Rechtliche Rahmenbedingungen** des Cloud Computing: Eine Untersuchung zur internationalen Zuständigkeit, zum anwendbaren Recht und zum Datenschutzrecht, 1. Aufl., Baden Baden 2014.
Bartenwerffer, Michael von: **Direktinvestition** als Internationalisierungsstrategie im mittelständischen Produktionsunternehmen, in: Controlling international tätiger Unternehmen, hrsg. von *Wolfgang Berens, Axel Born, Andreas Hoffjan*, Stuttgart 2000, S. 43–64.
Barth, Daniela; Rahe, Ingo; Rabenhorst, Dirk: Ausgewählte Anwendungsfragen zur Konzernlageberichterstattung nach **DRS 20**. Grundlagen und Fallbeispiele mit Lösungsvorschlägen, in: Zeitschrift für internationale und kapitalmarktorientierte Rechnungslegung (KoR), 14. Jg. (2014), S. 47–56.
Basel Committee on Banking Supervision: **Consultative Document**. Strengthening the resilience of the banking sector, Basel 2009.
Basel Committee on Banking Supervision: International **Convergence** of Capital Measurement an Capital Standards 1988, Anhang 2.
Baseler Ausschuss für Bankenaufsicht: Internationale **Konvergenz** der Eigenkapitalmessung und Eigenkapitalanforderungen 2004.
Bauer, Andreas; Günzel, Holger: **Data-Warehouse-Systeme**: Architektur, Entwicklung, Anwendung. 1. Aufl., Heidelberg 2001.
Bauer, Eric; *Schunter, Markus*: **Führungsinformationssysteme** mit SAP beispielhaft verdeutlicht an einer Balanced Chance- and Risk-Card, in: Tagungsband 24. Deutscher Controlling Congress 2009, S. 65–72.
Bauer, Hans H.: **Marketing**-Planung und -Kontrolle, in: Handwörterbuch des Marketing, hrsg. von *Bruno Tietz, Richard Köhler und Joachim Zentes*, Stuttgart 1995, Sp. 1653–1668.
Bauer, Hans H.; Hammerschmidt, Maik; Brähler, Matthias: Kunden wertbasierte **Unternehmensbewertung**- Das Customer Liftime Value-Konzept und sein Beitrag zu einer Marketingorientierten Unternehmensbewertung, in: Gfk, Jahrbuch der Absatz – und Verbraucherforschung, Heft 4, 2002, S. 324–344.
Baum, Heinz-Georg; Coenenberg, Adolf G.; Günther, Thomas: **Strategisches Controlling**, 5. Aufl., Stuttgart 2013.
Baumann, Karl H.: Die **Segment-Berichterstattung** im Rahmen der externen Finanzpublizität, in: Bilanz- und Konzernrecht: Festschrift zum 65. Geburtstag von Dr. Dr. h. c. R. Goerdeler, hrsg. von *H. Havermann*, Düsseldorf 1987, S. 1–23.
Baumgärtner, Jost: Realisierung operativer **Controlling- Systeme**, München 1998.
Baumgärtner, Jost; Fritz, Burkhard: Kennzahlengestütztes **Führungsinformationssystem**, in: Tagungsband 5. Deutscher Controlling Congress, hrsg. von *Thomas Reichmann*, München 1990, S. 473–502.
Baumgärtner, Jost; Fritz, Burkhard: Konzeption eines **DV-gestützten Führungsinformationssystems**, in: Beiträge zum Controlling Nr. 38, hrsg. von *Thomas Reichmann*, Dortmund 1990.
Baumöl, Ulrike: **Informationsmanagement**: Grundlagen des Informationsmanagements, Hagen 2009.
Baumöl, Ulrike: **Business Engineering** – Ein ganzheitlicher Ansatz für einen erfolgreichen Integrationsprozess im Rahmen von Unternehmensakquisitionen, in *Wurl, Hans-Jürgen* (Hrsg.): Industrielles Beteiligungscontrolling, Stuttgart 2002, S. 241–260.

Baumöl, Ulrike: **Change Management** in Organisationen: Situative Methodenkonstruktion für flexible Veränderungsprozesse, Wiesbaden 2005.
Baumöl, Ulrike: Datenquellen des **Informationsmanagements**, in: bilanz & buchhaltung, 42. Jg. (1996), Heft 1, S. 11–14.
Baumöl, Ulrike: Executive Informations Systems (EIS) – Erfolgreiche Umsetzung mit einem integrierten Modell für die **Informationsversorgung**, in ZfC, 21. Jahrgang, Heft 4–5, April/Mai 2009, S. 213–218.
Baumöl, Ulrike: **Target Costing** bei der Softwareentwicklung: Eine Controlling-Konzeption und instrumentelle Umsetzung für die Anwendungssoftware, München 1999.
Baumöl, Ulrike: Situative Methodenkonstruktion für die organisatorische Veränderung – Entwicklung eines **Methodenkonstruktionsverfahren** auf Grundlage einer Klassifikationstheorie für Veränderungsprojekte, St. Gallen 2005.
Baumöl, Ulrike, Jung, Reinhard: Gestaltung eines Entscheidungsunterstützungssystems für das **Beteiligungscontrolling:** Konzeption der Integration, in *Littkemann, J.; Zündorf, H. (*Hrsg.): Beteiligungscontrolling – Ein Handbuch für die Unternehmens- und Beratungspraxis, Berlin 2008.
Baumöl, Ulrike; Österle, Hubert; Winter, Robert: **Business Engineering**: Auf dem Weg zum Unternehmen des Informationszeitalters, 2. Aufl., Heidelberg.
Bea, Franz X.: **Shareholder Value**, in: WiSt, 26. Jg. (1997), S. 541–543.
Bea, Franz X.; Göbel, Elisabeth: **Organisation**, 2. Aufl., Stuttgart 2002.
Bea, Frank X.; Scheurer, Steffen; Hesselmann, Sabine: **Projektmanagement**, Stuttgart 2008.
Beaujean, Rainer; Stengel, Wolfram; Reichmann, Thomas: **Risikomanagement und Risiko-Controlling** bei der *Demag Cranes* AG, in ZfC, 24. Jg. (2012), Heft 4/5, S. 228.
Becker, Heinz: Verfahren der **Außendienststeuerung**, in: Operationale Entscheidungshilfen für die Marketing-Planung, hrsg. von *Günther Haedrich*, Berlin, New York 1977, S. 187–200.
Becker, Marc: Controlling von **Internationalisierungsprozessen**, Wiesbaden 2005.
Beckmann, Kai M.; Horst, Dieter: **Nachhaltigkeitsberichterstattung** im Kontext aktueller Anforderungen an die Unternehmenspublizität, in: Rechnungslegung und Corporate Governance. Reporting, Steuerung und Überwachung der Unternehmen im Umbruch, hrsg. von *Carl-Christian Freidank, Peter Altes*, Berlin 2007, S. 97–137.
Begemann, Arndt; Laue, Bastian: Der neue § 120 Abs. 4 **AktG** – ein zahnloser Tiger?, in: Betriebs-Berater, 64. Jahrgang (2009), Heft 46, S. 2442–2446.
Bellabarba, Alexander: Management von **Kundenbeziehungen**, **2. Aufl.**, München 2002.
Bendak, Jutta: **Controlling** im Konzern, München 1992.
Bender, Jürgen; Lorson, Peter: Verfahren der **Unternehmensbewertung** (IV): Discounted-Cash Flow Verfahren und Anmerkungen zu Shareholder-Value-Konzepten, in: BuW, 51. Jg. (1997), S. 1–9.
Berens, Wolfgang; Bolte, Daniel; Hoffjan, Andreas: Controlling im Rahmen der internationalen **Steuerplanung**, in: ZfC, 16. Jg. Heft 10 (2004), S. 537–544.
Berens, Wolfgang; Dörges, Claudia E.; Hoffjan, Andreas: Fundierung eines Verständnisses des **Controlling** multinationaler Unternehmen, in: Controlling international tätiger Unternehmen, 16. Jg. Heft 10 (2000), S. 15–39.
Berens, Wolfgang; Hoffjan, Andreas; Burgartz, Thomas (Hrsg.): Controlling in einem globalen Markt, Frankfurt am Main 2009.
Berens, Wolfgang; Schmitting, Walter: Zum Verhältnis von **Controlling**, Interner Revision und Früherkennung vor dem Hintergrund der Corporate Governance, in: Corporate Governance und Controlling, hrsg. von *Carl-Christian Freidank*, Heidelberg 2004, S. 51–75.
Berg, Bjarne; Silvia, Penny: Einführung in **SAP HANA**, 2. Aufl., Bonn 2015.
Berg, Claus C.: Formeln und Kennzahlen der **betrieblichen Beschaffung** und Logistik, in: WiSt, 11. Jg. (1982), S. 377–381.
Berg, Hartmut: Internationale **Wettbewerbsfähigkeit** und Zusammenschlußkontrolle, Köln u. a. 1985.
Berg, Bjarne; Penny, Silvia: Einführung in **SAP HANA**, 2. Aufl., Bonn 2015, S. 27–56.
Berthel, Jürgen: **Modelle** allgemein, in: HWR, 1. Aufl., hrsg. von *Erich Kosiol*, Stuttgart 1970, Sp. 1122–1129.
Bertsch, Ludwig H.: Expertensystemgestützte **Dienstleistungskostenrechnung**, Stuttgart 1991.
Betriebswirtschaftlicher Ausschuß des Zentralverbandes Elektrotechnik- u. Elektronikindustrie (ZVEI) e. V. (Hrsg.): **ZVEI-Kennzahlensystem**. Ein Instrument zur Unternehmenssteuerung, 4. Aufl., Frankfurt a. M. 1989.

Betriebswirtschaftlicher Ausschuß und *Finanzausschuß des Verbandes der chemischen Industrie e. V.*: Unterjährige **Finanzplanung**, -kontrolle und Disposition, in: DB, 34. Jg. (1981), S. 1889–1894.

BFH-Urteil vom 17. 1. 1980 – **IV R 156/77** – in: DB, 33. Jg. (1980), S. 1522–1523.

Biermann, H. Scott; Fernandez, Luis: **Game Theory** with Economic Applications, 2. Aufl., Reading 1998.

Bisani, Hans Paul: Entwicklung der **Kreditpreise** unter Einfluss von Basel II, in: Basel II – Auswirkungen auf die Finanzierung – Unternehmen und Banken im Strukturwandel, hrsg. von *Matthias Übelhör und Christian Warns*, Heidenau 2004, S. 105–148.

Bischoff, Jörg: Das **Shareholder-Value-Konzept**, Wiesbaden 1994.

Bitz, Michael: Theorie der Unternehmung und des Haushalts. Kurseinheit 3: Investitionstheorie II: **Investitionsentscheidungen**, Fernuniversität Hagen 1980, S. 31.

Blattberg, Robert C.; Deighton, John: Manage **Marketing** by the Customer Equity Test, in: HBR, Vol. 74 (1996), July/August, S. 136–144.

Blecken, Udo; Oepen, Ralf-Peter: Zielgerichtete **Steuerung der Prozesse** zur Vermeidung von Fehlern, in: BW Bauwirtschaft, Jg. 48, Nr. 11, 1994, S. 34–39.

Bleicher, Knut: Organisation: **Strategien** – Strukturen – Kulturen, 2. Aufl., Wiesbaden 1991, S. 652 f.

Bleicher, Knut; Hahn, Dieter: **Konzernplanung**, in: *Szyperski, Norbert*: Handwörterbuch der Planung, Stuttgart 1989, Sp. 898–913.

Bliesener, Max-Michael: **Logistik-Controlling**: Von der Produktivität zum Prozess, München 2002.

Blohm, Hans; Lüder, Klaus: **Investition**, 10. Aufl., München 2012.

Blum, Hannes Stephan: Logistik-Controlling: **Kontext**, Ausgestaltung und Erfolgswirkungen, Wiesbaden 2006.

Böcking, Hans-Joachim; Orth, Christian: Kann das „Gesetz zur Kontrolle und Transparenz im Unternehmensbereich (**KonTraG**)" einen Beitrag zur Verringerung der Erwartungslücke leisten? Eine Würdigung auf Basis von Rechnungslegung und Kapitalmarkt, in: WPg, 51.Jg., Heft 8, 1998, S. 351–364.

Böhler, Heymo: **Marktforschung**, in: Handwörterbuch des Marketing, hrsg. von *Bruno Tietz, Richard Köhler und Joachim Zentes*, Stuttgart 1995, Sp. 1768–1781.

Boos, Monica; Rehkugler, Heinz; Tucha, Thomas: Internationale **Verrechnungspreise**. Ein Überblick, in: Der Betrieb, 53. Jg. Heft 48 (2000), S. 2389–2393.

Börner, Dietrich: **Kennzahlen** als Hilfsmittel der Unternehmensführung, in: Die informierte Un-ternehmung. Beiträge aus Wissenschaft und Praxis für die Zukunftsgestaltung der Unternehmung, hrsg. von *Hans Rühle von Lilienstern*, Berlin 1972, S. 267–279.

Bouffier, Willy: Kennzahlen im betrieblichen **Rechnungswesen**, in: Der Österreichische Betriebswirt, 2. Jg. (1952), S. 26–40.

Bräutigam, Peter; Thalhofer, Thomas: **Cloud-Computing**, in: IT-Outsourcing Und Cloud Computing: Eine Darstellung aus rechtlicher, technischer, wirtschaftlicher und vertraglicher Sicht, hrsg. von *Peter Bräutigam*, 3. Aufl., Berlin 2009, S. 1191–1275.

Braun, Herbert: **Risikomanagement**, Eine spezifische Controllingaufgabe, Bd. 7, Darmstadt 1984.

Braun, Peter; Gstach, Oliver: Rating kompakt, Basel II und die neue **Kreditwürdigkeitsprüfung,** Augsburg 2003, S. 36.

Braunstein, Roland: Die **Controllingpioniere**. Beiträge zur Geschichte des deutschsprachigen Controllings, Saarbrücken 2008.

Brealey, Richard A.; Myers, Stewart C.: Principles of **Corporate Finance**, 4. Aufl., New York u. a. 1991, S. 21 f.

Brebeck, Frank; Herrmann, Dagmar: Zur Forderung des **KonTraG-Entwurfs** nach einem Frühwarnsystem und zu den Konsequenzen für die Jahres- und Konzernabschlußprüfung, in: WPg, 50 Jg. (1997), S. 381–391.

Brecht-Hadraschek, Barbara: **PM-Zertifizierung** im Vergleich, Teil 1: Nutzen und inhaltliche Ausrichtung, in: Projekt Magazin, 11/2011.

Breid, Volker: **Erfolgspotentialrechnung**, Stuttgart 1994.

Breidenbach, Karin: **Jahresabschluss** kompakt, 3. Aufl., Berlin 2014.

Breithecker, Volker; Klapdor, Ralf: Einführung in die internationale betriebswirtschaftliche **Steuerlehre**: mit Fallbeispielen, Übungsaufgaben und Lösungen, Berlin 2011.

Bretzke, Wolf-Rüdiger: Der Problembezug von **Entscheidungen** im Industriebetrieb, Tübingen 1980.

Bröckelmann, Jörg: **Total Quality Management**: Von der ISO-Zertifizierung bis hin zu KAIZEN- und KVP-Programmen, in: Tagungsband Qualitäts-Controlling, hrsg. von *Thomas Reichmann,* München 1995.
Brockhoff, Klaus: **Forschung** und Entwicklung. Planung und Kontrolle, 5. Aufl., München 1999.
Broll Udo; Wahl, Jack: **Wechselkursschwankungen** und Risikocontrolling, in: ZfC, 17. Jg. (2005), Heft 2, S. 397–401.
Brück, U.; Praxishandbuch SAP **Controlling**, Bonn 2005.
Brühl, Volker: **Länderrisiken** bei internationalen Unternehmenskäufen, in: Finanz-Betrieb, 2. Jg. Heft 2 (2000), S. 61–67.
Brühwiler, Bruno: **Risk Management** – eine Aufgabe der Unternehmensführung, S. 128
Bruhn, Manfred: Das Konzept der kundenorientierten **Unternehmensführung**, in: Kundenorientierte Unternehmensführung – Kundenorientierung – Kundenzufriedenheit – Kundenbindung –, hrsg. von *Hans H. Hinterhuber und Kurt Matzler*, 6. Aufl., Wiesbaden 2009, S. 34–68.
Bruhn, Manfred: **Marketing**: Grundlagen für Studium und Praxis, **12. Aufl.**, Wiesbaden 2014.
Bruhn, Manfred; Bunge, Bettina: **Beziehungsmarketing** – Neuorientierung für Marketingwissenschaft und -praxis, in: Marktorientierte Unternehmensführung im Umbruch, hrsg. von *Manfred Bruhn, Heribert Meffert und Friedrich Wehrle*, Stuttgart 1994.
Bruhn, Manfred; Murmann, Britta: Nationale **Kundenbarometer**, Wiesbaden 1998.
Brune, Jens W.: Der **Shareholder-Value-Ansatz** als ganzheitliches Instrument strategischer Planung und Kontrolle, Diss. Köln 1995.
BSI, Bundesamt für Sicherheit in der Informationstechnik: BSI-Standard 100-2: **IT-Grundschutz-Vorgehensweise**, Bonn 2008: https://www.bsi.bund.de/SharedDocs/Downloads/DE/BSI/Publikationen/ITGrundschutzstandards/BSI-Standard_1002.pdf?__blob=publicationFile (Abruf am 30.11.2015).
BSI, Bundesamt für Sicherheit in der Informationstechnik: BSI-Standard 100-3: **Risikoanalyse** auf Basis von IT-Grundschutz, Bonn, 2008: https://www.bsi.bund.de/SharedDocs/Downloads/DE/BSI/Publikationen/ITGrundschutzstandards/BSI-Standard_1003.pdf?__blob=publicationFile (Abruf am 30.11.2015).
BSI, Bundesamt für Sicherheit in der Informationstechnik: **Webkurs IT-Grundschutz**: IT-Grundschutz Im Selbststudium, Bonn 2011: https://www.bsi.bund.de/SharedDocs/Downloads/DE/BSI/Grundschutz/Webkurs/gskurs_pdf.pdf?__blob=publicationFile (Abruf am 30.11.2015).
BSI, Bundesamt für Sicherheit in der Informationstechnik: Sicherheitsempfehlungen für Cloud Computing Anbieter: **Mindestanforderungen in der Informationssicherheit**, Bonn 2012: https://www.bsi.bund.de/SharedDocs/Downloads/DE/BSI/CloudComputing/Eckpunktepapier-Sicherheitsempfehlungen-CloudComputing-Anbieter.pdf;jsessionid=E483A984AC94CEE99DE573C6A97A2379.2_cid294?__blob=publicationFile&v=4 (Abruf am 30.11.2015).
Buchinger, Gerhard: Computergestützte **Unternehmensplanungsmodelle**, in: Agplan-Handbuch, hrsg. von *Josef Fuchs* und *Karl Schwantag*, Berlin 1979, Kz. 4752.
Buchner, Robert: Zum **Shareholder Value-Ansatz**, in: WiSt, 23. Jg. (1994), S. 513–516.
Buchtele, Frank; Holzmüller, Hartmut H.: Die Bedeutung der Umweltverträglichkeit von Produkten für die Kaufpräferenz-Ergebnisse der **Conjoint-Analyse** bei Holzschutzmitteln, in: Jahrbuch der Absatz- und Verbrauchsforschung, 36. Jg. (1990), Nr. 1, S. 86–102.
Bühler, Wolfgang; Gehring, Hermann; Glaser, Horst: Kurzfristige **Finanzplanung** unter Sicherheit, Risiko und Ungewißheit, Wiesbaden 1975.
Bühner, Rolf: Das **Management-Wert-Konzept**, Stuttgart 1990, S. 40–45.
Bühner, Rolf: Kapitalmarktorientierte **Unternehmenssteuerung**, in WiSt, 25. Jg. (1996), S. 392–396.
Bühner, Rolf: Management-Holding: **Unternehmensstruktur** der Zukunft, 2. Aufl., Landsberg a. L. 1992, S. 34 ff.
Bühner, Rolf: Management-**Holding** in der Praxis, in: Der Betrieb, 46. Jg. (1993), Heft 6, S. 285–290.
Bühner, Rolf: Managen wie die **Raider**, in: Harvard Manager, 12. Jg. (1990), 1, S. 36–41.
Bühner, Rolf: Unternehmerische **Führung** mit Shareholder Value, in: Der Shareholder Value Report, hrsg. von *Rolf Bühner*, Landsberg/Lech 1994, S. 9–75.
Buhmann, Michael; Kinkel, Steffen: Problemlage und Zielstellung: ein Vorgehensmodell zur strategiekonformen und dynamischen **Standortbewertung**, in Erfolgsfaktor Standortplanung: in- und ausländische Standorte richtig bewerten, hrsg. von *Steffen Kinkel*, Berlin 2004, S. 32–48.
Bullinger, Hans-Jörg; Huber, Heinrich; Koll, Peter: **Chefinformationssysteme** (CIS), Navigationsinstrumente der Unternehmensführung, in: OM, 39. Jg. (1991), 3, S. 6–20.

Bullinger, Hans-Jörg; Fähnrich, Klaus-Peter: Betriebliche **Informationssysteme:** Grundlagen und Werkzeuge der methodischen Softwareentwicklungen, Berlin, Heidelberg 1997.

Bundesaufsichtsamt für das Versicherungswesen: Rundschreiben **R 2/75** vom 11.03.1975, Ziff. 12.311.

Bundesministerium der Justiz (BMJ), Gesetz zur Kontrolle und Transparenz im Unternehmensbereich (**KonTraG**), Gesetz vom 27.04.1998, BGB l. I, Jg. 1998 Teil 1, Nr. 24, S. 786–794 vom 30.04.1998.

Bundesministerium für Wirtschaft und Energie (BMWi), **Produktion im Produzierenden Gewerbe**, http://www.bmwi.de/BMWi/Redaktion/PDF/P-R/produktion-im-produzierenden-gewerbe-im-dezember-2015-lange-reihen,property=pdf,bereich=bmwi2012,sprache=de,rwb=true.pdf, gesichtet am 22.02.2016.

Bundesministerium für Wirtschaft und Energie (BMWi), **Auftragseingang im Verarbeitenden Gewerbe**, http://www.bmwi.de/BMWi/Redaktion/PDF/P-R/auftragseingang-im-verarbeitenden-gewerbe-im-dezember-2015-lange-reihen,property=pdf,bereich=bmwi2012,sprache=de,rwb=true.pdf, gesichtet am 22.02.2016.

Bundestag-Drucksache 13/9712 vom 28.01.1998: Entwurf eines Gesetzes zur Kontrolle und Transparenz im Unternehmensbereich. Gesetzesentwurf der Bundesregierung. Begründung zum **KonTraG**, S. 11–31.

Bundesverband der Deutschen Industrie e.V.; PricewaterhouseCoopers: **Corporate Governance** in Germany, Berlin/ Frankfurt am Main 2002.

Bürkler, Albert: **Kennzahlensysteme** als Führungsinstrument, Zürich 1977.

Burgartz, Thomas: Kennzahlengestütztes **Kundenbeziehungs-Controlling**. Ein konzeptioneller Ansatz zur entscheidungsorientierten Planung und Kontrolle von Kundenbeziehungen, Frankfurt a. M. 2008.

Burghardt, Manfred: Einführung in **Projektmanagement**, Definition, Planung, Kontrolle, Abschluss, 6. Aufl., Erlangen 2013.

Busch, Volker; Busch, Martin: Integration der **Prozeßkostenrechnung** mit SAP R/3, in: b&b, 1998, S. 458–463.

Büschken, Joachim: **Conjoint-Analyse**, Methodische Grundlagen und Anwendungen in der Marktforschungspraxis, in: THEXIS-Fachbuch für Marketing: Marktforschung, hrsg. von *Torsten Tomczak* und *Sven Reinecke*, St. Gallen 1994, S. 72–89.

Busse von Colbe, Walther; Reinhard, Herbert (Hrsg.): **Zwischenberichterstattung** nach neuem Recht für börsennotierte Unternehmen, Empfehlungen des Arbeitskreises „Externe Unternehmensrechnung" der Schmalenbachgesellschaft. Deutsche Gesellschaft für Betriebswirtschaft e. V., Stuttgart 1989.

Cash, James I. Jr.; McFarlan, Warren F.; McKenney, James L.: **Corporate Information Systems Management** – The Issues Facing Senior Executives, 3rd ed., Homewood Illinois 1992.

Catteddu, Daniele; Hogben, Giles: **Cloud Computing**: Benefits, Risks and Recommendations for Information Security, European Network and Information Security Agency (ENISA), 2009.

Cattedu, Daniele; Hogben, Giles: **Cloud Computing**: Benefits, Risks and Recommendations for Information Security, 2009.

Chamoni, Peter; Wartmann, Rolf: Software zur betriebswirtschaftlichen **Modellbildung**, in: Kosten und Erlöse. Orientierungshilfe der Unternehmenspolitik, hrsg. von *Reiner Steffen* und *Rolf Wartmann*, Stuttgart 1990, S. 349–372.

Chen, Peter P. (Hrsg.): **Entity-Relationship Approach** to Information Modeling and Analysis, Amsterdam, New York, Oxford 1984.

Chen, Peter P.: The **Entity-Relationship Model** – Toward a Unified View of Data, in: ACM Trans-action on Database Systems, 1. Jg. (1976), 1, S. 9–36.

Chmielewicz, Klaus: Betriebliches **Rechnungswesen**, Bd. 1, Finanzierung und Bilanz, Reinbek bei Hamburg 1973.

Chmielewicz, Klaus: **Finanzplanung**, in: HdWW, hrsg. von *Willi Albers* u. a., Bd. 3, Stuttgart, New York 1981, S. 83–47.

Chmielewicz, Klaus: Integrierte Finanz- und **Erfolgsplanung**, Stuttgart 1972.

Chmielewicz, Klaus: **Rechnungswesen**, in: HWB, 4. Aufl., 3 Bände, hrsg. von *Erwin Grochla* und *Waldemar Wittmann*, Stuttgart 1974–76, Sp. 3343–3361.

Cleemann, Lutz; Kreutzer, Rudolf: Managementstrategien zur Bewältigung von Risiken: Prospektives **Risiko-Management**, in: Betriebliches Risikomanagement, hrsg. von *Hans Hinterhuber, Elmar Sauerwein, Christine Fohler-Norek*, Wien 1998, S. 63–82.

Coates, Jeff; Rickwood, Colin; Stacey, Ray: Control and Audit in **Management Accounting**, Oxford; London; Melbourne; Auckland; Singapore; Ibadan; Nairobi; Gaborone; Kingston: Butterworth 1993.

*Codd, E. F.; Codd, S. B.; Salley, S. T.:*Providing **OLAP** to User-Analysts: An IT Mandate, 1993.

Coenenberg, Adolf G.: Meinungsspiegel: Das **Shareholder Value-Konzept** in der Kritik, in: BFuP, 49. Jg. (1997), S. 536–566.

Coenenberg, Adolf G.: **Jahresabschluss** und Jahresabschlussanalyse, 23. Aufl., Stuttgart 2014.

Coenenberg, Adolf G.; Fischer, Thomas M.; Schmitz, Joachim: **Qualitätscontrolling** mit Kennzahlen, in: ZfC, 8. Jg. (1996), S. 360–369.

Coenenberg, Adolf G.; Günther, Thomas: Der Stand des **strategischen Controlling** in der Bundesrepublik Deutschland, in: DBW, 50. Jg. (1990), S. 459–470.

Coenenberg, Adolf Gerhard; Fischer,Thomas M.; Günther, Thomas: **Kostenrechnung** und Kostenanalyse, 7. Aufl., Stuttgart 2009.

Coenenberg, Adolf Gerhard; Fischer, Thomas M.; Günther, Thomas: Kostenrechnung und **Kostenanalyse**, Stuttgart 2012.

Coenenberg, Adolf G.; Sautter, Michael T.: Strategische und finanzielle Bewertung von **Unternehmensakquisitionen**, in: DBW, 48. Jg. (1988), S. 691–710.

Coenenberg, Adolf G.; Schönbrodt, Bernd: **Ertragslage**, Prüfung der, in: HWRev, hrsg. von *Adolf G. Coenenberg* und *Klaus von Wysocki*, 2. Aufl. Stuttgart 1992, Sp. 482–484.

Cooper, Robin; Kaplan, Robert S.: How **Cost Accounting** Systematically Distorts Product Costs, in: Accounting & Management. Field Study Perspectives, hrsg. von *William J. Bruns* und *Robert S. Kaplan*, Boston 1987, S. 204–228.

Cooper, Robin; Kaplan, Robert S.: **Measure Costs Right**: Make the Right Decisions, in: HBR, Vol. 66 (1988), 5, S. 96–103.

Copeland, Tom; Koller, Tim; Murrin, Jack: **Unternehmenswert**: Methoden und Strategien für eine wertorientierte Unternehmensführung, 3. Aufl., Frankfurt a. M. u. a. 2002.

Creditreform: **Eigenkapitalposter** im deutschen Unternehmenssektor. Marktanalysen November 2015, Neuss 2015.ft

Cronenbroeck, Wilhelm: Handbuch **internationales Projektmanagement**, Berlin 2004.

Dachs, Bernhard; Ebersberger, Bernd; Hanisch, Christoph; Kinkel, Steffen; Waser, Bruno, R.: Produktionsverlagerungen und **Rückverlagerungen** im europäischen Vergleich: Mitteilungen aus der EMS-Erhebung – Schweiz, in: Industriemanagement, 23. Jg. Heft 1 (2007), S. 47–51.

Dahbur, Kamal; Mohammad, Bassil; Tarakji, Ahmad Bisher: **Securtity Issues** in Cloud Computing: A Survey of Risks, Threats and Vulnerabilities, in: Cloud Computing Advancements in Design, Implementation, and Technologies, hrsg. von *Shadi Aljawarneh*, Hershey 2013, S. 154–165.

Dahbur, Kamal; Mohammad, Bassil; Tarakji, Ahmad Bisher: **Security Issues in Cloud Computing**: A Survey of Risks, Threats and Vulnerabilities, in Cloud Computing Advancements in Design, Implementation, and Technologies, hrsg. von *Shadi Aljawarneh*, Hershey 2013, S. 154–165.

Dahiya, Shri Bhagwan: The current state of business **disciplines**, Vol. 1: Accounting, Rohtak 2000.

Daube, Carl H.: Neue Regeln für ein modernes **Risikomanagement**, in: 13. Deutscher Controlling Congress, hrsg. von *Thomas Reichmann*, München 1998, S. 89–101.

Deisenhofer, Thomas: Marktorientierte **Kostenplanung** auf Basis von Erkenntnissen bei der *AUDI AG*, in: Target Costing, hrsg. von *Péter Horváth*, Stuttgart 1993, S. 93–117.

Dellmann, Klaus: Operatives Controlling durch **Erfolgsspaltung**, in: ZfC, 2. Jg. (1990), S. 4–11.

Demleiter, Klaus: **Projekt-Controlling**, 2. Aufl., Renningen 2009.

Demming, Claudia: US-amerikanische **Rechnungslegung**, in: Internationale Rechnungslegung, hrsg. von *Horst Gräfer* und *Claudia Demming*, Stuttgart 1994, S. 229–306.

Dern, Gernot: Management von **IT-Architekturen:** Leitlinien für die Ausrichtung, Planung und Gestaltung von Informationssystemen, 3. Aufl., Wiesbaden 2009.

Deutscher Bundestag: Entwurf eines Gesetzes zur Kontrolle und Transparenz im Unternehmensbereich (KonTraG), **Drucksache 13/9712**, 13. Wahlperiode.

Deutscher Bundestag: Entwurf eines Gesetzes zur Modernisierung des Bilanzrechts (Bilanzrechtsmodernisierungsgesetz – BilMoG), **Drucksache 16/10067**, 16. Wahlperiode.

Deutsches Institut für Normung e.V.: DIN 69901-1 Projektmanagement – **Projektmanagementsysteme** – Teil 1: Grundlagen, Berlin 2009.

Deyhle, Albrecht: **Controller-Praxis**. Bd. 1 und 2: Führung durch Ziele – Planung – Controlling, 14. Aufl., Offenburg 2010.

Dichtl, Erwin: Produktauslegung und Fertigungstiefe als Determinanten der **Wertschöpfung**, in: Marketing-Schnittstellen: Herausforderungen für das Management, hrsg. von *Günter Specht, Günter Silberer* und *Werner H. Engelhardt*, Stuttgart 1989, S. 87–102.
Diederichs, Marc: **Risikomanagement und Risikocontrolling**. Risikocontrolling – ein integrierter Bestandteil einer modernen Risikomanagement-Konzeption, 3. Aufl., München 2012.
Diederichs, Marc: Umsetzung eines prozessorientierten **Risikocontrolling** am Beispiel des Beschaffungsprozesses, in: Bilanzbuchhalter & Controller, 26. Jg. (2002), S. 85–90.
Diederichs, Marc; Danowski, Kerstin: **Risikomanagement** und Risikocontrolling im CBB Konzern; in: ZfC, 14. Jg. (2002), Heft 10, S. 571–577.
Diederichs, Marc; Form, Stephan, Reichmann, Thomas. Arbeitskreis Risikomanagement: Standard zum **Risikomanagement**, in ZfC, 16. Jg., Heft 4/5, April/Mai 2004, S. 189–198.
Diederichs, Marc; Kißler, Martin: **Aufsichtsratreporting**. Corporate Governance, Compliance und Controlling, München 2008.
Diederichs, Marc; Reichmann, Thomas: Risikomanagement und **Risiko-Controlling** in der Praxis: Ergebnisse einer empirischen Untersuchung, in: ZfC, 15. Jg. (2003), Heft 5, S. 229–234.
Diederichs, Marc; Richter, Hermann: Risikomanagement und **Risikocontrolling**. Transparenz durch risikoadjustiertes Berichtswesen, in: b&b, 47.Jg. (2001), Heft 4, S. 135–142.
DIN EN ISO 9241-110: DIN EN ISO 9241: Ergonomie der Mensch-System-Interaktion: Teil 110 Grundsätze der **Dialoggestaltung**, Berlin 2008.
Dix, Alan; Finlay, Janet; Abowd, Gregory D.; Beale, Russell: **Human-Computer Interaction**, 3. Aufl., Harlow u. a. 2004.
Donato, Jessica: **Whistleblowing**. Handlungsempfehlungen für eine nutzenstiftende Umsetzung in deutschen börsennotierten Unternehmen, Frankfurt am Main 2009.
Döring, Ulrich: **Steuerplanung**, in: Handwörterbuch Unternehmensrechnung und Controlling, hrsg. von *Hans-Ulrich Küpper*, Stuttgart 2002, Sp. 1838–1847.
Drees, Gerhard; Bahner, Anton: **Kalkulation von Baupreisen**, 4. Aufl., Wiesbaden 1988.
Dreger, Wolfgang: **Wettbewerbsanalyse**. Immer im Visier, in: Absatzwirtschaft, 1996, Heft 8, S. 64–67.
Drozdzynski, Maik: Anforderungen an ein **BI-gestütztes Controlling** im Hinblick auf eine Informationsplattform mit heterogenen Informationsquellen und intelligenten Schnittstellen, gezeigt am Beispiel klinischer Einrichtungen, Dissertation, Dortmund erscheint demnächst.
Drozdzynski, Maik; Reinfelder, Marc; Schön, Dietmar: **Modernes Reporting im Mittelstand** am Beispiel der Hemmelrath Lackfabrik GmbH, in: ZfC, hrsg. von *Reichmann, Thomas et al.*, München 2009.
Drukarczyk, Jochen: **Unternehmensbewertung**, 3. Aufl., München 2001, S. 126.
Dzida, Wolfgang; Hofmann, Britta; Freitag, Regine; Redtenbacher, Wolfgang; Baggen, Robert; Hampe-Neteler, Wolfgang; Zurheiden, Christoph; et al.: **Gebrauchstauglichkeit** von Software – ErgoNorm: Ein Verfahren zur Konformitätsprüfung von Software auf der Grundlage von DIN EN ISO 9241 Teile 10 Und 11, hrsg. von *Bundesanstalt für Arbeitsschutz und Arbeitsmedizin*, Dortmund, Berlin 2001.
Eberleh, Edmund; Oberquelle, Horst; Oppermann, Reinhard: Einführung in die **Software-Ergonomie**: Gestaltung graphisch-interaktiver Systeme: Prinzipien, Werkzeuge, Lösungen, 2. Aufl., Berlin, New York 1994.
Eckert, Claudia: **IT-Sicherheit**: Konzepte – Verfahren – Protokolle, 8. Aufl., München 2013.
Ehrlinger, Erich: **Kundengruppen-Management**, in: DBW, 39. Jg. (1979), S. 261–272.
Eicker, Stefan: **IV-Dictionary**, Berlin et al. 1994.
Eicker, Stefan; Jung, Reinhard; Nietsch, Michael; Winter, Robert: Entwicklung eines Data Warehouse für das **Produktionscontrolling** – Konzepte und Erfahrungen, in: Tagungsband WI '97, hrsg. von *Hermann Krallmann*, Heidelberg 1997, S. 449–468.
Eitemann, David K.; Stonehill, Arthur I.; Moffett, Michael H.: Multinational **business finance**, Boston 2013.
Eller, Brigitte: **Usability Engineering** in der Anwendungsentwicklung: Systematische Integration zur Unterstützung einer nutzerorientierten Anwendungsentwicklung, Wiesbaden 2009.
Elliott, Tim: **BI Dashboards** on Your Mobile Phone, with Xcelsius and Androido. URL: http://www.sdn.sap.com/irj/scn/weblogs?blog=/pub/wlg/20190.
Elschen, Rainer: Shareholder Value und **Agency-Theorie** – Anreiz- und Kontrollsystem für Zielsetzungen der Anteilseigner, in: Betriebswirtschaftliche Forschung und Praxis, 1991, H. 3, S. 209–220.

Endres, Walter: **Betriebsgruppenvergleiche** im Dienst betriebswirtschaftlicher Forschung und Lehre, in: ZfB, 41. Jg. (1971), S. 723–744.

Emmrich, Volkhard: Globale **Produktionsstandortstrategien**, in: Handbuch Internationalisierung: Globalisierung – eine Herausforderung für die Unternehmensführung, hrsg. von *Ulrich Krystek*, Berlin 2002, S. 331–348.

Engelhardt, Werner H.: Erscheinungsformen und absatzpolitische Probleme von Angebots- und **Nachfrageverbunden**, in: ZfbF, 28. Jg. (1976), S. 77–90.

Engelhardt, Werner H.; Günter, Bernd: Erfolgsgrößen im internen Rechnungswesen aus der Sicht der **Absatzpolitik**, in: Unternehmenserfolg, Planung – Ermittlung – Kontrolle, hrsg. von *Michel Domsch* u. a., Wiesbaden 1988.

Engels, Eric J.: **Multidimensionalität** ist gar nicht so schwer, in: it Management, 1996, Juli/August, S. 10–16.

Engert, Joachim; Scholich, Martin: Unternehmensführung auf der Basis eines umfassenden **Shareholder Value-Management-Konzeptes**, in: BB, 53. Jg. (1998), S. 684–689.

Eppler, Martin J.: Managing **Information Quality:** Increasing the Value of Information in Knowledge-Intensive Products and Processes, Berlin, Heidelberg 2003.

Erner, Michael: Marktstrategisches **Erfolgsmanagement** und internes Rechnungswesen, Wiesbaden 1994.

Esser, Werner M. et al.: Dokumentation von **Kooperationsprojekten** mit der Unternehmenspraxis, in: Das Management Strategischer Programme, hrsg. von *Walter Trux, Günter Müller* und *Werner Kirsch*, 2. Halbband, München 1984.

Evers, Josef: Der **Vertrieb**. Eine Analyse der Aufgaben, Mittel und Entscheidungen im System des Marketing, Würzburg, Wien 1979.

Ewert, Ralf; Wagenhofer, Alfred: Interne **Unternehmensrechnung, 5. Aufl.**, Berlin u. a. 2003.

Ewert, Ralf; Wagenhofer, Alfred: Interne **Unternehmensrechnung, 8. Aufl.**, Berlin u. a. 2014.

Fally, Markus: Von der Idee zur Risikopolitk. Der Weg der *STEWEAG/Energie STEIERMARK* zum angewandten, betrieblichen Risk-Management, in: Betriebliches Risikomanagement, hrsg. von *Hans Hinterhuber, Elmar Sauerwein, Christine Fohler-Norek*, Wien 1998, S. 219–229.

Fama, Eugene F.; French, Kenneth R.: The Cross-Section of **Expected Stock Returns**, in: Journal of Finance, 47. Jg. (1992), S. 427–465.

Federmann, Rudolf: Bilanzierung nach Handels- und **Steuerrecht**, 11. Aufl., Berlin 2000.

Feddersen, Dieter: Überwachung durch den **Aufsichtsrat**, in: Handbuch Corporate Governance: Leitung und Überwachung börsennotierter Unternehmen in der Rechts- und Wirtschafts-praxis, hrsg. von *Peter Hommelhoff, Klaus J. Hopt, Axel von Werder*, Köln 2003, S. 441–474.

Fengler, Dieter; Krause, Herbert: DV-gestütztes **Prozeßkostenmanagement** auf Basis von PC- und Host-Software, in: DV-gestütztes Unternehmens-Controlling, hrsg. von *Thomas Reichmann* in Zusammenarbeit mit *Sema Group* Paris, S. 35–64.

Ferstl, Otto K.; Sinz, Elmar J.: Grundlagen der **Wirtschaftsinformatik**, 7. Aufl., München 2013.

Feuerbaum, Ernst: Aktuelle Fragen zur Eliminierung von **Scheingewinnen** in der Bilanz (I), in: DB, 26. Jg. (1973), S. 737–745.

Fickert, Reiner: **Shareholder Value** – Ansatz zur Bewertung von Strategien, in: Strategie-Controlling in Theorie und Praxis, hrsg. von *Paul Weilenmann* und Rainer Fickert, Bern, Stuttgart 1992.

Fiedler, Rudolf: **Controlling** von Projekten, 6. Aufl., Wiesbaden 2014.

Fiedler, Rudolf; Hamann, Norbert; Riedel, Christoph: **KOSTEX** – ein prototypisches wissensbasiertes System zur Kostenstellenanalyse, in: InfM, 4. Jg. (1989), 4, S. 26–33.

Financial Executive Institute: **Controllership** and Treasureship Functions Defined by FEI, in: The Controller, Vol. 30 (1962), S. 289.

Finkenrath, Rolf: Mehr Gewinn durch gewinnorientierte **Entlohnung** im Vertrieb, Zürich 1978.

Fischbacher, Alfred: Strategisches Management der **Informationsverarbeitung** – Konzeption, Methodik und Instrumente, in: Planungs- und organisationswirtschaftliche Schriften, München 1986.

Fischer, R.: **Unternehmensplanung** mit SAP SEM/SAP BW, 2. Aufl., Bonn 2005.

Fleischer, Holger (Hrsg.): Handbuch des **Vorstandsrechts**, München 2006.

Fleischer, Holger; Bedkowski, Dorothea: „**Say on Pay**" im deutschen Aktiengesetz: Das neue Vergütungsvotum der Hauptversammlung nach § 120 Abs. 4 AktG, in: Die Aktiengesellschaft, 54. Jahrgang (2009), Heft 19, S. 677–686.

Form, Stephan: **Chancen- und Risikocontrolling**. Erklärungsansatz zur Wirkungsweise von Chancen und Risiken im Controlling sowie dem unternehmensspezifischen Aufbau seiner Instrumente, 2005.

Form, Stephan: **Balanced Scorecard**, in: ZfC, 10. Jg. (1999), S. 495–496.
Forbis, John L.; Mehta, Nitin T.: **Value-based strategy** for industrial products, in: MKQ, Vol. 18 (1981), 2, S. 35–52.
Förster, Wolfgang; Döring, Vera: Die **Liquidationsbilanz**, 4. Aufl., Köln 2005.
Foster, George; Gupta, Mahendra: **Activity Accounting**: An Electronics Industry Implementation, in: Measures for Manufacturing Excellence, hrsg. von *Robert S. Kaplan*, Boston 1990, S. 225–268.
Franke, Armin: **Risiko-Controlling**, in: ZfC, 9. Jg. Nr. 3, 1997, S. 170–179.
Franz, Klaus-Peter: Die **Prozeßkostenrechnung** – Darstellung und Vergleich mit der Plankosten- und Deckungsbeitragsrechnung, in: Finanz- und Rechnungswesen als Führungsinstrument, hrsg. von *Dieter Ahlert, Klaus-Peter Franz* und *Hermann Göppl*, Wiesbaden 1990, S. 109–136.
Franz, Klaus-Peter: **Target Costing**, in: ZfC, 5. Jg. (1993), S. 124–130.
Freidank, Carl-Christian: Ansatzpunkte für die Entwicklung eines **Steuercontrolling**, in: ZfC, 8. Jg. Heft 3 (1996), S. 148–155.
Freidank, Carl-Christian: Die Risiken in Produktion, **Logistik** und Forschung und Entwicklung, in: Praxis des Risikomanagements. Grundlagen, Kategorien, branchenspezifische und strukturelle Aspekte, hrsg. von *Dietrich Dörner, Péter Horváth* und *Henning Kagermann*, Stuttgart 2000, S. 345–378.
Freidank, Carl-Christian: Unterstützung des **Target Costing** durch die Prozeßkostenrechnung, in: Neuere Entwicklungen im Kostenmanagement, hrsg. von *Klaus Dellmann* und *Klaus-Peter Franz*, Bern, Stuttgart, Wien 1994, S. 223–259.
Freidank, Carl-Christian; Mayer; Elmar (Hrsg.): **Controlling-Konzepte**: Neue Strategien und Werkzeuge für die Unternehmenspraxis, 5. Aufl., Wiesbaden 2001.
Freidank, Carl-Christian; Hinze, Anne-Kathrin: Einordnung des **Integrated Reporting**s in das System der unternehmerischen Berichterstattung, in: Handbuch Integrated Reporting, Herausforderungen für Steuerung, Überwachung und Berichterstattung, hrsg. von *Carl-Christian Freidank, Stefan Müller, Patrik Velte*, Berlin 2015, S. 55–90.
Freidank, Carl-Christian; Paetzmann, Karsten: Bedeutung des **Controlling** im Rahmen der Reformbestrebungen zur Verbesserung der Corporate Governance, in: Corporate Governance und Controlling, hrsg. von *Carl-Christian Freidank*, Heidelberg 2004, S. 1–24.
Freimuth, Wolfgang; Krehl, Hermann: **Wertanalyse** – ein erfolgssicheres Führungsinstrument, in: Management-Zeitschrift, Industrielle Organisation, 50. Jg. (1981), Nr. 5, S. 219–222.
Freitag, Heinrich: Ein Kennzahlensystem für den Betriebsvergleich von **Wohnungsbauunternehmen**, hrsg. vom *Institut für Genossenschaftswesen der Westfälischen Wilhelms Universität Münster*, Münster 1979.
Freygang, Winfried: **Kapitalallokation** in diversifizierten Unternehmen, Wiesbaden 1993.
Friedag, Herwig R.; Schmidt, Walter: **Balanced Scorecard** – Mehr als ein Kennzahlensystem, Freiburg i. Br., Berlin, München 1999.
Fritz, Burkhard; Kusterer, Frank: Konzeption und Ausgestaltung eines kennzahlen- und berichtsorientierten **Führungsinformationssystems** unter Windows, in: DV-gestütztes Unternehmens-Controlling, hrsg. von *Thomas Reichmann*, München 1993, S. 151–166.
Fritz, Volker; Brickenstein, Christina: Einführung eines **Vertriebs-Controllingsystems** in einem mittelständischen Unternehmen der metallverarbeitenden Industrie, in: ZfC, 6. Jg. (1994), H. 5, S. 282–292.
Fritz, Wolfgang: Ansätze der **Wettbewerbstheorie** aus der Sicht der Marketingwissenschaft, in: DBW, 50. Jg. (1990), S. 491–512.
Fröhling, Oliver: Dynamisches **Kostenmanagement**: Konzeptionelle Grundlagen und praktische Umsetzung im Rahmen eines strategischen Kosten- und Erfolgs-Controlling, München1994.
Fröhling, Oliver: Entgehende **Kundendeckungsbeiträge** quantitativ messen, in: Qualität und Zuverlässigkeit, o. Jg. (1994), S. 990–993.
Fröhling, Oliver: Konzeption und Implementierung eines **Außendienstentlohnungs-Informationssystems** für den Mittelstand, in: Kostenmanagement und Controlling, hrsg. von Thomas Reichmann und Monika Palloks, Frankfurt u. a. 1998, S. 261–296.
Fröhling, Oliver: **KonTraG** und Controlling: Eckpfeiler eines entscheidungsrelevanten und transparenten Segmentcontrolling und -reporting, München 2000.
Fröhling, Oliver: **Marktforschung** und Controlling, in: M&M, 34. Jg. (1990), S. 139–143.
Fröhling, Oliver: **Prozeßkostenrechnung**, in: Betriebswirtschaft heute, hrsg. von *Frank-Jürgen Witt*, Wiesbaden 1992, S. 95–122.
Fröhling, Oliver: Prozeßorientiertes **Portfoliomanagement**, in: DBW, 52. Jg. (1992), S. 341–358.

Fröhling, Oliver: Qualitätsbezogene **Kosten** und Leistungen, in: HWP, 2. Aufl., hrsg. von *Werner Kern, Hans-Horst Schröder* und *Jürgen Weber,* Stuttgart 1996, Sp. 1734–1748.

Fröhling, Oliver: Strategische **Produktkostenermittlung** am Beispiel der Automobilindustrie, in: KRP, 1994, S. 127–134.

Fröhling, Oliver: Verbesserungsmöglichkeiten und Entwicklungsperspektiven von **Conjoint + Cost**, in: ZfB, 64. Jg. (1994), S. 1143–1164.

Fröhling, Oliver; Krause, Herbert: Systematisches **Gemeinkosten-Management** durch integrierte DV-gestützte Prozeßkostenrechnung, in: KRP, 1990, S. 223–228.

Fröhling, Oliver; Nölken, Dirk: **Softwareunterstützung** des strategischen Controlling, in: HMD, 31. Jg. (1994), Heft 178, S. 32–42.

Fröhling, Oliver; Wedel, Marcus; Renneke, Frank: DV-gestütztes **Value-Management**: Beyond Decision Support?, in: ZfC, 11. Jg. (1999), H. 7, S. 333–341.

Fröhling, Oliver; Wullenkord, Axel: Das **japanische Rechnungswesen** ist viel stärker markt- und strategieorientiert, in: IO, 60 Jg. (1991), 3, S. 69–73.

Fundel, Georg; Mayer, Reinhold; Rieger, Wolfgang: Beurteilung der Wirtschaftlichkeit und Finanzierbarkeit komplexer Großinvestitionen mittels **Shareholder-Value-Analysen**, dargestellt am Beispiel der Flughafen Stuttgart GmbH, in: Das neue Steuerungssystem des Conrollers, hrsg. von *Péter Horváth*, Stuttgart 1997, S. 249–271.

Fürst, Andreas: Verfahren zur Messung der **Kundenzufriedenheit im Überblick**, in: Kundenzufriedenheit. Konzepte – Methoden – Erfahrungen, hrsg. von *Homburg, Christian*, Wiesbaden 2012, S. 123–153.

Funke, Stephan: **Fixkosten** und Beschäftigungsrisiko: Eine theoretische und empirische Analyse, München1995.

Gadatsch, Andreas; Krupp, Alfred; Wiesehahn, Andreas: Controlling und Leadership, *Konzepte – Erfahrungen – Entwicklungen,* 10. Sankt Augustiner Controlling-Tagung, Wiesbaden 2016.

Gälweiler, Alois: **SGE** und Aufbauorganisation der Unternehmung, in: ZfO, 48 Jg. (1979), S. 252–260.

Gälweiler, Alois: Strategische **Unternehmensführung**, 2. Aufl., Frankfurt a. M., New York 1990.

Garz, Hendrik; Günther, Stefan; Morabadi, Cyrus: **Portfolio-Management**. Theorie und Anwendung, hrsg. von Bankakademie e.V., Frankfurt a. M. 1997.

Gaydoul, Peter: **Controlling** in der deutschen Unternehmenspraxis, Darmstadt 1980.

Gebhardt, Günther: Segmentierte **Finanzierungsrechnung**, in: HWR, hrsg. von *Klaus Chmielewicz* und *Marcel Schweitzer*, 3. Aufl., Stuttgart 1993, Sp. 1801–1808.

Geiß, Wilfried: Betriebswirtschaftliche **Kennzahlen**. Theoretische Grundlagen einer problemorientierten Kennzahlenanwendung, Frankfurt a. M., Bern, New York 1986.

Gemünden, Hans Georg; Dammer, Henning; Jonas, Daniel: Die Zusammenarbeit der Akteure im **Multiprojektmanagement**, in Handbuch Multiprojektmanagement und – Controlling hrsg. von *Steinle, C; Eßeling, V.* und *Eichenberg, T.*, Berlin 2008, S. 31–38.

Gesetz zur Kontrolle und Transparenz im Unternehmensbereich (**KonTraG**) – Gesetz vom 27.04.1998, BGBl I, Jg. 1998, S. 784–794 vom 30.04.1998.

Giese, Rolf: Die Prüfung des **Risikomanagementsystems** einer Unternehmung durch den Abschlußprüfer gemäß KonTraG, in: WPg, Jg. 51 (1998), S. 451–458.

Gladen, Werner: **Performance Measurement**. Controlling mit Kennzahlen, 4. Aufl., Wiesbaden 2008.

Glaser, Horst: Zum Stand der betriebswirtschaftlichen **Beschaffungstheorie**, in: ZfB, 51. Jg. (1981), S. 1150–1172.

Gleißner, Werner; Füser, Karsten: Leitfaden für den **Mittelstand**, 2. Aufl., München 2003.

Gluchowski, Peter; Kemper, Hans-Georg: Quo Vadis **Business Intelligence**? Aktuelle Konzepte und Entwicklungstrends, BI-Spektrum 1. Jg. (2006), S. 12–19.

Gluchowski, Peter; Gabriel, Roland; Dittmar, Carsten: Management **Support Systeme** und Business Intelligence: Computergestützte Informationssysteme für Fach- und Führungskräfte. 2. Aufl., Berlin, Heidelberg 2008.

Gomez, Peter: **Wertmanagement** – Vernetzte Strategien für Unternehmen im Wandel, Düsseldorf u. a. 1993.

Goold, Michael: **Accounting** and Strategy, in: Research and Current Issues in Management Accounting, hrsg. von *Michael Bromwich* und *Anthony G. Hopwood*, London 1986, S. 181–191.

Goold, Michael; Quinn, John J.: **Strategic Control**. Milestones for Long-Term-Performance, London 1990.

Göpfert, Reinhard A.; Rummel, Klaus D.: Cost Management Systems: „An Example of How to Implement **Activity Accounting**, Siemens AG, West Germany", hrsg. von *Siemens AG*, München 1988.

Gordon, Lawrence A.; Larcker, David F.; Tuggle, Francis D.: Strategic Decisions Process and the Design of **Accounting Information Systems**: Conceptual Linkages, in: AOS, Vol. 3 (1978), S. 203–213.

Görgen, Walter: **Wettbewerbsanalyse** in: Handwörterbuch des Marketing, hrsg. von *Bruno Tietz, Richard Köhler und Joachim Zentes*, Stuttgart 1995, Sp. 2716–2729.

Graumann Mathias: Die **Abschlußprüfung** nach KonTraG, in: WISU, 27. Jg. (1998), S. 665–668.

Grochla, Erwin: **Grundlagen der Materialwirtschaft**, 3. Aufl., Wiesbaden 1986.

Grote, Klaus-Peter: **Creditor Relations** – ein neues Aufgabenfeld für das Finanzmanagement, INF 10/2003, S. 398 f.

Grothe, Philip: **Unternehmensüberwachung** durch den Aufsichtsrat – Ein Beitrag zur Corporate Governance-Diskussion in Deutschland, Frankfurt am Main 2006.

Grunert, Klaus G.: **Konkurrentenanalyse**, in: Handwörterbuch des Marketing, hrsg. von *Bruno Tietz, Richard Köhler und Joachim Zentes*, Stuttgart 1995, Sp. 1226–1234.

Grünewälder, Otto: **Shareholder-Value-Konzept**/International Accounting Standards: Auswirkungen auf die deutsche Unternehmenskultur, in: Die Aktiengesellschaft, 41. Jg. (1996), S. 447–449.

Guatri, Luigi: Theorie der **Unternehmenswertsteigerung**: Ein europäischer Ansatz, Wiesbaden 1994.

Gubbels, Holger: SAP® ERP – **Praxishandbuch Projektmanagement**: SAP® ERP als Werkzeug für professionelles Projektmanagement – aktualisiert auf ECC 6.0. 3. Aufl., Wiesbaden 2013.

Gümbel, Rudolf: Das **Leerkostenproblem** in Warenhandelsbetrieben, in: Blätter für Genossenschaftswesen, 109. Jg. (1963), S. 365–370.

Günther, Thomas: Theoretische Einbettung des Controlling in die Methodologie der **Unternehmensüberwachung** und -steuerung, in: Corporate Governance und Controlling, hrsg. von *Carl-Christian Freidank*, Heidelberg 2004, S. 22–50.

Günther, Thomas: Unternehmenswertorientiertes **Controlling**, München 1997.

Günther, Thomas: Zur Notwendigkeit des **Wertsteigerungs-Management**, in: Wertsteigerungs-Management, hrsg. von *Klaus Höfner und Andreas Pohl*, Frankfurt a. M., New York 1994, S. 13–58.

Günther, Thomas; Niepel, Mirko: **Controlling** – Sammelrezension, in: Die Betriebswirtschaft, 60. Jahrgang (2000), Heft 2, S. 222–240.

Guserl, Richard.: **Controllingsystem** und Risiko-Management bei projektorientierten Unternehmen, in: ZfC, Jg. 11, Nr. 8/9, 1999, S. 425–430.

Guserl, Richard: **Risiko-Management** im industriellen Anlagengeschäft, in: ZfB, 66. Jg. (1996), S. 519–534.

Gutenberg, Erich: Grundlagen der Betriebswirtschaftslehre, Bd. 1, Die **Produktion**, 23. Aufl., Berlin, Heidelberg, New York 1979.

Gutenberg, Erich: Grundlagen der Betriebswirtschaftslehre, Bd. 2, Die **Finanzen**, 8. Aufl., Berlin, Heidelberg, New York 1980.

Gutenberg, Erich: Die Allgemeine Theorie der **Unternehmung**, in: Zur Theorie der Unternehmung, hrsg. von *Horst Albach*, Berlin u. a. 1989, S. 157–211.

Haase, Klaus D.: **Segment-Bilanzen** – Rechnungslegung diversifizierter Industrieunternehmen, Wiesbaden 1974.

Haberstock, Lothar: **Kostenrechnung** II, 10. Aufl., Hamburg 2008.

Hachmeister, Dirk: Der **Discounted Cash Flow** als Maß der Unternehmenswertsteigerung, 3. Aufl., Frankfurt a. M. u. a. 1999.

Hachmeister, Dirk: **Shareholder Value**, in: DBW, 57. Jg. (1997), S. 823–839.

Hackathorn, Richard D.: **Datawarehousing** Energizes Your Enterprise, in: Datamation, 41. Jg. (1995), 1, Feb., S. 38–42.

Hackl, E.; Jandl, H.: **Beteiligungsfinanzierung** durch Venture Capital und Private Equity, in: Die neue Unternehmensfinanzierung – Strategisch finanzieren mit Bank- und Kapitalmarktorientierten Instrumenten, hrsg. von *Stadler, W.*, Frankfurt 2004, S. 194 – 210.

Hahn, Dietger: Hat sich das **Konzept des Controllers** in Unternehmungen der Deutschen Industrie bewährt?, in: BFuP, 30. Jg. (1978), S. 101–128.

Hahn, Dietger: Integrierte und flexible **Unternehmensführung** durch computergestütztes Controlling, in: ZfB, 59. Jg. (1989), S. 1135–1158.

Hahn, Dietger: Planungs- und **Kontrollrechnung** – PuK, **5. Aufl.**, Wiesbaden 1996.

Hahn, Dietger: Planungs- und **Kontrollrechnung** – PuK, **6. Aufl.**, Wiesbaden 2001.

Hahn, Dietger: Stand und Entwicklungstendenzen der **strategischen Planung**, in: Strategische Unternehmungsplanung – Strategische Unternehmungsführung, hrsg. von *Dietger Hahn* und *Bernard Taylor*, 9. Aufl., Heidelberg 2006, S. 1–127.

Hahn, Dietger: Strategische Führung und **strategisches Controlling**, in: Controllingkonzeptionen für die Zukunft: Trends und Visionen, hrsg. von *Péter Horváth*, Stuttgart 1991, S. 1–27.

Hahn, Dietger: **Strategische Kontrolle**, in: Strategische Unternehmungsplanung – Strategische Unternehmungsführung, hrsg. von *Dietger Hahn* und *Bernard Taylor*, 9. Aufl., Heidelberg 2006, S. 451–454.

Hahn, Dietger: **Strategische Unternehmungsführung**, in: Strategische Unternehmungsplanung – Strategische Unternehmungsführung, hrsg. von *Dietger Hahn* und *Bernard Taylor*, 5. Aufl., Heidelberg 1990, S. 31–51.

Hahn, Dietger: Zum Inhalt und Umfang der **Unternehmensanalyse** als bisheriges und zukünftiges Aufgabengebiet des Wirtschaftsprüfers, in: Unternehmensprüfung und -beratung, Festschrift zum 60. Geburtstag von Bernhard Hartmann, hrsg. von *Bernd Aschfalk* u. a., Freiburg i. Br. 1976, S. 31–53.

Hahn, Dietger: Zweck und Entwicklung der **Portfolio-Konzepte** in der strategischen Unternehmungsplanung, in: Strategische Unternehmungsplanung – Strategische Unternehmungsführung. Stand und Entwicklungstendenzen, hrsg. von *Dietger Hahn* und *Bernard Taylor*, 9. Aufl., Heidelberg 1999, S. 403–439.

Hahn, Dietger; Laßmann, Gert: **Produktionswirtschaft**, Controlling industrieller Produktion, Bd. 1/2, Produktionswirtschaft, Controlling industrieller Produktion: Grundlagen, Führung und Organisation, Produkte und Produktprogramm, Material und Dienstleistungen, Prozesse, Heidelberg 1999.

Haiber, Thomas: **Euro-Controlling**, in: ZfC, 5. Jg. (1993), S. 340 f.

Haller, Axel: Eignung des **US-GAAP** für Zwecke des internen Rechnungswesens, in: ZfC, 9. Jg. (1997), S. 270–276.

Haller, Axel: Herausforderungen an das Controlling durch die **Internationalisierung** der externen Rechnungslegung, in: Das neue Steuerungssystem des Controllers, hrsg. von *Péter Horváth*, Stuttgart 1997, S. 113–131.

Hammann, Peter; Erichson, Bernd: **Marktforschung**, Stuttgart, New York 1978.

Han, Jiawe; Kamber, Micheline; Pei, Jian: **Data Mining**: Concepts and Techniques, 3. Aufl., Amsterdam u. a. 2012.

Haner, Frederic T.: An index to measure relative **business risk** in countries around the world, Newark 1973.

Hansen, Hans R.; Riedl, Rainer: Strategische langfristige Informationssystemplanung (**SISP**), in: Handbuch Wirtschaftsinformatik, hrsg. von *Karl Kurbel* und *Horst Strunz*, Stuttgart 1990.

Hardtmann, Guido: Die **Wertsteigerungsanalyse** im Managementprozeß, Wiesbaden 1996.

Hartmann, G.: Hilfe für den **Mittelstand**, in : Welt am Sonntag, Nr. 28, Juli 2007, NRW4.

Hasegawa, Takuzo: Entwicklung des **Management Accounting Systems** und der Management Organisation in japanischen Unternehmungen, in: ZfC, 6. Jg. (1994), 1, S. 4–11.

Hasselberg, Frank: **Strategische Kontrolle** im Rahmen strategischer Unternehmensführung, Frankfurt a. M. u. a. 1989.

Hatip, Arif; Strehlau, Ralf: **Kennzahlen** im operativen Marketing-Controlling in: Marketing-Controlling, hrsg. von *Michael Zerres*, Berlin 2000.

Hauff, Volker: Unsere gemeinsame Zukunft. Der **Brundtland-Bericht** der Weltkommission für Umwelt und Entwicklung, Greven 1987.

Haun, Peter: Entscheidungsorientiertes **Rechnungswesen** mit Daten- und Methodenbanken, Berlin u. a. 1987.

Haupt, Gerhard; Lütticken, Ruth: **Planning** with higher quality and less effort. SAP BPC 7.0 Solution for SF Financial Performance Management, in: Tagungsband 25. Deutscher Controlling Congress 2009, S. 190–207.

Hauptverband der Deutschen Bauindustrie e.V.; Zentralverband des Deutschen Baugewerbes e.V., in: **Kosten- und Leistungsrechnung** der Bauunternehmen, KLR Bau, 6. Aufl., Wiesbaden 1995.

Hauschildt, Jürgen: Bilanzanalyse mit Kennzahlensystemen. Das „**Du-Pont-Control-System**" und seine Anwendung auf deutsche Jahresabschlüsse, in: Harzburger Hefte, 1979, S. 28–38.

Hauschildt, Jürgen: **Finanzvorstand**, Treasurer, Controller. Das Finanzmanagement in der Stellenbeschreibung, in: Neue Betriebswirtschaft, 25. Jg. (1972), Heft 4, S. 1–7.

Hauschka, Christoph E. (Hrsg.): **Corporate Compliance**. Handbuch der Haftungsvermeidung im Unternehmen, München 2007.
Hax, Herbert: **Finanzierung**, in: Vahlens Kompendium der Betriebswirtschaftslehre, hrsg. von *Manfred Bitz u.a*, Bd 1, 2. Aufl., München 1989, S. 383–439.
Hax, Herbert: Investitionstheorie, 5. Aufl., Würzburg, Wien 1993.
Hax, Herbert: Lineare Planungsrechnung und **Simplex-Methode** als Instrument betriebswirtschaftlicher Planung, in: ZfbF, NF, 12.Jg. (1960),S. 578–605).
Hax, Karl: Grundlagen der **Betriebsunterbrechungsversicherung**, 2. Aufl., Köln und Opladen 1965.
Hax, Karl: Langfristige Finanz- und **Investitionsentscheidungen**, in: HdWW, Bd. 1, Betriebswirtschaft, hrsg. von *Karl Hax, Theodor Wessels*, 2. Aufl., Köln, Opladen 1966, S. 399–489.
Heck, Karl-Heinz: Erfassung und Planung von **Instandhaltungskosten** – Ansätze zu einem Instandhaltungscontrolling, in: KRP, 1983, S. 265–278.
Hecker, Rainer: Ein **Kennzahlensystem** zur externen Analyse der Ertrags- und Finanzkraft von Industrieaktiengesellschaften, Frankfurt, Zürich 1975.
Hedeman, Bert; Seegers, Ron: **PRINCE2TM** 2009 Edition, Das Taschenbuch, 2. Aufl., Zaltbommel (NL) 2010.
Heeg, Franz-Josef: **Projektmanagement**: Grundlagen der Planung und Steuerung von betrieblichen Problemlöseprozessen, REFA, Verband für Arbeitsstudien und Betriebsorganisation, 2. Aufl., München, Wien 1988.
Heigl, Anton: **Controlling** – Interne Revision, 2. Aufl., Stuttgart, New York 1989.
Heijden, Hans van der: **Designing Management** Information Systems. New York 2009.
Heinecke, Andreas M.: Mensch-Computer-Interaktion: Basiswissen für Entwickler und Gestalter, 2. Aufl., Berlin, Heidelberg 2012.
Heinen, Edmund: Betriebswirtschaftliche Kostentheorie und **Kostenentscheidung**, 6. Aufl., Wiesbaden 1983.
Heinen, Edmund: Grundlagen betriebswirtschaftlicher **Entscheidungen**, 3. Aufl., Wiesbaden 1976.
Heinen, Edmund: **Industriebetriebslehre** als Entscheidungslehre, in: Industriebetriebslehre. Entscheidungen im Industriebetrieb, hrsg. von *Edmund Heinen*, 9. Aufl., Wiesbaden 1991, S. 1–75.
Heinrich, Lutz J.; Burgholzer, Peter: Informationsmanagement: Planung, Überwachung und Steuerung der **Informations-Infrastruktur**, München, Wien 1987.
Heinrich, Lutz J.; Stelzer, Dirk: **Informationsmanagement** – Grundlagen, Aufgaben, Methoden. 10. Aufl., München 2011
Heintges, Sebastian: **Bilanzkultur** und Bilanzpolitik in den USA und in Deutschland: Einflüsse auf die Bilanzpolitik börsennotierter Unternehmen, Berlin 1996.
Heinzelbecker, Klaus: Informationssysteme und Instrumente im **Marketing-Controlling**, in: Tagungsband 3. Deutscher Controlling Congress, hrsg. von *Thomas Reichmann*, München 1988, S. 451–491.
Heinzelbecker, Klaus: **Marketing-Informationssysteme**, Stuttgart u. a. 1985.
Helbing, Carl: **DCF-Methode** und Kapitalkostensatz in der Unternehmensbewertung, in: Der Schweizer Treuhänder, 67. Jg. (1993), S. 157–164.
Helfert, Markus: Planung und Messung der **Datenqualität** in Data-Warehouse-Systemen, Dissertation, St. Gallen 2002.
Helm, Karl F.: **Ergebniscontrolling** für Projekte, in: KRP, Sonderheft Nr. 1, 1993, S. 46–54.
Helmke, Stefan; Risse, Robert: Chancen- und **Risikomanagement** im Konzern *Deutsche Post AG*, in: KRP, 43. Jg. (1999), S. 277–283.
Helten, Elmar; Bittl, Andreas; Liebwein, Peter: Versicherung von **Risiken**, in: Praxis des Risikomanagements. Grundlagen, Kategorien, branchenspezifische und strukturelle Aspekte, hrsg. von *Dietrich Dörner, Péter Horváth* und *Henning Kagermann*, Stuttgart 2000,S. 153–191.
Henderson, Bruce D.: Die **Erfahrungskurve** in der Unternehmensstrategie, 2. Aufl., Frankfurt a. M., New York 1984.
Henneböle, Jörg: **Executive Information Systems** für Unternehmensführung und Controlling: Strategie – Konzeption – Realisierung, Wiesbaden1995, S. 93.
Hentschel, Bert: **Dienstleistungsqualität** aus Kundensicht. Vom merkmalsorientierten zum ereignisorientierten Ansatz, Wiesbaden 1992.
Herczeg, Michael: **Software-Ergonomie**: Theorien, Modelle und Kriterien für gebrauchstaugliche interaktive Computersysteme, 3. Aufl. München 2009.

Herger, Mario: Why the **iPad** will kill the laptop. URL: http://www.sdn.sap.com/irj/scn/weblogs?blog=/pub/wlg/19818.

Hermanns, Arnold: Die Wiederentdeckung des **Kunden** im Marketing, in: Controlling: kompakt-kompetent-konsequent. Tagungsband zum 14. Deutschen Controlling Congress, hrsg. von *Thomas Reichmann*, Dortmund 1999, S. 265–281.

Hermanns, Arnold; Fegel, Volker: Wettbewerbsvorteile durch **Datenbanksysteme**, in: Marktforschung und Management, 37. Jg. (1993), Heft 3, S. 99–108.

Herter, Ronald N.: Unternehmenswertorientiertes **Management**, München 1994.

Herter, Ronald N.: Unternehmenswertsteigerung durch konsequentes **Asset Management**, in: Controller Magazin, 18. Jg. (1993), S. 351–358.

Herzig, Norbert; Dempfle, Urs: **Konzernsteuerquote**, betriebliche Steuerpolitik und Steuerwettbewerb, in: Der Betrieb, 55. Jg. Heft 1 (2002), S. 1–8.

Herzig, Norbert; Zimmermann, Martin: **Steuercontrolling** – Überflüssige Begriffsverbindung oder sinnvolle Innovation, in: Der Betrieb, 54. Jg. Heft 23 (1998), S. 1141–1150.

Heygate, Richard: **IT** for CEO's, in: MKQ, Vol. 27 (1990), 1, S. 54–63.

Hildebrand, Knut: **Informationsmanagement**, München, Wien 1995.

Hildebrand, Knut: Strategische Informationssystemplanung (**SISP**), in: Wirtschaftsinformatik, 36. Jg. (1994), H. 1, S. 69–73.

Hildebrand, Knut: Ein Referenzmodell für **Informationssystem-Architekturen**, in: InfM, 7. Jg. (1992), 3,

Hildebrandt, Lutz: Multivariate Analyse (**MVA**), in: Vahlens Großes Marketing-Lexikon, hrsg. von *Hermann Diller*, **2. Aufl.**, München 2001, S. 1155- 1157.

Hilkert, Otto; Krause, Wolfgang: **Controllingprobleme** im langfristigen Anlagengeschäft I und II, in: DB, 1978, S. 1601–1605 und S. 1653–1659.

Hill, Wilhelm; Fehlbaum, Raymond; Ulrich, Peter: **Organisationslehre** 1, 5. Aufl., Bern, Stuttgart 1994.

Hinrichs, Holger: Datenqualitätsmanagement in **Data Warehouse-Systemen**, Oldenburg: Universität Oldenburg 2002.

Hinterhuber, Hans H.: Strategische Unternehmensführung 2, **Strategisches Handeln**, 7. Aufl., Berlin, New York 2004.

Hinterhuber, Hans: Strategische Unternehmensführung 1, **Strategisches Denken**, **6. Aufl.**, Berlin, New York 1996.

Hinterhuber, Hans: Strategische Unternehmensführung, Bd. 1: **Strategisches Denken**, 8. Aufl., Berlin, New York 2011, S. 125- 171.

Hippner, Hajo; Wilde, Klaus D.: **CRM** – Ein Überblick, in: Effektives Customer Relationship Management, hrsg. von *Helmeke, Stefan; Uebel, Matthias F.; Dangelmaier*, Wilhelm, 3. Aufl., Wiesbaden 2003, S. 6.

Hirsch-Kreinsen, Hartmut; Schulte, Anja: Internationalisierung von Unternehmen: Das Phänomen der **Rückverlagerung**, in: WSI-Mitteilungen, 55. Jg. Heft 7 (2002), S. 389–396.

Hochgatterer, R.; Sacher, M.; Wallner, J.: **Finanzierung** über Unternehmensanleihen, in: Die neue Unternehmensfinanzierung – Strategisch finanzieren mit Bank- und Kapitalmarktorientierten Instrumenten, hrsg. von *Stadler, W.*, Frankfurt 2004, S. 169–183.

Hoffjan, Andreas: **Einsatz integrierter Informationssysteme** – Herausforderungen für das Controlling, in: ZfC, 28. Jg. (2016), Heft 7, S. 422–429.

Hoffjan, Andreas: **Internationales Controlling**, Stuttgart 2009.

Hoffjan, Andreas; Hübner, Tobias; Mertes, Martin: Die Aufgabe von **Fertigungsstandorten** aus Sicht des Controllings, in: ZfC, 18. Jg. Heft 10 (2006), S. 509–516.

Hoffmann, Werner; Kusterer, Frank: **Handels-Controlling** auf Basis eines Datawarehouse und OLAP, in ZfC, 9. Jg. (1997), 1, S. 46–53.

Höfner, Klaus; Pohl, Andreas: **Wertsteigerungstechniken** für das Geschäftsfeld- und Beteiligungsportfolio, in: Wertsteigerungs-Management, hrsg. von *Klaus Höfner und Andreas Pohl*, Frankfurt a. M., New York 1994, S. 59–84.

Holst, Jonny; Holtkamp, Willy: Risikoquantifizierung und Frühwarnsystem auf Basis der **Value at Risk-Konzeption**, in: BB, 55. Jg. (2000), S. 815–820.

Holthuis, Jan: Der Aufbau von **Data Warehouse-Systemen**: Konzeption-Datenmodellierung-Vorgehen. Wiesbaden 1999.

Holzer, Peter; Makowski, Andreas: **Corporate Governance**, in: DB, 50. Jg. (1997), S. 688–692.

Holzmüller, Hartmut: Interkulturelle **Konsumentenforschung**, in: Handwörterbuch Export und Internationale Unternehmung, hrsg. von *Klaus Marcharzina* und *Martin K. Welge*, Stuttgart 1989, Sp. 1143–1157.

Holzwarth, Jochen: Strategische **Kostenrechnung**?, Stuttgart 1993.

Homburg, Christian: **Baldrige Award**: die Botschaften der Sieger, in: Absatzwirtschaft, 19. Jg. (1994), Heft 5, S. 102–108.

Homburg, Christian; Daum, Daniel: Die **Kundenstruktur** als Controlling-Herausforderung, in: ZfC, 9. Jg., Heft 6, 1997, S. 394–405.

Homburg, Christian; Fürst, Andreas: Überblick über die **Messung von Kundenzufriedenheit** und Kundenbindung, in: Handbuch Kundenbindungsmanagement, hrsg. von *Manfred Bruhn; Christian Homburg*, 7. Aufl., Wiesbaden 2010, S. 599- 634.

Homburg, Christian: **Marketing-Management**: Strategie-Instrumente-Umsetzung-Unternehmensführung, 5. Aufl., Wiesbaden 2015.

Homburg, Christian; Rudolph, Bettina: Theoretische **Perspektiven zur Kundenzufriedenheit**, in: Kundenzufriedenheit. Konzepte – Methoden – Erfahrungen, hrsg. von *Simon, Hermann; Homburg, Christian*, Wiesbaden 1995, S. 31–49.

Homburg, Christian; Rudolph, Bettina; Werner, Harald: Messung und **Management von Kundenzufriedenheit** in Industriegüterunternehmen in: Kundenzufriedenheit. Konzepte – Methoden – Erfahrungen, hrsg. von *Simon, Hermann; Homburg, Christian*, Wiesbaden 1995, S. 321–348.

Homburg, Christian; Stock-Homburg, Ruth: Theoretische Perspektiven zur **Kundenzufriedenheit**, in: Kundenzufriedenheit, hrsg. von *Simon, Hermann; Homburg, Christian*, 6. Aufl., Wiesbaden 2006, S. 17- 51.

Homburg, Christian; Werner, Harald: **Kundenzufriedenheit als Herausforderung** für Management und Controlling, in: Controlling des Strukturwandels, hrsg. von *Péter Horváth*, Stuttgart 1996, S. 151–176.

Homburg, Christian; Werner, Harald: Ein **Meßsystem für Kundenzufriedenheit**, in: Absatzwirtschaft, 11/1996, S. 92–100.

Hommelhoff, Peter: Störungen im Recht der **Aufsichtsratsüberwachung** – Regelungsvorschläge an den Gesetzgeber; in: Corporate Governance – Unternehmensüberwachung auf dem Prüfstein, hrsg. von *Arnold Picot*, Stuttgart 1995, S. 1–28.

Hommelhoff, Peter; Mattheus, Daniele: **Corporate Governance** nach dem KonTraG, in: Die Aktiengesellschaft, 43. Jg. (1998), S. 249–259.

Hormuth, Mark W.: Recht und Praxis zur **Konzernfinanzierung**, in: Konzern, Konzernrecht und Konzernfinanzierung, Teil 8, hrsg. von *Walther Hadding* und *Uwe H. Schneider*, Berlin 1998.

Horngren, Charles T.: Accounting for **Management Control**, 4th ed., London 1978.

Hornung, Karlheinz: Risk Management auf der Basis von **Risk-Reward-Ratios**, in: Zukunftsfähiges Controlling. Konzeptionen, Umsetzungen, Praxiserfahrungen, hrsg. von *Laurenz Lachnit, Christoph Lange, Monika Palloks*, München 1998, S. 275–293.

Hornung, Karlheinz.: Wertorientiertes **Konzern-Controlling**, Vorlesungsunterlagen Universität Dortmund, 2008.

Hornung, Karlheinz; Reichmann, Thomas: Moderne **Controlling-Konzeption** in Theorie und Praxis, in: Trends und frühe Signale. Tagungsband zum 20. Deutschen Controlling Congress 2005, hrsg. von *Thomas Reichmann*, S. 18–57.

Hornung, Karlheinz; Reichmann, Thomas; Baumöl, Ulrike: **Informationsversorgungsstrategien** für einen multinationalen Konzern, in: ZfC, 9. Jg. (1997), 1, S. 38–45.

Hornung, Karlheinz; Reichmann, Thomas; Diederichs, Marc: Risikomanagement. Teil I: Konzeptionelle Ansätze zur pragmatischen **Realisierung gesetzlicher Anforderungen**, in: ZfC, 11. Jg. (1999), S. 317–325.

Hornung, Karlheinz; Reichmann, Thomas; Form, Stephan: Risikomanagement. Teil II: **Wertorientierung** und KonTraG als Determinanten des Risikomanagements der metallgesellschaft ag, in: ZfC, 12. Jg. 2000, Heft 3, S- 153–161.

Horváth, Péter (Hrsg.): **Target Costing**, Stuttgart 1993.

Horváth, Péter: **Controlling, 9. Aufl.** München 2003.

Horváth, Péter: **Controlling, 12. Aufl.**, München 2011.

Horváth, Péter; Gleich, Ronald; Seiter, Mischa: **Controlling, 13. Aufl.**, München 2015.

Horváth, Péter: Das **Controllingkonzept**. Der Weg zu einem wirkungsvollen Controllingsystem, 5. Aufl., München 2003.

Horváth, Péter: Controlling **Safari** 2013, in: ZfC 25. Jg. (2013), H.4/5, S. 203–207.

Horváth, Péter: **Nutzeffekte**. Einsatzschwerpunkte und Implementierung der Prozeßkostenrechnung, in: Tagungsband Kongress Kostenrechnung '90, hrsg. von *Wolfgang Männel,* Lauf 1990, S. 51–74.

Horváth, Péter: Strategisches **Kostenmanagement**, in: Controllingkonzeptionen für die Zukunft: Trends und Visionen, hrsg. von *Péter Horváth,* Stuttgart 1991, S. 71–90.

Horváth, Péter; Gleich, Ronald: Controlling als Teil des **Risikomanagements**, in: Praxis des Risikomanagements. Grundlagen, Kategorien, branchenspezifische und strukturelle Aspekte, hrsg. von *Dietrich Dörner, Péter Horváth* und *Henning Kagermann,* Stuttgart 2000, S. 99–126.

Horváth, Péter; Mayer, Reinhold: **Prozeßkostenrechnung**, in: ZfC, 1. Jg. (1989), S. 214–219.

Horváth, Péter; Petsch, Michael; Weihe, Manfred: Standard-**Anwendungsoftware** für das Rechnungswesen, 2. Aufl., München 1986.

Horváth, Péter; Reichmann, Thomas: Vahlens Großes **Controlling Lexikon**, 2. Aufl., München, 2003.

Horváth, Péter; Renner, Andreas: **Prozeßkostenrechnung – Konzept**, Realisierungsschritte und erste Erfahrungen, in: FB/IE, 39. Jg. (1990), S. 100–107.

Horváth, Péter: **Zukunftsperspektiven der koordinationsorientierten** Controllingkonzeptionen, in: Controlling – Theorien und Konzeptionen, hrsg. von *Scherm, Ewald; Pietsch, Gotthard,* München 2004, S. 383.

Horváth, Péter; Seidenschwarz, Werner: **Zielkostenmanagement**, in: ZfC, 4. Jg. (1992), S. 142–150.

Horváth, Peter; Urban, Georg: **Qualitätscontrolling**, Stuttgart 1990, S. 65–113.

Horstmann, Walter: Der **Balanced Scorecard-Ansatz** als Instrument der Umsetzung von Unternehmensstrategien, in: ZfC, 11. Jg. (1999), Heft 4/5, S. 193–199.

Hostettler, Stephan: Das Konzept des Economic Value Added (**EVA**), Stuttgart 1997.

Stahlknecht und *Burkhard Huch*, Frankfurt 1987, S. 161–174.

Huber, Thomas; Alt, Rainer; Barak,Vladimir; Österle, Hubert: Entwurf einer **Applikationsarchitektur** für die Pharmaindustrie, in: Business Networking in der Praxis: Beispiele und Strategien zur Vernetzung mit Kunden und Lieferanten, hrsg. von *Hubert Österle; Elgar Fleisch; Rainer Alt,* Berlin, Heidelberg 2002, S. 165–183.

Huch, Burkhard: Instrumente des Controlling auf dem Gebiet der **Abweichungsanalyse**, in: Praxis des Rechnungswesens, Bd. 3, Buchführung, Bilanzierung, Betriebsabrechnung, Datenverarbeitung, Freiburg i.Br. 1982, Gruppe 11, S. 731–748.

Hügler, Gert L.: Controlling in **Projektorganisationen**, München 1988.

Hultsch, C.: **Asset-Backed-Securities** als Finanzierungsinstrument für den Mittelstand?, in: Finanzierung für den Mittelstand – Trends, Unternehmensrating, Praxisfälle, hrsg. von *Kolbeck, C.; Wimmer, R.*, Wiesbaden 2002, S. 141 – 152.

Humm, Bernhard; Wietek, Frank: Architektur von **Data Warehouses** und Business Intelligence Systemen, Informatik-Spektrum 28. Jg. (2005), S. 3–14.

Hummel, Siegfried: Die Forderung nach entscheidungsrelevanten **Kosteninformationen**, in: Handbuch Kostenrechnung, hrsg. von *Wolfgang Männel,* Wiesbaden 1992, S. 76–86.

IBM Deutschland GmbH (Hrsg.): Form **GE 12-1043-3**, 1977.

Ihde, Gösta B.: **Transport**, Verkehr, Logistik, **2. Aufl.**, München 1991, S. 261 f.

Inmon, William H.: Building the **Data Warehouse**, 4. Aufl., New York 2005.

Institut der Wirtschaftsprüfer in Deutschland e. V. (Hauptfachausschuss): **Stellungnahme 2/75**. Zur Berücksichtigung der Substanzerhaltung bei der Ermittlung des Jahresergebnisses, in: WPg, 28. Jg. (1975), S. 614–616.

Jacobs, Otto H: Internationale **Unternehmensbesteuerung** deutscher Investitionen im Ausland; ausländische Investitionen im Inland, München 2007.

Jäger, Bernhard: **Desinvestitionen** auf der Basis vollständiger Finanzpläne. Ein Modell für mittelständische Unternehmen – dargestellt am Beispiel der Textil- und Bekleidungsindustrie, Frankfurt am Main 2002.

Jäger, Axel; Rödl, Christian; Campos Nave, José A.: Praxishandbuch **Corporate Governance**. Grundlagen, Checklisten, Implementierung, Weinheim 2009.

Jahnke, Bernd: **Einsatzkriterien**, Kritische Erfolgsfaktoren Und Einführungsstrategien Für Führungsinformationssysteme, in Führungsinformationssysteme. Neue Entwicklungstendenzen Im EDV-Gestützten Berichtswesen, hrsg. von *Wolfgang Behme*; *Katja Schimmelpfeng*, Wiesbaden 1993, S. 29–43.

Janisch, Monika: Das strategische **Anspruchsgruppenmanagement** – Vom Shareholder Value zum Stakeholder Value, Bern, Stuttgart, Wien 1993.

Jansen, Ansgar: **Desinvestitionen**: Ursachen, Probleme, Gestaltungsmöglichkeiten, Frankfurt a. M., Bern, New York 1986.

Jehle, Egon: Der Beitrag der verhaltenswissenschaftlich orientierten **Rechnungswesenforschung** für die Gestaltung der Plankostenrechnung, in: KRP, 1982, S. 205–214.

Kieser, Stuttgart 1984, S. 45–60.

Jehle, Egon; Müller, Klaus; Michael, Horst: **Produktionswirtschaft**. Eine Einführung mit Anwendungen und Kontrollfragen, 5. Aufl., Heidelberg 1999.

Jodlbauer, Herbert; Gmainer, Roland: **Produktionsverlagerung** unter der Lupe – Eine empirische Untersuchung österreichischer Produktionsunternehmen, in: Industrie Management, 23. Jg. Heft 1 (2007), S. 52–55.

Johanning, Achim; Kusterer, Frank: **Integrierte Unternehmensplanung** mit SAP, in: ZfC, 19. Jg. (2007), S. 697–702.

Johnson, H. Thomas: **Relevance Regained**, New York u. a. 1992.

Johnson, H. Thomas; Kaplan, Robert S.: **Relevance Lost**. The Rise and Fall of Management Accounting, Boston 1987.

Jonas, Martin: Unternehmensbewertung: Zur Anwendung der **Discounted-Cash Flow-Methode** in Deutschland, in: BfuP, 47. Jg. (1995), S. 83–48.

Jünemann, Reinhardt: Die Bedeutung des **Arbeitsschutzes** in den Logistikbereichen der Wirtschaft, in: Handbuch für Logistik und Arbeitsschutz, hrsg. vom *Institut für Logistik*, Dortmund 1980, S. 1–12.

Jung, Helmut: Grundlagen zur Messung von **Kundenzufriedenheit**, in: Kundenzufriedenheit, hrsg. von *Hermann Simon; Christian Homburg*, 6. Aufl., Wiesbaden 2006, S. 141–161.

Kagermann, Henning: Perspektiven der Weiterentwicklung **integrierter Standardsoftware** für das innerbetriebliche Rechnungswesen, in: Strategieunterstützung durch das Controlling: Revolution im Rechnungswesen, hrsg. von *Péter Horváth*, Stuttgart 1990, S. 277–306.

Kahnemann, Daniel: **Thinking**, Fast and Slow, 2011.

Kaiser, Klaus: Kosten- und **Leistungsrechnung** bei automatisierter Produktion, Wiesbaden 1991.

Kaplan, Robert S.: **Cost Accounting**: A Revolution in the Making, in: CA, Vol. 3 (1985), 1, S. 10–16.

Kaplan, Robert S.: Limitations of Cost Accounting in Advanced **Manufacturing Environments**, in: Measures of Manufacturing Excellence, hrsg. von *Robert S. Kaplan*, Boston 1990, S. 15–38.

Kaplan, Robert S.: One **Cost System** Isn't Enough, in: HBR, Vol. 66 (1988), 1, S. 61–66.

Kaplan, Robert S.: The **Four-Stage Model** of Cost Systems Design, in: MA, Vol. 71 (1990), S. 22–26.

Kaplan, Robert S.; Norton, David P.: **Alignment – Mit der Balanced Scorecard Synergien schaffen**, Boston 2006.

Kaplan, Robert S.; Norton, David P.: In Search of **Excellence** – der Maßstab muß neu definiert werden, in: Havard Manager, Heft 4 (1992), S. 37–46.

Kaplan, Robert S.; Norton, David P.: **Strategieumsetzung** mit Hilfe der **Balanced Scorecard**, in: Die Kunst des Controlling, hrsg. von *Roland Gleich und Werner Seidenschwarz*, München 1997, S. 313–342.

Kattler, Thomas: Zwischen **Realität** und Vision, in: IT Management, 11/98, S. 32–39.

Keller, Thomas: Unternehmensführung mit **Holdingkonzeptionen**, Köln 1990.

Kellinghusen, Georg: Von der Langfristplanung zum **strategischen Management**, in: Strategieunterstützung durch das Controlling: Revolution im Rechnungswesen, hrsg. von *Péter Horváth*, Stuttgart 1990, S. 39–50.

Kellinghusen, Georg; Wübbenhorst, Klaus: **Strategic Control** for Improved Performance, in: LRP, Vol. 23 (1990), S. 30–40.

Kemper, Alfons; Eickler, André: **Datenbanksysteme**: Eine Einführung, 9. Aufl., München 2013.

Kemper, Hans-Georg; Baars, Henning; Mehanna, Walid: **Business Intelligence** – Grundlagen und praktische Anwendungen – Eine Einführung in die IT-basierte Managementunterstützung, 3. Aufl., Wiesbaden 2010.

Kendall, Robin: **Risk Management**. Unternehmensrisiken erkennen und bewältigen, Wiesbaden 1998.

Kessler, Wolfgang: Die **Euro-Holding**: Steuerplanung, Standortwahl, Länderprofile, München 1996.

Keßler, Heinrich; Winkelhofer, Georg: **Projektmanagement**: Leitfaden zur Steuerung und Führung von Projekten, Berlin u.a.O. 1997.

Kiener, Joachim: Marketing-Controlling; Darmstadt 1980.

Kiener, Stefan, Maier-Scheubeck, Nicolas; Obermaier, Robert; Weiß, Manfred: Produktions-Management: Grundlagen der **Produktionsplanung** und -steuerung, 8. Aufl., München 2006.
Kieninger, Michael: Gestaltung internationaler **Berichtssysteme**, München 1993.
Kieser, Alfred: Wie „rational" kann man **strategische Planung** betreiben?, in: Strategische Unternehmensführung und Rechnungslegung, hrsg. von *Eduard Gaugler, Otto H. Jacobs* und *Alfred Kieser*, Wiesbaden 1984, S. 31–44.
Kieso, Donald E.; Weygandt, Jerry J.; Warfield, Terry D.: **Intermediate Accounting**, 10th ed., New York u. a. 2001.
Kilger, Wolfgang: Flexible **Plankostenrechnung** und Deckungsbeitragsrechnung, 9. Aufl., Wiesbaden 1988.
Kilger, Wolfgang: **Industriebetriebslehre**, Bd. 1, Wiesbaden 1986.
Kilger, Wolfgang, Pampel, Jochen; Vikas Kurt: Flexible **Plankostenrechnung** und Deckungsbeitragsrechnung, 13. Aufl., Wiesbaden 2012.
Kilger, Wolfgang: **Optimale Produktions- und Absatzplanung**. Entscheidungsmodelle für den Produktions- und Absatzbereich industrieller Betriebe, Opladen1973.
Kinder, Christian: Interne **Leistungsverrechnung** in Industriebetrieben und Banken, Köln 1999.
Kinkel, Steffen: Erfolgsfaktor **Standortplanung**: In- und ausländische Standorte richtig bewerten, Berlin 2009.
Kißler, Martin: **Corporate Governance**, in: ZfC, 18. Jg. (2006), Heft 10, S. 545–547.
Kißler, Martin: **Informationsmanagement** für den Aufsichtsrat im Konzern. Corporate Governance und Controlling gestützte Gestaltungsempfehlungen für eine Management-Holding, Frankfurt am Main 2011.
Kißler, Martin: Die **Rolle des Controllings** für die Informationsversorgung des Aufsichtsrats, in ZfC, 28. Jg. (2016), Heft 7, S. 403–409.
Kißler, Martin; Burgartz, Thomas: **Risiko-Reporting** für den Aufsichtsrat, in: Führungsinformationssysteme und Planungssysteme, Tagungsband 24. Deutscher Controlling Congress, hrsg. von *Thomas Reichmann*, Dortmund 2009, S. 223–254.
Kleinhietpaß, Guido: Integriertes **Vertriebs-Controlling**, in: CM, 33.Jg. (2008) (Heft 5/6), S. 6–15.
Kleinschnittger, Ulrich: **Beteiligungs-Controlling**, München 1993.
Klien, Wolfgang: **Wertsteigerungsanalyse** und Messung von Managementleistungen, Wiesbaden 1995.
Klotz, D.; Globales **Reporting** und Controlling bei KEIPER, in Reichmann, Th. (Hrsg.), 23. Deutscher Controlling Congress, Tagungsband, Dortmund 2007, S. 259–272.
Grochla, Wiesbaden 1971, S. 57–102.
Kniese, Wolfgang: Die Bedeutung der **Rating-Analyse** für deutsche Unternehmen, Wiesbaden 1996.
Knyphausen, Dodo zu: Wertorientiertes **Strategisches Management**, in: Zeitschrift für Planung, 3. Jg. (1992), S. 331–352.
Koch, Helmut: Integrierte **Unternehmensplanung**, Wiesbaden 1982.
Kohlenbach, Matthias: Das Verhältnis der **Aufsichtsräte** in Aktiengesellschaften, Düsseldorf 2003.
Köhler, Richard: Grundprobleme der strategischen **Marketingplanung**, in: Die Führung des Betriebes. Festschrift für Curt Sandig, hrsg. von *Manfred Geist* und *Richard Köhler*, Stuttgart 1981, S. 261–291.
Köhler, Richard: **Marketing Accounting**, in: Marketing Schnittstellen. Herausforderungen an das Management, hrsg. von *Günter Specht, Günter Silberer* und *Werner H. Engelhardt*, Stuttgart 1989.
Köhler, Richard: Beiträge zum **Marketing-Management**. Planung, Organisation, Controlling, 3. Aufl., Stuttgart 1993.
Köhler, Richard: **Marketing-Kostenkontrolle**, in: Vahlens Großes Controllinglexikon, hrsg. von *Peter Horváth und Thomas Reichmann*, 2. Aufl., München 2003.
Köhler, Richard: **Ergebniskontrolle** im Marketing, in: Vahlens Großes Controllinglexikon, hrsg. von *Peter Horváth und Thomas Reichmann*, 2. Aufl., München 2003.
Kollerer, Helmuth: Die betriebswirtschaftliche Problematik von **Betriebsunterbrechungen**. Planungsgrundlagen zur Berücksichtigung von Betriebsunterbrechungen im Rahmen der Unternehmenspolitik, Berlin 1978.
Koreimann, Dieter S.: **Projekt-Controlling** – Methoden zur Sicherung des Projekterfolgs, Weinheim 2005.

Kortzfleisch, Berlin 1964, S. 209–212.

Kortzfleisch, Gert v.; Kaluza, Bernd (Hrsg.): Internationale und nationale **Problemfelder der Betriebswirtschaftslehre**. Festgabe für Heinz Bergner zum 60. Geburtstag, Berlin 1984.

Kotler, Philip; Bliemel, Friedhelm: **Marketing**-Management, 12. Aufl., Stuttgart 2008.

Kotler, Philip; Keller, Kevin Lane: **Marketing Management**, 13th. Ed., New Jersey 2009.

Kotler, Philip; Keller, Kevin Lane; Bliemel, Friedhelm: **Marketing-Management** – Strategien für wertschaffendes Handeln, 12. Aufl., München 2007.

KPMG: Checkliste zur Erfüllung der Anforderungen durch das **KonTraG und** das **KapAEG**, http://www.kpmg.de/library/docs/IRM_neu-checkliste.pdf vom 16.11.1999.

KPMG: www.kpmg.de/library/brochures/satellit/IRM.pdf, gesichtet am 28.07.2003*KPMG*: Integriertes **Risikomanagement**, http://www.kpmg.de/library/docs/IRM_neu_checkliste. pdf vom 16.11.1999, S. 1–45.

KPMG: **Rechnungslegung** nach US-amerikanischen Grundsätzen, Berlin 1999.

Kraemer, Wolfgang; Scheer, August-Wilhelm: Wissensbasiertes **Controlling**, in: InfM, 4. Jg. (1989), 2, S. 6–7.

Krafft,Manfred; Frenzen, Heiko: **Vertriebs-Controlling**, in: Handbuch Marketing-Controlling: Effektivität und Effizienz einer marktorientierten Unternehmensführung, 2. Aufl., Wiesbaden 2006.

Krafft, Manfred; Marzian, Sieghard: Dem **Kundenwert** auf der Spur, in: Absatzwirtschaft, 40. Jg., Nr. 6, S. 105–107.

Kraft, Ernst-Thomas: Rechtsformen und Entstehung der **Holding**, hrsg. von *Marcus Lutter*, Holding Handbuch, Köln 1995, S. 39.

Krause, Herbert; Fröhling, Oliver: PC-gestützte Kostenplanung unter Windows. Intelligenter Baustein eines computergestützten **Unternehmens-Controlling**, in: Tagungsband 6. Deutscher Controlling Congress, hrsg. von *Thomas Reichmann*, München 1991, S. 273–310.

Krcmar, Helmut: Bedeutung und Ziele von **Informationssystem-Architekturen**, Wirtschaftsinformatik 32. Jg. (1990), S. 395–402.

Krcmar, Helmut: **Informationsmanagement**, 5. Aufl., Berlin, Heidelberg 2010.

Krcmar, Helmut: **Informationsverarbeitungs-Controlling** in der Praxis, in: Information Management, 7. Jg. (1992), H. 2, S. 6–18.

Kreikebaum, Hartmut: Strategische **Unternehmensplanung**, 6. Aufl., Stuttgart u. a. 1997.

Kreikebaum, Hartmut: **Wettbewerbsanalysen** für Marketingentscheidungen, in: Handbuch des Marketing, hrsg. von *Manfred Bruhn*, München 1989, S. 133–156.

Kretzler, S.: **Finanzierung** für den Mittelstand – ausgewählte Alternativen zur Bankfinanzierung, in: Handbuch Finanz- und Vermögensberatung, hrsg. von *Moritz, G.*, Wiesbaden 2004, S. 531 – 550.

Kreuter, Andreas: **Verrechnungspreise** in Profit-Center-Organisationen, München 1999.

Marketing, hrsg. von *Dallmer, H.*, Wiesbaden 1991, 6. Aufl., S. 623–642.

Krey, Sandra: **Integration** von legalem und Management Berichtswesen auf eine Systemplattform, in: ZfC, 19. Jg. (2007), S. 231–236.

Kristekova, Zuzana; Brion, Jesica; Schermann, Michael; Krcmar, Helmut: **Simulation Model** for Cost-Benefit Analysis of Cloud Computing versus In-House Datacenters, Tagungsband der MKWI 2012, S. 613–625.

Kristekova, Zuzana; Brion, Jesica; Schermann, Michael; Krcmar, Helmut: **Simulation Model** for Cost-Benefit Analysis of Cloud Computing versus In-House Datacenters, Multikonferenz Wirtschaftsinformatik 2012 – Tagungsband der MKWI 2012, S. 613–625.

Krüger, Wilfried: **Controlling**: Gegenstandsbereich, Wirkungsweise und Funktionen im Rahmen der Unternehmenspolitik, in BFuP, 31. Jg. (1979), S. 158–169.

Krüger, Wilfried: Organisation der **Unternehmung**, Stuttgart u. a. 1984.

Krügerke, Christian: Aktuelle Praxis des **Vertriebscontrollings** – Ergebnisse einer empirischen Studie, in: ZfCM, 53.Jg. (2009) (Sonderheft 2), S. 23–29.

Krügerke, Christian; Linnenlücke, Andreas: **Vertriebscontrolling** als Forschungsfeld- ein Überblick über den Stand der deutschen und internationalen Literatur, in: ZfCM, 53.Jg. (2009) (Sonderheft 2), S. 5–10.

Krümmel, Hans-Jacob: Grundsätze der **Finanzplanung**, in: ZfB, 34. Jg. (1964), S. 225–240.

Krumnow, Jürgen: **Deckungsbeitragsrechnung**, Geschäftsstellen- und Kundenkalkulation in der Bank, in: Controlling-Praxis: Erfolgsorientierte Unternehmenssteuerung, hrsg. von *Thomas Reichmann*, München 1988, S. 366–378.

Kruschwitz, Lutz: **Investitionsrechnung**, 4. Aufl., Berlin, New York 1990.

Krystek, Ulrich: Controlling und **Frühaufklärung**, in: ZfC, 2. Jg. (1990), S. 68–75.
Krystek, Ulrich: Neue **Controlling-Aufgaben** durch neue Gesetze? KonTraG und InsO als Herausforderung für das Controlling, in: KRP, 43. Jg. (1999), S. 145–151.
Kühlmann, Knut: Erfolgreiches **Riskmanagement** in der Tagungs-, Kongreß- u. Messewirtschaft, Karlsruhe 1996.
Kühn, Richard: **Marketing-Mix**, in: HWM, hrsg. von *Bruno Tietz, Richard Köhler* und *Joachim Zentes,* 2. Aufl., Stuttgart 1996, Sp. 1615–1628.
Kuhne, Volker; Mitschein, Andreas: **Bauablaufstörungen** und ihre Konsequenzen. Was ist dem Bauunternehmer zuzumuten?, in: BW Bauwirtschaft, Nr. 3, 1999, S. 22–24.
Küpper, Hans-Ulrich: **Controlling**. Konzeption, Aufgaben und Instrumente, 3. Aufl., Stuttgart 2001.
Küpper, Hans-Ulrich: **Betriebswirtschaftslehre** als Wertschöpfungstheorie – Perspektiven für die Entwicklung einer mehrdimensionalen Theorie der Unternehmung, in: Zeitschrift für betriebswirtschaftliche Forschung, 59. Jahrgang (2007), Sonderheft 56: Zukunft der Betriebswirtschaftslehre, S. 1–26.
Küpper, Hans-Ulrich: **Controlling** – Konzeption, Aufgaben und Instrumente, **4. Aufl.**, Stuttgart 2005.
Küpper, Hans-Ulrich; Weber, Jürgen; Zünd, Andre: Zum **Verständnis** und Selbstverständnis des Controlling: Thesen zur Konsensbildung, in: Zeitschrift für das gesamte Genossenschaftswesen, 60. Jahrgang (1990), Heft 3, S. 281–293.
Küpper, Hans-Ulrich; Winckler, Barbara; Zhang, Suixin: **Planungsverfahren** und Planungsinformationen als Instrument des Controlling, in: DBW, 50. Jg. (1990), S. 435–458.
Küting, Karlheinz; Reuter, Michael; Zwirner, Christian: **Erfolgsrechnungen** in deutschen Jahresabschlüssen: Umsatz- versus Gesamtkostenverfahren, in StuB 3/2006, S. 85–90.
Kusterer, Frank: **Investitionsmanagement**: Konzeption, Instrumente und Realisierung im Data *Warehouse, München 2001.*
Kusterer, Frank: Neue Anforderungen an **Führungsinformationssysteme**, in: Tagungsband zum 24. Deutschen Controlling Congress, hrsg. von *Thomas Reichmann,* Dortmund 2009, S. 35–44.
Kusterer, Frank; Knapp, Peter: Weltweit einsatzfähige **Führungsinformationssysteme**: Umsetzung und Anforderungen, in: Tagungsband zum 11. Deutschen Controlling Congress, hrsg. von *Thomas Reichmann,* München 1996, S. 219–243.
Küting, Karlheinz: Stichwort „**US-GAAP** (Generally Accepted Accounting Principles in den USA)", in: Vahlens Grosses Controlling-Lexikon, hrsg. von *Péter Horváth* und *Thomas Reichmann,* 2. Aufl., München 2002.
Küting, Karlheinz: Die spartenorientierte **Rentabilitäts-(Kapitalergebnis-)Rechnung** als Instrument der Unternehmensführung, in: BB, 40. Jg. (1985), Beilage 8 zu Heft 14.
Küting, Karlheinz: **HGB/IAS/US-GAAP** – Zukunft der deutschen Rechnungslegung und Auswirkung auf das Controlling, in: *Reichmann, Thomas* (Hrsg.): Tagungsband 13. Deutscher Controlling Congress, Dortmund, Essen 1998, S. 7–23.
Küting, Karlheinz; Lorson, Peter: Erfolgs(potential)orientiertes **Konzernmanagement**, in: BB, 52. Jg., (1997), Beilage 8 zu Heft 20.
Küting, Karlheinz; Lorson, Peter: Messung der **Profitabilität** strategischer Geschäftsfelder, in: ZfC, 9. Jg. (1997), S. 4–13.
Kütz, Martin: **Projektcontrolling** in der IT, Bd. 1, Heidelberg 2012.
Labbé, Marcus; Wiedemann, Martin: Corporate Governance nach dem **BilMoG**: Die Sensibilisierung der Aufsichtsräte wächst, in: Der Aufsichtsrat, 6. Jahrgang (2009), Heft 9, S. 127–219.
Lachnit, Laurenz: **Erfolgsspaltung** auf der Grundlage der GuV nach Gesamt- und Umsatzkostenverfahren, in WPg, 44. Jg. (1991), S. 773–783.
Lachnit, Laurenz: Systemorientierte **Jahresabschlußanalyse**, Wiesbaden 1979.
Lachnit, Laurenz: **Umsatzprognose** auf Basis von Expertensystemen, in: Tagungsband 6. Deutscher Controlling Congress, hrsg. von *Thomas Reichmann*, München 1991, S. 251–272.
Lachnit, Laurenz: Zur Weiterentwicklung betrieblicher **Kennzahlensysteme**, in: ZfbF, 28. Jg. (1976), S. 216–230.
Lachnit, Laurenz; Ammann, Helmut: **Controllingkonzeption** für Unternehmen mit Projektleistungstätigkeit, Modell zur systemgestützten Unternehmensführung bei auftragsgebundener Einzelfertigung, Grossanlagenbau und Dienstleistungsgrossaufträgen, München 1994.
Lachnit, Laurenz; Müller, Stefan: **Unternehmenscontrolling.** Managementunterstützung bei Erfolgs-, Finanz-, Risiko-, und Erfolgspotentialsteuerung, Wiesbaden 2006.

Lachnit, Laurenz; Lange, Christoph; Palloks, Monika (Hrsg.): Zukunftsfähiges **Controlling**: Konzeptionen, Umsetzungen, Praxiserfahrung, Prof. Thomas Reichmann zum 60. Geburtstag, München 1998.

Lackes, Richard: Die **Kostenträgerrechnung** unter Berücksichtigung der Variantenvielfalt und der Forderung nach konstruktionsbegleitender Kalkulation, in: ZfB, 61. Jg. (1991), S. 87–108.

Lackes, Richard: EDV-orientiertes **Kosteninformationssystem**. Flexible Plankostenrechnung und neuere Technologien, Wiesbaden 1989.

Lambsdorff, Otto Graf: Die Überwachungstätigkeit des Aufsichtsrates – Verbesserungsmöglichkeiten de lege lata und de lege ferenda, in: Corporate Governance – Optimierung der Unternehmensführung und der Unternehmenskontrolle im deutschen und amerikanischen Aktienrecht, hrsg. von *Dieter Feddersen, Peter Hommelhoff, Uwe H. Schneider*, Köln 1996, S. 217–233.

Lammerskitten, Mark; Langenbach, Wilm; Wertz, Boris: Operationalisierungsprobleme des **Shareholder Value-Ansatzes** in: Zeitschrift für Planung, 8. Jg. (1997), S. 221–242.

Landsmann, Cord: Finanzplanorientiertes **Konzerncontrolling**: Konzeption eines wertorientierten Steuerungsinstruments, Wiesbaden 1999.

Lange, Christoph: Umweltschutz und **Unternehmensplanung**, Wiesbaden 1978, S. 116–123.

Lange, Christoph: Der **Subventionswert** steuerlicher Sonderabschreibungen für Umweltschutzinvestitionen, in: WPg, 28. Jg. (1975), S. 348–350.

Lange, Christoph: Die **Rentabilitätswirkung** steuerlicher Sonderabschreibungen auf Wirtschaftsgüter, die dem Umweltschutz dienen, in: WPg, 27.Jg. (1974), S. 573–580.

Lange, Christoph: Investitionsentscheidungen im Umbruch: Struktur eines **Investitions-Controllingsystems**, in: Controlling-Praxis. Erfolgsorientierte Unternehmenssteuerung, hrsg. von *Thomas Reichmann*, München 1988, S. 133–146.

Lange, Christoph: Jahresabschlußinformationen und **Unternehmensbeurteilung**, Stuttgart 1989.

Laudon, Kenneth C.; Laudon, Jane P.: **Management Information Systems:** Managing the Digital Firm, 8. Aufl., Upper Saddle River 2004.

Lehmann, Frank-Oliver: Die Entwicklung eines koordinationsorientierten **Controlling-Paradigmas**, in: Zeitschrift für betriebswirtschaftliche Forschung, 44. Jg. (1992), S. 45–61.

Lehner, Franz u. a.: **Organisationslehre** für Wirtschaftsinformatiker, München, Wien 1991.

Lehner, Ulrich; Schmidt, Mathias: **Risikomanagement** im Industrieunternehmen, in: BfuP, 52. Jg. (2000), Heft 3, S. 261–272.

Leibfried, Kathleen H.J., McNair, Carol Jean: **Benchmarking**. Von der Konkurrenz lernen, die Konkurrenz überholen, **2. Aufl.**, Freiburg i. Br. 1996, S. 47.

Leidig, Guido: **Prozeßkosten-Informationen** und prozeßorientierte Kalkulation in der Druckindustrie, in: KRP, 42. Jg. (1999), S. 53–63.

Leimböck, Egon; Schönnenbeck, Hermann: KLR Bau und Baubilanz, *Grundlagen – Zusammenhänge – Auswertungen. Wiesbaden 1992.*

Lentfer, Thies: Überwachung des **Risikomanagementsystems** durch den Aufsichtsrat, in: Corporate Governance und Controlling, hrsg. von *Carl-Christian Freidank*, Heidelberg 2004, S. 113–140.

Lenz, Peter: Die Bilanzierung von **Mobilien-Leasingverträgen** gemäß deutschem Handelsrecht und U.S. Generally Accepted Accounting Principles: Ein kritischer Vergleich, Saarbrücken 1997.

Lerner, E. M.; Carlton, W. T.: The Integration of **Capital Budgeting** and Stock Valuation, in: American Economic Review, 1996, S. 683–702.

Lewin, Arie Y.; Peeters, Carine: **Offshoring Administrative** and Technical Work: Business Hype or the Onset of Fundamental Transformation?, in: Long Range Planning, 39. Jg. Heft 3 (2006), S. 221–239.

Liebmann, Hans-Peter: **Marketing-Logistik**, in: HWM, hrsg. von *Bruno Tietz, Richard Köhler* und *Joachim Zentes*, 2. Aufl., Stuttgart 1996, Sp. 1586–1598.

Liebe, Miguel; Moewes, Stefan: Weiterentwicklung von **Controlling-Systeme**n in Evolutionsstufen am Beispiel Pfisterer-Gruppe, in: ZfC, 26. Jg. (2014), Heft 4/5, S. 272–281.

Liedl, Reinhard: Eigenkapitalorientierte **Investitionsrechnung** bei Bertelsmann, in: ZfbF, 40. Jg. (1988), S. 172–182.

Liening, Andreas: Multimediale **Informationstechnologien** für Klein- und mittlere Unternehmen, in: Arbeits- und Forschungsberichte des IDF, hrsg. von A. Liening und J. Karpe, Köln, Gummersbach 2003.

Lingenfelder, Michael; Lauer, Alexander; Groh, Sabine: **Kundenzufriedenheit** im Business-to-Business-Marketing, in: Dienstleistungsmanagement Jahrbuch 2000, hrsg. von *Bruhn, Manfred; Stauss, Bernd,* Wiesbaden 2000, S. 159–195.

Lingle, John H.; Schiemann, William A.: From **Performance Measurement** to Strategic Gauges: Is Measurement Worth It?, in: Management Review, 85. Jg. Heft 3 (1996), S. 56–61.

Link, Jörg: **Customer Relationship Management**. Erfolgreiche Kundenbeziehungen durch integrierte Informationssysteme; Berlin et al. 2001.

Link, Jörg: Organisation der strategischen **Unternehmungsplanung**, in: Strategische Unternehmungsplanung – Strategische Unternehmungsführung, hrsg. von *Dietger Hahn* und *Bernhard Taylor,* 8. Aufl., Heidelberg 1999, S. 804–829.

Link, Jörg; Hildebrandt, Volker, G.: Database Marketing und **Computer Added Selling**, München 1993.

Link, Jörg; Schleunig, Christian: Das neue interaktive **Direktmarketing**. Die neuen elektronischen Möglichkeiten der Kundenanalyse und Kundenbindung, Ettlingen 1999.

Link, Jörg; Weiser, Christoph: **Marketing-Controlling**, 3. Aufl. München 2011.

Litke, Hans-D.: **Projektmanagement**: Methoden, Techniken, Verhaltensweisen, evolutionäres Projektmanagement, 5. Aufl., München 2007.

Littkemann, Jörn; Reinbacher, Philipp; Baranowski, Miriam: **Controlling in mittelständischen Unternehmen**, in: ZfC, Nr. 1 2012, S. 47–53.

Löhnert, Peter: **Shareholder Value**: Reflexion der Adaptionsmöglichkeiten in Deutschland, München 1996.

Lück, Wolfgang: Betriebswirtschaftliche Aspekte der Einrichtung eines Überwachungssystems und eines **Risikomanagementsystems**, in: Reform des Aktienrechts, der Rechnungslegung und Prüfung. KonTraG- KapAEG- EuroEG- StückAG, hrsg. von Dietrich Dörner, Dieter Menold, Norbert Pfitzer, 2. Aufl., Stuttgart 2003, S. 370–375.

Lück, Wolfgang: Elemente eines Risiko-**Managementsystems**. Die Notwendigkeit eines Risiko-Managementsystems durch den Entwurf eines Gesetzes zur Kontrolle und Transparenz im Unternehmensbereich (KonTraG), in: DB, 51. Jg. (1998a), S. 8–13.

Lücke, Wolfgang: **Planbilanz**, in: HWR, hrsg. von *Erich Kosiol u. a.,* 2. Aufl., Stuttgart 1981, Sp. 1279–1290.

Lüdenbach, Norbert: International **Accounting Standards**: der Ratgeber zur erfolgreichen Umstellung von HGB auf IAS/IFRS, 2. Aufl., Freiburg 2003, S. 53 f.

Lutter, Marcus; Krieger, Gerd; Verse, Dirk A.: Rechte und Pflichten des **Aufsichtsrats**, 6. Aufl., Köln 2014.

Macharzina, Klaus: **Unternehmensführung**, 3. Aufl., Wiesbaden 1999.

Madauss, Bernd J.: Handbuch **Projektmanagement**, Mit Handlungsanleitungen für Industriebetriebe, Unternehmensberater und Behörden, 6. Aufl., Stuttgart 2000.

Mag, Wolfgang: Entscheidung und **Information**, München 1977.

Mandl, Gerwald; Rabel, Klaus: Grundlagen der **Unternehmensbewertung**, Teil D: Methoden der Unternehmensbewertung, in: Praxishandbuch der Unternehmensbewertung, hrsg. von *Volker Peemöller,* S. 62 ff.

Mandler, Udo: Einflussfaktoren internationaler **Unternehmensbesteuerung**, in: Das Wirtschaftsstudium, 32. Jg. Heft 1 (2003), S. 82–87.

Mandler, Udo: Internationale **Konzernverrechnungspreise**, in: Das Wirtschaftsstudium, 31. Jg. Heft 7 (2002), S. 929–934.

Maniora, Janine: **Non-Financial Reporting and Disclosure Regulation**: The Economics of Various Approaches to Disclosing Corporate Social Responsibility Information, Dissertation, Bochum 2016.

Männel, Wolfgang: Kosten-,Erlös und **Ergebnisrechnung**, Schriften zur Betriebswirtschaftslehre, Erlangen, Nürnberg o. Jg.

Männel, Wolfgang: **Kostenrechnung** als Instrument der Unternehmensführung, in: Grenzplankostenrechnung. Stand und aktuelle Entwicklungen, 2. Aufl., hrsg. von *August-Wilhelm Scheer,* Wiesbaden 1990, S. 13–29.

Männel, Wolfgang: Wirtschaftlichkeitsfragen der **Anlagenerhaltung**, Wiesbaden 1968.

Männel, Wolfgang; Weber, Jürgen: **Controlling-Konzept**. Konzept einer Kosten- und Leistungsrechnung für die Logistik. Struktur und Elemente eines aussagefähigen logistischen Informationssystems, in: Zeitschrift für Logistik, 3. Jg. (1982), S. 83–40.

Mannesmann AG: **Geschäftsbericht** 1982.

Markowitz, Harry: **Portfolio Selection**, in: JF, März 1952, S. 77–91.

Martin, Thomas A.; Bär, Thomas: Grundzüge des **Risikomanagement** nach KonTraG, Oldenburg 2002.
Matzke, Bernd: **ABAP/4**: die Programmiersprache des *SAP*-Systems R/3, 1. Aufl., Bonn 1996.
Matzler, Kurt; Bailom, Franz: Messung von **Kundenzufriedenheit**, in: Kundenorientierte Unternehmensführung, hrsg. von *Hans H. Hinterhuber und Kurt Matzler*, **4. Aufl.**, Wiesbaden 2004, S. 263–293.
Matzler, Kurt; Bailom, Franz: Messung der **Kundenzufriedenheit**, in: Kundenorientierte Unternehmensführung, hrsg. von *Hans H. Hinterhuber; Kurt Matzler*, **6. Aufl.**, Wiesbaden 2009, S. 268- 297.
Matzler, Kurt; Stahl, Heinz K.: Kundenzufriedenheit und **Unternehmenswertsteigerung**, in: DBW, 60. Jg., 2000, Heft 5; S. 630 ff.
Mayer, Elmar; Pawlowski, Ernst: **Deckungsbeitragsrechnung** im Controlling, in: CM, 5. Jg. (1980), S. 125–132.
McKinsey & Company, Inc.: **Qualität** gewinnt, Stuttgart 1995, S. 248–256.
Meadows, Donella; Meadows, Dennis L.; Randers Jürgen: Die neuen **Grenzen des Wachstums**. Die Lage der Menschheit: Bedrohung und Zukunftschancen, Stuttgart 1992.
Meckl, Reinhard: **Controlling** im internationalen Unternehmen, München 2000.
Meffert, Heribert: Marketing. Grundlagen **marktorientierter Unternehmensführung**; Konzepte, Instrumente, Praxisbeispiele; mit neuer Fallstudie VW Golf, 10. Aufl., Wiesbaden 2008.
Meffert, Heribert; Burmann, Christoph.; Kirchgeorg, Manfred: **Marketing**. Grundlagen marktorientierter Unternehmensführung, Konzepte Instrumente Praxisbeispiele, 11. Aufl., Wiesbaden 2012.
Meffert, Heribert: **Marketing**, in: Handwörterbuch des Marketing, hrsg. von *Bruno Tietz, Richard Köhler und Joachim Zentes*, Stuttgart 1995.
Meffert, Heribert: Strategische **Planungskonzepte** in stagnierenden und gesättigten Märkten, in: DBW, 43. Jg. (1983), S. 193–209.
Meffert, Heribert: Strategische **Unternehmensführung** und Marketing, Wiesbaden 1988.
Meissner, Hans G.: **Marketing** im Gemeinsamen Europäischen Markt, in: Märkte in Europa: Strategien für das Marketing, hrsg. von *Hartmut Berg, Hans G. Meissner* und *Wolfgang B. Schünemann*, Stuttgart 1990.
Meissner, Hans G.: Marketing im Gemeinsamen **Europäischen Markt**, in: Märkte in Europa: Strategien für das Marketing, hrsg. von Hartmut Berg, Hans G. Meissner und Wolfgang B. Schünemann, Stuttgart 1990, S. 99–162.
Meissner, Hans G.: Strategisches **Internationales Marketing**, 2. Aufl., München 1995.
Meissner, Hans G.; Auerbach, Heiko: **Euro-Marketing-Controlling**, in: ZfC, 2. Jg. (1990), S. 232–239.
Meitner, Helmut: Dokumentenmanagement- und **Workflow-Systeme** zur Unterstützung von Geschäftsprozessen, in: *Bullinger, Hans-Jörg; Warnecke Hans-Jürgen*: Neue Organisationsformen in Unternehmen – Ein Handbuch für das moderne Management, Berlin u. a. 1996, S. 720.
Melching, Hans-Georg: Internationales Rechnungswesen und **Ergebniskontrolle** bei der Volkswagen AG, in: ZfC, 9. Jg. (1997), S. 246–252.
Mell, Peter; Grance, Timothy: The **NIST Definition** of Cloud Computing: Recommendations of the National Institute of Standards and Technology, Gaithersburg 2011.
Mellerowicz, Siegfried: Neuzeitliche **Kalkulationsverfahren**, 6. Aufl., Freiburg i. Br. 1977.
Melzer-Ridinge, Ruth: Materialwirtschaft und Einkauf: **Beschaffungsmanagement**, 5. Aufl., München 2008.
Mengen, Andreas: Verfahren der **Kundenwertermittlung**, Darstellung und Bewertung der Kundenwertmessung als Bestandteil des Marketing-Controlling. Wissenschaftliche Schriften des Fachbereichs Betriebswirtschaft, Koblenz University of Applied Sciences, Nr. 1-2009.
Mertens, Hans-Joachim: Zur **Berichtspflicht** des Vorstands gegenüber dem Aufsichtsrat, in: Die Aktiengesellschaft, 25. Jahrgang (1980), Heft 1, S. 67–74.
Mertens, Peter: Integrierte **Informationsverarbeitung** 1: Administrations- und Dispositionssysteme in der Industrie, 12. Aufl., Wiesbaden 2003.
Mertens, Peter: **Integrierte Informationsverarbeitung** 1: Operative Systeme in der Industrie, 18. Aufl., Wiesbaden 2013.
Mertens, Peter; Allgeyer, Karlheinz: **Künstliche Intelligenz** in der Betriebswirtschaft, in: ZfB, 53. Jg. (1983), S. 686–709.
Mertens, Peter; Allgeyer, Karlheinz; Däs, Harald: Betriebliche **Expertensysteme** in deutschsprachigen Ländern. Versuch einer Bestandsaufnahme, in: ZfB, 56. Jg. (1986), S. 905–941.

Mertens, Peter; Backert, Klaus: Vergleich und Auswahl von **Prognoseverfahren** für betriebswirtschaftliche Zwecke – Überblicksartikel, in: ZfOR, 24. Jg. (1980), S. B1–B27.
Mertens, Peter; Bissantz, Nicolas; Hagedorn, Jürgen: **Data Mining** im Controlling – Überblick und erste Praxiserfahrungen, in: ZfB, 67. Jg. (1997), 2, S. 179–201.
Mertens, Peter; Griese, Joachim: Integrierte **Informationsverarbeitung** II: Planungs- und Kontrollsysteme in der Industrie, 6. Aufl., Wiesbaden 1991.
Mertens, Peter; Hansen, Klaus; Rackelmann, Günter: **Selektionsentscheidungen** im Rechnungswesen – Überlegungen zu computergestützten Kosteninformationssystemen, in: DBW, 37. Jg. (1977), S. 77–88.
Mertens, Peter; Haun, Peter: Erfahrungen mit einem Prototyp des daten- und methodenbankgestützten **Rechnungswesen**, in: Tagungsband 7. Saarbrücker Arbeitstagung Rechnungswesen und EDV, hrsg. von *Wolfgang Kilger* und *August-Wilhelm Scheer*, Heidelberg 1986, S. 93–111.
Mertens, Peter; Puhl, Werner: Computergestütztes **Rechnungswesen** als Planungshilfe, in: Unternehmensplanung und -steuerung in den 80 er Jahren. Eine Herausforderung an die Informatik, hrsg. von *Herbert Krallmann*, Berlin, Heidelberg, New York 1982, S. 137–163.
Mertens, Peter; Rässler, Susanne: **Prognoserechnung** – Einführung Und Überblick, in: Prognoserechnung, hrsg. von *Peter Mertens* und *Susanne Rässler*, 7. Aufl., Heidelberg 2012, S. 3–10.
Meyer, Claus: Betriebswirtschaftliche **Kennzahlen** und Kennzahlensysteme, 5. Aufl., Sternenfels, 2008.
Michel, Reiner: Komprimiertes **Kennzahlen-Know-how**, Wiesbaden 1999.
Michel, Reiner: **Projektcontrolling und Reporting**, 2. Aufl., Heidelberg 1996.
Michel, Uwe: Wertorientiertes **Management** strategischer Allianzen, München 1996.
Mittermaier, K.; Thewanger, E.; Schäffer, H.: **Mezzanine-Kapital** – Eine alternative Mittelbeschaffung, in: Handbuch Finanzmanagement in der Praxis, hrsg. von *Guserl, R.; Pernsteiner, H.*, Wiesbaden 2004, S. 819 – 838.
Möckli, Marc: **Segmentberichterstattung** in der Schweiz, Diss. St. Gallen, Winterthur 1996.
Mödritscher, Gernot J.: **Customer Value Controlling**. Hintergründe, Herausforderungen, Methoden, Wiesbaden 2008.
Möller, Klaus: **Zuliefererintegration** in das Target Costing auf Basis der Transaktionskostentheorie, München 2002.
Mörsdorf, Maximilian: Konzeption und Aufgaben des **Projektcontrolling**, Wiesbaden, Wiesbaden 1998.
Motzel, Erhard: **Leistungsbewertung** und Projektfortschritt, in: Deutsche Gesellschaft für Projektmanagement, hrsg. von Projektmanagement Fachmann, Bd. 2, 6. Aufl., Eschborn 2001, S. 687–718.
Moxter, Adolf: **Bilanzlehre**, 1. Einführung in die Bilanztheorie, 3. Aufl., Wiesbaden 1984.
Muchna, Claus: **Früherkennungssysteme**, in: Handwörterbuch des Marketing, hrsg. von *Bruno Tietz, Richard Köhler und Joachim Zentes*, Stuttgart 1995, Sp. 719–7731.
Mucksch, Harry; Holthuis, Jan; Reiser, Marcus: Das **Data Warehouse-Konzept** – ein Überblick, in: Wirtschaftsinformatik, 38. Jg. (1996), 4, S. 421–433.
Müller, Dietrich: Methoden der Ablauf- und **Terminplanung** von Projekten, in: *Reschke, H.; Schelle, H.; Schnopp, R.* (Hrsg.): Handbuch Projektmanagement, Bd. 1, Köln 1989, S. 263–312.
Müller, Heinrich: Die Entwicklung des EDV-Einsatzes für die **Grenzplankostenrechnung**, in: Grenzplankostenrechnung. Stand und aktuelle Entwicklungen, 2. Aufl., hrsg. von *August-Wilhelm Scheer*, Wiesbaden 1990, S. 107–136.
Müller, Heinrich: Entwicklungstendenzen im innerbetrieblichen **Rechnungswesen**. Realisierungschancen im Standard-Software-Bereich, in: Strategieunterstützung durch das Controlling: Revolution im Rechnungswesen, hrsg. von *Péter Horváth*, Stuttgart 1990, S. 307–331.
Müller, Heinrich: Prozeßkonforme **Grenzplankostenrechnung**, 2. Aufl., Wiesbaden 1996.
Müller, J. S.; Würzner, S. K.; Höttges, T.: **Informationsverarbeitungs-Controlling** – Führungsinstrument des Informationsmanagements, in: Praxis der Informationsverarbeitung und Kommunikation (PIK), 15. Jg. (1992), 3, S. 155–162.
Müller, Stefan: Die **Unzufriedenheit** der vermeintlich Zufriedenen, in: Kundenzufriedenheit und Kundenbindung, hrsg. von *Stefan Müller; Helmut Strothmann*, München 1998, S. 197–218.
Munsch, Michael; Weiß, Bernd: Externes Rating, **Finanzdienstleistung** und Entscheidungshilfe, 3. Aufl., DIHK, Bonn 2002, S. 96.
Nagel, Kurt: Nutzen der **Informationsverarbeitung** – Methoden zur Bewertung von strategischen Wettbewerbsvorteilen, Produktivitätsverbesserungen und Kosteneinsparungen, München 1988.
Napp, Hendrik: **Stillegungen**: notwendige Optionen in der Unternehmensplanung, Stuttgart 1990.

Neely, Andy; Gregory, Mike; Platts, Ken: **Performance measurement** system design: A literature review and research agenda, in: International Journal of Operations & Production Management, 25. Jg. Heft 12 (2005), S. 1228–1263.

Nehlsen, Hans: **REpower Systems AG**. Integrierte Planungslösung im SAP ERP und BI Umfeld. Tagungsband 25. Deutscher Controlling Congress 2010, S. 233–246.

Neubürger, Klaus W.: Chancen- und **Risikobeurteilung** im strategischen Management. Die informatorische Lücke, Stuttgart 1989.

Neukirchen, Ralph: **Controlling-Konzeption** zur wertorientierten Ressourcenallokation innerhalb strategischer Geschäftseinheiten. Am Beispiel der Industriegüterbranche, Frankfurt am Main, 2000.

Nieschlag, Robert; Dichtl, Erwin; Hörschgen, Hans: **Marketing**, 19. Aufl., Berlin 2002.

Nölken, Dirk: **Controlling** mit Intranet- und Business Intelligence Lösungen, Frankfurt am Main 2002.

Nölken, Dirk; Schön, Dietmar: Anwendungsmöglichkeiten von Internet- und **Intranet-Technologien** im Controlling, in: KRP, Sonderheft 2, 1998, S. 61–68.

o.V.: **Business-Objects-Übernahme** durch SAP endgültig geglückt, in: Handelsblatt, 2008, URL: http://www.handelsblatt.com/unternehmen/it-medien/business-objects-uebernahme-durch-sap-endgueltig-gegglueckt;1387364.

o.V.: Integration und Beschleunigung **strategischer Managementprozesse** mit SAP SEM. URL: http://help.sap.com/saphelp_sem40bw/helpdata/de/10/d75f3785b8fc49e10000009b38f842/frameset.htm.

o.V.: Extending The **Value** of SAP NetWeaver with SAP BusinessObjects Intelligence Platform. Product Integration Roadmaps, SAP AG, 2008.

o.V.: Was bietet **SAP ERP** für R/3-Umsteiger?, in: Computerwoche, 2009, URL: http://www.computerwoche.de/software/erp/1901462.

o.V.: URL: http://www.sap.com/solutions/sapbusinessobjects/large/governance-risk-compliance/index.epx.

o.V.: URL: http://ec.europa.eu/enterprise/sectors/chemicals/reach/index_de.htm.

o.V.: URL http://www.sap.com/germany/solutions/business-suite/erp/reach-software/index.epx.

o.V.: URL http://www.man.eu/MAN/de/Unternehmen.

o.V.: http://www.sap.com/solutions/business-suite/index.epx.

o.V.: URL: http://www.sap.com/solutions/sapbusinessobjects/large/index.epx.

o.V.: URL: http://www.sap.com/solutions/sapbusinessobjects/large/business-intelligence/index.epx.

o.V.: URL: http://www.sap.com/solutions/sapbusinessobjects/large/eim/index.epx.

o.V.: URL: http://www.sap.com/solutions/sapbusinessobjects/large/enterprise-performance-management/index.epx.

Obermeier, Georg: Die Bereicherung der Börsenlandschaft durch **Verselbständigung** von Konzernunternehmen, in: Die deutsche Aktie: Unternehmensfinanzierung und Vermögenspolitik vor neuen Herausforderungen. Festschrift zum vierzigjährigen Bestehen des Deutschen Aktieninstituts e.V., hrsg. von *Ulrich Fritsch* u. a., Stuttgart 1993, S. 309–317.

Obermeier, Georg: Die Umsetzung des **Wertsteigerungskonzeptes** in einem Holding-Konzern, in: Der Shareholder Value Report, hrsg. von *Rolf Bühner*, Landsberg/Lech 1994, S. 77–90.

Oecking, Georg: **Qualitätskostenmanagement**, in: KRP, 1995, S. 80–86.

Oecking, Georg: Strategisches und operatives **Fixkostenmanagement**, in: ZfC, 5. Jg. (1993), 2, S. 82–90.

Oecking, Georg: Strategisches und **operatives Fixkostenmanagement**. Möglichkeiten und Grenzen des theoretischen Konzeptes und der praktischen Umsetzung im Rahmen des Kosten- und Erfolgs-Controlling, München 1994.

Oepen, Ralf-Peter.: Die Drei Sichtweisen der **Arbeitskalkulation** im Projekt-Controlling, in: Betriebswirtschaftliches Institut der Bauindustrie (Hrsg.): Bauwirtschaftliche Informationen 1997, S. 22–27.

Ordelheide, Dieter; Stubenrath, Michael: **Segmentberichterstattung**, in: US-amerikanische Rechnungslegung, hrsg. von Wolfgang Ballwieser, 4. Aufl., Stuttgart 2000.

Ossadnik, Wolfgang: **Controlling**, 3. Aufl., München 2003.

Ossadnik, Wolfgang: *Controlling*, 4. Aufl. München 2009.

Ossola-Haring, Claudia (Hrsg.): Handbuch Kennzahlen zur **Unternehmensführung**. Kennzahlen richtig verstehen, verknüpfen und interpretieren, Landsberg am Lech 2006.

Oswald, Peter J.: Der „**Free Cash Flow**" als zentrale Zielkennzahl, in: Controller Magazin, 18. Jg. (1993), S. 346–350.
Paetzmann; Karsten: Grundsätze eines transparenzschaffenden **Controlling** mit Blick auf bankinterne Ratings, in: Controlling-Konzepte, hrsg. von *Carl-Christian Freidank* und *Elmar Mayer*, Wiesbaden 2003
Paha, Johannes; Rink*, Christoph; Weißenberger, Barbara*: Einsatz industrieökonomischer Methoden im **Standortcontrolling**, in: ZfC, 26. Jg. Heft 12 (2014), S. 728–733.
Palloks, Monika: **Marketing-Controlling**. Konzeption zur entscheidungsbezogenen Informationsversorgung des operativen und strategischen Marketing-Managements, Frankfurt a. M., Bern, New York 1991.
Palloks, Monika: **Kundenorientierung** und Kostenmanagement. Ein Fallbeispiel zum integrierten Einsatz von Conjoint-Analyse und modernem Zielkostenmanagement bei Produktentscheidungen, in: Marktforschung und Management, 39. Jg. (1995), H. 3, S. 119–124.
Palloks, Monika: **Kennzahlen**, absatzwirtschaftliche, in: Handwörterbuch des Marketing, hrsg. von *Bruno Tietz, Richard Köhler* und *Joachim Zentes*, 2. Aufl., Stuttgart 1996, Sp. 1136–1153.
Palloks, Monika: **Marketing-Accounting** mit Database Marketing, in: Handbuch Database Marketing, hrsg. von *Jörg Link, Dieter Brändli, Christian Schleuning* und *Roger E. Kehl*, Ettingen 1997, S. 397–418.
Palloks, Monika: **Conjoint-Analysen** und modernes Zielkostenmanagement bei Produktentscheidungen, in: Kostenmanagement und Controlling, hrsg. von *Thomas Reichmann und Monika Palloks*, Frankfurt a. M., Bern, New York 1998, S. 175–196.
Palloks, Monika: **Controlling** langfristiger Geschäftsbeziehungen. Konzeption eines kennzahlengestützten Kundenbindungsmanagement, in: Zukunftsfähiges Controlling, hrsg. von *Laurenz Lachnit, Christoph Lange* und *Monika Palloks*, München 1998, S. 245–274.
Palloks-Kahlen, Monika: **Kennzahlengestütztes Controlling** im kundenorientierten Vertriebsmanagement, in: Handbuch Marketing-Controlling: Marketing als Treiber von Wachstum und Erfolg, hrsg. von *Sven Reinecke, Thorsten Tomczak* und *Gerold Geis*, Frankfurt/Wien 2001, S. 520–543.
Palloks-Kahlen, Monika: **Kennzahlengestütztes Marketing-Controlling**, in: Controlling-Konzepte. Neue Strategien und Werkzeuge für die Unternehmenspraxis, hrsg. von *Carl-Christian Freidank und Elmar Mayer*, 6 Aufl., Wiesbaden 2003, S. 671–702.
Palloks-Kahlen, Monika: Kennzahlengestütztes operatives und **strategisches Marketing-Controlling**, in: Planning & Reporting – Der Erfolg ist planbar. Tagungsband zum 19. DCC 2004 hrsg. von *Thomas Reichmann*, Dortmund 2004, S. 191–211.
Palloks, Monika: **Wettbewerbsanalyse**, in: Vahlens Großes Controlling-Lexikon, hrsg. von *Péter Horváth und Thomas Reichmann*, 2. Aufl., München 2003, S. 811–814.
Palloks-Kahlen, Monika: Stichwort „**Vertriebserfolgsrechnung**", in Horváth, Peter (Hrsg.): Vahlens Großes Controlling Lexikon, München 2003, S. 799.
Pape, Ulrich: Wertorientierte **Unternehmensführung** und Controlling, 4. Aufl., Sternenfels 2010.
Paulus, Hans-Jürgen: Ziele, Phasen und organisatorische Probleme **steuerlicher Entscheidungen** in der Unternehmung, Berlin 1978.
Patzak, Gerold; Rattay, Günter: **Projektmanagement**: Leitfaden zum Management von Projekten, Projektportfolios und projektorientierten Unternehmen, 5. Aufl., Wien 2009.
Peemöller, Volker: Grundlagen der **Unternehmensbewertung**, Teil C: Grundsätze ordnungsmäßiger Unternehmensbewertung, in: Praxishandbuch der Unternehmensbewertung, hrsg. von *Volker Peemöller*, 2. Aufl., Herne/Berlin 2002, S. 29 f.
Pellens, Bernhard: Internationale **Rechnungslegung**, Stuttgart 1997.
Peltzer, Martin: Vorstand/Board: Aufgaben, Organisation, **Entscheidungsfindung** und Willensbildung – Rechtlicher Rahmen, in: Handbuch Corporate Governance: Leitung und Überwachung börsennotierter Unternehmen in der Rechts- und Wirtschaftspraxis, hrsg. von *Peter Hommelhoff, Klaus J. Hopt, Axel von Werder*, Köln 2003, S. 223–244.
Pelz, Christian: Strafrechtliche und zivilrechtliche **Aufsichtspflicht**, in: Corporate Compliance. Handbuch der Haftungsvermeidung im Unternehmen, hrsg. von *Christoph E. Hauschka*, München 2007, S. 97–108.
Pepels, Werner: Einführung in die **Kommunikationspolitik**; Stuttgart 1997.
Perlitz, Manfred; Schrank, Randolf: Internationales **Management**, Konstanz und München 2013.
Perridon, Louis; Steiner, Manfred: **Finanzwirtschaft** der Unternehmung, 13. Aufl., München 2004.

Peters, Sibylle; Reinhardt, Kai; Seidel, Holger: Wissen verlagern: Risiken und Potenziale von **Standortverlagerungen**, Wiesbaden 2006.

Pfeiffer, Werner; Bischof, Peter: **Produktlebenszyklus** – Instrument jeder strategischen Produktionsplanung, in: Planung und Kontrolle, hrsg. von *Horst Steinmann*, München 1981, S. 133–166.

Pfeiffer, A.; Möller, M.: **Venture Capital** & Private-Equity-Beteiligungen, in: Handbuch Finanz- und Vermögensberatung, hrsg. von *Moritz, G.*, Wiesbaden 2004, S. 367 – 384.

Pfitzer, Norbert: **Risikomanagement** aus Sicht der Wirtschaftsprüfung, in: 14. Deutscher Controlling Congress, hrsg. von *Thomas Reichmann*, München 1999, S. 161–182.

Pfohl, Hans-Christian: **Logistiksysteme**, betriebswirtschaftliche Grundlagen, **8. Aufl.**, Berlin, Heidelberg 2010, S. 212.

Picot, Arnold; Reichwald, Ralf; Wigand, Rolf T.: Die **grenzenlose Unternehmung**: Information, Organisation und Management. Lehrbuch zur Unternehmensführung im Informationszeitalter, 5. Aufl., Wiesbaden 2003.

Picot, Arnold: Theoretische Überlegungen zur **Kostenpolitik** der Unternehmung bei rückläufiger Wirtschaftsentwicklung. Betriebswirtschaftliche Entscheidungen bei Stagnation, zum 65. Geburtstag, hrsg. von *Ludwig Pack* und *Dietrich Börner*, Wiesbaden 1984, S. 145–163.

Picot, Arnold; Maier, Matthias: **Computergestützte Informationssysteme**, in Handwörterbuch der Organisation, hrsg. von *Erich Frese*, 3. Aufl., Stuttgart 1992, S. 923–935.

Picot, Arnold; Sennewald, Nicola: Die **Internet-Technologie** als betriebswirtschaftliches Informations- und Kommunikationsmedium, in: Globale Datennetze, Innovative Potentiale für Informationsmanagement und Controlling, hrsg. von *Thomas Reichmann*, München 1998, S. 59–90.

Piechota, Sven: Perspektiven für die **DV-Unterstützung** des Controlling mit Hilfe von Führungsinformationssystemen, in: Führungsinformationssysteme. Neue Entwicklungstendenzen Im EDV-Gestützten Berichtswesen, hrsg. von *Wolfgang Behme* und *Katja Schimmelpfeng*, Wiesbaden 1993, S. 83–106.

Pieske, Reinhard: **Jeder reagiert anders**, in: io Management, 66. Jg 1997, Heft 07/08, S. 40–47.

Pietsch, Gotthard; Scherm, Ewald: Reflexionsorientiertes **Controlling**, in: Controlling – Theorien und Konzeptionen, hrsg. von *Ewald Scherm* und *Gotthard Pietsch*, München 2004, S. 529–553.

Piltz, Klaus: Akquisitions- und **Desinvestitionspolitik** vor dem Hintergrund des Shareholder-Value-Konzepts, in: Die deutsche Aktie: Unternehmensfinanzierung und Vermögenspolitik vor neuen Herausforderungen. Festschrift zum vierzigjährigen Bestehen des Deutschen Aktieninstituts e.V., hrsg. von *Fritsch, Ulrich u. a.*, Stuttgart 1993, S. 297–307.

Piontek, Jochem: Bausteine des **Logistikmanagements**: Supply Chain Management. E-Logistics. Logistikcontrolling, 3. Aufl., Herne 2009.

Piontek, Jochem: **Beschaffungscontrolling**, 3. Aufl., München 2004.

Piontek, Jochem: **Controlling**, 2. Aufl., München 2003.

Pipino, Leo L.; Lee, Yang-W.; Wang, Richard Y.: Data Quality **Assessment**, in: Communications of the ACM 45 (2002): S. 211–218.

Platz, J.: Aufgaben der **Projektsteuerung** – Ein Überblick, in: Projekte erfolgreich managen, hrsg. von *Schelle, H.; Rescke, H.; Schnopp, R.* und *Schub, A.*, Bd. 2, Köln 1994, S. 3.

Plaut, Hans-Georg; Müller, Heinrich; Medicke, Werner: **Grenzplankostenrechnung** und Datenverarbeitung, 3. Aufl., München 1973.

PM-Zert: **National Competence Baseline** (NCB), Version 3.0 der PM-Zert Zertifizierungsstelle der GPM e.V. März 2008.

Pohl, Klaus: **Requirements Engineering**: Glundlagen, Prinzipien, Techniken, 1. Aufl., Heidelberg 2007.

Pohle, Klaus: Kritische Analyse des **Management-Informationssystems** aus der Sicht des Vorstands, in: Unternehmensführung und Controlling, hrsg. von *Hans-Ulrich Küpper u. a.*, Wiesbaden 1990, S. 1–18.

Pollanz, Manfred: Konzeptionelle Überlegungen zur Einrichtung und Prüfung eines **Risikomanagementsystems**. Droht eine Mega-Erwartungslücke?, in: DB, 52. Jg. (1999), S. 393–399.

Porter, Michael E.: **Wettbewerbsstrategien**. Methoden zur Analyse von Branchen und Konkurrenten, 11. Aufl., Frankfurt a. M. 2008

Porter, Michael E.: **Wettbewerbsstrategien**. Methoden zur Analyse von Branchen und Konkurrenten, 12. Aufl., Frankfurt a. M. 2013.

Porter, Michael E.: **Wettbewerbsvorteile**. Spitzenleistungen erreichen und behaupten, 7. Aufl., Frankfurt a. M. 2010.

Porter, Michael E.: **Competitive Advantage**: Creating and Sustaining Superior Performance, 1. Aufl., New York 1985.

Potthoff, Erich; Trescher, Karl: Das **Aufsichtsratsmitglied** – Ein Handbuch über seine Aufgaben, Rechte und Pflichten, 5. Aufl., Stuttgart 2001.

Potthoff, Erich; Trescher, Karl; Theisen, Manuel R.: Das **Aufsichtsratsmitglied** – Ein Handbuch über seine Aufgaben, Rechte und Pflichten, 6. Aufl., Stuttgart 2003.

Prange, Herbert; Leimböck, Egon; Klaus, Ulf Rüdiger: **Baukalkulation** unter Berücksichtigung der KLR Bau und der VOB, 9. Aufl., Wiesbaden 1995.

Pritzer, Bernd: **Risikomanagement** als wettbewerbliche Notwendigkeit, in: Das Kontroll- und Transparenzgesetz. Herausforderungen und Chancen für das Risikomanagement, hrsg. von *Bernd Saitz, Frank Braun*, Wiesbaden 1999, S. 145–167.

Projekt Management Institut (PMI): A Guide to the **Project Management** Body of Knowledge (PMBOK®-Guide), Fourth Edition, Newtown Square, PA (USA) 2008.

Pull, Kerstin: Der Einfluss personalpolitischer **Flexibilitat** auf die Standortwahl multinationaler Unternehmen: eine empirische Analyse, in: Zeitschrift für Betriebswirtschaft, 73. Jg. Heft 8 (2003), S. 849–874.

Raffée, Hans: **Prognosen** als ein Kernproblem der Marketingplanung, in: Strategisches Marketing, hrsg. von *Hans Raffée* und *Klaus Peter Wiedmann*, 2. Aufl., Stuttgart 1989.

Raffée, Hans; Abel, Bodo (Hrsg.): Wissenschaftstheoretische Grundfragen der **Wirtschaftswissenschaften**, München 1996.

Raffée, Hans; Wiedmann, Klaus-Peter (Hrsg.): **Strategisches Marketing**, 2. Aufl., Stuttgart 1994.

Raiser, Thomas; Veil, Rüdiger: Recht der **Kapitalgesellschaften** – Ein Handbuch für die Praxis und Wissenschaft, 5. Aufl., München 2010.

Ramm, Melanie: Die Position des **Aufsichtsrats** des herrschenden Unternehmens im mehrstufigen Konzern, Köln 2002.

Rappaport, Alfred: **Shareholder Value**: Wertsteigerung als Maßstab für die Unternehmensführung, Stuttgart 1994.

Raster, Max: **Shareholder-Value-Management**, Wiesbaden 1995.

Rau, Karl-Heinz: **Objektorientierte Systementwicklung**: Vom Geschäftsprozess zum Java-Programm, 1. Aufl., Wiesbaden 2007.

Regierungskommission Deutscher Corporate Governance Kodex: Deutscher Corporate Governance Kodex, abrufbar unter www.corporate-governance-code.de.

Regierungskommission Deutscher Corporate Governance Kodex: Kodex Kommission legt **Arbeitsschwerpunkte 2010** fest, Pressemitteilung vom 11.2.2010, Frankfurt am Main.

Reichmann, Thomas: Controlling in der betrieblichen **Logistik**, in: 4. Internationaler Logistik-Kongreß, Kongreßhandbuch II, hrsg. vom *Institut für Logistik*, Dortmund 1983, S. 100–106.

Reichmann, Thomas (Hrsg.): **Controlling-Praxis**: Erfolgsorientierte Unternehmenssteuerung, München 1988.

Reichmann, Thomas: Controlling: Concepts of **Management Control**, Controllership and Ratios. Berlin u. a. 1997.

Reichmann, Thomas: **Controlling** und Wertanalyse, in: Unternehmensführung und Wertanalyse, Tagungsband 3. Wertanalyse-Kongress, München 1984, S. 53–71.

Reichmann, Thomas: Die Abstimmung von Produktion und Lager bei **saisonalem Absatzverlauf**, Köln und Opladen 1968.

Reichmann, Thomas: Die **Bedeutung der Finanzplanung** für die Bestimmung finanzwirtschaftlicher Preisuntergrenzen, in: ZfB, 45. Jg. (1975), S. 463–472.

Reichmann, Thomas: Die Berechnung von **Preisuntergrenzen** unter Berücksichtigung der zeitlichen Fixkostenstruktur, in: KRP, 1974, S. 21–26.

Reichmann, Thomas: Die Bestimmung des optimalen Produktionsplans bei mehrstufigen **Fertigungsprozessen** in Saisonunternehmen, in: ZfB, 38. Jg. (1968), S. 683–700.

Reichmann, Thomas: Die **betrieblichen Anpassungsprozesse** im Lagerbereich, in: ZfbF, 19. Jg. (1967), S. 762–774.

Reichmann, Thomas: Die kostenminimale Abstimmung von Kapazität, Beschäftigung und Lagerhaltung in Unternehmen mit **rhythmisch schwankendem Absatzverlauf** (I) und (II), in: KRP, 1975, 5, S. 199–205 und 6, S. 275–281.

Reichmann, Thomas: Die kostenminimale **Lagerhaltung** im Beschaffungsbereich auf der Basis von Absatzprognosen, in: KRP, 1982, S. 199–204.

Reichmann, Thomas: Die Planung von **Preisgrenzen** im Beschaffungsbereich der Unternehmung. Festschrift zum 70. Geburtstag von Karl Hax, in: ZfbF, 23. Jg. (1971), S. 793–802.

Reichmann, Thomas: Die strategische **Unternehmensführung**, eine Hauptaufgabe des Managers, in: Top-Manager stehen Rede und Antwort, hrsg. von *Thomas Reichmann*, München 1979, S. 19–33.
Reichmann, Thomas: Die systemgestützte **Controlling-Konzeption** und ihre **IT-gestützte** Umsetzung, in: ZfC, Heft 6/2016, S. 308–317.
Reichmann, Thomas: Die Unternehmensplanung unter Berücksichtig der spezifischen Probleme einer partiellen oder totalen **Betriebsunterbrechung**, in: ZfbF, 26. Jg. (1974), S. 785–797.
Reichmann, Thomas (Hrsg.): **DV-gestütztes Unternehmens-Controlling**: Internationale Trends und Entwicklungen in Theorie und Praxis, München, 1993.
Reichmann, Thomas (Hrsg.): **Unternehmensführung**: Top-Manager stehen Rede und Antwort, München 1979.
Reichmann, Thomas: **Economic Inventory Management** Based on Demand Plans, in: Economics and Management of Inventories, Proceedings First International Symposium on Inventories, Budapest, Hungary 1980, S. 227–237.
Reichmann, Thomas: Entwicklungen und **Trends im Controlling**, in: Controlling-Praxis, Erfolgsorientierte Unternehmenssteuerung, hrsg. von *Thomas Reichmann*, München 1988, S. 1–15.
Reichmann, Thomas: Globale **Datennetze**. Innovative Potentiale für Informationsmanagement und Controlling, München 1998.
Reichmann, Thomas: Grundlagen einer systemgestützten **Controlling-Konzeption** mit Kennzahlen, in: ZfB, 55. Jg. (1985), S. 887–898.
Reichmann, Thomas: Kosten- und **Erfolgs-Controlling** – neuere Entwicklungen in der Führungsunterstützung, in: Handbuch Kosten- und Erfolgs-Controlling, hrsg. von *Thomas Reich-mann*, München 1995, S. 3–24.
Reichmann, Thomas: **Kosten und Preisgrenzen**. Die Bestimmung von Preisuntergrenzen und Preisobergrenzen im Industriebetrieb, Wiesbaden 1973.
Reichmann, Thomas: Preis- und **Produktpolitik** in der Rezession mit Hilfe von Kennzahlen, in: ZfB, 46. Jg. (1976), S. 481–496.
Reichmann, Thomas: **Ratios**, in: Handbook of German Business Management, hrsg. von *Erwin Grochla u. a.*, Stuttgart, Berlin, Heidelberg 1990, Sp. 2092–2104.
Reichmann, Thomas: **Risiko-Controlling** in einer systemgestützten Konzeption in Konzernen, in: Controlling in einem globalen Markt, hrsg. von Wolfgang Berens, Andreas Hoffjan, Thomas Burgartz, S. 59–70.
Reichmann, Thomas: Kennzahlengestützte **Controlling-Konzeption**, in: Controlling – Theorien und Konzeptionen, hrsg. von *Scherm, Ewald; Pietsch, Gotthard*, München 2004, S. 83–102.
Reichmann, Thomas; Fritz, Burkhard; Fröhling, Oliver: Kennzahlengestütztes **Controlling** auf der Basis eines PC-gestützten Führungsinformationssystems. Transparenz und Flexibilität im Berichts- und Rechnungswesen, in: ZfC, 2. Jg. (1990), S. 262–267.
Reichmann, Thomas; Fröhling, Oliver: **Euro-Controlling**. Konzeption, System und DV-technische Applikation, in: DBW, 54. Jg. (1994), S. 59–73.
Reichmann, Thomas; Fröhling, Oliver: Fixkostenmanagementorientierte **Plankostenrechnung** vs. Prozeßkostenrechnung – Zwei Welten oder Partner?, in: ZfC, 3. Jg. (1991), S. 42–44.
Reichmann, Thomas; Fröhling, Oliver; Busch, Volker: **Controlling-Handbuch** Druckindustrie, 2. Aufl., hrsg. vom *Bundesverband Druck e.V.*, Wiesbaden 1994.
Reichmann, Thomas; Haiber, Thomas; Fröhling, Oliver: **Open System Simulation**. Konzept für ein flexibles Strategien-Controlling, in: ZfC, 4. Jg. (1992), 6, S. 304–311.
Reichmann, Thomas; Hüllmann, Ulrich: Konzeption eines unternehmenswertorientierten **Controlling** für eine Management-Holding, in: ZfC, 11. Jg. (1999), H. 4/5, S. 161–169.
Reichmann, Thomas; Kißler, Martin: Systemgestützte **Controlling-Konzeption** für international tätige Unternehmen, in: Controlling und Rechnungslegung, hrsg. von *Carl-Christian Freidank, Stefan Müller, Inge Wulf*, Wiesbaden 2008, S. 187–206.
Reichmann, Thomas; Kißler, Martin; Pyszny, Udo: Die **Autonomie** als zusätzliche Dimension bei der Beurteilung von Finanzierungsalternativen, in: ZfC, Heft 10/2007, S. 553–559.
Reichmann, Thomas; Krüger, Lutz: Computer Integrated Controlling (**CIC**). Ein Beitrag zur DV-gestützten Controlling-Konzeption als Instrument der Unternehmensführung, in: Tagungsband 2. Deutscher Controlling Congress, hrsg. von *Thomas Reichmann*, München 1987, S. 37–71.
Reichmann, Thomas; *Kusterer, Frank*: **Konzern-Controlling** in der Automobil- und Zulieferindustrie auf Basis einer systemgestützten Controlling-Konzeption, in: ZfC, 19. Jg. (2007), S. 197–206.

Reichmann, Thomas; Lachnit, Laurenz: Das **Rechnungswesen** als Management-Informationssystem zur Krisenerkennung und Krisenbewältigung, in: BFuP, 30. Jg. (1978), S. 203–219.
Reichmann, Thomas; Lachnit, Laurenz: **Kennzahlensysteme** als Instrument zur Planung, Steuerung und Kontrolle von Unternehmungen, in: Maschinenbau, 1977, 9, S. 45–53 und 10, S. 13–19.
Reichmann, Thomas; Lachnit, Laurenz: Planung, Steuerung und Kontrolle mit Hilfe von **Kennzahlen**, in: ZfbF, 28. Jg. (1976), S. 705–723.
Reichmann, Thomas; Lange, Christoph: Aufgaben und Instrumente des **Investitions-Controlling**, in: DBW, 45. Jg. (1985), S. 454–466.
Reichmann, Thomas; Palloks, Monika: Modernes **Kennzahlengestütztes Vertriebs-Controlling**, in: Kostenmanagement und Controlling, hrsg. von *Thomas Reichmann* und *Monika Palloks*, Frankfurt u. a. 1998, S. 231–259.
Reichmann, Thomas; Palloks, Monika: Modernes **Vertriebs-Controlling**, in: Handbuch Data Base Marketing, hrsg. von *Jörg Link* et al. 1997, S. 449–473.
Reichmann, Thomas; Pyszny, Udo (Hrsg.): Rating nach **Basel II**: Herausforderungen für den Mittelstand, München 2006.
Reichmann, Thomas; Scheer, René; Diederichs, Marc: **Rating Coach**: Vorbereitung kleiner und mittelständischer Unternehmen auf ein Rating nach Basel II durch eine webbasierte Erfolgs- und Risikoanalyse, in: Rating nach Basel II, hrsg. von *Thomas Reichmann und Udo Pyszny*, München 2006, S. 273–292.
Reichmann, Thomas; Scholl, Hermann J.: Kosten- und **Erfolgscontrolling** auf der Basis von Umsatzplänen, in: DBW, 44. Jg. (1984), S. 427–437.
Reichmann, Thomas; Schwellnuß, Axel G.; Fröhling, Oliver: Fixkostenmanagementorientierte **Plankostenrechnung**. Kostentransparenz und Entscheidungsrelevanz gleichermaßen sicherstellen, in: ZfC, 2. Jg. (1990), S. 60–67.
Reid, David M.: Operationalizing **Stategic Planning**, in: SMJ, Vol.10 (1989), S. 553–567)
Reige, Jürgen: Publizitätspraxis und Nutzung ausgewählter **handelsrechtlicher Wahlrechte**, in: BB, 44. Jg. (1989), S. 1648–1655.
Reimann, Bernard C.: Managing for **Value**, Oxford 1989.
Reinecke, Sven: **Marketingcontrolling**: Sicherstellen von Effektivität und Effizienz einer marktorientierten Unternehmensführung, in ZfC, 22. Jg. (2010), Heft 2, S. 75- 82.
Reinecke, Sven: **Marketing Performance** Management. Empirisches Fundament und Konzeption für ein integriertes Marketingkennzahlensystem, Wiesbaden 2004.
Reinecke, Sven; Eberharter, Jasmin: **Marketingcontrolling 2010**. Einsatz von Methoden und Verfahren des Marketingcontrollings in der Praxis, in: ZfC, 22. Jg. (2010), Heft 8/9, S. 438- 447.
Reinecke, Sven; Janz, Simone: **Marketing-Controlling**. Sicherstellen von Marketingeffektivität und -effizienz, Stuttgart 2007.
Reiß, Michael; Corsten, Hans: Grundlagen des betriebswirtschaftlichen **Kostenmanagements**, in: WiSt, 19. Jg. (1990), S. 390–396.
Reißinger, Lieselotte: **Wertanalyse** – durch besondere Arbeitstechnik zum Erfolg, in: IHK Mitteilungen, Frankfurt 1983, S. 734 f.
Renneke, Frank: **Internationale Bilanzanalyse** – Überleitung von HGB auf US-GAAP und Analyse der Folgewirkungen abweichender Bilanzierungsvorschriften, München 2004.
Renneke, Frank: Auswirkungen von **IAS und US-GAAP** auf das kennzahlengestützte Controlling, in: Tagungsband 19. Deutscher Controlling Congress, hrsg. von *Thomas Reichmann*, Dortmund 2004, S. 41–53.
Renneke, Frank: Internationale **Bilanzanalyse**, in: Vahlens Großes Controllinglexikon, hrsg. von *Péter Horváth* und *Thomas Reichmann*, 2. Aufl., München 2003, S. 301–303.
Renninger, Wolfgang: **Business Intelligence** als Basis für das Marketing-Controlling, in: Strategisches Marketing-Controlling. Grundlagen, Organisation, Instrumente, hrsg. Von *Werner Pepels*, 2. Aufl., Düsseldorf 2013, S. 232- 264.
Richter, Hermann J.: Theoretische Grundlagen des **Controllings**. Strukturkriterien für die Entwicklung von Controlling-Konzeptionen, Frankfurt a. M., Bern, New York 1987.
Riebel, Paul: Einzelkosten- und **Deckungsbeitragsrechnung**, 6. Aufl., Wiesbaden 1990.
Riebel, Paul: Einzelkosten- und **Deckungsbeitragsrechnung**, 7. Aufl., Wiesbaden 1994.
Riebel, Paul; Sinzig, Werner: Zur Realisierung der Einzelkosten- und Deckungsbeitragsrechnung mit einer **relationalen Datenbank**, in: ZfbF, 33. Jg. (1981), S. 457–489.
Rieker, Stephen: Bedeutende **Kunden** – Analyse und Gestaltung von langfristigen Anbieter- Nachfrager- Beziehungen auf industriellen Märkten, Wiesbaden 1995.

Rienauer, Sabine: **Key Account Controlling** in der pharmazeutischen Industrie. Aktuelle Herausforderungen und Lösungsansätze, Wiesbaden 2013.
Riedlinger, Peter: Strategische **Produktkalkulation** – eine Produktkalkulation nach Vorgangskosten, in: Tagungsband 1. Österreichischer Controlling Congress, hrsg. von *Thomas Reichmann*, München 1989.
Risse, Axel: **Segmentberichterstattung**: Neue Entwicklungen beim IASC und mögliche Auswirkungen auf Deutschland, in: Der Betrieb, 48. Jg. (1995), S. 737–742.
Rockart, John F.: Chief executives define their own **data needs**, in: HBR, Vol. 57 (1979), S. 81–92.
Rogler, Silvia: Gewinn- und Verlustrechnung nach dem **Umsatzkostenverfahren**, Wiesbaden 1990.
Roos, Alexander; Stelter, Daniel: Die Komponenten eines integrierten **Wertmanagementsystems**, in: ZfC, 11. Jg. (1999), H. 7, S. 301–307.
Roventa, Peter: **Portfolio-Analyse** und strategisches Management. Ein Konzept zur strategischen Chancen- und Risikohandhabung, München 1979.
Rudolph, Bettina: **Kundenzufriedenheit** im Industriegüterbereich, Wiesbaden 1998.
Rust, R.T.; Zeithaml, V.A.; Lemon, K.N. : **Driving Customer Equity**- How Customer Lifetime Value is Reshaping Corporate Strategy, New York at al 2000.
Rüsberg, Karl-Heinz: **Multi-Projekt-Management**, in: Management-Enzyklopädie, 2. Aufl., Bd. 7, Landsberg/Lech 1984, S. 107–212.
Rüsch, Stephanie; Palloks-Kahlen, Monika; Lachmann, Maik: **Integration** von Business Intelligence und Knowledge Management zur Analyse quantitativer und qualitativer Daten im Customer Relationship Management, in: ZfC, 27. Jg. (2015), Heft 1, S. 42- 48.
Ruhwedel, Franca; Thale, Sarah: **Pro-Forma-Ergebnisse** – Augenwischerei oder Transparenzgewinn?, in Controlling – Zeitschrift für Erfolgsorientierte Unternehmenssteuerung, 25.Jg. (2013), H.7, S. 386–393.
Rupp, Chris: **Requirements-Engineering** und -Management: Aus der Praxis von klassisch bis agil, 6. Aufl., München 2014.
Sachs, Lothar: Angewandte **Statistik**. Anwendung statistischer Methoden, 14. Aufl., Berlin, Heidelberg, New York 2012.
Saitz, Bernd: **Risikomanagement** als umfassende Aufgabe der Unternehmensleitung, in: Das Kontroll- und Transparenzgesetz. Herausforderungen und Chancen für das Risikomanagement, hrsg. von *Bernd Saitz, Frank Braun*, Wiesbaden 1999, S. 69–98.
Sakurai, Michiharu; Keating, Patrick J.: Target Costing und **Activity-Based-Costing**, in: ZfC, 6. Jg. (1994), 2, S. 84–91.
Sandt, Joachim: **Performance Measurement:** Übersicht über Forschungsentwicklung und -stand, in: ZFCM, 49.Jg. (2005), Heft 6, S. 429–447.
SAP: R/3 **System Online Dokumentation** Version 3.0 (CD-ROM), 1996.
SAP: R/3 **System Release** 3.0 Documentation Print Files, November 1996 (CD-ROM).
SAP: **Visual Sapphire** '96, Vienna, Juni 1996 (CD-ROM).
SAP: SAP Solution Brief: SAP BusinessObjects Business Intelligence Platform, 2011.
SAP: SAP BusinessObjects Business Intelligence Suite; What's New?, 2015.
Sauerwein, Elmar; Thurner, Matthias: Der **Risiko-Management-Prozeß** im Überblick, in: Betriebliches Risikomanagement, hrsg. von *Hans Hinterhuber, Elmar Sauerwein, Christine Fohler-Norek*, Wien 1998, S. 19–39.
Sauter, Ulrich: Anwendbarkeit des **Shareholder Value** zur Managementbeurteilung, Diss. St. Gallen, Bamberg 1997.
Schäfer, H.: **Unternehmensfinanzen**, Grundzüge in Theorie und Management; 2. Aufl., Heidelberg 2002.
Scharf, Andreas; Schubert, Bernd: **Marketing**: Einführung in Theorie und Praxis; **3. Aufl.**; Stuttgart 2001.
Scharf, Andreas; Schubert, Bernd; Hehn, Patrick: **Marketing**: Einführung in Theorie und Praxis, **5. Aufl.**, Stuttgart 2012.
Scharf, Andreas; Schubert, Bernd; Volkmer, Hans-Peter: Konzepttests mittels bildgestützter Choice-Based **Conjointanalysen**, in: Planung und Analyse, 1997, Heft 5, S. 25.
Scharpf, Paul: Die **Sorgfaltspflichten** des Geschäftsführers einer GmbH. Pflicht zur Einrichtung eines Risikomanagement- und Überwachungssystems aufgrund der geplanten Änderung des AktG auch für den GmbH-Geschäftsführer, in: DB, 50. Jg. (1997), S. 737–743.
Scharpf, Paul: Risikomanagement- und **Überwachungssystem** im Finanzbereich, in: Reform des Aktienrechts, der Rechnungslegung und Prüfung, hrsg. von *Dietrich Dörner, Dieter Menold,*

Norbert Pfitzer, Reform des Aktienrechts, der Rechnungslegung und Prüfung. KonTraG – KapAEG – EuroEG – StückAG, 2. Aufl., Stuttgart 2003, S. 401–402.
Scharpf, Paul; Epperlein, Joachim: **Risikomanagement** derivativer Finanzinstrumente in: BfuP, 47. Jg. (1995), Heft 2, S. 209–229.
Scheer, August-Wilhelm: Architektur integrierter **Informationssysteme** – Grundlagen der Unternehmensmodellierung, 2. Aufl., Berlin et al. 1992.
Scheer, August-Wilhelm: Computer Integrated Manufacturing (**CIM**). Der computergesteuerte Industriebetrieb, 4. Aufl., Berlin u. a. 1990.
Scheer, August-Wilhelm: **Data Warehouse** und Data Mining, in: Information Management, 1996, 1, S. 74–75.
Scheer, August-Wilhelm: EDV-orientierte **Betriebswirtschaftslehre**. Grundlagen für ein effizientes Informationsmanagement, 4. Aufl., Berlin u. a. 1990.
Scheer, August-Wilhelm: Einsatz von **Datenbanksystemen** im Rechnungswesen – Überblick und Entwicklungstendenzen, in: ZfbF, 33. Jg. (1981), S. 490–507.
Scheer, August-Wilhelm: **Wirtschaftsinformatik** – Referenzmodelle für industrielle Geschäftsprozesse, 7. Aufl., Berlin et al. 1997.
Scheer, August-Wilhelm; Jost, Wolfram; Kraemer, Wolfgang: CIM und **Expertensysteme**: Auswirkungen auf das Controlling, in: Tagungsband 6. Deutscher Controlling Congress, hrsg. von *Thomas Reichmann*, München 1991, S. 537–599.
Scheer, Marc Alexander: Aufbau und Struktur einer Controlling-Konzeption und eines **IT-gestützten Führungsinformationssystems** unter Berücksichtigung differenzierter Informationsbedürfnisse n der Wohnungswirtschaft, Dissertation TU Dortmund, Dortmund 2014.
Scheer, Marc; Hoffjan, Andreas: **Controlling** bei der HOCHTIEF AG, in: ZfC, 28 Jg. (2016), Heft 3, S. 215–217.
Scheer, René; Reichmann, Thomas; Diederichs, Marc: Webbasierte Erfolgs- u. **Risikoanalyse** – Vorbereitung von KMU auf Rating nach Basel II mit dem neuen Rating Coach, in: ZfC, 17. Jg. (2005), Heft 4–5, S. 289–293.
Scheffler, Eberhard: **Controlling** als Bindeglied zwischen Vorstand und Aufsichtsrat, in: Corporate Governance und Controlling, hrsg. von *Carl-Christian Freidank*, Heidelberg 2004, S. 97–112.
Scheffler, Eberhard: **Konzernmanagement**. Betriebswirtschaftliche und rechtliche Grundlagen der Konzernführungspraxis, 2., überarb. und erw. Aufl., München 2005.
Scheffler, Hans E.: **Konzernleitung** aus betriebswirtschaftlicher Sicht, in: DB, 38. Jg., 39/1985, S. 2005–2011.
Schelle, Heinz: Projekte zum Erfolg führen: **Projektmanagement** systematisch und kompakt, 6. Aufl., München 2010.
Schels, Ignatz; Seidel, Uwe M.: **Excel im Controlling**: Professionelle Lösungen für Controlling, Projekt- und Personalmanagement, München 2014.
Schenk, Alexander: Techniken der **Risikoidentifikation**, in: Betriebliches Risikomanagement, hrsg. von *Hans Hinterhuber, Elmar Sauerwein* und *Christine Fohler-Norek*, Wien 1998, S. 43–62.
Schenk, Hans: Die **Betriebskennzahlen**. Begriff, Ordnung und Bedeutung für die Betriebsbeurteilung, Leipzig 1939.
Scherm, E.; Pietsch, G.: Controlling – Theorien und Konzeptionen, München 2004.
Scheuch, Fritz; Holzmüller, Hartmut: **Innovation** und Produktpolitik. Entscheidungen und Konsequenzen, aus absatzwirtschaftlicher Sicht, in: WiSt, 12. Jg. (1993) Heft 5, S. 225–230.
Schildbach, Thomas: Der **Konzernabschluss** nach HGB, IFRS und US-GAAP, 7. Aufl., München 2008.
Schierenbeck, Henner: Ertragsorientiertes **Bankmanagement**, Band 2: Risiko-Controlling und Bilanzstruktur-Management, 5. Aufl., Wiesbaden 1997.
Schierenbeck, Henner; Lister, Michael: **Value Controlling**. Grundlagen wertorientierter Unternehmensführung, München u. a. 2001.
Schiessl, Maximilian: Deutsche Corporate Governance post **Enron**; in: Die Aktiengesellschaft, 47. Jg., 2002, S. 593–604.
Schilling, Florian: Altvorstände sind die besten **Aufsichtsräte**, in: Frankfurter Allgemeine Zeitung vom 2. Juni 2009, S. 12.
Schimank, Christof: Strategische Entscheidungsunterstützung durch prozeßorientierte **Kosteninformationen**, in: Strategieunterstützung durch das Controlling: Revolution im Rechnungswesen, hrsg. von *Péter Horváth*, Stuttgart 1990, S. 227–247.

Schlienkamp, Christoph: Grundlagen der **Asset Allokation**, in: Handbuch des Risikomanagements. Analyse, Quantifizierung und Steuerung von Marktrisiken in Banken und Sparkassen, hrsg. von *R. Eller*, 2. Aufl., Stuttgart 2002.

Schmalen, Helmut: **Kommunikationspolitik**: Werbeplanung; 2. Aufl., Stuttgart 1992.

Schmalenbach, Eugen: Die Überwachungspflicht des Aufsichtsrates, in: Zeitschrift für handelswissenschaftliche Forschung, 5. Jahrgang (1991), Heft 11, S. 271–283.

Schmalenbach, Eugen: Die Aufstellung von **Finanzplänen**, 2. Aufl., Leipzig 1937.

Schmid, H.-R.: Von einer Metamorphose des Aktionärs, in: NZZ vom 14.07.1992, S. 9.

Schmidt, Johannes G.: Die **Discounted Cash Flow-Methode** – nur eine kleine Abwandlung der Ertragswertmethode, in: ZfbF, 47. Jg. (1995), S. 1088–1118.

Schmidt, Lutz: Angemessene **Verrechnungspreise** bei konzerninternen Transaktionen, in: Internationale Steuerberatung, o. Jg. Heft 2 (2002), S. 40–48.

Schmidt, Ralf-Bodo: **Wirtschaftslehre** der Unternehmung, 2. überarb. Aufl., Stuttgart 1977.

Schmidt, Reinhart: Das **Shareholder Value-Konzept**, in: Die deutsche Aktie: Unternehmensfinanzierung und Vermögenspolitik vor neuen Herausforderungen. Festschrift zum vierzigjährigen Bestehen des Deutschen Aktieninstituts e.V., Stuttgart 1993, S. 277–296.

Schmitz, Heiner, Windhausen, Michael: Projektplanung und **Projektcontrolling**, Planung und Überwachung von besonderen vorhaben, 3. Aufl., Düsseldorf 1989.

Schneider, Dieter: **Betriebswirtschaftslehre**, Bd. 2: Rechnungswesen, 1. Aufl., München, Wien 1994.

Schneider, Dieter: **Investition**, Finanzierung und Besteuerung, 7. Aufl., Wiesbaden 1992.

Schneider, Dieter: **Controlling** als postmodernes Potpourri, Rezension zu Controlling – Theorien und Konzepte, hrsg. von *Ewald Scherm* und *Gotthard Pietsch*, München 2004, in: ZfC, 17. Jg. 2005, S. 67–71.

Schneider, Jörg: Strategische Unternehmensbewertung als Teil der **Akquisitionsplanung**, in: Strategieentwicklung: Konzepte und Erfahrungen, hrsg. von *Hans-Christian Riekhof*, Stuttgart 1989, S. 213–234.

Schneider, Th.; Droste, M.: **Asset-Backed-Securitisation** (ABS), in: Praktiker-Handbuch Unternehmensfinanzierung – Kapitalbeschaffung und Rating für mittelständische Unternehmen, hrsg. von *Krimphove, D.; Tytko, D.*, Stuttgart 2002, 383 – 408.

Schneider, Uwe H.: **Compliance** im Konzern, in: Neue Zeitschrift für Gesellschaftsrecht, 12. Jahrgang (2009), Heft 34, S. 1321–1326.

Schneider, Uwe H.: **Konzern-Compliance** und zivilrechtliche Verantwortlichkeit von Organen, Handout zum Seminar Compliance im Konzern, Deutsches Aktieninstitut, 3. Februar 2010, Frankfurt am Main.

Schneider, Willy: **Kundenzufriedenheit** – Konzept-Messung-Management, Landsberg/Lech 2006.

Schnettler, Albert: **Betriebsvergleich**, 3. Aufl., Stuttgart 1961.

Schnieder, Antonio: Prozeßorientiertes **Controlling** und Rechnungswesen, in: ZfC, 2. Jg. (1990), S. 12–17.

Schön, Dietmar: **Planung und Reporting im Mittelstand**, Springer 2012.

Schön, Dietmar; Liebe, Miguel: **Integrierte Planung und Reporting** mit Business-Intelligence-gestützem Controlling, in ZfC, 26. Jg. (2014), Heft 4–5, S. 244–251.

Scholl, Hermann J.: Der Aufbau einer **Logistikkostenrechnung** als geschlossenes System, Beitrag zur Industrieforschung Nr. 25, Lehrstuhl für Unternehmensrechnung, Universität Dortmund 1984, S. 1–29.

Scholl, Hermann J.: Fixkostenorientierte **Plankostenrechnung**, Würzburg, Wien 1981.

Schön, Dietmar: Multiprojekt- und **Ergebnisplanung** in der Baubranche, in: KRP, Jg. 41, Nr. 5, 1997, S. 335–342.

Schön, Dietmar: Neue Entwicklungen in der DV-gestützten **Kosten- und Leistungsplanung**, Methoden, Instrumente und branchenbezogene Weiterentwicklungen, Frankfurt am Main 1999.

Schön, Dietmar: Neue Generation auftrags- und projektbezogener **Kostenrechnungssoftware**, in: 15. Deutscher Controlling Congress, hrsg. von *Thomas Reichmann*, Tagungsband, Berlin 2000, S. 151–180.

Schön, Dietmar: Stichwortgruppe: **Projekt-Controlling**, in: Vahlens Großes Controllinglexikon, hrsg. von *Horváth, P.* und *Thomas Reichmann*, 2. Aufl., München 2003.

Schön, Dietmar: Planung und **Reporting** im Mittelstand, Grundlagen, Business Intelligence, Mobile BI und Big Data Analytics, 2. Aufl., Wiesbaden 2016.

Schön, Dietmar; Friehmelt, Jens: Neue Impulse für die Kosten- und **Leistungsplanung** durch Intranetunterstützung, in: KRP, 42. Jg. 1998, Heft 4, S. 213–219.
Schön, Dietmar; Diederichs, Marc; Busch, Volker: Chancen- und **Risikomanagement** im Projektgeschäft, in: ZfC, 13. Jg. (2001), Heft 7, S. 379–387.
Schön, Dietmar; Irmer, Karl-Heinz: Integrierte **Unternehmensplanung** bei der GRAMMER AG, in: ZfC, 19. Jg. (2007), S. 245–255.
Schön, Dietmar; Liebe, Miguel: **Integrierte Planung** und Reporting mit Business-Intelligence-gestütztem Controlling, in: ZfC, Jg. 26, Nr. 4/5, 2014, S. 244–251.
Schön, Dietmar; Ständer, Michael; Liebe, Miguel: **Unternehmens- und Projektsteuerung** mit Hilfe eines BI-gestützten Controlling-Cockpits am Beispiel der Securiton GmbH, in: ZfC, Jg. 25, Nr. 4/5, 2013, S. 252–260.
Schöneburg, Eberhard; Nieß, Jürgen; Sautter, Uwe: Aktienkurs-Prognose mit Neuronalen **Netzwerken**, in: CHIP-Plus, 7, 1990, S. XIII-XVI.
Schreyögg, Walter: Markt- und **Konkurrenzanalyse**, in: Handwörterbuch Unternehmensrechnung und Controlling, hrsg. von *Hans-Ulrich Küpper*, Stuttgart 2002, Sp. 1254–1264.
Schreckeneder, Berta C.: **Projektcontrolling**, 4. Aufl., Freiburg 2013.
Steinmann, Horst; Schreyögg, Georg: **Management**. Grundlagen der Unternehmensführung, Konzepte – Funktionen – Fallstudien, 7. Aufl., Wiesbaden 2013.
Schubert, Bernd: **Conjoint-Analyse**, in: Handwörterbuch des Marketing, hrsg. von *Bruno Tietz, Richard Köhler und Joachim Zentes*, Stuttgart 1995, Sp. 376–389.
Schuckel, Marcus; Hußmann, Christiane: Neue Instrumente zur Messung der **Kundenzufriedenheit**, in: Kundenbindung im Handel, hrsg. von *Lothar Müller Hagedorn*, 2. Aufl., Frankfurt a. M. 2001, S. 91- 122.
Schulte-Zurhausen, Manfred: **Organisation**, 6. Aufl., München 2014.
Schünemann, Wolfgang B.: **Produkthaftungsmangement**, in: ZfC, 2. Jg. (1990), S. 26–31.
Schuster, Peter: **Controlling** der Marketingkosten in: Controller Magazin 1/02, 2002, S. 82–92.
Schuster, Werner: **Produktivitätssteuerung** in Banken auf Basis prozeßorientierter Stückkosten, in: Tagungsband 2. Workshop Prozeßkostenrechnung, hrsg. von *Péter Horváth*, Stuttgart 1990.
Schütze, Roland: **Kundenzufriedenheit**: After-Sales-Marketing auf industriellen Märkten, Diss., Wies-baden 1992.
Schwarze, Jochen: **Projektmanagement** mit Netzplantechnik, 10. Aufl., Berlin 2010.
Schweer, Hartmut: **Revision** und Controlling, in: ZIR, 17. Jg. (1982), S. 149–163.
Schweitzer, Marcell; Küpper, Hans-Ulrich: Systeme der **Kostenrechnung**, 7. Aufl., München 1998.
Schwetz, Wolfgang: **Customer Relationship Management**. Mit dem richtigen CAS/CRM-System Kundenbeziehungen erfolgreich gestalten. Wiesbaden 2000.
Seele, Anja: **Rahmenbedingungen** für das Verhalten von Aufsichtsratsmitgliedern deutscher börsennotierter Unternehmen. Eine ökonomische und verhaltenswissenschaftliche Analyse des Deutschen Corporate-Governance-Kodexes, Heidelberg 2007.
Seeliger, Rolf; Kaatz, Stefan: **Konversion** und Internationalisierung des Rechnungswesens in Deutschland, in: Kostenrechnungspraxis, 1998, S. 125–132.
Seeling, Reinhard: **Unternehmensplanung** im Baubetrieb, Stuttgart 1995.
Seghezzi, Hans D.; Fries, Stefan: Zweckmäßige **Fehlerkostenrechnung** anstatt traditioneller Qualitätskostenrechnung in: KRP, 1995, S. 87–91.
Seibert, Ulrich: **Finanzmarktkrise**, Corporate Governance, Aufsichtsrat, in: Der Betrieb, 62. Jahrgang (2009), Heft 22, S. 1167–1171.
Seicht, Gerhard: Die Kontrolle der **Kapitalerhaltung**, in: Management und Kontrolle, hrsg. von *Gerhard Seicht*, Berlin 1981, S. 469–506.
Seidel, Uwe: **Projekt-Controlling-Handbuch**, Bd. 12, Offenburg 2005.
Seicht, Gerhard: **Investitionsentscheidungen** richtig treffen, 4. Aufl., Wien 1983.
Seidenschwarz, Werner: Target **Costing**, in: ZfC, 3. Jg. (1991), S. 198–203.
Seidenschwarz, Werner: **Target Costing, 1. Aufl.**, München 1993.
Seidenschwarz, Werner: **Target Costing, 2. Aufl.**, München 2009, Sp. 2716–2729.
Seidenschwarz, Werner: Ergebnis- und marktorientierte **Unternehmenssteuerung**: „Fokussieren auf Kunden, Prozesse und Profitabilitäten", in: Die Kunst des Controlling, hrsg. von *Roland Gleich und Werner Seidenschwarz*, München 1998, S. 48–63.
Seiler, Karl: **Unternehmensbewertung**, Berlin 2004, S. 35 ff.
Selders, Markus: **Project Scorecard** – Ein Instrument zur Unterstützung des Managements von strategischen Projekten, Aachen 2009.

Semler, Johannes: **Leitung** und Überwachung der Aktiengesellschaft, 2. Aufl., Köln 1996.
Sen, Falguni; Bardhan, Ashok Deo: Managing globalization of **R&D**: Organizing for offshoring innovation, in: Human Systems Management, 25. Jg. Heft 2 (2006), S. 103–114.
Serfling, Klaus; Pape, Ulrich: Der Einsatz spartenspezifischer **Beta-Faktoren** zur Bestimmung spartenbezogener Kapitalkosten, in: WISU, 23. Jg. (1994), S. 519–526.
Shank, John K.: Strategic **cost management**. New Wine or just New Bottles?, in: JMAR, Vol. 1 (1989), 3, S. 47–65.
Shepherd, William G.: The Economics of **Industrial Organization**, Englewood Cliffs 1979.
Siegel, Theodor: Das **Realisationsprinzip** als allgemeine Periodenabgrenzung, in: BFuP, Jg. 46, 1994, S. 1–24.
Siegert, Theo: **Shareholder Value** als Lenkungsinstrument, in: ZfbF, 47. Jg. (1995), S. 580–607.
Siegwart, Hans: Der **Cash Flow** als finanz- und ertragswirtschaftliche Lenkungsgröße, Stuttgart 1989.
Siemens AG: **Geschäftsbericht** 1982.
Siener, Friedrich: Interne Steuerung mit **U.S. GAAP** – Auswirkungen eines nach U.S. GAAP erstellten Konzernabschlusses (im Vergleich zum HGB) auf die interne Steuerung und die externe Analyse – in: Tagungsband 13. Deutscher Controlling Congress, hrsg. von *Thomas Reichmann*, Dortmund 1998, S. 25–43.
Simmonds, Kenneth: Strategisches **Management Accounting**, in: ZfC, 1. Jg. (1989), S. 264–269.
Simon, Herbert A.: The new science of **management decision**, 3rd ed., Englewood Cliffs 1977.
Simon, Hermann: Management strategischer **Wettbewerbsvorteile**, in: ZfB, 58. Jg. (1988), S. 461–480.
Simon, Hermann: **Preismanagement** – Analyse, Strategie, Umsetzung, Wiesbaden 1992.
Simon, Hermann: **Preismanagement kompakt**. Probleme und Methoden des modernen Pricing, Wiesbaden 1995.
Simon, Hermann: **Kundenzufriedenheit** als strategischer Erfolgsfaktor – Einführende Überlegungen, in: Kundenzufriedenheit, Konzepte – Methoden – Erfahrungen, hrsg. von Christian Homburg, **6. Aufl.**, Wiesbaden 2006, S. 18–31.
Simon, Hermann; Fassnacht, Martin: **Preismanagement** – Strategie – Analyse – Entscheidung – Umsetzung, 3. Aufl., Wiesbaden 2009.
Simon, Hermann; Homburg, Christian: **Kundenzufriedenheit** als strategischer Erfolgsfaktor, in: Kundenzufriedenheit. Konzepte – Methoden – Erfahrungen, **3. Aufl.**, hrsg. von *Hermann Simon* und *Christian Homburg*, Wiesbaden 1998, S. 18–31.
Simon, Hermann; Mengen, Andreas: Produkt- und Preisgestaltung mit **Conjoint Measurement**, in: Das Wirtschaftsstudium, 1996, Heft 3, S. 229–236.
Sinzig, Werner: Datenbankorientiertes **Rechnungswesen**, 3. Aufl., Berlin u. a. 1990.
Sinzig, Werner: Interaktives **Vertriebscontrolling**, in: ZfC, 1. Jg. (1989), S. 116–121.
Soestmeier, B.; Jens, H.: Business Planing & Simulation in der Automotive-Praxis, in: Reichmann, Th. (Hrsg.), 21. Deutscher Controlling Congress, Tagungsband, Dortmund 2006, S. 314–335.
Sokolovsky, Zybnek; Kraemer, Wolfgang: **Controlling** der Informationsverarbeitung, in: Information Management, 5. Jg. (1990), 3, S. 16–27.
Spelsberg, H.: Das Rechnungswesen als Informationsquelle für Planung und Kontrolle der **Produktpolitik**. Ein konzeptioneller Beitrag zur Integration von Marketing und Rechnungswesen, Köln 1989.
Stachowiak, Herbert: Allgemeine **Modelltheorie**, Wien, New York 1973.
Staehle, Wolfgang H.: Kennzahlen und **Kennzahlensysteme** als Mittel der Organisation und Führung von Unternehmen, Wiesbaden 1969.
Stahl, Heinz K. et al.: Kundenzufriedenheit und **Kundenwert**, in: Kundenorientierte Unternehmensführung, hrsg. von *Hans H. Hinterhuber; Kurt Matzler*, 6. Aufl., Wiesbaden 2009, S. 256–258.
Staiger, Wolfram: **Märkte** der 90 er Jahre: Ist die Dienstleistung wichtiger als das Produkt?, in: Controlling '94. Tagungsband zum 9. Deutschen Controlling Congress, hrsg. von *Thomas Reichmann*, München 1994, S. 35–46.
Staks, H.: Aussagefähigkeit des neuen **Konzernabschlusses**, in: Handbuch der Konzernrechnungslegung, hrsg. von *Karl-Heinz Küting* und *Claus-Peter Weber*, Stuttgart 1989, S. 117–148.
Stark, Heinz: Beschaffungsplanung und **Bugdetierung**, hrsg. vom *Bundesverband Materialwirtschaft und Einkauf e. V.*, BME, Frankfurt a. M., Wiesbaden o. Jg.
Statistische Beihefte zu den Monatsberichten der Deutschen Bundesbank, Reihe 4, Saisonbereinigte **Wirtschaftszahlen**, April 1974, 1976, 1978, 1980, 1982, Januar 1991, 1992.

Steffenhagen, Hartwig: Konditionenpolitik, in: Vahlens Großes Marketing-Lexikon, hrsg. von *Hermann Diller,* München 1992, S. 550 f.

Steffenhagen, Hartwig: **Konditionenpolitik**, in: Vahlens Großes Marketing-Lexikon, hrsg. von *Hermann, Diller,* 2. Aufl., München 2001, S. 797- 798.

Steffin, Wolfgang: **ATOMIS** – SAP R/3-Einführung bei der *Atotech Deutschland GmbH;* in: ZfC, 7. Jg. (1995), 4, S. 216–226.

Steinbuch, Pitter A.: **Projektorganisation** und Projektmanagement, Ludwigshafen 1998.

Steiner, Heinz-Gerd; Maßner, Wolf C.; Rees, Michael: Anwendung des **Shareholder-Value-Konzepts**, in: Wertsteigerungs-Management, hrsg. von *Klaus Höfner und Andreas Pohl,* Frankfurt a. M., New York 1994, S. 197–226.

Steinke, Arnold: Die marktabdeckende, globale **Kundendatenbank**, in: Handbuch Database Marketing, hrsg. von *Jörg Link et. al.*, Ettingen 1997, S. 116–128.

Stewart, G. Bennett: The quest for **value**: a guide for senior managers, New York 1999.

Stippel, Nicola: **Innovations-Controlling**: Managementunterstützung zur effektiven und effizienten Steuerung des Innovationsprozesses im Unternehmen, München 1999.

Stolze, Joachim: Marktorientiertes **Kostenmanagement**, in: Tagungsband Zielkostenmanagement, hrsg. von *Thomas Reichmann,* München 1992, S. 32–50.

Straub, Hubert: Optimale **Finanzdisposition**, Meisenheim am Glan 1974.

Streif, Daniel.: **Multiprojektcontrolling**, Das Controlling der Projektportfolios mit Hilfe der Earned Value Analyse, Bd. 1, Saarbrücken 2009.

Streitferdt, Felix: Die **Risikoanpassung** in den WACC, in: WiSt Heft 6, Juni 2009, S. 294–300.

Stremme, Uwe: Internationales strategisches **Produktionsmanagement**, Frankfurt am Main; New York 2000.

Stucky, Wolffried; Krieger, Rudolf: **Datenbanksysteme**, in: Handbuch Wirtschaftsinformatik, hrsg. von *Karl Kurbel* und *Horst Strunz,* Stuttgart 1990, S. 837–856.

Studer, Tobias: **Unternehmensbewertung** im Umbruch?, in: Der Schweizer Treuhänder, 66. Jg. (1992), S. 303–308.

Stünkel, Nadine: Implikationen der jüngsten HGB-Novellen auf praxisrelevante **Kennzahlen der Rentabilitäts- und Liquiditätsanalyse**, Bachelorarbeit FH Dortmund, 2015.

Stuhlmann, H.: Herausforderungen an das **Rechnungswesen** – Fast Close und Prozessoptimierung, in: Reichmann, Thomas (Hrsg.), 23. Deutscher Controlling Congress, Tagungsband, Dortmund 2007, S. 215–232.

Süchting, Joachim: **Finanzmanagement, 6. Aufl.**, Wiesbaden 1995.

Sure, Matthias: Moderne Controlling-Instrumente: Bewährte Konzepte für das operative und strategische Controlling, Vahlen, 2009.

Swoboda, Peter: Investition und **Finanzierung**, 5. Aufl., Göttingen 1996.

Szerman, Armin: Die Entwicklung von Entscheidungskriterien für die kostenoptimale **innerbetriebliche Einsatzmaterialbereitstellung**, Diss. Dortmund 1988.

Teichmann, Ulrich: Der **Konjunkturzyklus** – Reflex nachfragerelevanter Verteilungsprozesse, in: Perspektiven der Konjunkturforschung, hrsg. von *Gottfried Bombach, Bernhard Gahlen* und *Alfred E. Ott*, Tübingen 1984, S. 227–241.

Theisen, Manuel R.: Der **Konzern**, 2. Aufl., Stuttgart 2000.

Theisen, Manuel R.: **Information** und Berichterstattung des Aufsichtsrats, 4. Aufl., Stuttgart 2007.

Thümmel, Roderich C.: Professionelle **Aufsichtsräte** braucht das Land, in: Der Aufsichtsrat, 5. Jahrgang (2007), Heft 5, S. 65.

ThyssenKrupp AG: **Wertorientiertes Management** im ThyssenKrupp Konzern, Januar 2013. https://www.thyssenkrupp.com/documents/investor/Wertorientiertes_Management_Thyssen-Krupp_Konzern.pdf, abgerufen am 22.02.2016.

Tiemeyer, Ernst: Kennzahlengestütztes **IT-Projektcontrolling**. Projekt-Scorecards einführen und erfolgreich nutzen, in: SIMAT Arbeitspapiere, FH Stralsund, SIMAT Stralsund Information Management Team, hrsg. von *Klotz, M, Stralsund 2010, S. 17.*

Timmermann, Armin: Evolution des strategischen **Managements**, in: *Henzler, Herbert:* Handbuch der strategischen Führung, Wiesbaden 1988, S. 85–105.

Töpfer, Armin: Die Analyseverfahren zur Messung der Kundenzufriedenheit und **Kundenbindung**, in: Kundenzufriedenheit messen und steigern, hrsg. von *Armin Töpfer,* 2. Aufl., Neuwied, Kriftel 1999, S. 299–370.

Töpfer, Armin; Mann, Andreas: **Kundenzufriedenheit** als Meßlatte für den Erfolg, in: Töpfer, Armin: Kundenzufriedenheit messen und steigern, hrsg. von *Armin Töpfer,* 2. Aufl., Neuwied, Kriftel 1999.

Trapp, Rouven: **Konvergenz des Rechnungswesens** – Eine Inhaltsanalyse der Diskussion um eine Annäherung des internen und externen Rechnungswesens in deutschsprachigen Fachzeitschriften, Wiesbaden 2012.

Treiblmaier, Horst: **Datenqualität** und individualisierte Kommunikation: Potenziale und Grenzen des Internets bei der Erhebung und Verwendung kundenbezogener Daten, 1. Aufl., Wiesbaden 2006.

Trommsdorff, Volker: **Positionierung**, in: Handwörterbuch des Marketing, hrsg. von *Bruno Tietz, Richard Köhler und Joachim Zentes*, Stuttgart 1995, Sp. 2055–2068.

Turnheim, Georg: Strategische Vor- und **Rückkopplung**, in: Controlling, hrsg. von Rolf Eschenbach, 2. Aufl., Stuttgart 1996, S. 315–332.

Übelhör, Matthias; Warns, Christian: Grundlagen der neuen **Eigenkapitalvereinbarung**, in: Basel II – Auswirkungen auf die Finanzierung – Unternehmen und Banken im Strukturwandel, hrsg. von *Matthias Übelhör* und *Christian Warns*, Heidenau 2004, S. 13–41.

Uhink, Hans-Jürgen: Entwicklungen und Trends der **Informationstechnologie** in den 90er Jahren, in: Beiträge zum Controlling Nr. 42, hrsg. von *Thomas Reichmann*, Dortmund 1991.

Unzeitig, Eduard; Köthner, Dietmar: **Shareholder Value Analyse**: Entscheidungen zur unternehmerischen Nachhaltigkeit, Stuttgart 1995.

Vanini, Ute: **Controlling-Konzeptionen**, in: Das Wirtschaftsstudium, 2012, H.3, S. 337–345.

Vanini, Ute: **Kennzahlensysteme**, in: Das Wirtschaftsstudium, 2008, H.4, S. 526–536.

VDI: **Wertanalyse**, Idee-Methode-System, eine Einführung durch den VDI-Gemeinschaftsausschuss „Wertanalyse“, 3. Aufl., Düsseldorf 1981.

VDI-Richtlinie 3592: Kriterien und Methoden zum Vergleich von **Stückgutlagern**, Nov. 1978.

Veit, Klaus-R.: Die **Konkursrechnungslegung**. Dargestellt am Modell der Aktiengesellschaft, Berlin 1982.

Vogel, Jochen: Marktwertorientiertes **Beteiligungscontrolling**: Shareholder Value als Maß der Konzernsteuerung, Wiesbaden 1998.

Vogel, Klaus; Lehner, Moris; Eigelshoven, Axel: **Doppelbesteuerungsabkommen** der Bundesrepublik Deutschland auf dem Gebiet der Steuern vom Einkommen und Vermögen: Kommentar auf der Grundlage der Musterabkommen, München 2008, Art. 9 Rz. 145 sowie Rz. 181.

Vogel, Oliver; Arnold, Ingo; Chughtai, Arif; Ihler, Edmund; Kehrer, Timo; Mehlig, Uwe; Zdun, Uwe: **Software-Architektur**: Grundlagen – Konzepte – Praxis, 2. Aufl., Heidelberg 2009.

Vogler, Gerhard; Mattes, Helmut: Theorie und Praxis der **Bilanzanalyse**, Berlin 1975.

Vogler, Matthias; Gundert, Martin: Einführung von **Risikomanagementsystemen**. Hinweise zur praktischen Ausgestaltung, in: DB, 51. Jg. (1998), S. 2377–2383.

Voigt, Kai-Ingo: Strategische Planung und **Unsicherheit**, Wiesbaden 1992.

Volkart, Rudolf: **Shareholder Value Management**, in: Der Schweizer Treuhänder, 69. Jg. (1995), S. 1064–1068.

Volkart, Rudolf: Unternehmenswert und **Kapitalstruktur**, in: Der Schweizer Treuhänder, 64. Jg. (1990), S. 543–552.

Von Dobschütz, Leonard; Baumöl, Ulrike; Jung, Reinhard: IV- Controlling aktuell. **Leistungsprozesse**, Wirtschaftlichkeit, Organisation, Wiesbaden 2000.

Von Kann, Jürgen; Keiluwei, Anjela: Die aktuellen Änderungen des **Deutschen Corporate Governance Kodex**, in: Der Betrieb, 62. Jahrgang (2009), Heft 50, S. 2699–2702.

Von Werder, Axel: Ökonomische Grundfragen der **Corporate Governance**, in: Handbuch Corporate Governance: Leitung und Überwachung börsennotierter Unternehmen in der Rechts- und Wirtschaftspraxis, hrsg. von *Peter Hommelhoff, Klaus J. Hopt, Axel von Werder*, 2. Aufl.; Köln 2009, S. 3–27.

Voß, Stefan; Gutenschwager, Kai: **Informationsmanagement**, Berlin u. a. 2001.

Voßschulte, Alfred; Reichmann, Thomas; Keller, Martin: **Euro-Controlling**. Controlling-Konzeptionen für international tätige Unternehmen, in: Europa ohne Grenzen. Chancen und Risiken der deutschen Wirtschaft, hrsg. von *Thomas Reichmann* und *Alfred Voßschulte*, München 1992, S. 92–109.

Vossen, Gottfried: **Datenmodelle**, Datenbanksprachen und Datenbankmanagementsysteme, 5. Aufl., München 2008. *Wachter, Bernd; Haupt, Klaus:* **Kundenzufriedenheit** erhöhen, Die qualitative Symbiose der Marktforschung und der Conjoint Analyse, in: Planung und Analyse, 1995, Heft 2, S. 51–53.

Wagenhofer, Alfred: International **Accounting Standards**, 3. Aufl., Frankfurt 2002.

Wahl, Jack; Broll, Udo: **Hedging-Effektivität** und Risikogestaltung, in ZfC, 15. Jg. (2003), Heft 3, S. 669–673.

Wall, Friederike: Planungs- und **Kontrollsysteme**: Informationstechnische Perspektiven für das Controlling; Grundlagen – Instrumente – Konzepte, Wiesbaden 1999.
Wall, Friederike: Koordinationsfunktion des **Controlling** und Organisation. Überlegungen zur Eigenständigkeit eines koordinationsorientierten Controlling, in: KRP, 44. Jg. (2000), S. 295–304.
Wall, Friederike: **Management Support** Systeme und Corporate Governance, in: Corporate Go-vernance und Controlling, hrsg. von *Carl-Christian Freidank*, Heidelberg 2004, S. 77–95.
Wall, Friederike: Funktionen des Controllings im Rahmen der **Corporate Governance**, in: Zeitschrift für Management und Controlling, 52. Jahrgang (2008), Heft 4, S. 228–233.
Wall, Friederike: **Controlling** zwischen Entscheidungs- und Verhaltenssteuerungsfunktion, in: Die Betriebswirtschaft 68. Jg. (2008), H.4, S. 463–482.
Walther, Dietrich: **Eigenkapitalersetzende Instrumente** zur Verbesserung des Ratings, in: Rating nach Basel II: Herausforderungen für den Mittelstand, hrsg. von *Thomas Reichmann, Udo Pyszny*, München 2006, S. 347–365.
Wand, Yair; Wang, Richard Y.: Anchoring **Data Quality** Dimensions in Ontological Foundations, in: Communications of the ACM 39 (1996), S. 86–95.
Wandmacher, Jens: **Software-Ergonomie**, Berlin, New York 1993.
Wangenheim, Sascha von; Haug, Andreas; Handtrack, Heinz: **Standortkostenmanagement**. Neues Modethema oder betriebswirtschaftliche Notwendigkeit?, in: ZfC, 6. Jg. Heft 6 (1994), S. 328–337.
Watson, Hugh J.; Houdeshel, George; Rainer, Rex Kelly: Building **Executive Information Systems** and other Decision Support Applications. New York u.a. 1997.
Weber, Bruno: Beurteilung von Akquisitionen auf der Grundlage des **Shareholder Value**, in: BFuP, 43. Jg. (1991), S. 221–232.
Weber, Jürgen: Controlling der **Kostenrechnung**, in: KRP, 1990, S. 203–208.
Weber, Jürgen: Macht der **Zahlen**, in: Managermagazin, (1998) Dezember, S. 184–188.
Weber, Jürgen: **Logistikkostenrechnung**, 3. Aufl., Berlin u. a. 2012, S. 19–23.
Weber, Jürgen: Einführung in das **Controlling**, 10. Aufl., Stuttgart 2004.
Weber, Jürgen; Schäffer, Utz: Einführung in das **Controlling**, 14. Aufl., Stuttgart 2014.
Weber, Jürgen; Bültel, Dirk: **Controlling** – Ein eigenständiges Aufgabenfeld in den Unternehmen der Bundesrepublik Deutschland, in: DBW, 52. Jg. (1992), 4, S. 535–546.
Weber, Jürgen; Florissen, Andreas: **Preiscontrolling**: Der Weg zu einem besseren Preismanagement , Wiesbaden 2005.
Weber, Jürgen; Kleindienst, Ingo; Stoffels, Mario: Internationale **Verrechnungspreise** im Konzern: altes Problem – neuer Fokus, Weinheim 2004.
Weber, Jürgen; Müller, Roman; Sorg, Mascha: **Rating** & Controling, Vallendar 2004.
Weber, Jürgen; Schäffer, Utz: **Balanced Scorecard** & Controlling: Implementierung – Nutzen für Manager und Controller – Erfahrungen in deutschen Unternehmen, 2. Aufl., Wiesbaden 2000.
Weber, Verena; Jensen, Ove: Hebel zur Wert- und **Effizienzsteigerung** in Marketing und Vertrieb: Ergebnisse einer empirischen Studie, in: ZfCM, 53.Jg. (2009) (Sonderheft 2), S. 30–38.
Weigand, Christoph: Entscheidungsorientierte **Vertriebskostenrechnung**, Wiesbaden 1989.
Weigel, Niels: Datenqualitätsmanagement – **Steigerung der Datenqualität** mit Methode, in: Daten- Und Informationsqualität: Auf dem Weg zur Information Excellence, 3. Aufl., Wiesbaden 2015, S. 69–86.
Weilenmann, Paul: **Management Accounting** – Stand und Entwicklungstendenzen, in: Controlling schweizerischer Unternehmen, hrsg. von *Paul Weilenmann* und *Reiner Fickert*, Bern, Stuttgart 1990, S. 9–51.
Weis, Hans Christian: **Marketing**; **13. Aufl.**; Ludwigshafen 2004.
Weis, Hans Christian: **Marketing**; **6. Aufl.**; Herne 2009.
Welge, Martin K.: **Organisation des Controlling**, in: ZfC, 1. Jg. (1989), S. 140–149.
Welge, Martin K.: Unternehmensführung, Band 1: **Planung**, Stuttgart 1985.
Welge, Martin K.: Unternehmensführung, Band 2: **Organisation**, Stuttgart 1987.
Welge, Martin K.: Unternehmensführung, Band 3: **Controlling**, Stuttgart 1988.
Welge, Martin; Al-Laham, Andreas: **Planung**: Prozesse – Strategien – Maßnahmen, Wiesbaden, 1992.
Welge, Martin K.; Al-Laham, Andreas: **Strategisches Management**, Grundlagen – Prozess – Implementierung, 6. Aufl., 2012, Wiesbaden.
Welge, Martin K.; Amshoff, Bernhard: **Internationales Controlling.** Aufgaben – Techniken – Organisation, in: Zukunftsfähiges Controlling: Konzeption, Umsetzungen, Praxiserfahrungen;

Prof.Dr. Thomas Reichmann zum 60. Geburtstag, hrsg. von *Laurenz Lachnit, Thomas Reichmann*, München 1998, S. 446–480.

Welge, Martin K.; Eulerich, Marc: Die **Szenario-Technik** als Planungsinstrument in der strategischen Unternehmensteuerung, in: ZfC, 19. Jahrgang (2007), Heft 2, S. 69–74.

Wenzel, Peter (Hrsg.): Betriebswirtschaftliche Anwendungen des integrierten Systems SAP-**R/3**, Braunschweig/Wiesbaden 1995.

Werner, Harald: Merkmalsorientierte Verfahren zur Messung der **Kundenzufriedenheit**, in: Kundenzufriedenheit, hrsg. von *Hermann Simon; Christian Homburg*, 3. Aufl., Wiesbaden 1998, S. 145–164.

Werner, Harald; Beutin, Niklas: Effektives **Kundencontrolling** durch Kundenportfolio und Customer Lifetime Value, in krp-Sonderheft 3/2000, S. 23–28.

Wiedmann, Klaus-Peter; Löffler, Reiner: **Portfolio-Simulationen** und Portfolio-Planspiele als Unterstützungssysteme der strategischen Früherkennung, in: Strategisches Marketing, hrsg. von *Hans Raffée* und *Klaus-Peter Wiedmann*, 2. Aufl., Stuttgart 1989, S. 419–462.

Wienhold, Klaus: Prozess- und controllingorientiertes **Projektmanagement** *für komplexe Projektfertigung, 2004.*

Wienhold, Klaus; Schön, Dietmar: Montagestundensatzorientierte **Projekt- und Ergebnisrechnung** – Ein innovatives Instrument für das Bau- und Baunebengewerbe, in: ZfC, Jg. 9, Nr. 4, 1997, S. 226–234.

Wiesehahn, Andreas: **Die Controlling-Pioniere im Dialog: Albrecht Deyhle, Péter Horváth und Thomas Reichmann**, in: Controlling und Leadership, hrsg. von *Andreas Wiesehahn*, Wiesbaden 2017, S. 181–191.

Wildemann, Horst: Handlungsempfehlungen zur Verbesserung der **Risikoposition** von KMU bei Rating unter besonderer Berücksichtigung leistungswirtschaftlicher Risiken, in: ZfC, Heft 4/5, 2005, S. 233 ff.

Wildemann, Horst: **Investitionsentscheidungsprozeß** für numerisch gesteuerte Fertigungssysteme (NC-Maschinen), Wiesbaden 1977.

Wildemann, Horst: **Kostenprognosen** bei Großprojekten, Stuttgart 1982.

Wildemann, Horst: Kosten- und Leistungsbeurteilung von **Qualitätssicherungssystemen**, in: ZfB, 62. Jg. (1992), S. 761–782.

Wildemann, Horst: Logistik **Prozess-Management**, München 2005.

Wildemann Horst: **Produktionscontrolling**, München 2002.

Wildemann, Horst; Baumgärtner, Gerhard: **Produktionsverlagerung** – Planungsinstrumente für ein gatewaybasiertes Standortcontrolling, in: Zeitschrift für wirtschaftlichen Fabrikbetrieb, 101. Jg. Heft 4 (2006), S. 193–197.

Wildemann, Horst; Baumgärtner, Gerhard: Kernkompetenz **globalisierter Unternehmen**, in: Industrie Management, 23. Jg. Heft 1 (2007), S. 23–26.

Wilke, Kay-Michael: Lehrbuch des internationalen **Steuerrechts**, Herne 2002.

Winkeljohann, N.; Hölscher, F.: **Rating** im Mittelstand – Ergebnisse einer empirischen Studie, in: ZfC, Heft 11, 2001, S. 558–559.

Wirtz, Bernd; Schilke, Oliver: Ansätze des **Kundenwertmanagements**, in: Integriertes Marken- und Kundenwertmanagement – Strategien, Konzepte und Best Practices, hrsg. von Bernd Wirtz und Olaf Göttgens, Wiesbaden 2004, S. 19–55.

Witt, Frank-Jürgen: **Deckungsbeitragsmanagement**, München 1991.

Witt, Frank-Jürgen: Strategisches und operatives **Erlöscontrolling**, in: ZfC, 4. Jg. (1992), 2, S. 72–83.

Witte, Eberhard: **Finanzplanung als Führungsinstrument**, in: Finanzplanung und Finanzkontrolle, Disposition – Organisation, hrsg. *Jürgen Hauschildt, Gerd Sachs* und *Eberhard Witte*, München 1981, S. 53–59.

Wittmann, Edgar: Organisatorische Einbindung des **Risikomanagements**, in: Das Kontroll- und Transparenzgesetz. Herausforderungen und Chancen für das Risikomanagement, hrsg. von *Bernd Saitz, Frank Braun*, Wiesbaden 1999, S. 129–143.

Wittmann, Waldemar: **Informationen**, in: HWO, 2. Aufl., hrsg. von *Erwin Grochla*, Stuttgart 1980, Sp. 894–904.

Wittmann, Waldemar: Unternehmung und **unvollkommene Information**, Köln und Opladen 1959.

Wöhe, G.; Bilstein, J.: Grundzüge der **Unternehmensfinanzierung**, 9. Aufl., München 2002.

Wolf, Enno E.: **Customer Relationship Management** Anreizsysteme- Bestandteil eines effektiven und effizienten Vertriebscontrolling, in: ZfCM, 53.Jg. (2009) (Sonderheft 2), S. 52–59.

Wolf, Jakob: **Kreditrating** als Chance, Regensburg 2003.

Wolf, Klaus, Runzheimer, Bodo: Risikomanagement und **KonTraG** – Konzeption und Implementierung, 4. Aufl., Wiesbaden 2003.

Woll, Arthur: Allgemeine **Volkswirtschaftslehre**, 14. Aufl., München 2003.

Wolz, Matthias: Grundzüge der internationalen Rechnungslegung nach **IFRS**. Umstellung einer Rechnungslegung von HGB auf IFRS, München 2005.

Wosnitza,.Michael: Das Agency-theoretische **Unterinvestitionsproblem** in der Publikumsgesellschaft, Heidelberg 1991.

Wullenkord, Axel: Kosten- und **Erfolgs-Controlling** im Konzern, München 1995.

Wysocki, Klaus von: Direkte **Cash Flow-Rechnung** als unterjähriger Informationsträger für kleine und mittlere Unternehmen, in: Finanz- und Rechnungswesen als Führungsinstrument, hrsg. von *Dieter Ahlert, Klaus-Peter Franz und Hermann Göppl*, Wiesbaden 1990, S. 317–339.

Yoshikawa, Takeo et al.: Contemporary **Cost Management**, London u. a. 1993.

Yu, Chia-Ping; Chen, Houn-Gee; Klein, Gary; Jiang, Randi: The Roots of **Executive Information System** Development Risks, in: Information and Software Technology 68 (2015), S. 34–44.

Zangenmeister, Christof: **Nutzwertanalyse** in der Systemtechnik. Eine Methodik zur multidimensionalen Bewertung und Auswahl von Projektalternativen, 4. Aufl., München 1976.

Zarnekow, Rüdiger; Brenner, Walter; Grohmann, Helmut H.: **Informationsmanagement**: Konzepte und Strategien für die Praxis, 1. Aufl., Heidelberg 2004.

Zarth, Hans: Mehr Effizienz im **Vertrieb**, in: Markenartikel, 41. Jg. (1979), S. 596–602.

Zehnder, Carl August: **Informationssysteme** und Datenbanken, *7. Aufl., Zürich 2002.*

Zens, Nikolaus H.; Rehnen, Antonius: Die Bewertung von Unternehmen und strategischen Geschäftseinheiten mit Hilfe des **Shareholder-Value-Konzeptes**, in: Wertsteigerungs-Management, hrsg. von *Klaus Höfner und Andreas Pohl*, Frankfurt a. M., New York 1994, S. 85–115.

Zezelj, Gordana: Das **CLV-Management-Konzept**, in: Customer-Lifetime-Value-Management, hrsg. *von Markus Hofmann; Markus Mertiens*, Wiesbaden 2000, S. 9–29.

Ziegler, Hasso: Neuorientierung des **internen Rechnungswesens** für das Unternehmens-Controlling im Hause Siemens, in: ZfbF, 46. Jg. (1994), S. 175–188.

Zimmermann, Martin: **Steuercontrolling**: Beziehungen zwischen Steuern und Controlling, Wiesbaden 1997.

Zirkler, Bernd: Hofmann, Jonathan: Wie sich Basel III auf das **Rating** von KMUs auswirkt, in: Controlling & Management Review, Heft 2, 2015, S. 60–67.

Zirkler, Bernd; Hofmann, Jonathan; Schmolz, Sandra: **Basel III** in der Unternehmenspraxis, Wiesbaden 2015.

Zschocke, Dietrich: **Betriebsökonometrie**, Würzburg, Wien 1974.

Zschocke, D.: **Betriebsökonomie**, Würzburg, Wien 1974.

Zünd, André: **Einheitliche Leitung** – Bedeutung und Tauglichkeit des Begriffs, hrsg. Von *Jean Druey*, Konzernrecht aus der Konzernwirklichkeit – Das St. Galler Konzerngespräch, Bern 1988.

Zwehl, Wolfgang v.: Untersuchung zur Erstellung einer **Planbilanz** als Ergänzung des Jahresabschlusses. Ein Beitrag zur Schaffung von Dispositionsgrundlagen für die Unternehmensleitung, Berlin 1968.

中文文献：

韩国薇:《市场经济体制下中国企业内部控制发展及对策建议分析》,《中国内部审计》2013 年第 6 期。

李小燕、杨济华、郭颖:《美国萨班斯法案与中国企业内部控制制度自强化机制的构想》,《会计研究》2015 年第 2 期。

林晓华、刘辰翔:《中国国有企业内部控制问题及对策研究——以中邮集团为例》,《经营管理者》2015 年 12 月上期。

刘颖民:《管理学》,西安电子科技大学出版社 2010 年版。

刘玉廷:《中国内部控制改革与发展》,经济科学出版社 2010 年版。

王德敏:《企业内控精细化管理全案》,人民邮电出版社 2012 年版。

唐广熙:《从风险管理角度看企业内部控制发展——以光大证券"乌龙指"事件为例》,《经营管理者》2015 年 3 月中期。

郑雅卓:《企业内部控制与风险管理的现状及完善》,《人民论坛》2013 年 8 月。